Manual de Arrendamento e Despejo

Manual de Arrendamento e Despejo

Edgar Alexandre Martins Valente

ALMEDINA

MANUAL DE ARRENDAMENTO E DESPEJO
AUTOR
Edgar Alexandre Martins Valente

EDITOR
EDIÇÕES ALMEDINA, S.A.
Rua Fernandes Tomás, nºs 76-80
3000-167 Coimbra
Tel.: 239 851 904 · Fax: 239 851 901
www.almedina.net · editora@almedina.net
DESIGN DE CAPA
FBA.
PRÉ-IMPRESSÃO
EDIÇÕES ALMEDINA, SA
IMPRESSÃO E ACABAMENTO
ACD Print, S.A.

Março, 2020
DEPÓSITO LEGAL
467865/20

ALMEDINA | GRUPOALMEDINA

BIBLIOTECA NACIONAL DE PORTUGAL – CATALOGAÇÃO NA PUBLICAÇÃO
VALENTE, Edgar Alexandre Martins
MANUAL DE ARRENDAMENTO E DESPEJO
(Manuais profissionais)
ISBN 978-972-40-8345-2
CDU 347

AGRADECIMENTOS

Dedico este livro, à minha família cujo apoio, inspiração e motivação é incondicional, especialmente à minha mãe e aos meus dois irmãos, Leandro e Bernardo, com que a vida me presenteou e ao meu pai. Por serem tudo para mim.

FORTIS VOLUNTAS VINCIT OMNIA[1]

[1] Uma vontade forte vence tudo.

SIGLAS E ABREVIATURAS

Art.	Artigo
Ac.	Acórdão
BNA	Balcão Nacional de Arrendamento
CC	Código Civil
CIMI	Código do Imposto Municipal sobre Imóveis
CPC	Código de Processo Civil
CRP	Código do Registo Predial
DL.	Decreto-Lei
EPECIA	Execução para Entrega de Coisa Imóvel Arrendada
IMA	Injunção em Matéria de Arrendamento
NJA	Notificação Judicial Avulsa
NRAU	Novo Regime do Arrendamento Urbano
PED	Procedimento Especial de Despejo
pp.	página(s)
RABC	Rendimento Anual Bruto Corrigido
RAU	Regime do Arrendamento Urbano
RJOPA	Regime Jurídico das Obras em Prédios Arrendados
RJRU	Regime Jurídico Da Reabilitação Urbana
RJUE	Regime Jurídico da Urbanização e Edificação
RMNA	Retribuição Mínima Nacional Anual
SIMA	Serviço de Injunção em Matéria de Arrendamento
STJ	Supremo Tribunal de Justiça
TRE	Tribunal da Relação de Évora
TRG	Tribunal da Relação de Guimarães
TRL	Tribunal da Relação de Lisboa
TRP	Tribunal da Relação do Porto
TRC	Tribunal da Relação de Coimbra
TC	Tribunal Constitucional

NOTA PRÉVIA

O contrato civil de arrendamento urbano, enquanto negócio jurídico de uso corrente, tem suscitado, pelas mais diversas e variadas razões, o maior interesse prático junto de todos aqueles que trabalham e convivem de perto com tais matérias, tanto por profissionais forenses no exercício das suas funções e na defesa dos interesses dos respetivos clientes, como por parte daqueles que, entre si, pretendem criar uma relação assente na concessão do gozo temporário de um determinado bem imóvel, em contrapartida do pagamento de uma contraprestação, independentemente do lapso temporal pelo qual deverá perdurar tal relação.

Neste sentido, sendo certo que a oferta de imóveis disponíveis para arrendar tem registado um aumento exponencial expressivo, igualmente crescente é também o número de pessoas que procuram tomar de arrendamento tais imóveis, não sendo despiciendas as dúvidas, questões e problemas com que senhorios e arrendatários se vêm confrontados, em especial com as recentes alterações introduzidas ao regime jurídico do arrendamento urbano por diversos diplomas, designadamente as Leis n.º 12/2019 e 13/2019, de 12 de fevereiro e a Lei n.º 64/2018, de 29 de outubro, que integram o chamado "*pacote de habitação*", visando o regime substantivo vertido no Código Civil, o Novo Regime do Arrendamento Urbano, o Regime Jurídico das Obras em Prédios Arrendados, o Regime do subsídio de renda a atribuir aos arrendatários de contratos anteriores ao RAU em processo de atualização de renda, entre outros.

Aparentemente simples, a disciplina do contrato de arrendamento urbano, assenta, pois, num quadro legislativo verdadeiramente complexo e disperso por diversos diplomas, tornando-a dificilmente apreensível numa visão de conjunto, facto para o qual têm contribuindo as sucessivas alterações legislativas verificadas nesta matéria nos últimos anos, algumas das quais configuradas como verdadeiras reformas e outras como meras alterações de promenor a um regime que, já por si, é questionável relativamente a diversos aspetos, seja quanto à própria celebração do contrato de arrendamento, das obrigações das partes contraentes enquanto tal, aos regimes transitórios aplicáveis aos contratos de arrendamento antigos, das diversas formas de cessação do contrato ou, bem ainda, relativamente aos diversos meios processuais, judiciais ou extrajudiciais, atualmente disponíveis para a tutela dos direitos do senhorio e do arrendatário.

Desta forma, impunha-se a realização de uma análise global mas detalhada da relação arrendatícia e respetivo despejo, recorrendo a linguagem e organização simples e acessível, permitindo desta forma ao leitor, obter ou consolidar, uma visão teórica sobre o regime jurídico do arrendamento urbano atualmente em vigor e respetiva aplicação do mesmo na prática, através de inúmeros exemplos, considerações, divergências doutrinárias, análise e seleção de centenas de decisões jurisprudenciais dos tribunais superiores, de forma a melhor ilustrar a linha de raciocínio desenvolvida ao longo da presente obra e assim facilitar a respetiva apreensão da mesma.

Tendo presentes os objetivos referidos, o presente manual surge assim dividido em duas partes, o Arrendamento Urbano e o Despejo e outros Meios Processuais, o primeiro subdividido em catorze capítulos, percorrendo a noção, natureza e qualificação jurídica, enquadramento legal, objeto, forma e celebração do contrato de arrendamento, os direitos e obrigações de cada uma das partes, o subarrendamento, direito de preferência e assédio no arrendamento, dando, de seguida, maior destaque às diversas formas de cessação do contrato de arrendamento e aos regimes transitórios dos contratos de arrendamento antigos.

A segunda parte, por sua vez, surge subdividida em meios judiciais e meios extrajudiciais, no primeiro dos quais encontramos a ação de despejo, a ação executiva para entrega de coisa imóvel arrendada, a ação executiva para pagamento de rendas, encargos e despesas e a ação executiva para pagamento de compensação pela execução de obras em substituição do senhorio. Nos meios extrajudiciais, por sua vez, são abordados o procedimento especial de despejo e a injunção em matéria de arrendamento.

Na elaboração do *Manual de Arrendamento e Despejo*, adotámos o novo acordo ortográfico.

EDGAR ALEXANDRE MARTINS VALENTE
Coimbra, janeiro de 2020

I

Arrendamento Urbano

I
Noção de arrendamento urbano e distinção de figuras afins

O contrato de arrendamento urbano, a par do contrato de aluguer[2], constitui, uma das modalidades do contrato de locação, o qual se encontra, por sua vez, regulado nos artigos 1022.º e seguintes do Código Civil, sendo definido como o "*contrato pelo qual uma das partes se obriga a proporcionar à outra o gozo temporário de uma coisa, mediante retribuição*", assumindo o conceito de "*coisa*", para efeitos da presente noção, o elemento-chave na autonomização das respetivas modalidades.

Na verdade, a lei opera de forma simples, a respetiva distinção entre o contrato de aluguer e o contrato de arrendamento, residindo tal diferença na natureza móvel ou imóvel do bem objeto do negócio jurídico a que respeita, designando-se arrendamento, o contrato celebrado entre as partes que tem por objeto um bem imóvel e aluguer, o contrato cujo objeto respeita a um bem móvel, tendo em comum, ambas as figuras, enquanto modalidades do contrato de locação, o mesmo princípio-base, ou seja, a concessão do gozo de um determinado bem a outrem, em contrapartida do pagamento de um preço, devido pelo respetivo uso e gozo do bem concedido pelo locador ao locatário.

Diversamente, ao invés do que sucede no contrato de arrendamento, a locação em geral, não contém nas suas várias disposições, qualquer regra

[2] Ao invés do que sucedia no Código de Seabra, a atual lei civilística não regula expressamente o contrato de aluguer, remetendo a respetiva disciplina para o regime geral do contrato de locação, no que seja compatível com a respetiva natureza.

referente à observância de forma especial para a celebração do contrato a que respeita, tal significando, pois, a inexigibilidade de observância de forma especial para a validade formal do contrato, ao abrigo do princípio da liberdade de forma plasmado no artigo 219.º do Código Civil.

No entanto e como referimos, se tal é efetivamente assim para o contrato de aluguer porquanto as partes podem celebrar verbalmente o contrato de cessão temporária do gozo de um determinado bem móvel, por exemplo a locação (aluguer) de uma viatura, sendo este contrato plenamente válido, o mesmo não se diga já quanto ao contrato de arrendamento que, por força das disposições específicas constantes dos artigos 1064.º e seguintes e independentemente da duração a atribuir ao mesmo, deverá ser sempre celebrado por escrito, nos termos do artigo 1069.º CC, sob pena de nulidade por inobservância da forma legalmente exigível, em conformidade com o disposto no artigo 220.º CC.

No que respeita, por sua vez, ao contrato de arrendamento, este poderá ser urbano ou rural, consoante tenha por objeto um prédio urbano ou um prédio rústico, encontrando-se o primeiro regulado no Código Civil, mais especificamente nos artigos 1064.º e seguintes, a par das disposições gerais relativas ao contrato de locação, na Lei n.º 6/2006, que aprova o Novo Regime do Arrendamento Urbano (NRAU), revogando o Decreto-Lei n.º 321-B/90, de 15 de outubro que estabelecia o anterior Regime do Arrendamento Urbano (RAU) e na restante legislação avulsa aplicável.

Assim sendo, pese embora a lei não defina atualmente, de forma expressa, o que é um contrato de arrendamento urbano, não apresentando uma noção legal do mesmo, podemos ainda assim fazer uso da definição que resultava do artigo 1.º do revogado RAU, por manter intata a respetiva atualidade, definindo-o como: *"o contrato pelo qual uma das partes, o senhorio, concede à outra, o arrendatário, o gozo temporário de um prédio urbano, no todo ou em parte, mediante retribuição"*.

O contrato de arrendamento urbano é, ainda, autonomizável de figuras como o alojamento local, de utilização crescente na prática imobiliária e muitas vezes, em detrimento da própria utilização do imóvel para arrendar, gerando dúvidas dada a aparente semelhança existente entre ambas as figuras uma vez que, em ambos os casos existe o gozo de um imóvel, com caráter temporário em troca de uma retribuição económica, sendo certo que os mesmos imóveis que são considerados aptos para o arrendamento, serão de igual forma e em princípio, suscetíveis de serem considerados aptos para o alojamento local[3].

Desta forma, a principal diferenca, de caráter complexo no respeitante ao alojamento local, além da própria vertente turística e de curta duração subjacente, reside precisamente na disponibilização e prestação ao alojado, de serviços que extravasam o mero conceito de alojamento no sentido estrito do termo, envolvendo, como tal, a prestação de serviços de limpeza, refeições e turismo, não característicos de um típico contrato de arrendamento urbano, em que o senhorio, assume geralmente uma posição passiva a partir do momento em que cede o gozo temporário do imóvel mediante o pagamento das rendas correspondentes, abstendo-se pois, de perturbar esse gozo.

No respeitante, por sua vez, em concreto, aos contratos de arrendamento urbano, podemos distinguir, atendendo ao fim a que o contrato se destina, entre arrendamentos para habitação e arrendamentos para fins não-habitacionais, cujas disposições específicas resultam, respetivamente, dos artigos 1092.º e seguintes e dos artigos 1108.º e seguintes.

Dentro daqueles podemos ainda autonomizar de igual forma, relativamente à duração do contrato celebrado, contratos com prazo certo e contratos com duração indeterminada, consoante a vontade das partes expressamente manifestada seja no sentido de atribuir à relação constituída, a delimitação do período temporal dentro do qual se deverá desenvolver, ou, por outro lado, pretendendo que a mesma se mantenha de forma temporalmente indefinida, até que uma das partes o denuncie ou que ambas, de mútuo o acordo, procedam à sua revogação.

[3] Note-se que a aptidão a que nos referimos relativamente à utilização de um determinado imóvel para alojamento local, pressupõe apenas a idoneidade para que o mesmo venha a ter tal finalidade, isto porque ainda é necessário cumprir um conjunto de requisitos adjacentes a essa finalidade, constantes do Decreto-Lei n.º 128/2014, que estabelece autonomamente o regime jurídico da exploração dos estabelecimentos de alojamento local, com as alterações constantes do Decreto-Lei n.º 71/2018, de 31 de dezembro e da Lei n.º 62/2018, de 22 de agosto, entre os quais se destacam, designadamente: o registo do estabelecimento de alojamento local na Câmara Municipal da respetiva localização do imóvel e consequente comunicação ao Turismo de Portugal, I.P., o cumprimento de requisitos de segurança do imóvel, a aquisição de livro de reclamações, bem como a declaração de atividade daquele/a que pretende proceder à exploração do estabelecimento de alojamento local, como empresário em nome individual.

Dentro dos contratos de arrendamento urbano para fins habitacionais com prazo certo, podemos ainda autonomizar os contratos de arrendamento para habitação permanente e os contratos de arrendamento para habitação não permanente ou para fins especiais transitórios, de que são exemplos os contratos celebrados por motivos profissionais, de educação e formação ou turísticos, conforme resulta do n.º 3 do artigo 1095.º CC, com as alterações resultantes da Lei n.º 13/2019, de 12 de fevereiro.

O contrato de arrendamento rural, por sua vez, consiste na "*locação, total ou parcial, de prédios rústicos para fins agrícolas, florestais, ou outras atividades de produção de bens ou serviços associadas à agricultura, à pecuária ou à floresta*", conforme resulta expressamente do n.º 1 do artigo 2.º do Decreto-Lei n.º 294/2009, de 13 de outubro, que estabelece o regime aplicável ao arrendamento rural, designado Novo Regime do Arrendamento Rural (NRAR), podendo este contrato assumir, consoante a vontade das partes expressa no contrato celebrado, um de três tipos distintos: agrícola, florestal ou de campanha, considerando-se agrícola, na falta de estipulação em contrário.

Aparentemente simples, a distinção entre contratos de arrendamento urbano e de arrendamento rural poderá, na prática, ser particularmente complexa quando estejamos perante arrendamentos simultâneos de parte urbana e parte rural, assumindo especial relevo tal questão no respeitante à determinação do regime aplicável ao contrato assim concebido, sendo certo que para a resolução de tal questão importa convocar os critérios constantes do n.º 3 do artigo 2.º NRAR e do artigo 1066.º do Código Civil, sendo, primeiramente, considerado urbano ou rural, consoante a vontade dos contratantes, atendendo-se, em caso de dúvida, ao fim principal do contrato e à renda atribuída a cada uma das partes, sendo urbano, perante a falta ou insuficiência dos critérios anteriores, que veremos melhor em sede própria.

II
Natureza e qualificação jurídica do contrato de arrendamento urbano

Previamente, definimos o contrato de arrendamento fazendo uso da noção que resultava do revogado RAU, entendendo-o, pois, como: *"o contrato pelo qual uma das partes, o senhorio, concede à outra, o arrendatário, o gozo temporário de um prédio urbano, no todo ou em parte, mediante retribuição"*, importando, assim, proceder à qualificação jurídica deste contrato.

Constitui em primeiro lugar, um contrato típico e nominado, na medida em que goza de previsão e reconhecimento jurídico, estabelecendo a lei o *"nomen iuris"* deste contrato e o respetivo regime jurídico que ao mesmo se deverá aplicar, designadamente aquele que resulta do Código Civil, NRAU e, complementarmente, de diversos diplomas avulsos.

Por sua vez, e ao invés do que sucede no âmbito do direito de propriedade, verdadeiro direito real, o arrendamento urbano mais não confere ao arrendatário que um direito pessoal de gozo sobre o imóvel, constituindo, pois, um contrato dotado de eficácia meramente obrigacional, como surge expressamente consagrado em diversas disposições dispersas pelo Código Civil, entre as quais o artigo 1682.º-A/1/a) e 2 CC[4].

É também um contrato oneroso, porquanto da sua celebração resultam, para ambos os contraentes, determinados ónus e encargos económicos, sendo que o senhorio abdica do uso e fruição do imóvel, que concede

[4] Sobre a controversa divergência doutrinal relativamente à natureza obrigacional ou real do direito do arrendatário face ao imóvel locado, veja-se, entre outros: Luís Menezes Leitão, *Arrendamento Urbano*, 9.ª edição, Almedina, pp. 53 ss.

ao arrendatário, por determinado período de tempo certo ou indeterminado e este, por sua vez, abdica das quantias económicas e consequentes vantagens que estas lhe poderiam proporcionar, em detrimento do pagamento das rendas, correspondentes ao uso do locado.

Sendo um contrato oneroso para ambas as partes, será também um contrato bilateral ou sinalagmático, uma vez que as obrigações dos contratantes são correspetivas umas das outras, isto é, as obrigações que impendem sobre o senhorio de proporcionar ao arrendatário o uso e fruição do imóvel, abstendo-se de afetar esse gozo, terão por correspondente da parte deste último, a obrigação, entre outras, de proceder ao pagamento tempestivo das rendas vencidas, sendo dependentes entre si. Tratando-se, portanto, de obrigações recíprocas[5], tais obrigações são, em si, obrigações certas e não aleatórias, fazendo deste, um contrato comutativo.

O contrato de arrendamento é, igualmente, um contrato formal, na medida em que a sua validade depende obrigatoriamente da observância de forma escrita, constituindo assim uma exceção ao princípio da liberdade de forma vertido no artigo 219.º CC., devendo ser sempre observada tal forma, na totalidade dos contratos de arrendamento celebrados após a vigência da Lei n.º 31/2012, de 14 de agosto, porquanto da alteração consistente na supressão da última parte do artigo 1069.º CC.: *"desde que tenha duração superior a seis meses"*, tais contratos devem, independentemente da respetiva duração, ser reduzidos a escrito sob pena de nulidade por inobservância da forma legalmente exigida, nos termos do artigo 220.º CC.

O disposto quanto à exigência de forma escrita não é, porém, afetado em virtude da possibilidade, introduzida com o aditamento do n.º 2 ao mesmo preceito pela Lei n.º 13/2019, de 12 de fevereiro, de o arrendatário poder demonstrar a existência desse contrato perante a ausência de redução do mesmo a escrito, desde que tal falta não lhe seja imputável, permitindo-lhe, assim, prevalecer-se ao arbítrio do senhorio quando este, em manifesto abuso de direito, invoque, por exemplo, a inexistência do contrato para obter a desocupação antecipada do locado.

[5] Luís Menezes Leitão, *Arrendamento Urbano*, 9.ª edição, Almedina, pp. 54

III
Enquadramento legal do arrendamento urbano

A figura do arrendamento urbano encontra o seu núcleo central no Código Civil, designadamente nas normas compreendidas entre o artigo 1022.º e o artigo 1113.º, inserindo-se no Livro II – Direito das Obrigações, no âmbito dos Contratos em Especial, constante do Título II, iniciando-se, pois, com a consagração do contrato de locação, cujas disposições gerais se aplicam diretamente ao regime do arrendamento urbano em todos os aspetos não consagrados nas disposições específicas constantes da Secção VII relativas ao arrendamento de prédios urbanos.

Por sua vez, o regime previsto no artigo 1064.º e seguintes aplica-se não apenas aos contratos de arrendamento que tenham por objeto prédios urbanos, mas também a outras situações que nele sejam previstas, designadamente, contratos de arrendamento de caráter misto, cujo objeto seja composto por uma parte urbana e uma parte rústica, ou o arrendamento de imóveis mobilados.

Não obstante, cumpre notar que o regime do arrendamento urbano, na sua configuração atual não se esgota com a respetiva consagração no Código Civil, encontrando-se igualmente regulado em diversa legislação complementar, não apenas por impossibilidade física de consagrar num único diploma, a totalidade da disciplina do arrendamento urbano, com o necessário grau de desenvolvimento e pormenor com que esta necessariamente deverá ser tratada, mas também pela inerente diversidade de matérias relacionadas direta e indiretamente com o arrendamento urbano, designadamente no âmbito do direito processual, substantivo, transitório e, inclusive, de direito tributário.

Assim sendo, a par das importantes alterações produzidas no Código Civil, Código de Processo Civil, Código do Imposto Municipal de Transmissões Onerosas de Imóveis, Código do Imposto Municipal e no Código do Registo Predial, a Lei n.º 6/2006, de 27 de fevereiro e respetivas alterações subsequentes, ao aprovar o Novo Regime do Arrendamento Urbano (NRAU), contém ainda, numa primeira parte, as disposições gerais relativas à comunicação entre senhorio e arrendatário, a legitimidade processual das associações representativas das partes, o assédio no arrendamento, os diferentes meios judiciais *(ação de despejo, ação executiva para pagamento de rendas, encargos e despesas e ação executiva para pagamento de compensação devida ao arrendatário pela realização de obras em substituição do senhorio)* e extrajudiciais *(procedimento especial de despejo e injunção em matéria de arrendamento)*, no âmbito da resolução de litígios, contendo ainda normas avulsas relativas a situações de justo impedimento no cumprimento tempestivo das obrigações contratuais, consignação em depósito de rendas vencidas e atualização anual do valor das rendas atendendo ao coeficiente de atualização definido anualmente.

Numa segunda parte, consagra a referida lei, um conjunto de disposições transitórias relativas à transição dos contratos de arrendamento habitacional e para fins não-habitacionais para o NRAU, distinguindo entre contratos celebrados antes da vigência do RAU, aprovado pelo Decreto-Lei n.º 321-B/90, de 15 de outubro *(contratos habitacionais)* e do Decreto-Lei n.º 257/95, de 30 de setembro *(contratos para fins não-habitacionais)*, dos contratos celebrados depois do RAU e do referido Decreto-Lei n.º 257/95, respetivamente.

Os diplomas em apreço, contêm, na sua globalidade, a disciplina principal do arrendamento urbano, não devendo, no entanto, ser descurados outros textos legais, de importância similar, que vêm, de alguma forma, desenvolver, complementar e consolidar, tal quadro jurídico.

Referimos-mos, entre outros, ao Decreto-Lei n.º 157/2006, de que resulta o regime jurídico das obras em prédios arrendados (RJOPA), tendo em vista, não apenas os contratos celebrados após a sua vigência, mas também aqueloutros celebrados antes da sua entrada em vigor, contendo ainda disciplina especial dirigida aos contratos de arrendamento habitacionais antigos celebrados anteriormente ao RAU e contratos não-habitacionais celebrados anteriormente ao Decreto-Lei n.º 257/95, não raras vezes tendo por objeto imóveis degradados ou em mau estado de conservação, assim comprometendo irremediavelmente a possibilidade de vida condigna de inúmeras famílias, principal preocupação a ter em conta no âmbito da realização de obras de manutenção e conservação dos locados, por iniciativa dos senhorios ou dos municípios e entidades gestoras de operações de reabilitação urbana, ou mesmo dos próprios arrendatários.

Diretamente associado à conservação ou remodelação dos imóveis locados e à reabilitação urbana, o Decreto-Lei n.º 266-B/2012, consagra por sua vez, o regime aplicável à determinação do nível de conservação dos prédios urbanos ou frações autónomas.

Igual relevância assume o Decreto-Lei n.º 160/2006, de 8 de agosto porquanto estabelece o conjunto de elementos, distinguindo entre conteúdo necessário e eventual, a constar de qualquer contrato de arrendamento, considerando ainda os respetivos requisitos para a sua celebração, designadamente a existência de licença de utilização do imóvel a arrendar[6].

Merecem ainda destaque o regime de renda condicionada no arrendamento para habitação, vertido na Lei n.º 80/2014, e o regime do arrendamento apoiado para fins habitacionais, resultante da Lei n.º 81/2014, ambos de 19 de dezembro, prevendo e estabelecendo condições especiais de ocupação temporária de habitações do Estado, entidades de administração direta e indireta do Estado, regiões autónomas, autarquias locais e outras, destinando-se tais habitações, maioritariamente, a arrendatários e respetivos agregados familiares que reúnam determinados requisitos ou se enquadrem nos critérios preferenciais pré-estabelecidos, designadamente os contantes do artigo 11.º deste último diploma, como sejam: famílias monoparentais ou que integrem menores, pessoa ou pessoas com deficiência ou com idade igual ou superior a 65 anos de idade ou, bem ainda, para vitimas de violência doméstica.

Por último, e no respeitante especificamente ao procedimento especial de despejo, concebido *a piori* como meio tendencialmente extrajudicial para efetivar, através do despejo ou desocupação voluntária se aplicável, a cessação do contrato de arrendamento igualmente cessado

[6] Ressalvam-se da exigibilidade de licença de utilização, as situações previstas no n.º 2 do artigo 5.º do Decreto-Lei n.º 160/2006.

extrajudicialmente, importa ter em atenção o conjunto de diplomas composto pelo Decreto n.º 1/2013, a Portaria n.º 7/2013, a Portaria n.º 9/2013, e a Portaria n.º 30/2015, que regulam esta figura, estabelecendo, respetivamente, a instalação e definição do Balcão Nacional de Arrendamento, o respetivo mapa de pessoal e, bem ainda, os demais aspetos avulsos aplicáveis, assim completando a disciplina do PED.

Em suma, cumpre-nos agora expor de forma abreviada *infra*, o conjunto de diplomas que compõem o atual quadro jurídico relevante nesta matéria e com os quais nos iremos deparar, frequentemente, ao longo do presente manual:

1. Arrendamento urbano:

- **Código Civil (artigos 1022.º a 1113.º):** estabelece o regime substantivo a aplicar aos contratos de locação e de arrendamento urbano, alterado recentemente, nesta matéria, pelas Leis n.º 64/2018, de 29 de outubro, 13/2019, de 12 de fevereiro e 43/2019, de 21 de junho;
- **Lei n.º 6/2006, de 27 de fevereiro:** estabelece o novo Regime jurídico do Arrendamento Urbano (NRAU), alterado pelas Leis n.º 31/2012, de 14 de agosto, 79/2014, de 19 de dezembro, 42/2017, de 14 de junho, 43/2017, de 14 de junho, 12/2019 e 13/2019, de 12 de fevereiro e declarações de retificação n.º 7/2019, de 7 de março e 11/2019, de 4 de abril;
- **Decreto-Lei n.º 157/2006, de 08 de agosto:** aprova o regime jurídico das obras em prédios arrendados (RJOPA), alterado pelo Decreto-Lei n.º 306/2009, de 23 de outubro, pelas Leis n.º 30/2012, de 14 de agosto, 79/2014, de 19 de dezembro, 42/2017 e 43/2017, de 14 de junho, 13/2019, de 12 de fevereiro e pelo Decreto-Lei n.º 66/2019, de 21 de maio;
- **Decreto-Lei n.º 159/2006, de 08 de agosto:** estabelece o conceito fiscal de prédio devoluto, alterado pelo Decreto-Lei n.º 67/2019, de 21 de maio;
- **Decreto-Lei n.º 160/2006, de 08 de agosto:** estabelece o conjunto de elementos a constar do contrato de arrendamento urbano e respetivos requisitos de celebração, alterado pelo Decreto-Lei n.º 266-C/2012 de 31 de dezembro;

- **Decreto-Lei n.º 307/2009, de 23 de outubro:** estabelece o regime jurídico da reabilitação urbana, alterado pelo Decreto-Lei n.º 66/2019, de 21 de maio;
- **Decreto-Lei n.º 266-B/2012, de 31 de dezembro:** estabelece a determinação do nível de conservação de um prédio urbano ou de uma fração autónoma sendo ordenada pela Câmara Municipal, oficialmente ou a requerimento;
- **Decreto-Lei n.º 266-C/2012, de 31 de dezembro:** estabelece o regime de determinação do rendimento anual bruto corrigido (RABC) e de atribuição do subsídio de renda, alterando ainda o Decreto-Lei n.º 160/2006 que estabelece os elementos do contrato de arrendamento e requisitos da sua celebração;
- **Decreto-Lei n.º 156/2015, de 10 de agosto:** estabelece o regime do subsídio de renda a atribuir aos arrendatários com contratos de arrendamento para habitação, celebrados antes de 18 de novembro de 1990, em processo de atualização de renda, e o regime de determinação do rendimento anual bruto corrigido, alterado pela Lei n.º 13/2019, de 12 de fevereiro;
- **Portaria n.º 226/2013 de 13 de julho:** aprova o modelo do pedido de emissão da declaração bem como o modelo da declaração da qual consta o valor do RABC, contendo ainda os procedimentos relativos à entrega do pedido e emissão da declaração, definindo ainda os meios admissíveis para fazer prova da qualidade de microentidade[7], alterada pela Portaria n.º 69/2015, de 10 de março;
- **Lei n.º 80/2014, de 19 de dezembro:** estabelece o regime de renda condicionada dos contratos de arrendamento para fim habitacional;
- **Lei n.º 81/2014, de 19 de dezembro:** estabelece o novo regime do arrendamento apoiado para habitação, alterado pela Lei n.º 32/2016, de 24 de agosto;

[7] Relativamente a este diploma importa considerar que as alterações introduzidas pela Lei n.º 79/2014 privilegiam a noção de microempresa em detrimento de microentidade. Não obstante e dados os requisitos para a comprovação de uma e outra, é seguro incluirmos o conceito de microentidade no de microempresa porquanto a microempresa vem ampliar os limites do total do balanço, volume de negócios líquido e número médio de empregador durante o exercício.

- **Lei n.º 42/2017, de 14 de junho**: estabelece o regime de reconhecimento e proteção de estabelecimentos e entidades de interesse histórico e cultural ou social local, alterado pela Lei n.º 13/2019, de 12 de fevereiro;
- **Lei n.º 12/2019, de 12 de fevereiro:** proíbe e pune o assédio no arrendamento;

2. Procedimento especial de despejo:

- **Decreto-Lei n.º 1/2013, de 7 de janeiro:** procede à instalação e definição das regras de funcionamento do Balcão Nacional de Arrendamento e do Procedimento Especial de Despejo;
- **Portaria n.º 7/2013, de 10 de janeiro:** determina a composição do mapa de pessoal do Balcão Nacional de Arrendamento;
- **Portaria n.º 9/2013, de 10 de janeiro:** regulamenta diversos aspetos relativos ao Procedimento Especial de Despejo, alterada pela Portaria n.º 267/2018, de 20 de setembro;
- **Portaria n.º 30/2015, de 12 de fevereiro:** estabelece o modelo de requerimento aplicável em virtude das alterações produzidas pela Lei n.º 79/2014, de 19 de dezembro;

IV
Objeto do contrato de arrendamento urbano

O arrendamento, como vimos, tem por objeto, na qualidade de subespécie ou modalidade do contrato de locação, uma coisa imóvel, em contraposição com o aluguer que versa sobre coisas móveis, distinção esta que resulta expressamente do artigo 1023.º do Código Civil[8], assumindo relevância, para efeito da presente distinção, o conceito de *coisa*, a qual deverá ser encarada como uma realidade jurídica autónoma, suscetível de ser objeto de uma ou várias situações jurídicas, visando, pois, a satisfação de determinada necessidade.

Assim sendo, as coisas constituem meios idóneos para alcançar determinados fins, independentemente de estes serem prosseguidos por pessoas singulares ou coletivas, o que significa, transpondo tal noção para o âmbito do Direito, que as coisas em análise, deverão ser juridicamente aptas à realização de fins ou interesses legalmente permitidos, isto é, lícitos[9].

A par do referido, as coisas que aqui nos interessam, entendem-se por materialmente existentes, sendo fisicamente apreensíveis porque repercutíveis em matérias provenientes da natureza e agregadas de tal forma que, por ação do homem, ganham existência jurídica autónoma, independentemente de os objetos corporizados por tais matérias serem

[8] António Katchi, *Dicionário da Parte Geral do Código Civil Português*, Almedina, 3.ª edição, 2013, pp. 26.

[9] Pedro Pais de Vasconcelos, *Teoria Geral do Direito Civil*, Almedina, 2014, 7.ª edição, pp. 189 ss.

amovíveis ou não. Tais coisas assim configuradas são, pois, coisas corpóreas[10], e como tal suscetíveis de uso e gozo por terceiros alheios à relação estabelecida entre uma pessoa singular ou coletiva e o bem, através de um contrato de locação.

Da consideração de coisas corpóreas, somos remetidos para uma classificação que aqui assume particular relevo, importando operar a distinção entre coisas imóveis e coisas móveis, distinção à qual a lei substantiva dedica especial atenção nos artigo 204.º e 205.º do Código Civil, sendo especialmente pormenorizada ao estabelecer o catálogo de coisas que devem ser entendidas por imóveis, não se limitando a uma definição do que sejam tais coisas, a qual, aliás, parte da noção geral de coisas, vertida no artigo 202.º.

Assim sendo, e partindo do catálogo taxativo presente no artigo 204.º, são coisas *imóveis*:

a) os prédios rústicos e urbanos;
b) as águas;
c) as árvores, os arbustos e os frutos naturais, desde que ligados ao solo;
d) os direitos inerentes aos imóveis mencionados nas alíneas anteriores;
e) as partes integrantes dos prédios rústicos e urbanos.

Serão, por sua vez, *móveis*, todas as coisas que não sejam consideradas imóveis, atentando à respetiva natureza corpórea das coisas a que nos referimos, na medida em que podem existir coisas, que em uso de tal qualidade, não se enquadrem nem no âmbito das coisas imóveis, nem no das coisas móveis, de que são exemplo as coisas incorpóreas, como os direitos ou as obras intelectuais, que não tendo natureza fisicamente apreensível, não podem como tal, serem entendidas por coisas móveis em virtude de interpretação ampla do preceituado no n.º 1 do artigo 205.º.

Da nossa parte, entendemos por coisas móveis, aquelas que não tendo caráter de permanência ou vinculação definitiva ao solo, são autónomas do mesmo, sendo como tal, suscetíveis de, por si ou por intermédio de

[10] Partimos, pois, das classificações de coisas propostas por PEDRO PAIS DE VASCONCELOS, *Ob. Cit.*, pp. 193.ss.

outrem, serem amovíveis ou deslocáveis, desde a sua localização até ao local de destino. Pensamos naturalmente em bens móveis como os meios de transporte, objetos de mobiliário e decoração, entre outros.

Desta forma e como vemos, o critério legal utilizado para estabelecer o que sejam coisas imóveis, em contraposição, de forma residual, com as designadas coisas móveis, consiste na ligação ininterrupta e permanente da coisa ao solo, sendo assim percetível a ressalva legal efetuada na alínea c) quanto aos frutos que serão bens imóveis se ligados à arvore, a qual, por sua vez se encontra em contacto permanente com o solo, perdendo essa qualidade tais frutos após a respetiva colheita, ou seja, a sua separação indireta do solo, adquirindo, dessa forma, a respetiva existência autónoma, tornando-se como tal, todos e cada um desses frutos, coisas móveis.

O mesmo se diga ainda relativamente a outras realidades elencadas que, uma vez separadas do solo, adquirem, igualmente, a qualidade de coisas móveis, como as árvores e arbustos, as águas, as janelas ou as portas de uma determinada habitação, se retiradas do respetivo edifício, entre outros, suscitando-nos este último exemplo a noção de partes integrantes.

Sucintamente, são partes integrantes as coisas móveis que, uma vez incorporadas, de forma permanente e ininterrupta, numa coisa imóvel, adquirem por inerência tal qualidade imóvel, perdendo consequentemente a sua mobilidade[11]. Exemplo de partes integrantes são os ascensores instalados num prédio urbano em regime de propriedade horizontal[12],

[11] Naturalmente, a noção de parte integrante, não deve ser confundida com a de parte componente uma vez que, nesta última se trata, em boa verdade, de coisas, acessórias, que completam outras coisas, principais.

[12] **JURISPRUDÊNCIA (20/05/1993):**

AC. TRL. PROCESSO N.º 0069692 (RELATOR EDUARDO BAPTISTA):

(...)

"IV – Os elevadores instalados em prédios com mais de 3 pisos são seus componentes ou partes integrantes, por a sua instalação corresponder a uma exigência da lei e ser indispensável para eles satisfazerem os fins económicos a que se destinam.

V – As coisas móveis ligadas materialmente, com carácter de permanência, a um imóvel são "ope legis" partes integrantes deste.

VI – A cláusula de reserva de propriedade da coisa móvel, após a integração desta no imóvel, passa a ter natureza e efeitos meramente obrigacionais, vinculando somente as partes contratantes.

VII – Assim, a propriedade dos elevadores instalados em prédios urbanos, passados a seus componentes, transfere-se com a alienação destes".

porquanto da sua incorporação no edifício, resulta a aderência daqueles à respetiva inamovibilidade que o carateriza, assim o integrando.

Tendo por assente a distinção operada entre coisas móveis e coisas imóveis e a noção de contrato de locação, referida *supra,* bem com as respetivas modalidades, concluímos, pois, nos termos do artigo 1023.º que o contrato de locação que tenha por objeto um bem móvel será designado por *aluguer*, ao invés daquele que, por sua vez, incide sobre um bem imóvel, situação em que estaremos perante um *arrendamento*, atenta a natureza corpórea dos bens em apreço.

Por sua vez, centrando-nos apenas na figura do arrendamento, podemos distinguir o arrendamento urbano de arrendamento rural, incidindo este sobre um prédio rústico e aquele sobre um prédio urbano, ressalvadas as exceções legalmente previstas, importando por isso conhecer as respetivas noções de prédio, prédio urbano e prédio rústico.

O Código do Imposto Municipal sobre Imóveis[13] define *prédio*, no n.º 1 do artigo 2.º como sendo "*toda a fração de território, abrangendo as águas, plantações, edifícios e construções de qualquer natureza nela incorporados ou assentes, com carácter de permanência, desde que faça parte do património de uma pessoa singular ou coletiva e, em circunstâncias normais, tenha valor económico, bem como as águas, plantações, edifícios ou construções, nas circunstancias anteriores, dotados de autonomia económica em relação ao terreno onde se encontrem implantados, embora situados numa fração de terreno que constitua parte integrante de um património diverso ou não tenha natureza patrimonial*".

Neste sentido e como resulta do artigo 3.º CIMI em articulação com o n.º 2 do artigo 204.º CC, serão prédios rústicos, as áreas delimitadas de solo e respetivas construções nelas existentes, bem como as águas e plantações situadas fora de um aglomerado urbano e não classificáveis como terrenos de construção, e ainda, as que, embora situadas dentro de um aglomerado urbano, não possam gerar rendimentos ou que gerem rendimentos agrícolas e estejam a ser utilizados para esse efeito.

Por contraposição à noção anterior, serão urbanos, nos termos do artigo 4.º CIMI e n.º 2/*in fine* do artigo 204.º CC, todos as áreas delimitadas de solo e respetivos prédios que não sejam como tal, classificáveis

[13] Código do Imposto Municipal sobre Imóveis, aprovado pelo Decreto-Lei n.º 287/2003

como rústicos, estabelecendo a lei, no artigo 6.º daquele diploma, as diferentes espécies de prédios urbanos, que podem ser:

a) os prédios habitacionais;
b) os prédios comerciais, industriais ou para serviços;
c) terrenos para construção;
d) outros;

Tendo, maioritariamente por objeto os prédios urbanos, o contrato de arrendamento urbano surge regulado no Código Civil, nos artigos 1064.º e seguintes, a par das disposições gerais relativas ao contrato de locação e restante legislação avulsa e complementar, constante do Novo Regime do Arrendamento Urbano (NRAU) e demais diplomas que compõem a atual disciplina arrendatícia de prédios urbanos.

O contrato de arrendamento rural, conhece, por sua vez, o regime que lhe é estabelecido pelo Decreto-Lei n.º 294/2009, de 13 de outubro, também designado por Novo Regime do Arrendamento Rural (NRAR), porquanto revoga o já antigo Decreto-Lei n.º 385/88, de 25 de outubro, definindo o contrato de arrendamento rural no seu artigo segundo como: "*a locação, total ou parcial, de prédios rústicos para fins agrícolas, florestais, ou outras atividades de produção de bens ou serviços associadas à agricultura, à pecuária ou à floresta*".

Como referimos, existem, no entanto, exceções à regra linear de que um contrato de arrendamento urbano tem por objeto um prédio urbano e de que, por sua vez, o arrendamento rústico incidirá como tal, sobre um prédio rústico, na medida em que, no que aos primeiros concerne, podem ser facilmente configurados contratos de arrendamento urbano que incidam sobre prédios rústicos, tal como sucede com os prédios rústicos não sujeitos a regimes especiais, nos termos do artigo 1108.º. Por sua vez, também a locação de estabelecimento, no artigo 1109.º constitui uma dessas exceções, na medida em que, pese embora tratando-se da locação de uma coisa incorpórea, é igualmente regulada pelo regime do arrendamento urbano.

de 12 de novembro, alterado pela Lei n.º 119/2019, de 18 de setembro, doravante designado apenas por CIMI.

Neste sentido e atendendo à natural complexidade subjacente na distinção entre contratos de arrendamento urbano e rural, tendo por referência apenas as noções legais elencadas, impunha-se, pois, estabelecer um conjunto de critérios e presunções normativas que assim permitam ao interprete e julgador determinar, face ao contrato de arrendamento perante o qual se depara, qual a subespécie e consequentemente, regime aplicável ao mesmo, isto em face de situações de configuração menos clara, designadamente nos chamados arrendamentos mistos, isto é, arrendamentos cujo objeto contratual incide, simultaneamente, sobre uma parte urbana e uma parte rústica.

Tais critérios e presunções resultam, sucintamente, do artigo 1066.º do Código Civil, no respeitante aos contratos de arrendamento urbano, e dos n.ºs 2 e 3 do artigo 2.º do Decreto-Lei n.º 294/2009, no respeitante aos contratos de arrendamento rural, e ainda do artigo 5.º CIMI, relativamente a ambos.

Assim sendo, podemos concentrar tais elementos da seguinte forma:

1. O contrato de arrendamento que recaia sobre prédios rústicos, presume-se arrendamento rural, considerando-se, por sua vez, urbano, o contrato de arrendamento que recaia sobre prédios urbanos quando do contrato e respetivas circunstâncias, não resulte destino diferente.
2. O contrato de arrendamento que tenha por objeto simultaneamente uma parte urbana e uma parte rústica, presume-se urbano ou rústico, consoante a vontade expressa dos contraentes expressa no respetivo contrato[14].
3. Em caso de dúvida, atende-se ao fim ou parte principal do contrato e na impossibilidade de aferir do mesmo, à renda paga pelo arrendatário respeitante a cada uma das partes, salvo se senhorio e arrendatário tiverem convencionado um preço único global ao contrato, situação em que será de aplicar o critério seguinte.

[14] A este propósito veja-se o esclarecedor Acórdão do Tribunal da Relação de Lisboa de 4 de dezembro de 2007 (Processo n.º 9208/2007-1, *Relator João Aveiro Pereira*): *"Independentemente do nomen iuris que as partes dão aos contratos, na interpretação e na qualificação destes, o que conta é a vontade expressa nas respetivas declarações negociais, entendidas estas com o sentido captável pelo declaratário normal, colocado no real circunstancialismo negocial"*.

4. Na falta ou insuficiência dos critérios referidos atrás, o contrato de arrendamento celebrado presume-se urbano, aplicando-se consequentemente o regime constante do NRAU.

De igual forma, são suscetíveis de serem considerados contratos mistos: aqueles que tenham por objeto bens imóveis já mobilados, isto é, conjuntamente com uma pluralidade de bens móveis, ou bem ainda, o arrendamento de bens imóveis acompanhados com os seus bens acessórios, designadamente, as garagens, anexos, logradouros e outros espaços.

Em ambos os casos, ao abrigo do disposto no artigo 1065.º, existe *locação unitária de coisa imóvel*, ou seja, um único contrato de arrendamento que ao versar sobre o bem imóvel principal, se presume ser vontade das partes que o mesmo abranja de igual forma os respetivos *acessórios*, sejam estes, por exemplo, o recheio composto por equipamentos de cozinha, mobiliário dos quartos e objetos decorativos avulsos, ou apenas o imóvel devoluto de bens, acompanhado pela respetiva garagem, sendo sujeitos, como tal, a uma renda única e, portanto, regulados igualmente pelo regime do arrendamento urbano.

Note-se que a lei, ao estabelecer tal presunção, simplifica desta forma, uma questão que poderia ser naturalmente complexa porquanto, ao arrendar um imóvel mobilado ou juntamente com a respetiva garagem, o mesmo envolve uma multiplicidade de coisas móveis ou imóveis, que poderiam desencadear uma igual multiplicidade de contratos de aluguer e arrendamento a fim de proteger tais coisas, mas, não obstante, o legislador entendeu, a nosso ver corretamente, enquadrar tal pluralidade de situações sob a égide de um mesmo contrato, alargando o NRAU a proteção do imóvel locado ao respetivo conjunto de coisas móveis que nele se incluam[15].

[15] Recomenda-se, assim, por uma questão de precaução que, dos contratos de arrendamento que têm por objeto bens imóveis mobilados, conste em cláusula autónoma ou anexo a este, uma referência a título de histórico ou inventário, às diversas coisas móveis que equipam o bem imóvel, como sejam, por exemplo: equipamentos diversos, mobília, eletrodomésticos, loiças, entre outros, descrevendo, tanto quanto possível, o respetivo estado geral das mesmas, com recurso se necessário ao respetivo registo fotográfico aquando da respetiva celebração do contrato de arrendamento.

Trata-se, no entanto, de uma *presunção ilidível*, podendo, como tal, ser afastada pelas partes ou por uma delas, designadamente se, por exemplo, o contrato de arrendamento visar exclusivamente o bem imóvel e o recheio existente na habitação tiver sido doado ao arrendatário pelo senhorio, destinando-se ao proveito pessoal daquele, autonomamente ao contrato de arrendamento, ou, noutro exemplo, um imóvel a que se encontra associada uma garagem, envolvendo dois números autónomos na respetiva descrição na certidão permanente da conservatória do registo predial, em que o imóvel principal dado a título de arrendamento, não se confunde com a garagem adquirida pelo arrendatário ao senhorio, a título de compra e venda.

V
Forma do contrato de arrendamento urbano

O contrato de arrendamento é, como referimos no âmbito da respetiva qualificação jurídica, um contrato formal, porquanto a respetiva validade depende da necessária observância de forma escrita, como resulta expressamente do artigo 1069.º do Código Civil, constituindo esta uma das alterações mais relevantes no âmbito da reforma encetada pela Lei n.º 31/2012, de 14 de agosto ao NRAU.

Assim sendo, atualmente, independentemente da duração atribuída pelas partes ao contrato de arrendamento, este terá sempre de ser celebrado por escrito sob pena de nulidade[16], por inobservância de forma legalmente exigida, nos termos do artigo 220.º CC, sendo como tal, errada, a ideia de que os contratos de curta, ou muito curta duração, designadamente para fins especiais transitórios ou habitação não permanente, não carecem de forma escrita, sendo que mesmo nessas situações, por exemplo, de contratos de arrendamento por um mês, uma semana ou mesmo umas horas, como seja o arrendamento de um auditório para a realização de uma apresentação, ou de uma quinta para celebração de um casamento, o contrato terá sempre de ser reduzido a escrito.

É certo que à luz da Lei n.º 6/2006, na sua versão original, era já necessária a forma escrita na grande maioria dos contratos de arrendamento

[16] A nulidade do contrato de arrendamento será como tal, insuprível na medida em que, ao invés do que sucedia no revogado Regime do Arrendamento Urbano, a inobservância da forma escrita quando necessária não poderá ser suprida através da apresentação de recebidos de renda comprovantes da existência de um contrato de arredamento consensual.

celebrados na sua vigência, designadamente em todos aqueles cuja duração fosse superior a seis meses mas, não obstante, permaneceriam válidos todos os restantes contratos com duração inferior, que fossem celebrados verbalmente, ainda que tais contratos ao abrigo da redação então vigente do disposto no n.º 1 do artigo 1096.º, se renovassem automaticamente, por igual período de tempo, decorrido o respetivo prazo de duração inicial estipulada ou sua renovação, desde que celebrados por período superior a trinta dias, dando assim guarida a um eventual ciclo vicioso que, com facilidade, se poderia perpetuar, renovando-se *ad eternum* na ausência de oposição de uma das partes à referida renovação[17], sem que existisse qualquer documento escrito que comprovasse a existência da relação arrendatícia estabelecida entre as partes, mantendo ainda assim, plena validade.

Ora, com a entrada em vigor da Lei n.º 31/2012, a abertura a eventuais contratos verbais renováveis *ad eternum* termina, na medida em que todos os contratos celebrados após o dia 12 de novembro de 2012, carecem necessariamente da observância de forma escrita.

Não isentos de dúvidas ficam, porém, os contratos de arrendamento que, ao arrepio da exigibilidade de forma escrita tenham sido validamente celebrados por recurso à forma verbal, e que, hipoteticamente, ainda perduram atualmente, isto é, que ainda não hajam transitado para o NRAU.

Veja-se o seguinte esquema referente às formalidades impostas ao contrato de arrendamento urbano, à luz das leis vigentes à época a que se referem os diferentes períodos temporais:

1. **Contratos celebrados após a Lei n.º 31/2012:** *devem ser celebrados por escrito,* independentemente da respetiva duração. Renovam-se automaticamente por períodos sucessivos de igual duração, salvo oposição de ambas ou de uma das partes em contrário – 1096.º/1 CC.

[17] Note-se que o prazo máximo de trinta anos a que se refere o n.º 2 do artigo 1095.º, é relativo à duração inicial do contrato de arrendamento urbano com prazo certo, não impondo um período máximo composto por duração inicial e respetivas renovações, pelo que é perfeitamente possível as partes estabelecerem em trinta anos a duração inicial do contrato de arrendamento e este, ao abrigo do n.º 1 do artigo 1096.º se renovar por igual período de trinta anos.

2. **Contratos celebrados após a Lei n.º 6/2006 e antes da Lei n.º 31/2012:** *devem ser celebrados por escrito* desde que tenham duração superior a seis meses. Renovam-se automaticamente por períodos sucessivos de igual duração, salvo oposição de ambas ou de uma das partes em contrário, ressalvando-se os contratos com duração igual ou inferior a trinta dias – 1096.º/1 CC.
3. **Contratos celebrados após o Decreto-Lei n.º 321-B/90 e antes da Lei n.º 6/2006:** *devem ser celebrados por escrito,* apesar de a ausência de forma poder ser suprida pela exibição dos respetivos recibos de renda, à exceção dos contratos sujeitos a registo, designadamente aqueles em que a respetiva duração estipulada pelas partes seja superior a seis anos. Renovam-se automaticamente por períodos de tempo sucessivos, se nenhuma das partes proceder à respetiva denúncia – 1054.º CC.
4. **Contratos celebrados após o Decreto-Lei n.º 445/74, de 12 de setembro e antes do Decreto-Lei n.º 321-B/90:** *os contratos de arrendamento devem constar obrigatoriamente de documento assinado por ambos os contraentes,* independentemente da respetiva duração, acrescentando o Decreto-lei n.º 188/76, de 12 de março, nos n.ºs 2 e 3 do artigo 1.º, que " *a falta de contrato escrito presume-se imputável ao locador e a respetiva nulidade só é invocável pelo locatário*", podendo este, como tal, " *provar a existência do contrato por qualquer meio de prova admitido em direito, desde que não haja invocado a nulidade* ". Renovam-se automaticamente por períodos de tempo sucessivos se nenhuma das partes proceder à respetiva denúncia – 1054.º CC.
5. **Contratos celebrados após o Decreto-Lei n.º 47344, de 1966 (que aprova o Código Civil) e antes do Decreto-Lei n.º 445/74, de 12 de Setembro:** não carecem da observância de qualquer formalidade externa para a validade do contrato[18], vigorando, pois, o princípio da liberdade de forma, com ressalva expressa dos contratos cuja validade depende de celebração por escritura pública, designadamente: nos arrendamentos sujeitos a registo, isto é, com duração superior a seis anos e nos arrendamentos comerciais,

[18] Pires de Lima, Antunes Varela, *Código Civil Anotado,* Volume II, Coimbra Editora, 1968, pp. 360.

> sendo aqueles, e não estes, automaticamente reduzidos a um prazo máximo de seis anos na ausência de escritura pública ou registo. Renovam-se automaticamente por períodos de tempo sucessivos se nenhuma das partes proceder à respetiva denúncia – 1054.º CC.

Assim sendo, existem ainda atualmente, contratos antigos que mesmo não estando sujeitos a forma escrita, atenta a lei vigente à data da respetiva celebração, permanecem plenamente válidos. Importa, no entanto, notar que, como veremos a propósito da transição de contratos anteriores à vigência do NRAU, não resulta das normas transitórias que disciplinam tal matéria, a exigência de que os mesmos contratos, aquando do respetivo processo de transição para o NRAU, sejam reduzidos a escrito, embora por uma questão de conferir maior segurança jurídica ao vinculo existente entre as partes, devam estes, no âmbito da referida atualização, proceder à redução a escrito do contrato a vigorar após a transição do mesmo para o NRAU, além de que, a correspondência trocada entre as partes do sentido de operar essa transição não substitui o contrato de arrendamento *de per si*.

Importa ainda ressalvar que a necessidade de forma escrita do contrato de arrendamento assume especial relevância, como veremos em sede própria, para que o senhorio possa, face à recusa do arrendatário em proceder à desocupação do locado após a respetiva cessação extrajudicial do contrato, aceder ao procedimento especial de despejo no sentido de obter a desocupação coerciva do imóvel bem como, acessoriamente e se aplicável, o pagamento de rendas, encargos ou despesas em falta, sendo requisito indispensável a apresentação eletrónica ou presencial do contrato escrito juntamente com o requerimento de despejo, como resulta das sucessivas alíneas do artigo 15.º NRAU, sendo que tal exigência é válida, independentemente da forma de cessação operada pelas partes, incluindo mesmo a cessação do contrato de arrendamento por acordo revogatório que, em regra, não carece de ser reduzido a escrito, mas que, para efeitos de acesso ao BNA, deverá igualmente cumprir tal forma.

Maria Olinda Garcia realça ainda um outro aspeto importante derivado da necessidade de forma do contrato de arrendamento[19]: a possibi-

[19] Maria Olinda Garcia, *Arrendamento Urbano Anotado*... pp. 24.

lidade de, nos termos do artigo 289.º do Código Civil, o arrendatário, em virtude de contrato celebrado verbalmente com o senhorio (já na vigência do NRAU com as respetivas alterações subsequentes), para a ocupação de um determinado imóvel, por um período curto de tempo, em que aquele, não chegando a ocupar o imóvel por mudança de planos, pode agora invocar a nulidade do contrato, pedindo a restituição da renda antecipamente paga, posto que, munido do contrato celebrado obrigatoriamente por escrito, terá como provar a existência do mesmo.

A par do referido e pese embora a exigência de forma escrita atualmente aplicável a todos os contratos de arrendamento urbano celebrados, plasmada no n.º 1 do artigo 1069.º, independentemente da finalidade ou duração dos mesmos, a Lei n.º 13/2019, de 12 de fevereiro, vem aditar o n.º 2 ao artigo 1069.º, consagrando solução idêntica à que resultava dos n.ºs 2 e 3 do artigo 1.º do Decreto-Lei n.º 188/76, de 12 de março, estabelecendo atualmente que, perante a inexistência de contrato de arrendamento escrito por motivo não imputável ao arrendatário, poderá este demonstrar a sua existência por qualquer forma admitida em direito, demonstrando a utilização do locado sem a oposição do senhorio e que realiza o pagamento mensal da renda devida por um período mínimo de seis meses.

Tal solução, procurando reforçar a proteção dos arrendatários e reduzir a vulnerabilidade a que os mesmos se encontram expostos pela inexistência de vinculo contratual escrito, apenas poderá ser invocada por estes, caso não tenham interesse em invocar a própria nulidade do contrato de arrendamento, sendo certo que tal possibilidade não poderá ser invocada pelo senhorio, sendo o legislador claro neste aspeto ao estabelecer que: "*na falta de redução a escrito do contrato de arrendamento que não seja imputável ao arrendatário, este pode provar a existência de título por qualquer forma admitida em direito, demonstrando a utilização do locado pelo arrendatário e o pagamento mensal da respetiva renda por um período de seis meses*".

Do exposto resultam dúvidas interpretativas quanto à real amplitude e consequente utilidade da solução legislativa referida em apreço, especialmente perante a hipotética cumulação dos critérios referidos, *a demonstração da utilização do locado sem oposição do senhorio* e *o pagamento mensal da renda por um período de seis meses*, porquanto são de verificação recorrente na prática, situações em que por um lado, ao momento da necessária demonstração do pagamento mensal das rendas devidas, não tenham já decorrido seis meses de duração efetiva do contrato e, por outro, igualmente não despiciendos serão os casos em que o pagamento é feito em numerário sem qualquer recibo de quitação do valor pago, dificultando ou mesmo impossibilitando a comprovação do segundo requisito, ainda que o primeiro seja mais facilmente demonstrável, sendo nosso entendimento, a fim de ser alcançado o objetivo visado pela alteração em apreço, que tais critérios são alternativos no que tange à demonstração de existência do contrato de arrendamento urbano, podendo o arrendatário comprovar qualquer um deles e assim provar a existência de título de gozo do locado, por qualquer forma admitida em direito.

VI
Duração do contrato de arrendamento

No âmbito da celebração do contrato de arrendamento habitacional, tendo por objeto determinado bem imóvel, podem as partes ao abrigo do princípio da liberdade contratual, escolher livremente o tipo de contrato a celebrar em função da duração pretendida, podendo, por um lado, celebrar, contrato com prazo certo e por outro, contrato por duração indeterminada, cujas especificidades de um e outro resultam dos artigos 1095.º e seguintes e 1099.º e seguintes, respetivamente, residindo a diferença entre ambos na pré-estipulação do prazo a atribuir ao vinculo contratual, sendo possível determinar nos primeiros, o momento em que o contrato inicia a vigência e o momento em que cessa, sem prejuízo da aplicabilidade da renovação automática na ausência de oposição de qualquer uma das partes, ao invés do que sucede nos segundos, em que o contrato de arrendamento perdura indefinidamente no tempo, até que uma das partes o denuncie ou ambas o revoguem, não existindo estipulação prévia quanto à data em que o mesmo cessará a sua vigência.

Assim sendo e no que respeita aos contratos com prazo certo, podemos distinguir por um lado, os contratos para habitação permanente e por outro, os contratos para habitação não permanente ou para fins especiais transitórios, como sejam os contratos celebrados por motivos profissionais, de educação e formação ou turísticos, conforme resulta do n.º 3 do artigo 1095.º, assim recuperando o legislador a distinção existente anteriormente à vigência da Lei n.º 31/2012, de 14 de agosto, a qual havia perdido, entretanto, utilidade, após a entrada em vigor deste diploma com a eliminação da observância de um prazo mínimo na celebração de qualquer contrato de arrendamento com prazo certo, independentemente de o mesmo se destinar a habitação permanente ou não permanente ou a quaisquer outros fins.

Não obstante, com a entrada em vigor da Lei n.º 13/2019, de 12 de fevereiro, por sua vez, o legislador veio novamente estabelecer, nos contratos de arrendamento para habitação permanente, a imposição de um prazo mínimo de um ano, mantendo inalterado o prazo máximo de trinta anos, tal significando que, no regime em vigor, um contrato para habitação permanente não poderá ter duração inferior a um ano nem superior a trinta anos, considerando-se automaticamente reconduzida ao referido prazo mínimo ou máximo caso as partes estipulem prazo inferior a um ano ou superior a trinta anos, respetivamente, sem prejuízo de renovação findo o prazo estipulado.

De facto, nos contratos referidos, vigora a regra da renovação automática findo o prazo estipulado, por períodos sucessivos de tempo de igual duração ou de três anos, caso a duração inicial estipulada seja inferior, como resulta do n.º 1 do artigo 1096.º, daí resultando a desnecessidade de qualquer impulso ou comunicação à contraparte no sentido de prorrogar a vigência do contrato, atento o efeito automático legalmente atribuído em concretização da pretensão de conferir estabilidade e segurança aos contratos em apreço.

Exemplificando, caso as partes celebrem contrato de arrendamento com prazo certo de um ano, este renovar-se-á automaticamente, na ausência de manifestação das partes em contrário, pelo período de três anos. Diversamente, caso as partes celebrem um contrato com prazo certo de cinco anos, este, findo o prazo inicial estipulado, renova-se automaticamente por igual período de cinco anos, até que uma das partes se oponha à renovação do mesmo, nos termos dos artigos 1097.º e 1098.º ou, de mútuo acordo, procedam à revogação do mesmo a qualquer momento, ao abrigo do disposto no n.º 1 do artigo 1082.º.

No mesmo sentido, podem ainda as partes, no âmbito dos contratos celebrados com prazo certo e como resulta do n.º 2 do artigo 1094.º, convencionar que, finda a primeira renovação de tal contrato, o mesmo passe a ter duração indeterminada.

Nos contratos para habitação não permanente ou para fins especiais transitórios, por sua vez, podem as partes livremente estabelecer o prazo a atribuir ao contrato de arrendamento, não impondo o legislador a observância de qualquer prazo mínimo atendendo às diversas necessidades subjacentes à celebração dos mesmos, designadamente nos contratos de arrendamento de quarto para estudante, sendo que, quanto a estes contratos, em princípio, de duração inferior a um ano, a regra será a da caducidade findo o prazo pelo qual foram celebrados, nos termos do n.º 2 do artigo 1096.º, sem prejuízo da possibilidade de as partes poderem clausular a sua renovação automática.

Nos contratos de duração indeterminada, por sua vez, dada a ausência de estipulação do prazo do contrato, este cessará, como referido, perante a denúncia de uma das partes, nos termos do artigo 1099.º ou, mediante acordo revogatório, ao abrigo do disposto no n.º 1 do artigo 1082.º, sendo certo que, no respeitante à denúncia do contrato de arrendamento, esta difere substancialmente consoante seja operada pelo arrendatário ou pelo senhorio.

Assim sendo, devem as partes, ao reduzir a escrito o vinculo contratual assumido relativamente ao bem imóvel que o senhorio pretende dar de arrendamento ao arrendatario, manifestar opção expressa quanto ao tipo de contrato a celebrar e respetivo prazo aplicável, sendo contrato com prazo certo, determinado a ausência de estipulação das partes, a aplicação da norma supletiva constante do n.º 3 do artigo 1094.º, segundo a qual se considera o contrato celebrado por prazo certo, pelo período de cinco anos.

Nos contratos celebrados para fins não-habitacionais, por sua vez, o legislador absteve-se de estabelecer quaisquer regras específicas quanto à respetiva duração, denúncia e oposição à renovação, devendo tal disciplina, ser preferencialmente regulada no contrato de arrendamento, com base nos poderes de disposição das partes que podem assim, ao abrigo do princípio da liberdade contratual, estabelecer o conjunto de regras que melhor cumpre as necessidades e interesses específicos dos contraentes.

Não obstante e ressalvando a possibilidade de as partes se absterem de regular em concreto, seja por mero lapso ou de forma intencional, tais matérias, designadamente omitindo o tipo de contrato ou, sendo este celebrado por prazo certo, o período pelo qual deverá vigorar, são, neste sentido, supletivamente aplicáveis as disposições relativas ao arrendamento para habitação, aplicando-se, igualmente de forma supletiva, o disposto no n.º 2 e 4 do artigo 1110.º, nos termos dos quais, se considera o contrato de arrendamento como celebrado por prazo certo, por um período de cinco anos, automaticamente renovável por períodos sucessivos de igual duração ou de cinco anos, caso a duração inicial estipulada seja inferior, por força das alterações introduzidas pela Lei n.º 13/2019.

Aplicando-se a regra referida, logo é estabelecido na parte final do n.º 2 do mesmo preceito que o arrendatário apenas poderá denunciar o contrato de arrendamento, desde que cumprindo para o efeito, uma antecedência mínima de um ano, face à data pretendida do termo do contrato, sendo certo que tal prazo será manifestamente excessivo e demasiado oneroso ao impor ao arrendatário que, por exemplo, no âmbito da exploração de um estabelecimento comercial, consiga programar com tal antecedência, a data em que pretende a cessação do contrato, ou de, face a dificuldades financeiras imprevistas, se ver impossibilitado de manter o cumprimento pontual no pagamento das rendas vencidas durante tal lapso temporal, sendo-lhe clamorosamente inviável a manutenção do vinculo contratual durante um ano em estrita observância do cumprimento da referida antecedência legal face à produção de efeitos da denúncia pretendida.

No respeitante à cessação dos contratos de arrendamento celebrados com prazo certo para habitação permanente ou por duração indeterminada, remetemos para a análise realizada em sede própria das figuras da oposição à renovação e denúncia, respetivamente.

VII
Celebração do contrato de arrendamento urbano

1. Elementos do contrato de arrendamento urbano

Constituindo o contrato de arrendamento, o documento em que se encontra corporizada a relação contratual estabelecida entre senhorio e arrendatário, tendo por objeto determinado bem imóvel cujo gozo temporário aquele proporciona a este em contrapartida do pagamento de um preço e atendendo à necessidade de observância de forma escrita na sua celebração, assume este importância fundamental ao estabelecer o conjunto de cláusulas que irão pautar tal relação entre as partes durante o prazo fixado, ao abrigo do princípio da liberdade contratual plasmado no artigo 405.º CC.

Não obstante e pese embora gozem as partes de ampla autonomia na estipulação do conteúdo a constar do contrato de arrendamento, deve este, no entanto, conter alguns elementos que senhorio e arrendatário, mesmo ao abrigo do referido princípio, não podem dispensar, importando, pois, analisar com detalhe, o conjunto de informações que devem, necessariamente, fazer parte deste negócio jurídico.

Os requisitos a que deve obedecer a celebração de qualquer contrato de arrendamento, encontram-se, por remissão do n.º 2 do artigo 1070.º, regulados no Decreto-Lei n.º 160/2006, de 8 de agosto, republicado com a redação e alterações constantes do Decreto-Lei n.º 266-C/2012, de 31 de dezembro, conferindo consagração, com ligeiras diferenças, ao teor dos artigos 8.º e 9.º que constavam do revogado RAU, anteriormente à entrada em vigor da Lei n.º 6/2006.

Na sequência do retorno do regime do arrendamento urbano ao Código Civil, no âmbito do NRAU, surgiu, naturalmente, a necessidade de regular em diploma autónomo tais elementos, atendendo ao facto de que, ao concentrar na lei civil, as regras procedimentais a que nos referimos, daí resultaria invariavelmente estarmos perante um desenvolvimento injustificado deste contrato, pautado por uma excessiva pormenorização que o Código procurou, estrategicamente, não dedicar a nenhum outro dos diversos contratos privados que regula, inexistindo assim qualquer motivo para que o contrato de arrendamento urbano constituísse uma exceção à regra[20].

Ainda que assim seja, o Código Civil não deixa de referir, nos artigos 1069.º e 1070.º, alguns dos requisitos a que as partes devem igualmente atender, além dos já constantes do Decreto-Lei n.º 160/2006, aquando da celebração do contrato de arrendamento, designadamente: a existência de licença de utilização, de que resulte a aptidão e idoneidade do imóvel para o fim estabelecido no contrato de arrendamento, bem como a necessidade de forma escrita que, como já referimos, abrange atualmente todo e qualquer contrato de arrendamento independentemente da duração do mesmo.

Atendendo especificamente ao disposto no Decreto-Lei n.º 160/2006, estabelece este desde logo, relativamente aos elementos que devem constar do contrato de arrendamento, a distinção, no artigo 2.º e 3.º respetivamente, entre aqueles que compõem o conteúdo necessário, não podendo como tal deixar de ser referenciados, e os elementos relativos ao conteúdo eventual, isto é, a referência a determinadas informações especificas do contrato de arrendamento a celebrar, justificando-se pois a sua menção.

[20] Não obstante, entendemos que não seria, de forma alguma, desprovida de sentido, a consagração, à semelhança do que sucede com o contrato de trabalho (privado) em diploma autónomo, da totalidade da disciplina que ao arrendamento concerne, abrangendo não apenas a figura do arrendamento urbano (que em consequência deveria ser novamente extraído do Código Civil), mas antes a totalidade da disciplina do arrendamento em geral, analisando posteriormente em sede própria, as respetivas modalidades de arrendamento, regime transitório, figuras processuais de despejo, regime de obras, arrendamento apoiado para habitação, arrendamento condicionado, entre outros aspetos relevantes nesta matéria, cada vez mais dispersa e cada vez menos clarividente, mesmo para o interprete mais atento, face à pluralidade de alterações com que tem sido presenteada, especialmente na última década.

Assim sendo, entende-se quanto ao primeiro, o conjunto de elementos que devem necessariamente constar do contrato a celebrar entre as partes para que este possa ser considerado como tal, concretizando pois a identidade própria e estruturante de um contrato de arrendamento e quanto ao segundo, os restantes elementos que atendendo às especificidades próprias de determinados contratos de arrendamento, bem como dos imóveis objeto desses contratos e ainda das próprias partes em questão, devem de igual forma constar do contrato, embora tais elementos não sejam de menção obrigatória na generalidade dos contratos de arrendamento.

A. Conteúdo necessário

O conteúdo necessário do contrato de arrendamento urbano, resulta desde logo do artigo 2.º do referido Decreto-Lei n.º 160/2006, de 8 de agosto, sendo este composto pelos seguintes elementos: a identificação das partes, o domicílio ou a sede do senhorio, a identificação e localização do local arrendado ou de parte deste a arrendar, o fim do contrato, a existência da licença de utilização, o quantitativo da renda e a respetiva data de celebração.

O primeiro elemento e por ventura um dos mais importante para a perfeição negocial do acordo a celebrar, consiste na identificação das partes, querendo-se tão completa quanto possível, devendo constar do início do contrato, para que dessa forma seja possível distinguir claramente os intervenientes que assumem a posição de senhorio(s) e de arrendatário(s) e, eventualmente, de fiador, no contrato.

Para uma correta identificação das partes, devem ser indicados os seguintes dados: o nome, o número de identificação civil (constante de Bilhete de Identidade, Cartão de Cidadão ou tratando-se de uma pessoa proveniente do estrangeiro, o Título de Residência Temporária, emitido pelo Serviço de Estrangeiros e Fronteiras), o número de identificação fiscal (NIF), e se aplicável, a naturalidade, data de nascimento e o estado civil, sendo estes últimos elementos relativos unicamente a pessoas singulares.

Não descurando que o contrato de arrendamento urbano poderá ter igualmente por partes contratantes, tanto na qualidade de senhorio como de arrendatário, pessoas coletivas e, sendo esse o caso, deverá de igual forma proceder-se no contrato, à respetiva identificação da mesma, indicando: a firma da sociedade, o número de identificação de pessoa coletiva (NIPC), o capital social e a identificação dos respetivos representantes.

O domicílio ou a sede do senhorio deve igualmente constar do contrato, sendo um elemento relevante para efeitos de determinação do lugar de pagamento da renda, designadamente se a renda do contrato dever, por estipulação contratual nesse sentido, ser paga no domicílio ou sede deste[21] ou mesmo para efeito de receção de eventual correspondência que, necessariamente, seja trocada entre ambos, nos termos do n.º 3 do artigo 9.º NRAU.

Da mesma forma, assume especial importância proceder à correta identificação e localização do imóvel arrendado ou da parte deste a arrendar, dado que em virtude da ampla liberdade na conformação do contrato de arrendado que é conferida às partes, estas podem estipular o arrendamento de um imóvel no todo ou apenas em parte, devendo tal facto ser, necessariamente, mencionado no contrato.

O fim do contrato, seja ele habitacional ou não habitacional é igualmente um elemento indispensável a constar do contrato de arrendamento, não apenas por existirem disposições especificamente aplicáveis aos contratos de arrendamento para habitação (artigos 1092.º a 1107.º), ao invés de outras aplicáveis aos contratos de arrendamento para fim não-habitacional (artigos 1108.º a 1113.º), mas também porque o fim a que a utilização do locado se destina, constante do contrato, deverá estar em consonância com o fim que lhe é atribuído pela licença de utilização, sendo que na falta de indicação do fim a que se destina a utilização do imóvel, resulta do n.º 2 do artigo 1067.º, que este poderá ser gozado no âmbito das suas aptidões como resultem da licença de utilização.

A existência de licença de utilização[22], por sua vez, é um elemento determinante, assumindo fulcral importância na celebração de um contrato de arrendamento, sendo esta licença, o documento emitido pela

[21] Nada impede as partes, ao arrepio do disposto no n.º 1 do artigo 1039.º, de estabelecerem que o pagamento das rendas seja feito em numerário, contra emissão de recibo eletrónico dando quitação das quantias rececionadas a esse título, no domicílio do senhorio ou qualquer outro local, afastando o regime supletivo de que o pagamento deve ser feito no domicílio do locatário que, em princípio, coincidirá com a morada do locado.

[22] **JURISPRUDÊNCIA (03/03/2016)**

AC. TRL PROCESSO N.º 681/14.8TVLSB.L1-2 (RELATOR JORGE LEAL)

Câmara Municipal do concelho onde se localiza o imóvel, atestando o fim ou o uso a que se destina o imóvel em questão, bem como da aptidão desse imóvel para aquele fim, como resulta do n.º 1 do artigo 5.º do Decreto-Lei n.º 160/2006, pelo que como refere ainda o artigo 1070.º do Código Civil, "*o arrendamento urbano só pode recair sobre locais cuja aptidão para o fim do contrato seja atestada pelas entidades competentes, designadamente através de licença de utilização, quando exigível*".

Quanto à exigibilidade da licença de utilização, importa referir que esta é obrigatória em relação a todos os imóveis cuja construção seja posterior ao ano de 1951, por ser a data em que tal documento foi criado e passou como tal a ser exigível através da aprovação do Decreto-Lei n.º 38 382 de 7 de agosto de 1951, apenas sendo admissível a ausência de licença de utilização em contratos que tenham por objeto imóvel arrendado cuja data de construção é anterior a 1951, sendo que em tais casos, deverá constar do contrato de arrendamento, documento autêntico que demostre a data da construção do prédio urbano[23].

"I. Nos termos do n.º 1 do art. 1070.º do Código Civil, "o arrendamento urbano só pode recair sobre locais cuja aptidão para o fim do contrato seja atestada pelas entidades competentes, designadamente através de licença de utilização, quando exigível."

II. Nos termos do art. 5.º n.º 7 do Dec.-Lei n.º 160/2006, de 8 de agosto (diploma que regulamenta o disposto no n.º 1 do art. 1070.º do CC), caso o locado não disponha de licença de utilização, por motivo imputável ao senhorio, o locatário poderá resolver o contrato, além de reclamar indemnização pelos danos sofridos.

III. No que concerne à existência de licença de utilização do locado, haverá que distinguir a licença a cargo do senhorio/proprietário do imóvel a arrendar, atinente à genérica possibilidade de utilização do edifício, da licença adstrita à específica atividade que o locatário irá exercer no locado, cuja obtenção poderá estar a cargo do locatário e não do senhorio.

IV. Deverá relegar-se para momento ulterior à prolação da sentença a liquidação dos danos sofridos pelo arrendatário de local destinado à atividade de restauração, que efetuou despesas tendo em vista a instalação do respetivo estabelecimento, mas se viu obrigado a resolver o contrato por o imóvel locado não ter licença (genérica) de utilização nem a mesma ser obtenível em tempo útil, se se constatar que entre essas despesas se inclui a aquisição de bens aparentemente recuperáveis e utilizáveis e transacionáveis, não tendo ficado claro em que termos os materiais adquiridos puderam ou poderiam ser aproveitados noutro local e foram ou poderiam ser transacionados, com maior ou menor prejuízo em relação ao valor da aquisição."

[23] O mesmo não se diga caso o imóvel em questão, ainda que construído em data anterior a 13 de agosto de 1951, altura em que passaram a ser exigíveis as licenças de utilização dos

De referir ainda, nos termos do n.º 4 do artigo n.º 5 que será sempre necessária a autorização prévia da câmara municipal em situações de mudança de finalidade e em arrendamentos para fins não habitacionais de prédios ou frações não licenciados.

Situações há, no entanto, em que pese embora as partes tenham urgência na celebração do contrato de arrendamento, mas não dispondo ainda da licença de utilização para imóveis posteriores a 1951, podem celebrar igualmente o contrato de arrendamento desde que, nos termos do n.º 3 do artigo 5.º, a licença seja substituída pelo documento comprovativo de a mesma ter sido requerida com a antecedência mínima prevista na lei.

A inobservância do referido supra, quer quanto à ausência de licença de utilização ou de documento comprovativo de a mesma ter sido requerida, salvo quando a falta de licença se fique a dever a atraso que não seja imputável ao senhorio, bem como a ausência de autorização camarária quanto à mudança de finalidade e de arrendamentos urbanos para fins não-habitacionais de prédios e frações não licenciados, implica a sujeição daquele a uma coima não inferior a um ano de renda[24].

Ainda quanto aos elementos necessários do contrato de arrendamento urbano, é igualmente importante a indicação do valor da renda, ou seja, o montante devido mensal ou anualmente pelo arrendatário ao senhorio pelo gozo do imóvel em questão, sendo certo que a indicação de tal montante é igualmente relevante para efeitos de o senhorio poder resolver o contrato de arrendamento por falta de pagamento de rendas, nos termos do n.º 3 do artigo 1083.º e consequentemente desencadear a ação executiva para pagamento de quantia certa, prevista no n.º 1 do artigo 14.º-A NRAU, para o pagamento de rendas, encargos ou despesas que corram por conta do arrendatário, bem como para efeitos de pedido acessório de pagamento de rendas, encargos ou despesas no requerimento de despejo, nos termos do n.º 5 do artigo 15.º relativo ao procedimento especial de despejo.

Deverá ainda constar, obrigatoriamente, do contrato de arrendamento, a data de celebração do contrato, sendo esta importante, nomeadamente, para efeitos de contagem de prazos, uma vez que o contrato

imóveis, tenha sido alvo de posterior alteração, ampliação ou reconstrução, em que será igualmente necessária a licença de utilização.

[24] A coima a que se refere o n.º 5 do artigo 5.º do Decreto-Lei n.º 160/2006, está sujeita a observância dos limites legais impostos pelo Decreto-Lei n.º 433/82 de 27 de outubro.

de arrendamento para habitação permanente não poderá ser celebrado por prazo certo inferior a um ano nem ultrapassar a duração máxima de trinta anos, ao invés do que sucede com os contratos para habitação não permanente ou para fins especiais transitórios, em que a estipulação do prazo mínimo aplicável é livre, nos termos dos n.ºs 2 e 3 do artigo 1095.º com as alterações introduzidas pela Lei n.º 13/2019.

Embora resultando já do catálogo eventual de elementos que podem constar do contrato de arrendamento, na alínea d) do n.º 1 do artigo 3.º e não sendo obrigatória a sua menção, ressalvamos a importância da indicação do prazo pelo qual o contrato de arrendamento é celebrado, que deverá igualmente constar de todos os contratos de arrendamento, sob pena de determinar a aplicação de regras supletivas na ausência de estipulação em contrário, considerando-se o contrato celebrado pelo prazo certo de cinco anos, como resulta do n.º 3 do artigo 1094.º.

Pese embora consubstanciando os referidos elementos, o chamado "*conteúdo necessário*" de um contrato de arrendamento, importa notar que a respetiva ausência de um ou vários elementos, apenas determinará a respetiva invalidade ou ineficácia do contrato quando tal ausência não possa ser suprida "*nos termos gerais e desde que que os motivos de prova se mostrem satisfeitos*", situação que, uma vez verificada, determinará a respetiva nulidade do contrato por indeterminabilidade do objeto, nos termos constantes do n.º 1 do artigo 280.º CC.

B. Conteúdo eventual

Resulta do artigo 3.º do Decreto-Lei n.º 160/2006, o conteúdo eventual do contrato de arrendamento, ou seja, um conjunto exemplificativo de elementos que, atendendo às especificidades de cada contrato, podem constar do mesmo, daí que o n.º 1 refira inicialmente que tais elementos devem ser mencionados no contrato, quando aplicável.

Entende-se a razão de ser de tal conteúdo eventual, porquanto o legislador confere às partes uma ampla liberdade contratual no âmbito do contrato de arrendamento, podendo aquelas livremente estipular as cláusulas que melhor se adequem às concretas necessidades dos contratantes, ressalvados os limites impostos pela lei.

Neste sentido, como resultam das diversas alíneas do n.º 1 do artigo 3.º, podem constar, além dos elementos necessários já referidos: a identificação dos locais de uso privativo do arrendatário, dos locais de uso comum a que ele tenha acesso e dos anexos que sejam arrendados com o objeto principal do contrato quando aplicável, a natureza do direito do locador, o número de inscrição na matriz predial ou a declaração de o prédio se encontrar omisso, o regime da renda, o prazo, a existência de regulamento da propriedade horizontal, o domicilio convencionado, bem como quaisquer outras cláusulas permitidas pela lei e pelas partes.

A alusão à identificação dos locais de uso privativo do arrendatário, dos de uso comum a que tenha acesso, na alínea a), bem como a existência do regulamento da propriedade horizontal, na alínea f) ambos do n.º1, são elementos inerentes ao arrendamento de um imóvel submetido ao regime de propriedade horizontal, justificando-se como tal, para maior precisão do contrato celebrado, que os mesmos constem igualmente, designadamente através de cláusula autónoma, relativamente à alínea a) e em anexo do respetivo regulamento ao contrato, na alínea f).

A natureza do direito do locador na alínea b), é igualmente um elemento que deverá constar do contrato de arrendamento, especialmente quando o direito do locador sobre o imóvel seja de outra natureza que não a de proprietário, como é exemplo o direito de usufruto, nos termos do artigo 1449.º e seguintes ou o exercício de poderes legais de administração de imóvel pertencente a menor, resultante do artigo 1967.º e seguintes.

O artigo de inscrição do imóvel arrendado na matriz predial, enquanto registo referente à caderneta predial urbana do locado de que constam, designadamente, a caracterização do imóvel, a localização e o seu valor patrimonial tributário, a identidade dos proprietários e, sendo caso disso, dos usufrutuários e superficiários do imóvel objeto do contrato de arrendamento, constitui elemento a constar de todos os contratos de arrendamento, embora a sua omissão não obste à validade do contrato.

Consistindo o domicílio convencionado do arrendatário, o local para o qual devem ser remetidas a este todas as comunicações e notificações relativas ao contrato de arrendamento, presumindo-se, para todos os devidos e legais efeitos que tais comunicações foram efetivamente recebidas pelo seu destinatário, deverá o mesmo ser igualmente estabelecido[25] no con-

[25] **JURISPRUDÊNCIA (10/05/2016):**
AC. TRC N.º 580/14.3T8GRD-A.C1 (RELATORA SÍLVIA PIRES):
"I. Entende-se por domicílio convencionado o que é fixado pelas partes em contratos escritos para efeito de o eventual devedor ser procurado pelo credor ou por algum órgão judicial ou administrativo com vista

trato de arrendamento, principalmente quando este não coincida com a morada do imóvel arrendado, nos termos da alínea g) do n.º 1 do artigo 3.º, pelas mesmas razões que aludimos quanto à indicação do domicílio ou sede do senhorio em sede do conteúdo contratual obrigatório.

Por outro lado, mesmo coincidindo o domicílio do arrendatário com a morada do locado, deverá ainda assim ser clausulado o respetivo domicilio do arrendatário para efeitos de eventuais comunicações entre as partes, além de que, como resulta da alínea c) do n.º 7 do artigo 9.º NRAU, poderá o contrato de arrendamento por falta de pagamento de rendas ser resolvido por carta registada com aviso de receção, desde que, resulte inserta no contrato celebrado a cláusula de domicílio convencionado, sendo certo que na ausência de tal estipulação, a comunicação extrajudicial destinada à resolução do contrato de arrendamento terá de ser realizada através de notificação judicial avulsa ou contacto pessoal de advogado, agente de execução ou solicitador, comprovadamente mandatado para o efeito, a efetuar na pessoa do arrendatário.

Tal cláusula permitirá assim obstar que uma eventual alteração do domicílio do arrendatário sem o conhecimento do senhorio, seja oponível a este último, impossibilitando dessa forma àquele a invocação de não receção de determinada missiva destinada a cessar o contrato de arrendamento por falta de pagamento de rendas em virtude de habitar outro imóvel.

Deve ainda ser convencionado, nos termos da alínea d) do referido artigo 3.º e do artigo 1077.º CC, o regime de renda a aplicar ao contrato de arrendamento, distinguindo-se neste sentido, como resultava dos artigos 78.º e 79.º do revogado RAU, entre renda livre e renda condicionada, consistindo a primeira na possibilidade de as partes, ao abrigo da liberdade negocial que lhes assiste, estipularem livremente a renda a aplicar ao contrato de arrendamento, sem prejuízo de poderem ainda convencionar, quer no próprio contrato como em anexo a este, o regime de atualização anual de rendas, de acordo com os coeficientes anuais estabelecidos pelo Governo em aviso próprio, nos termos do n.º 2 do artigo 1077.º CC e do artigo 24.º NRAU.

ao cumprimento das obrigações deles decorrentes. Dir-se-á que o domicílio convencionado é o que visa o acionamento para a demanda que seja motivada pelo incumprimento do contrato em causa por algum dos respetivos outorgantes."

No regime de renda condicionada[26], por sua vez, pese embora a renda aplicável resulte igualmente da livre negociação entre as partes, esta não poderá, no entanto, exceder, no respetivo valor mensal, o duodécimo do produto resultante da aplicação da taxa das rendas condicionadas ao valor patrimonial tributário atualizado do fogo, no ano da celebração do contrato de arrendamento, nos termos do n.º 1 do artigo 3.º da Lei n.º 80/2016, de 19 de dezembro, que estabelece o regime de renda condicionada dos contratos de arrendamento para fim habitacional, remetendo para portaria do Governo, a fixação da taxa das rendas condicionadas[27], sendo que a renda máxima calculada deverá aplicar-se durante o prazo de vinte anos, sendo estes contados desde a data da primeira transmissão do imóvel, sem prejuízo do disposto no artigo 4.º, relativamente à possibilidade de atualização anual da renda, por aplicação do coeficiente de atualização anualmente definido nos mesmos termos aplicáveis aos contratos celebrados segundo o regime de renda livre.

Cumpre notar que a opção pelo regime de renda condicionada constitui, em regra, uma faculdade ao dispor das partes, em alternativa ao regime da renda livre. No entanto e como resulta do artigo 2.º do referido diploma, existem casos especiais, que ficam obrigatoriamente sujeitos a tal regime, designadamente:

[26] O valor da renda condicionada mensal é apurado atendendo à seguinte fórmula, resultante do n.º 1 do artigo 3.º:
RC = (VPTF X TRC) / 12, em que **RC** corresponde a *Renda Condicionada*, **VPTF** corresponde a *Valor Patrimonial Tributário do Fogo* (relativo ao ano em que o contrato de arrendamento é celebrado) e **TRC**, corresponde a *Taxa das Rendas Condicionadas*, fixada em Portaria, dividindo-se o valor resultante da aplicação do Valor Patrimonial Tributário do Fogo pela Taxa de Rendas Condicionadas, por **12**, correspondente aos doze meses do ano civil, assim se apurando o quantitativo a pagar a título de renda mensal segundo o regime da Renda Condicionada.
Por exemplo: para um imóvel cujo valor patrimonial tributário no ano da celebração do contrato de arrendamento seja de 50.000,00€, a uma taxa de renda condicionada de 6,7%, a renda mensal estará limitada a um valor máximo de 279,17€, podendo as partes ao abrigo da liberdade negocial, estipular renda mensal de valor inferior, mas nunca superior a este.

[27] A Portaria n.º 236/2015, de 10 de agosto, fixa a taxa das rendas condicionadas, a que se refere o n.º 2 do artigo 3.º da Lei n.º 80/2014, de 19 de dezembro, em 6,7 %.

a) Os fogos construídos para fins habitacionais pelo Estado e seus organismos autónomos, institutos públicos, autarquias locais, misericórdias e instituições de previdência, tenham sido ou venham a ser vendidos aos respetivos moradores;
b) Os fogos construídos por cooperativas de habitação e construção, incluindo as de grau superior, e associações de moradores que tenham usufruído de subsídios ao financiamento ou à construção por parte do Estado, autarquias locais ou institutos públicos;
c) Nos demais casos previstos em legislação especial;

Na ausência de estipulação das partes nesse sentido consubstancia o regime de renda livre, a regra geral aplicável ao contrato de arrendamento[28].

De igual forma, podem ainda as partes inserir, em cláusula autónoma ou em documento anexo ao contrato, para maior proteção do senhorio e, inclusive, do próprio arrendatário, o inventário e/ou registo fotográfico das coisas móveis existentes no interior do imóvel, bem como do estado de conservação das mesmas, aplicável designadamente nos contratos de arrendamento de imóveis mobilados.

A lei ressalva ainda na alínea h) a necessária abertura para a livre estipulação entre partes das cláusulas que pretenderem inserir no contrato de arrendamento, diretamente ou por remissão para regulamento anexo, que melhor se adequem às finalidades do contrato e que embora estando em conformidade legal, não estejam previstas no catálogo constante do n.º 1 do artigo 3.º.

Por último, devem as partes mencionar, conforme ressalvámos anteriormente, o prazo aplicável ao contrato de arrendamento que celebram, distinguindo-se entre contratos com prazo certo e contratos com duração indeterminada, sendo que nos primeiros as partes estipulam contratualmente a duração inicial ou a duração da respetiva renovação do contrato, pretendendo que este vigore por períodos temporais pré-defi-

[28] Querendo, apesar de constituir uma questão que está longe de alcançar consenso doutrinal, podem as partes expressamente renunciar, ainda que optando expressamente pelo regime de renda livre, à possibilidade que a lei confere, de atualização anual da renda devida. Contra a respetiva possibilidade, António Menezes Cordeiro, *Leis do Arrendamento Urbano Anotadas,* pp. 215.

nidos, renovando-se os contratos para habitação permanente, de forma automática, por períodos sucessivos de igual duração ou de três anos se esta for inferior, na ausência de oposição à renovação de uma partes ou revogação de ambas, ao invés do que sucede nos contratos para habitação não permanente ou para fins especiais transitórios, em que a regra é a ausência de renovação, caducando o contrato automaticamente no final do prazo estipulado ou da verificação de determinada condição a que as partes o subordinaram.

Nos contratos de duração indeterminada, por sua vez, as partes estabelecem apenas a data de início do contrato, deixando por definir o respetivo termo porquanto é intenção de ambas que a relação arrendatícia se desenvolva por tempo indeterminado, até que uma das partes o denuncie, ou ambas o revoguem.

Assim sendo, a falta da indicação do prazo pelo qual o contrato de arrendamento urbano deverá vigorar, aciona a presunção resultante do n.º 3 do artigo 1094.º CC, alterado pela Lei n.º 43/2017, de 14 de junho, de que o contrato foi realizado pelas partes seguindo a modalidade de prazo certo, considerando-se celebrado por um período de cinco anos, automaticamente renovável por iguais e sucessivos períodos de tempo, na ausência de manifestação da vontade das partes em que o mesmo cesse no final do prazo referido.

À semelhança do que sucede no âmbito dos elementos que consubstanciam o *conteúdo necessário* de um contrato de arrendamento, também naqueles que integram o *conteúdo eventual*, a respetiva ausência de um ou vários elementos, apenas determinará a respetiva invalidade do contrato quando tal falta não possa ser suprida "*nos termos gerais e desde que que os motivos de prova se mostrem satisfeitos*", situação que, uma vez verificada, determinará a respetiva nulidade do contrato por indeterminabilidade do objeto, nos termos constantes do n.º 1 do artigo 280.º CC.

C. Outros elementos

Vimos, de forma geral, os elementos que compõem o conteúdo necessário e o conteúdo eventual de um contrato de arrendamento. Mais acrescentámos que vigora em sede do contrato de arrendamento urbano, à semelhança dos demais contratos civis, o princípio da liberdade contratual, plasmado no artigo 405.º CC, isto é, as partes podem livremente escolher, em primeiro lugar, a contraparte com quem querem estabelecer um vinculo contratual tendo por objeto um imóvel a arrendar, ressalvando-se necessariamente a observância do princípio da não discriminação no acesso ao arrendamento, nos termos do artigo 1067.º-A CC[29] e, numa segunda vertente, podem, senhorio e arrendatário, de igual forma, determinar o conteúdo que pretendem vir a atribuir ao contrato.

Tal significa, pois, que, atendendo a determinadas exigências ou necessidades de uma ou ambas as partes, ou mesmo por uma questão de conferir maior precaução e segurança a fim de garantir o cumprimento do vínculo assumido, são vários os elementos que as partes podem clausular num contrato de arrendamento[30]. Vejamos alguns deles.

Em primeiro lugar, podem as partes estipular, o que sucede com regularidade, o pagamento de uma caução, a qual pode assumir diferentes finalidades ou bem ainda, a antecipação do pagamento de rendas não vencidas, resultando ambas as possibilidades, de forma expressa, do disposto no artigo 1076.º CC, visando a primeira, essencialmente, assegurar ao senhorio o cumprimento pontual das rendas vencidas, sendo que a antecipação do pagamento de rendas, por período não superior a três meses[31], salvaguarda-o perante a possibilidade de o arrendatário, ainda que por

[29] O artigo 1067.º-A, constituindo disposição inovatória introduzida pela Lei n.º 13/2019, de 12 de fevereiro, estabelece que ninguém pode ser discriminado no acesso ao arrendamento em razão do sexo, ascendência ou origem étnica, língua, território de origem, nacionalidade, religião, crença, convicções políticas ou ideológicas, género, orientação sexual, idade ou deficiência, sendo a aplicação prática deste princípio meramente sindicável através do conteúdo do anúncio em que o senhorio manifesta a sua vontade em dar em arrendamento determinado bem imóvel.

[30] Naturalmente e à semelhança do que sucede com o próprio contrato de arrendamento que terá de obedecer necessariamente e por imperativo legal à observância de forma escrita, também os acordos acessórios a esse contrato, seja por meio de cláusula seja por anexo ao mesmo, devem observar a forma escrita, sendo nulo por inobservância de forma legalmente imposta um acordo verbal destinado, por exemplo, a estabelecer o pagamento de uma caução de valor correspondente a dois meses de rendas, tendo em vista garantir que o imóvel é entregue ao senhorio, aquando da cessação do contrato de arrendamento, no mesmo estado em que o arrendatário o recebeu aquando da respetiva celebração.

[31] Entende Menezes Cordeiro – *Leis do Arrendamento Urbano Anotadas*, pp. 205, dever-se aplicar neste sentido, a redução constante do regime geral da redução, previsto no artigo 292.º CC, sendo como tal a antecipação correspondente a período superior a três meses, automaticamente reconduzida a este máximo legal. Seguimos o mesmo entendimento.

motivo alheio a si, deixe de pagar as rendas a que se encontra contratualmente adstrito, minimizando os prejuízos decorrentes de uma eventual resolução por falta de pagamento de rendas relativamente ao lapso temporal que a desocupação coerciva do imóvel geralmente envolve.

Por sua vez e em regra, é prática comum entre as partes o estabelecimento de antecipação de um mês de renda, vencendo-se a primeira renda no momento em que as partes celebram o contrato e consequentemente o arrendatário passa a ocupar o imóvel locado, vencendo-se as demais no primeiro dia do mês anterior àquele a que respeita, porquanto o arrendatário, como referido antecipa, em regra, uma renda de avanço.

A caução, por sua vez, assume com a sua inclusão no contrato de arrendamento, um pouco à semelhança do que sucede com a antecipação de rendas, a função de garantia especial de cumprimento das obrigações contratualmente estabelecidas, sendo comum a prestação de caução em dinheiro, ressalvando-se que esta poderá ainda, nos termos do artigo 623.º CC, ser prestada através de títulos de crédito, pedras, metais preciosos, penhor, hipoteca ou fiança bancária, salvo se as partes expressamente afastarem todos os demais meios que não correspondam ao respetivo depósito em dinheiro da caução.

Na prática, a caução confunde-se muitas vezes com a antecipação de rendas, uma vez que na falta de imposição legal, gozam as partes da possibilidade de estabelecer não só o valor da caução a prestar mas também o objeto por esta caucionado. Assim sendo, é comum que a caução tenha valor igual ao correspondente a uma ou várias rendas, ainda que visando assegurar não o pagamento destas, mas antes garantir, por exemplo, que o imóvel é restituído nas mesmas condições em que o senhorio o entregou ao arrendatário, sendo o valor caucionado destinado à cobertura de eventuais prejuízos existentes quer na habitação, como nos equipamentos, eletrodomésticos ou mobiliários com esta arrendados.

De igual forma e com grande regularidade, designadamente em contratos de arrendamento celebrados com arrendatários mais jovens ou em situação de empregabilidade menos estável, costumam as partes estabelecer a prestação de fiança, tendo em vista o reforço da confiança do senhorio no estabelecimento de um vinculo contratual com tais arrendatários, exigindo muitas vezes os senhorios que o fiador renuncie ao benefício da prévia excussão do património do arrendatário enquanto devedor principal, obrigando-se, não raras vezes, na mesma dimensão da obrigação contraída pelo arrendatário, embora possam as partes estabelecer que o fiador responderá apenas pela falta de pagamento do inquilino por um determinado número máximo de rendas, sendo tal estipulação igualmente válida. Aplicam-se, neste âmbito, as disposições relativas ao regime geral da fiança, constantes dos artigos 627.º e seguintes do Código Civil.

A par das garantias referidas, podem as partes ainda estabelecer a prestação por parte do arrendatário de garantia bancária, visando igualmente reduzir ou minimizar o risco de incumprimento por parte do arrendatário no pagamento de rendas. Neste sentido, a garantia bancária mais não é que um documento emitido por uma entidade bancária a pedido do arrendatário e após avaliação exaustiva do respetivo perfil financeiro deste, assumindo o banco perante o senhorio, a obrigação de pagar um determinado número máximo de rendas caso o arrendatário deixe de cumprir.

Já fora do âmbito das garantias cuja inclusão no contrato de arrendamento é prática comum, podemos ainda fazer alusão a outras estipulações recorrentes do interesse das partes.

É o caso das disposições relativas à realização de obras no locado, de grande expressão principalmente nos arrendamentos para fins não-habitacionais porquanto a adaptação do espaço arrendado à atividade comercial que nele pretende o arrendatário exercer, geralmente acarreta a realização de obras de maior ou menor vulto, sendo consequentemente necessário, clausular no respetivo contrato algumas disposições sobre a realização de obras, se a estas houver lugar, sejam tais disposições constantes de cláusula nele inserta ou em anexo integrante do mesmo, dispondo ainda, designadamente, quanto à respetiva responsabilidade, indemnização ou compensação derivada das mesmas.

Igualmente referenciáveis são as disposições respeitantes às despesas derivadas da utilização do locado, estabelecendo-se que, em regra, serão da responsabilidade do arrendatário na qualidade daquele que dá origem a tais despesas em virtude do uso do imóvel na respetiva plenitude. O mesmo se diga ainda quanto às disposições relativas às comunicações entre as partes e à convenção do foro aplicável para apreciação de um eventual litígio derivado do incumprimento do contrato por uma das partes.

Na impossibilidade de abarcarmos todas as possíveis cláusulas que as partes podem, de livre vontade, optar por inserir no contrato assim salvaguardando as respetivas necessidades atendendo a cada situação em concreto, cumpre-nos referir por último que, não raras vezes senhorio e arrendatário convencionam ainda a inclusão da chamada "*opção de compra*" do imóvel arrendado na sequência da celebração do contrato de arrendamento, que mais não é que a possibilidade conferida pelo senhorio ao arrendatário ou a terceiros da sua confiança, de poderem vir a adquirir o imóvel arrendado com preferência sobre outros possíveis interessados e/ou em condições mais vantajosas, designadamente deduzindo ao valor de venda do imóvel, o valor pago a título de rendas no decurso do contrato de arrendamento.

Tal disposição é comum, por exemplo, em situações, entre outras, em que, tendo o arrendatário por intenção ou interesse poder vir a adquirir a propriedade sobre o imóvel, pretende, antes de decidir vincular-se definitivamente através da respetiva aquisição, poder habitar o mesmo, dele fazendo uso habitual e assim ponderando e avaliando as respetivas vantagens e desvantagens do imóvel em causa, sem que tal possibilidade o comprometa na eventualidade de optar por não o adquirir, em detrimento da manutenção do vinculo do arrendamento.

2. Obrigações derivadas da celebração do contrato de arrendamento urbano

A. Comunicação do contrato à Autoridade Tributária e Pagamento do imposto de selo

Vimos com relativo desenvolvimento, os diversos elementos que compõem o típico contrato de arrendamento, importando agora que abordemos, ainda que de forma geral, a obrigação de pagamento do imposto de selo que se encontra, indubitavelmente, associada a celebração deste contrato.

Assim sendo, o contrato de arrendamento é, desde logo, um negócio jurídico que se encontra sujeito ao pagamento de Imposto de Selo[32], como resulta diretamente do n.º 2 da Tabela Geral do Imposto de Selo, sendo o locador e sublocador, sujeitos passivos de tal imposto (artigo 2.º

[32] Doravante passaremos a referir-nos ao Código de Imposto de Selo por CIS e à Tabela Geral do Imposto de Selo apenas por TGCIS.

n.º 1/g) CIS), enquanto titulares do correspondente interesse económico na receção das rendas, no arrendamento e subarrendamento de um imóvel, respetivamente.

Celebrando contrato de arrendamento, deve este ser comunicado à Autoridade Tributária (AT) mas, ao invés do que sucedia antes, as partes não carecem já de o fazer em triplicado, isto é, de o mesmo ser impresso em três vias iguais, deixando, como tal, de ser necessária a respetiva entrega de uma cópia no Serviço de Finanças da área da localização do imóvel arrendado, bastando, pois, a respetiva celebração em duas vias iguais, ficando uma delas na posse do senhorio e a outra do arrendatário[33].

A razão de ser da desnecessidade de apresentação de uma das vias, aquando da comunicação à AT do início do contrato de arrendamento, prende-se com a tendencial desmaterialização e simplificação introduzida em sede de cumprimento das obrigações fiscais, bastando, pois, que tal comunicação seja feita eletronicamente, em declaração constante de modelo oficial[34], como resulta do n.º 1 do artigo 3.º da Portaria n.º 98-A/2015 e do artigo 60.º do CIS, até ao fim do mês seguinte ao do início

[33] Salvo se existir uma terceira parte no contrato de arrendamento celebrado, designadamente um fiador, situação em que deverá ser feita igualmente uma terceira via que ficará na posse deste.

[34] A comunicação respeitante ao início do contrato de arrendamento ou subarrendamento, contrato-promessa de arrendamento, alterações, ou respetiva cessação, deve ser realizada, pelo locador ou sublocador, em declaração constante de modelo oficial, aprovado pela Portaria n.º 98-A/15, de 31 de março, através de transmissão eletrónica de dados no Portal das Finanças, acessível no endereço eletrónico sito em *www.portaldasfinancas.gov.pt*, como resulta do n.º 1 do artigo 3.º da referida Portaria, sendo a liquidação do Imposto de Selo efetuada pela Autoridade Tributária (AT), na sequência da referida submissão do modelo 2.

Não obstante, ficam dispensados do cumprimento de obrigação de comunicar por via eletrónica tais elementos, os seguintes sujeitos passivos, nos termos constantes do n.º 2 e da alínea b) do n.º 3 do artigo 5.º da Portaria, podendo proceder à respetiva comunicação presencialmente em qualquer serviço de finanças do país:

a) Não possuam, nem estejam obrigados a possuir, caixa postal eletrónica, nos termos do artigo 19.º da Lei Geral Tributária; e

b) Não tenham auferido, no ano anterior, rendimentos da categoria F em montante superior a duas vezes o valor do IAS ou, não tendo auferido naquele ano qualquer rendimento desta categoria, prevejam que lhes sejam pagas ou colocadas à disposição rendas em montante não superior àquele limite.

do contrato de arrendamento, sob pena de a inobservância do referido prazo, por falta ou atraso na comunicação devida, poder determinar o pagamento de coima de valor compreendido entre 150,00€ a 3750,00€, à semelhança do que sucede perante a falta ou atraso na apresentação e entrega ao serviço de finanças da cópia do contrato de arrendamento, quando aplicável, nos termos do n.º 1 do artigo 117.º do RGIT, na redação conferida pela Lei n.º 119/2019, de 18 de setembro.

O que referimos quanto ao prazo aplicável e consequências da sua inobservância é igualmente válido para eventuais comunicações de subarrendamento, alterações ou cessação do contrato de arrendamento, sendo que no respeitante à comunicação do contrato-promessa de arrendamento, por sua vez, deverá esta ser também realizada no prazo referido, contando-se a partir da data de disponibilização do bem locado.

Neste sentido, o Imposto de Selo deverá ser pago aquando da comunicação do contrato de arrendamento ou subarrendamento à AT, sendo que, uma vez submetida a comunicação através da declaração eletrónica constante do modelo referido, a liquidação do imposto do selo será, em sequência, efetuada pela Autoridade Tributária.

O montante devido a título de imposto de selo, como resulta do n.º 2 da TGIS, equivale a 10% sobre o valor da renda ou do aumento estipulado para o período da sua duração, sendo que num contrato onde, a título de exemplo, a renda mensal devida pelo arrendatário seja de 600,00€, o montante de imposto a pagar pelo senhorio será de 60,00€.

Por sua vez, a inobservância do prazo para a comunicação à Autoridade Tribuária bem como a falta do respetivo pagamento do imposto de selo daí derivado, importa na incorrência do locador ou sublocador em responsabilidade contra-ordenacional, sendo que a falta ou atraso no pagamento do IS, por sua vez, importa no pagamento de uma coima que varia entre o valor da prestação devida e o seu dobro, nos termos do n.º 1 do artigo 114.º do RGIT

Este dever por parte do senhorio na liquidação do Imposto de Selo ganhou, por sua vez, uma nova dimensão, com a entrada em vigor da Lei

c) Os sujeitos passivos que sejam titulares de rendimentos da categoria F e que tenham, a 31 de dezembro do ano anterior àquele a que respeitam tais rendimentos, idade igual ou superior a 65 anos.

n.º 31/2012, de 14 de agosto, designadamente quanto ao acesso ao balcão nacional de arrendamento e consequente viabilidade ou inviabilidade da apresentação de requerimento de despejo, na medida em que para poder o senhorio desencadear o procedimento especial de despejo, é requisito inerente ao requerimento de despejo, a liquidação do imposto de selo respeitante ao contrato de arrendamento em apreço, como resulta do n.º 4 do artigo 15.º, da alínea h) do n.º 2 do artigo 15.º-B e da alínea h) do n.º 1 do artigo 15.º-C NRAU.

Por sua vez, a Lei n.º 79/2014, de 19 de dezembro, introduziu alterações nesta matéria ao permitir ao senhorio que, em alternativa à demonstração do comprovativo de pagamento de imposto de selo, comprove a liquidação do IRS ou IRC relativo aos últimos quatro anos, do qual constem as rendas relativas ao locado, salvo se o contrato for mais recente, nos termos do artigo 15.º/4 e 15.º-B/2/h) NRAU.

A Portaria n.º 324/2018, de 14 de dezembro, por sua vez, aprova a declaração modelo 44 e respetivas instruções de preenchimento para cumprimento da obrigação do senhorio, prevista na alínea b) do n.º 5 do artigo 115.º do Código do Imposto sobre o Rendimento de Pessoas Singulares[35], de comunicação anual das rendas recebidas a título de arrendamento, cedência de uso do prédio ou de parte dele não enquadrável no arrendamento, aluguer de maquinismos e mobiliários instalados no imóvel locado ou subarrendamento, estando ainda vinculado, naturalmente, à obrigação de passar recibo de quitação, em modelo oficial, de todas as importâncias recebidas, pelo pagamento das rendas referidas nas alíneas a) a e) do n.º 2 do artigo 8.º CIRS, ainda que a título de caução, adiantamento ou reembolso de despesas, como resulta da alínea a) do n.º 5 do referido artigo 115.º CIRS.

B. Registo do contrato de arrendamento

Além da comunicação do contrato, nos termos referidos, ao serviço de finanças competente e consequente liquidação e pagamento do imposto de selo, situações há em que é igualmente necessário proceder ao registo predial do contrato de arrendamento.

[35] Doravante designaremos o Código de Imposto sobre o Rendimento de Pessoas Singulares apenas por CIRS.

Tais situações respeitam precisamente aos contratos de arrendamento urbano cuja duração seja superior a 6 anos, sendo que nesses casos, como dispõe a alínea m) do n.º 1 do artigo 2.º do Código de Registo Predial[36], encontra-se sujeito a registo "*o arrendamento por mais de seis anos e as suas transmissões ou sublocações excetuando o arrendamento rural*".

Não sendo o registo do contrato de arrendamento, condição de validade do mesmo, tal significa que o contrato de arrendamento urbano celebrado sem registo, por um período inicial ou da sua renovação superior a seis anos, permanecerá válido, pese embora a necessidade de registo em tais contratos se prenda com a eficácia do mesmo face a terceiros, pelo que como resulta do n.º 1 do artigo 5.º CRP: "*os factos sujeitos a registo só produzem efeitos contra terceiros depois da data do respetivo registo*", dispondo o n.º 5 do mesmo artigo que a falta de registo determina a não oponibilidade da duração superior a seis anos do contrato de arrendamento não registado.

Não obstante, antes da entrada em vigor da Lei n.º 6/2006 que aprova o NRAU, a solução seria diferente, assumindo a necessidade de registo do contrato de arrendamento um papel mais relevante, em que a ausência de registo do contrato de arrendamento celebrado por prazo certo de duração superior a seis anos, faria entender o prazo pelo qual o qual tal contrato fora celebrado, por reduzido ao máximo legal admissível sem o respetivo registo, isto é, não poderia ter duração inicial ou respetiva renovação, superior a seis anos, o mesmo sucedendo quanto ao requisito de que o contrato, à época em consideração, fosse celebrado por escritura pública, sendo este em 1994, o entendimento do Supremo Tribunal de Justiça[37].

[36] Doravante designaremos o Código de Registo Predial apenas por CRP.

[37] **JURISPRUDÊNCIA (12/07/1994):**

AC. STJ Processo n.º SJ199412070858972 (RELATOR GUSMÃO DE MEDEIROS)

"I – Os contratos de arrendamento celebrados por prazo superior a 6 anos, por meio de escritura pública e registados não têm a natureza de ónus reais.

II – Os contratos de arrendamento celebrados por prazo superior a 6 anos, sem ser por escritura pública e sem registo, são tidos e havidos como contratos celebrados por prazo não superior a 6 anos, ou seja, como atos de administração ordinária.

III – Os contratos referidos em 1 e 2 estão sujeitos às regras imperativas que disciplinam a locação, inclusive à regra do artigo 1104.º do Código Civil, que permite o direito de resolução pelo inquilino quando o senhorio exerça o direito de atualização anual de rendas.

Entretanto tal questão perdeu grande parte do respetivo interesse prático com a revogação do artigo 1029.º CC, mantendo-se apenas a exigência de registo para os contratos de arrendamento celebrados por prazo certo superior a seis anos como condição de eficácia face a terceiros, como referimos, sendo certo que a sua ausência não determina a invalidade do contrato, além de que, como resulta do artigo 4.º CRP, *"os factos sujeitos a registo, ainda que não registados, podem ser invocados entre as próprias partes ou seus herdeiros"*.

C. Certificado energético

O certificado energético é o documento que estabelece a eficiência energética de um determinado imóvel, sendo que tal eficiência é avaliada por um perito qualificado, numa escala situada entre A+ e G, sendo que A+, significa que o imóvel em questão é muito eficiente, ao invés de G, cuja avaliação será a de um imóvel muito pouco eficiente, resultando ainda do certificado outras informações pertinentes quanto às características do imóvel em termos de desempenho energético.

Atualmente, a matéria relativa à certificação energética de edifícios é regulada pelo Decreto-Lei n.º118/2013, de 20 de agosto[38], alterado pelo Decreto-Lei n.º 95/2019, de 18 de julho, que estabelece o Regime Jurídico da Certificação Energética e da Qualidade do Ar Interior dos Edifícios, incorporando três regimes num único diploma: o Sistema de Certificação Energética de Edifícios (SCE), o Regulamento de Desempenho Energético dos Edifícios de Habitação (REH) e ainda o Regulamento de Desempenho Energético de Edifícios de Comércio e de Serviços (RECS), como aliás resulta do artigo 1.º do próprio diploma.

Neste sentido, o certificado energético passou a ser obrigatório para todos os edifícios, com a entrada em vigor no dia 1 de janeiro de 2009

IV – As obras feitas no locado pelo inquilino com vista a adaptá-lo ao fim do contrato, em resultado de cláusula inserida no mesmo, não tem outro significado que não seja o de as ditas obras passarem a ser parte integrante da fração arrendada."

[38] O Decreto-Lei n.º 118/2013, de 20 de agosto, vem transpor a Diretiva Comunitária n.º 2010/31/UE, revogando o Decreto-Lei n.º 78/2006 que estabelecia o Sistema de Certificação Energética, o Decreto-Lei n.º 79/2006, relativo aos Sistemas Energéticos de Climatização de Edifícios, e o Decreto-Lei n.º 80/2006, que estabelecia o Regulamento das Características de Comportamento Térmico dos Edifícios.

do Sistema de Certificação Energética regulado pelo Decreto-Lei n.º 78/2006, de 4 de abril, sendo que para a venda ou arrendamento de um imóvel, o vendedor ou senhorio carecia já de certificação energética do imóvel, sob pena de incorrer em contra-ordenação e consequente aplicação de coima.

Por sua vez, com a entrada em vigor do Decreto-Lei n.º 118/2013, no dia 1 de dezembro de 2013, tal certificado passou a ser obrigatório, para todos os edifícios, novos ou já existentes anteriormente, nos termos dos artigos 3.º e 4.º daquele diploma, devendo o senhorio ter a respetiva certificação energética ao momento em que o proprietário pretende colocar o imóvel no mercado de arrendamento ou de compra e venda de imóveis e não apenas aquando do momento da celebração do respetivo contrato de compra e venda ou de arrendamento, aplicando-se de igual forma à dação em cumprimento do imóvel.

Assim sendo, o respetivo proprietário deve, no cumprimento das obrigações que lhe são impostas nos termos do artigo 14.º daquele diploma, ter já obtido tal certificado aquando da publicação do anúncio destinado à divulgação do respetivo imóvel, quer o anúncio seja divulgado via internet, através de jornais ou por qualquer outra forma de publicitação do mesmo.

Por outro lado, nas situações em que, pese embora pretendendo o proprietário fazer a divulgação do imóvel, tendo em vista a respetiva venda ou arrendamento, mas não disponha ainda da respetiva certificação energética, deverá, como tal, previamente obter um Pré-Certificado (PCE) ou certificado SCE (CE), válido no Portal SCE, sendo este registado por parte de um Perito Qualificado (PQ), de modo a ser conhecida a respetiva classificação energética.

A razão de ser da imposição de certificação energética dos edifícios e frações, prende-se com a necessidade de salvaguardar o direito à informação por parte de potenciais compradores e arrendatários interessados nos imóveis anunciados, possibilitando, através do conhecimento da respetiva classe energética de determinado imóvel, ponderar corretamente antes de constituir um vínculo sobre o mesmo, na medida em que a indicação da classe energética deverá sempre constar de qualquer anúncio tendo por objeto o respetivo imóvel.

O requerimento destinado à obtenção do certificado energético carece da apresentação de documentação inerente ao imóvel, designadamente: a caderneta predial urbana, a certidão permanente na conservatória do registo predial, a planta do imóvel, bem como a ficha técnica da habitação, sendo que o certificado tem um prazo de validade de 10 anos, devendo ser renovado antes de o prazo terminar.

O incumprimento da obrigação de obter a respetiva certificação energética do imóvel a vender ou arrendar, a que se encontra vinculado, faz incorrer o respetivo proprietário em contra-ordenação, punível com coima de valor compreendido entre os 250,00€ e os 3.740,00€, relativamente a proprietários que sejam pessoas singulares e, em coima de 2.500,00€ a 44.890,00€ para aqueles que sejam pessoas coletivas, como resulta da alínea a) do n.º 1 do artigo 20.º.

VIII
Direitos e obrigações das partes

O contrato de arrendamento urbano, enquanto negócio jurídico obrigacional, bilateral, oneroso e sinalagmático, envolvendo duas partes distintas e tendo por objeto, maioritariamente, um bem imóvel, atribui a ambas, com a respetiva perfeição negocial do acordo entre si celebrado, um conjunto de direitos e obrigações correspetivos, assumindo o respetivo cumprimento de tais direitos e deveres, importância fundamental para a saudável convivência e harmonia que devem necessariamente pautar o normal desenvolvimento da relação arrendatícia estabelecida de mútuo acordo entre senhorio e arrendatário.

Assim sendo, cumpre-nos tratar separadamente os direitos e obrigações do senhorio e do arrendatário, seguindo a ordem adotada pelo Código Civil, constante dos artigos 1031.º ss e 1038.º ss, iniciando, respetivamente, com as obrigações e passando, seguidamente, aos direitos das partes, sendo que na análise ao conjunto de obrigações e direitos que resultam para o senhorio e arrendatário em virtude da celebração do contrato de arrendamento, constituindo este uma modalidade do contrato de locação, as considerações tecidas a este respeito aproveitam, de igual forma, com as respetivas adaptações, ao contrato de locação, designadamente na modalidade de aluguer, referente a coisas móveis.

Ainda assim, procuraremos não generalizar, centrando-nos nas especificidades próprias do contrato de arrendamento que, face ao respetivo objeto, o diferenciam do contrato de aluguer, ressalvando, desde logo, que a lei não estabelece direta e expressamente os direitos que resultam para cada uma das partes em virtude da celebração do contrato de arrendamento, não havendo, pois, normativo algum que estabeleça tais direitos, devendo estes ser extraídos da análise dos deveres da respetiva contraparte, como veremos.

1. Senhorio

A. Obrigações do senhorio

A posição assumida pelo senhorio no decurso do desenvolvimento do contrato de arrendamento é, naturalmente, uma posição passiva após o cumprimento da respetiva obrigação principal, a de entregar a coisa locada ao arrendatário, não obstante e ainda assim, tal passividade não o desonera do cumprimento de um conjunto de obrigações acessórias e complementares da obrigação principal, de forma a possibilitar o uso e gozo pleno do imóvel por parte do arrendatário.

Assim sendo, resulta do artigo 1031.º do Código Civil, a enumeração das obrigações imputáveis ao senhorio em virtude da celebração do contrato de arrendamento com o arrendatário, cumprindo notar que as disposições constantes deste artigo não esgotam a totalidade das obrigações a que se encontra o senhorio adstrito, porquanto no âmbito das disposições especiais constantes da Secção VII, relativa ao arrendamento de prédios urbanos, logo nos deparamos com um conjunto de obrigações, nos artigos 1071.º e seguintes, que devem igualmente ser observadas, com maior destaque no respeitante ao artigo 1074.º, relativo à realização de obras no imóvel arrendado.

Neste sentido, em observância do disposto no artigo 1031.º, que estabelece o conjunto de obrigações de base a que se encontra subordinado o senhorio, podemos enumerar as seguintes:

1) Entregar ao locatário a coisa locada;
2) Assegurar o gozo da coisa locada para os fins a que se destina;

1) ENTREGAR AO LOCATÁRIO A COISA LOCADA

Residindo a génese do contrato de arrendamento urbano, na concessão do gozo temporário sobre determinado bem imóvel a outrem, em contrapartida do pagamento de um determinado preço, a principal obrigação do senhorio será precisamente a de entregar[39] o bem imóvel

[39] O conceito de *entrega*, apesar de utilizado inúmeras vezes ao longo do Código Civil, não é, vez alguma, definido neste diploma, sendo que, para efeitos de entrega no âmbito

ao arrendatário, entrega que, em sentido figurado, se concretiza pois, através do empossamento do inquilino com a entrega das respetivas chaves[40] que possibilitam a abertura e fecho das portas e/ou portões de entrada da respetiva área reservada do imóvel, permitindo-lhe assim o acesso ao locado para que o use e dele usufrua, conservando-o no mesmo estado em que o recebeu, devidamente ressalvados os limites impostos por uma utilização prudente, e restituindo-o, findo o prazo acordado ou, em virtude de qualquer outro acontecimento, previsto ou imprevisto, que determine a respetiva cessação do contrato de arrendamento celebrado.

Assim sendo, o cumprimento da obrigação principal de entrega material do bem imóvel ao arrendatário constitui o momento crucial na determinação do início da execução do contrato, uma vez que, apenas após ser investido na posse do locado, poderá o arrendatário, a partir daí, assumir uma posição juridicamente ativa relativamente ao mesmo que, na falta de entrega do imóvel, ficará irremediavelmente comprometida porquanto e pese embora o incumprimento do senhorio na investidura material do locado na pessoa do inquilino, não afete a validade formal do contrato celebrado[41], determina, no entanto, a impossibilidade de manutenção

do arrendamento urbano, perfilhamos a noção proposta por Pinto Furtado, entendendo a entrega como "*todo o ato com idoneidade para "por à disposição" do arrendatário o gozo da coisa arrendada.* – *vide* Jorge Henrique da Cruz Pinto Furtado, *Manual de Arrendamento Urbano*, Volume I, 5.ª edição, revista e atualizada, 2009, Almedina, Coimbra, p. 493.

[40] **JURISPRUDÊNCIA (13-12-2007)**
AC. STJ PROCESSO N.º 07A2766 (RELATOR SEBASTIÃO PÓVOAS)
"1) A tradição do locado ao arrendatário urbano, verifica-se com a entrega da chave. Essa entrega é, em si mesma (e não como resultado de presunção judicial) o facto tradição do imóvel arrendado.
2) O senhorio tem a obrigação de assegurar o gozo da coisa ao locatário estando este obrigado ao pagamento da renda, como contrapartida, não cumprindo ao locador a obtenção de qualquer licença ou alvará.
3) Se nada tiver sido convencionado em contrário, e tratando-se de arrendamento para exercício de restauração, é ao arrendatário que compete proceder às obras de adaptação, gestão de áreas, instalação de equipamentos e decoração para instalar o seu estabelecimento."

[41] Tratando-se de um contrato consensual, por oposição aos contratos reais *quod constitutionem*, o contrato de arrendamento urbano, enquanto modalidade do contrato de locação, produz efeitos independentemente da entrega da coisa sobre que incide o contrato celebrado, não sendo este um elemento essencial à respetiva constituição, o que não se confunde já, por sua vez, com a obrigação que deste resulta de que o senhorio proceda

desse contrato, celebrado, habilitando o arrendatário a proceder à respetiva resolução com fundamento em incumprimento geral da contraparte ao abrigo do n.º 1 do artigo 1083.º, e, bem ainda, a acionar judicialmente o direito a ser ressarcido nos prejuízos que eventualmente tenha sofrido, nos termos dos artigos 798.º ss., todos do Código Civil.

Cumpre, por último, notar, relativamente à obrigação por parte do senhorio em proceder à entrega do locado, que tal entrega não tem de ocorrer necessariamente na data de celebração do contrato de arrendamento, embora, maioritariamente, o momento em que se verifica a celebração do contrato, a entrega do imóvel e o pagamento do primeiro mês de renda e respetiva caução ou determinado número de rendas em avanço sejam momentos coincidentes.

Por outras palavras, na falta de estipulação legal em contrário, podem as partes livremente estabelecer o momento em que deverá ocorrer a entrega do imóvel, pese embora, inexistindo a referida estipulação, possa o arrendatário exigir a respetiva entrega do imóvel a todo o tempo, entenda-se, após a celebração do contrato de arrendamento, de onde emerge o direito deste a exigir e o dever daquele a realizar a obrigação de entregar o imóvel, nos termos constantes do n.º 1 do artigo 777.º CC.

2) ASSEGURAR O GOZO DA COISA LOCADA PARA OS FINS A QUE SE DESTINA

A segunda obrigação imputável ao senhorio, resultante da alínea b) do artigo 1031.º, consiste em assegurar ao arrendatário, por força do contrato de arrendamento com este celebrado, o gozo da coisa locada para os fins a que a mesma se destina.

Sendo certo que a posição do senhorio deverá ser, ao longo do tempo de duração do contrato de arrendamento, marcada pela ausência de intromissão no uso e gozo do imóvel por parte do arrendatário, devendo permitir, com as devidas ressalvas constantes do acordo firmado entre as partes, o gozo total e pleno do imóvel ou de parte deste, bem como do

à entrega do imóvel ao arrendatário, altura em que o contrato celebrado será já perfeitamente válido. – *vide* Luís Manuel Telles de Menzes Leitão, *Direito das Obrigações, Volume III – Contratos em especial*, 7.ª edição, Almedina, Coimbra, 2010, p. 310.

respetivo recheio que o integra, designadamente, equipamentos, mobiliário e objetos avulsos que assim se destinam a exponenciar a plenitude do gozo das potencialidades do imóvel arrendado, tal não significa porém que o senhorio não se encontre vinculado à adoção de determinadas condutas, quando as mesmas se afigurem necessárias, seja por sua iniciativa ou por solicitação do arrendatário nesse sentido, a fim de manter ou de impedir a redução do gozo do imóvel.

A amplitude de sentidos que tal obrigação envolve é vasta, como vemos, indo muito além do dever de mera abstenção face ao uso e fruição do imóvel por parte do arrendatário, razão pela qual o legislador sentiu a necessidade de densificar, nos preceitos compreendidos entre o artigo 1032.º e o artigo 1037.º, algumas das várias manifestações daquilo que deverá ser entendido pela obrigação do senhorio de "*assegurar o gozo da coisa*". Podemos apontar as seguintes:

i) A abstenção de intervir na utilização do locado pelo arrendatário, obstando à perturbação do respetivo uso e gozo da coisa tendo em vista as finalidades desta;

ii) O dever de informar o arrendatário, de forma clara e percetível, dos vícios do locado ao momento da celebração do contrato, não os devendo omitir e/ou assegurar qualidades que o mesmo não tenha, especialmente se as mesmas se afigurarem determinantes na decisão do arrendatário de celebrar o contrato de arrendamento.

iii) A realização de obras e reparações urgentes que, não sendo da responsabilidade, legal ou contratual, do arrendatário, obstam ou impedem o gozo pleno do imóvel.

Note-se que todos os sentidos apontados da referida obrigação, são suscetíveis de densificação e de igual forma, conhecem ressalvas que importa apontar. Vejamos.

I) ABSTENÇÃO DE INTERVIR NA UTILIZAÇÃO DO LOCADO PELO ARRENDATÁRIO

A primeira das manifestações tendentes a assegurar ao arrendatário o gozo do imóvel, consiste, como referimos, na abstenção de intervir na utilização do locado por este último, traduzindo-se tal dever de ausência de intervenção, na imposição ao senhorio, de não praticar quaisquer atos que impeçam ou diminuam, de alguma forma, o gozo da coisa pelo locatário, salvo se tais atos lhe forem consentidos por lei, pelos usos ou pelo próprio arrendatário.

Assim sendo, não poderá o senhorio, por exemplo, tendo na sua posse uma cópia das chaves facultadas ao arrendatário para acesso ao imóvel, invadir a respetiva área privada do mesmo, independentemente do motivo subjacente a essa invasão, sob pena de violação de direitos fundamentais constitucionalmente protegidos a qualquer ser humano, como sejam o direito à reserva da intimidade da vida privada e familiar ou a inviolabilidade do domicílio, constantes respetivamente dos artigos 26.º e 34.º da Constituição da República Portuguesa.

Diferentemente, ao percecionar sinais de perigo provenientes do interior do locado, designadamente a presença de um sujeito estranho, na posse de arma de fogo a tentar invadir a residência do arrendatário que, para o efeito, quebra o vidro de uma janela do locado, tornando, dessa forma, iminente o perigo para a vida dos seus habitantes, poderá o senhorio procurar socorrer o arrendatário, invadindo o imóvel ou solicitando ajuda policial com essa finalidade e caráter esporádico, sendo expetável que, para tal, teria o consentimento presumido deste[42], atentos os bens jurídicos em conflito.

Independentemente do referido, tem o senhorio, o direito a realizar exames periódicos ao locado[43], nos termos da alínea b) do artigo 1038.º, devendo o arrendatário tolerar e não perturbar a verificação por parte daquele, de aspetos relacionados com a conservação e manutenção do

[42] Resulta do artigo 39.º do Código Penal, aprovado pelo Decreto-Lei n.º 48/95, de 15 de março, que o consentimento presumido é equiparado ao consentimento efetivo, entendendo-se este no n.º 2, como o que se retira da "*situação em que o agente atua permitindo razoavelmente supor que o titular do interesse juridicamente protegido, teria eficazmente consentido no facto, se conhecesse as circunstâncias em que este é praticado*".

[43] Podem as partes livremente estabelecer, no contrato de arrendamento, a periodicidade a observar para a realização de exame por parte do senhorio ao locado, sendo costume na prática a realização de tal vistoria entre uma a duas vezes por ano.
Mais se refira que a data e hora da respetiva realização do exame deverá ser da conveniência de ambas as partes, o qual deverá ser efetuado igualmente na presença de ambos, preferencialmente reduzido a escrito assinado pelas partes.

locado no mesmo estado em que foi recebido, bem como da não realização de obras, sem a autorização, legalmente exigida, do senhorio ou que não se encontrem expressamente previstas no contrato celebrado, como consta do artigo 1074.º CC.

II) INFORMAR O ARRENDATÁRIO DOS VÍCIOS EXISTENTES NO LOCADO

A segunda manifestação apontada quanto à obrigação do senhorio de assegurar ao arrendatário o gozo do imóvel arrendado, consiste no dever que sobre aquele recai de informar este último, de forma clara e percetível, dos vícios existentes no locado ao momento da celebração do contrato, se os houver, não os devendo omitir. De igual forma, não deverá assegurar qualidades que o locado não tenha, especialmente se as mesmas se afigurarem determinantes na decisão do arrendatário de celebrar o contrato de arrendamento.

O termo *vicio*[44], utilizado pelo legislador no artigo 1032.º, abrange um conjunto de elementos, de maior ou menor amplitude, aferível face ao caso em análise, cuja verificação, não sendo pretendida, conhecida ou esperada pelo arrendatário, perturba o normal desenvolvimento do contrato de arrendamento celebrado, podendo, eventualmente, consoante a gravidade do defeito ou falta de qualidades assegurada, afetar irremediavelmente a vontade que o inquilino teria em celebrar o mesmo contrato com o conhecimento desse vício que o locado apresenta.

Por outras palavras, englobam-se naquela norma, de forma geral e abstrata, um conjunto de situações, quer respeitantes fisicamente ao locado em si, quer quanto às possíveis qualidades ou vantagens que o mesmo seria suscetível de providenciar ao arrendatário.

No primeiro caso, o defeito poderá ser meramente de ordem estética, por exemplo a pintura danificada de uma parede por detrás do roupeiro de um dos quartos que o senhorio procurou dolosamente ocultar ainda que conhecendo a intenção do arrendatário de alterar a disposição da mobília,

[44] Menezes Cordeiro, na respetiva anotação ao artigo 1032.º, faz corresponder ao conceito de *vicio*, o seu sentido amplo, subdivisível por sua vez em: *vício em sentido estrito*, *falta de qualidades e desconformidade com o assegurado*. *Vide* MENEZES CORDEIRO *(coord.) Leis do Arrendamento Urbano Anotadas*, Almedina, Coimbra, 2014, p. 48.

ou poderá, de forma mais gravosa, comprometer a própria habitabilidade do locado, designadamente se, face a intempéries repentinas, o locado revela fortes infiltrações, não apreensíveis em tempo quente aquando da celebração do contrato de arrendamento, afetando a estrutura do locado tanto ao nível do telhado como das paredes e assim impedido a possibilidade de o arrendatário e respetiva família permanecerem no imóvel.

No segundo caso, por sua vez, são abrangidas, entre outras, as situações em que o arrendatário tem em vista a exploração de estabelecimento comercial no locado, celebrando contrato de arrendamento para fins não-habitacionais, após lhe ser assegurado pelo senhorio que o imóvel dispõe de licença de utilização para o desempenho de atividade comercial, a qual, com dolo e aproveitando-se da sua inexperiência, ocultou do inquilino, sendo este posteriormente à celebração do contrato, confrontado com a impossibilidade de obter licenciamento comercial indispensável à referida exploração, nos termos constantes do Decreto-Lei n.º 10/2015, de 16 de janeiro[45]alterado pela Lei n.º 15/2018, de 27 de março, por falta dos necessários requisitos, entre os quais a existência de licença de utilização compatível com a atividade pretendida desenvolver no locado.

Importa atentar, porém, no conjunto de ressalvas colocadas ao regime referido quantos aos vícios no locado, isto é, se é certo que, a existência de vícios, falta de qualidades necessárias ou desconformidade do locado quanto ao fim pretendido, determinam em geral a violação da obriga-

[45] O Decreto-Lei n.º 10/2015, de 16 de janeiro estabelece o regime jurídico de acesso e exercício de atividades de comércio, serviços e restauração (RJACSR), devendo para a obtenção de autorização de abertura, ter, o imóvel visado, licença de utilização para o exercício da atividade pretendida, bem como reunir condições estruturais e funcionais inerentes ao desenvolvimento de tal atividade.
Cumpre notar que previamente à exploração de determinada atividade comercial, deve o requerente dirigir-se à Câmara Municipal da respetiva área do locado onde pretende exercer a referida atividade, a fim de aferir se o imóvel dispõe de licença de utilização compatível com a mesma. Em caso negativo, e sendo-lhe possibilitada a sua alteração da licença de utilização, deverá reunir e apresentar toda a documentação necessária, designadamente, plantas de localização e projetos de arquitetura.
Encontrando-se o imóvel locado, inserido em edifício sujeito ao regime de propriedade horizontal, e pretendendo a alteração da licença de utilização para o exercício de determinada atividade comercial no locado, deverá assim ser obtida a prévia autorização de todos os restantes condóminos nesse sentido.

ção do senhorio de assegurar o gozo do locado para os fins a que este se destina, nos termos da alínea b) do artigo 1031.º, configurando o incumprimento por parte deste do contrato celebrado[46], existem no entanto, exceções a esta regra, na medida em que o artigo 1033.º, estabelece um conjunto de situações em que a respetiva verificação não determina a responsabilidade do locador, designadamente, quando:

a) O locatário conhecia o defeito no momento da celebração do contrato ou da receção do locado;
b) Se o defeito já existia aquando da celebração do contrato e era facilmente reconhecível, salvo se o locador assegurou a sua inexistência ou, dolosamente, o ocultou;
c) Se o defeito for da responsabilidade do arrendatário;
d) Se o locatário, tendo a obrigação de comunicar o defeito ao senhorio, não o fez;

Nas situações referidas, ainda que seja verificada a existência de qualquer vicio no locado, o contrato de arrendamento celebrado permanecerá válido uma vez que não existe qualquer incumprimento por parte do senhorio no seu dever de comunicação ao arrendatário quanto à respetiva existência do vício.

III) REALIZAÇÃO DE OBRAS E REPARAÇÕES URGENTES QUE NÃO SEJAM DA RESPONSABILIDADE DO ARRENDATÁRIO

A última das manifestações da obrigação do senhorio em assegurar ao arrendatário o gozo do imóvel para os fins a que se destina, consiste, pois, na obrigação de realizar obras e reparações urgentes, desde que não sendo estas da responsabilidade do arrendatário, visando-se nesta subobrigação, essencialmente, as obras destinadas a salvaguardar a manutenção ou a recuperação do estado do locado face àquele que apresentava aquando da data da entrega do imóvel ao momento da celebração do contrato de arrendamento.

[46] O incumprimento a que se refere o artigo 1032.º/*in fine*, configura uma causa de resolução do contrato por parte do arrendatário nos termos constantes do n.º 1 do artigo 1083.º.

Por outras palavras, as obras ou reparações urgentes, que o senhorio se encontra obrigado a realizar, salvo estipulação contratual em contrário, não são destinadas a melhorar o estado do imóvel, face àquele que apresentava na data do contrato, mas antes a realização de obras e reparações indispensáveis única e exclusivamente a assegurar o gozo do imóvel pelo arrendatário, excluindo-se, como tal, do preceituado no artigo 1036.º CC, quaisquer benfeitorias de natureza meramente voluptuária destinadas a introduzir no locado caraterísticas ou qualidades que este não apresentava no início da execução do contrato.

Diferentemente, se aquando da celebração do contrato e por se afigurar determinante para a realização do mesmo, se comprometer o senhorio a realizar no imóvel determinadas obras, destinadas a permitir ao arrendatário o gozo do locado para o exercício de determinada atividade comercial, serão estas da sua responsabilidade por tal haver sido expressamente clausulado.

Entendemos assim que o critério base para verificar a necessidade de realização de obras ou reparações urgentes no locado, da responsabilidade do senhorio, será apurado em função do estado que o mesmo apresentava na data em que o contrato foi celebrado, porquanto reflete este a vontade das partes relativamente ao objeto contratual visado, atendendo às caraterísticas e condições gerais apresentadas pelo locado nessa data, bem como ao valor da renda estipulado atendendo a tais especificidades em comparação com outros imóveis semelhantes[47].

Naturalmente, tal regra conhecerá exceções, designadamente as respeitantes aos vícios visíveis que o locado apresente, como tivemos oportunidade de ver *supra*, sendo da responsabilidade do senhorio as obras e reparações urgentes destinadas a recuperar o estado anterior do imóvel

[47] Entendemos por "*imóveis semelhantes ao imóvel arrendado*", aqueles que se situam na mesma zona geográfica, isto é, na mesma rua, tratando-se de moradias, sejam isoladas, geminadas ou em banda, ou, sendo o locado um apartamento, no mesmo prédio urbano submetido ao regime de propriedade horizontal, e com as mesmas caraterísticas, designadamente a tipologia, dimensão, valor patrimonial, materiais e equipamentos utilizados na respetiva construção, entre outras vantagens ou qualidades relevantes no apuramento do valor de renda praticado no mercado de arrendamento em comparação com o do locado em consideração, face às caraterísticas apresentadas.

ou a salvaguardar a manutenção do mesmo, se for expetável a sua detioração ou degradação perante a inércia deste em evitar tal situação.

O regime vertido no artigo 1036.º, embora inserido no âmbito das normas gerais relativas ao contrato de locação, visa essencialmente os bens imóveis arrendados, devendo ser articulado com o artigo 1074.º e com o disposto no Decreto-Lei n.º 157/2006, de 08 de agosto, que aprova o regime jurídico das obras em prédios arrendados (RJOPA), com as alterações introduzidas pela Lei n.º 13/2019, de 12 de fevereiro, aplicável nesta matéria, de forma a completar o quadro geral respeitante ao regime de obras no locado.

B. Direitos do senhorio

O Código Civil, quer na regulamentação geral do contrato de locação como nas disposições específicas do contrato de arrendamento urbano, não estabelece expressamente, em nenhuma das respetivas normas, o conjunto de direitos que da celebração do contrato de arrendamento com o arrendatário, resultam para o senhorio, sendo que nem mesmo dos artigos 1071.º e seguintes referentes à subsecção III, secção VII relativa ao arrendamento de prédios urbanos, cuja epigrafe é "*direitos e obrigações das partes*", tal previsão é feita.

Ainda assim, a determinação de tais direitos não configura tarefa complexa, não apenas por residirem estes no correspetivo inverso resultante das próprias obrigações inerentes ao arrendatário, porquanto o contrato de arrendamento é um negocio jurídico sinalagmático, em que as prestações a que as partes se encontram vinculadas são recíprocas entre si, mas também atendendo, designadamente, à finalidade do senhorio ao arrendar o bem imóvel visado, que será, predominantemente, a de obtenção de proveito económico em virtude da privação do uso próprio do locado e consequente abstenção de nele se inserir ou habitar durante a totalidade do período temporal estipulado de duração contratual.

Visará também evitar, embora com menor expressividade prática, que determinado imóvel, não sendo por si ocupado, seja afetado de forma mais gravosa, pelos naturais efeitos do tempo e da falta de uso habitual e rotineiro da habitação, detiorando-se com maior rapidez do que seria de prever se o imóvel estivesse ocupado, com todas as consequências que tais detiorações geralmente acarretam e de fácil conversão em diversos e avultados prejuízos económicos.

Assim sendo, ao arrendar o imóvel a outrem, além do natural direito e expetativa juridicamente tutelada, ao cumprimento por parte do arrendatário do contrato de arrendamento celebrado em observância do princípio da boa fé, vertido no artigo 227.º CC, tanto nos preliminares como no respetivo desenvolvimento do contrato, tem naturalmente o senhorio, entre outros, os seguintes direitos:

a) Receber o valor relativo ao pagamento das rendas convencionadas;
b) Obter a restituição do imóvel e respetivo recheio, se aplicável, no mesmo estado geral em que o mesmo foi entregue ao arrendatário, ressalvando-se as detiorações naturais derivadas de um uso prudente;
c) Direito à ocupação efetiva do locado por parte do arrendatário, não devendo este estar desabitado por período superior a um ano, ressalvadas as exceções constantes do n.º 2 do artigo 1072.º;
d) Realizar o exame do locado antes da cessação do contrato de arrendamento e consequente entrega do mesmo;
e) Receber comunicações por parte do locatário, quanto à cessão do gozo do imóvel, a existência de vícios na coisa locada ou bem ainda, o conhecimento de todas e quaisquer circunstâncias e vicissitudes que afetem, direta ou indiretamente, o locado.

A par dos referidos direitos, a que daremos maior atenção a propósito das obrigações inerentes ao arrendatário, outros direitos emergem do contrato de arrendamento relativamente ao senhorio, sejam estes legalmente definidos ou contratualmente estipulados entre as partes.

Alguns exemplos desses direitos, atendendo às especificidades próprias de determinados contratos de arrendamento são: o direito de proceder à denúncia do contrato de arrendamento de duração indeterminada para habitação própria ou do respetivo agregado familiar, nos termos da alínea a) do artigo 1101.º e do artigo 1102.º, bem como o direito a substituir-se ao arrendatário, em caso de subarrendamento, se o mesmo incidir sob a totalidade do bem imóvel, comunicando, através de notificação judicial avulsa ao primitivo arrendatário, a resolução do contrato de arrendamento com este celebrado, nos termos constantes do artigo 1090.º, entre outros.

2. Arrendatário

A. Obrigações do arrendatário

O conjunto de obrigações a que o arrendatário se encontra adstrito em virtude da celebração do contrato de arrendamento resultam, essencialmente, do disposto no artigo 1038.º CC, inserido no âmbito das disposições relativas ao contrato de locação em geral, em articulação com as disposições constantes dos artigos 1071.º e seguintes, no respeitante às obrigações derivadas especificamente do contrato cujo objeto será um bem imóvel sujeito ao regime do arrendamento urbano.

Naturalmente, o preceituado nas normas referidas não esgota a totalidade das obrigações que derivam ou podem derivar da relação constituída entre as partes, embora, por uma questão de maior organização, seja pertinente a análise seguindo a ordem elencada.

Assim sendo, constituem obrigações do arrendatário, por força da celebração do contrato de arrendamento urbano, entre outras, as seguintes:

1) Proceder ao pagamento da renda estipulada;
2) Proceder ao pagamento de encargos e despesas que corram por sua conta;
3) Usar efetivamente o locado pelo prazo contratualmente estipulado, não se abstendo de o utilizar por período superior a um ano, exceto nos casos expressamente previstos na lei ou contratualmente definidos;
4) Não aplicar o bem arrendado para fim diverso do que consta no contrato de arrendamento;
5) Não utilizar o bem arrendado de forma imprudente;
6) Facultar ao senhorio o exame do imóvel arrendado;
7) Tolerar as reparações urgentes, bem como quaisquer obras ordenadas pela autoridade pública;
8) Informar o senhorio sobre todos os aspetos relevantes relativos ao imóvel arrendado;
9) Não proporcionar o gozo, total ou parcial, onerosa ou gratuitamente, do bem arrendado a terceiros, sem autorização legal ou contratual, devendo comunicar tempestivamente a respetiva cessão quando autorizada;

10) Restituir o locado aquando da cessação do contrato de arrendamento urbano;
11) Cumprir as limitações impostas aos proprietários de coisas imóveis;

Pese embora o caráter meramente indicativo e não taxativo do elenco de obrigações expostas, quer quanto ao arrendatário, como *supra* quanto ao senhorio, não deixa de ser expressivo o contraste quanto ao volume de obrigações que do contrato celebrado resultam para aquele quando comparativamente a este, o que poderá ser justificado não apenas pela posição vincadamente desigual que as partes assumem na relação estabelecida, mas também atendendo ao objeto contratual, isto é, ao imóvel arrendado, face ao qual o arrendatário, por dispor do uso e gozo do mesmo, ter naturalmente responsabilidades acrescidas, atendendo ao poder ativo assumido relativamente a este em detrimento do senhorio que deverá, essencialmente, abster-se de perturbar esse gozo, devendo praticar todos os atos tendentes a assegurar a sua manutenção pelo arrendatário.

Vejamos sucintamente cada uma das referidas obrigações.

1) PROCEDER AO PAGAMENTO DA RENDA ESTIPULADA

A obrigação de proceder ao pagamento da renda estipulada constitui a principal obrigação do arrendatário no âmbito da relação arrendatícia estabelecida, sendo que para o cabal cumprimento da obrigação de proceder ao pagamento das rendas que se forem sucessivamente vencendo, é importante constar, expressamente, do contrato de arrendamento, cláusula definindo o modo como tal pagamento deverá ser processado, designadamente quanto ao tempo e lugar de pagamento, podendo as partes estipular que o pagamento seja efetuado, como atualmente é predominante, por recurso a depósito ou transferência bancária para o IBAN (*International Bank Account Number*) previamente indicado no contrato pelo senhorio, devendo o pagamento ser efetuado até ao primeiro dia útil do mês anterior àquele a que disser respeito.

Na falta de estipulação em sentido contrário, valerá naturalmente o disposto nos n.ºs 1 e 2 do artigo 1039.º, quanto ao tempo e lugar de pagamento, devendo tal pagamento ser efetuado no último dia de vigência do contrato ou do período a que respeita e no domicílio do arrendatário à data do vencimento, presumindo a lei, em tal caso que não sendo tal pagamento efetuado, quando o devia ter sido feito no domicílio do arrendatário ou de seu procurador, tal é motivado por inércia do senhorio que não se deslocou, nem mandatou outrem nesse sentido, àquele domicílio para receber tal pagamento. Trata-se, pois, de uma presunção legal, ilidível ou *iuris tantum*, admitindo prova em contrário, nos termos do artigo 350.º CC.

A violação da obrigação por parte do arrendatário de proceder ao pagamento das rendas vencidas, importa na resolução motivada do contrato de arrendamento pelo senhorio, nos termos constantes do n.º 3 do artigo 1083.º, sendo *"inexigível ao senhorio a manutenção do arrendamento em caso de mora igual ou superior a três meses no pagamento da renda, encargos ou despesas que corram por conta do arrendatário"*.

Note-se que, quanto a este fundamento resolutivo e como veremos melhor em sede da cessação do contrato de arrendamento por resolução, pode o arrendatário, uma única vez, com referência a cada contrato, fazer cessar a mora, igual ou superior a três meses, no respetivo pagamento das rendas vencidas, sem que tal mora importe na resolução do contrato se, uma vez interpelado pelo senhorio por um dos meios previstos no n.º 7 do artigo 9.º NRAU, purgar a mora no prazo de um mês, período este contado desde a data em que foi interpelado relativamente à quantia em dívida e da comunicação de resolução contratual.

Ao valor das rendas a pagar por parte do arrendatário, deverá acrescer o correspondente a 20% do valor em dívida, a título de indemnização por mora, como resulta do n.º 1 do artigo 1041.º *ex vi* do n.º 1 do artigo 1042.º, com as alterações resultantes da Lei n.º 13/2019, de 12 de fevereiro, que vem reduzir de 50% para 20% o valor da indemnização a pagar pelo arrendatário juntamente com o valor das rendas em falta.

A par da falta de pagamento de rendas, também a simples mora reiterada no respetivo pagamento poderá constituir fundamento resolutivo por parte do senhorio, ou seja, se é certo que a mora correspondente aos primeiros oito dias de cada mês é aceite e socialmente tolerada, o mesmo não se diga relativamente à mora superior a oito dias, a qual, verificada mais de quatro vezes, seguidas ou interpoladas, num período de doze meses, em cada contrato, confere ao senhorio fundamento bastante, nos termos do n.º 4 do artigo 1083.º[48], para proceder à cessação antecipada do contrato com justa causa, desde que, para tanto, comunique ao arrendatário, ao final do terceiro atraso[49], que é sua intenção resolver o contrato com base em tal fundamento, nos termos do n.º 6 do mesmo preceito, em virtude da violação do cumprimento pontual da obrigação mais elementar do arrendatário, ainda que, efetivamente, este proceda ao pagamento da renda devida em cada mês, recaindo o incumprimento não na falta de pagamento mas, outrossim, no facto de o arrendatário proceder ao pagamento, injustificadamente, fora do prazo normal, assim gerando no senhorio a expetativa negativa de potencial não cumprimento por parte do arrendatário além do consequente rompimento da confiança neste depositada, sendo tal confiança elemento indispensável para a subsistência da relação de arrendamento.

[48] A possibilidade conferida ao senhorio de resolver o contrato de arrendamento com fundamento na constituição em mora superior a oito dias, no pagamento de renda por parte do arrendatário, por mais de quatro vezes, seguidas ou interpoladas, num período de 12 meses em cada contrato constitui, pois, novidade da reforma introduzida pela Lei n.º 31/2012, assumindo a questão contornos diferentes se o arrendatário desde cedo tomou por hábito, designadamente por apenas receber o respetivo vencimento posteriormente ao dia 8 e por uma questão de organização da economia familiar lhe ser mais cómodo proceder ao pagamento das rendas em determinado dia do mês, com o acordo expresso ou tácito do senhorio, que tolera e aceita que o pagamento seja efetuado por exemplo no dia 15, nada dizendo e, posteriormente, por hipótese, um ano depois, vem invocar a resolução com fundamento no n.º 4 do artigo 1083.º, constituindo tal situação um manifesto abuso de direito por *venire contra factum proprium.*, uma vez que procura aproveitar-se, indevidamente de uma situação com a qual se conformou e prevaleceu sem ter objetado à mesma nem interpelar o arrendatário para proceder ao pagamento tempestivo das rendas no prazo legalmente estabelecido no n.º 6 do artigo 1083.º.

[49] A necessidade de o senhorio informar o arrendatário, ao final do terceiro atraso no pagamento da renda devida de que pretende resolver o contrato de arrendamento, constitui igualmente novidade introduzida pela Lei n.º 13/2019, de 12 de fevereiro, surgindo na ótica do reforço de proteção conferida ao arrendatário, alertando-o tempestivamente para a possibilidade real de resolução do contrato, a fim de evitar que o mesmo, posteriormente, proceda ao pagamento extemporâneo das rendas vincendas.

2) PROCEDER AO PAGAMENTO DE ENCARGOS E DESPESAS QUE CORRAM POR SUA CONTA

À semelhança do que sucede no âmbito da obrigação de proceder ao pagamento tempestivo das rendas, sucessivamente, vencidas, deve também o arrendatário proceder ao pagamento pontual de encargos e despesas que corram por sua conta.

A índole desta obrigação reside precisamente no facto de que, ao celebrar um contrato de arrendamento, tanto para a habitação como para fins não-habitacionais, mormente quando destinado ao exercício de uma determinada atividade comercial, o pagamento de rendas por conta da ocupação do imóvel em questão, não será desde logo, a única despesa relativamente à qual o arrendatário terá, à partida, de assumir responsabilidade, sendo comum a estipulação contratual quanto à responsabilidade expressa do arrendatário no pagamento de tais despesas, designadamente, despesas de água, luz, gás, televisão, internet e telefone, entre outras, que se encontram invariavelmente associadas ao gozo normal de um imóvel e que, por respeitarem unicamente ao proveito próprio daquele, devem ser única e exclusivamente da sua responsabilidade, embora possam as partes, estipular ao invés, um preço global a pagar a título de renda que envolva já a consideração de tais despesas acessórias, por exemplo se, por acordo, as partes decidiram que os contadores da água e luz deveriam permanecer na titularidade do senhorio, acordando um valor fixo ou variável em virtude da respetiva utilização pelo arrendatário e seu agregado familiar, ou se, quanto ao contrato de internet, telefone e televisão, o senhorio obtendo condições mais vantajosas em virtude de ser cliente antigo de determinado serviço de telecomunicações, propõe ao arrendatário a manutenção do contrato firmado, pagando este um preço pré-estabelecido pela sua utilização.

Diferentemente, se aquelas despesas respeitam em regra, pela sua própria natureza, ao arrendatário, pendendo sobre este, a respetiva responsabilidade no pagamento, outras existem porém, cuja regra será a da responsabilidade do senhorio quanto às mesmas, embora, de igual forma, possam as partes convencionar que tais despesas integram o âmbito das responsabilidades do arrendamento, por exemplo, as despesas relativas ao pagamento mensal ou trimestral de condomínio do imóvel integrado em prédio urbano submetido ao regime de propriedade horizontal, encontrando as partes uma ampla liberdade de conformação contratual neste âmbito.

3) USAR EFETIVAMENTE O LOCADO PELO PRAZO CONTRATUALMENTE ESTIPULADO, NÃO SE ABSTENDO DE O UTILIZAR POR PERÍODO SUPERIOR A UM ANO, EXCETO NOS CASOS EXPRESSAMENTE PREVISTOS NA LEI OU CONTRATUALMENTE DEFINIDOS

A par das demais, constitui obrigação do arrendatário, a utilização do locado, pelo prazo convencionado no contrato de arrendamento, não se devendo abster de o utilizar por período superior a um ano, nos termos do artigo 1072.º, ressalvando-se as situações previstas nesta norma onde é lícito o não uso por período superior.

Assim sendo, ao utilizar a expressão *uso efetivo do locado*, visa o legislador abranger a utilização da residência de forma permanente e reiterada que apenas se compadece com ausências esporádicas e por períodos de tempo relativamente curtos, inferiores a um ano, à semelhança do que faria o homem médio colocado na mesma situação relativamente ao seu domicílio pessoal, sendo que a índole de tal obrigação assenta precisamente em salvaguardar a própria proteção e manutenção do imóvel porquanto é sabido que um imóvel desocupado naturalmente se degradará, porventura, com maior rapidez que um outro que sendo permanentemente habitado é, em conformidade, suscetível de sucessivas reparações, limpeza e manutenção geral, relativamente às quais o habitante sente a constante necessidade de intervir a fim de assegurar as necessárias condições de subsistência e habitação no locado.

Não obstante e como referido, estabelece o n.º 2 do artigo 1072.º, um conjunto de situações cuja verificação, mesmo excedendo o período de um ano de não uso do locado por parte do arrendatário, são, de igual forma, lícitas, obstando à resolução do contrato de arrendamento pelo senhorio, sendo estas, as seguintes:

a) Caso de força maior ou doença;
b) A ausência, por período igual ou inferior a dois anos, devida ao cumprimento de deveres miliares ou profissionais do arrendatário, do cônjuge ou de quem com aquele viva em união de facto;

c) A utilização do locado seja mantida por quem tenha o direito a utilizar o locado, fazendo-o há mais de um ano[50];
d) A ausência do arrendatário for devida à prestação de apoios continuados a pessoas, incluindo familiares, com deficiência cujo grau de incapacidade seja igual ou superior a 60%;

Cumpre notar que tal obrigação respeita especificamente ao arrendatário e não já ao respetivo agregado familiar ou a terceiro com quem este habite, embora o respetivo cumprimento, possa, como vemos, ser assegurado por outrem que não o arrendatário sendo, no entanto, discutível jurisprudencialmente, se perante a ausência por período superior a um ano do arrendatário e invocando este a habitação permanente do mesmo por parte de um familiar, ao abrigo da alínea c) do n.º 2 do referido artigo, este se considera efetivamente ocupado.

Assim sendo, para tal suceder, é necessário que aquele que habita o locado na ausência do arrendatário, com ele convivesse em economia comum há mais de um ano, devendo ainda existir a necessária intenção por parte daquele de vir novamente a habitar o imóvel.

Ao invocar o arrendatário, a existência de economia comum entre este e o familiar que com este habite no locado há mais de um ano, entende a Relação de Lisboa[51] incumbir ao senhorio a ilisão da presunção resultante do n.º 2 do artigo 1093.º, extensível à alínea c) do n.º 2 do artigo 1072.º,

[50] Naturalmente tal exceção à regra contida no n.º 1 do artigo 1072.º, não permite a equiparação do período de um ano de não utilização do arrendatário com o período de um ano de utilização por parte do familiar ou terceiro com que este habite, isto é, este deverá habitar, em economia comum o locado juntamente com o arrendatário há mais de um ano, considerado este período em relação à data em que o arrendatário deixou de o utilizar por período superior a um ano.

[51] **JURISPRUDÊNCIA (28/09/2010)**

AC. TRL N.º 3219/08.2TBCSC-7 (RELATORA MARIA AMÉLIA RIBEIRO)

"I. A presunção a que se reporta o art. 1093/2 CC, estende-se à exceção prevista no art. 1072/2/c) CC, sendo, pois, ao senhorio que cumpre ilidir a presunção de que o filho que habita no locado há mais de um ano não vive em economia comum com o locatário.

II. Neste caso, a integridade do próprio contrato de arrendamento exige que o inquilino prove que mantem uma ligação efetiva com o locado, indiciada por circunstâncias de facto que revelem a séria intenção de ali voltar a viver."

onde é permitido ao arrendatário abster-se do uso efetivo do locado, desde que a utilização do mesmo seja mantida por terceiro que tenha o direito a habitar o imóvel, o fizesse já, à data em consideração, pelo menos pelo referido período de um ano.

A par das referidas exceções legais, podem as partes expressamente convencionar, no contrato de arrendamento ou em aditamento a este, que o arrendatário se poderá abster de fazer uso do locado por período superior ao referido, não podendo em tal situação, o senhorio invocar o fundamento resolutivo previsto na alínea d) do n.º 2 do artigo 1083.º CC, salvo se o arrendatário, deliberadamente, exceder o período acordado.

4) NÃO APLICAR O BEM ARRENDADO PARA FIM DIVERSO DO QUE CONSTA NO CONTRATO DE ARRENDAMENTO

O fim acordado pelas partes aquando da celebração do contrato de arrendamento, em observância da própria licença de utilização do imóvel arrendado, delimita desde logo a utilização do locado pelo arrendatário, que deverá efetivamente fazer uso do mesmo, tendo em vista tal utilidade pré-definida, seja esta de natureza habitacional ou não-habitacional, sendo que dentro desta última, deverá o arrendatário restringir-se à atividade expressamente convencionada no contrato, salvo se para o efeito obtiver autorização do senhorio em sentido contrário, ressalvando-se que o exercício de uma nova atividade no locado, apenas e somente poderá ser admissível, a título acessório do exercício da atividade principal[52].

[52] **JURISPRUDÊNCIA (03/13/2008)**
AC. TRL N.º 520/2008-8 (RELATORA ANA LUÍSA GERALDES)
"1. Está vedado ao arrendatário dar ao arrendado um destino diferente do acordado, bem como exercer um ramo de negócio diverso daquele que foi objeto do contrato de arrendamento.
2. Não existirá fundamento para a resolução do contrato de arrendamento, se o arrendatário continuar a usar o arrendado, a título principal, para o ramo de negócio convencionado, exercendo tão só de forma acessória a nova atividade.
3. Tal relação de acessoriedade deverá também ser apreciada à luz dos princípios da razoabilidade e da boa fé.
4. Só assim será possível ressalvar situações em que a atividade acessória posteriormente desenvolvida pelo arrendatário no locado acabe por envolver um particular risco ou uma significativa perturbação no local arrendado, ou quiçá um acentuado desgaste ao prédio arrendado, situações que, em princípio,

Neste sentido e como tivemos já oportunidade de ver no âmbito dos elementos integrantes do conteúdo necessário de um contrato de arrendamento urbano, este poderá visar fins habitacionais ou fins não-habitacionais, podendo o arrendatário, na omissão contratual do fim a que o arrendamento se destina, utilizar o imóvel no âmbito das respetivas aptidões em obediência ao fim prescrito na licença de utilização, sendo certo que, na ausência desta, designadamente em imóveis cuja construção seja anterior a 1951 e não hajam sido intervencionados posteriormente a essa data, o locado deverá ser utilizado para fins habitacionais se o mesmo for habitável, isto é, se reunir condições mínimas para uma habitabilidade condigna do arrendatário, devendo, por outro lado, caso o não seja, ser utilizado para fins não-habitacionais, salvo se outro destino lhe tiver vindo a ser dado, isto é, se antes da celebração do contrato de arrendamento, o imóvel, independentemente das suas condições de habitabilidade havia sido utilizado com fim diverso.

A utilização contrária ao fim estabelecido é fundamento de resolução contratual por parte do senhorio, nos termos da alínea c) do n.º 2 do artigo 1083.º, ressalvando o normativo que, ainda que a utilização do imóvel para fim diverso do convencionado não haja causado no imóvel maior desgaste ou desvalorização, tal fundamento resolutivo é igualmente invocável, uma vez que a utilização para fim diverso do estipulado constitui, por si só e independentemente do facto de, eventualmente, poder afetar o locado de forma mais gravosa, uma violação ao estipulado no contrato de arrendamento.

5) NÃO UTILIZAR O BEM ARRENDADO DE FORMA IMPRUDENTE

Na mesma linha do que vem sendo dito, não deve o arrendatário utilizar o locado de forma imprudente, o que naturalmente extravasa o âmbito das detiorações existentes no imóvel resultantes de uma utilização normal, sendo lícito ao arrendatário utilizar o locado no âmbito das respetivas aptidões, tal como o faria o homem médio colocado na mesma situação, devendo corrigir ou reparar eventuais danos a que deu causa,

não permitem concluir no sentido de que o senhorio ficaria indiferente a esses riscos ou desgastes mais elevados, ocasionados num bem de que é proprietário."

durante o tempo em que habitou o imóvel, antes de o restituir ao senhorio na data acordada ou no termo do contrato[53].

Assim sendo e conforme resulta expressamente do artigo 1043.º, o locatário é obrigado a manter e restituir a coisa no mesmo estado geral em que a recebeu, ressalvando-se as referidas deteriorações inerentes a uma prudente utilização, atendendo ao fim a que o contrato se destina, sendo que na falta de qualquer estipulação nesse sentido, se presume que o locado foi entregue em bom estado geral de manutenção, tratando-se de uma presunção ilidível porquanto admite prova em contrário.

Naturalmente, por uma questão de segurança e salvaguarda de ambas as partes, principalmente se o estado do locado divergir substancialmente do que será entendível por "*estado normal*", devem estas reduzir a escrito, senão no próprio contrato, em anexo a este, discriminando de forma abrangente, a apresentação geral do imóvel ou das divisões que o compõem, bem como o mobiliário, equipamentos e demais eletrodomésticos, devendo tal documento enumerar, se necessário, as diversas vicissitudes existentes à data da celebração do contrato, permitindo-se dessa forma ao senhorio demandar o arrendatário, uma vez verificadas detiorações que extravasam o descrito no documento e a este último, por sua vez, defender-se face a detiorações que lhe sejam apontadas quando as mesmas haviam já sido referenciadas no documento em que foram descritas.

Conforme referido, as detiorações verificadas no imóvel, não expressamente excetuadas no contrato de arrendamento ou em documento anexo, com ressalva das já existentes à data da celebração do contrato, serão da responsabilidade do arrendatário, nos termos do artigo 1044.º, salvo se as mesmas resultarem de causa que lhe não seja imputável ou a terceiro a quem aquele haja cedido ou permitido o respetivo gozo, na mesma linha do artigo 799.º CC.

[53] É habitual, na data de cessação do contrato de arrendamento, realizar o senhorio, devidamente acompanhado pelo arrendatário, uma vistoria geral ao imóvel tendente ao apuramento de eventuais detiorações ou defeitos da responsabilidade deste último, as quais devem de igual forma, ser reduzidas a documento escrito, que poderá ser instruído por registos fotográficos e assinado por ambas as partes, reconhecendo o arrendatário o dever de proceder à reparação dos defeitos verificados e conferindo o senhorio um prazo razoável ao arrendatário para o fazer.

O incumprimento da obrigação de preservar e utilizar o locado de forma prudente, designadamente materializado em detiorações substanciais no locado, ou mesmo na realização de obras não autorizadas e de reparações não urgentes e não consentidas pelo senhorio, consubstancia fundamento resolutivo por banda deste, nos termos do n.º 2 do artigo 1083.º, sem prejuízo de responsabilidade civil pelos danos causados[54].

6) FACULTAR AO SENHORIO O EXAME DO IMÓVEL ARRENDADO

Deve o senhorio, após a celebração do contrato de arrendamento com o arrendatário, através do qual proporciona o gozo do imóvel a este, abster-se de perturbar a respetiva utilização que o inquilino faz do locado, constituindo tal dever de abstenção uma das suas obrigações mais elementares.

Não obstante, tal obrigação conhece exceções uma vez que o senhorio tem o direito e, por vezes, o dever, de proceder ao exame do imóvel arrendado, sendo diversas as razões que presidem à realização de tal exame, com o qual o arrendatário, não se podendo opor, deverá colaborar e tolerar, uma vez que um dos principais motivos da sua realização respeita precisamente ao apuramento de necessárias obras ou reparações que

[54] **JURISPRUDÊNCIA** (27/09/2007)
AC. TRL N.º 9173/2006-6 (RELATORA FERNANDA ISABEL PEREIRA)
"I – A forma como se encontra redigido o art. 1044.º aponta no sentido de que a regra é a responsabilização do inquilino, salvo se ele provar que a perda ou deterioração não resulta de causa que lhe seja imputável, nem a terceiro a quem tenha permitido a utilização. E o princípio enunciado neste normativo segue de perto a orientação do art. 799.º do CC.
II – Nos termos do art. 1038.º, al. i) o inquilino está obrigado a entregar a coisa locada findo o contrato. Se há perda ou deterioração tem ele de provar que não teve culpa, pelo menos.
III – Não provando o arrendatário que o incêndio causador das deteriorações ocorreu sem culpa sua, devendo-se a caso fortuito ou de força maior, situações em que o risco corre por conta do locador, ou a qualquer causa que lhe seja alheia, responde pela perda ou deteriorações no locado.
IV – E, sendo as deteriorações consideráveis e não consentidas, o senhorio pode com tal fundamento resolver o contrato, nos termos do artigo 64.º n.º 1 al. d) do RAU.
V – Não é lícito distinguir – para afastar a presunção – entre a responsabilidade civil pela reparação dos danos causados e a causa resolutiva de arrendamento. Num e noutro caso a presunção tem o efeito de imputar ao locatário a causa da deterioração e, consequentemente, no plano contratual, é inarredável o direito do locador resolver o contrato."

deverão ser realizadas pelo senhorio e que o mesmo, apenas mediante a respetiva perceção presencial, poderá tomar as medidas adequadas à resolução efetiva do problema, sendo que após tal exame, também a respetiva mora do senhorio poderá ser valorada pelo arrendatário no sentido de se encontrar legitimado a realizar reparações e despesas urgentes, nos termos do artigo 1036.º e dos artigos 22.º-A e seguintes do RJOPA.

Além deste, outros motivos estão na génese da realização do exame da coisa locada, designadamente o de apurar se o arrendatário se encontra em incumprimento com as obrigações assumidas na data da celebração do contrato, como sejam, entre outras, as seguintes:

a) Preservação e manutenção do estado do imóvel;
b) Regras de higiene, sossego, boa vizinhança, bem como as normas constantes de regulamento de condomínio;
c) Utilização do locado contrária à lei, bons costumes ou ordem púbica;
d) Uso do locado para fim diverso daquele a que se destina;
e) O uso efetivo do locado;
f) O uso por terceiros não consentidos pelo senhorio;

Deverá ainda ser realizado exame final do locado, no âmbito da cessação do contrato de arrendamento, no momento em que o senhorio adquire novamente a posse material do imóvel, com a devolução, por parte do arrendatário, das respetivas chaves de acesso ao locado, verificando o estado em que o mesmo lhe é restituído e aferindo da necessidade de serem realizadas reparações ou obras que sejam da responsabilidade do arrendatário.

Pese embora a lei não defina qualquer periodicidade necessária ou facultativa na realização do exame ao locado, deverá tal prerrogativa ser utilizada pelo senhorio com prudência, a ela recorrendo apenas e somente quando se revele necessário ou quando demandado pelo arrendatário nesse sentido, isto é, quando existam motivos suficientes para a realização de uma vistoria, sob pena de intromissão desnecessária na esfera privada do arrendatário e respetivo agregado familiar.

Naturalmente, a data de realização do exame ao locado, deverá ser convencionada antecipadamente pelas partes, não se compadecendo a proteção dos mais fundamentais direitos do arrendatário, com um qualquer *exame-surpresa* ao locado por parte do senhorio, ainda que o intuito deste seja, por exemplo, o de aferir da eventual e flagrante imprudência do arrendatário no respetivo uso do locado.

7) TOLERAR AS REPARAÇÕES URGENTES, BEM COMO QUAISQUER OBRAS ORDENADAS PELA AUTORIDADE PÚBLICA

No seguimento do que foi referido quanto à obrigação de o arrendatário tolerar a realização de exame ao locado por parte do senhorio, deverá também, compadecer-se com a realização de reparações urgentes destinadas à conservação do imóvel que, na falta de estipulação em contrário, serão da responsabilidade deste último, como resulta do n.º 1 do artigo 1074.º e do n.º 2 do artigo 1111.º, salvo se a necessidade de reparação for devida a pequenas detiorações realizadas pelo arrendatário, destinadas a assegurar ou providenciar o conforto ou comodidade do locado, sendo que em tais casos, tais reparações serão da sua responsabilidade, nos termos do artigo 1073.º.

Apesar de a lei se referir apenas às reparações urgentes, devem considerar-se igualmente abrangidas no respetivo âmbito, todas e quaisquer reparações de duração superior ou mesmo, obras de fundo que envolvam períodos de tempo consideráveis e consequente desocupação do locado[55], sendo que em nosso entender, o facto de na alínea e) do artigo 1038.º, serem consideradas apenas as reparações urgentes, prende-se, em grande parte, com o próprio caráter de urgência da reparação em si que, pela necessidade de rápida intervenção não se compadecem com qualquer compasso de espera ou com a maior ou menor disponibilidade do arrendatário, sendo necessário que este se adapte, forçosamente, à realização de tal reparação, ao invés do que sucede na maioria das demais obras e reparações não-urgentes que, pese embora tenham igualmente de ser toleradas pelo inquilino, podem e devem realizadas em período da maior conveniência para ambas as partes, daí que não haja o legislador sentido a necessidade de fazer expressa previsão neste âmbito à totalidade de possíveis obras e reparações.

[55] No mesmo sentido, António Menezes Cordeiro, *Leis do Arrendamento Urbano Anotadas*, p. 66.

De igual forma, deverá o arrendatário tolerar a realização de todas e quaisquer obras ordenadas por autoridade pública, sejam estas de curta, média ou longa duração, envolvendo ou não a desocupação do locado, enquadrando-se, de igual forma, neste domínio, as obras realizadas pelo senhorio no locado que tenham em vista a prossecução de imposições derivadas de tais autoridades dotadas de poder público[56].

Existindo a necessidade de proceder à realização de reparações urgentes e sendo o arrendatário interpelado pelo senhorio nesse sentido, através de notificação judicial avulsa, de que deverá, pela própria natureza das obras a realizar, proceder à respetiva desocupação do locado por determinado período de tempo e este o não faça, viola a obrigação de tolerar a realização de tais reparações, incorrendo em mora no respetivo cumprimento e respondendo em conformidade pelos prejuízos causados ao senhorio[57].

8) INFORMAR O SENHORIO SOBRE TODOS OS ASPETOS RELEVANTES RELATIVOS AO IMÓVEL ARRENDADO

Versando o contrato de arrendamento urbano celebrado entre senhorio e arrendatário sobre um bem imóvel cujo gozo aquele proporciona a

[56] **JURISPRUDÊNCIA (21/03/2013)**
AC. TRL N.º 802/07.7TBBNV.L1-21 (RELATOR EZAGÜY MARTINS)
(...)
"V – No art. 1038.º, alínea e), do Código Civil, entre o direito do locatário ao gozo integral da coisa, e o interesse geral prosseguido pela administração, na observância das regras de planeamento urbanístico e outras afins, deu-se clara prevalência ao último.
VI – Estando contempladas, entre as obras "ordenadas pela autoridade pública" que o locatário tem obrigação de tolerar, as que visem conferir ao prédio as características apresentadas aquando da licença de utilização.
VII – Não pode ainda deixar de se entender também abrangida no espírito da norma, a realização de obras, pelo dono do prédio, para conformação do mesmo com o projeto aprovado, na circunstância da verificação pelos serviços camarários de tal desconformidade, consignada em auto de vistoria, onde se refere deverem as situações detetadas "ser regularizadas".
VIII – A condenação no que se liquidar pressupõe que os danos já ocorreram, mas os factos constitutivos da liquidação da obrigação não são provados, ou ainda não se verificaram.
IX – O dano não é a ofensa do direito de outrem, mas a consequência nociva da ofensa."

[57] Veja-se, a este propósito, o Acórdão do Tribunal da Relação de Évora de 12 de setembro de 2013 (*Processo n.º 120/06.8TBGDL.E1, Relator Canelas Brás*)

este e, pretendendo-se que tal relação seja mantida durante determinado período de tempo certo ou por duração indeterminada, naturalmente e apesar da abstenção por parte do senhorio na utilização do imóvel de que é proprietário ou sobre o qual detém direito correspondente que lhe permita dar tal imóvel em arrendamento, mantém este, no entanto, total interesse sobre todas as questões que respeitem diretamente ao imóvel, devendo, em conformidade, o arrendatário, ao deter um contacto mais próximo e imediato com o mesmo, que assim lhe permite uma perceção direta sobre os aspetos mais importantes relativos ao imóvel, manter o senhorio devidamente informado.

Tais informações respeitam, maioritariamente a vícios detetados no locado e sobre os quais pretende o arrendatário uma atuação célere do senhorio ou, alternativamente, a autorização ou consentimento deste para proceder a obras ou detiorações que visem assegurar a maior comodidade ou segurança do locado, devendo as comunicações relativas aos vícios de que tenha conhecimento, ser realizadas imediatamente após o conhecimento do vicio em questão e as relativas a obras que pretenda realizar, ser comunicadas dentro de prazo razoável face à data pretendida para a realização das mesmas.

9) NÃO PROPORCIONAR O GOZO, TOTAL OU PARCIAL, ONEROSA OU GRATUITAMENTE, DO BEM ARRENDADO A TERCEIROS, SEM AUTORIZAÇÃO LEGAL OU CONTRATUAL, DEVENDO COMUNICAR TEMPESTIVAMENTE A RESPETIVA CESSÃO QUANDO AUTORIZADA

Por regra, não deverá o arrendatário ceder o gozo do imóvel, uma vez que o contrato de arrendamento é celebrado entre duas partes claramente especificadas, assumindo importância fulcral o caráter *intuitu personae* do mesmo, não se compadecendo com alterações supervenientes que não sejam do mútuo acordo dos intervenientes, especialmente por parte do senhorio que terá todo o interesse em decidir a quem pretende dar de arrendamento o bem imóvel, nos termos da alínea f) do artigo 1038.º, de que, geralmente, é legítimo proprietário ou usufrutuário.

Não obstante, a lei permite a cessão, por parte do arrendatário, do respetivo gozo do imóvel a terceiros, seja total ou parcial, onerosa ou gratuitamente, desde que tal cessão seja autorizada, por lei ou por contrato ou, bem assim, posteriormente, através de autorização por escrito do senhorio, na qual consente expressamente na mesma, sendo a transmissão da respetiva posição contratual, regulada nos termos constantes dos artigos 424.º e seguintes, relativos à *cessão da posição contratual* no âmbito das obrigações em geral, por remissão do n.º 2 do artigo 1059.º.

Assim sendo, se a cessão do gozo do imóvel tiver já sido anteriormente autorizada pelo senhorio no próprio contrato de arrendamento ou em aditamento a este, bastará ao arrendatário dar-lhe conhecimento da mesma, no prazo de 15 dias e por escrito, indicando entre outros elementos, a data a partir da qual tal os cessionários passam a ocupar o imóvel e a respetiva identificação destes, uma vez que *a priori* tais elementos não constam do contrato de arrendamento, na parte relativa à cessão do imóvel.

Por outro lado, não tendo sido previamente autorizada, deverá o arrendatário, igualmente por escrito, solicitar tal autorização, antes de poder proceder à cessão do gozo do imóvel a terceiros, sob pena de violação da sua obrigação contratual. A comunicação em apreço deverá, de igual forma, identificar devidamente os potenciais cessionários, o tempo durante o qual a cessão é realizada e a parte do imóvel ou sua totalidade sobre que incide a mesma.

Importa notar que, nos termos do artigo 1061.º, a sublocação, ou na questão que nos prende, *o subarrendamento*, através da cessão por parte do arrendatário do gozo do imóvel a terceiros, apenas produzirá efeitos a partir do respetivo reconhecimento da mesma ou da sua comunicação ao senhorio, constituindo a cessão ilícita, inválida ou ineficaz perante o senhorio, fundamento resolutivo do contrato de arrendamento celebrado, conforme resulta da alínea e) do n.º 2 do artigo 1083.º, porquanto se verifica uma efetiva quebra de relação de confiança que necessariamente deverá existir entre o senhorio e o arrendatário.

Importa, no entanto, discernir a cessão parcial do gozo do imóvel, da possibilidade, conferida pelo n.º 1 do artigo 1093.º, de o arrendatário poder albergar no máximo três hóspedes sem que tal situação seja considerada uma cessão parcial do respetivo gozo, verificando-se, outrossim, um contrato de hospedagem, porquanto, além da cedência do gozo de determinado espaço, por exemplo um dos quartos existentes no locado, proporciona ainda o locatário um conjunto de outros serviços que não se encontram abrangidos numa relação típica de subarrendamento, como sejam a prestação de serviços de alimentação e limpeza, pese embora envolva, igualmente, o pagamento de determinada retribuição pecuniária.

De igual forma, não se confunde a necessidade de autorização ou permissão por parte do senhorio no âmbito da cessão do gozo, total ou parcial, oneroso ou gratuito, de um imóvel para habitação, com a locação de um estabelecimento comercial instalado em determinado imóvel objeto de contrato de arrendamento para fins não habitacionais, nos termos do n.º 2 do artigo 1109.º, a qual, não carecendo de autorização do senhorio, deverá, no entanto, ser-lhe comunicada, dentro do prazo de um mês.

10) RESTITUIR O LOCADO AQUANDO DA CESSAÇÃO DO CONTRATO DE ARRENDAMENTO URBANO

Por último, deve o arrendatário, finda a relação de arrendamento urbano estabelecida, proceder à entrega do imóvel ao senhorio, através da sua entrega material com a devolução das respetivas chaves de acesso ao interior da habitação, marcando tal momento, a desocupação do imóvel arrendado na sequência da extinção da relação contratual, sendo que, em regra, o momento da cessação contratual coincide com o da entrega do locado ao senhorio embora nem sempre assim suceda.

Assim sendo, no âmbito da restituição do imóvel, devem as partes proceder ao exame cuidado do locado, reduzindo a escrito em documento próprio, o estado do mesmo ao tempo da respetiva entrega, pese embora não existindo quanto à entrega pelo arrendatário, a mesma presunção existente quanto à entrega do locado pelo senhorio, no n.º 2 do artigo 1043.º, que o mesmo foi entregue em estado de manutenção globalmente bom, devendo restitui-lo ao senhorio, no mesmo estado em que deste o recebeu, com a ressalva da existência de detiorações resultantes de uma utilização prudente.

Uma vez cessado o contrato, deve o arrendatário restituir o locado, devendo proceder, a título de indemnização, ao pagamento das rendas devidas até à data da efetiva entrega, se não tiver restituído o imóvel na data estipulada, nos termos do n.º 1 do artigo 1045.º, sendo que a constituição em mora após interpelação do senhorio para a restituição, eleva em dobro, o valor devido a título de indemnização, como resulta do n.º 2 do mesmo preceito, devendo tal norma ser articulada, conforme a situação em apreço, com o disposto no artigo 1053.º ou com as disposições específicas do contrato de arrendamento urbano, constantes dos artigo 1081.º e 1087.º, em que o momento da desocupação do locado pode não coincidir com a da cessação contratual, designadamente em caso de caducidade ou resolução.

Situações há, porém, em que pese embora o contrato se considere cessado, designadamente por resolução por falta de pagamento de rendas, operada por comunicação ao arrendatário, nos termos constantes do n.º 7 do artigo 9.º NRAU, o arrendatário se recusa a desocupar o locado, mantendo-se no respetivo gozo do mesmo, sendo que em tais casos ou noutros em que a desocupação seja ordenada por sentença judicial a par da declaração judicial da cessação do contrato de arrendamento, a única solução viável para obter a respetiva desocupação do imóvel, será a sua entrega coerciva, devendo o senhorio, atendendo ao especifico fundamento resolutivo ou à forma de cessação operada, fazer uso do competente meio, judicial ou extrajudicial, para obter a efetivação da cessação do contrato, conforme veremos melhor em sede própria.

11) CUMPRIR AS LIMITAÇÕES IMPOSTAS AOS PROPRIETÁRIOS DE COISAS IMÓVEIS

Por fim, deverá o arrendatário cumprir, nos mesmos termos em que o faria o proprietário de um bem imóvel, as mesmas limitações que àquele são aplicáveis, conforme resulta do artigo 1071.º, no âmbito das disposições especificas do arrendamento de prédios urbanos.

Assim sendo, a par da necessidade de agir com respeito, educação e urbanidade para com os vizinhos que habitam o mesmo prédio urbano sujeito ao regime de propriedade horizontal, cumprindo o regulamento geral de condomínio na mesma medida em que o faria o próprio senhorio, o qual poderá inclusive ser anexado ao contrato de arrendamento celebrado, deve o arrendatário abster-se ainda de adotar condutas suscetíveis de impedir ou perturbar o respetivo gozo dos demais condóminos, relativamente aos próprios imóveis.

De igual forma, deve ainda o arrendatário agir com urbanidade e respeito relativamente àqueles que conjuntamente consigo habitem o mesmo bem imóvel arrendado, designadamente nos contratos de arrendamento urbano para habitação que versem apenas sobre parte de um bem imóvel, de que são exemplos característicos, o arrendamento de quartos a estudantes ou trabalhadores, que coabitam a mesma habitação com outros estudantes ou trabalhadores, necessitando de cumprir determinadas limitações, a fim de alcançar a necessária paz, harmonia e vivência conjunta pacifica no imóvel, quer ao nível da higiene, limpeza e arrumação, como ao nível da própria divisão de despesas e encargos conjuntos e cumprimento de regras internas que a todos dizem respeito, devendo ainda abster-se de perturbar os demais.

B. Direitos do arrendatário

Aquando da análise individual dos direitos e obrigações do senhorio e das obrigações do arrendatário, em virtude da respetiva celebração de um contrato de arrendamento urbano, foram referidos e desenvolvidos alguns dos direitos deste, importando assim destacar, a par desses, outros direitos do arrendatário:

1) Receber o locado;
2) Usar e fruir o locado na plenitude das suas aptidões em conformidade com o fim a que se destina;
3) Residir no imóvel com quem consigo viva em economia comum e/ou hóspedes;
4) Realizar pequenas detiorações lícitas e obras destinadas a assegurar o conforto e comodidade do locado;
5) Ter preferência na compra do imóvel ou celebração de novo contrato de arrendamento;
6) Exercer qualquer indústria doméstica no locado;

1) RECEBER O LOCADO

Ao celebrar um contrato de arrendamento urbano tendo por objeto determinado bem imóvel, de que pretende gozar e fruir, naturalmente o primeiro direito do arrendatário consistirá em que o mesmo lhe seja entregue para que deste possa usufruir e disfrutar, constituindo esta, reversamente, a primeira obrigação do senhorio, como resulta da alínea a) do artigo 1031.º.

Apesar de a lei nada dizer quanto ao momento em que o imóvel deverá ser entregue ao arrendatário, o mesmo não tem de ocorrer, obrigatoriamente, com a data de celebração do contrato, apesar de, na prática, geralmente ambos os momentos coincidirem, porquanto se a partir da data de celebração do vinculo jurídico sobre aquele, existe a obrigação por parte do arrendatário de proceder ao pagamento tempestivo das rendas que sucessivamente se vão vencendo, pretende este, naturalmente, que tal obrigação seja sinalagmática do seu direito ao uso e gozo do locado.

Não obstante e face à ampla liberdade de conformação do conteúdo contratual conferida às partes, a determinação do momento de entrega do locado será livremente acordada de acordo com as necessidades ou com a maior conveniência de ambas.

De igual forma, nada é referido quanto ao estado em que o locado deve ser entregue ao arrendatário, e pese embora a lei presuma, no n.º 2 do artigo 1043.º, que o mesmo lhe foi entregue em bom estado de manutenção, nada impede que as partes celebrem contrato de arrendamento que tenha por objeto imóvel em mau estado de conservação, designadamente em virtude do pagamento de uma renda de valor inferior ao preço praticado no mercado de arrendamento, impondo-se meramente que os vícios desta constantes não impeçam o arrendatário de realizar cabalmente o fim a que o bem imóvel se destina e que o mesmo não careça das necessárias qualidades à realização desse fim ou das que foram asseguradas pelo senhorio, sob pena de incumprimento do contrato imputável a este último, nos termos do artigo 1032.º.

Naturalmente, versando o contrato sobre bem imóvel arrendado em mau estado de conservação, não poderá o arrendatário vir peticionar do senhorio, sob pena de abuso de direito e litigância de má fé, a reparação de defeitos que conhecia ou sabia existirem no locado, e com os quais se compadeceu no momento da celebração do contrato, podendo legitimamente o senhorio invocar a sua irresponsabilidade quanto à reparação dos mesmos, ao abrigo da alínea a) e b) do artigo 1033.º.

No mesmo sentido, e tendo o arrendatário de restituir o locado no mesmo estado em que o recebeu, conforme lhe é imposto no n.º 1 do artigo 1043.º, devendo mantê-lo nesse mesmo estado, não poderá o senhorio reclamar deste, a realização de reparações tendentes à introdução no imóvel de caraterísticas que sabia não ter, ou a reparação de defeitos com o conhecimento de os mesmos existirem à data da entrega do locado ao arrendatário.

2) USAR E FRUIR O LOCADO NA PLENITUDE DAS SUAS APTIDÕES EM CONFORMIDADE COM O FIM A QUE SE DESTINA

Ao receber o locado do senhorio, sendo investido na sua posse material, pretende o arrendatário gozar e usufruir deste, na plenitude das suas aptidões, em obediência ao fim a que o mesmo se destina, não o podendo utilizar para outra finalidade que não a constante do contrato de arrendamento celebrado.

Tal gozo, deverá ser assegurado pelo senhorio, não apenas através da sua abstenção na perturbação da utilização do locado pelo arrendatário, mas também através da manutenção das necessárias condições para que aquele possa efetivamente fruir do imóvel, designadamente através da realização de obras e despesas de caráter urgente que são da sua responsabilidade, nos termos do n.º 1 do artigo 1074.º.

Além disso e no respeitante à abstenção do senhorio de perturbação do arrendatário através da prática de atos que impeçam ou diminuam o gozo do bem imóvel[58], tem este último a possibilidade, ao ser privado ou perturbado no exercício de tal direito, de utilizar contra aquele, os mesmos meios que se encontram na disponibilidade do possuidor[59], assim dispõe o n.º 2 do artigo 1037.º, em alusão às ações possessórias previstas

[58] Ainda que por contrato estipulem as partes quaisquer formas de ingerência ou intromissão indevida por parte do senhorio no gozo e fruição efetivos do imóvel por parte do arrendatário, tais cláusulas, tendo-se por letra morta no contrato em que se inserem, não exoneram o senhorio do cumprimento da obrigação de se abster perante o arrendatário da prática de todos e quaisquer atos que impeçam ou diminuam o gozo do imóvel, sendo esta a índole do preceituado no n.º 1 do artigo 1037.º.
Naturalmente, a possibilidade de o senhorio realizar exame ou vistoria ao locado não se encontra abrangida no âmbito dos atos de perturbação do gozo do imóvel pelo arrendatário.

[59] **JURISPRUDÊNCIA (13/03/2008)**

AC. TRL N.º 9/2008-8 (RELATOR FERREIRA LOPES)

"I – O arrendatário não sendo embora titular de um direito real, pode usar dos meios possessórios previstos na lei, designadamente da providência cautelar de restituição provisória de posse;

II – A providência de restituição provisória de posse tem a sua justificação na violência cometida pelo esbulhador, visando-se com ela a rápida reposição da situação anterior;

III – Atento este particular aspeto no universo dos procedimentos cautelares, o requerente da providência de restituição provisória de posse não carece de alegar factos demonstrativos da lesão grave e dificilmente reparável do seu direito, nem do periculum in mora."

nos artigos 1276.º e seguintes do Código Civil, podendo fazer uso, desde que invocando e comprovando o respetivo direito que detém sobre o imóvel[60], quer contra o senhorio como, naturalmente, contra quaisquer terceiros, dos seguintes meios judiciais e extrajudiciais de tutela, assim habilitando o arrendatário, atendendo à natureza, urgência, estado e gravidade da perturbação do seu direito, a atuar em conformidade:

a) *Ação de prevenção* – artigo 1276.º;
b) *Ação direta e defesa judicial* – artigo 1277.º;
c) *Ação de manutenção e restituição da posse* – artigo 1278.º;
d) *Restituição provisória da posse em virtude de esbulho violento* – artigo 1279.º;

O primeiro dos referidos meios de tutela, consiste na *ação de prevenção* prevista no artigo 1276.º, em que, pese embora não existindo ainda qualquer perturbação efetivada do direito do arrendatário, existe, pois, um justo receio, de que que o seu direito venha a ser violado, sendo esse receio devidamente valorado com a intimação daquele que ameace, ainda que seja o próprio senhorio, para que se abstenha de o fazer ou de dar concretização à ameaça e si, sob pena de responsabilidade pelos danos causados.

A *ação direta* habilita o arrendatário, nos termos do artigo seguinte, a manter ou obter a restituição da posse do imóvel, por si próprio, isto é, pela sua própria ação tendente a evitar a consumação da perturbação do seu direto, atenta a premente urgência de tal atuação, face à expectá-

[60] **JURISPRUDÊNCIA (26/11/2009)**
AC. TRL N.º 197/08.1TBSTQ.L1-2 (RELATOR JORGE LEAL)
"I – A procedência da pretensão da restituição da posse de imóvel ao seu locatário pressupõe a alegação e prova do contrato de locação (para além dos actos consubstanciadores do esbulho).
II – A restituição de um prédio objecto de arrendamento rural nos Açores não pode ser peticionada pelo locatário se o contrato não tiver sido reduzido a escrito, a menos que o autor alegue (e venha a provar) que a falta da redução do contrato a escrito é imputável ao outro contraente.
III – Para esse efeito é indiferente que a parte demandada não seja a contraparte no contrato de arrendamento.
IV – É inepta, por falta de causa de pedir, a petição inicial formulada em acção de restituição de posse de imóvel por locatário que não possa invocar o contrato de arrendamento, por este não ter sido reduzido a escrito e tal omissão não ser imputada ao outro contraente."

vel frustração do mesmo, pela presumível morosidade que o recurso aos meios judiciais naturalmente causaria.

A *ação de manutenção* e de *restituição da posse*, previstas no artigo 1278.º, por sua vez, visam o reconhecimento judicial do direito do arrendatário bem como a respetiva condenação daquele que viole a posse deste, à abstenção na prática de tais atos lesivos ou à sua restituição, respetivamente, se houver ocorrido a privação do bem imóvel, sendo certo que, em tal situação, pode ainda o arrendatário, fazer uso, perante esbulho violento, como resulta do artigo 1279.º, da *restituição provisória do locado* até à resolução definitiva da questão em apreço.

3) RESIDIR NO IMÓVEL COM QUEM CONSIGO VIVA EM ECONOMIA COMUM E/OU HÓSPEDES

Ao celebrar contrato de arrendamento tendo por objeto determinado bem imóvel, visará, não raras vezes, o arrendatário, residir no mesmo com o respetivo agregado familiar, ou com terceiro(s) em economia comum, designadamente tendo em vista a partilha de habitação e divisão de despesas e encargos, ainda que nem todos os possíveis habitantes do mesmo, figurem no contrato, na qualidade de arrendatários do imóvel.

Por outras palavras, tem o arrendatário o direito de usar e fruir do imóvel, sendo tal direito e consequentemente as obrigações que sobre si impendem, igualmente extensíveis a um conjunto de pessoas que a lei expressamente tipifica no artigo 1093.º, sob a epígrafe de "*pessoas que podem residir no local arrendado*", incluindo-se, além do próprio arrendatário:

a) Todos os que com este habitem em economia comum;
b) Um máximo de três hospedes, salvo cláusula em contrário;

Face à natural complexidade do conceito de *economia comum*, esclarece o n.º 2 do mesmo preceito que vivem em economia comum relativamente ao arrendatário, todos aqueles que com ele residam em união de facto, seus parentes ou afins na linha recta ou até ao 3.º grau da linha colateral, ainda que exista o pagamento de retribuição por algum destes àquele, incluindo-se ainda todos aqueles a que o arrendatário, por lei ou negócio jurídico, alheio ao arrendamento do locado, se encontre vinculado com obrigação de convivência ou de alimentos.

Por sua vez e relativamente à possibilidade de o arrendatário residir com hóspedes no locado, isto é, de com estes celebrar validamente contrato de hospedagem, estabelece a lei, na falta de convenção em contrário, que o número máximo admissível de hóspedes será de três, sendo certo que as partes podem expressamente afastar tal possibilidade, no âmbito do próprio contrato de arrendamento, seja vedando-lhe a possibilidade de residir no locado com outras pessoas que não os que consigo habitem em economia comum, nos termos referidos *supra* ou de, em sentido contrário, alargar o número de possíveis hóspedes que o arrendatário poderá acolher no locado, atendendo, naturalmente, à própria capacidade do imóvel em apreço.

4) REALIZAR PEQUENAS DETERIORAÇÕES LÍCITAS E OBRAS DESTINADAS A ASSEGURAR O CONFORTO E COMODIDADE DO LOCADO

A par dos referidos direitos, tem o arrendatário a possibilidade de realizar pequenas deteriorações no imóvel desde que destinadas a assegurar ou potenciar o maior conforto e comodidade do locado, não estabelecendo o artigo 1073.º, onde é reconhecido tal direito, o que deverá ser entendido por *pequenas deteriorações lícitas*[61].

[61] **JURISPRUDÊNCIA** (04-12-2007)

AC. TRC N.º 668/03.6TBMGR.C1 (RELATOR FERREIRA DE BARROS)

"I – Na falta de convenção em contrário, o locatário é obrigado a restituir a coisa no estado em que a recebeu, ressalvadas as deteriorações inerentes a uma prudente utilização, em conformidade com os fins do contrato;

II – O locatário será prudente na utilização do locado, em conformidade com os fins do contrato, sempre que a sua actuação se paute pela diligência exigível ao bonus pater famílias, ao homem médio ou normal, de boa formação e de são procedimento que as leis têm em vista ao fixarem os direitos e deveres das pessoas em sociedade.

III – É lícito ao arrendatário realizar pequenas deteriorações no prédio arrendado, quando elas se tornem necessárias para assegurar o seu conforto e comodidade, mas devem, no entanto, ser reparadas pelo arrendatário, antes da restituição do prédio, salvo estipulação em contrário.

IV – Ao senhorio apenas cabe a alegação e prova dos danos no locado, e ao inquilino a prova que eles resultaram da normal e prudente utilização do locado.

V – O crédito por benfeitorias, que consistem em despesas feitas para conservar ou melhorar a coisa, supõe uma relação ou vínculo jurídico entre o credor e coisa."

Este conceito deverá ser entendido pelo conjunto de modificações que, visando a adaptação do locado às necessidades e especificidades próprias do arrendatário e respetivo agregado familiar e/ou terceiros que com este residam, sejam reparáveis com a celeridade própria de alterações transitórias. Por outras palavras, tais deteriorações lícitas são aquelas, cuja reparação, devolva ao locado o seu estado original sem que tal pressuponha, quer num primeiro momento, da sua realização, como no momento da sua reparação, a realização de obras de grande dimensão, repondo o imóvel como se tais detiorações não tivessem efetivamente tido lugar.

A índole do direito constante deste preceito deverá, como tal, ser necessariamente articulada com a obrigação de, findo o contrato de arrendamento celebrado, proceder o arrendatário à respetiva restituição do locado, no mesmo estado em que o recebeu do senhorio, como resulta do n.º 1 do artigo 1043.º, ressalvando-se as detiorações inerentes a uma prudente utilização, as quais não devem, no entanto, ser confundidas com as *pequenas detiorações lícitas* que o locatário poderá realizar no locado mas que deverá reparar antes da respetiva entrega, ao invés do que sucede naqueloutras relacionadas com a prudente utilização do locado que o homem médio colocado na mesma situação certamente realizaria, as quais não está obrigado a reparar[62].

5) TER PREFERÊNCIA NA COMPRA DO IMÓVEL OU CELEBRAÇÃO DE NOVO CONTRATO DE ARRENDAMENTO

Sem prejuízo de análise com maior detalhe em sede própria, sempre se diga que, nos termos do artigo 1091.º, com as alterações introduzidas pela Lei n.º 64/2018, de 29 de outubro, goza o arrendatário, no uso de tal qualidade que lhe advém em virtude da realização de contrato de arrendamento sobre determinado bem imóvel, do direito de preferência, relativamente ao locado e face a terceiros potencialmente interessados, na respetiva compra e venda ou dação em cumprimento, bem como na celebração de novo contrato de arrendamento em caso de caducidade do contrato primitivo por ter cessado o direito ou terem findado os poderes legais de administraçao com base nos quais o contrato fora celebrado.

[62] ANTÓNIO MENEZES CORDEIRO, *Leis do Arrendamento Urbano Anotadas*, p. 176.

Para tal não basta que o arrendatário haja celebrado o referido contrato de arrendamento, sendo ainda necessário que o mesmo tenha já duração superior a dois anos, sendo certo que tal duração não tem de respeitar ao prazo inicial do contrato, podendo consistir na duração efetiva resultante da soma de um contrato celebrado por período inicial de dois que, entretanto haja sido renovado por igual período, sendo possível ao arrendatário, neste exemplo, lançar mão do seu direito logo após a respetiva renovação do vinculo contratual, desde que efetivamente mantenha a qualidade de arrendatário sobre o imóvel em apreço, por período ininterrupto superior a dois anos pois só assim gozará de preferência legal na compra e venda do imóvel e respetiva dação em cumprimento.

A referida duração efetiva superior a dois anos do contrato de arrendamento ao momento do exercício do direito de preferência não é, porém, aplicável na celebração de novo contrato de arrendamento, na medida em que, segundo resulta do n.º 2 do artigo 1091.º, tal direito existirá enquanto não for exigível a restituição do prédio, isto é, o arrendatário poderá exercer o seu direito quando o contrato primitivo tenha caducado, em virtude da cessação do direito ou quando findem os poderes legais de administração com base nos quais o contrato foi celebrado, nos termos da alínea c) do artigo 1051.º, desde que não hajam decorrido ainda seis meses sobre o facto que determinou essa caducidade, ao abrigo do disposto no artigo 1053.º.

No respeitante, por sua vez, ao exercício da preferência na aquisição do imóvel, é elemento fundamental que o contrato ainda perdure à data do exercício de tal direito, isto é, se, por exemplo, houver sido resolvido o contrato de arrendamento entre senhorio e arrendatário, em virtude da falta de pagamento de rendas por parte deste último, não poderá este, uma vez cessado o contrato e, consequentemente, desaparecendo a qualidade em virtude da qual poderia fazer uso do direito de preferência legal, vir invocar tal direito sobre outros terceiros, passando em tal situação a estar em posição de igualdade na respetiva aquisição relativamente aos demais potenciais interessados.

6) EXERCER QUALQUER INDÚSTRIA DOMÉSTICA NO LOCADO

No âmbito do uso e fruição do locado pelo arrendatário, pode este exercer nele, ao abrigo do disposto no artigo 1092.º, qualquer indústria doméstica, ainda que tributada, entendendo-se por *doméstica*, a indústria que, sendo explorada no locado, pelo arrendatário ou por quem consigo habite em economia comum, não envolva, no respetivo exercício da mesma, mais de três auxiliares assalariados[63].

Sendo complexo o alcance do conceito de *indústrias domésticas*, no sentido de determinar o conjunto de atividades que devam considerar-se abrangidas, bem como as que, por extravasarem ou não serem compatíveis com o respetivo âmbito, se encontram, como tal, excluídas desta noção, importa assim fazer uso de determinados critérios que nos auxiliem na respetiva identificação do que sejam tais indústrias.

O primeiro critério deverá consistir, no exercício pelo arrendatário da aludida indústria doméstica[64], ou por aqueles que consigo residam em economia comum, excluindo-se, pois, tal possibilidade, no respeitante a todos aqueles que habitem o locado sem que o façam em economia comum com o arrendatário, designadamente os hóspedes que este poderá albergar no imóvel, não estando como tal autorizados ao exercício de tal atividade no locado, a menos que o façam unicamente por conta do arrendatário, na qualidade de assalariados deste, não descurando a possibilidade de terem as partes convencionado em sentido diverso no contrato celebrado.

O segundo critério assentará na necessidade de estarmos perante um contrato para fins habitacionais, isto é, a consideração da possibilidade, prevista no artigo 1092.º, do exercício de *indústrias domésticas* refere-se

[63] Defendia Carlos Alegre em 1991, no âmbito do Regime do Arrendamento Urbano, relativamente às indústrias domésticas, estarmos perante "*pequenas atividades transformadoras produtivas, que utilizem pouca mão de obra e não careçam de grandes espaços ou estruturas físicas*" – Carlos Alegre, *Regime do Arrendamento Urbano Anotado,* Almedina, 1991, p. 146.

[64] Importa ressalvar, no n.º 2 do artigo 1092.º, na redação conferida pela Lei n.º 6/2006, o cuidado ao definir indústria doméstica como aquela que é "*explorada na residência do arrendatário*", em contraposição com a redação provinda do revogado RAU, no n.º 2 do artigo 75.º, onde se entendia por indústria doméstica, a que fosse "*explorada na sua residência pelo arrendatário ou pelos seus familiares*", existindo na redação atual em comparação com a anterior, um claro alargamento da respetiva aplicação, extrapolando o âmbito restrito aos familiares do arrendatário, passando a abranger, não apenas as pessoas com quem este habite em união de facto, mas também todas aquelas com quem resida em economia comum.

apenas a este tipo de contratos e não já a contratos para fins não-habitacionais, atento o próprio âmbito das disposições respeitantes apenas aos contratos de arrendamento para fins habitacionais, onde o exercício de tais indústrias se insere.

Importa, no entanto, não confundir tal possibilidade com uma qualquer abertura legal ao exercício permitido de comércio doméstico num contrato de arrendamento que tenha por finalidade unicamente a habitação do locado, isto porque, pese embora estejamos perante uma verdadeira exceção legalmente admissível ao fim estritamente habitacional do prédio arrendado, tal não significa, porém, que o arrendatário e/ou aqueles que consigo habitem em economia comum, nele possam, indiscriminadamente, exercer toda e qualquer atividade visando a obtenção de lucro, recusando-se assim a aplicação analógica da possibilidade de exercício de indústria doméstica ao exercício de comércio doméstico[65].

Assim sendo, a diferença entre indústria doméstica e comércio doméstico residirá precisamente no respetivo objeto que a prossecução de uma e outra visam, sendo que na primeira situação, estaremos perante uma atividade de produção ou transformação de determinados produtos ou matérias-primeiras noutros produtos, que assim adquirem maior valor, ao invés do que sucede na segunda situação em que, não havendo tal vertente de produção ou transformação de produtos, apenas existe a compra de produtos para posterior revenda, havendo apenas uma intermediação entre o produtor e o consumidor, o que é determinantemente vedado pelo espírito da norma em apreço[66].

Delimitado o âmbito da indústria doméstica, importa ressalvar que, para a respetiva caraterização da mesma, é irrelevante que o seu exercí-

[65] No mesmo sentido, Joel Timóteo Ramos Pereira, *Indústria doméstica no arrendamento urbano: O que é? Qual o seu regime?, Revista "O advogado"*, 2002; e Pires de Lima, Antunes Varela, *Código Civil Anotado*, Volume II, 4.ª edição, Coimbra Editora, p. 633.

[66] Como evidencia o Acórdão do Supremo Tribunal de Justiça de 27 de abril de 1999 *(Processo n.º JSTJ00036736, Relator Pais de Sousa)*, "*a atividade comercial caracteriza[-se] fundamentalmente pela compra de bens naturais ou de produtos para revender. O comerciante intervém na circulação da riqueza através de uma actividade de mediação. Por outro lado, a atividade industrial pretende criar riqueza através da transformação de matérias-primas ou produtos noutros produtos ou objetos, tornados mais valiosos por via dessa transformação*".
No mesmo acórdão é negada a natureza industrial à atividade de venda de sapatos ao público, não produzidos ou transformados pelo arrendatário no locado.

cio constitua atividade acessória, principal ou mesmo, a única atividade económica desenvolvida pelo arrendatário e/ou daqueles que consigo residam em economia comum, ou seja, mesmo que a totalidade dos rendimentos auferidos por estes provenham única e exclusivamente da atividade industrial desenvolvida no locado, não sendo igualmente relevante, no âmbito da indústria doméstica destinada à produção de determinados produtos, a quantidade ou qualidade efetivamente produzida no locado[67].

Em ambos os casos, não estaremos fora do que a lei admite ser praticável no imóvel cujo contrato de arrendamento tenha fins meramente habitacionais, salvo se, ao abrigo da liberdade contratual conferida às partes, convencionaram estas que o arrendatário e demais residentes no locado não poderiam desenvolver determinada ou determinadas atividades a título de indústrias domésticas, designadamente atendendo à maior degradabilidade do locado em virtude do seu exercício.

Face à multiplicidade de atividades suscetíveis de serem exercidas a título de indústria doméstica pelo arrendatário, tem a doutrina e a jurisprudência envidado esforços no sentido de apontar algumas das atividades que, em obediência aos referidos critérios, integram este conceito, destacando-se, entre outras, as seguintes:

a) Ama de crianças – Ac. TRL n.º 10114/2003-6 (*Relator Granja Da Fonseca*);
b) Carpintaria e mobiliário – Ac. TRP n.º 9150180 (*Relator Almeida E Silva*);
c) Reparação de automóveis – Ac. TRP n.º 9821367 (*Relator Ferreira De Seabra*);

[67] Existe divergência jurisprudencial quanto à questão de o exercício de determinada atividade, constituindo ou não a única fonte de rendimento do arrendatário, obstar ou não, respetivamente, a que o mesmo a desenvolva a título de indústria doméstica no locado. A favor da não objeção a esse exercício, considerando como tal, irrelevante se a indústria é a única atividade do inquilino, veja-se o Acórdão do Tribunal da Relação do Porto de 19 de novembro de 1991 (*Processo n.º 9150180, Relator Almeida e Silva*).
Entendendo, por outro lado, não poder tal indústria ser exercida como atividade principal, veja-se o Acórdão do Tribunal da Relação do Porto de 31 de maio de 1999 (*Processo n.º 9950573, Relator Antero Ribeiro*).

d) Utilização do pátio do locado para estaleiro de lenha que compra e parcialmente revende – Ac. TRP n.º 9430469 (*Relator Lúcio Teixeira*);
e) Reparação de eletrodomésticos – Ac. TRL n.º 0048966 (*Relator Almeida Valadas*);

Por outro lado, encontram-se excluídas do conceito de indústrias domésticas no âmbito de contratos de arrendamento habitacionais, designadamente, as seguintes:

a) Compra de produtos para revenda – Ac. TRL n.º 0031292 (*Relator Inaquel de Milhano*);
b) Fabrico de têxteis com recurso a máquinas industriais, sem licenciamento – Ac. TRP n.º 0325357 (*Relator Fernando Samões*);
c) Atividade de cabeleireiro, na qualidade de profissional liberal – Ac. TRL n.º 0043816 (*Relator Nascimento Gomes*);

Assim sendo, a utilização do locado, pelo arrendatário ou por quem consigo resida em economia comum, para o exercício de determinada atividade que não seja considerada indústria doméstica, constitui uso para fim diverso daquele a que o locado se destina, fundamentando a resolução contratual por parte do senhorio, ao abrigo da alínea c) do n.º 2 do artigo 1083.º.

IX
Subarrendamento

Vimos, a propósito das diferentes obrigações resultantes do contrato de arrendamento celebrado entre o arrendatário e o senhorio que, entre outras, não deverá aquele proporcionar, nos termos da alínea f) do artigo 1038.º, o gozo total ou parcial do imóvel a terceiros, através de cessão temporária ou definitiva, onerosa ou gratuita, sem que para o efeito seja legal ou contratualmente autorizado a fazê-lo, podendo a autorização do senhorio, ser contemporânea ou posterior à data da celebração do vinculo contratual do arrendamento.

A necessidade de autorização aplica-se, pois, à realização de contratos por parte do arrendatário tendo por objeto o gozo do imóvel arrendado, de que são exemplos o comodato e o subarrendamento, consistindo este último num negócio jurídico derivado ou subordinado do negócio jurídico principal, o contrato de arrendamento primitivo, a que se aplicam as mesmas regras que imperam na relação estabelecida entre senhorio e arrendatário[68], designadamente quanto à celebração, comunicações e cessação do contrato[69].

[68] **JURISPRUDÊNCIA (23/09/2014)**

AC. TRC N.º 3156/13.9YLPRT.C1 (RELATOR HENRIQUE ANTUNES)

(...)

"II – Ao subarrendamento – apesar de ser um contrato derivado ou subordinado –, como arrendamento que é, embora de segunda mão, aplicam-se as normas do arrendamento, por exemplo quanto aos direitos e obrigações do locador, podendo, por isso, extinguir-se, designadamente por resolução, por causas autónomas que só a ele digam respeito.

Assim sendo, o subarrendamento do imóvel em inobservância do disposto no artigo 1088.º, além de ineficaz perante o senhorio, é também fundamento de resolução do contrato de arrendamento, como resulta da alínea e) do n.º 2 do artigo 1083.º, uma vez que existe, manifestamente, um clamoroso incumprimento por parte do arrendatário que, independentemente da vontade do senhorio, proporciona o gozo do locado a terceiros, relativamente aos quais este último não tem, por hipótese, qualquer intenção de dar o locado em arrendamento ou, simplesmente, não lhe subjaz qualquer pretensão em que o mesmo seja subarrendado a terceiros, vontade essa que deverá ser respeitada e valorada atendendo ao caráter *intuitu personae* que necessariamente preside ao estabelecimento de qualquer relação arrendatícia, ainda que tal vontade seja manifestada, por estipulação prévia, apenas quanto à admissibilidade do subarrendamento do locado e não já quanto à identidade dos subarrendatários.

Neste sentido, interessa assim apurar em que situações pode o arrendatário, válida e eficazmente, subarrendar o imóvel sobre o qual detém determinado poder em virtude da qualidade que lhe advém da celebração do contrato de arrendamento original ou primitivo.

Cumpre desde logo notar que, independentemente da finalidade visada com a utilização da figura do subarrendamento por parte do arren-

III – A resolução do contrato de arrendamento pelo senhorio pode ser extrajudicial, designadamente quando o arrendatário se encontra em mora igual ou superior a dois meses no pagamento da renda, encargos ou despesas que corram por sua conta.
IV – A mora de dois meses – de uma só renda que seja – é auto-suficiente, enquanto fundamento de resolução do contrato de arrendamento, dado que é própria lei que proclama, nessa eventualidade, a inexigibilidade da manutenção do arrendamento, não havendo, por isso, lugar a uma autónoma ponderação sobre a sua gravidade e consequências.
V – No caso de resolução do contrato atuada extrajudicialmente, fundada na falta de pagamento da renda, ao arrendatário é lícito proceder à purgação da mora – e à consequente ineficácia da declaração de resolução – se no prazo de um mês lhe puser termo, pagando, evidentemente, além das rendas em atraso, a indemnização correspondente a 50% do seu valor."

[69] Entende-se, no entanto, que, não gozam os subarrendatários do direito de preferência na aquisição ou celebração de novo contrato de arrendamento, pois como foi entendido no Acórdão do Tribunal da Relação do Porto de 13 de janeiro de 2014 (*Processo n.º 1230/12.8TBVLG.P1, Relator Caimoto Jácome*): "*o contrato de subarrendamento não é fonte do direito legal de preferência na transmissão do prédio, até porque o proprietário é terceiro em relação ao subarrendatário, que caduca com este ato (art. 1051.º, c), do CC)*".

datário, seja esta uma finalidade lucrativa, designadamente ao fazer suas as mais-valias resultantes da diferença por si paga a título de renda e o valor auferido em virtude do pagamento de rendas pelo subarrendatário por força da cessão do respetivo gozo, ou qualquer outra finalidade, como a de manter o locado ocupado de pessoas e bens enquanto perdurar o vinculo original, deverá a utilização de tal figura, obedecer a um dos seguintes requisitos previstos no artigo 1088.º:

a) Solicitação de autorização, por escrito, do senhorio, para proceder ao subarrendamento do imóvel, se tal autorização não resultar já do próprio contrato de arrendamento celebrado;
b) Comunicação, no prazo de quinze dias, da cessão do gozo do imóvel ao senhorio, se esta tiver já sido previamente autorizada;
c) Ratificação do subarrendamento pelo senhorio, quando na falta de autorização concedida ao arrendatário, aquele reconhece, ainda assim, na pessoa do terceiro cessionário, a qualidade de subarrendatário;

Conforme referido, existem duas formas de subarrendar o imóvel sem que o arrendatário incumpra as suas obrigações enquanto tal, sendo a primeira através da autorização por parte do senhorio, conferida no momento em que o contrato de arrendamento primitivo é celebrado, ou posteriormente, aquando da intenção por parte do arrendatário de ceder o respetivo gozo do imóvel a terceiros e a segunda forma, por sua vez, consiste na ratificação do subarrendamento por parte do senhorio.

Na primeira situação podem as partes convencionar, no próprio contrato de arrendamento reduzido a escrito, ou por aditamento a este, a possibilidade de o arrendatário, independentemente de qualquer autorização do senhorio, poder livremente subarrendar o imóvel, no todo ou em parte, onerosa ou gratuitamente e temporária ou definitivamente[70], desde que para o efeito comunique ao senhorio, aquando da respetiva

[70] A cessão definitiva do gozo do imóvel deverá ser relativizada ao tempo de duração efetiva do contrato de arrendamento primitivo, sendo que naturalmente o contrato de subarrendamento não poderá ter duração superior ao contrato de arrendamento primitivo, porquanto cessando os poderes com base nos quais o arrendatário celebrou o contrato de sublocação com os cessionários, designadamente por cessação do contrato de

cessão, a transmissão do gozo do imóvel a terceiros, devendo, como tal, procurar identificar cabalmente os subarrendatários, a duração do contrato de subarrendamento, entre outros aspetos relevantes de que o senhorio deva, necessariamente, ter conhecimento.

Havendo tal autorização prévia, deverá o arrendatário, ainda assim, comunicar, por escrito ao senhorio, em observância do disposto na alínea g) do artigo 1038.º, a cedência do gozo do imóvel, devendo tal comunicação ser realizada no prazo de 15 dias[71], sob pena de a mesma padecer de ineficácia face ao senhorio, sendo certo que a comunicação em apreço é obrigatória para o arrendatário, pese embora possa a mesma, de igual forma, ser realizada, nos termos do artigo 1049.º, pelo próprio cessionário que, não tendo de efetuar tal comunicação, não desonera o arrendatário primitivo, caso a faça.

Diferentemente, não havendo a consagração anterior de tal possibilidade, carece o arrendatário de obter a autorização expressa do senhorio para poder ceder o gozo do imóvel a terceiros, devendo, tanto a comunicação de solicitação, como a própria autorização, ser reduzidas necessariamente a escrito.

Entendemos ainda que, para tomar uma decisão consciente e racional no sentido de conceder ou não a autorização ao arrendatário, para que este possa subarrendar o imóvel, deverá o senhorio ser informado, com verdade e detalhe, sob os diversos aspetos que norteiam a celebração de tal relação subarrendatícia, devendo indicar, na comunicação a realizar, entre outros aspetos que sejam igualmente relevantes, os seguintes:

a) A identidade dos subarrendatários, tanto quanto possível completa, designadamente, o nome, número de identificação fiscal e

arrendamento original, extingue-se também todos e quaisquer contratos daí derivados, ou dele dependentes, entre os quais os contratos de subarrendamento.

[71] Entende-se, como tem sido, aliás, a interpretação jurisprudencial preponderante, vertida entre outros, no Acórdão do Tribunal da Relação de Lisboa de 21 de outubro de 2014 *(Processo n.º 102/06.0TCLRS-L1-1, Relator João Ramos de Sousa)* que, o prazo de 15 dias a que se refere a alínea g) do artigo 1038.º, para a comunicação da cedência a efetuar ao senhorio, é contabilizado desde a data em que a cessão produz efetivamente os seus efeitos, isto é, a partir do momento em que o cessionário adquire a posse efetiva do locado em virtude de tal cessão.

estado civil, entre outras informações como a idade real ou presumível, atividade profissional ou académica e a naturalidade.

b) Duração do subarrendamento;

c) A indicação da parte ou totalidade sobre que incide o contrato de subarrendamento;

Importa ainda referir que o subarrendamento por parte do arrendatário, ainda que visando a obtenção de lucro através da atividade de intermediação no arrendamento de imóvel cujo gozo obteve em virtude da celebração de contrato de arrendamento primitivo, conhece limites, sendo que não será lícito ao arrendatário, ao subarrendar o imóvel, estipular um valor devido a título de renda que seja totalmente desproporcionado em comparação ao valor pago a título de renda ao senhorio, impondo o artigo 1062.º, no âmbito das disposições gerais do contrato de locação, que a renda a fixar pelo arrendatário ao subarrendatário, não poderá exceder o valor devido a título de renda ao senhorio, aumentado de vinte por cento.

Exemplificando, tal significa, pois, que, arrendando um imóvel pelo qual paga o arrendatário 400,00€ de renda mensal, não poderá este, ao pretender subarrendar a totalidade do locado, estipular um valor devido a título de renda a pagar pelo subarrendatário, superior a 480,00€.

De igual forma, arrendando um imóvel sem recheio, incidindo o contrato de arrendamento apenas e somente sobre o bem imóvel e sendo este composto por quatro quartos, pretende o arrendatário subarrendar parcialmente a quatro subarrendatários, cada um dos referidos quartos. Nesta situação deverá ser calculada a renda proporcional que o arrendatário primitivo pagaria por cada um dos quartos, sendo a renda a pagar por cada subarrendatário, o valor obtido, acrescido de 20%. No referido exemplo em que o arrendatário paga 400,00€ de renda mensal, pagaria abstratamente por cada um dos quatro quartos, a quantia de 100,00€, não podendo, consequentemente, cobrar de cada um dos quatro subarrendatários, renda superior a 120,00€, perfazendo a quantia total de 480,00€.

Naturalmente poderá o arrendatário ao subarrendar o imóvel, estipular valores superiores aos referidos, desconsiderando o limite de 20% em relação ao valor da renda paga por este ao senhorio, desde que as partes hajam convencionado regra diferente, nos termos do artigo 1062.º/*in fine*, seja abstratamente estabelecendo que o arrendatário goza de liberdade para *de per si* fixar o valor devido a título de renda pelo subarrendatário, ou fixando uma percentagem máxima superior à referida.

Por último, importa notar que nos subarrendamentos que incidam sob a totalidade do imóvel arrendado, goza o senhorio da prerrogativa de se poder substituir ao arrendatário, ainda que haja permitido ou autorizado o subarrendamento por este realizado, salvo se entre as partes tiver sido expressamente convencionada a renúncia ao exercício desse direito.

Na falta de estipulação em contrário, deverá o senhorio que pretenda substituir-se ao arrendatário, proceder à resolução do contrato de arrendamento primitivo com este celebrado, deixando assim, o arrendatário, de intermediar a nova relação que assim se estabelece, de forma direta, entre o senhorio e o subarrendatário passando este a arrendatário direto, assumindo o senhorio a posição que era o do arrendatário ao arrendar o imóvel diretamente ao subarrendatário, gozando, como tal, do direito de, em conformidade, obter deste o pagamento das rendas vencidas.

O direito de substituição em análise apenas poderá ser exercido pelo senhorio desde que, para o efeito, haja procedido à notificação judicial avulsa, quer do arrendatário[72] como do subarrendatário, nos termos impostos pelo n.º 1 do artigo 1090.º, comunicando ao primeiro que, em virtude do exercício do direito em apreço, se considera resolvido o contrato de arrendamento com este celebrado e ao segundo, comunicando que, a partir daquele momento deverá passar a realizar tempestivamente o pagamento das rendas devidas, diretamente ao senhorio, seja em numerário, diretamente no seu domicílio pessoal ou por transferência bancária ou depósito, em número de conta bancária a indicar.

Uma vez resolvido o contrato de arrendamento primitivo, considera-se consolidado o vínculo estabelecido entre o senhorio e o subarrendatário, que assim passa a arrendatário direto, com o pagamento da primeira renda por si efetuado àquele, como resulta do n.º 2 do mesmo artigo.

[72] A comunicação através de notificação judicial avulsa ao arrendatário, destinando-se a comunicar a resolução do contrato de arrendamento, poderá ser realizada pelas restantes vias previstas no artigo 9.º/7 NRAU, designadamente: por contacto pessoal de advogado, solicitador ou agente de execução, na pessoa do arrendatário, ou através de carta registada com aviso de receção, sendo que esta última via apenas poderá ser utilizada desde que, do contrato de arrendamento a cessar conste cláusula de domicílio convencionado do arrendatário para efeitos das comunicações a efetuar entre este e o senhorio.

X
Direito de preferência

1. Noção e considerações gerais do direito de preferência

Entre os vários direitos do arrendatário, adquiridos em virtude da celebração do contrato de arrendamento urbano com o senhorio, ganha especial destaque o direito de preferência, estatuído no artigo 1091.º do Código Civil, ao atribuir ao senhorio a obrigação e ao arrendatário a possibilidade, aquando da venda, dação em cumprimento ou celebração de novo contrato de arrendamento, relativamente a potenciais credores, compradores ou arrendatários, de gozar de preferência, em igualdade de circunstâncias, na celebração de tais acordos ou contratos.

Na génese de tal direito encontram-se igualmente abrangidas as situações de vendas judiciais, onde o arrendatário gozará, de igual forma, do direito de preferência, não preponderando, em tais casos, a existência de efetiva vontade do senhorio em proceder à venda do imóvel, bastando efetivamente que, existindo a possibilidade da sua alienação, o arrendatário goze de preferência na respetiva venda[73] em sede de execução judicial para venda coerciva do imóvel.

[73] Importa notar que mesmo correndo a venda executiva na modalidade de venda por negociação particular, deverá o encarregado de venda do imóvel penhorado, proporcionar ao arrendatário a possibilidade de este exercer convenientemente o seu direito, através da respetiva notificação para esse efeito, não bastando a simples afixação do edital referente à penhora do imóvel, sendo este o entendimento do STJ de 09 de julho de 1998 *(Processo n.º JSTJ00034794, Relator Ribeiro Coelho)*, estabelecendo, pois, que "*tratando-se de venda por negociação particular, o exercício do direito de preferência obedece às regras que o C.Ci-*

Embora a norma não seja explícita, o direito de preferência verificar-se-á, de igual forma, tanto em contratos de arrendamento urbano habitacionais, como em contratos de arrendamento celebrados com outras finalidades[74], porquanto a razão de ser do direito, a par da sua inserção nas normas gerais referentes ao arrendamento de prédios urbanos, reside mais em salvaguardar a propriedade ao arrendatário do locado que ocupa, de forma reiterada, durante determinado período de tempo, seja para habitação ou para fins não habitacionais que, propriamente, em garantir apenas a aquisição dos locados cujo uso se restringe à mera residência do inquilino, embora como vermos, existam especificidades próprias no respeitante aos arrendamentos habitacionais que tenham por objeto parte de prédio urbano não sujeito ao regime de propriedade horizontal.

Assim sendo, se por um lado tem o arrendatário o direito que lhe é reconhecido, a preferir, uma vez verificados os requisitos a que se refere aquele artigo, também o senhorio tem a obrigação legal de conferir ao arrendatário todos os elementos necessários para que este possa exercer tal direito. Conforme ressalvado, tratando-se de uma disposição geral do regime de arrendamento urbano, o direito de preferência abrange naturalmente tanto os contratos de arrendamento para habitação, como os contratos celebrados para fins não-habitacionais.

Como referimos sucintamente no capítulo referente aos direitos do inquilino, entre os quais se situa, com propriedade, o direito de preferência na compra do imóvel ou celebração de novo contrato de arrendamento, não basta, pois, para o exercício de tal direito em relação a uma potencial compra e venda ou dação em cumprimento do imóvel, a qualidade de arrendatário para, a partir desse momento, este passar a gozar de preferência legal de forma automática, isto porque a lei coloca o requisito de verificação obrigatória, de tal contrato de arrendamento haver sido celebrado há mais de dois anos, por força da alteração introduzida à alínea a) do n.º 1 do artigo 1091.º do Código Civil, pela Lei n.º 64/2018, de 29 de outubro, sendo que o direito de preferência legal apenas nasce na esfera jurídica do arrendatário a partir do momento em que houverem

vil prescreve, podendo, designadamente, ter lugar por via extrajudicial, se, como é devido, tiver lugar "ex ante", ou, caso contrário, por via judicial".

[74] António Menezes Cordeiro, *Leis do Arrendamento Urbano Anotadas*, p. 262;

decorrido mais de dois anos de duração do contrato de arrendamento e existir a efetiva intenção por parte do senhorio em proceder ao arrendamento, venda ou dação em cumprimento do imóvel locado.

A redação do artigo 1091.º CC, anterior à entrada em vigor da Lei n.º 64/2018, de 29 de outubro, fazia depender o direito de preferência do arrendatário, em caso de venda ou dação em cumprimento do imóvel, da duração mínima de três anos do vínculo contratual celebrado, prazo este que aquele diploma veio reduzir, tendo em vista salvaguardar o direito à habitação e estabilidade do arrendatário na habitação que ocupa, sendo certo que tal alteração possibilita, atualmente, o exercício de preferência legal em contratos cuja duração efetiva, por ser inferior a três anos mas superior a dois anos, seria suscetível de vedar o acesso aos respetivos arrendatários à aquisição do imóvel que ocupam em igualdade de circunstâncias do potencial adquirente.

Note-se, no entanto, que a necessidade de o locado estar arrendado há mais de dois anos, não se coloca se o exercício da preferência visar, não já a compra e venda ou dação em cumprimento do imóvel, mas antes a celebração de novo contrato de arrendamento, sendo que em tais casos, independentemente da duração do contrato convencionada entre as partes, uma vez caducando este em virtude de ter cessado o direito ou haverem findado os poderes legais administração, nos termos constantes da alínea c) do artigo 1051.º, tem o arrendatário preferência na celebração de novo contrato, nas mesmas condições em que o senhorio aceitaria contratar com um terceiro.

Não obstante, o exercício do direito de preferência, deixa de ser aplicável se o imóvel houver já sido restituído, pois como resulta do n.º 2, tal direito apenas existe enquanto não for exigível o locado, nos termos do artigo 1053.º, na medida em que, dispondo o arrendatário do prazo de seis meses para proceder à restituição do mesmo uma vez verificado o fundamento subjacente à caducidade do contrato de arrendamento primitivo, apenas gozará da referida preferência durante tal prazo, pois uma vez desocupado e restituído o imóvel, poderá o senhorio, livremente, arrendar o locado a um terceiro sem que, para o efeito, tenha de notificar o primeiro arrendatário para, querendo, exercer o direito de preferência.

Havendo lugar ao direito de preferência do arrendatário nos termos do n.º 1 e concorrendo este com o proprietário do solo onde se encontra implantado o imóvel, igualmente titular de preferência legal prevista no artigo 1535.°, prevalece o direito daquele sobre o deste, ficando imediatamente graduado acima, ultrapassando a lei, com o n.° 3 do artigo 1091.°, cuja redação a Lei n.° 64/2018, manteve inalterada, uma questão que poderia ser naturalmente complexa face à existência de dois titulares de direito de preferência dotado de eficácia real com interesse na aquisição do imóvel.

2. Exercício do direito de preferência

No respeitante ao exercício do direito de preferência, este deverá ser proporcionado pelo senhorio ao arrendatário quando, pretendendo este proceder à venda do imóvel, tenha já obtido uma proposta de aquisição por parte de um terceiro interessado no mesmo, devendo tal proposta extravasar o âmbito do mero interesse em adquirir o imóvel, constituindo, como tal, uma intenção fortemente alicerçada em elementos que permitam, com certeza, aferir do real comprometimento deste quanto à futura celebração de um vínculo contratual, sem contudo invadir a esfera da própria celebração de tal vínculo, sob pena de violação por parte do senhorio da obrigação de conferir ao arrendatário o direito a preferir[75].

[75] **JURISPRUDÊNCIA (25/05/2010)**
Ac. TRL N.° 229/10.3YRLSB-7 (RELATORA MARIA DO ROSÁRIO MORGADO)
"1. Nos termos do disposto no art. 1.°, n.°1, da Lei n.° 63/77, de 25 de agosto o locatário habitacional de uma parte de imóvel urbano (ainda que não constituído em propriedade horizontal) tem o direito de preferência na compra e venda ou dação em cumprimento do mesmo;
2. A comunicação para preferir – visando dar conhecimento de um projeto concreto de venda, acompanhado das respetivas cláusulas – reveste a natureza jurídica de declaração negocial que tem um destinatário, mais precisamente de uma proposta contratual, sendo-lhe aplicável diretamente o disposto no art. 224.°, do CC.
3. A declaração negocial que tem um destinatário torna-se eficaz logo que chega ao seu poder ou é dele conhecida ou ainda quando, só por culpa do destinatário, não foi por ele oportunamente recebida (n.°s 1 e 2, do art. 224.°). O seu conhecimento presume-se nestes casos, juris et de jure.
4. Se a carta contendo a comunicação foi enviada para a residência do preferente, pelo correio, sob registo, é de presumir que chegou à sua esfera pessoal, isto é, que foi colocada na sua disponibilidade;
5. O vinculado à preferência deve comunicar ao preferente o projeto do contrato «ajustado», bem como as cláusulas (objetivamente) essenciais: a identificação do bem a vender, o preço convencionado, as condições de pagamento e a data de celebração do respetivo contrato; para além disso, deverá ainda transmitir-lhe os elementos que, em cada caso concreto, possam, em abstrato, influir sobre a decisão do preferente de exercer, ou não, o seu direito;

Assim sendo, ao rececionar uma proposta de aquisição por parte de terceiro interessado, deverá o senhorio comunicar ao inquilino com exatidão, por carta registada com aviso de receção, nos termos do n.º 4 do artigo 1091.º[76], o conteúdo da mesma, devendo para o efeito informar o arrendatário do projeto de venda ou dação em cumprimento do imóvel e cláusulas constantes do contrato a celebrar, nos termos do n.º 2 do artigo 416.º, bem como do valor acordado entre as partes, a identificação completa do imóvel, a identidade do proponente[77], a data de celebração de escritura pública bem como todas as demais informações que, de alguma forma, possam condicionar ou influir na decisão do arrendatário em exercer o seu direito.

Desta forma, o direito de preferência apenas poderá ser exercido, de forma conveniente, pelo respetivo titular quando este se encontre já na posse do projeto de venda e das cláusulas do respetivo contrato, devendo ainda existir um potencial comprador e não apenas um mero interessado,

6. Nos casos em que o preferente seja um arrendatário, o obrigado a comunicação para preferência deve identificar o terceiro com quem se ajustou o contrato;

7. Recebida a comunicação, isto é chegada a comunicação ao poder ou ao conhecimento do destinatário, se o preferente não exercer o seu direito dentro do prazo que lhe foi fixado pela alienante, o seu direito extinguiu-se definitivamente, por caducidade;

8. Age com abuso de direito aquele que propõe ação de preferência decorridos mais de dez anos após a alienação do prédio, por o lapso de tempo transcorrido legitimar que se tenha criado na ré a expectativa fundada de que o preferente não queria exercer o direito de preferência, tanto mais que o exercício tardio e inesperado do direito em causa atinge direitos de terceiros e cria uma desproporção objetiva entre a utilidade daquele exercício e as consequências que outros têm que suportar".

[76] A exigência de que a comunicação para preferência a endereçar pelo senhorio ao arrendatário conste expressamente de carta registada com aviso de receção, resulta de alteração introduzida no n.º 4 do artigo 1091.º, afastando assim a aplicabilidade do regime geral previsto nos artigos 414.º e seguintes do Código Civil, sendo igualmente afastado o prazo de resposta à comunicação endereçada ao arrendatário, o qual deixa de ser oito dias, como sucede na generalidade das comunicações para preferência, passando a ser de 30 dias, permitindo assim ao arrendatário a ampliação do período de reflexão de que este dispõe para analisar as suas possibilidades no respeitante à aquisição do imóvel.

[77] **JURISPRUDÊNCIA** (11/01/2011)

AC. STJ N.º 4363/07.9TVLSB.L1.S1 (RELATOR SALAZAR CASANOVA)

"I – O preferente deve, na comunicação a que alude o art. 416.º do CC, identificar o terceiro interessado na aquisição.

II – Se o não fizer, a comunicação é ineficaz e, por conseguinte, não releva, como renúncia, a declaração do preferente, designadamente aquela em que diz que "nas condições e preços comunicados, não pretendo exercer o direito de preferência que me assiste".

sendo que a falta de qualquer um dos referidos elementos que devam, necessariamente, integrar o conteúdo de uma comunicação para preferência, determina a ineficácia da mesma relativamente ao arrendatário, não podendo a ausência de pronúncia por parte deste relativamente à comunicação rececionada, ser valorada no sentido de renúncia ao exercício do direito de preferência.

Pressupondo, por outro lado, que a comunicação será instruída com os necessários elementos para que o preferente possa, conscientemente, optar por exercer o seu direito, disporá o arrendatário, para o efeito, de um prazo de 30 dias para responder à comunicação remetida pelo senhorio, ao invés dos anteriores 8 dias previstos no n.º 2 do artigo 416.º CC.

Tratando-se de um prazo supletivo, podem as partes convencionar prazo superior para a resposta do preferente ou, unilateralmente poderá o obrigado à preferência, conferir prazo mais lato para pronúncia, sendo que a falta de resposta dentro do prazo conferido para o efeito, determina a caducidade do direito de preferência, nos termos do n.º 2 do artigo 416.º.

3. Venda do locado juntamente com outras coisas

Importa ainda notar que, apesar de, em regra, o direito de preferência do arrendatário incidir apenas sobre o bem imóvel arrendado, tal não impede que o obrigado à preferência, tendo intenção de proceder à respetiva venda do imóvel, o faça conjuntamente com outros bens, encontrando-se tal hipótese prevista no artigo 417.º do Código Civil e no n.º 6 e 7 do artigo 1091.º, em virtude da previsão expressa nesta sede resultante do aditamento introduzido nesta última norma pela Lei n.º 64/2018.

Neste sentido, verificando-se a situação de venda do locado juntamente com outras coisas, deverá o obrigado à preferência aplicar, para o efeito, um preço global à venda conjunta de várias coisas, discriminando, seguidamente, o preço atribuído ao locado e a cada um dos demais imóveis vendidos juntamente com aquele, na respetiva comunicação escrita a endereçar ao arrendatário, conforme resulta do n.º 6, podendo ocorrer, em tal situação, uma de duas hipóteses:

a) sendo separáveis ou autonomizáveis, o direito de preferência do arrendatário poderá, ainda assim respeitar unicamente ao bem arrendado, sendo calculado o preço que, proporcionalmente, lhe seria aplicado fora da venda conjunta;

b) não sendo separáveis ou autonomizáveis, as coisas abrangidas pela venda conjunta, ou se a sua autonomização envolver prejuízo económico considerável, pode o obrigado exigir que a preferência do arrendatário abranja a totalidade dos bem em venda conjunta.

Existindo na segunda hipótese, como bem entendeu o Supremo Tribunal de Justiça[78], uma verdadeira extensão do direito de preferência do arrendatário à globalidade dos bens abrangidos pela venda que extravasam o âmbito do imóvel arrendado, tem o arrendatário a faculdade de poder exercer o seu direito quanto a essa globalidade de bens, da mesma forma que terá o obrigado à preferência, a possibilidade de paralisar os

[78] **JURISPRUDÊNCIA (01/07/2014)**
AC. STJ N.º 599/11.6TVPRT.P2.S1 (RELATOR FONSECA RAMOS)
"I. Decorre do art. 417.º, n.º1, do Código Civil que o obrigado à preferência tem direito a vender a coisa sobre que incide um direito de preferência conjuntamente com outras e por um preço global; neste caso o titular/preferente não interessado na opção pela aquisição do conjunto a vender pode exercer o seu direito pelo preço que proporcionalmente for atribuído; o obrigado à preferência só pode opor-se a esta pretensão de "divisão proporcional do preço", exigindo que a preferência incida sobre as coisas restantes "se estas não forem separáveis sem prejuízo apreciável".
II. Quando o preferente acede a exercer o seu direito sobre o conjunto de coisas a alienar – art. 417.º do Código Civil – vê estendido o seu original direito de preferência, direito esse que pode exercer facultativamente. O direito a exercer a preferência pelo preço proporcional pode ser paralisado pela invocação/exigência dos obrigados à preferência de que a venda seja global, porque a venda parcelar e o inerente preço proporcional, lhe causam prejuízo apreciável, não sendo as coisas pretendidas vender separáveis; a lei visa a proteção do interesse económico do vendedor.
III. Não aceitando o preferente a aquisição conjunta de bens comunicada pelo obrigado à preferência, além daquele sobre que recai o seu direito, não estando o obrigado à preferência vinculado a discriminar o preço de cada coisa integrante do conjunto, assiste ao preferente parcelar, mesmo em caso de notificação extrajudicial, requerer arbitramento judicial para determinar o valor proporcional e assim exercer o direito de prelação, não sendo de afastar por analogia a aplicação do regime jurídico do art.1459.º (preferência limitada) do Código de Processo Civil e o recurso à ação de suprimento prevista no art. 1429.º daquele diploma.
IV. A menção discriminada dos preços dos imóveis vendidos em conjunto, constante da escritura pública de compra e venda resulta, obrigatoriamente, do art. 63.º do Código do Notariado que impõe que nos atos sujeitos a registo predial, a indicação "do valor de cada prédio, da parte indivisa ou do direito a que o ato respeitar".
V. Tal menção não evidencia qualquer comportamento menos leal dos vendedores, nem empresta ao recorrente termo a quo para evitar a caducidade da ação de preferência – art. 1410.º, n.º 1, do Código Civil".

efeitos do direito de preferência do arrendatário quanto à venda individual do locado pelo preço proporcional que a este corresponderia ao exigir que a venda seja global atendendo ao prejuízo que a sua autonomização poderia levantar.

Não obstante, cumpre notar que, caso o obrigado à preferência imponha a exigência de a preferência abranger as demais coisas juntamente com o locado, deverá na respetiva comunicação referir, não apenas a invocação, mas também a respetiva demonstração da existência de um prejuízo apreciável resultante da hipotética autonomização na venda do locado desprovida dos demais bens, nos termos do n.º 7, igualmente aditado pela Lei n.º 64/2018, de 29 de outubro, excluindo o legislador no mesmo preceito, como possível justificação para o referido "*prejuízo considerável*", a mera contratualização da não redução do negócio como fundamento para esse prejuízo.

Ora, a hipótese excluída na parte final do n.º 7, refere-se precisamente à estipulação contratual entre o obrigado à preferência e o referido potencial comprador, da não redução do negócio de compra e venda que incidirá sobre as diversas coisas, entre as quais o imóvel locado, assim procurando obstar à venda separada deste ou de qualquer outro bem imóvel relativamente aos demais, situação que o legislador veemente vem retirar do potencial catálogo de fundamentos daquilo que seja um prejuízo considerável nessa autonomização do locado, face aos demais bens que incorporam a venda conjunta.

4. Direito de preferência em arrendamentos parciais de bem imóvel urbano

Até à entrada em vigor da Lei n.º 64/2018, de 29 de outubro, era questionável, nos contratos de arrendamento urbano cujo objeto incida apenas sobre parte do imóvel, em que medida funcionava a preferencia do arrendatário, sendo divergente a jurisprudência ao estabelecer que, por um lado, o arrendatário de parte do imóvel, tem direito a preferir na aquisição da sua totalidade[79], e por outro lado, ao atender apenas ao específico *local arrendado*, inexiste o direito de preferência, se a parte arren-

[79] Veja-se a este propósito, o Acórdão do Tribunal da Relação de Lisboa, aludido na nota anterior.

dada não for suscetível de autonomização e posterior venda ou dação em cumprimento[80].

Propendemos para a última das posições atendendo não apenas à própria letra da lei ao exprimir claramente a intenção de que o arrendatário apenas goze de tal direito relativamente ao *"local arrendado"* e não ao *"prédio arrendado"*, como resultava da redação primitiva da norma, mas à própria índole do preceito que, a admitir a preferência do arrendatário de parte na aquisição do todo, potencia situações incompreensíveis, por permitirem a extensão do direito de preferência à totalidade de um imóvel quando o próprio contrato de arrendamento apenas incide sob parte deste.

Concretizando, tais situações discrepantes verificar-se-iam, por exemplo, no arrendamento de garagem incorporada numa moradia, ou no arrendamento de espaço para aparcamento, destinado unicamente ao estacionamento de uma viatura, habilitando o arrendatário a preferir na aquisição da totalidade da habitação, ou no mesmo sentido o estudante ao arrendar um espaço inserido num imóvel destinado ao arrendamento de vários quartos, gozaria, de igual forma, da possibilidade de adquirir preferencialmente a totalidade do imóvel, ainda que efetivamente haja gozado unicamente do quarto que arrendou, juntamente com a serventia de cozinha e casa-de-banho.

Desta forma, o legislador, com o aditamento dos n.ºs 8 e 9 ao artigo 1091.º, veio tomar posição na referida contenda, embora apenas no respeitante aos contratos de arrendamento urbano, para fins habitacionais, de parte de prédio urbano não sujeito ao regime de propriedade horizontal, determinando a aplicação a tais contratos, dos mesmos termos aplicáveis ao arrendamento de frações autónomas, o que permite desde

[80] **JURISPRUDÊNCIA (26/03/2015)**
AC. TRL N.º 9065-12.1TCLRS.L1-6 (RELATOR TOMÉ RAMIÃO)
"À luz do novo regime do arrendamento urbano, decorrente do art. 1091.º, n.º1, alínea a), do C. Civil, na redação que lhe foi dada pela Lei n.º 6/2006 de 27 de fevereiro, o direito de preferência atribuído ao arrendatário coincide e está limitado ao local arrendado, enquanto bem jurídico autónomo, pelo que sendo arrendatário de parte do imóvel não sujeito ao regime de propriedade horizontal não beneficia desse direito relativamente ao locado, por não constituir um bem jurídico autonomizável, nem em relação a todo o imóvel, em caso de venda ou dação em cumprimento".

logo extrair a intenção legislativa de restringir o direito de preferência do arrendatário unicamente ao espaço efetivamente ocupado por este.

Não obstante e à luz da atual previsão normativa, a ausência de sujeição do prédio urbano ao regime de propriedade horizontal, deixa de obstar à possibilidade de o arrendatário poder exercer, quanto ao espaço efetivamente ocupado por si, o respetivo direito de preferência, desde que verificados os restantes requisitos previstos nos n.ºs 1 e 2.

Na referida situação, prevista no n.º 8, o direito de preferência do arrendatário abrangerá, como tal, a quota-parte do prédio traduzida na respetiva permilagem ocupada pelo locado, aferindo-se, proporcionalmente, o respetivo valor da quota-parte em função do valor da transmissão da totalidade do prédio, sendo este o critério a utilizar pelo senhorio obrigado à preferência na correta determinação do valor do imóvel arrendado, aquando da comunicação ao arrendatário, pela forma legalmente prevista no n.º 4, devendo indicar corretamente tais valores.

Exemplificando, se a quota-parte do prédio urbano ocupada pelo locado corresponde a 200/1000 de permilagem e, se entre o vendedor obrigado à preferência e o potencial comprador for acordado um preço de aquisição da totalidade do imóvel de 400.000,00€, tal significa que, proporcionalmente, o valor da quota-parte do locado corresponde a 80.000,00€, podendo o arrendatário preferir por este valor.

Esclarecendo, o legislador, a possibilidade de o arrendatário exercer o seu direito de preferência neste circunstancialismo, deverá o senhorio, na comunicação a realizar para efeitos do disposto no n.º 1 do artigo 416.º *ex vi* da alínea b) do n.º 8, referenciar expressamente os cálculos realizados e respetivos valores a fim de que aquele, na posse de tais elementos, possa livremente optar pela preferência ou não na aquisição da referida quota-parte.

Neste sentido, ao permitir ao arrendatário a possibilidade de preferir na aquisição da quota-parte correspondente ao espaço por si arrendado, verifica-se o rompimento com a tradição vigente no que sucedia até então, sendo certo que, anteriormente à vigência da Lei n.º 64/2018, tal possibilidade não era reconhecida, não sendo sequer prevista, na medida em que não era atribuído ao arrendatário, na situação referida, ainda que ocupando o locado há mais de dois anos (anteriormente três anos), qualquer direito de preferência na respetiva compra ou dação em cumprimento, quer sobre a parte arrendada quer sobre a totalidade do prédio, entendimento este pacífico na jurisprudência dos tribunais superiores[81].

Assim sendo, a aquisição da respetiva quota-parte pelo arrendatário, a par da aquisição da restante quota-parte por terceiro não determina a necessidade de constituição do mesmo em propriedade horizontal a fim de autonomizar as respetivas frações existentes no mesmo[82], pelo que o arrendatário ao adquirir a quota-parte correspondente ao locado, obterá, na letra da lei: "*a afetação do uso exclusivo da quota-parte do prédio a que corresponde o locado*", colocando-se a questão de aferir se tal afetação passa, efetivamente, pela compropriedade do prédio urbano onde o locado se encontra instalado, sendo afeto ao arrendatário o espaço por este ocupado anteriormente a título de arrendamento.

Não é, porém, tarefa simples a determinação do que seja a aquisição da quota-parte correspondente ao locado por via da afetação do uso exclusivo dessa quota-parte, dado que, comparativamente à solução aventada no n.º 9 do mesmo artigo, o legislador na hipótese aí prevista não abdicou, concretamente, de prever que a aquisição nos termos aí descritos seria operada em compropriedade, o que nos permite desde logo concluir pela ausência de clareza legislativa relativamente ao número anterior, de todo o modo desejável, num aspeto de fulcral importância, atento o número significativo de arrendatários na situação aí prevista.

À luz da redação inicial do projeto lei que esteve na origem da Lei n.º 64/2018, a obrigatoriedade de constituição do prédio urbano em propriedade horizontal e posterior comunicação ao arrendatário para o

[81] **JURISPRUDÊNCIA (21/01/2016)**
AC. STJ N.º 9065/12.1TCLRS.L1.S1 (RELATOR TAVARES DE PAIVA)
"Na vigência do artigo 1091.º do CC, introduzido pela Lei n.º 6/2006, de 27 de fevereiro, o arrendatário, há mais de três anos, de parte de prédio urbano não constituído em propriedade horizontal, não tem direito de preferência, sobre a parte arrendada ou a totalidade, na compra e venda ou na dação em cumprimento desse mesmo prédio."

[82] Ao invés do que sucedia com a versão original do Projeto de Lei n.º 848/XIII/3.ª que daria origem à atual Lei n.º 64/2018, de 29 de outubro, onde era proposta a obrigação do senhorio de constituição do prédio urbano em propriedade horizontal a fim de poder garantir ao arrendatário o exercício eficaz do direito de preferencia e, consequentemente, poder efetivar a respetiva venda do mesmo. O diploma em questão viria a ser objeto de veto politico por parte do Presidente da República, sendo o mesmo reapreciado, desaparecendo, corretamente a nosso ver, a referida obrigação.

exercício do seu direito de preferência, querendo, torna evidente que a intenção inicial seria a de permitir a aquisição autónoma da propriedade dessa fração por parte do arrendatário, independentemente, portanto, da aquisição do restante prédio urbano por outra pessoa.

Não obstante, as alterações introduzidas ao referido projeto lei, ao determinarem o desaparecimento da obrigação de constituição do prédio urbano em propriedade horizontal, criam, porém, um vazio legislativo que, aparentemente, se subentende à primeira vista, não ser preenchido pela via da compropriedade, o que nos parece desajustado e incompreensível por comparação ao regime estatuído no número seguinte, onde tal via surge claramente prevista.

Neste sentido, podemos então questionar: não sendo, aparentemente, a intenção do legislador a de conferir ao arrendatário, no exercício do seu direito de preferência, a aquisição da quota-parte correspondente ao espaço arrendado, em compropriedade, que opções lhe restam?

Em resposta à questão enunciada, poderíamos problematizar a pertinência da aplicação na presente sede de figuras como o usufruto, previsto no artigo 1439.º, ou o direito de habitação, regulado no artigo 1484.º e seguintes, no entanto, ambas as figuras têm em comum o facto de tanto o usufrutuário como o morador usuário não adquirirem, de qualquer forma ou a qualquer título, o espaço que ocupam, o qual sempre pertencerá ao titular do direito de propriedade, ainda que no primeiro caso, o direito de gozo, embora temporário, seja pleno, ao invés do segundo, igualmente temporário, mas de cariz mais restrito[83].

Desta forma e a nosso ver, existem apenas duas soluções para superar o lapso legislativo: a primeira, mantendo o propósito elencado no projeto de lei originário da Lei n.º 64/2018, de constituição da propriedade horizontal do prédio urbano, por parte do vendedor, permitiria ao arrendatário a aquisição da quota-parte do prédio por si ocupada, repercutindo-se na aquisição efetiva da fração a constituir.

Propomos, porém, uma ligeira alteração ao referido projeto de lei, que segundo cremos, tornaria mais útil o desiderato visado: ao invés de o

[83] Conforme resulta das esclarecedoras palavras de Luiz da Cunha Gonçalves, *Da Propriedade e da Posse*, Edições Ática, 1952, pg. 165: "*o direito do uso é, apenas, um usufruto mais restrito, quer quanto à extensão do direito, quer quanto à sua disponibilidade*".

senhorio/vendedor constituir o prédio em propriedade horizontal a fim de permitir o exercício pleno do direito de preferência ao arrendatário, a submissão do regime de propriedade horizontal apenas deveria ocorrer subsequentemente à aceitação por parte do arrendatário da proposta efetuada por aquele, optando assim por exercer o seu direito de preferência, tendo por base os valores que o senhorio é obrigado a comunicar, nos termos da alínea b) do n.º 8 do artigo 1091.º.

A razão de ser da opção proposta reside no facto de, em parte significativa dos casos em que o arrendatário recebe a comunicação para preferir na aquisição da respetiva quota-parte, este, não tendo qualquer interesse na proposta apresentada, declina o respetivo exercício do seu direito e, por esse motivo, a obrigação de o senhorio submeter o edifício ao regime de propriedade horizontal pode, como sucederá em grande parte dos casos, perder a razão de ser, em virtude de o futuro comprador não ter, igualmente, a intenção de posteriormente proceder à constituição do respetivo prédio em propriedade horizontal, o que apenas se justificaria se o arrendatário pretendesse, efetivamente, adquirir o espaço que ocupa a título de arrendamento.

A segunda hipótese, contrariando a sua tendencial exclusão pela análise da letra da lei, consiste na interpretação extensiva da previsão constante do n.º 9, que atribui aos respetivos arrendatários de prédio não sujeito ao regime de propriedade horizontal, a possibilidade de adquirirem, na respetiva proporção, a totalidade do imóvel em compropriedade, permitindo assim, pela respetiva aplicação ao disposto no n.º 8, que o único arrendatário no respetivo prédio, querendo exercer o seu direito de preferência quanto ao locado, o fizesse em compropriedade com o adquirente da quota-parte restante do imóvel, em regime de compropriedade, devendo a respetiva afetação da fração correspondente ao locado, ser salvaguardada ao arrendatário, assim se garantindo o propósito da "*afetação do uso exclusivo da quota-parte do prédio a que corresponde o locado*".

Uma vez aqui chegados e atento o teor das referidas hipóteses avançadas, qual deverá merecer aceitação?

Como tivemos oportunidade de referir, o direito de preferência do arrendatário tem em vista a proteção deste, garantindo-lhe a possibilidade de adquirir a propriedade do espaço que ocupa decorrido que seja determinado lapso temporal, atualmente estabelecido em dois anos. Assim sendo, a solução desejável, ínsita na própria razão de ser do direito de preferência seria a primeira avançada, isto é, mediante a constituição do prédio urbano em propriedade horizontal, o arrendatário gozaria da possibilidade de adquirir validamente a propriedade do espaço arrendado, o que não sucede na compropriedade.

Não obstante e atento o facto de tal solução ter constado inicialmente do projeto de lei original, sendo alvo de alterações seguidamente ao veto presencial que, entre outros aspetos, o teor da norma mereceu, parece-nos evidente que o propósito de o senhorio ser obrigado a constituir propriedade horizontal do imóvel meramente com o desiderato de poder garantir o exercício do direito de preferência ao arrendatário e a sua posterior aquisição, não obteve a necessária concordância para subsistir, sendo seguidamente alterado.

Nesse sentido entendemos que as alterações empreendidas vêm no sentido de concretizar a possibilidade no n.º 8, à semelhança do que se verifica no n.º 9, de o arrendatário poder efetivamente adquirir o imóvel em compropriedade com o comprador da restante quota-parte, caso em que, nas palavras da alínea c) "*a aquisição pelo preferente é efetuada com afetação do uso exclusivo da quota-parte do prédio a que corresponde o locado*".

Entendemos assim que esta é a solução que, vindo ocupar o espaço legislativo em branco, permite, de igual forma, dar concretização efetiva ao raciocínio constante da norma que o legislador, infortunadamente, não concluiu, dizendo menos que o desejável.

Passando ao disposto no n.º 9, constituindo este, igualmente, inovação introduzida pela Lei n.º 64/2018, refere-se o preceito a situações em que o prédio urbano não sujeito ao regime de propriedade horizontal, se encontra arrendado a vários arrendatários, colocando-se a questão da aquisição da respetiva parte arrendada por cada um desses arrendatários que, na sua totalidade considerados, refletem a ocupação total do prédio urbano, podendo estes, à luz das recentes alterações legislativas, querendo, adquirir a totalidade do prédio urbano em questão, em compropriedade, devendo para o efeito exercer os respetivos direitos de preferência em conjunto.

Tal significa, pois, que, uma vez rececionada a comunicação do senhorio para efeito de exercer a respetiva preferência na aquisição do local arrendado, devem os diferentes arrendatários reunir-se, acordando na respetiva aquisição conjunta da totalidade do prédio, substituindo-se ao potencial comprador do mesmo nessa aquisição.

Não obstante, analisando o teor do preceito é possível verificar a ausência de previsão relativa às situações onde não esteja arrendada a totalidade do prédio, isto é, onde existam espaços por arrendar, o que vedaria por completo a aquisição da totalidade do mesmo em compropriedade pelos arrendatários existentes uma vez que, como referimos, o direito de propriedade circunscreve-se, unicamente, ao espaço arrendado, não sendo extensível, naturalmente, às áreas não arrendadas.

Não obstante, para tais situações onde, por um lado, o imóvel urbano não esteja completamente arrendado ou, para aqueloutras em que este, estando completamente arrendado, um dos arrendatários, independentemente do motivo, opta por não exercer o seu direito de preferência, somos pelo entendimento perfilhado a propósito do n.º 8, devendo ser salvaguardada aos arrendatários interessados em exercer o respetivo direito de preferência, a possibilidade de, conjuntamente com o potencial comprador, adquirirem o prédio na sua totalidade, segundo o regime de compropriedade, estabelecendo no respetivo título constitutivo, a correta afetação exclusiva dos espaços visados aos arrendatários que exerceram o respetivo direito de preferência na aquisição dos mesmos.

5. Conflito de direitos de preferência

O direito de preferência do arrendatário, tratando-se de uma preferência legal, prevalece, como estabelece o n.º 3 do artigo 1091.º, sobre o direito do proprietário do solo, previsto no artigo 1535.º, ainda que consistindo, o direito deste último, de igual forma, numa preferência legal, pretendendo assim o legislador antever a possibilidade de ambos poderem preferir na aquisição do imóvel, sendo necessário proceder à respetiva graduação de direitos.

Por sua vez, imediatamente graduado acima daqueles, o direito do comproprietário prevalecerá sobre o direito do arrendatário urbano, bem como sobre os demais preferentes legais, como resulta do n.º 1 do artigo 1409.º.

Esquematizando a graduação do direito de preferência na venda ou dação em cumprimento do imóvel arrendado, prevalece o primeiro sobre os demais e assim sucessivamente, seguindo a seguinte ordem:

1.º – *Comproprietário* – artigo 1409.º/1;
2.º – *Arrendatário* – artigo 1091.º/3;
3.º – *Proprietário do solo* – artigo 1535.º/1;

Diferentemente, existindo diversos titulares de direitos de preferência de igual tipo, concorrentes entre si na aquisição de um mesmo imóvel, em que não haja, como tal, lugar à respetiva graduação, será aplicável, com as respetivas adaptações, o disposto no artigo 419.º CC, estabelecendo este um conjunto de critérios gerais aplicáveis a uma pluralidade de situações indeterminadas, distinguido entre direitos indivisíveis e divisíveis, isto é, aqueles que apenas podem ser exercidos por todos os cotitulares do direito de preferência, e os que podem ser exercidos individual e autonomamente por cada um dos titulares de preferência, respetivamente.

Na específica situação em que dois preferentes legais de igual tipo, pretendem exercer o respetivo direito em caso de venda ou dação em cumprimento do imóvel arrendado e tratando-se, à partida, de um direito que apenas poderá ser exercido por um deles, abrir-se-á, na falta de designação, licitação entre estes, revertendo o excesso ao valor base, resultante das ofertas realizadas, para o senhorio obrigado à preferência.

Excecionam-se, no entanto, as situações em que existam dois ou mais coarrendatários do mesmo locado ou dois cônjuges unidos em regime de comunhão de adquiridos, casos em que será necessário o consentimento de ambos para o exercício ou renúncia ao exercício do direito de preferir na venda ou dação em cumprimento do imóvel arrendado, como resulta, para o último exemplo, da alínea a) do n.º 1 do artigo 1682.º-A.

Importa por último ressalvar que, pese embora seja reconhecida, na venda ou dação em cumprimento do imóvel arrendado, a preferência legal ao arrendatário, uma vez decorrido o prazo de dois anos de arrendamento, ao abrigo da alínea a) do n.º 1 do artigo 1091.º, com a alteração introduzida pela Lei n.º 64/2018, tal não obsta a que as partes livremente convencionem no contrato de arrendamento o direito de preferência do inquilino com efeito imediato após a celebração do contrato, sendo que tal preferência convencional, a que as partes hajam atribuído eficácia real[84], prevalecerá de igual forma sobre terceiros, não prevalecendo porém, como resulta do artigo 422.º, sobre direitos de preferência legal, em caso de conflito.

[84] A preferência convencional, a que as partes não hajam atribuído eficácia real, não permite ao arrendatário, em sede de execução, falência, insolvência ou situações análogas, prevalecer sobre os demais interessados, como assim estabelece o artigo 422.º/*in fine*.

6. Violação do direito de preferência e ação de preferência

Na falta de notificação para preferir na celebração de novo contrato de arrendamento, venda ou dação em cumprimento do locado e enquanto titular do direito de preferência legal, dotado de eficácia real, oponível *erga omnes*, pode o arrendatário, uma vez obtendo conhecimento de que o imóvel em questão foi alienado a terceiro, lançar mão da ação de preferência, prevista no artigo 1410.º, bastando para o efeito que intente a referida ação no prazo de seis meses contados desde a data em que teve conhecimento dos elementos essenciais que estiveram na base da alienação do locado, depositando em quinze dias, após o desencadear da ação, o preço devido, isto é, o valor correspondente à contraprestação efetivamente paga pelo terceiro adquirente ao vendedor-senhorio ou, por outras palavras, o preço devido pela transação, não sendo abrangidas neste valor, quaisquer quantias a titulo de registo predial ou pagamento de impostos[85].

É discutível, relativamente à legitimidade processual passiva, contra quem deverá o arrendatário intentar a ação de preferência destinada a tutelar o direito violado, existindo neste sentido duas correntes doutrinárias distintas.

A primeira tese sustenta que uma ação de preferência deverá, imperiosamente, ser intentada, em litisconsórcio necessário passivo, nos termos do artigo 33.º CPC, contra o adquirente e contra o obrigado à preferência, atendendo ao facto de a necessidade de tal ação resultar precisamente do incumprimento imputável ao obrigado à preferência, afigurando-se determinante a presença deste em juízo uma vez que teria interesse em contradizer a questão em discussão, sendo esta teoria defendida por Antunes Varela[86] e Luís Menezes Leitão[87], e da qual, de igual forma, perfilhamos.

A segunda, por sua vez, parte do pressuposto de que tal ação deverá ser proposta contra o adquirente do imóvel, isto porque o alienante, obri-

[85] Veja-se a este propósito o Acórdão do Tribunal da Relação de Coimbra de 20 de janeiro de 2015 *(Processo n.º 360/12.0TBCNF.C1, Relator Arlindo Oliveira)*.

[86] João de Matos Antunes Varela, *Das Obrigações em Geral, Volume I*, 7.ª edição, reimpressão, Almedina, 2015, pp. 384ss.

[87] Luís Menezes Leitão, *Direito das Obrigações, Volume I*, 12.ª edição, Almedina, 2015, p. 231ss.

gado à preferência, perdendo o direito sobre o bem de que era titular, deixaria de ter interesse processual em intervir na lide, uma vez que já haveria recebido o preço acordado e transmitido a propriedade do imóvel, nada mais tendo a receber ou a prestar, ainda que fosse solicitada a sua presença na qualidade de testemunha a fim de ser apurada a verdade, sendo esta a posição maioritária no campo doutrinário, sustentada por autores como António Menezes Cordeiro[88] e Inocêncio Galvão Telles[89].

Assim sendo, independentemente de ser entendido que o senhorio/alienante deve ou não estar presente em juízo juntamente com o adquirente do imóvel, em litisconsórcio necessário passivo, tal não prejudica o direito do arrendatário a obter o ressarcimento derivado do incumprimento contratual do senhorio, daí resultando o arbitramento de eventual indemnização pelos danos causados, questão esta a ser discutida em ação de responsabilidade civil obrigacional ou contratual, nos termos dos artigos 798.º e seguintes.

Jurisprudencialmente, a aceção maioritária prescreve a necessidade de a ação de preferência ser intentada contra o adquirente e contra o obrigado à preferência, sob pena de ilegitimidade processual passiva, consubstanciando exceção dilatória de conhecimento oficioso, nos termos dos artigos 33.º, 577.º/e) e 578.º, todos do CPC[90].

[88] António Menezes Cordeiro, *Leis do Arrendamento Urbano Anotadas,* 1.ª edição, Almedina, 2014, p. 272. Como bem esclarece o autor, ao sustentar a tese de que a ação de preferência deverá ser desencadeada apenas contra o adquirente do imóvel, tal ação não deverá ser encarada na perspetiva de lograr permitir ao arrendatário, cujo direito foi violado em virtude do incumprimento da obrigação do senhorio, um meio de reação a esse incumprimento, visando unicamente possibilitar ao arrendatário a quem foi vedado o exercício de tal direito, poder, ainda assim, fazer valer judicialmente a sua pretensão em exercer a preferência sobre o bem locado, isto porque, na titularidade de um direito de natureza real, pode o arrendatário exigir de quem for o seu possuidor, a respetiva restituição.

[89] Inocêncio Galvão Telles, *Direito das Obrigações,* 7.ª edição revista e atualizada, Coimbra Editora, 1997, p. 168.

[90] Sobre esta questão, veja-se o Acórdão do Supremo Tribunal de Justiça de 14 de maio de 1991 (*Processo n.º 079701, Relatora Vassanta Tamba*), entendendo que *"nas ações de preferência existe litisconsórcio necessário passivo, uma vez que o alienante tem de ser demandado por ser ele o autor do facto ilícito de que deriva o exercício da ação de preferência, e o adquirente deve também ser demandado por ter já o imóvel na sua esfera patrimonial através da escritura publica"*.

XI
Assédio no arrendamento

1. Noção e enquadramento legal do assédio no arrendamento

A criação, proibição e punição da figura do assédio no arrendamento, constitui um dos principais objetivos da Lei n.º 12/2019, de 12 de fevereiro, em vigor desde o dia 13 de fevereiro de 2019, através do aditamento ao NRAU de dois novos preceitos, o artigo 13.º-A e 13.º-B, que assim passam a integrar a secção III do capítulo II do título I, sob a designação "*Assédio no arrendamento*".

O objetivo visado com a figura em apreço prende-se com a necessidade de dar resposta efetiva a uma tendência preocupantemente recorrente na prática em inúmeros contratos de arrendamento: a pressão por parte do senhorio sobre o arrendatário tendo em vista a desocupação forçada do imóvel arrendado, assumindo especial relevância no respeitante aos contratos de arrendamento antigos em que tal tendência parece verificar-se com maior persistência, em virtude da proteção legislativa acrescida que incide sobre tais contratos, que face ao quadro legislativo atual, inviabiliza ou, pelo menos, retarda manifestamente a cessação do contratos de arrendamento promovida pelo senhorio, alguns dos quais, adversos a uma possível revogação negociada, procuram obter a cessação forçada do contrato, situação que se verifica também nalguns casos em que o senhorio pretende vender o bem imóvel livre de ónus ou encargos, sob pena de desvalorização do mesmo.

Assim sendo e tendo em vista o reforço da proteção do arrendatário, subjacente e transversal ao conjunto de diplomas que integram o designado "*pacote da habitação*", a presente lei vem, de forma inequívoca, proibir e sancionar comportamentos adotados pelos senhorios tendo em vista prejudicar a habitabilidade do arrendatário no locado, os quais por sua vez, quer pela dificuldade probatória subjacente como pela ausência de enquadramento num tipo legal de crime especifico, permaneciam, não raras vezes, impunes.

Neste sentido, o artigo 13.º-A vem consagrar uma noção extensa do que deverá ser entendido como assédio no arrendamento ou subarrendamento, a fim de abranger o maior número de comportamentos censuráveis e repreensíveis por parte do senhorio relativamente aos contratos de arrendamento ou por parte do arrendatário no respeitante aos contratos de subarrendamento.

O assédio no arrendamento consiste assim, ao abrigo do disposto no artigo 13.º-A, no "*comportamento ilegítimo do senhorio, de quem o represente ou de terceiro interessado na aquisição ou na comercialização do locado que, com o objetivo de provocar a desocupação do mesmo, perturbe, constranja ou afete a dignidade do arrendatário, subarrendatário ou das pessoas que com estes residam legitimamente no locado, os sujeite a um ambiente intimidativo, hostil, degradante, perigoso, humilhante, desestabilizador ou ofensivo ou impeça ou prejudique gravemente o acesso e a fruição do locado*".

Tais comportamentos podem assim assumir diversas manifestações possíveis, como seja, designadamente, a interrupção do fornecimento de serviços de água, luz e gás, a alteração da fechadura da porta do locado e ou da porta do locado e/ou da porta do prédio habitacional em que o mesmo se situe, a interceção de correspondência, a intimidação do arrendatário ou membro do seu agregado familiar com recurso a terceiros, a produção de ruídos insuportáveis em horas de descanso e repouso, a ausência de realização de obras urgentes e necessárias que o arrendatário por ausência de recursos económicos se vê impossibilitado de realizar, a exposição do locado a maus cheiros, arrendamento de frações contiguas a pessoas problemáticas, entre outros.

Não obstante, importa notar que, pese embora sendo louváveis os propósitos subjacentes à presente lei ao proibir e sancionar tais condutas, o diploma em questão não deixa de ser criticável face à inequívoca restrição do seu propósito às situações em que seja objetivo do senhorio "*provocar a desocupação*" do locado, isto na medida em que a prática revela que tais comportamentos são passíveis de verificação não apenas quando o senhorio pretende fazer cessar o contrato de arrendamento e obter a respetiva desocupação do locado de pessoas e bens mas também noutras situações, como seja a pressão ao arrendatário com recurso a comportamentos ilícitos para assim obter o pagamento das rendas, encargos ou despesas eventualmente em atraso.

De igual forma, são igualmente passíveis de critica os valores inflexíveis das sanções aplicáveis, os quais não têm minimamente em apreço outros fatores que deviam ser considerados para efeito do apuramento do valor da sanção a aplicar ao senhorio, designadamente a situação económica deste, o valor patrimonial tributário do locado, o valor da renda aplicável ao contrato de arrendamento, entre outros, a fim de melhor adequar a sanção ao respetivo destinatário uma vez que, face aos valores apresentados, serão ainda assim passíveis de verificação situações de assédio ao arrendamento, uma vez que tal sanção poderá não afetar o senhorio ao ponto de motivar a cessação do seu comportamento abusivo.

Seria, de igual forma, bem-vinda a previsão de outras sanções ao senhorio além da mera imposição de sanções pecuniárias que, de igual forma, constituíssem constrangimento suficiente à abstenção de prática de tais comportamentos fortemente lesivos para os arrendatários visados, designadamente através da proibição da cessação do contrato por parte do senhorio durante certo número de meses ou anos, ou através da redução ou isenção do arrendatário do pagamento de rendas durante determinado período de tempo.

2. Intimações para cumprimento a aplicar ao senhorio

O artigo 13.º-B vem, em concretização do disposto no artigo 13.º-A, estabelecer os meios ao dispor do arrendatário para tutelar os direitos que lhe são reconhecidos relativamente aos comportamentos abusivos por parte do senhorio configuráveis como assédio no arrendamento, subdividindo o n.º 1 daquele preceito, em três, os possíveis fundamentos para a intimação a dirigir pelo arrendatário ao senhorio no sentido de este cessar o seu comportamento abusivo, que poderá assim repercutir-se numa das seguintes pretensões:

a) cessação da produção de ruído fora dos limites legalmente estabelecidos ou cessação de quaisquer outros atos, praticados por si ou por interposta pessoa, suscetíveis como tais de causar prejuízo para a sua saúde e das pessoas que consigo residam legitimamente no locado;

b) correção de deficiências existentes no locado ou nas partes comuns do prédio urbano em que o mesmo se situa e que constituam risco grave para a saúde ou segurança do arrendatário ou de outras pessoas e bens;
c) correção de outras situações que impeçam a fruição do locado, como o acesso ao mesmo ou a serviços essenciais, como sejam a água, eletricidade, gás ou esgotos;

A intimação com um dos três fundamentos referidos, deverá assim ser remetida pelo arrendatário ao senhorio em carta registada com aviso de receção, em observância do disposto no n.º 1 do artigo 9.º NRAU, indicando os factos que integram a prática de um comportamento abusivo deste último, subsumível ao fundamento invocado, sendo certo que a resposta ou adoção de medidas por parte do senhorio dependerá da correta observância da intimação remetida pelo arrendatário, razão pela qual esta deverá, tanto quanto possível, ser clara, objetiva e facilmente apreensível.

A par dos elementos referidos, a intimação a remeter deverá informar o senhorio do prazo de que dispõe para reagir à mesma, sendo esse prazo de 30 dias, nos termos do n.º 4, findo o qual poderá o arrendatário requerer uma injunção contra o senhorio e, cumulativamente, exigir deste o pagamento de uma sanção pecuniária no valor de 20€ por cada dia de atraso até ao cumprimento efetivo da intimação ou em caso de incumprimento, até ao decretamento da injunção.

A referida intimação marca assim o início do procedimento a desencadear pelo arrendatário no sentido de obstar à prática de atos abusivos por parte do senhorio configuráveis como assédio no arrendamento, impondo a este último, como tal, a necessidade de reação seguindo a mesma forma escrita, sob pena de a ausência de resposta à carta intimatória lhe ser desfavorável.

A par da intimação e independentemente desta, dispõe o arrendatário da possibilidade de solicitar à câmara municipal competente a realização de uma vistoria tendo em vista a verificação da situação subjacente a um dos referidos fundamentos, devendo esta, pelo caráter urgente que envolve, ser realizada no prazo máximo de 20 dias, devendo o respetivo auto ser emitido no prazo de 10 dias após a realização dessa vistoria.

Neste sentido e uma vez recebida a intimação dirigida pelo arrendatário, o senhorio poderá, no prazo de 30 dias após a receção da mesma, assumir uma das seguintes posições: a adotação das medidas solicitadas no sentido de dar resposta positiva aos problemas evidenciados na comunicação; a demonstração da efetiva adoção de medidas nesse sentido; a exposição das razões pelas quais não adota as condutas solicitadas pelo arrendatário; ou, bem ainda, a ausência de resposta à intimação e de adoção de quaisquer medidas.

A primeira das referidas condutas, consistente na adoção por parte do senhorio das medidas solicitadas pelo arrendatário, assim dando cumprimento à intimação rececionada, consubstancia a forma mais simples e consensual de colocar fim ao diferendo que motivou a remessa de uma intimação por parte deste último, assim determinando o encerramento do procedimento.

Diversamente, a resposta do senhorio no sentido de justificar a não adoção das condutas solicitadas pelo arrendatário, terá em princípio e na ausência de aceitação da mesma pelo arrendatário, efeito semelhante à falta de resposta ou de adoção das medidas solicitadas, caso em que é possível ao arrendatário, nos termos do n.º 5, requerer a aplicação de uma injunção contra o senhorio, tendo em vista a resolução da situação apontada na intimação, a par da exigibilidade do pagamento de uma sanção pecuniária de 20€ por cada dia de atraso findo o prazo previsto de 30 dias, conforme referido. O referido valor da injunção é elevado em 50% caso o arrendatário tenha idade igual ou superior a 65 anos ou grau de incapacidade igual ou superior a 60%.

O requerimento para aplicação de uma injunção ao senhorio, seguirá os termos constantes dos artigos 15.º-T e 15.º-U, devendo o arrendatário recorrer ao serviço de injunções em matéria de arrendamento (SIMA), com um dos fundamentos previstos nas alíneas c), d) ou e) do n.º 1 do artigo 15.º-T.

Recebido o requerimento do arrendatário e decretada a injunção pelo SIMA, é elevada a sanção pecuniária de 20€ para 50€, a qual será igualmente elevada em 50% caso o arrendatário tenha idade igual ou superior a 65 anos e/ou grau de incapacidade igual ou superior a 60%, mantendo-se tal sanção até à demonstração de cumprimento por parte do senhorio ao arrendatário, mediante carta registada com aviso de receção, sendo certo que o arrendatário poderá obter o pagamento da sanção pecuniária mediante dedução do valor respetivo nas rendas mensais vincendas a partir da data de decretamento da injunção.

Diversamente, o indeferimento pelo SIMA do requerimento do arrendatário para aplicação de injunção ao senhorio ou a ausência de apresentação desse requerimento no prazo de trinta dias findo o prazo de que dispõe o senhorio para reagir após a receção da intimação por parte do arrendatário, determina a caducidade dessa intimação e a extinção da sanção pecuniária exigida por este ao senhorio.

Por último, importa notar que o acesso por parte do arrendatário à intimação para obrigar o senhorio à adoção de medidas e consequente intimação para correção das situações visadas, não obsta nem invalida a eventual responsabilidade civil, criminal ou contraordenacional a que haja lugar.

XII
Regime transitório dos contratos de arrendamento urbanos antigos

Resulta dos artigos 26.º e seguintes do Novo Regime do Arrendamento Urbano, aprovado pela Lei n.º 6/2006, de 27 de fevereiro, com as alterações introduzidas pela Leis n.º 13/2019, de 12 de fevereiro, constantes do Título II, sob a epígrafe "N*ormas transitórias*", o regime transitório aplicável aos contratos de arrendamento urbano celebrados antes da entrada em vigor da referida Lei n.º 6/2006, de 27 de fevereiro.

O regime transitório em apreço estabelece assim um conjunto de normas que, em articulação com o disposto no n.º 2 do artigo 12.º do Código Civil e no artigo 59.º NRAU, se aplicam a todos os contratos de arrendamento que hajam sido celebrados antes do dia 28 de junho de 2006, data em que, nos termos do n.º 2 do artigo 65.º, o NRAU entrou em vigor[91].

Naturalmente, face à imensidão de contratos de arrendamento celebrados anteriormente à entrada em vigor no NRAU, não podemos falar uniformemente em apenas um regime transitório, mas sim em dois regimes transitórios, dentro de cada um dos quais resultam disposições diversas para os contratos de arrendamento habitacionais, por um lado e para os contratos de arrendamento para fins não-habitacionais, por outro.

Assim sendo, sob a gíria de *contratos antigos*, podemos realizar a respetiva divisão dos mesmos, conforme resulta já da própria lei arrendatí-

[91] Com ressalva dos artigos 63.º e 64.º NRAU, cuja data de entrada em vigor ocorreu no dia seguinte ao da publicação do diploma, isto é, a dia 28 de fevereiro de 2006.

cia, em dois grandes tipos de contratos de arrendamento que, conforme veremos, determinam a aplicação de normas diferentes, afastando-se, em determinados aspetos, da aplicação do novo regime.

No primeiro tipo de contratos de arrendamento, inserem-se os contratos habitacionais celebrados na vigência do RAU, aprovado pelo Decreto-Lei n.º 321-B/90, de 15 de outubro, e os contratos para fins não-habitacionais celebrados após a entrada em vigor do Decreto-Lei n.º 257/95, de 30 de setembro, a que se aplica o artigo 26.º NRAU e as normas para as quais o mesmo remete.

No segundo tipo, por sua vez, inserem-se os contratos habitacionais celebrados antes da entrada em vigor do RAU e, bem ainda, os contratos para fins não-habitacionais celebrados antes da entrada em vigor do Decreto-Lei n.º 257/95, de 30 de setembro, a que são aplicáveis os artigos 27.º a 58.º NRAU, bem como as respetivas normas para que os mesmos remetem.

A razão de ser da existência de dois regimes autonomizados no NRAU e não de um só que permita abarcar a totalidade dos contratos antigos, reside na dicotomia existente entre o regime que vigorava antes do RAU, também conhecido, doutrinalmente[92], por *regime vinculistico*, e aquele que passou a vigorar com a sua entrada em vigor, no que respeita à duração dos contratos.

No primeiro regime, o regime *vinculistico*, a liberdade desvinculativa do senhorio era praticamente nula, conforme resulta da redação inicial das disposições constantes dos artigos 1083.º e 1095.º do Código Civil, encontrando-se o senhorio obrigado à renovação automática e vinculativa do contrato de arrendamento na ausência de denúncia por parte do arrendatário, com as limitadas exceções previstas no artigo 1096.º, em que o senhorio poderia denunciar o contrato celebrado caso necessitasse do imóvel arrendado para habitação própria ou, pretendesse aumentar o prédio ou construir novos edifícios a fim de dispor de maior número de locais arrendáveis[93].

[92] Maria Olinda Garcia, *Arrendamento Urbano Anotado...*, p. 126.

[93] Fora desta regra encontravam-se, igualmente, os contratos de arrendamento urbano constantes do n.º 2 do artigo 1083.º na sua redação originária: os arrendamentos de prédios do Estado, os arrendamentos para habitação por curtos períodos de tempo, em praias, termas ou outros lugares de vilegiatura, ou para outros fins especiais transitórios,

No segundo regime, o Regime do Arrendamento Urbano (RAU), por sua vez, passando a dispor de consagração em diploma autónomo ao Código Civil, vem estabelecer, com a inserção no ordenamento jurídico da figura dos contratos de arrendamento de duração limitada[94] com prazo mínimo de 5 anos, nos artigos 98.º e seguintes, a possibilidade de o senhorio operar a respetiva denúncia do contrato para que o mesmo não fosse automaticamente renovado findo o prazo acordado pelas partes de mútuo acordo, por escrito, constituindo tal possibilidade, uma alternativa à celebração de contratos de duração indeterminada, caraterística do regime anterior.

Diversamente, nos contratos de arrendamento para fins não-habitacionais, subdivisíveis, à época em consideração, em arrendamentos para comércio ou indústria ou, bem ainda, em arrendamentos para o exercício de profissões liberais, o *vinculísmo* característico do regime existente no Código Civil anteriormente à entrada em vigor do Regime do Arrendamento Urbano, não cessou com a vigência inicial deste último diploma, porquanto, apenas após a entrada em vigor do Decreto-Lei n.º 257/95, de 30 de setembro e a respetiva alteração ao RAU com a inserção neste diploma dos artigos 117.º a 120.º, renumerando os anteriores artigos com a mesma numeração, passou a ser possível a livre celebração de contratos de arrendamento de duração limitada, não inferiores a cinco anos, denunciáveis pelo senhorio com a observância de prazo mínimo de antecedência a estipular pelas partes por escrito.

os arrendamentos de casa habitada pelo senhorio feitos por período correspondente à sua ausência temporária, não excedendo o período máximo de um ano, e, bem ainda, os arrendamentos sujeitos a legislação especial.

[94] Em rigor, a figura dos contratos de arrendamento com duração limitada não surgiu, primeiramente, com o Regime do Arrendamento Urbano, mas sim com a Lei n.º 46/85, de 20 de setembro, que estabelecia os regimes de renda livre, condicionada e apoiada para habitação, sendo que nos artigos 31.º e seguintes do diploma, era permitido ao senhorio que, no regime de renda condicionada, ao celebrar contrato de arrendamento de duração igual ou superior a 5 anos, tendo por objeto imóvel, comprovadamente apto a ser habitado através de licença de habitabilidade e não tendo nunca antes sido arrendado, pudesse denunciar o mesmo, impedido assim a respetiva renovação automática findo o prazo acordado, nos termos do n.º 1 do artigo 32.º.
Este diploma viria a ser integralmente revogado pelo Regime do Arrendamento Urbano, dele retirando, proveitosamente, a figura do contrato de arrendamento de duração limitada.

Assim sendo, face às especificidades próprias das normas aplicáveis a cada um dos regimes referidos e tendo em vista os contratos de arrendamento a que respeitam, analisaremos de seguida, de forma individual e autonomizada, cada um dos regimes transitórios, segundo a ordem adotada pelo NRAU, iniciando a exposição pelos contratos de arrendamento urbano habitacionais e concluindo com os contratos de arrendamento urbano para fins não-habitacionais.

1. Contratos habitacionais celebrados na vigência do RAU e contratos não-habitacionais celebrados na vigência do decreto-lei n.º 257/95, de 30 de setembro

A. Contratos habitacionais

As disposições que compõem o regime transitório dos contratos habitacionais celebrados após a entrada em vigor do Regime do Arrendamento Urbano, são as que constam do artigo 26.º NRAU, mais propriamente dos n.ºs 1 a 5 e 7 e as respetivas normas para que os mesmos remetem, sendo que, como resulta do n.º 1 do artigo 59.º do mesmo diploma, "*o NRAU aplica-se aos contratos celebrados após a sua entrada em vigor, bem como às relações contratuais constituídas que subsistam nessa data, sem prejuízo das normas transitórias*".

Assim sendo, este tipo de contratos antigos encontra-se automaticamente submetido ao Novo Regime do Arrendamento Urbano, sendo-lhe aplicáveis, na generalidade, as normas constantes do Código Civil e do NRAU, que disciplinam os contratos de arrendamento celebrados após a vigência da Lei n.º 6/2006, excetuando-se a aplicação do artigo 1106.º do Código Civil, relativamente à transmissão do contrato de arrendamento por morte do arrendatário primitivo, atendendo-se ainda às especificidades constantes dos n.ºs 3 e 4 do artigo 26.º, consoante o contrato de arrendamento haja sido celebrado com duração limitada ou sem duração limitada.

Concretizando, aos contratos de arrendamento urbano para habitação, celebrados após a entrada em vigor do RAU, isto é, a partir de 15 de novembro de 1990, são aplicáveis, automaticamente, as disposições constantes do Novo Regime do Arrendamento Urbano com as especificidades referidas que analisaremos em detalhe seguidamente, em conformidade com as alterações que foram introduzidas ao referido artigo 26.º pelas Leis n.º 31/2012, de 14 de agosto e 79/2014, de 19 de dezembro.

1) REGRAS ESPECÍFICAS EM SEDE DE TRANSMISSÃO POR MORTE DO CONTRATO DE ARRENDAMENTO

Operando a transição do contrato de arrendamento para o NRAU de forma automática, perante a morte do primitivo arrendatário, nos termos conjugados do n.º 2 do artigo 26.º com o artigo 57.º, a regra será a da caducidade do contrato, *ex vi* do artigo 1051.º CC, salvo se verificadas as condições necessárias para a transmissibilidade do mesmo para uma das pessoas referidas nas alíneas a) a f) do n.º 1 do artigo 57.º, que serão as seguintes:

a) Cônjuge com residência no locado, não sendo estabelecido qualquer período mínimo de residência do cônjuge no imóvel arrendado ou mesmo de duração mínima do casamento celebrado, devendo apenas, uma e outra situações, verificarem-se à data do falecimento do primitivo arrendatário[95];
b) Pessoa que vivesse com o arrendatário em união de facto há mais de dois anos, residindo no locado há mais de um ano;
c) Ascendente em 1.º grau, que convivesse com o arrendatário há mais de um ano;
d) Filho ou enteado com menos de 1 ano de idade ou que convivesse com o arrendatário há mais de um ano e seja menor de idade ou, tendo idade inferior a 26 anos, frequente o 11.º ou 12.º ano de escolaridade ou estabelecimento de ensino médio ou superior;
e) Filho ou enteado, que convivesse com o arrendatário há mais de um ano, com deficiência de grau comprovado de incapacidade igual ou superior a 60%;
f) Filho ou enteado que com ele convivesse há mais de um ano, com deficiência com grau comprovado de incapacidade igual ou superior a 60%[96];

[95] António Menezes Cordeiro (Coord.) – *Leis do Arrendamento Urbano Anotadas ...*, p. 522.

[96] A alínea f) do artigo 57.º NRAU, resulta do respetivo aditamento da mesma ao preceito pela Lei n.º 13/2019, de 12 de fevereiro, vindo assim alargar a previsão da norma de forma a salvaguardar a posição daquele que acompanha o arrendatário, cuidando dele e que, em razão da idade avançada e do RABC inferior a 5 RMNA poderá não reunir condições

A ordem pela qual surgem apresentadas as referidas alíneas, corresponde à ordem de preferência entre as diversas pessoas a quem é transmissível o contrato de arrendamento por morte do arrendatário em caso de eventual conflito entre titulares do direito à transmissibilidade do mesmo, sendo que se tal conflito se verificar entre pessoas que, relativamente ao arrendatário, assumam a mesma qualidade, têm preferência os mais velhos, entre ascendentes, filhos ou enteados. Existindo mais que um ascendente em 1.º grau, haverá igualmente transmissibilidade do contrato de arrendamento entre eles.

Embora a transmissibilidade do contrato de arrendamento antigo constitua uma exceção à regra da caducidade por morte do arrendatário, a mesma compreende o limite constante do n.º 3, inexistindo o direito à transmissão se o titular desse direito tiver outra casa, própria ou arrendada, na área dos concelhos de Lisboa ou do Porto e seus limítrofes ou no respetivo concelho quanto ao resto do país.

Deverá ser, porém, casuisticamente averiguado se se verifica, efetivamente, a possibilidade de o titular do direito à transmissão, mais do que ter outra casa, própria ou arrendada, possa, imediatamente, poder dispor, de facto, da mesma, podendo nela residir com caráter de permanência. Caso assim não seja, designadamente pelo facto de a residência se encontrar arrendada a outrem ou, de qualquer outra forma, onerada, impossibilitando o transmissário de nela residir, entendemos, pois, que tal direito se deverá manter na esfera de quem a ele, *a priori*, poderia prevalecer-se, isto é, caberá primeiramente a quem possa exercer tal direito com preferência sobre os demais titulares do mesmo.

Diversamente, caso existam outros titulares do direito à transmissibilidade da posição do arrendatário, em conflito com quem disponha de residência alternativa, entendemos assim que tal facto obsta a que o contrato de arrendamento, naturalmente, caduque, porquanto e apesar de o primeiro titular, dispor de casa, própria ou arrendada, paralelamente à residência do falecido arrendatário, não reunindo assim os requisitos necessários para ingressar na posição deste, essa posição deverá ser assu-

suficientes para mudar de residência e alterar o seu domicílio pessoal, em especial, nos casos em que tais familiares residem no locado durante muitos anos.

mida por quem, seguindo a ordem e critério de idade referidos, disponha igualmente desse direito.

Ao afastar-se do regime estabelecido no artigo 1106.º do Código Civil, estabelecendo um catálogo taxativo mais restrito que o constante do regime geral aplicável aos contratos celebrados após a entrada em vigor do NRAU, pretende o legislador não perpetuar o condicionalismo existente à liberdade contratual do senhorio, em que, apenas nas situações elencadas, se encontrará vinculado a manter o contrato de arrendamento celebrado com o primitivo arrendatário, sendo certo que ao transmitir-se o contrato de arrendamento antigo para qualquer uma das referidas pessoas, o mesmo já se encontrará submetido ao NRAU[97], sem prejuízo do disposto no n.º 4 do artigo 57.º em que, como referido, existindo mais do que um ascendente em 1.º grau, na morte daquele a quem a posição contratual do arrendatário primitivo se transmitiu, nela ingressará o ascendente sobrevivo.

Assim sendo, após o falecimento daquele a quem fora transmitida a posição contratual do arrendatário primitivo, encontrando-se o contrato de arrendamento antigo submetido às mesmas normas aplicáveis aos contratos celebrados após a entrada em vigor da Lei n.º 6/2006, aplicar-se-á, não já o artigo 57.º mas sim o artigo 1106.º, referente à transmissão

[97] Importa notar que a aplicação do artigo 57.º aos contratos de arrendamento abrangidos pelo regime transitório a que se refere o artigo 26.º, deverá ser realizada com as necessárias adaptações na medida em que aquele preceito consubstancia uma das normas que integram o regime transitório relativo aos contratos de arrendamento habitacionais celebrados antes do RAU e os contratos de arrendamento não-habitacionais celebrados antes do Decreto-Lei n.º 257/95, de 30 de setembro.
Neste sentido, o disposto nos n.ºs 5 e 6 do artigo 57.º, sobre a existência de situações de transmissibilidade que não se consideram transitadas para o NRAU, não terá repercussão nos contratos de arrendamento habitacionais celebrados após o RAU e nos contratos não-habitacionais celebrados após o Decreto-Lei n.º 257/95, uma vez que esses contratos, como resulta do n.º 1 do artigo 26.º, passam a estar automaticamente submetidos ao NRAU, com as especificidades constantes desse preceito, sendo que no respeitante à transmissão por morte valerá o disposto nos n.ºs 1 a 4 do artigo 57.º, pois não faria sentido que o contrato de arrendamento, quanto ao arrendatário primitivo, estivesse, automaticamente, submetido ao NRAU e quanto aos transmissários a que se refere a alínea e), após a morte daquele, o contrato não se considerasse submetido ao NRAU.

por morte do arrendatário, caso em que o mesmo caducará na falta de verificação de uma das exceções contidas no preceito.

Por último, cumpre ainda referir que, pese embora o artigo 26.º remeta, em matéria de transmissão por morte, para o artigo 57.º, sem realizar qualquer tipo de especificação quanto ao mesmo, importa notar que tal preceito, inserido na Secção IV, Capítulo II, Título II do NRAU, respeita, primacialmente, aos contratos de arrendamento habitacionais celebrados antes da vigência do RAU, cujo regime transitório, como veremos, é substancialmente diferente do que agora cuidamos, desde logo pela ausência de transitoriedade automática.

Neste sentido, as disposições constantes dos n.ºs 5 e 6 do artigo 57.º, referentes primeiramente aos contratos referidos, devem ser afastadas relativamente aos contratos habitacionais celebrados após a entrada em vigor do RAU, sendo que tais disposições, ao estabelecerem a submissão automática do contrato ao NRAU, aquando da transmissão por morte da posição contratual do arrendatário primitivo, quando o transmissário seja ascendente com idade inferior a 65 anos à data da morte do arrendatário (primitivo) ou filho/enteado deste, na data em que adquirir a respetiva maioridade ou na data em que fizer 26 anos, caso se encontre a frequentar o 11.º, 12.º anos, cursos de ensino pós-secundário não superior ou de ensino superior, parecem excluir da submissão ao NRAU, todos os demais casos em que se verifique a transmissão por morte do contrato.

Desta forma e reiterando o que referimos anteriormente, nos contratos de arrendamento para fins habitacionais celebrados após a entrada em vigor do RAU, estes ficam automaticamente submetidos às normas constantes do NRAU, sendo que aquando da morte do arrendatário primitivo, caso o decesso tenha ocorrido posteriormente à vigência da Lei n.º 6/2006, o contrato vigorará já segundo tais normas, com as especificidades referidas do n.º 2 do artigo 26.º e do artigo 57.º, relativas à transmissão por morte, pelo que no momento da respetiva transmissão do contrato, o mesmo continuará submetido a tais regras do NRAU, independentemente do respetivo transmissário do mesmo, razão pela qual a redação constante dos n.ºs 5 e 6 do artigo 57.º, quando transposta para tais contratos será suscetível de levantar dúvidas, face à sua inserção legislativa no regime transitório aplicável aos contratos habitacionais celebrados antes da vigência do RAU, devendo ter-se por não aplicável aos contratos abrangidos pelo artigo 26.º NRAU.

2) REGRAS APLICÁVEIS À DURAÇÃO DOS CONTRATOS ANTIGOS

Passando às disposições que compõem o regime transitório dos contratos de arrendamento habitacional celebrados após 15 de novembro de 1990, constantes dos n.ºs 3 a 5 e 7 do artigo 26.º NRAU, importa cuidar das especificidades próprias de tais contratos, consoante os mesmos hajam sido celebrados com duração limitada ou sem duração limitada, sendo estes contratos também conhecidos por contratos *vinculísticos*.

Como tivemos oportunidade de referir *supra*, a diferença entre contratos antigos de duração limitada e contratos sem duração limitada, não assenta no pressuposto de que os primeiros foram celebrados com estipulação de prazo certo e determinado e os segundos, que sem qualquer convenção de prazo, manifestam expressa intenção de que o mesmo vigore por período de tempo indeterminado, como sucede atualmente, sendo que em ambas as modalidades de contratos antigos referidos, o contrato é celebrado com prazo certo, automaticamente renovável.

A distinção entre tais modalidades assenta, outrossim, na liberdade desvinculativa por parte do senhorio, existente nos *contratos de duração limitada*, previstos nos artigos 98.º e seguintes do Regime do Arrendamento Urbano, desde que celebrado por prazo não inferior a cinco anos; e praticamente inexistente nos *contratos sem duração limitada*, celebrados nos termos do artigo 10.º RAU, por período supletivo de seis meses, na falta de determinação da lei em contrário, dos próprios usos, ou de convenção das partes segundo a qual seja estipulado prazo diferente.

Nestes últimos, perante a ausência de denúncia do contrato de arrendamento por parte do arrendatário, este renovar-se-ia, nos termos do artigo 1054.º do Código Civil, por período de tempo igual ao convencionado no contrato. Na prática, a ausência de denúncia destes contratos pelos arrendatários, implicando operar sucessivamente a respetiva renovação automática dos mesmos aquando do termo do prazo da duração inicial ou renovação do contrato, faria com que os mesmos, podendo, eventualmente, perpetuar-se no tempo, não tivessem, portanto, duração limitada[98], vinculando o senhorio à vontade do arrendatário na manutenção da relação arrendatícia.

[98] CARLOS ALEGRE, *Regime do Arrendamento Urbano*, p. 61ss.

De facto, a possibilidade de denúncia por parte do senhorio de um contrato *sem duração limitada*, além de necessariamente invocada e comprovada judicialmente, observando uma antecedência mínima de seis meses face à data pretendida para o fim do contrato, nos termos do artigo 70.º do revogado RAU, teria de observar um dos dois fundamentos constantes do artigo 69.º: a necessidade do prédio para habitação própria ou para o/s descendente/s em 1.º grau ou, bem ainda, para a construção de habitação própria do senhorio ou, quando este pretendesse ampliar o locado ou construir novos edifícios a fim de aumentar o número de locais arrendáveis[99].

Sendo certo que a celebração de contratos de arrendamento vinculísticos, apesar de menos frequentes após a entrada em vigor do RAU do que seria aquando da vigência do regime anterior, continuava a constituir, ainda assim, uma possibilidade legalmente prevista na disponibilidade contratual das partes, alternativamente à celebração de contratos de *duração limitada*, entendendo o legislador, como correta, a solução de autonomizar tais contratos, no âmbito do respetivo regime transitório, estabelecendo no artigo 26.º NRAU, uma divisão entre ambos.

I) CONTRATOS DE ARRENDAMENTO DE DURAÇÃO LIMITADA

Iniciando pelos contratos de arrendamento de duração limitada que, como vimos, não podiam, na vigência do RAU ser celebrados por período inferior a 5 anos, estabelece o legislador, no n.º 3 do artigo 26.º NRAU que, na falta de denúncia pelo senhorio ou pelo arrendatário findo o respetivo prazo, os mesmos renovar-se-ão automaticamente, pelo período de dois anos, se prazo superior não tiver sido convencionado, podendo

[99] Mesmo verificando-se um dos referidos fundamentos através dos quais é permitido ao senhorio, em contratos vinculísticos, proceder à respetiva denúncia dos mesmos, seria possível obstar ao exercício desse direito pelo senhorio desde que, nos termos do artigo 107.º RAU, ao momento em que a denúncia a operar por parte do senhorio produzisse os efeitos respetivos, tivesse o arrendatário idade igual ou superior a 65 anos ou, independentemente desta, se encontrasse em situação de reforma por invalidez absoluta, ou, não beneficiando de pensão de invalidez, sofresse de incapacidade total para o trabalho. Alternativamente, haveria, de igual forma, limitação ao exercício do direito de denúncia por parte do senhorio se o arrendatário à data de produção de efeitos da mesma, se mantivesse no locado há mais de 30 anos, na qualidade de arrendatário.

o mesmo ser alterado pelas partes desde que superior a dois anos, não podendo, todavia, ser estabelecido prazo mais reduzido.

Desta forma, os contratos antigos de duração limitada são equiparados aos atuais contratos com prazo certo, ainda que não lhe seja diretamente aplicável o regime referente a estes contratos, constante dos artigos 1094.º e seguintes do Código Civil, uma vez que o legislador pretendeu estabelecer em matéria de prazos supletivos de duração do contrato e respetivas renovações, um regime próprio para estes contratos, o que significa dizer que, pese embora os contratos de arrendamento antigos, à luz do n.º 1 do artigo 26.º e do n.º 1 do artigo 59.º NRAU, estejam submetidos ao Novo Regime do Arrendamento Urbano, essa submissão conhece as exceções já referidas quanto à transmissibilidade por morte do contrato e as regras específicas dos contratos de duração limitada e sem duração limitada.

Importa assim ter presente as alterações entretanto ocorridas nesta matéria desde a entrada em vigor da Lei n.º 6/2006, até ao presente momento, dado que o prazo supletivo de dois anos nem sempre foi o mesmo.

De facto, da redação original da Lei n.º 6/2006, de 27 de fevereiro, que aprova o NRAU, resulta pois o estabelecimento de um prazo de três anos, no n.º 3 do artigo 26.º, de duração da renovação automática do contrato, findo o prazo pelo qual foram celebrados ou da respetiva renovação, dado que, tendo tais contratos sido celebrados posteriormente a 1990 e antes de 2006, pouco provável será que, após a entrada em vigor do NRAU e sucessivas alterações ao mesmo, estejamos ainda, ao momento, perante o fim do prazo de duração inicial do mesmo mas antes perante o fim de uma das várias renovações automáticas a que o mesmo haja sido sujeito.

De qualquer forma, se entre a vigência da redação inicial da Lei n.º 6/2006, o prazo supletivo de duração da renovação automática seria de 3 anos, a partir das alterações produzidas ao NRAU pela Lei n.º 31/2012, de 14 de agosto, tal prazo foi reduzido para 2 anos, mantendo-se inalterado com a subsequente alteração à disposição visada pela Lei n.º 79/2014, de 19 de dezembro. Por sua vez, as Leis n.º 42/2017, 43/2017 e 13/2019, apesar de terem introduzido alterações ao regime transitório dos contratos celebrados antes do RAU e do Decreto-Lei n.º 257/95, mantiveram inalterada a duração da renovação automática referida. Importa assim aferir de que forma devem ser compatibilizadas as referidas alterações com a interpretação do prazo aplicável a um contrato habitacional antigo celebrado após a entrada em vigor do RAU.

Em termos práticos, imagine-se um contrato de arrendamento celebrado em dezembro de 1990, com duração limitada de 5 anos. Segundo o disposto no n.º 1 do artigo 100.º do revogado RAU, na falta de estipulação contratual de prazo superior, tal contrato, na ausência de denúncia de uma das partes, renovar-se-ia por períodos sucessivos de 3 anos, sendo que, no exemplo referido, o contrato renovar-se-ia, automaticamente, em 1995, 1998, 2001, 2004 e 2007, altura em que vigoraria já o NRAU ao qual, por via do n.º 1 do artigo 26.º, passaria a estar submetido, tornando o contrato a renovar-se pelo período supletivo de três anos, em 2010, sendo que em 2013, altura de nova renovação, vigorando já a alteração de prazo supletivo introduzida pela Lei n.º 31/2012, de dois anos, o contrato renovar-se-ia, em 2015, 2017, 2019 e por aí sucessivamente, até que uma das partes o denuncie ou, utilizando a terminologia atual correta para os contratos de prazo certo, se oponha à respetiva renovação do mesmo.

Pretendendo após a entrada em vigor do NRAU, uma das partes "*denunciar*"[100] ou opor-se à renovação do referido contrato de arrendamento antigo, importa ressalvar, relativamente aos prazos de antecedência mínima prévia a ser observados, que o artigo 26.º NRAU não estabelece qualquer disposição especial que permita responder a esta questão, razão pela qual deveremos partir do disposto no n.º 1 que, ao submeter tais contratos ao NRAU, permite, na ausência de especificidade em sentido contrário, a aplicação do regime geral constante dos artigos 1097.º e 1098.º do Código Civil, consoante a denúncia ao contrato de arrendamento seja da iniciativa do senhorio ou do arrendatário.

No respeitante à aplicação da lei no tempo, a lei aplicável à denúncia de tal contrato será a lei que se encontrar em vigor ao tempo em que a mesma é operada, o que nos permite afastar a aplicação das normas constantes do RAU, porquanto e pese embora o contrato a denunciar haja

[100] O legislador, ao referir-se à *denúncia* no n.º 3 do artigo 26.º NRAU relativamente aos contratos de duração limitada, afirmando que os mesmos se renovam automaticamente no fim do prazo pelo qual foram celebrados, pretende, outrossim, referir-se à realidade atualmente conhecida por *oposição à renovação* referente aos contratos celebrados com prazo certo, não sendo o termo "*denúncia*" neste sentido, confundível com a denúncia relativa aos contratos de duração indeterminada.

sido celebrado na vigência desse diploma, a denúncia é operada após a entrada em vigor do NRAU, sendo, portanto, este último, o aplicável no âmbito da respetiva cessação contratual[101].

II) CONTRATOS DE ARRENDAMENTO SEM DURAÇÃO LIMITADA

Os contratos sem duração limitada, também conhecidos por contratos de arrendamento *vinculísticos* encontram, em sede de especificidades próprias, aquelas que constam do n.º 4 do artigo 26.º NRAU, sendo que, como veremos, neste tipo de contratos ao invés do que sucede nos contratos de duração limitada, a liberdade desvinculativa do senhorio, fortemente condicionada em sede do regime vigente no RAU, mantém, praticamente inalterados, na pendência do NRAU, alguns sinais do vinculísmo caraterístico de tais contratos. Vejamos.

Resulta desde logo da alínea a) do n.º 4 do artigo 26.º, que, relativamente a estes contratos, continua a aplicar-se a alínea a) do n.º 1 do artigo 107.º que obsta à aplicação do disposto na alínea a) do n.º 1 do artigo 69.º, ambos do Regime do Arrendamento Urbano, remetendo a lei atualmente para um diploma quase na sua totalidade revogado, no sentido de limitar o direito de denúncia do senhorio, o qual não poderá ser exercido com fundamento na necessidade do locado para habitação própria ou dos seus descendentes em 1.º grau se, ao momento em que deva produzir efeitos, o arrendatário tiver completado idade igual ou superior a sessenta e cinco anos de idade ou, independentemente da idade, se encontre na situação de reforma por invalidez absoluta, ou, não beneficiando de pensão de invalidez, sofra de incapacidade total para o trabalho.

Cumpre assim notar que, conforme bem refere o texto da norma, o momento para averiguar a idade do arrendatário, relevante no âmbito do exercício do direito de denúncia prende-se com aquele em que a mesma venha a produzir os respetivos efeitos, isto é, a cessação efetiva do con-

[101] **JURISPRUDÊNCIA (02/06/2016):**
AC. TRL. PROCESSO N.º 4274/15.4YLPRT.L1-8 (RELATOR ILÍDIO SACARRÃO MARTINS):
"– Sendo a denúncia do contrato feita pelo senhorio em 25-10-2010, a mesma há-de reger-se pela lei vigente ao tempo da denúncia.
– E sendo a denúncia válida face à lei em vigor ao tempo em que foi realizada, devem ficar ressalvados os efeitos já produzidos pela mesma ainda que sobrevenha nova lei que revogue ou altere a primeira, como aconteceu no caso em apreciação."

trato de arrendamento com a desocupação do locado e não aquando da respetiva comunicação da mesma pelo senhorio ao arrendatário, o que significará dizer que, caso a cessação do contrato de arrendamento tenha lugar antes da conclusão efetiva de sessenta e cinco anos de idade do arrendatário e não sendo de aplicar qualquer uma das limitações referentes à situação de reforma por invalidez absoluta ou por incapacidade total para o trabalho, a limitação constante da alínea a) do n.º 1 do artigo 107.º RAU *ex vi* da alínea a) do n.º 4 do artigo 26.º NRAU, será, como tal, inoponível ao senhorio uma vez que a denúncia será válida.

Este limite, constante da alínea a) do n.º 1 do artigo 107.º, conhece ainda a restrição constante do n.º 5 do artigo 26.º, não sendo, como tal, de aplicação temporalmente indefinida, na medida em que, verificando-se a transmissão por morte do arrendatário primitivo da posição contratual que a este pertencia, para um filho ou enteado, desde que a transmissão haja ocorrido posteriormente à entrada em vigor da Lei n.º 6/2006, deixará de ser aplicável tal limitação, o que, em termos práticos, se traduz na abolição de limites à possibilidade de o senhorio poder, num contrato sem duração limitada, efetuar a respetiva denúncia, nos termos gerais constantes dos artigos 1099.º e seguintes, aplicáveis aos contratos de duração indeterminada.

Neste sentido, regendo-se os contratos sem duração limitada, pelas normas aplicáveis aos contratos de duração indeterminada, estando perante um contrato antigo a que não sejam oponíveis os limites referidos, a comunicação da denúncia ao arrendatário, face à data de produção de efeitos da mesma, deverá observar, além da forma escrita prevista no n.º 1 do artigo 9.º NRAU, os prazos de antecedência mínima previstos nos artigos 1101.º a 1103.º do Código Civil.

Assim sendo, o prazo a observar pelo senhorio variará em função do fundamento com base no qual a denúncia é exercida, podendo ser um dos enunciados no artigo 1101.º, partindo, à exceção do último, da mesma linha de fundamentos exercíveis em sede do RAU, no revogado artigo 69.º:

a) Necessidade de habitação pelo próprio senhorio ou pelos seus descendentes em 1.º grau;
b) Demolição ou realização de obra de remodelação ou restauro profundos que obriguem à desocupação do locado;

c) Mediante comunicação ao arrendatário, sem necessidade de justificação para o efeito;

O primeiro e segundo casos, constituindo situações de denúncia justificada, deverão ser comunicados ao arrendatário, com antecedência mínima de seis meses face à data pretendida de desocupação do locado, nos termos do n.º 1 do artigo 1103.º.

A denúncia realizada independentemente de qualquer justificação, por sua vez, deverá ser operada com antecedência não inferior a cinco anos face à data pretendida para a cessação do contrato, como resulta da alínea c) do artigo 1101.º, devendo ser posteriormente confirmada a denúncia nos termos do artigo 1104.º, sendo que no respeitante a este terceiro fundamento, atendendo à limitação prevista na alínea c) do n.º 4 do artigo 26.º, apenas poderá ser invocado pelo senhorio no respeitante a contratos habitacionais celebrados após a entrada em vigor do RAU, desde que o arrendatário tenha idade inferior a sessenta e cinco anos e, de igual forma não apresente deficiência com grau comprovado de incapacidade igual ou superior a 60%.

Curiosamente, o legislador ao referir-se à antecedência a observar no primeiro e segundo fundamentos, tem por referência a data de desocupação do locado, ao invés do que sucede no último fundamento onde a data de referência será a data de cessação do contrato, o que não deixa de suscitar a questão relativamente à existência ou não de coincidência entre ambos os momentos ou se, alternativamente, no que respeita ao último dos referidos fundamentos, foi propositada a intenção do legislador em conferir prazo acrescido para a desocupação.

Resulta do artigo 1081.º, no âmbito das normas gerais referentes à cessação do contrato de arrendamento urbano, que a cessação torna imediatamente exigível a desocupação do locado e sua entrega, pese embora e apesar da aparente coincidência de momentos, o próprio legislador, difira a respetiva desocupação e entrega do locado, no artigo 1087.º referente à resolução, pelo prazo de um mês relativamente à data em que a mesma produz efeitos, por comunicação à contraparte, nos termos do n.º 7 do artigo 9.º NRAU, ou por sentença judicial que declare resolvido o contrato de arrendamento.

De igual forma, não se verifica a simultaneidade entre a cessação do contrato e restituição do locado no âmbito da caducidade do contrato de arrendamento com base num dos fundamentos constantes do artigo 1051.º, sendo que, como resulta do artigo 1053.º, a desocupação do locado apenas poderá ser exigida seis meses após a verificação do facto que determina a caducidade.

A questão que agora debatemos, obteria solução expressa aquando da vigência do Regime do Arrendamento Urbano, no artigo 70.º do revogado diploma, em que sendo a denúncia por parte do senhorio, operada pela via judicial, a desocupação coerciva do locado apenas poderia ocorrer três meses após a decisão definitiva que declarasse a cessação definitiva do contrato de arrendamento. Ora, semelhante previsão não foi acolhida no NRAU no que respeita à figura da denúncia de contratos de duração indeterminada.

De facto, apesar de tal questão não se colocar a propósito dos casos de denúncia justificada por parte do senhorio, porquanto a antecedência mínima a atender refere-se à data da desocupação e não já à data da cessação do contrato, o mesmo não se diga relativamente à denúncia independentemente de qualquer justificação em que apenas é referida a data de cessação e não já a data da desocupação.

Sendo certo que ao abrigo da liberdade contratual, gozam as partes da possibilidade de livremente estabelecerem um prazo dentro do qual o arrendatário deverá proceder à desocupação do imóvel, de pessoas e bens, a questão assume relevância perante a ausência de acordo, dado que num contrato de arrendamento em que o senhorio exerça a possibilidade de denunciar o contrato sem que para o efeito exista qualquer justificação, não é tarefa complexa configurar a possibilidade de inexistência de acordo quanto à respetiva data de entrega do imóvel ao senhorio.

Simplificando a questão, tem sido entendido pela principal doutrina[102] que o legislador ao referir-se ao período de cinco anos de antecedência mínima face à data pretendida para a cessação do contrato, se refere efetivamente à data de desocupação do locado, sendo certo que ao operar a respetiva denúncia com uma antecedência considerável, terá o arrendatário tempo suficiente para organizar a sua vida, designadamente procurando outra habitação alternativa, não carecendo, como tal, de um

[102] MARIA OLINDA GARCIA, *Arrendamento Urbano Anotado...*, p. 63;

qualquer período de tempo suplementar acrescido ao já referido, para desocupar o imóvel.

Sem prejuízo do que dissemos *supra* relativamente à possibilidade de estipulação de prazo adicional para a desocupação do imóvel, perfilhamos da mesma tese, entendendo, como tal, que, ao referir-se, na alínea c) do artigo 1101.º, à data da cessação do contrato, o legislador pretende, de igual forma e à semelhança do que sucede com os fundamentos constantes das alíneas a) e b) *ex vi* do n.º 1 do artigo 1103.º, referir-se à data da efetiva desocupação do locado.

Por sua vez e em conformidade com o disposto na alínea b) do n.º 4 do artigo 26.º, estando em causa a denúncia por parte do senhorio, com base num dos fundamentos constantes das alíneas a) e b) do artigo 1101.º, isto é, a denúncia para habitação própria do senhorio ou seus descendentes em 1.º grau ou a denúncia para demolição ou realização de obras de remodelação/restauro profundo que impliquem a desocupação do locado, o regime transitório dos contratos de que tratamos, afasta-se do regime geral aplicável em sede de determinação do valor da renda para efeito do cálculo de indemnizações derivadas do exercício de tal denúncia, previstas no n.º 1 do artigo 1102.º e alínea a) do n.º 6 e n.º 9 do artigo 1103.º, seguindo os critérios constantes das alíneas a) e b) do n.º 2 do artigo 35.º NRAU.

Assim sendo e pese embora respeitando o artigo 35.º, aos contratos habitacionais e não habitacionais de arrendamento urbano celebrados anteriormente à vigência do RAU e ao Decreto n.º 257/95, respetivamente, e dentro destes, às situações em que o arrendatário apresente um Rendimento Anual Bruto Corrigido (RABC) inferior a cinco Retribuições Mínimas Nacionais Anuais (RMNA), a remissão proveniente da alínea b) do n.º 4 do artigo 26.º para as alíneas a) e b) do n.º 2 deste artigo 35.º, pretende demarcar da norma, apenas os seguintes critérios, tendentes à determinação do valor das rendas para o cálculo das referidas indemnizações a pagar pelo senhorio ao arrendatário:

a) O valor da renda tem por limite máximo o correspondente a 1/15 do valor do locado;
b) O valor do locado corresponde ao valor da avaliação realizada nos termos dos artigos 38.º e seguintes do CIMI;

A observância dos critérios referidos tem por desiderato, naturalmente, assegurar ao arrendatário que a indemnização a pagar pelo senhorio resida em critérios imparciais definidos pelo legislador, sem os quais, a indemnização seria calculada tendo por base apenas o valor real da renda aplicável na pendência do contrato antigo, o que significa dizer que, em diversos casos, o valor indemnizatório poderia ser crassamente inferior àquele que resultaria da aplicação das regras referidas, garantindo ainda, por outro lado, que o cálculo da indemnização a suportar pelo senhorio, não residindo em critérios puramente arbitrários e sendo proporcional ao valor patrimonial do imóvel arrendado, não veda ao senhorio a possibilidade de operar a respetiva denúncia justificada do contrato de arrendamento celebrado anteriormente à vigência da Lei n.º 6/2006.

Assim sendo, o valor da indemnização a pagar pelo senhorio em caso de denúncia para habitação própria ou dos respetivos descendentes em primeiro grau será correspondente a um ano de renda, ao invés do que sucede quando o fundamento para a denúncia do contrato seja a demolição ou realização de obras de reparação ou restauro profundo do imóvel arrendado que impliquem a desocupação do imóvel, caso em que o valor indemnizatório corresponderá a dois anos de renda.

Quanto a este último fundamento importa notar que o incumprimento por parte do senhorio, apenas a ele imputável, da obrigação de iniciar a obra de demolição, restauro ou remodelação profundos, cuja necessidade invocou aquando da comunicação da denúncia, no prazo de seis meses após a respetiva desocupação do locado, determina, por sua vez, o pagamento de indemnização correspondente a dez anos de renda, cujo valor será, de igual forma, apurado em conformidade com o disposto das alíneas a) e b) do n.º 2 do artigo 36.º NRAU.

No que respeita ao fundamento constante da alínea c) do artigo 1110.º, isto é, a possibilidade de denúncia do contrato de arrendamento antigo pelo senhorio, independentemente de qualquer justificação, à semelhança do que sucede no regime geral e não estabelecendo o artigo 26.º qualquer regra específica a observar relativamente à indemnização a arbitrar ao arrendatário, não haverá lugar, salvo convenção expressa das partes em sentido contrário, ao pagamento de qualquer quantia indemnizatória por parte do senhorio ao arrendatário quando aquele pretenda operar a denúncia do contrato celebrado na pendência do RAU.

Por sua vez, sendo a denúncia do contrato operada pelo arrendatário, a par da formalidade exigida na comunicação à contraparte, constante do n.º 1 do artigo 9.º NRAU, deverão ainda ser observados os prazos de pré-aviso constantes do artigo 1100.º, sendo que, ao arrendatário não é exigida qualquer justificação para a denúncia do contrato[103].

Como veremos melhor em sede própria, os períodos temporais de pré-aviso, legalmente definidos, a observar pelas partes aquando da denúncia do contrato de arrendamento, tratando-se de prazos mínimos, podem ser livremente aumentados pelas partes, designadamente através da inclusão de cláusula contratual estabelecendo prazo superior, não podendo, porém, ser convencionado prazo menor que aquele que resulta já da lei, atenta a imperatividade das normas em apreço, nos termos do artigo 1080.º.

B. Contratos não-habitacionais

Visto o regime aplicável aos contratos habitacionais celebrados posteriormente à entrada em vigor do RAU, mas anteriormente ao NRAU, importa agora analisar o regime aplicável aos contratos não-habitacionais celebrados antes da entrada em vigor do NRAU mas posteriormente ao Decreto-Lei n.º 257/95, de 30 de setembro.

O primeiro aspeto a ressalvar desde logo, prende-se com o facto de que o referido Decreto-Lei n.º 257/95, ao invés do que possa sugerir a epígrafe do Capítulo I do NRAU onde se insere o artigo 26.º, não se trata de um diploma que estabelece a disciplina autónoma aplicável aos contratos não-habitacionais, vindo antes, outrossim, introduzir alterações de relevo aos contratos não-habitacionais, regulados à data, tal como sucede com os contratos habitacionais, no Regime do Arrendamento Urbano.

Assim sendo, a razão pela qual existe a necessidade de organizar e separar os contratos habitacionais dos não-habitacionais em momentos temporalmente distintos da vigência de um mesmo diploma, o RAU, para assim se determinar o regime transitório que lhes é aplicável, reside na

[103] Para maiores desenvolvimentos relativamente à denúncia do contrato de arrendamento por parte do senhorio ou do arrendatário, remetemos para o capítulo respeitante à cessação do contrato de arrendamento na modalidade de denúncia do contrato.

distinção entre a imposição de celebração de contratos de arrendamento sem duração limitada ou *vinculísticos* e da faculdade de, alternativamente a estes, ser possível a celebração de contratos de duração limitada[104].

Desta forma, se nos contratos de arrendamento habitacional, a possibilidade de celebrar, alternativamente, contratos de duração limitada ou sem duração limitada coincidiu com a imediata entrada em vigor do RAU, isto é, da redação originária do Decreto-Lei n.º 321-B/90, já nos contratos de arrendamento para fins não-habitacionais, a impossibilidade de celebrar contratos de duração limitada manteve-se mesmo com a vigência inicial do RAU, sendo que apenas aproximadamente cinco anos depois desse momento e na sequência das alterações introduzidas pelo Decreto-Lei n.º 257/95, de 30 de setembro, que procede à revisão do regime do arrendamento urbano para o exercício de comércio, indústria profissões liberais e outros fins lícitos não habitacionais, passou a ser possível a celebração de contratos de arrendamento não-habitacionais de duração limitada.

Realizada tal ressalva, importa notar que à semelhança dos contratos de arrendamento habitacionais, também o regime transitório constante dos n.ºs 1 a 4 e 7 do artigo 26.º NRAU e das disposições para as quais este remete, é aplicável aos contratos de arrendamento urbano não-habitacionais celebrados após a vigência do Decreto-Lei n.º 257/95, de 30 de setembro e anteriormente à entrada em vigor da Lei n.º 6/2006, ou seja, a todos os contratos que hajam sido celebrados após o dia 5 de outubro de 1995 e antes do dia 28 de junho de 2006.

Quanto a tais contratos, estabelece a lei, no n.º 1 do artigo 26.º, que os mesmos passam a estar automaticamente submetidos ao NRAU, com a observância das especificidades previstas no referido artigo 26.º NRAU, sem necessidade de celebração de qualquer aditamento ao contrato primitivo ou de, por acordo, serem previstos determinados aspetos específicos a vigorar quanto ao mesmo a fim de operar a respetiva transição do mesmo para o NRAU.

As especificidades previstas para os contratos de arrendamento não-habitacionais prendem-se assim com a transmissão por morte do contrato, bem como a respetiva duração do contrato supletivamente apli-

[104] Fernando Gravato Morais, *Novo Regime de Arrendamento Comercial...*, pp. 22ss.

cável, consoante o contrato antigo haja sido celebrado com duração limitada ou sem duração limitada, em observância do disposto no n.º 3 e 4 do artigo 26.º, sendo que nos restantes aspetos excluídos da necessidade de previsão de disposições específicas, são aplicáveis as disposições gerais constantes do Novo Regime de Arrendamento Urbano.

1) REGRAS ESPECÍFICAS EM SEDE DE TRANSMISSÃO POR MORTE DO CONTRATO DE ARRENDAMENTO

Conforme referido, a previsão de disposição específica aplicável em sede de transmissão por morte para os contratos de arrendamento não-habitacionais celebrados posteriormente à entrada em vigor do Decreto-Lei n.º 257/95, determina necessariamente o afastamento da aplicação da regra geral constante do artigo 1113.º CC, aplicando-se, outrossim, o disposto no artigo 58.º NRAU.

Da análise dos preceitos referidos, resulta desde logo patente a dicotomia existente entre ambos, porquanto a regra geral resultante do artigo 1113.º consiste, após a morte do primitivo arrendatário, na continuidade do relação arrendatícia na pessoa dos respetivos sucessores, salvo se a isso estes se opuserem de forma expressa, isto é, renunciando formalmente à transmissão da posição contratual, sendo que tal renúncia, além de devidamente comprovada, deverá ser realizada no prazo máximo de 3 meses.

Diversamente e no respeitante aos contratos antigos de que tratamos, a regra aplicável será a da caducidade do contrato de arrendamento em virtude da morte do arrendatário primitivo, logrando o legislador não perpetuar tais contratos ainda que existam sucessores que mantivessem interesse em ingressar na posição contratual que era a do primitivo arrendatário[105].

[105] Diversamente, em sede do revogado RAU, a regra aplicável aos contratos de arrendamento habitacional por morte do arrendatário, nos termos do n.º 1 do artigo 112.º, seria a da transmissibilidade da posição do arrendatário aos respetivos sucessores, apenas caducando caso estes, através de comunicação ao senhorio, renunciassem expressamente à transmissão, no prazo de 30 dias a contar da data de falecimento do arrendatário.

Existe, no entanto, uma exceção à regra prevista no n.º 1 do artigo 58.º, sendo que o contrato de arrendamento ao invés de caducar, transmitir-se-á ao sucessor que exerça no locado profissão liberal ou explore estabelecimento comercial, em comum com o primitivo arrendatário há mais de três anos.

A norma em apreço levanta, desde logo, dificuldades interpretativas relativamente a diversos aspetos, designadamente, quanto às noções de primitivo arrendatário, sucessor e exploração em comum de estabelecimento comercial ou de exercício de atividade liberal, bem como, no respeitante ao âmbito da transmissibilidade da posição do arrendatário, importando apurar, no que tange a este último aspeto, se tal norma se refere indistintamente a todo e qualquer arrendamento não-habitacional ou se apenas às categorias elencadas na norma, deixando de ter repercussão direta nas demais existentes à data de celebração do contrato antigo.

Iniciando pela noção de primitivo arrendatário, debate a doutrina se a norma pretende referir-se efetivamente ao arrendatário que celebrou primeiramente o contrato de arrendamento com o senhorio, ou se, tal designação pretende, de igual forma, abranger o arrendatário que haja ingressado na posição do primeiro titular passivo do contrato de arrendamento.

O primeiro entendimento, reconhecendo como "*arrendatário primitivo*" apenas e somente aquele que celebrou o contrato de arrendamento e não aquele ou aqueles que lhe tenham sucedido, determina, como tal, a impossibilidade da aplicação deste regime transitório a todas as situações em que, tendo já ocorrido a transmissão da posição contratual do arrendatário, deixa de subsistir o cariz necessariamente temporário subjacente à primeira transmissão sendo que uma transmissão subsequente a esta estaria abrangida, não já pelo artigo 58.º NRAU, mas antes pelo atual artigo 1113.º do Código Civil.

Alternativamente, um outro entendimento radica mais na teleologia da norma do que na sua interpretação literal, sendo que apesar de a norma se referir expressamente ao "*primitivo*" arrendatário, não deverá deixar de ser protegido aquele que ingressa na posição do arrendatário que sucede ao primitivo arrendatário, sendo injustificada a impossibilidade de este último, reunindo os requisitos a que se refere a parte final do n.º 1 do artigo 58.º, deixasse de poder ingressar na posição do arrendatário que não fosse já o primitivo.

Este último entendimento, defendido por Maria Olinda Garcia[106], respeitando a ótica de proteção e salvaguarda dos interesses daquele que, sucedendo ao arrendatário, mesmo que não seja o arrendatário primitivo, exerça no locado uma profissão liberal ou explore estabelecimento comercial há mais de três anos, desvirtua, no entanto, a índole transitória da respetiva norma, prolongando indefinidamente uma situação que se pretende temporária, especialmente nos contratos sem duração limitada.

Perfilhar do primeiro entendimento, por sua vez, pressupõe que, após a primeira transmissão do primitivo arrendatário para o sucessor, o contrato de arrendamento antigo naturalmente caduque com a morte deste último, ainda que por hipótese exista sucessor que no locado explorasse há mais de três anos, em comum com este, estabelecimento a funcionar no locado ou nele exercesse por igual período de tempo, determinada profissão liberal.

Face ao exposto, entendemos, pois, que a solução que melhor permite salvaguardar os interesses em jogo, prende-se com a aplicabilidade do regime geral contido no artigo 1113.º, após a morte daquele que haja ingressado na posição do arrendatário primitivo, sendo a transmissibilidade automática, a partir desse momento, a regra aplicável em sede de transmissão por morte, salvo se existir renúncia expressa do respetivo sucessor.

Por sua vez, o conceito de sucessor é igualmente controverso, embora a propensão maioritária a nível doutrinário seja a de reconduzir à figura do sucessor, o conceito de herdeiro do arrendatário, independentemente de este ser herdeiro legítimo, legitimário ou, bem ainda, testamentário[107]. A par dessa qualidade, deverá ainda, pelo menos há mais de três anos, tendo por referência a data da morte do arrendatário primitivo, exercer profissão liberal ou explorar estabelecimento comercial, no locado, conjuntamente com aquele.

No que concerne ao âmbito de transmissibilidade da posição do arrendatário, importa notar que anteriormente à alteração introduzida pela Lei n.º 79/2014, de 19 de dezembro, o artigo 58.º, suscitava fundadas dúvidas

[106] Maria Olinda Garcia, *Arrendamento Urbano...*, p. 175

[107] Pinto Furtado, *Manual do Arrendamento Urbano, II*, p. 648 e Gravo Morais, *Novo regime ao arrendamento comercial*, p. 92;

quanto à questão de saber se, atendendo à respetiva epígrafe, seria possível aplicar o disposto neste artigo, de forma indistinta, a todo e qualquer arrendamento não-habitacional ou se, analisando o respetivo teor literal, segundo o qual apenas se visaria "*o sucessor que, há mais de três anos, explore, em comum com o arrendatário primitivo, estabelecimento a funcionar no local*", ficariam de fora todos aqueles que, pese embora constituindo contratos para fins não-habitacionais, se integrassem noutra categoria não reconduzível à exploração de estabelecimento comercial, designadamente nos contratos não-habitacionais para o exercício de uma profissão liberal.

Se tal questão se colocava aquando da redação inicial do NRAU, com a aprovação da Lei n.º 6/2006, a mesma permaneceu sem resposta expressa com a alteração introduzida neste diploma pela Lei n.º 31/2012, dado que o preceito em apreço manteve a redação que já apresentava, dando azo a sucessivos debates na doutrina face ao silêncio legislativo sobre tal questão, propendendo fortemente, a grande maioria dos autores que sobre este aspeto se pronunciaram, no sentido da inclusão das profissões liberais nos contratos não-habitacionais a que se refere a parte inicial do n.º 1 do artigo 58.º[108].

A questão viria a ser resolvida com a alteração introduzida pela Lei n.º 79/2014, que assim esclarece, de forma inequívoca, que o exercício de profissão liberal como atividade desenvolvida no locado, se encontra igualmente abrangido pela proteção conferida pela norma no sentido de obstar à caducidade do contrato antigo, privilegiando, assim, a continuidade do exercício de tal profissão liberal ou, alternativamente, da exploração do estabelecimento comercial nele instalado[109].

Neste sentido, verificando-se tal situação e atenta a caducidade automática do contrato com a morte do arrendatário, deverá o sucessor que pretenda fazer uso da possibilidade legalmente prevista, comunicar ao senhorio a sua intenção de, com a transmissão da posição contratual, continuar a exploração do estabelecimento comercial ou o exercício da profissão liberal no locado, sendo que tal comunicação deverá ser realizada,

[108] Francisco de Castro Fraga, *Leis do Arrendamento Urbano Anotadas...*, p. 534; Luís Menezes Leitão, *Arrendamento Urbano*, p. 191.

[109] Maria Olinda Garcia, *Arrendamento Urbano Anotado*, p. 174.

imperativamente, dentro de um prazo máximo de três meses, sob pena de o contrato de arrendamento não-habitacional caducar[110].

2) REGRAS APLICÁVEIS À DURAÇÃO DOS CONTRATOS ANTIGOS

I) CONTRATOS DE ARRENDAMENTO DE DURAÇÃO LIMITADA

Encontrando-se sujeitos ao NRAU, com as especificidades previstas no regime transitório estabelecido no artigo 26.º aplicável aos contratos de arrendamento não-habitacionais, a duração de tais contratos deverá reger-se pelo disposto no n.º 3 do artigo 26.º que assim estabelece que, não havendo denúncia por qualquer uma das partes, a regra aplicável será a de que tais contratos se renovam, findo o prazo pelo qual foram celebrados, pelo período de três anos, salvo se as partes tiverem convencionado prazo superior para a respetiva renovação.

Assim sendo, se é certo que à luz do RAU com as alterações que lhe foram conferidas pelo Decreto-Lei n.º 257/95, os contratos de arrendamento não-habitacionais, à época subdivididos em arrendamentos para comércio ou indústria, arrendamentos para o exercício de profissões liberais e arrendamentos para outros fins não-habitacionais, não podiam ser celebrados por período inferior a cinco anos de duração mínima efetiva, ao abrigo do disposto no n.º 1 e 2 do artigo 117.º *ex vi* do n.º 2 do artigo 98.º, todos do RAU, não menos certo é que, na pendência do NRAU, na

[110] **JURISPRUDÊNCIA (07/07/2011):**
AC. TRG. PROCESSO N.º 772/10.4TBBRG.G1 (MARIA DA CONCEIÇÃO SAAVEDRA):
"I – Estando em causa um contrato de arrendamento para fins não habitacionais, respeitante a um armazém, celebrado em data não concretamente apurada mas anterior à entrada em vigor do NRAU, tendo o óbito da arrendatária ocorrido já no domínio do novo regime, é de aplicar, no que se refere à transmissão por morte desse arrendamento, o disposto no art. 58 do mesmo NRAU que estabelece um regime transitório para tais situações;
II – Não se provando que os RR., sucessores da arrendatária falecida, tivessem direito à transmissão do arrendamento nos termos do aludido art. 58 do NRAU, é de considerar inevitavelmente caducado tal arrendamento;
III – Não se provando, ainda assim, que a ocupação do dito armazém pelos RR. tenha impedido a realização das obras urgentes e necessárias no imóvel, que daí tivesse resultado degradação e desvalorização do mesmo no seu todo, que os AA. estivessem impedidos de retirar de todo o prédio as respectivas utilidades, ou qualquer outra afectação patrimonial sofrida pelos AA. em resultado da não restituição daquele espaço pelos RR., devem estes ser absolvidos do correspondente pedido indemnizatório formulado."

versão inicial da Lei n.º 6/2006, a primeira renovação do contrato não-habitacional seria realizada pelo período de cinco anos[111].

Tal prazo supletivo viria a ser reduzido com a alteração introduzida pela Lei n.º 31/2012, para dois anos na ausência de estipulação de período superior pelas partes, passando, por sua vez, conforme referido, para três anos, na pendência da Lei n.º 79/2014, permanecendo inalterado desde então.

Atenta a diversidade de prazos de duração das várias e sucessivas renovações aplicáveis aos contratos de arrendamento não-habitacional e assumindo que as partes não estipularam prazos diferentes dos supletivamente previstos, pode ser relevante para qualquer uma das partes apurar da duração efetiva do respetivo contrato em curso, designadamente para efeitos da impropriamente designada denúncia do contrato, importando, de igual forma apurar quais os períodos de pré-aviso aplicáveis aquando da oposição à renovação do mesmo, consoante esta seja operada pelo senhorio ou pelo arrendatário.

Iniciando pela duração efetiva de um contrato não-habitacional celebrado, hipoteticamente, em dezembro de 1995, pelo prazo supletivo de cinco anos, este renovar-se-á, novamente, em 2000, 2005 e 2010, sendo que neste último caso, já na vigência da Lei n.º 6/2006, *ex vi* da 2.ª parte do n.º 2 do artigo 12.º do Código Civil, que determina a aplicação da lei às relações jurídicas que subsistam após a sua entrada em vigor, ainda que constituídas anteriormente, deverá ser aplicada a regra de que a primeira renovação será realizada pelo período de cinco anos, renovando-se, novamente em 2015, data em que se encontram em vigor as alterações produzidas pela Lei n.º 79/2014 ao NRAU, sendo que neste caso, o contrato

[111] **JURISPRUDÊNCIA (26/11/2013):**

AC. TRG. PROCESSO N.º 4/12.0TBGVA-A.C1 (MOREIRA DO CARMO):

"1. Se na vigência do RAU, as partes celebraram um contrato de arrendamento de duração limitada para o exercício de uma determinada indústria, é nula a cláusula que prevê a duração efetiva de 1 ano, uma vez que, por norma imperativa, não era permitido estipular um prazo inferior a 5 anos.

2. À luz da regra definida pelo art. 292.º do CC, não tendo sequer sido alegado que o contrato não teria sido celebrado "sem a parte viciada", a nulidade de tal cláusula não implica a nulidade do contrato.

3. Assente que as partes celebraram um contrato de duração limitada, deve entender-se que vale o prazo mínimo previsto na lei, de 5 anos.

4. Vigorando o dito contrato quando entrou em vigor o NRAU (aprovado pela Lei 6/2006, de 27.2), é-lhe aplicável o regime de oposição à renovação que nele se prevê."

deverá renovar-se por três anos, na ausência de estipulação em contrário, renovando-se, portanto, em 2018 e assim sucessivamente.

Tratando-se de contratos equiparados, em termos de regime, aos contratos com prazo certo e atenta a inexistência de disposições específicas em sede de pré-aviso a observar para a comunicação da denúncia do contrato à contraparte, deverão ser aplicados os prazos constantes dos artigos 1097.º e 1098.º, relativos à oposição à renovação de contratos habitacionais com prazo certo, consoante a denúncia do contrato antigo resulte da iniciativa do senhorio ou do arrendatário, respetivamente, nos termos do n.º 1 do artigo 26.º e n.º 1 do artigo 1110.º.

Conforme referimos a propósito dos contratos habitacionais de duração limitada, também em sede dos contratos de arrendamento não-habitacionais, celebrados após a entrada em vigor do Decreto-Lei n.º 257/95, a lei aplicável para efeitos de cessação do contrato de arrendamento, designadamente por denúncia, será a que se encontrar em vigor ao tempo em que tal denúncia produzir o efeito extintivo do contrato de arrendamento, porquanto e como resulta da parte final do n.º 2 do artigo 12.º do Código Civil, a lei em vigor abrange não apenas as relações constituídas na sua vigência mas também aqueloutras que já se encontrarem constituídas, desde que subsistentes à data da sua entrada em vigor.

II) CONTRATOS DE ARRENDAMENTO SEM DURAÇÃO LIMITADA

Atentando agora nos contratos vinculísticos celebrados para fins não-habitacionais, importa desde logo notar que, na redação atual do n.º 4 do artigo 26.º, onde se encontra plasmado o conjunto de especificidades a observar relativamente aos contratos de arrendamento não-habitacionais anteriores ao NRAU mas posteriores ao Decreto-Lei n.º 257/95, não se verifica, face ao já analisado em sede dos contratos habitacionais sem duração limitada, um afastamento substancial em termos de regime transitório consoante a finalidade do contrato.

Por outras palavras, o que vimos ser aplicável aos contratos de arrendamento urbano habitacionais sem duração limitada celebrados posteriormente à vigência do RAU, obtém total acolhimento no que respeita aos contratos não-habitacionais, com exceção do disposto no n.º 5 do artigo 26.º, exclusivamente aplicável a contratos habitacionais, inexistindo disposição semelhante no respeitante aos contratos para comércio ou indústria, exercício de profissão liberal ou outros fins não-habitacionais.

Não obstante, nem sempre assim ocorreu porquanto, na redação inicial da Lei n.º 6/2006, o artigo 26.º estabelecia no n.º 6, entretanto revogado pela Lei n.º 31/2012, que, perante a verificação de uma das duas situações aí elencadas, passaria a ser possível ao senhorio denunciar o contrato de arrendamento, independentemente de justificação, bastando para tal que fosse observada a antecedência a que se refere a alínea c) do artigo 1101.º. Fora de tais situações expressamente previstas, estaria o senhorio impossibilitado de denunciar livremente o contrato de arrendamento.

Assim sendo, entre 28 de junho de 2006 e 12 de novembro de 2012, respetivamente a entrada em vigor da Lei n.º 6/2006, que aprova o NRAU e da Lei n.º 31/2012, que o altera, verificando-se o trespasse ou locação do estabelecimento instalado no imóvel arrendado ou, alternativamente, sendo o arrendatário uma sociedade comercial, a transmissão *inter* vivos de posições sociais, daí resultando a alteração de titularidade em mais de 50%, passaria a ser possível ao senhorio denunciar livremente o contrato de arrendamento urbano, com antecedência não inferior a cinco anos[112] face à data pretendida para a produção de efeitos da mesma.

Com a alteração introduzida pela Lei n.º 31/2012, ao alterar a alínea c) do n.º 4 e revogar o n.º 6 do artigo 26.º, deixa de ser vedada ao senhorio a possibilidade de denunciar, independentemente de qualquer fundamento, o contrato de arrendamento vinculistico não-habitacional, desde que o arrendatário, à data da comunicação do senhorio onde manifeste intenção de denunciar o contrato, não tenha idade igual ou superior a 65 anos ou deficiência de grau comprovado de incapacidade igual ou superior a 60%.

Defende Maria Olinda Garcia[113] que, neste domínio, a idade relevante do arrendatário para efeito do disposto na referida alínea c) é a da data em que a comunicação é efetuada e não a data em que a denúncia produz

[112] Com a alteração introduzida pela Lei n.º 31/2012, de 14 de agosto à alínea c) do artigo 1101.º, a antecedência mínima prevista para a comunicação do senhorio contendo a denúncia imotivada do contrato de arrendamento, passa de cinco para dois anos face à data em que o mesmo pretenda a cessação do contrato, sendo novamente alterada com a Lei n.º 13/2019, que determina o retorno à redação inicial do preceito ao estabelecer a observância de um prazo de pré-aviso de cinco anos face à data pretendida da cessação do contrato.

[113] Maria Olinda Garcia, *Arrendamento Urbano Anotado...*, p. 130.

efeitos, sendo, nas palavras da autora, *"irrelevante se à data em que o efeito extintivo se produz o arrendatário já tem mais de 65 anos"*.

Segundo o entendimento da autora e em termos práticos, se à data da comunicação para denúncia livre por parte do senhorio, o arrendatário tiver 60 anos de idade, a cessação do contrato apenas opera, em observância da antecedência mínima prevista de cinco anos, quando o mesmo tiver já completados 65 anos, sendo a denúncia do senhorio, por conseguinte, válida, uma vez que, ao momento em que a comunicação foi realizada, o arrendatário não tinha ainda 65 anos de idade.

Diversamente, seguindo o mesmo entendimento, caso o arrendatário tenha já idade igual ou superior a 65 anos de idade e o senhorio pretenda denunciar o contrato independentemente de qualquer fundamento, tal denúncia será inoponível ao arrendatário, carecendo de quaisquer efeitos, dado que tais contratos continuam protegidos pelo legislador.

Não obstante e na mesma linha do que defendemos a propósito do disposto no respeitante à alínea a) do n.º 4 do artigo 26.º, segundo a qual, por remissão da alínea a) do n.º 1 do artigo 107.º RAU, a denúncia deixa de ser exercível se, ao momento em que a mesma deva produzir efeitos, o arrendatário tiver já idade igual ou superior a sessenta e cinco anos de idade, a qual incorpora igualmente o regime transitório aplicável aos contratos de arrendamento não-habitacionais, sendo nessa medida conciliável, entendemos de igual forma que, no respeitante à alínea c), o momento relevante para a aferição da idade do arrendatário será o momento da produção de efeitos e não o da comunicação efetuada pelo senhorio.

Assim sendo, será válida a denúncia, realizada com a antecedência mínima de cinco anos, que vier a produzir efeitos com a cessação do contrato de arredamento e inerente desocupação do locado, antes de o arrendatário completar sessenta e cinco anos de idade.

Diversamente, caso a data de produção de efeitos, pela antecedência em que foi realizada a respetiva comunicação, vier a colidir com determinado momento em que o arrendatário tenha já idade igual ou superior a sessenta e cinco anos de idade, a denuncia ser-lhe-á inoponível, não produzindo efeitos relativamente ao arrendatário, permanecendo válido o contrato de arrendamento.

No respeitante, por sua vez, ao disposto na alínea a) do n.º 4, por remissão do n.º 5, cumpre notar que, *a contrário sensu*, havendo transmissão do contrato de arrendamento não-habitacional por morte do arrendatário primitivo para o filho ou enteado, depois da entrada em vigor da Lei n.º 6/2006, continuará aplicável ao respetivo sucessor o que da mesma resulta.

Por outras palavras, ao invés do que sucede nos contratos habitacionais, em que após a transmissão por morte do contrato ao filho ou enteado, deixa de existir qualquer limitação ao direito à denúncia por parte do senhorio, independentemente de o arrendatário que sucede àquele ter, à data de produção de efeitos da denúncia, idade igual ou superior a sessenta e cinco anos, se encontre em situação de reforma por invalidez absoluta ou sofra de incapacidade total para o trabalho, não beneficiando de pensão de invalidez, nos contratos não-habitacionais, por sua vez, tal limite mantem-se, sendo aplicável ao arrendatário, filho ou enteado do falecido arrendatário primitivo.

Assim sendo, o senhorio não poderá denunciar o contrato de arrendamento se o arrendatário que sucede ao arrendatário primitivo, se encontrar numa das referidas situações, prevalecendo-se de tal circunstância que deverá invocar e comprovar.

Importa ressalvar que o que acabamos de dizer deverá ser, necessariamente, articulado com o regime aplicável à transmissão por morte do arrendamento para fins não-habitacionais, constante do artigo 58.º, dado que como vimos, ainda que, hipoteticamente, o arrendatário primitivo tenha filho ou enteado, suscetíveis de sucederem na posição daquele, tal apenas sucederá se o filho ou o enteado exercerem profissão liberal ou explorarem estabelecimento comercial no locado, há mais de três anos, em comum com o arrendatário primitivo.

Não reunindo os requisitos referidos no artigo 58.º, a regra será, pois, a da caducidade do contrato de arrendamento não-habitacional, não havendo, por conseguinte, transmissão do mesmo ao filho ou enteado, excluindo-se, como tal, a aplicação do disposto na alínea a) do n.º 4 do artigo 26.º NRAU.

C. Subarrendamento no regime transitório dos contratos de arrendamento habitacionais e não-habitacionais

À semelhança da proteção que referimos existir em sede de contratos de arrendamento habitacionais e não-habitacionais celebrados, respetivamente, após a entrada em vigor do RAU e do Decreto-Lei n.º 257/95, verificando-se a existência de disposições específicas que disciplinam determinadas matérias que assim ficam subtraídas à aplicação do regime geral constante do NRAU, o regime transitório aplicável a tais contratos consagra ainda, na sua redação atual, a extensão aos subarrendatários dos direitos que dele resultam.

De facto, por força da alteração introduzida ao artigo 26.º, pela Lei n.º 79/2014, de 19 de dezembro, com o aditamento do n.º 7, dispõe tal disposição que: *"os direitos conferidos nos números anteriores ao arrendatário podem ser invocados pelo subarrendatário quando se trate de subarrendamento autorizado ou ratificado nos termos da lei"*.

Não obstante, apesar de a disposição em apreço pretender abranger apenas subarrendamentos validamente celebrados e devidamente reconhecidos pelo senhorio como tais, nada mais é referido quanto aos contratos em questão, não estabelecendo o legislador se apenas são abrangidos subarrendamentos celebrados antes da entrada em vigor do NRAU ou também os celebrados posteriormente, bem como se tal disposição é ou não aplicável, de igual forma, aos subarrendamentos totais e parciais[114], ficando ainda por esclarecer se a norma visa, uniformemente, os contratos de arrendamento habitacionais e não-habitacionais.

Antes de analisarmos cada uma das três questões elencadas, importa notar que, a par das disposições transitórias referentes ao subarrendamento, serão ainda aplicáveis aos subarrendamentos celebrados por referência a contratos de arrendamento antigos, por via do n.º 1 do artigo 26.º, as normas constantes do regime relativo aos contratos de subarrendamento em geral, previstas nos artigos 1088.º e seguintes do Código Civil.

Assim sendo, e no respeitante à primeira questão, quanto a saber se a disposição específica do n.º 7 do artigo 26.º, é aplicável ou não a todos os contratos de subarrendamento, independentemente de os mesmos terem sido celebrados antes ou depois da entrada em vigor do NRAU, devemos desde logo ter presente a totalidade do regime e o respetivo âmbito de aplicação que, visando proteger os inquilinos de contratos antigos, pro-

[114] A jurisprudência permanece omissa nesta matéria, inexistindo até ao presente momento qualquer acórdão em que seja analisada a questão da aplicabilidade da disposição constante do n.º 7 do artigo 26.º, bem como do n.º 6 do artigo 28.º, no sentido de apurar se a mesma será aplicável apenas aos subarrendamentos celebrados antes da vigência do NRAU ou também aqueles que hajam sido celebrados posteriormente.

cura ainda salvaguardar que, ao estabelecer semelhante tutela aos subarrendamentos, estes sejam igualmente protegidos atendendo à duração dos respetivos contratos.

Por outras palavras, o teor da disposição em apreço apenas será digno de relevo quando interpretado no sentido de abranger somente os contratos de subarrendamento que hajam sido celebrados igualmente antes da entrada em vigor do NRAU, tanto que, como veremos no capítulo seguinte, relativamente aos contratos antigos celebrados antes do RAU e do Decreto-Lei n.º 257/95, existe, no n.º 6 do artigo 28.º, semelhante disposição estendendo aos subarrendamentos, o regime aplicável a tais contratos de arrendamento antigos, visando naturalmente, subarrendatários que, pela respetiva duração dos vínculos arrendatícios celebrados com o arrendatário, sejam igualmente dignos da proteção conferida por disposições transitórias.

No respeitante aos subarrendamentos celebrados após a entrada em vigor do NRAU, ainda que por referência a contratos de arrendamento celebrados antes da vigência deste diploma, entendemos, pois, que serão apenas aplicáveis as disposições constantes do regime geral previsto no Código Civil em articulação com o clausulado no contrato de subarrendamento celebrado entre as partes, designadamente quanto à duração do contrato.

Passando agora à questão de saber se a disposição em apreço visa apenas os contratos de subarrendamento total ou se nela se encontram abrangidos, de igual forma, os contratos de subarrendamento parcial, importa notar que a norma não distingue entre uns e outros aquando da proteção que cada um destes deva merecer, o mesmo sucedendo no âmbito das disposições gerais constantes da lei substantiva, o que nos permite *a piori* afirmar que o n.º 7 do artigo 26.º será aplicável uniformemente a uns e outros desde que, naturalmente, hajam sido validamente celebrados.

Assumindo por correta a aplicação da norma aos contratos de subarrendamento total, podemos ainda questionar em que medida é possível articular o disposto no n.º 7 do artigo 26.º, com a possibilidade conferida ao senhorio pelo n.º 1 do artigo 1090.º, de se substituir ao arrendatário, nos subarrendamentos totais, assim passando o subarrendatário a assumir perante este, a posição de arrendatário direto, considerando-se, como tal, resolvido o contrato de arrendamento celebrado com o arrendatário primitivo, após comunicação efetuada por notificação judicial avulsa.

Se é certo que na generalidade dos contratos de subarrendamento total celebrados após a entrada em vigor do NRAU, salvo cláusula em contrário, goza o senhorio da referida possibilidade de se fazer substituir ao arrendatário, a questão assume contornos relevantes quando tal sucede no âmbito de contratos antigos, protegidos por normas transitórias especificas.

De facto, ao aceitar-se ser possível ao senhorio fazer uso de tal prerrogativa ao abrigo do regime geral, admitir-se-ia assim, de forma paradoxal, a possibilidade de livre resolução de um contrato cuja cessação, por força do regime especial que lhe é aplicável, surge naturalmente mais dificultada.

Neste sentido e na sequência do que defendemos na questão anterior quanto à aplicabilidade exclusiva da disposição constante do n.º 7, a subarrendamentos celebrados anteriormente à vigência do NRAU, entendemos ser contrário à boa-fé poder o senhorio substituir-se ao arrendatário, a fim de, com tal conduta, fazer cessar o contrato de arrendamento antigo, obtendo indiretamente um desiderato que não lhe seria permitido pelo regime transitório que disciplina tais contratos, devendo assim considerar-se vedada ao senhorio, quando aplicável a contratos de arrendamento celebrados anteriormente à entrada em vigor da Lei n.º 6/2006, a possibilidade prevista no n.º 1 do artigo 1090.º do Código Civil.

Por último, importa ainda aferir se, do disposto do n.º 7 do artigo 26.º, é possível extrair a respetiva aplicação da norma tem em vista os contratos de arrendamento habitacionais e não-habitacionais ou se, ao referir-se aos direitos de que goza o subarrendatário, apenas se refere aos primeiros contratos.

Na resposta a esta questão, importa desde logo notar que, pela inserção da disposição em apreço no artigo 26.º, o único do capítulo I do título II do NRAU, cuja epígrafe abrange tanto os contratos habitacionais como contratos não-habitacionais, celebrados na vigência do RAU e do Decreto-Lei n.º 257/95, de 30 de setembro, respetivamente, e atento o disposto no n.º 1 e à ausência de especificação no n.º 7, quanto ao fim do contrato a que o mesmo se destina, ao invés do que sucede por exemplo no n.º 5, deveremos entender que a disposição se aplica tanto a contratos de arrendamento habitacionais como não-habitacionais.

Não obstante, dentro dos contratos não-habitacionais, importa ressalvar que no respeitante aos contratos em que haja cedência de exploração de estabelecimento comercial, a aplicação da referida disposição deverá ser afastada, porquanto no contrato de locação de estabelecimento ao invés do que sucede nos contratos de arrendamento não-habitacionais para o exercício de profissão liberal ou de atividade comercial, existe a transferência temporária do gozo e fruição de um estabelecimento comercial em que a cessão temporária do gozo e fruição do local onde o mesmo se encontra instalado, constitui apenas um de vários elementos integrantes do referido negócio jurídico[115].

Assim sendo, a obrigação de o arrendatário obter a autorização ou ratificação do senhorio para que exista um subarrendamento validamente celebrado, será substituída, nos contratos de locação de estabelecimento comercial, pela obrigação de comunicação ao senhorio a que se refere o n.º 2 do artigo 1109.º do Código Civil, devendo esta ser efetuada no prazo de um mês a após a transferência temporária e onerosa de tal estabelecimento, sob pena de ineficácia da mesma em relação a este último e consequente resolução contratual.

Desta forma, é possível ainda questionar se, na sequência do referido, havendo locação de estabelecimento comercial ao invés de subarrendamento, poderá o cessionário, ainda assim, gozar dos direitos atribuídos ao subarrendatário, caso o contrato celebrado, além de válido, haja ocorrido antes da vigência do NRAU?

[115] **JURISPRUDÊNCIA (10/04/2008):**

AC. TRL. PROCESSO N.º 1137/2008-2 (JORGE LEAL):

"I – Na "locação de estabelecimento" ou "cessão de exploração de estabelecimento" ocorre uma cedência do gozo do imóvel locado que em princípio constituiria um subarrendamento (art. 1060.º do Código Civil), não fora a circunstância de essa cedência do gozo do imóvel ser acompanhada da cedência da exploração de um estabelecimento comercial, relativamente à qual aquela cedência é instrumental.

II – Não existe "locação de estabelecimento" quando o "estabelecimento" é entregue à "locatária" só com prateleiras vazias e ambos os contraentes confessadamente declaram que no local arrendado vai explorar-se um outro ramo de negócio, que não o primitivo.

III – Tratando-se de um verdadeiro subarrendamento, tipo negocial a que se ajustam as restantes cláusulas do contrato, nomeadamente quanto à duração do contrato e às quantias devidas pela "locatária" do "estabelecimento" à arrendatária do imóvel, o senhorio pode pôr fim ao primeiro contrato de arrendamento e substituir o primeiro arrendatário na sua posição de senhorio no contrato de subarrendamento, mediante notificação judicial (art. 1090.º n.º 1 do Código Civil, na redação introduzida pelo NRAU)."

A questão que acabamos de lançar não se coloca porquanto, ao invés do que sucede no contrato de trespasse, na locação de estabelecimento comercial não existe, por parte do cessionário, locação do imóvel onde o mesmo se encontra instalado, o que significa dizer que o arrendatário não perde tal qualidade em virtude de ceder, temporária e onerosamente a outrem, a exploração de determinada unidade comercial ao cessionário, não adquirindo este, como tal, a qualidade de arrendatário ou subarrendatário uma vez que o contrato de arrendamento não se transmite a outrem.

Desta forma, continuando o cedente na titularidade do contrato de arrendamento antigo, ser-lhe-ão aplicáveis as regras transitórias constantes do artigo 26.º, não por remissão do n.º 7 mas por aplicação direta do disposto nos n.ºs 1 a 4.

Diferentemente, ocorrendo o trespasse de estabelecimento comercial instalado em imóvel arrendado e sendo transmitido no âmbito desse contrato, o direito ao arrendamento do locado, em virtude da ausência de exercício do direito de preferência por parte do senhorio, existirá uma alteração da posição contratual do arrendatário, sendo esta assumida pelo respetivo cessionário, em que, ao ingressar nessa posição, passará a gozar dos mesmos direitos que eram reconhecidos ao arrendatário primitivo, podendo prevalecer-se de tais direitos na exata medida em que aquele os pudesse exercer.

2. Contratos habitacionais celebrados antes da vigência do RAU e contratos não-habitacionais celebrados anteriormente à vigência do decreto-lei n.º 257/95, de 30 de setembro

A. Contratos habitacionais

À semelhança do que vimos suceder no respeitante aos contratos de arrendamento urbano habitacionais celebrados após a entrada em vigor do RAU e aos contratos para fins não-habitacionais celebrados após a entrada em vigor do Decreto-Lei n.º 257/95, também os contratos habitacionais e não-habitacionais celebrados antes da vigência de cada um daqueles diplomas, respetivamente, gozam de consagração autónoma no NRAU, no Capítulo II do Título II, dispondo de regime transitório próprio.

Assim sendo, em causa estão os contratos habitacionais celebrados antes do dia 15 de novembro de 1990, e os contratos não-habitacionais celebrados antes de 5 de outubro de 1995, importando, pois, analisar em detalhe o conjunto de normas transitórias que disciplinam cada um destes contratos à luz do Novo Regime do Arrendamento Urbano, considerando, quando pertinente, a respetiva evolução do regime aplicável desde a versão originária da Lei n.º 6/2006, de 27 de fevereiro, com a aprovação do NRAU, até à sua redação atual, com as sucessivas alterações de que vem sendo objeto.

O conjunto de normas aplicáveis a tais contratos resulta, desde logo, do artigo 28.º NRAU, onde são definidos com precisão, os preceitos que devem ser aplicados em derrogação da disciplina de determinados aspetos regulados no regime aplicável à generalidade dos contratos, daí resultando a demarcação clara entre contratos antigos destinados a habitação e contratos celebrados com finalidades não-habitacionais.

Neste sentido, aos arrendamentos celebrados para habitação, serão aplicáveis as disposições constantes dos n.ºs 1, 2 e 6 do artigo 28.º, bem como as respetivas normas para que os mesmos remetem, sendo que na falta de regulação específica relativamente a aspetos omissos que, expressamente, determine o afastamento da disciplina geral, será esta a aplicável.

Centrando-nos nestes contratos, importa desde logo notar que o regime transitório aplicável aos arrendamentos habitacionais celebrados antes da vigência do RAU, é edificado tendo por referência o regime transitório aplicável aos contratos habitacionais celebrados após a vigência desse diploma, isto é, o artigo 28.º que, ao definir as especificidades próprias a considerar nestes contratos, remete para o artigo 26.º, preceito este que já por si estabelece especificidades à aplicação do regime geral aos contratos antigos aí disciplinados.

Assim sendo e de forma pouco rigorosa, o legislador estabelece no n.º 1 do artigo 28.º, a aplicação do disposto no artigo 26.º, com as devidas adaptações, em articulação com as especificidades constates dos números seguintes daquele artigo e o disposto nos artigos 30.º a 37.º, de onde resultam as normas aplicáveis à transição ou atualização dos contratos antigos para o NRAU.

Neste sentido e à semelhança do que sucede nos contratos habitacionais celebrados após a vigência do RAU, a aplicabilidade do NRAU aos contratos de que tratamos é, de igual forma, imediata, nos termos do n.º 1 do artigo 59.º, isto é, a submissão ao NRAU ocorre de forma automática, embora sujeita a especificidades próprias em determinados aspetos, cedendo ainda perante a limitação decorrente do n.º 3 do artigo 59.º, que expressamente prevê a derrogação das normas supletivas contidas naquele diploma quando as mesmas disponham em sentido oposto aos da norma supletiva vigente à data da celebração do contrato habitacional antigo, sendo esta última a norma aplicável em caso de conflito de normas.

Desta forma, tendo presente o disposto no n.º 1 do artigo 59.º, relativamente à aplicação da lei no tempo e à forma como se estrutura o regime transitório aplicável aos contratos habitacionais celebrados anteriormente à entrada em vigor do RAU, assim determinando a desnecessidade de qualquer ato de vontade das partes no sentido de que, ao contrato, sejam aplicáveis as disposições constantes do NRAU, podemos, porém, levantar uma questão que assume especial relevo neste domínio, colocando-se a mesma também, naturalmente, quanto aos contratos de arrendamento não-habitacionais celebrados anteriormente à vigência do Decreto-Lei n.º 257/95.

A questão a que nos referimos poderá ser colocada nos seguintes termos: o NRAU refere-se, em especial e por diversas vezes, nos artigos 30.º e seguintes, à *transição para o NRAU* do contrato de arrendamento antigo, fazendo depender tal transição da iniciativa do senhorio e sem a qual, o contrato de arrendamento antigo permanecerá inalterado nos precisos termos dele constantes.

Ora, sendo certo que, como referimos *supra*, o regime transitório destes contratos surge edificado, com as necessárias adaptações, tendo por referência o conteúdo do artigo 26.º, por remissão expressa do artigo 28.º para este preceito, que determina, por sua vez, a aplicação imediata do NRAU a esses contratos, ainda que submetendo os mesmos a especificidades próprias aí constantes, tal significa, portanto, que, partindo da respetiva interpretação literal do preceituado, o NRAU será imediatamente aplicável aos contratos habitacionais e não-habitacionais celebrados antes do RAU e do Decreto-Lei n.º 257/95, respetivamente, não sendo como tal necessária, à semelhança do que referimos antes, a iniciativa do senhorio para que as normas do NRAU sejam aplicáveis ao contrato em que este intervém.

Assim sendo e face ao exposto, podemos perguntar: em que consiste então "*a transição para o NRAU*" do contrato de arrendamento?

Excluindo, desde logo, da *ratio legis* da norma, a intenção por parte do legislador em fazer depender da iniciativa do senhorio ou da sua ausência, a determinação da lei aplicável ao contrato de arrendamento, a transição para o NRAU, a que se referem os preceitos aludidos, respeitará a aspetos específicos do contrato de arrendamento celebrado entre as partes que, em virtude da iniciativa do senhorio e do consentimento do arrendatário, se modificam, assim determinando a "*atualização*" do contrato[116].

Tal transição surge, pois, no sentido de que tal negócio jurídico, claramente desajustado face à realidade social atualmente existente e celebrado à luz de legislação entretanto revogada em que vigoravam regras fortemente restritivas da liberdade contratual desvinculativa do senhorio, se coadune e insira de forma plena, no quadro jurídico atualmente vigente, tutelando simultaneamente, os interesses de ambos os contraentes, porquanto tal transição, dependerá, em princípio, do encontro de vontades das partes envolvidas.

Assim sendo, pela análise do disposto no n.º 3 do artigo 31.º, a transição do contrato de arrendamento antigo para o NRAU, residirá nos seguintes aspetos:

a) Atualização do valor da renda paga pelo arrendatário;
b) Atualização do tipo de contrato, optando entre estipulação de prazo certo ou aplicação de duração indeterminada;
c) Atualização da duração do contrato, em virtude da opção pela estipulação de prazo certo;

Antes de vermos de que forma se encontra atualmente estruturado o regime transitório de tais contratos, relativamente a aspetos de importância como a transição por morte, benfeitorias, duração dos contratos e sua atualização, importa evidenciar alguns pontos de divergência relativamente ao regime transitório aplicável aos contratos habitacionais celebrados posteriormente à entrada em vigor do RAU.

O primeiro aspeto a apontar prende-se, desde logo, na sequência do que referimos *supra*, com o facto de ser necessária a iniciativa do senhorio, de forma a que, com o consentimento do arrendatário, sejam produ-

[116] Maria Olinda Garcia, *Arrendamento Urbano Anotado...*, pp. 139ss.

zidas alterações ao tipo e duração dos contratos antigos celebrados anteriormente ao RAU ou ao Decreto-Lei n.º 257/95, ao invés do que sucede nos contratos de arrendamento habitacionais celebrados posteriormente à entrada em vigor do RAU e aos contratos não-habitacionais celebrados na vigência do Decreto-Lei n.º 257/95, em que, consoante o tipo de contrato em apreço, de duração limitada ou sem duração limitada, são definidas, por equiparação aos tipos contratuais atuais, respetivamente nos n.ºs 3 e 4 do artigo 26.º, as regras aplicáveis perante a ausência de estipulação em contrário das partes.

Um segundo aspeto refere-se, não tanto ao regime transitório contido no NRAU mas sim à própria legislação vigente à data de celebração dos contratos mais antigos, comparativamente à que vigorava quanto aos contratos celebrados posteriormente ao RAU e Decreto-Lei n.º 257/95, prendendo-se, pois, com a impossibilidade de celebração de contratos de duração limitada, decorrente, quanto ao senhorio, da única via de que este dispunha, de celebração de contratos de arrendamento sem duração limitada, também designados de *contratos vinculísticos*, pelo que, como referimos oportunamente, a possibilidade de celebração de contratos de duração limitada, apenas viria a tornar-se realidade, relativamente aos arrendamentos para habitação própria e permanente, a partir da entrada em vigor do Decreto-Lei n.º 321.º-B/90, que aprova o RAU e quanto aos não-habitacionais, a partir da entrada em vigor do Decreto-Lei n.º 257/95.

Cumpre, por último, ressalvar que, atenta a similitude, relativamente ao regime aplicável em sede de transmissão por morte, previsto no artigo 57.º, entre os contratos habitacionais celebrados anteriormente à vigência do RAU e os contratos habitacionais celebrados depois da entrada em vigor desse diploma, mas antes da vigência do NRAU, visando evitar a duplicação desnecessária da matéria, remetemos para as considerações realizadas em sede do regime aplicável aos contratos celebrados na vigência do RAU, com ressalva expressa do disposto nos n.ºs 5 e 6 do artigo 57.º que estabelecem o conjunto de situações em que a transmissão da posição contratual determina a submissão do contrato antigo ao NRAU, ao invés das demais em que o contrato permanecerá inalterado quanto ao tipo, duração e valor da renda não obstante a transmissão por morte.

De igual forma, ao estabelecer o n.º 6 do artigo 28.º, hipótese semelhante à prevista no n.º 7 do artigo 26.º, é de igual forma reconhecido, no âmbito dos contratos de que agora tratamos, a possibilidade de serem invocados pelo subarrendatário, os direitos previstos no regime aplicável, à semelhança do que sucede nos contratos celebrados após a entrada em vigor do RAU. Remetemos, assim, para a análise e considerações tecidas em sede destes últimos contratos.

1) REGRAS APLICÁVEIS À DENÚNCIA DOS CONTRATOS DE ARRENDAMENTO HABITACIONAIS

Visando o regime transitório dos contratos de arrendamento habitacional, contido nos artigos 28.º e seguintes do NRAU, a definição de um conjunto de regras aplicáveis aos antigos contratos sem duração limitada ou vinculísticos, sentiu o legislador a necessidade de regular a questão da denúncia deste tipo de contratos por parte do senhorio, mantendo nesta matéria, a linha de continuidade vinculativa caraterística dos mesmos, sendo tal forma de cessação, apenas admissível em circunstâncias específicas e claramente previstas na lei, especialmente se operada sem qualquer justificação para o efeito, com base na mera vontade do senhorio, isto é, *ad nutum*.

Quanto às restrições estabelecidas pelo legislador relativamente à denúncia deste tipo de contratos, importa referir que as mesmas não abrangem todos e quaisquer contratos celebrados antes da vigência do RAU[117], destinados à habitação do arrendatário, desde logo porque à data em consideração, encontravam-se previstas na lei, outras modalidades de contratos de arrendamento que não apenas o arrendamento urbano para habitação permanente e o arrendamento para fins não-habitacionais, subdivisível em arrendamento para comércio ou indústria, arrendamento para o exercício de profissões liberais e arrendamento para outros fins não-habitacionais.

Desta forma, ficam subtraídos do âmbito de aplicação do disposto no n.º 2 do artigo 28.º, as seguintes modalidades, previstas no artigo 1083.º do Código Civil, na redação anterior ao Decreto-Lei n.º 321-B/90:

a) Arrendamentos de prédios do Estado;

[117] Francisco de Castro Fraga, *Leis do Arrendamento Urbano Anotadas...*, p. 476,

b) Arrendamentos para habitação, por curtos períodos, em praias, termas ou outros lugares de vilegiatura, ou para outros fins especiais transitórios;
c) Arrendamento de casa habitada pelo senhorio, por período correspondente à ausência temporária deste, e os subarrendamentos totais feitos por período correspondentes à ausência temporária do arrendatário e com a autorização escrita do senhorio.
d) Outros arrendamentos sujeitos a legislação especial.

À semelhança dos referidos, também se encontram excluídos da previsão da norma, os contratos de arrendamento celebrados tendo por objeto espaços não-habitáveis para afixação de publicidade, armazenagem, parqueamento de viaturas ou outros fins limitados, modalidade a que se refere a alínea e) do artigo 5.º do revogado RAU[118].

Retornando às regras aplicáveis à denúncia dos contratos visados pelo disposto no artigo 28.º, confere a lei ao senhorio a possibilidade de promover a denúncia dos contratos antigos, desde que com fundamento nas alíneas a) e b) do artigo 1101.º do Código Civil, isto é, com base na necessidade do locado pelo próprio senhorio ou pelos seus descendentes em 1.º grau ou, bem ainda, com fundamento na demolição ou realização de obras de remodelação ou restauros profundos no imóvel arrendado que impliquem, necessariamente, a desocupação do locado.

De fora do catálogo de fundamentos invocáveis em sede de denúncia do contrato de arrendamento, fica, pois, a denúncia por parte do senhorio independentemente de qualquer justificação, ou *ad nutum*, sendo que, como resulta expressamente do n.º 2 do artigo 28.º, relativamente a tais contratos, "*não se aplica o disposto na alínea c) do artigo 1101.º do Código Civil*. Por outras palavras, o senhorio não pode, nos contratos habitacionais celebrados anteriormente ao RAU, denunciar livremente a relação arrendatícia[119].

[118] **JURISPRUDÊNCIA (27/02/2014):**
AC. TRL. PROCESSO N.º 6028/11.8TBVNG.P1 (JUDITE PIRES):
"*O contrato de arrendamento de espaço destinado a parqueamento automóvel, celebrado antes da vigência do RAU, está excluído do regime vinculistico, podendo ser livremente denunciado pelo senhorio.*"

[119] As restrições desvinculativas ao nível da denúncia por parte do senhorio existentes nestes contratos celebrados anteriormente à vigência do RAU, verificavam-se também

Por sua vez, anteriormente à vigência da Lei n.º 13/2019, resultava do n.º 5 do artigo 28.º que, no respeitante à denúncia operada com fundamento na demolição ou realização de obras de remodelação ou restauro profundo no locado, constante da alínea b) do artigo 1101.º, tratando-se de contrato de arrendamento em que o arrendatário tivesse idade igual ou superior a 65 anos ou deficiência com grau de incapacidade igual ou superior a 60%, ficava o senhorio obrigado, na ausência de acordo entre as partes, a garantir o realojamento daquele, em condições análogas às que detinha, tanto relativamente ao locado como quanto ao valor pago a título de renda e encargos acessórios.

Ora, com as alterações produzidas pelo referido diploma, o n.º 5 foi revogado, daí resultando a aplicação do regime especial transitório vertido nos artigos 25.º e seguintes RJOPA, alterado pela referida Lei n.º 13/2019, e respetivos diplomas e disposições para que os mesmos remetem, de que resulta a obrigação do senhorio de, perante a denúncia com o fundamento em apreço, indemnizar o arrendatário no valor mínimo correspondente a dois anos de renda, não podendo a indemnização ser inferior a duas vezes o montante de 1/15 do valor patrimonial tributário do locado ou, alternativamente, garantir o realojamento do arrendatário por período não inferior a três anos.

quanto aos celebrados posteriormente à vigência desse diploma e anteriormente ao NRAU, sendo que na versão inicial da Lei n.º 6/2006, o artigo 28.º, apresentava uma redação mais sucinta que a atual, remetendo, no respeitante ao regime destes contratos, para o artigo 26.º com as devidas adaptações.
A razão de ser de tal opção em comparação com a atual redação da norma, prende-se com o facto de, aquando da vigência inicial da Lei n.º 6/2006, serem igualmente impostas restrições acrescidas relativamente à denúncia dos contratos celebrados após a vigência do RAU, à semelhança do que ainda sucede quanto aos contratos celebrados anteriormente a este.
Assim sendo, face às alterações produzidas pela Lei n.º 31/2012, de 14 de agosto, aos n.ºs 3, 4 e 6 do artigo 26.º, foi igualmente alterado o artigo 28.º, designadamente absorvendo o n.º 3 do artigo 28.º, o conteúdo do revogado n.º 6 do artigo 26.º. Este n.º 3, por sua vez, foi igualmente revogado pela Lei n.º 13/2019, eliminando a possibilidade de denúncia imotivada no respeitante aos contratos não-habitacionais como veremos.
Desta forma, a par da remissão já existente no n.º 1 do artigo 28.º, para o artigo 26.º, com as necessárias adaptações, passa o artigo 28.º a dispor de especificidades próprias relativamente ao regime estabelecido neste artigo 26.º.

Optando pelo realojamento, o arrendatário terá direito à celebração de contrato de duração indeterminada relativamente ao qual não é possível a denúncia imotivada pelo senhorio a que se refere a alínea c) do artigo 1101.º, além de que o valor da renda a vigorar neste novo contrato, deverá ser calculado em conformidade com os critérios constantes das alíneas a) e b) do n.º 2 do artigo 35.º NRAU, exceto se o arrendatário invocar e provar que o RABC do seu agregado familiar é inferior a 5 RMNA, caso em que o valor da renda a pagar será calculado em observância dos critérios constantes dos n.ºs 2 e 3 do artigo 35.º NRAU *ex vi* da alínea a) do n.º 7 do artigo 36.º, aplicando-se ainda o disposto nos n.ºs 9 e 10 do artigo 36.º, com as devidas adaptações, no respeitante à atualização do valor da renda devida.

A par do referido, a denúncia por parte do senhorio, operada tanto com fundamento na necessidade do locado para habitação própria do senhorio ou seus descendentes em 1.º grau como para a realização de obras de remodelação ou restauro profundo no locado, carece ainda da observância, com as devidas adaptações, do disposto no n.º 4 do artigo 26.º *ex vi* do n.º 1 do artigo 28.º.

Assim sendo, no respeitante ao pagamento de indemnização por parte do senhorio, derivada da denúncia com base num dos referidos fundamentos, esta seguirá os termos constantes da alínea b) do n.º 4 do artigo 26.º, sendo o valor da renda, para efeito do cálculo do valor indemnizatório, apurado de acordo com os critérios constantes das alíneas a) e b) do n.º 2 do artigo 35.º, ou seja, tendo por limite máximo o valor anual correspondente a 1/15 do valor do locado, correspondendo este, por sua vez, ao valor da avaliação realizada nos termos dos artigos 38.º e seguintes do CIMI.

Sem prejuízo do que referimos, atentas as alterações produzidas pela Lei n.º 13/2019, ao artigo 1103.º CC e a diversos preceitos do RJOPA, a regra perante a necessidade de demolição ou realização da obras de remodelação ou restauro profundos no locado, será a da suspensão do contrato ao invés da denúncia do mesmo, sempre que das mesmas resulte local com caraterísticas equivalentes às do locado, em que seja possível a manutenção do contrato de arrendamento, o que significa que, em grande parte das situações verificadas quer no respeitante aos contratos antigos de que tratamos, como relativamente aos contratos celebrados após a vigência do NRAU, haverá lugar à suspensão do contrato e não à cessação do mesmo, tal determinando, quanto aos contratos antigos, a aplicação do disposto no artigo 26.º RJOPA, podendo o arrendatário, querendo, afastar a aplicação da suspensão do mesmo, procedendo à sua denúncia nos termos do n.º 2 deste preceito, tendo direito à indemnização correspondente a pelo menos dois anos de rendas, não inferior a duas vezes o montante de 1/15 do VPT do locado, como resulta da alínea a) do n.º 1 do artigo 6.º RJOPA.

Por sua vez, pretendendo o senhorio fazer cessar o contrato de arrendamento com base na realização de obra de demolição ou restauro profundo no locado, não resultando neste, após a realização das obras em apreço, qualquer local com caraterísticas equivalentes às do locado onde seja possível a manutenção do arrendamento, em observância do estatuído no artigo 25.º RJOPA *ex vi* da alínea b) do arrigo 1101.º e do artigo 1103.º, a denúncia será plenamente válida, ainda que o arrendatário tenha idade igual ou superior a 65 anos ou deficiência cujo grau de incapacidade seja igual ou superior a 60%, como referimos, sem prejuízo de o senhorio estar obrigado ao pagamento da referida indemnização ou do realojamento do arrendatário.

Diversamente, resulta da aplicação conjugada do disposto na alínea a) do n.º 4 do artigo 26.º *ex vi* do n.º 1 do artigo 28.º NRAU, com a alínea a) do n.º 1 do artigo 107.º RAU e a alínea a) do n.º 1 do artigo 69.º RAU, que o senhorio não poderá operar a denúncia do contrato com base na necessidade do locado para sua habitação ou dos seus descendentes em 1.º grau, caso o arrendatário tenha idade igual ou superior a 65 anos[120] ou, independentemente desta, se encontre em situação de reforma por invalidez absoluta, ou, não beneficiando de pensão de invalidez, sofra de incapacidade total para o trabalho. Não se verificando qualquer uma das referidas limitações ao exercício do direito pelo senhorio, a denúncia será válida.

[120] **JURISPRUDÊNCIA (17/11/2009):**
AC. TRL. PROCESSO N.º 48/09.0TBPPNI.L1-7 (PIRES ROBALO):
"I – O art. 107, n.º 1, do RAU, não é inconstitucional quando interpretado no sentido de que o senhorio não pode denunciar o contrato de arrendamento quando o inquilino tenha mais de 65 anos de idade, ainda que o senhorio não tenha casa nessa localidade e tenha mais de 65 anos de idade.
II – Constitucionalmente não se proíbem situações diferentes, mas só quando a desigualdade for arbitrária. As diferenciações de tratamento só são constitucionalmente legítimas quando forem materialmente fundadas, ou seja, quando forem razoáveis ou racionais."

No respeitante ao disposto na alínea a) do n.º 4 do artigo 26.º que remete para a aplicação do artigo 107.º RAU, importa notar que, na redação inicial da norma, conferida pela Lei n.º 6/2006, a disposição ao invés de se referir à continuidade da aplicação da alínea a) do n.º 1 do artigo 107.º RAU, prescrevia a aplicação da totalidade do artigo 107.º, à semelhança do que sucedida já na vigência do RAU, permitindo, nesse sentido, que o direito de denúncia do senhorio fosse limitado em virtude de o arrendatário, ainda que não se encontrasse abrangido por uma das situações referidas na alínea a), se mantivesse no locado durante período igual ou superior a 30 anos nessa qualidade.

Tal possibilidade viria a ser retirada com a alteração introduzida ao NRAU pela Lei n.º 31/2012, de 14 de agosto, o que seria suscetível de interpretação no sentido da desconsideração de tal circunstância, afetando, consequentemente, os arrendatários que, encontrando-se em tal situação, pretendessem reagir contra a denúncia fundamentada do contrato de arrendamento pelo senhorio.

Face à alteração em apreço, questionava-se, assim, a conformidade constitucional de mesma em articulação com o princípio da confiança previsto no artigo 2.º da Constituição da República Portuguesa, relativamente a situações em que, à data da entrada em vigor da Lei n.º 31/2012, o arrendatário já habitasse no locado, nessa qualidade, por período igual ou superior a 30 anos.

Sobre essa questão veio pronunciar-se o Tribunal Constitucional, em 2 de junho de 2015, no Acórdão n.º 297/2015 (*Relator João Pedro Caupers*), decidindo: "*Julgar inconstitucional a alteração introduzida pela Lei n.º 31/2012, de 14 de agosto, no artigo 26.º, n.º 4, alínea a), da Lei n.º 6/2006, de 27 de fevereiro, ao ofender o direito do arrendatário à permanência no local arrendado quando aí se tenha mantido por um período superior a trinta anos integralmente transcorrido à data da entrada em vigor daquela lei, por violação dos princípios da segurança jurídica e da proteção da confiança, integrantes do princípio do Estado de direito democrático contido no artigo 2.º da CRP.*"[121]

[121] Mais tarde, o Tribunal Constitucional viria, novamente, a pronunciar-se sobre a mesma questão no Acórdão n.º 293/2017 (*Relatora Joana Fernandes Costa*), onde foi mantido o entendimento sufragado no referido Acórdão n.º 297/2015, decidindo-se: "*Julgar inconstitucional a norma constante do artigo 26.º, n.º 4, alínea a), da Lei n.º 6/2006, de 27 de fevereiro, na redação conferida pela Lei n.º 31/2012, de 14 de agosto, no sentido de não impedir a*

Na sequência do referido Acórdão do Tribunal Constitucional, várias decisões vieram a ser proferidas[122], reconhecendo ao arrendatário, ao abrigo do princípio da confiança, constitucionalmente previsto, a possibilidade de invocação de tal circunstância, desde que, ao momento da entrada em vigor da Lei n.º 31/2012, houvesse já completado, enquanto tal, isto é, na qualidade de arrendatário do locado, período igual ou superior a 30 anos de permanência no imóvel.

No respeitante, por sua vez, à denúncia do contrato habitacional ou não-habitacional pelo arrendatário, importa notar que não existe a necessidade de este fundamentar a sua intenção em fazer cessar o contrato de arrendamento, podendo exercer o seu direito de forma livre, à semelhança do que já ocorrida no n.º 1 do artigo 68.º do RAU, e anteriormente a este, do artigo 1054.º e 1055.º do Código Civil, onde, bastaria opor-se à respetiva renovação do contrato, salvaguardando, necessariamente, a observância da antecedência mínima na comunicação a realizar ao senhorio manifestando a sua intenção em denunciar o contrato.

Assim sendo, no regime atual, à luz da aplicação aos referidos contratos habitacionais antigos, das normas que disciplinam os contratos de duração indeterminada, é aplicável o disposto no referido artigo 1100.º do Código Civil *ex vi* do n.º 4 do artigo 26.º e n.º 1 do artigo 28.º, podendo o arrendatário denunciá-lo a todo o tempo desde que salvaguardando uma

denúncia do contrato de arrendamento pelo senhorio, para sua habitação, quando o arrendatário, à data da entrada em vigor da Lei n.º 31/2012, se mantivesse no local arrendado há 30 ou mais anos".

[122] **JURISPRUDÊNCIA (12/04/2016):**

AC. TRL. PROCESSO N.º 5408/11.3TBVFX.L1-1 (PEDRO BRIGHTON):

"I – Relativamente aos arrendamentos para habitação anteriores à vigência do R.A.U., a denúncia do contrato pelo senhorio, após a publicação do N.R.A.U., deve ser analisada no quadro das normas transitórias previstas no N.R.A.U., concretamente do disposto no art. 26.º n.º 4 desse diploma legal.

II – É de afastar a conformidade constitucional da alteração ao N.R.A.U., introduzida pela Lei n.º 31/2012 de 14/8, à luz do princípio da confiança, ínsito no art. 2.º da Constituição da República Portuguesa, quando aplicável a situações já consolidadas à data de entrada em vigor desta Lei, isto é, a casos em que já haviam decorrido mais de trinta anos de permanência do arrendatário no locado

III – Não existe obstáculo constitucional, quer à luz do regime previsto no art. 18.º n.ºs. 2 e 3 da Constituição da República Portuguesa, quer à luz do art. 2.º do mesmo diploma, a que o legislador estabeleça limites ao exercício da liberdade de o senhorio pôr termo ao contrato de arrendamento, por denúncia com invocação de necessidade do locado para habitação própria, em função da permanência do arrendatário no local arrendado, nessa qualidade, há mais de 30 anos."

antecedência mínima de 120 dias[123] resultante da alínea a) do n.º 1, relativamente à data pretendida para o termo do contrato.

2) REGRAS APLICÁVEIS ÀS BENFEITORIAS REALIZADAS PELO ARRENDATÁRIO

Paralelamente às especificidades estabelecidas no artigo 28.º relativamente à denúncia dos contratos habitacionais celebrados anteriormente à entrada em vigor do RAU, constitui igualmente elemento relevante do regime transitório aplicável a tais contratos de arrendamento, o direito às benfeitorias por parte do arrendatário em virtude da cessação do vínculo contratual que mantinha com o senhorio, aplicando-se, na presente sede, o disposto no artigo 29.º NRAU.

Assim sendo, a análise do preceito no que aos contratos habitacionais concerne, deverá ser feita faseadamente, porquanto o âmbito de aplicação do disposto no n.º 1 deste artigo diverge daquele que resulta do n.º 2, consoante a forma de cessação do contrato, o que nos permite falar em dois regimes distintos no domínio das benfeitorias.

O primeiro desses regimes, que apelidamos de regime residual, vertido no n.º 1 do artigo 29.º, aplica-se, na falta de estipulação em sentido contrário, quando ocorra a cessação do contrato, abrangendo todas as formas de cessação legalmente admissíveis para os contratos habitacionais antigos de que tratamos, excetuando-se, naturalmente, a denúncia ocorrida no âmbito da transição para o NRAU e a atualização extraordinária de rendas desencadeada pelo senhorio, a que se refere o regime contido no n.º 2.

Assim sendo, e como resulta do n.º 1, verificar-se-á o direito do arrendatário à compensação por benfeitorias pelas obras licitamente feitas, nos termos aplicáveis às benfeitorias realizadas por possuidor de boa-fé, existindo assim, quanto à compensação por benfeitorias realizadas pelo

[123] Não se aplica, em sede de denúncia pelo arrendatário de um contrato de arrendamento habitacional celebrado anteriormente à vigência do RAU, a antecedência mínima prevista na alínea b) do n.º 1 do artigo 1100.º, na medida em que, sendo o prazo de antecedência mínima aferido em função da duração efetiva do vínculo contratual e tratando-se de um contrato de arrendamento celebrado antes de 15 de novembro de 1990, naturalmente a respetiva duração será largamente superior a um ano.

arrendatário, um afastamento relativamente ao regime geral vertido no Código Civil, porquanto se, como referido, na disposição transitória constante do artigo 29.º, o arrendatário é equiparado ao possuidor de boa-fé, o mesmo não se verifica nos termos do artigo 1046.º em que, à exceção das obras urgentes que o inquilino pode extrajudicialmente realizar perante a inércia do senhorio, o arrendatário será equiparado ao possuidor de má fé relativamente às benfeitorias por si realizadas no locado, o que, em termos práticos se repercute na impossibilidade em levantar as benfeitorias voluptuárias ou de haver o valor das mesmas.

Posto isto, podemos desde logo questionar, por um lado, a que formas de cessação se refere a norma e por outro, quais são as benfeitorias que se consideram abrangidas no direito do arrendatário a ser compensado pela respetiva realização.

No respeitante às formas de cessação admissíveis, importa desde logo ter presente que a norma não exige que a cessação do contrato haja sido desencadeada pelo senhorio, podendo como tal, verificar-se a cessação do mesmo por parte do arrendatário, mantendo este naturalmente o direito à compensação por benfeitorias, designadamente por denúncia do contrato, nos termos do n.º 1 do 1100.º do Código Civil, *ex vi* do n.º 1 do artigo 28.º e do n.º 4 do artigo 26.º, podendo ainda, tal cessação, resultar de acordo revogatório das partes.

Assim sendo, no âmbito de aplicação do disposto no n.º 1 inserem-se as seguintes formas de cessação, previstas no Código Civil:

a) Caducidade, nos termos do artigo 1051.º;
b) Revogação, nos termos do n.º 1 do artigo 1082.º;
c) Resolução, quer por iniciativa do senhorio como do arrendatário, nos termos do artigo 1083.º;
d) Denúncia por parte do arrendatário, nos termos do n.º 1 do artigo 1100.º;
e) Denúncia por parte do senhorio, nos termos do artigo 1101.º e seguintes excluindo-se a denúncia livre do contrato de arrendamento, constante da alínea c) do artigo 1101.º[124];

[124] Como vimos, ao abrigo do disposto no n.º 2 do artigo 28.º NRAU, o senhorio não goza da possibilidade de denunciar, independentemente de qualquer justificação, o contrato

Passando, por sua vez, à segunda questão, importa apurar, tendo em consideração a equiparação do arrendatário a possuidor de boa-fé, quais as benfeitorias abrangidas pelo disposto no n.º 1 do artigo 29.º, sendo certo que a remissão para o regime geral contido nos artigos 1273.º e seguintes do Código Civil, se repercute na possibilidade de o arrendatário, relativamente às obras licitamente realizadas, poder ser compensado, embora como veremos, ainda que considerado possuidor de boa-fé, nem sempre gozará de tal direito relativamente às obras por si realizadas, ainda que lícitas.

Desta forma, consistindo as *benfeitorias*, nos termos do disposto no n.º 1 do artigo 216.º CC, nas despesas suportadas tendo em vista a conservação ou melhoria de determinada coisa, estas podem ser subdivididas em benfeitorias necessárias, úteis ou voluptuárias, sendo as *necessárias* aquelas que visam evitar a perda, destruição ou deterioração da coisa (por ex: a instalação de vigas no teto para substituir vigas de madeira apodrecidas; picar, rebocar o cimento, estucar e pintar paredes e teto, restauro ou substituição de portas danificadas; instalação de canalizações de água e esgoto); as úteis, por sua vez, aquelas que, não sendo indispensáveis para a conservação da coisa, se manifestam no aumento do valor desta (por ex: a instalação de piscina numa moradia; construção de quarto de banho; plantação de árvores) e, por último, as benfeitorias *voluptuárias* (por ex: pintar uma parede de outra cor por motivo meramente estético; colocar painel de azulejos), que não visando a conservação da coisa ou o aumento do seu valor, logram, outrossim, o recreio do benfeitorizante.

Assim sendo e no que concerne à subdivisão referida, podemos ainda distinguir, para efeitos do regime substantivo geral, entre possuidor de boa-fé e possuidor de má-fé, sendo o primeiro aquele que, ao adquirir a posse sobre determinada coisa, ignorava estar a lesar o direito de outrem,

de arrendamento habitacional celebrado anteriormente à vigência do RAU, não se colocando, nesse sentido, o direito do arrendatário a compensação por benfeitorias realizadas no arrendado.

Do âmbito de aplicação do n.º 1 do artigo 29.º, exclui-se também a denúncia por parte do arrendatário ocorrida ao abrigo do disposto na alínea d) do n.º 3 do artigo 31.º, em virtude de processo de transição do contrato para o NRAU, porquanto se insere este tipo de denúncia, no regime vertido do n.º 2 do artigo 29.º, beneficiando o arrendatário do direito à compensação nos termos aí constantes.

ao invés do possuidor de má-fé, que detém tal conhecimento, nos termos do artigo 1260.º.

Realizado o enquadramento geral do regime das benfeitorias e da posse de boa-fé por contraposição com a posse de má-fé, tais noções encadeiam-se entre si, porquanto, se é certo que tanto o possuidor de boa-fé, como aquele que age de má-fé, gozam da possibilidade de serem indemnizados pelas benfeitorias necessárias que hajam realizando, tendo, de igual forma, ambos, o direito a levantar as benfeitorias úteis realizadas na coisa, desde que tal levantamento seja possível sem comprometer a coisa, o mesmo não se diga já quanto às benfeitorias voluptuárias, onde o possuidor de boa-fé tem direito a proceder ao respetivo levantamento das mesmas, se daí não houver detrimento para a coisa, perdendo, em caso de detrimento, tal direito quer ao levantamento como ao respetivo valor das benfeitorias.

Diferentemente, o possuidor de má-fé, independentemente de existir ou não detrimento para a coisa, não poderá proceder ao levantamento das benfeitorias voluptuárias que haja realizado, nem ser compensado pelo valor das mesmas.

Transpondo o referido para as benfeitorias realizadas no locado objeto de contrato de arrendamento habitacional abrangido pelo regime transitório de que tratamos, terá o arrendatário, pela cessação do contrato de arrendamento, direito a ser compensado pelas benfeitorias necessárias, mas não já quanto às benfeitorias voluptuárias por si realizadas, que apenas poderá levantar, desde que sem detrimento do imóvel arrendado.

Por sua vez, no respeitante às benfeitorias úteis, gozará do direito de proceder ao respetivo levantamento das mesmas, sem detrimento do locado. Havendo detrimento, não haverá lugar ao levantamento, devendo o arrendatário ser compensado segundo a aplicação das regras relativas ao enriquecimento sem causa em que o valor despendido por este, será tido como limite máximo para a fixação da compensação devida pelas benfeitorias realizadas.

Na fixação da compensação devida ao arrendatário pelas benfeitorias úteis realizadas no imóvel deverá ser levado em consideração, além do valor despendido na realização das mesmas, o período de tempo em que, mantendo-se o arrendatário no gozo do locado, usufruiu de tais benfeitorias, porquanto, não se tratando de benfeitorias indispensáveis à conservação ou manutenção do locado, foi o arrendatário, em primeira mão, a usufruir das vantagens ou utilidades que tais benfeitorias lhe proporcionaram e, como tal, o gozo das mesmas durante longo período de tempo, repercutir-se-á, inexoravelmente, no respetivo desgaste ou erosão e, consequentemente, na respetiva perda de valor, sendo desproporcional e desajustada a compensação total, por parte do senhorio, dos gastos efetuados quanto a estas benfeitorias[125].

A par do referido e atenta a regra geral em sede de benfeitorias úteis em que o benfeitorizante terá somente direito ao seu levantamento, apenas haverá lugar à referida compensação pelas benfeitorias úteis realizadas, perante a verificação, entre outros, dos seguintes pressupostos: a alegação e prova por parte do arrendatário benfeitorizante do detrimento no locado benfeitorizado em virtude do levantamento das benfeitorias realizadas[126] e a demonstração da oposição por parte do proprietário do

[125] **JURISPRUDÊNCIA (10/02/2015):**
AC. TRC. PROCESSO N.º 1289/12.8TBACB.C1 (BARATEIRO MARTINS):
"*1 – Nas benfeitorias necessárias – que são as que se dirigem à conservação da coisa benfeitorizada, isto é, a obviar à sua perda, destruição ou deterioração – o possuidor tem o direito a ser indemnizado, o que no caso, na medida em que o valor das benfeitorias não pode exceder o valor do benefício ao tempo da entrega da coisa, não significa o mesmo que reembolso nominal (atualizado) do seu custo.*
2 – Nas benfeitorias úteis – que são as que, apesar de dispensáveis, aumentam o valor objetivo da coisa – o possuidor é admitido a levantá-las se o puder fazer sem detrimento da coisa principal; e, quando não haja lugar a tal levantamento, deve ser satisfeito segundo as regras do enriquecimento sem causa, o que significa que o despendido funciona apenas como limite máximo, tendo, porém, o proprietário que pagar tão só (dentro de tal limite máximo) o valor que as benfeitorias aportam para a coisa.
3 – Significa tudo isto, para ser processualmente reconhecido um crédito por benfeitorias, que têm que estar reunidos (alegados e provados) elementos factuais que permitam classificá-las como necessárias ou úteis; que permitam estabelecer o custo de cada uma delas, o valor que cada uma das despesas acrescentou à coisa e a medida do seu benefício no momento atual (data da entrega).
4 – Tendo o possuidor o gozo da coisa, cabe-lhe, como é natural, a faculdade de nela fazer benfeitorias, de que, porém, se e enquanto continuar no gozo da coisa, é o primeiro a colher/gozar as respetivas vantagens e utilidades; pelo que, mantendo-se a coisa sobre o seu domínio anos a fio, o direito não poderia consagrar como solução a obrigação do titular/proprietário reembolsar todos os gastos feitos com benfeitorias, ainda que feitos há 15 ou 20 anos e ainda que, entretanto, com o passar/erosão/desgaste dos anos e da utilização/gozo por parte do possuidor, tenham perdido todo ou parte do seu valor."

[126] **JURISPRUDÊNCIA (03/10/2017):**
AC. TRL. PROCESSO N.º 2647/15.1YLPRT.L1-1 (ISABEL FONSECA):
"*1 – Compete àquele que se arroga o direito de indemnização por virtude da realização de benfeitorias o ónus de alegação e prova da possibilidade ou não do seu levantamento sem prejuízo da coisa, factua-*

imóvel ao levantamento das benfeitorias em virtude do detrimento daí resultante.

Importa assim notar que a realização de benfeitorias no imóvel pelo arrendatário não lhe confere sempre o direito a ser compensado pela sua realização, porquanto, como resulta do disposto no n.º 1 do artigo 29.º NRAU, estas deverão ter sido licitamente feitas, questionando-se assim quais são as obras a que se refere a norma.

Consideram-se licitamente feitas, desde logo, as obras que, ao abrigo do n.º 2 do artigo 1074.º, não sendo da responsabilidade do senhorio, hajam por este sido autorizadas ou previamente acordadas no contrato de arrendamento, importando, no que respeita às obras convencionadas entre as partes, apurar se houve estipulação acessória no sentido de isentar o arrendatário do pagamento de determinado número de rendas a fim de lhe permitir custear tais despesas, situação em que, naturalmente, não poderá reclamar qualquer valor derivado da realização das mesmas, ou, bem ainda, se do contrato de arrendamento celebrado resulta clausulado que o arrendatário expressamente renuncia a todo e qualquer direito a indemnização sobre as obras por si realizadas, situação em que, igualmente, não poderá ser ressarcido das mesmas[127].

No âmbito das obras licitamente feitas inserem-se ainda aquelas a que se refere o artigo 1036.º, isto é, as reparações e despesas urgentes no locado, relativamente às quais o senhorio se encontre em mora na respe-

lidade que não integra facto notório, entendido este nos termos que decorrem do disposto no art. 412.º, n.º1 do Cód. de Processo Civil;
2 – A compensação devida por benfeitorias realizadas no locado, pelo locatário (art. 1273.º do Cód. Civil), deve ser apreciada segundo o regime do enriquecimento sem causa, previsto nos arts. 473.º a 482.º do Cód. Civil e não pelas regras gerais da responsabilidade civil (arts 562.º e seguintes do Cód. Civil), independentemente da sua qualificação como benfeitorias necessárias ou úteis (quando estas não podem ser levantadas sem detrimento da coisa);
3 – O senhorio/locador não deve ser responsabilizado pelo pagamento de qualquer quantia relativamente àquelas obras que o arrendatário entendeu por bem efetuar, mas relativamente às quais não provou valorizarem o prédio; mas idêntico raciocínio não pode fazer-se relativamente àquelas obras que, destinando-se a evitar a degradação e perda do locado, assim asseguram que o senhorio mantenha (valorizado) o seu património (benfeitorias necessárias), sem prejuízo da invocação de quaisquer circunstâncias impeditivas, modificativas ou extintivas daquele direito do arrendatário (art. 342.º, n.º2 do Cód. Civil), nomeadamente o abuso de direito."

[127] Neste sentido, Francisco de Castro Fraga, *Ob. Cit.* p. 481;

tiva execução, podendo o arrendatário, nos termos dos artigos 22.º-A e seguintes do RJOPA, pela impossibilidade de aguardar o cumprimento do senhorio, realizar as mesmas sem necessidade de intervenção judicial, constituindo tais obras, benfeitorias necessárias à conservação ou manutenção do imóvel arrendado.

Passando ao segundo regime, aplicável quanto às benfeitorias realizadas pelo arrendatário relativamente a contratos de arrendamento habitacionais celebrados anteriormente à entrada em vigor do RAU, este consta do n.º 2 do artigo 29.º, referindo-se meramente às situações em que ocorra a denúncia do contrato nos termos constantes da alínea d) do n.º 3 do artigo 31.º, isto é, a denúncia operada pelo arrendatário na resposta à carta remetida pelo senhorio no âmbito da transição do contrato antigo para o NRAU por este desencadeada tendo em vista a atualização extraordinária do valor das rendas bem como a atualização do tipo e duração do contrato antigo.

À semelhança do regime resultante do n.º 1 que vimos *supra*, também este permite ao arrendatário obter compensação pelas benfeitorias por si realizadas durante a vigência do contrato de arrendamento, sendo igualmente equiparado ao possuidor de boa fé para efeitos da ressarcibilidade das despesas por si suportadas, sendo que, como referimos, terá direito a ser indemnizado pelas benfeitorias necessárias, podendo, por sua vez, levantar as benfeitorias úteis e voluptuárias, desde que sem detrimento do bem imóvel arrendado. Havendo detrimento, não poderá proceder ao levantamento nem das benfeitorias úteis nem das necessárias, podendo, porém, ser compensado relativamente ao valor das primeiras, mas não já quanto ao valor das segundas.

Este regime diverge, porém, do regime contido no n.º 1, porquanto, ainda que abrangendo, à semelhança deste, apenas as obras licitamente realizadas, apresenta, no entanto, um âmbito de aplicação de maior abrangência na medida em que considera compensáveis as obras realizadas pelo arrendatário, mesmo que as partes hajam estipulado expressamente a renúncia do arrendatário a qualquer indemnização respeitante a essas benfeitorias e, bem ainda, as obras realizadas pelo arrendatário ainda que não autorizadas pelo senhorio[128].

[128] O aditamento da possibilidade de o arrendatário ser compensado por obras não auto-

Naturalmente, as obras a que se refere o preceituado no n.º 2, tratam-se de benfeitorias necessárias e de benfeitorias úteis relativamente às quais não seja possível o respetivo levantamento, uma vez que, como referimos, a regra nas benfeitorias úteis será a o de que o benfeitorizante proceda ao respetivo levantamento, exceto se daí resultar detrimento para o imóvel, situação em que o arrendatário poderá ser compensado, tendo nesse caso a compensação, por limite máximo, o valor despendido por este com a respetiva realização das mesmas. Já quanto às benfeitorias voluptuárias, terá direito ao levantamento destas, desde que sem detrimento para o locado. Diversamente, havendo detrimento, não poderá proceder ao levantamento das mesmas nem obter qualquer compensação pela sua realização.

Poderemos ainda questionar se o regime constante do n.º 2, ao divergir daquele que resulta do n.º 1, atribuindo ao arrendatário o direito a ser indemnizado quer por obras relativamente às quais este havia expressamente renunciado a qualquer indemnização, como por benfeitorias não autorizadas pelo senhorio, assume, outrossim, uma forma implícita de indemnização derivada da cessação do contrato.

A razão de ser da divergência existente entre regimes deverá ser perspetivada atendendo não apenas à natureza vinculistica dos contratos visados, mas também à situação com que é confrontado o arrendatário ao ter de denunciar o contrato de arrendamento, assim determinado o fim da relação arrendatícia de longos anos, em detrimento de aceitar as condições propostas pelo senhorio que envolvem naturalmente a vinculação daquele a um valor de renda, maioritariamente, muito superior àquele que detinha anteriormente, a par da submissão do contrato a um prazo certo de duração, onde o senhorio adquire a possibilidade de se desvincular, tal como o arrendatário, opondo-se à respetiva renovação do contrato, findo o prazo a que o mesmo passa a obedecer.

rizadas pelo senhorio, constitui alteração introduzida pela Lei n.º 79/2014, de 19 de dezembro, dado que, até à entrada em vigor deste diploma, em 18 de janeiro de 2015, apenas era reconhecida a possibilidade de este ser compensado, além das previstas no n.º 1, por obras relativamente às quais tivesse renunciado contratualmente a qualquer indemnização.

Assim sendo e como bem defende Maria Olinda Garcia[129]: "é assim, a lei que contraria, com efeitos retroativos, o anteriormente acordado pelas partes, dado que o quadro normativo no qual estas fundaram o seu acordo foi legalmente alterado". Por outras palavras, à data em que realizou benfeitorias no imóvel arrendado, o arrendatário, por força do regime legislativo vigente aquando da celebração do contrato de arrendamento, sem duração limitada ou vinculistico, detinha a legítima expetativa de que o mesmo perdurasse indefinidamente no tempo, porquanto, atenta a ausência de liberdade desvinculativa do senhorio, seria ao arrendatário que incumbia determinar o momento em que o contrato deveria findar, conferindo-lhe, assim, o grau necessário de confiança para realizar no imóvel, a expensas suas, determinadas benfeitorias que, de outro modo, muito provavelmente, não faria.

Nesse sentido, com as novidades introduzidas com a Lei n.º 6/2006 e respetivas leis que a vieram alterar, permite-se ao senhorio poder desencadear a transição do contrato celebrado para o NRAU, o que se repercute inexoravelmente, numa alteração não desejada pelo arrendatário ao contrato que havia celebrado, sendo percetível que haja lugar à compensação deste em virtude de uma desvinculação forçosa na sequência da comunicação do senhorio tendente à referida transição, nos termos da alínea d) do n.º 3 do artigo 31.º.

Desta forma, a ausência de tal compensação, ainda que contratualmente estipulada, determinaria, inevitavelmente, uma situação de enriquecimento sem causa por parte do senhorio, traduzindo-se, pois, numa vantagem patrimonial que a solução prevista no n.º 2 do artigo 29.º, procura evitar, verificando-se, neste sentido, que tal compensação, tem por desiderato ressarcir o arrendatário pelas benfeitorias por si realizadas tendo em vista o decurso indefinido do vinculo contratual e não indemnizá-lo pela denúncia do contrato, ainda que tais momentos coincidam, uma vez que o arrendatário apenas terá direito àquela compensação uma vez verificada a denúncia, por si comunicada ao senhorio, alternativa-

[129] Maria Olinda Garcia, *Ob. Cit*, p. 135;

mente, à aceitação do valor da renda, tipo e duração do contrato por este propostos, tendo em vista a transição do mesmo para o NRAU[130].

3) TRANSIÇÃO DO CONTRATO DE ARRENDAMENTO PARA O NRAU E ATUALIZAÇÃO EXTRAORDINÁRIA DO VALOR DA RENDA

I) INTRODUÇÃO

A transição dos contratos de arrendamento habitacional celebrados previamente à vigência do RAU, surge regulada nos artigos 30.º e seguintes do NRAU, refletindo o conjunto de requisitos e condições que deverão disciplinar a aplicação ao referido contrato de novas regras em determinadas matérias, como sejam: a atualização extraordinária do valor da renda paga mensalmente pelo arrendatário, o tipo e a duração do contrato de arrendamento.

Tais disposições transitórias vêm, assim, conferir ao senhorio a possibilidade de, por iniciativa própria, promover alterações substanciais ao contrato de arrendamento celebrado, mediante o acordo, expresso ou tácito, do arrendatário, algo que lhe seria vedado anteriormente à alteração produzida pela Lei n.º 31/2012, de 14 de agosto ao NRAU, atento o facto de que, por força do regime vinculistico à luz do qual tais contratos foram celebrados, a liberdade do senhorio quer em fazer cessar os mesmos como em atualizar as regras que lhe são aplicáveis, se encontrava fortemente coartada.

À luz de tal possibilidade, efetivando-se a transição para o NRAU com as alterações produzidas no contrato em apreço, poderá o senhorio posteriormente, conforme a modalidade escolhida seja o prazo certo ou a duração indeterminada, opor-se à respetiva renovação, nos termos do artigo 1097.º, ou denunciar o contrato com base num dos fundamentos previstos no artigo 1101.º e seguintes, ambos do Código Civil.

Procura-se, desta forma, que, numa ótica de dinamização do mercado de arrendamento urbano, este possa, querendo, determinar, a par da atualização do valor da renda, a aplicação ao contrato de arrendamento,

[130] A denúncia por parte do arrendatário nos termos da alínea d) do n.º 3 do artigo 31.º, trata-se, como tal, de uma desvinculação temporalmente definida na medida em que não sendo exercida em resposta à carta remetida pelo senhorio, não o poderá ser posteriormente no decurso da transição do contrato para o NRAU.

de aspetos específicos próprios dos contratos celebrados posteriormente ao NRAU, designadamente quanto aos contratos com prazo certo, cujas regras, por não terem qualquer reflexão relativamente aos celebrados ao abrigo do regime vinculistico, apenas lhes são aplicáveis mediante a referida transição do contrato na modalidade de prazo certo.

Assim sendo e como tivemos, oportunamente, a possibilidade de referir, a lei arrendatícia, na redação atual do artigo 30.º, ao referir-se às expressões "*transição para o NRAU*" e "*atualização da renda*", permite, com facilidade, ao respetivo interprete, laborar em erro quanto ao conteúdo e real âmbito de aplicação das mesmas.

Iniciando pela primeira das citadas expressões, ao falar em transição do contrato de arrendamento para o NRAU, não pretende o legislador que, apenas após a iniciativa do senhorio, a existir, sejam aplicáveis ao contrato de arrendamento a totalidade dos preceitos que compõem o NRAU.

Dito por outras palavras, não é ao senhorio que pertence a tarefa de determinar, por iniciativa sua, a lei que deverá aplicar-se ao seu contrato, isto porque, por força do disposto no n.º 1 do artigo 28.º e do n.º 1 do artigo 59.º, as normas constantes do NRAU são, automaticamente, aplicáveis aos contratos antigos, celebrados anteriormente à vigência do Decreto-Lei n.º 321-B/90, ainda que com as especificidades compreendidas nesse preceito.

Incumbe, outrossim, ao senhorio, desencadear, querendo, a produção de alterações ao contrato que, a serem procedentes perante o acordo do arrendatário, implicam, a inserção no mesmo, de aspetos característicos do regime atualmente em vigor, como seja a referida possibilidade de celebração de contratos de prazo certo, mesmo que já na vigência do RAU, fosse possível celebrar contratos temporalmente delimitados, sob a designação de contratos de duração limitada, na ótica desvinculativa do senhorio.

Por sua vez, ao falar em "*atualização de renda*", a expressão não deverá ser compreendida com o mesmo sentido que lhe é atribuído pelo artigo 1077.º do Código Civil, onde se trata a atualização anual do valor das rendas indexado ao coeficiente de atualização anual definido pelo Instituto Nacional de Estatística (INE), em função da totalidade da variação do índice de preços no consumidor sem habitação, sendo, na ausência de estipulação contratual de regime diverso, aplicável à generalidade dos contratos atualmente vigentes.

No sentido extraído do referido artigo 30.º, a atualização das rendas referir-se-á à modificação do valor pago pelo arrendatário até então, por um outro que, tendo em conta diversos fatores e limites, que veremos de seguida, permitam a respetiva aproximação desse valor aos atualmente praticados no mercado de arrendamento em habitações com localização e condições semelhantes.

II) COMUNICAÇÃO DO SENHORIO PARA A TRANSIÇÃO DO CONTRATO PARA O NRAU E ATUALIZAÇÃO EXTRAORDINÁRIA DA RENDA

A transição do contrato habitacional celebrado antes da entrada em vigor do Decreto-Lei n.º 321-B/90, de 15 de outubro, depende, necessariamente, nos termos do artigo 30.º NRAU, da iniciativa do senhorio, manifestada através de comunicação formalmente válida ao arrendatário.

A ausência de manifestação nesse sentido, determina a aplicação do NRAU ao contrato antigo, segundo os termos definidos no artigo 28.º, sem que haja qualquer alteração de fundo ao vinculo contratual, quer quanto ao valor da renda a pagar quer quanto ao tipo e duração do mesmo, o que significa que, a par do valor da renda vigente com as respetivas atualizações anuais a que haja lugar, o contrato permanece na modalidade de arrendamento sem duração limitada, o que sucederá até à respetiva cessação do mesmo através de uma das modalidades legalmente admissíveis. Havendo cessação do contrato, serão igualmente aplicáveis as regras relativas às benfeitorias realizadas no locado pelo arrendatário, previstas no artigo 29.º.

Diversamente, havendo comunicação do senhorio ao arrendatário destinada a operar a transição do contrato para o NRAU, a mesma deverá constar de carta registada com aviso de receção, nos termos do n.º 1 do artigo 9.º. Se o locado for casa de morada de família, a referida comunicação deverá ser remetida, individual e separadamente, a cada um dos cônjuges, como resulta do artigo 12.º, ainda que um deles não figure como arrendatário no contrato de arrendamento.

Diversamente, se o locado não constituir casa de morada de família, mas, ainda assim existirem vários arrendatários, as comunicações a realizar pelo senhorio tendo em vista a transição do contrato para o NRAU e a atualização do valor da renda, devem ser remetidas a cada um dos arrendatários, nos termos conjugados do n.º 2 do artigo 10.º e do n.º 4 do artigo 11.º[131].

Havendo apenas um arrendatário, a inobservância da forma prescrita quanto à referida comunicação, determinará, necessariamente, a ineficácia da mesma, não produzindo, como tal, o efeito pretendido pelo senhorio. De igual forma, a ausência de comunicação a um dos cônjuges quando o imóvel em questão seja casa de morada de família, implica a ineficácia da mesma relativamente ao cônjuge que dela não tenha tido conhecimento, verificando-se a mesma consequência nas situações em que, existindo vários arrendatários, não seja realizada a comunicação a algum ou alguns deles, sendo a comunicação realizada a um ou a vários dos arrendatários, ineficaz, relativamente a cada um dos não-notificados.

Da comunicação devem assim constar, obrigatoriamente e sob pena de ineficácia, os seguintes elementos a que se refere o artigo 30.º:

a) O valor da renda, tipo e a duração do contrato propostos;
b) O valor do locado, avaliado nos termos dos artigos 38.º e seguintes do Código do Imposto Municipal sobre Imóveis;
c) A caderneta predial urbana;

[131] Entendeu o Tribunal da Relação de Lisboa no Acórdão de 23 de março de 2017 (*Processo n.º 5042/14.6TCLRS.L1-2, Relator Jorge Leal*), relativamente ao dever por parte do senhorio, perante a existência de diversos arrendatários, de realizar a comunicação para transição do contrato de arrendamento para o NRAU, individualmente a cada um desses arrendatários que: "*Não age com abuso de direito o coarrendatário que, tendo sido interpelado pelo senhorio para o efeito de transição do contrato para o regime do NRAU e de atualização extraordinária de renda, responde a essa proposta, rejeitando-a, sem invocar a existência de coarrendatária (sua cônjuge à data da celebração do contrato de arrendamento e, após processo de separação de pessoas e bens, coarrendatária por acordo homologado), e tendo posteriormente esta última arrendatária invocado a omissão da sua notificação pelo senhorio para a exigir e, na sequência da comunicação que então o senhorio lhe fez, denunciado o contrato de arrendamento ao abrigo dos artigos 31.º n.º 3 alínea d) e 34.º do NRAU, subscreveu também essa declaração de denúncia; também não age com abuso de direito a coarrendatária que, tendo tomado conhecimento da supra referida interpelação efetuada pelo senhorio exclusivamente ao outro arrendatário, exigiu ser formalmente notificada e ouvida no procedimento de transição do contrato e de atualização de renda desencadeado pelo senhorio e, na sequência da realização da comunicação que havia sido omitida, denunciou o contrato, recusando-se, tal como o outro coarrendatário, a reconhecer efeitos às comunicações anteriormente efetuadas exclusivamente entre o senhorio e o referido coarrendatário*".

d) O prazo dentro do qual o arrendatário poderá responder à comunicação realizada pelo senhorio;
e) O possível conteúdo a constar da resposta a remeter pelo arrendatário;
f) As circunstâncias que podem ser invocadas pelo arrendatário, a par da sua resposta relativamente aos elementos constantes das alíneas anteriores;
g) As consequências da falta de resposta e/ou da invocação de circunstâncias que possam beneficiar o arrendatário;

A necessidade de incluir na comunicação a realizar pelo senhorio, a totalidade dos elementos referidos, assume primordialmente a função de assegurar ao arrendatário que, dentro de determinado prazo e na posse de todas as informações necessárias, poderá assim decidir de forma consciente e assertiva quanto ao primeiro tipo de elementos, nomeadamente se concorda com o valor da renda e com o tipo e duração propostos a atribuir ao contrato, bem como, tendo conhecimento efetivo das circunstâncias invocáveis a fim de suspender temporariamente a transição do contrato para o NRAU, poder aferir se reúne as necessárias condições para a sua alegação e demonstração.

Não obstante, importa notar que nem sempre assim foi, dado que o catálogo de elementos a constar obrigatoriamente da comunicação escrita destinada à transição do contrato para o NRAU e à atualização extraordinária do valor das rendas, na redação constante da Lei n.º 31/2012, se resumia apenas às três primeiras alíneas referidas, o que significa dizer que o senhorio não tinha, anteriormente à vigência da Lei n.º 79/2014, qualquer obrigação de informar o arrendatário quanto ao prazo de que este dispunha para responder bem como das consequências da falta de resposta e, bem ainda, das possíveis circunstâncias invocáveis, o que na prática se manifestava, em grande parte, na desconsideração de tais missivas pelos arrendatários, repercutindo-se, inevitavelmente, na aceitação, sem mais, da totalidade dos termos propostos pelo senhorio, com todos os efeitos negativos daí resultantes.

No respeitante, em especial, aos elementos a constar atualmente da comunicação para transição do contrato de arrendamento para o NRAU e respetiva atualização das rendas, deve o senhorio, em primeiro lugar, propor um valor de renda que, no seu entender, seja o correto tendo em conta as condições gerais e dimensão do imóvel, localização, acessos e valores praticados no arrendamento de habitações semelhantes, atendendo ainda ao valor patrimonial tributário do locado.

Naturalmente, nesta fase inicial de contactos com o arrendatário, o senhorio não se encontra vinculado a quaisquer critérios previamente estipulados que, de alguma forma, constituam limite, mínimo ou máximo, ao valor por si proposto, embora e de forma a potenciar a obtenção de acordo com aquele, tal valor deva, preferencialmente, ser o mais próximo da realidade imobiliária corrente[132].

Também quanto ao tipo e duração do contrato não existe qualquer vinculo a observar pelo senhorio, podendo este optar na sua proposta, por exemplo, pelo prazo certo, em detrimento da duração indeterminada, propondo uma duração de três anos em alternativa a um prazo maior, a fim de salvaguardar o seu interesse em garantir uma maior facilidade desvinculativa, designadamente opondo-se à renovação do contrato em detrimento das condicionantes desvinculativas ao nível da opção pelo tipo de contrato de duração indeterminada.

Encontra-se, no entanto, vinculado, nos termos constantes das alíneas b) e c), a informar o arrendatário quanto ao valor patrimonial do locado, calculado em conformidade com o disposto no artigo 38.º e seguintes do Código do Imposto Municipal sobre Imóveis e constante da caderneta predial urbana, devendo ainda anexar uma cópia da mesma à comunicação a remeter ao arrendatário, sob pena de ineficácia.

Tais elementos assumem particular relevo perante a ausência de acordo entre as partes quanto ao valor da renda a pagar pelo arrendatário, na medida em que esse valor deverá, em última instância, ser determinado tendo por referência o valor patrimonial do locado, nos termos do n.º 2 do artigo 35.º, razão pela qual poderá o arrendatário, a par da resposta à comunicação do senhorio, reclamar de incorreções constantes

[132] Como veremos a propósito da possível resposta do arrendatário à proposta efetuada pelo senhorio, caso este último discorde do valor de renda proposto por aquele a título de contraproposta, poderá, alternativamente à atualização da renda segundo os critérios constantes das alíneas a) e b) do n.º 2 do artigo 35,.º, proceder à denúncia do contrato de arrendamento, situação em que fica vinculado para com o arrendatário ao pagamento de uma indemnização, cujo valor variará consideravelmente atendendo à maior ou menor discrepância existente entre os valores de renda propostos pelas partes.

da caderneta predial urbana do locado, nos termos do n.º 3 do artigo 130.º CIMI, podendo, designadamente, solicitar a atualização do valor patrimonial tributário, desde que hajam decorrido três anos desde o último pedido de atualização, correção oficiosa ou atualização do prédio na matriz, podendo inclusive requerer a reavaliação do locado, nos termos do artigo 76.º do CIMI.

A comunicação deverá ainda mencionar, obrigatoriamente, o prazo de que o arrendatário dispõe para, querendo, responder ao senhorio, sendo esse prazo de 30 dias, contabilizados a partir da efetiva receção da carta registada, informando-o, ainda, das consequências aplicáveis à ausência de resposta, constituindo, tais elementos, alterações introduzidas pela Lei n.º 79/2014, face à verificação na prática que o desconhecimento da lei arrendatícia, condicionava, não raras vezes, o exercício do direito de resposta do arrendatário.

A par das referidas, o senhorio deverá ainda informar o arrendatário sobre o eventual conteúdo da sua resposta, com expressa discriminação das possíveis opções a considerar quanto à proposta formulada, nos termos do n.º 2 do artigo 31.º, bem como das circunstâncias que poderá invocar e comprovar a fim de obstar, perante a ausência de acordo com o senhorio, à transição imediata do contrato de arrendamento para o NRAU e respetiva atualização da renda aplicável[133].

A ausência de qualquer um dos supra referidos elementos tornará a comunicação realizada ao arrendatário, ineficaz perante este, o que significa dizer que, ainda que o senhorio lhe remeta uma carta registada contendo alguns daqueles elementos mas não a sua totalidade, e perante a ausência de qualquer resposta do arrendatário, tal não determinará a transição do contrato para o NRAU nem a atualização da renda a pagar,

[133] **JURISPRUDÊNCIA (04/05/2016):**
AC. TC. N.º 277/2016 (PEDRO MACHETE):
"Julga inconstitucional a norma extraída dos artigos 30.º, 31.º e 32.º do Novo Regime do Arrendamento Urbano, aprovado pela Lei n.º 6/2006, de 27 de fevereiro, na redação dada pela Lei n.º 31/2012, de 14 de agosto, segundo a qual «os inquilinos que não enviem os documentos comprovativos dos regimes de exceção que invoquem (seja quanto aos rendimentos, seja quanto à idade ou ao grau de deficiência) ficam automaticamente impedidos de beneficiar das referidas circunstâncias, mesmo que não tenham sido previamente alertados pelos senhorios para a necessidade de juntar os referidos documentos e das consequências da sua não junção»"

na medida em que a comunicação, sendo ineficaz num todo e não apenas parcialmente, não produzirá quaisquer efeitos, devendo o senhorio, consequentemente, remeter nova comunicação ao arrendatário.

III) RESPOSTA DO ARRENDATÁRIO À COMUNICAÇÃO DO SENHORIO

A receção da comunicação remetida pelo senhorio determina o início do prazo de 30 dias a que se refere o n.º 1 do artigo 31.º, sendo a data que consta do aviso de receção, o momento relevante para aferir da efetiva receção da carta registada pelo arrendatário.

A ausência de receção, voluntária ou involuntária, determina a aplicação das regras constantes do artigo 10.º NRAU, pese embora as comunicações referentes à transição do contrato para o NRAU e atualização da renda, surjam excecionadas do regime comum aplicável às demais comunicações realizadas entre as partes, sendo que, ao invés do que sucede nestas, havendo recusa do arrendatário em receber a carta registada remetida pelo senhorio, ou tendo esta sido rececionada por outrem que não o próprio arrendatário, a comunicação não se considera, como tendo sido realizada, devendo o senhorio remeter nova carta registada com aviso de receção, uma vez decorridos 30 a 60 dias desde a data em que procedeu ao envio da primeira missiva.

Verificando-se a devolução ao remetente da segunda carta por este remetida e independentemente do motivo subjacente a essa devolução, considera-se que o arrendatário recebeu a mesma ao 10.º dia após o respetivo envio, iniciando-se a partir desse momento, o referido prazo de 30 dias de que dispõe para responder à comunicação do senhorio.

Importa ainda notar que, à semelhança da obrigação que impende sobre o senhorio, nos contratos onde existam vários arrendatários ou naqueles em que o locado constitua casa de morada de família, de remeter comunicações individuais a cada um dos arrendatários ou dos cônjuges, nos termos do n.º 4 do artigo 11.º *ex vi* da alínea a) do n.º 2 do artigo 10.º e do artigo 12.º, também a resposta a enviar àquele deverá, no primeiro caso, ser subscrita pela totalidade dos arrendatários, manifestando a vontade unânime dos mesmos quanto ao conteúdo daquela[134], sendo que a existência de diversas respostas ao senhorio, de conteúdos diversos,

[134] No mesmo sentido, Francisco de Castro Fraga, *Ob. Cit*, p. 486.

equivale ao silêncio dos arrendatários face à comunicação do senhorio, ao abrigo do disposto no n.º 6 do artigo 11.º.

Por sua vez, constituindo o locado casa de morada de família, gozam os cônjuges da possibilidade de subscrever ambos a comunicação de resposta ao senhorio ou de a mesma ser subscrita apenas por um deles, nos termos do n.º 2 do artigo 12.º.

Assim sendo e face à comunicação do senhorio, poderá o arrendatário assumir uma das seguintes posições:

a) Aceitar o valor da renda, tipo e duração propostos pelo senhorio;
b) Não responder à comunicação do senhorio;
c) Opor-se ao valor da renda proposto pelo senhorio;
d) Reclamar de incorreções constantes da inscrição matricial do locado;
e) Opor-se ao tipo e duração do contrato propostos pelo senhorio;
f) Denunciar o contrato de arrendamento;
g) Invocar uma ou várias das circunstâncias constantes do n.º 4 do artigo 31.º, que lhe permitam beneficiar de um regime de exceção;

Como veremos, detalhadamente, a propósito de cada uma das possíveis reações enumeradas, a posição assumida pelo arrendatário determinará, inevitavelmente, os termos subsequentes da transição desencadeada pelo senhorio, podendo culminar, nos possíveis extremos, com a manutenção do vínculo contratual nos termos até aí vigentes ou com a cessação do mesmo por denúncia do contrato de arrendamento, pelo arrendatário ou, bem ainda, pelo senhorio, em virtude da falta de acordo quanto ao valor da renda.

A) Aceitação do valor da renda, tipo e duração propostos pelo senhorio

A primeira das possíveis reações do arrendatário à comunicação efetuada pelo senhorio em conformidade com o disposto no artigo 30.º, consiste na mera aceitação dos termos constantes da mesma, quer no respeitante ao valor proposto da renda a pagar por aquele, como relativamente ao tipo e duração do contrato.

Nestes termos, o encontro de vontades das partes é alcançado, com a receção por parte do senhorio da resposta do arrendatário contendo a aceitação do valor da renda, tipo e duração do contrato propostos por aquele, considerando-se o contrato de arrendamento celebrado entre ambos, submetido ao NRAU, com efeito a partir do 1.º dia do 2.º mês seguinte ao da receção da resposta do arrendatário pelo senhorio.

Em termos práticos, comunicando o senhorio ao arrendatário, em 22 de janeiro de 2018, a sua intenção em operar a transição do contrato para o NRAU, e respondendo o arrendatário a essa comunicação no dia 20 de fevereiro de 2018, o contrato apenas se considerará submetido ao NRAU no dia 1 de abril de 2018, data em que o arrendatário deverá já proceder ao pagamento das rendas segundo o valor atualizado.

Por sua vez, face à aceitação por parte do arrendatário do valor da renda proposto pelo senhorio, mas inexistindo acordo das partes quanto ao tipo e duração a aplicar ao contrato, ou face à ausência de pronúncia do arrendatário quanto a estes elementos, será aplicável ao vinculo contratual, supletivamente, o disposto na alínea b) do n.º 10 do mesmo artigo 31.º, considerando-se celebrado com prazo certo, com a duração de cinco anos, período findo o qual será possível, a qualquer uma das partes, opor-se à renovação do mesmo, desde que para o efeito sejam observados os prazos de pré-aviso a que se referem os artigos 1097.º e 1098.º.

Importa notar que, apesar de não haver, em bom rigor, a celebração de um novo contrato pelas partes mas tão somente a alteração de aspetos específicos ao contrato já existente, como o valor da renda, tipo e duração aplicáveis àquele, tais elementos, pela importância que assumem no desenvolvimento da relação arrendatícia e pelo respetivo enquadramento, em especial nos dois últimos referidos, à luz de normas substancialmente diferentes que as que regiam anteriormente o contrato de arrendamento, determinam, com a respetiva transição para o NRAU, a configuração do contrato como se de um novo se tratasse, o que surge confirmado pela interrupção da contabilização da duração efetiva do mesmo segundo o regime antigo e o seu reinício ao 1.º dia do 2.º mês após a receção da resposta pelo senhorio, já em conformidade com os contornos aplicáveis aos contratos de duração indeterminada ou com prazo certo.

Naturalmente, tal linha de comparação deverá ser necessariamente articulada com o regime transitório constante dos artigos 28.º e e seguintes, aplicável aos contratos habitacionais celebrados anteriormente ao RAU, sendo que, apesar de confrontarmos o contrato antigo após a transição para o NRAU com um contrato novo celebrado já na vigência desse regime, não deveremos deixar de ter em linha de consideração as especificidades próprias aplicáveis àqueles contratos que, naturalmente, se mantêm, mesmo após a *transição do contrato* para o NRAU.

B) Ausência de resposta à comunicação do senhorio

A ausência de resposta por parte do arrendatário à comunicação que lhe é endereçada pelo senhorio, embora possível, não lhe é favorável, determinando a produção de efeito semelhante ao que vimos suceder perante a aceitação total dos termos propostos pelo senhorio quanto ao valor de renda, tipo e duração do contrato propostos.

De facto, conforme referimos aquando das vicissitudes na realização da comunicação pelo senhorio, a recusa por parte do arrendatário na respetiva receção ou a sua devolução, oneram o senhorio com o encargo de, nos termos conjugados do n.º 3 do artigo 10.º *ex vi* da alínea a) do n.º 2 do mesmo artigo, remeter ao arrendatário segunda carta registada com aviso de receção, considerando-se que este último a recebeu ao 10.º dia posterior ao seu envio, ainda que a mesma haja sido novamente devolvida.

Assim sendo, e iniciando-se nessa data o prazo de 30 dias para resposta do arrendatário, caso este não reaja à mesma, seguindo a forma exigida para a generalidade das comunicações entre as partes, no n.º 1 do artigo 9.º, a ausência de resposta equivale à aceitação da proposta formulada pelo senhorio, nos precisos termos que dela constam. Havendo vários arrendatários, cada um deles poderá responder até ao final do prazo que corra em último lugar.

Na ausência de qualquer resposta, o contrato será automaticamente submetido ao NRAU, com efeito a partir do 1.º dia do 2.º mês seguinte ao termo do prazo referido, seguindo os regras propostas pelo senhorio quanto ao tipo e duração e respetiva obrigação de proceder ao pagamento das rendas segundo o valor atualizado.

C) Oposição do arrendatário ao valor da renda e possíveis reações do senhorio

1) OPOSIÇÃO DO ARRENDATÁRIO AO VALOR DE RENDA PROPOSTO PELO SENHORIO

Rececionada a comunicação do senhorio e não concordando o arrendatário com o valor proposto por aquele a título de renda, independentemente do motivo subjacente a essa discordância, poderá este propor novo valor, que entenda mais adequado, quer às condições gerais do locado como à própria situação económica do seu agregado familiar.

Assim sendo, a discordância relativamente ao valor proposto pelo senhorio deverá ser acompanhada de contraproposta de valor diverso, porquanto a simples oposição àquele valor sem a indicação de outro valor, é equivalente, nos termos do n.º 2 do artigo 33.º, à proposta de manutenção do valor da renda que se encontrava em vigor até ao momento da receção da comunicação do senhorio.

Ao pronunciar-se relativamente ao referido valor, quer propondo valor alternativo, quer manifestando a mera discordância face ao valor proposto pelo senhorio, faz desencadear sobre este último, em ambos os casos, o dever de resposta à contraproposta efetuada pelo arrendatário, sob pena de aceitação tácita da mesma, em conformidade com o disposto no n.º 3 do artigo 33.º.

A resposta do senhorio, por sua vez, deverá ser oferecida em prazo igual ao conferido ao arrendatário para se pronunciar sobre a comunicação inicial daquele, dispondo assim, em conformidade, de semelhante prazo de 30 dias, contabilizados a partir da data de receção da resposta do arrendatário, sendo que a resposta do senhorio à contraproposta do arrendatário será agora, não no sentido de realizar nova proposta, a fim de fomentar o encontro entre valores propostos pelas partes, mas tão somente para declarar a sua aceitação ou recusa relativamente àquela contraproposta.

Se a aceitação do valor proposto pelo arrendatário ou a ausência de qualquer resposta por parte do senhorio não levantam dúvidas de maior, na medida em que ambas as posições determinam a submissão automática do contrato de arrendamento ao NRAU e a atualização do valor de renda a pagar segundo o valor proposto pelo arrendatário, com efeito a partir do 1.º dia do 2.º mês seguinte ao da receção pelo senhorio da comunicação por aquele remetida, o mesmo não se diga já quanto à não aceitação do valor contraproposto pelo arrendatário, situação em que o senhorio poderá, na referida resposta, assumir uma de duas posições:

a) Proceder à denúncia do contrato de arrendamento;
b) Atualizar a renda em conformidade com os critérios constantes das alíneas a) e b) do n.º 2 do artigo 35.º;

Vejamos, autonomamente, cada uma delas.

2) DENÚNCIA DO CONTRATO DE ARRENDAMENTO PELO SENHORIO

A primeira das referidas posições, prevista na alínea a) do n.º 5 do artigo 33.º, consiste na comunicação do senhorio ao arrendatário, informando-o que pretende denunciar o contrato, com fundamento na não aceitação do valor por este proposto, sendo que o exercício de tal direito, depende necessariamente do pagamento de indemnização ao arrendatário correspondente a cinco anos de renda, logrando-se, naturalmente, desincentivar o recurso à denúncia pelo senhorio em alternativa à obtenção de acordo quanto ao valor de renda a pagar pelo arrendatário a fim de operar a transição do contrato para o NRAU.

Importa, no entanto, notar que a possibilidade de denúncia por parte do senhorio conhece exceções, sendo-lhe vedado o recurso a tal possibilidade nas hipóteses referidas nos artigos 35.º e 36.º, desde que efetivamente invocadas e comprovadas pelo arrendatário, sendo essas, as situações em que o arrendatário e respetivo agregado familiar apresentam um rendimento anual bruto corrigido (RABC) inferior a cinco retribuições mínimas nacionais anuais (RMNA), o arrendatário tenha, ao momento da produção de efeitos da denúncia, idade igual ou superior a 65 anos ou deficiência com grau de incapacidade igual ou superior a 60%, ou, bem ainda, quando reside há mais de cinco anos no locado, cônjuge, unido de facto ou parente do arrendatário no primeiro grau da linha reta, com idade igual ou superior a 65 anos e/ou deficiência com grau comprovado igual ou superior a 60%, sendo o RABC inferior a 5 RMNA.

Nas situações em que seja possível ao senhorio denunciar o contrato de arrendamento, o valor da renda, para efeitos do cálculo do montante indemnizatório, será aquele que resultar da média aritmética simples das propostas formuladas pelo senhorio e o arrendatário e não do valor pago pelo arrendatário até então, sob pena de ser fortemente vantajoso ao senhorio proceder à denuncia do contrato de arrendamento, ainda que com o ónus de pagar a indemnização ao arrendatário, tendo em vista o futuro arrendamento a outrem do imóvel, ao preço correntemente praticado no mercado.

Assim sendo e em termos práticos, se o arrendatário, cujo contrato de arrendamento habitacional fora celebrado anteriormente ao RAU, pagando de renda, desde esse momento, o valor correspondente atualmente a 50,00€, propõe, na sequência de receber comunicação do senhorio destinada a fazer transitar o seu contrato para o NRAU, o valor de 200,00€ contra os 500€ propostos pelo senhorio e este, por sua vez, rejeita a proposta do arrendatário, pretendendo denunciar o contrato, terá de pagar àquele, a título de indemnização, o valor de 21.000,00€, apurado nos seguintes termos: (500,00€ + 200,00€)/2 = 350,00€ x 60 meses (5 anos) = 21.000,00€.

Importa ainda notar que o valor referido a título de indemnização será agravado, nos termos do n.º 6 do artigo 33.º, para o dobro ou em 50% do valor apurado nos termos referidos, se o valor proposto pelo arrendatário não for inferior ao proposto pelo senhorio em mais de 10% ou em mais de 20%, respetivamente.

Concretizando, a *ratio legis* da norma visa evitar que, por parte do senhorio, através do significativo encarecimento do valor indemnizatório, ocorra a denúncia do contrato de arrendamento com fundamento na falta de acordo quanto ao valor da renda quando, na génese da discordância residia uma pequena diferença entre os valores propostos por cada uma das partes. Assim sendo, o valor indemnizatório será menor consoante maior seja a diferença entre os referidos valores.

Partindo do exemplo *supra* referido, se imaginarmos que o senhorio propõe um valor de renda de 500,00€ e o arrendatário contrapropõe com um valor de 450,00€, existirá entre ambos os valores uma diferença de 50,00€, sendo o valor proposto pelo arrendatário inferior ao do senhorio em apenas 10% do proposto por este último, logo, caso o senhorio pretenda, ainda assim, denunciar o contrato em alternativa a aceitar o valor proposto pelo arrendatário, terá de suportar o pagamento de uma indemnização àquele, no valor de 57.000,00€, correspondente, como tal, ao dobro do valor apurado nos termos gerais referidos, isto é: (500,00€ + 450,00€)/2 = 475,00€ x 60 meses (5 anos) = 28.500,00€ x 2 (dobro do valor) = 57.000,00€.

Por sua vez, se o senhorio propuser um valor de 500,00€, e o arrendatário apresentar proposta no valor de 400,00€, tal contraproposta corresponderá a um valor inferior em 20% relativamente ao proposto pelo senhorio, logo, pretendendo denunciar o contrato de arrendamento, o senhorio, terá de pagar ao arrendatário o valor de indemnização de 40.500,00€, correspondente ao valor calculado nos termos gerais, agravado em 50%, isto é: (500,00€ + 400,00€)/2 = 450,00€ x 60 meses (5 anos) = 27.000,00€ + 13.500,00 (50% do valor apurado) = 40.500,00€.

Diversamente, e tendo por base o mesmo valor de 500,00€ proposto pelo senhorio, caso o arrendatário contraproponha 350,00€, verificar-se-á que tal proposta consiste num valor inferior em 30% relativamente ao proposto pelo senhorio, logo inferior ao proposto pelo senhorio em mais de 20%, sendo que o valor indemnizatório de 25.500,00€, a suportar pelo senhorio não será já agravado, devendo ser calculado nos termos gerais constantes da alínea a) do n.º 5, isto é: (500.00€ + 350,00€)/2 = 425,00€ x 60 meses (5 anos) = 25.500,00€.

Comunicada a denúncia, esta apenas produzirá efeitos decorridos que sejam seis meses, nos termos do n.º 7 do artigo 33.º, contabilizados desde a data da receção pelo arrendatário da comunicação do senhorio contendo a denúncia, dispondo aquele do prazo de 30 dias para proceder à desocupação e respetiva entrega ao senhorio do imóvel, devoluto de pessoas e bens.

Excecionalmente, ao abrigo do disposto no n.º 8, tratando-se de arrendatário que tenha a cargo filho ou enteado menor de idade ou que, com idade inferior a 26 anos, se encontre ao momento a frequentar o 11.º ou 12.º anos, cursos de ensino pós-secundário não superior ou o ensino superior, a referida denúncia apenas produzirá efeitos decorrido o prazo de um ano, dispondo o arrendatário do período de 30 dias para proceder à desocupação do locado.

Neste sentido, podemos questionar, relativamente a ambos os casos, se o referido período de 30 dias, se insere no prazo de 6 meses ou um ano ou se constitui um período autónomo relativamente àquele, não coincidindo, como tal, a data de produção de efeitos da denúncia, com a data da desocupação e entrega do locado ao senhorio.

A letra da lei ao referir expressamente que, aquando da data de produção de efeitos da denúncia, deverá o arrendatário *"então"* desocupar o locado e entregá-lo ao senhorio no prazo de 30 dias, parece assim não deixar margem para dúvidas quanto à autonomização dos prazos em apreço, sendo esse de resto, o entendimento da doutrina maioritária nesta matéria[135], o qual, de igual forma, perfilhamos.

[135] Maria Olinda Garcia, *Arrendamento Urbano Anotado...*, p. 152; Francisco de Castro Fraga, *Leis do Arrendamento Urbano Anotadas*, pp. 494 e 495.

Atento o período, relativamente longo, que medeia a comunicação da denúncia por parte do senhorio e a efetiva desocupação do locado, trinta dias depois da data de produção de efeitos da referida denúncia, questiona-se, relativamente às rendas que, entretanto, se vencerem nesse período, qual o valor a pagar pelo arrendatário: aquele que vinha pago até então, isto é, a renda antiga ou o valor proposto pelo arrendatário?

A resposta à questão encontra-se prevista no n.º 10 do artigo 33.º, estabelecendo, pois, que, entre o valor da renda antiga e o valor proposto pelo arrendatário a fim de operar a transição do contrato para o NRAU, deverá o arrendatário, durante o referido período, proceder ao pagamento das rendas que se vierem a vencer, segundo o valor que, daqueles dois, seja o mais elevado.

No respeitante, por sua vez, à indemnização derivada do exercício do seu direito de denúncia, uma vez calculada segundo os termos referidos, deverá o senhorio proceder ao respetivo pagamento aquando da desocupação do imóvel pelo arrendatário.

Sendo certo que a norma não estabelece qualquer consequência perante a falta de pagamento da indemnização ao arrendatário, propendemos para o entendimento de que, constituindo elemento obrigatório para a efetivação da denúncia do contrato, a ausência de tal pagamento determina necessariamente a invalidade da denúncia.

3) ATUALIZAÇÃO DO VALOR DA RENDA EM CONFORMIDADE COM OS CRITÉRIOS CONSTANTES DAS ALÍNEAS A) E B) DO N.º 2 DO ARTIGO 35.º

Alternativamente à denúncia do contrato de arrendamento, pode o senhorio optar, face à oposição relativamente ao valor proposto pelo arrendatário, pela atualização da renda em conformidade com os critérios constantes das alíneas a) e b) do n.º 2 do artigo 35.º;

Antes de analisarmos os critérios em apreço, importa notar que os mesmos apenas têm aplicação caso o arrendatário, na resposta à comunicação do senhorio, juntamente com a sua contraproposta quanto ao valor da renda, não tenha, de igual forma, invocado a circunstância excecional prevista no artigo 35.º NRAU, relativa ao RABC inferior a cinco RMNA, sendo que nessa situação, os critérios subjacentes à determinação do valor da renda a pagar pelo arrendatário serão os constantes das alínea a) a c) do n.º 2 do artigo 35.º, o mesmo sucedendo perante a invocação da circunstância a que se refere a alínea b) do n.º 1 do artigo 36.º[136], isto é, que no locado reside há mais de cinco anos, cônjuge, unido de facto ou parente do arrendatário no primeiro grau da linha reta, com idade igual ou superior a 65 anos e/ou deficiência com grau comprovado igual ou superior a 60%, sendo o RABC do agregado familiar inferior a 5 RMNA.

Por sua vez, caso o arrendatário invoque a circunstância excecional prevista na alínea a) do n.º 1 do artigo 36.º referente à idade igual ou superior a 65 anos, sem, cumulativamente invocar, de igual forma, a referida circunstância prevista no artigo 35.º, tal determinará, perante a falta de acordo entre as partes quanto ao valor da renda, a aplicação dos mesmos critérios aplicáveis perante a ausência de invocação de qualquer uma dessas circunstâncias, isto é, os constantes das alíneas a) e b) do n.º 2 do artigo 35.º.

Como veremos oportunamente, a diferença entre a falta de invocação das circunstâncias previstas no n.º 1 do artigo 36.º e a sua invocação pelo arrendatário, reside, não tanto na determinação do valor da renda a pagar, uma vez que a ausência de invocação dessa circunstância e a falta de acordo entre as partes determinará a aplicação do mesmo critério para o cálculo da renda a pagar nos termos da alínea b) do n.º 5 do artigo 33.º e do n.º 6 do artigo 36.º, mas antes na ausência de transição do contrato para o NRAU perante a invocação de uma das referidas circunstâncias, ao invés do que sucede se o arrendatário não a invocar, caso em que o contrato sempre transitará para o NRAU.

Assim sendo e não tendo havido da parte do arrendatário a invocação de qualquer uma daquelas circunstâncias excecionais, verificar-se-á a atualização da renda segundo os critérios previstos nas alíneas a) e b) do n.º 2 do artigo 35.º, considerando-se o contrato como sendo celebrado na modalidade de prazo certo, pelo período de 5 anos, contabilizados desde a data de receção por parte do arrendatário, da comunicação do senhorio onde este o informa da atualização do valor da renda, nos termos da alínea b) do n.º 4 do artigo 33.º NRAU/*in fine*.

[136] A circunstância constante da alínea b) do n.º 1 do artigo 36.º, resulta da alteração introduzida pela Lei n.º 13/2019, de 12 de fevereiro ao preceito, vindo, embora de forma tardia, repercutir-se no alargamento da proteção conferida pelo legislador ao arrendatário de contratos de arrendamento celebrados anteriormente à vigência do RAU.

Os referidos critérios para a atualização do valor da renda consistem, assim, na estipulação de um limite máximo dentro do qual o senhorio goza da possibilidade de definir o valor que caberá ao arrendatário pagar a título de renda, sendo tal limite determinado em função do valor patrimonial tributário do locado, apurado nos termos constantes dos artigos 38.º e seguintes do CIMI, tendo o valor atualizado da renda, como limite máximo, o valor anual correspondente a 1/15 do valor do locado.

Em termos práticos, num imóvel cujo valor patrimonial seja de 150.000,00€, pode o senhorio estipular um valor de renda que não ultrapasse os 10.000,00€ anuais (150.000,00/15 = 10.000,00), sendo o limite máximo da renda mensal a pagar pelo arrendatário, neste exemplo, o valor de 833,00€ (10.000,00/12 meses = 833,33).

Noutro exemplo, se o valor patrimonial tributário do imóvel for de 45.000,00€, o valor máximo anual a pagar a título de renda pelo arrendatário não pode exceder 3.000,00€ (45.000,00/15 = 3.000,00), perfazendo um valor máximo mensal de 250,00€ (3.000,00/12 meses = 250,00).

Importa, por último, notar que, se o valor atualizado nos termos referidos, em observância dos critérios constantes das alíneas a) e b) do n.º 2 do artigo 35.º, for inferior ao que resultaria já com a aplicação ao valor da renda paga pelo arrendatário, das atualizações ordinárias do valor da renda, realizadas anualmente, ao abrigo do disposto no n.º 1 do artigo 24.º *ex vi* do artigo 37.º, será este o valor aplicável.

D) Reclamação de incorreções constantes da inscrição matricial do locado

No seguimento do que vimos dizendo e perante a importância reconhecida ao valor patrimonial tributário do locado na determinação supletiva do valor da renda, quer na falta de acordo quanto ao valor proposto pelo senhorio e o contraproposto pelo arrendatário ou perante a invocação por este último da circunstância excecional prevista na alínea a) do n.º 1 do artigo 36.º referente à sua idade, igual ou superior a 65 anos ou deficiência com grau de incapacidade igual ou superior a 60%, sem que seja invocado e comprovado que o RABC do seu agregado familiar é inferior a 5 RMNA e em que não haja, de igual forma, consenso relativamente ao valor da renda, goza assim o arrendatário, enquanto interessado, da possibilidade de reclamar de incorreções constantes da inscrição matricial do locado, na medida em que tais incorreções, podendo afetar diretamente o valor patrimonial tributário do locado, afetam, indiretamente, o valor a pagar de renda pelo arrendatário.

Assim sendo, o arrendatário poderá apresentar reclamação de qualquer um dos elementos constantes do n.º 3 do artigo 130.º CIMI *ex vi* do n.º 6 do artigo 31.º, devendo esta ser dirigida ao Serviço de Finanças da área de localização do imóvel arrendado, no prazo de 30 dias a contar da receção da comunicação de iniciativa do senhorio para transição do contrato para o NRAU e atualização do valor das rendas.

A falta de reclamação no referido prazo de 30 dias, preclude a possibilidade de o arrendatário poder reagir quanto à atualização do valor da renda realizada nos termos constantes do n.º 2 do artigo 35.º, com fundamento numa qualquer incorreção da matriz predial do locado.

Por sua vez, o facto de o arrendatário apresentar reclamação relativa a incorreções na inscrição matricial do locado, não o exonera da necessidade de responder à comunicação do senhorio nem o inverso, uma vez que o prazo, nos termos do n.º 6 *ex vi* do n.º 1 do artigo 31.º, para o exercício de ambos os direitos é o mesmo, com as consequências associadas à ausência da prática de cada um deles.

Nesse sentido, a reclamação do arrendatário não determina a suspensão da atualização do valor da renda, porquanto e até à apreciação e decisão por parte do Chefe de Finanças do Serviço de Finanças competente, o arrendatário deverá pagar o valor de renda calculado em conformidade com os critérios referidos, incluído o valor patrimonial do locado existente previamente à reclamação.

Findo o prazo para a decisão da referida reclamação e determinando esta, a redução do valor patrimonial tributário do locado, terá o arrendatário o direito a recuperar o valor da renda correspondente à diferença existente entre o cálculo segundo o valor patrimonial anterior e o atualizado, abrangendo todas as rendas pagas segundo o valor atualizado.

A recuperação daquele valor será realizada através de compensação nas rendas seguintes a pagar pelo arrendatário já com o valor da renda retificado em função do valor patrimonial tributário emergente da decisão à reclamação por si apresentada, embora o montante a deduzir não possa ultrapassar, em cada mês, metade da renda devida, salvo acordo das partes em contrário ou caso haja lugar à cessação do contrato.

Em termos práticos, se o arrendatário, em virtude da atualização da renda em conformidade com os critérios constantes das alíneas a) e b) do n.º 2 do artigo 35.º, num imóvel com o valor patrimonial tributário de 135.000,00€, passa a pagar, em março, uma renda atualizada de 750.00€, tendo apresentado em janeiro, reclamação relativa a incorreções na matriz, cuja decisão, datada do mês de junho, haja determinado a retificação do valor patrimonial do locado, reduzindo-o a 90.000,00€, tal determina que a renda atualizada será de 500€, tendo o arrendatário direito a recuperar 250€ relativamente às rendas por si pagas, pelo que a partir de julho, passará a pagar ao arrendatário a renda atualizada de 500€, deduzindo-lhe 250€ durante os meses correspondentes àqueles em que pagou a renda atualizada tendo por referência o valor patrimonial tributário anterior do imóvel, isto é, de julho a dezembro pagará 250€ de renda e em janeiro seguinte retomará o valor de renda de 500€.

No exemplo referido se, ao invés do valor a deduzir corresponder a 250€, isto é, a metade do valor da renda devida, correspondesse outrossim, a 300€, superando o limite constante do n.º 8 do artigo 31.º, deveria o arrendatário, em observância do disposto, proceder ao pagamento da renda segundo o critério referido, não ultrapassando o valor correspondente a metade da renda devida, ainda que, nesta hipótese, lhe fosse possível deduzir 300€ em vez de 250€. Diversamente, havendo acordo entre as partes, poderá o senhorio aceitar a dedução por parte do arrendatário de valor superior a metade da renda devida.

Diferentemente, nos contratos de arrendamento cujo valor foi atualizado nos termos referidos, posteriormente à vigência da redação inicial da Lei n.º 31/2012, mas anteriormente à entrada em vigor da Lei n.º 79/2014, de 19 de dezembro e tendo o arrendatário reclamado de qualquer incorreção na inscrição matricial do locado, nos 30 dias posteriores à entrada em vigor desta lei, determinando tal reclamação a redução do valor patrimonial do locado, terá o arrendatário direito à correção do valor da renda a partir do momento em que procede à notificação ao senhorio da reclamação por si apresentada, efetuando-se a compensação nas rendas vincendas, ao abrigo do n.º 5 do artigo 6.º da Lei n.º 79/2014.

Cumpre, por último, notar que a possibilidade de o arrendatário poder reclamar de incorreções existentes na inscrição matricial do locado, constante do n.º 6 do artigo 31.º, não se confunde, por sua vez, com a possibilidade de o mesmo poder requerer, ao abrigo do disposto na alínea d) do n.º 2 do artigo 35.º, a reavaliação do locado, introduzida pela Lei n.º 13/2019, a requerer pelo arrendatário junto do Serviço de Finanças competente, nos termos do artigo 76.º CIMI, gozando da necessária legitimidade para o efeito.

A inserção da possibilidade de requerer a reavaliação do locado, em sede de disposições inerentes ao cálculo do valor da renda atualizada a pagar perante a invocação da circunstância excecional a que se refere o artigo 35.º, tem por desiderato principal de garantir ao arrendatário meios para que, através da segunda avaliação do locado, possa eventualmente ser atribuído ao mesmo um valor patrimonial tributário inferior, daí resultando, para efeito do calculo do valor da renda, um valor mais reduzido uma vez que, conforme referido, o valor da renda terá como limite máximo o valor anual correspondente a 1/15 do valor do locado, o qual, por sua vez, é aferido em função do valor patrimonial tributário constante da caderneta predial urbana do imóvel.

E) Oposição ao tipo e duração do contrato propostos pelo senhorio

Independentemente de, na sua resposta à comunicação do senhorio, o arrendatário manifestar concordância, discordância ou, simplesmente, não se pronunciar quanto ao valor proposto para a atualização extraordinária do valor da renda, deverá, ainda assim, pronunciar-se quanto ao tipo e duração do contrato proposto, ponderando, naturalmente, a par da proposta realizada, os seus interesses próprios e do respetivo agregado familiar, procurando tutelar a sua posição.

Constituindo elemento autónomo relativamente ao valor da atualização das rendas, o arrendatário ao assumir posição expressa quanto àquele, discordando com o valor proposto, mas não o fazendo quanto a este, apenas estará a manifestar a sua posição quanto ao primeiro dos referidos aspetos, sendo que a ausência de pronuncia quanto ao tipo e duração do contrato propostos pelo senhorio, implicam a sua aceitação tácita, nos termos do n.º 9 do artigo 31.º.

Diversamente e como resulta do número seguinte, havendo aceitação, por parte do arrendatário, do valor proposto pelo senhorio, mas inexistindo acordo quanto ao tipo e duração do contrato, este considera-se celebrado com prazo certo, com a duração de cinco anos, o mesmo sucedendo caso o arrendatário, embora de acordo quanto ao valor da renda, nada diga quanto ao tipo e duração contratuais.

Por outras palavras, havendo aceitação do valor de renda proposto pelo senhorio, o contrato apenas ficará submetido ao tipo e duração propostos por este, caso o arrendatário assim o concorde, dado que a sua ausência de pronúncia ou a sua discordância, produzem a mesma consequência, considerando-se o contrato celebrado com prazo certo pelo período de cinco anos.

Ocorrendo, por sua vez, a invocação e prova, por parte do arrendatário, de uma das circunstâncias excecionais referidas nos artigos 35.º e 36.º, tal apenas determinará a transição do contrato para o NRAU perante o acordo das partes nesse sentido, porquanto a procedência de uma daquelas circunstâncias permitirá ao arrendatário manter o contrato de arrendamento por, pelo menos, mais oito anos ou indefinidamente no regime que lhe é aplicável, respetivamente, sendo nesse sentido irrelevante a ausência de pronuncia do arrendatário relativamente ao tipo e duração propostos pelo senhorio[137].

F) Denúncia do contrato de arrendamento

Uma outra possibilidade de reação do arrendatário à comunicação que lhe é endereçada pelo senhorio tendo em vista operar a transição do contrato para o NRAU, consiste em responder procedendo à denúncia do contrato de arrendamento, em conformidade com o que consta da alínea d) do n.º 3 do artigo 31.º, permitindo-lhe, assim, fazer cessar o contrato de arrendamento, obstando, como tal, à transitoriedade do mesmo para o NRAU e respetiva atualização do valor da renda.

A denúncia operada nestes termos seguirá o disposto no n.º 1 do artigo 34.º quanto ao prazo de que goza o arrendatário desde o momento em que comunica ao senhorio a referida denúncia do vínculo contratual até ao momento da efetiva desocupação do locado, estabelecendo este último preceito que a denúncia operada pelo inquilino apenas produzirá efeitos depois de decorridos dois meses, contabilizados a partir o momento em que o senhorio recebe a resposta daquele, dispondo o arrendatário, findo

[137] Interpretando a invocação de uma das referidas circunstâncias, cumulativamente com a ausência de pronúncia quanto ao tipo e duração do contrato, como constituindo uma oposição *tácita* quanto à renda, tipo e duração propostos pelo senhorio, *vide.* Francisco de Castro Fraga, *Ob. Cit.*, p. 489.

esse prazo de dois meses, de mais trinta dias, para proceder à desocupação do imóvel, de pessoas e bens.

No referido período decorrente entre a comunicação do arrendatário ao senhorio, até ao momento da efetiva desocupação do locado, deverá aquele proceder ao pagamento das rendas que, entretanto, se vencerem, pelo valor que vigorava até então, nos termos do n.º 2 do mesmo artigo, dado que a denúncia obsta à atualização do valor das rendas a vencimento durante a permanência do inquilino no locado.

Ao invés do que sucede na hipótese já analisada em sede de oposição do arrendatário ao valor da renda proposto pelo senhorio em que poderá, este último, querendo, proceder à denúncia do contrato, nos termos da alínea a) do n.º 5 do artigo 33.º, daí resultando o direito do arrendatário a ser indemnizado no valor correspondente a cinco anos de renda, ocorrendo, diversamente, na denúncia do contrato por parte do arrendatário, este não terá direito a qualquer indemnização derivada da cessação do vínculo contratual.

Não obstante, importa não olvidar que o arrendatário, perante a denúncia do contrato com fundamento na alínea d) do n.º 3 do artigo 31.º *ex vi* do artigo 34.º, tendo realizado benfeitorias no locado, gozará do direito a ser indemnizado quanto ás obras licitamente feitas, independentemente da falta de autorização do senhorio ou do estipulado quanto às mesmas no contrato de arrendamento, designadamente em caso de renúncia do arrendatário ao valor das obras[138], conforme resulta do n.º 2 do artigo 29.º.

G) Invocação e prova de circunstâncias excecionais obstantes à transição do contrato de arrendamento para o NRAU

Por último e a par ou independentemente das possíveis reações que vimos *supra*, goza o arrendatário da possibilidade de invocar, caso sejam aplicáveis, uma de três circunstâncias que lhe permitem obstar, funda-

[138] Para maiores desenvolvimentos nesta matéria, remetemos para a análise do regime aplicável às benfeitorias em contratos habitacionais celebrados anteriormente à vigência do RAU, realizada no presente capítulo.

mentadamente, à transição do contrato de arrendamento para o NRAU, ou diferir no tempo a aplicação do novo regime[139].

Por outras palavras, a invocação e prova de tais fundamentos impede que ao contrato sejam aplicáveis novas regras derivadas da aplicação de tipo e duração contratual diferentes das que vigoravam até ao momento da comunicação do senhorio, daí resultando, de igual forma, limitações à livre estipulação do valor da renda aplicável.

Não obstante, importa notar que as referidas circunstâncias, previstas nos artigos 35.º e 36.º *ex vi* do n.º 4 do artigo 31.º, apenas podem ser invocadas se o locado objeto do contrato de arrendamento em crise, constituir a habitação própria e permanente do arrendatário ou se a falta de residência permanente no imóvel for devida a caso de força maior ou doença.

A norma não concretiza o que deverá entender-se por residência permanente, nem tão pouco densifica as situações que devam ser entendidas como casos de força maior, permitindo, em ambos os casos, múltiplas interpretações, abstendo-se ainda, de fazer depender a resposta do arrendatário da comprovação de que a habitação arrendada corresponde à sua residência permanente ou que a falta de residência se prende com os referidos casos de força maior ou, bem ainda, de doença[140], relegando

[139] **JURISPRUDÊNCIA (23/05/2017):**

AC. TRL. PROCESSO N.º 2764/16.1YLPRT.L1-1 (CRISTINA COELHO):

"*1. O regime legal dos artigos 30.º e ss. do NRAU, que prevê a troca de comunicações entre o senhorio e o arrendatário em vista à transição para o novo regime, prossegue o objetivo precípuo de uma rápida definição do estatuto do contrato.*

2. Nesse sentido, compreende-se a imposição de diversos ónus ao arrendatário que seja confrontado com a intenção do senhorio de submeter o contrato ao NRAU e de atualizar a renda comunicada nos termos do artigo 30.º, a saber, um ónus de resposta à intenção do senhorio de submeter o contrato ao NRAU, já que a falta de resposta do arrendatário vale como aceitação da renda, bem como do tipo e duração do contrato propostos pelo senhorio"; um ónus de alegação de circunstâncias que podem condicionar ou, no limite, impedir a transição do contrato para o NRAU sem o acordo do arrendatário (artigo 31.º, n.º 4); e um ónus de comprovação de tais circunstâncias (artigo 32.º).

3. Se o ónus de comprovação das circunstâncias alegadas, com as consequências preclusivas que a lei previu é excessivamente gravoso, severo ou desproporcionado face aos interesses acautelados, como se entendeu no AC. do TC n.º 277/2016 de 4.5.2016, já os ónus de resposta e de invocação das circunstâncias é perfeitamente proporcional e necessário aos interesses em causa."

[140] Relegamos para o capítulo referente à resolução do contrato de arrendamento, a análise em pormenor das noções de residência permanente e falta de residência permanente

para eventual litígio posterior, a discussão e prova, por vezes complexa, sobre tal aspeto.

Constitui entendimento pacífico na doutrina e jurisprudência[141], que a rresidência permanente "é aquela onde o inquilino, com carácter de habitualidade, come, dorme, recebe visitas, recolhe a sua correspondencia, em suma, o local onde tem instalada e organizada a sua vida familiar e a sua economia doméstica", ou seja, será permanente, o local habitado pelo arrendatário no qual, individual ou conjuntamente com outrem, este centraliza o conjunto de atividades e práticas de uso corrente, indispensáveis à subsistência humana condigna, nele desenvolvendo a sua personalidade e modo de vida, como extensão da sua própria pessoa.

Dispondo de duas ou mais residências, será habitação permanente aquela em que o arrendatário, a par do maior tempo de ocupação, com repercussão direta na estabilidade e duração, dispõe de uma organização económica e logística subjacente ao mesmo e seu agregado familiar e inexistente nas demais habitações, apenas sendo possível afirmar a existência de duas ou mais residências permanentes, atentas e consideradas diversas circunstâncias relacionadas não apenas com o domínio económico, social e cultural em que o arrendatário se insere, mas também com as suas necessidades pessoais, familiares e profissionais[142].

por motivo de força maior ou doença, bastando-nos, na presente sede, a sua identificação e noções gerais com acolhimento doutrinal e jurisprudencial.

[141] Veja-se a este propósito o Acórdão do Tribunal da Relação de Lisboa de 17 de dezembro de 2009 *(Processo n.º 44/09.7TBSXL.L1-6, Relator Carlos Valverde)* acrescentando ainda que, no apuramento da utilização do locado como residência permanente do arrendatário devem estar presentes os seguintes *"traços constitutivos e indispensáveis à configuração do conceito de residência permanente: a habitualidade, a estabilidade e o centro da organização da vida doméstica".*

Acrescenta ainda o Acórdão do Tribunal da Relação de Lisboa de 28 de junho de 2013 (*Relatora Maria de Deus Correia*) que: *"O conceito de "residência permanente" deve ser interpretado de forma a traduzir permanência no locado do inquilino, mas em grau adequado aos seus hábitos de vida, no contexto das circunstâncias concretas da sua vida, nomeadamente no que diz respeito às exigências da sua vida profissional."*.

[142] **JURISPRUDÊNCIA (12/02/2009):**

AC. STJ. PROCESSO N.º 09A144 (SEBASTIÃO PÓVOAS):

"1. O conceito de residência permanente pressupõe uma permanência estável e duradoura no local, com instalação do lar, logística e economicamente organizado para centro de vida do próprio e do seu agregado familiar.

Por sua vez e no entendimento da Relação de Lisboa[143], a que aderimos, estaremos perante uma situação de caso de força maior, justificativo da falta de residência permanente do arrendatário no locado quando "*o facto determinante da falta de residência, seja ele um facto gerador de impossibilidade de habitar o locado, ou um facto que torne essa falta de residência simplesmente compreensível, justificável ou razoável, é exterior à pessoa do locatário*", isto é, trata-se, pois, de acontecimento alheio e estranho à vontade do arrendatário, cuja verificação obsta à possibilidade de o mesmo ocupar o locado de forma duradoura, estável e habitual, impedindo-o de usar o imóvel de forma plena, conforme seria o seu intento.

No que respeita, por sua vez, à falta de habitação permanente do locado, é igualmente entendido jurisprudencialmente[144], que a doença que se encontra na génese da incumprimento por parte do arrendatário, do dever que lhe é legalmente imposto na alínea d) do n.º 2 do artigo 1083.º/*a contrario sensu*, deverá reunir, cumulativamente, os seguintes elementos: a gravidade da doença implique a ausência de habitação do arrendatário no locado; a doença seja regressiva, existindo forte probabilidade de o respetivo tratamento determinar a recuperação e regresso ao locado; não se tratar de doença crónica, isto é, doença persistente por períodos longos de tempo ou permanente e; por último, constituir a doença, o único motivo que determinou o afastamento do arrendatário ao locado.

2. A admissão de dupla residência permanente – ou de residências alternadas – supõe a necessidade de ambas por ponderosas razões profissionais ou sociais e que, em qualquer delas, se desenvolva, estável e continuadamente, a atividade inerente à vida doméstica e familiar.
3. Se a arrendatária, viúva, tem 78 anos de idade, não tem autonomia de locomoção, a audição só é possível com próteses e todo o seu agregado familiar próximo vive no norte do País, e ela aí se instala na Primavera, Outono e Inverno, aí recebendo o seu correio e daí pagando a renda, não se pode afirmar que tenha residência permanente no locado, onde só se desloca no verão.
4. Ademais, constituiria abuso de direito – por atentar manifestamente contra os limites do fim social e económico do arrendamento, pretender manter um arrendamento de habitação andar com oito divisões, em zona nobre de Lisboa e com renda mensal de cerca de 100 euros, apenas ocupado durante cerca de dois meses por ano."

[143] *Vide* Acórdão do Tribunal da Relação de Lisboa, Processo n.º 410/2008-7 (Relatora Rosa Ribeiro Coelho) de 27/05/2008.

[144] *Vide* Acórdão do Tribunal da Relação de Lisboa, Processo n.º 1491/04.6PCAMD.L1-1 (Relator Pedro Brighton) de 21/06/2011.

Assim sendo, habitando o arrendatário no locado com caráter de permanência, ou, não o fazendo, a sua ausência seja determinada por motivo de força maior ou doença, poderá este invocar, em resposta à comunicação do arrendatário, uma das seguintes circunstâncias excecionais:

a) Rendimento Anual Bruto Corrigido (RABC) do arrendatário e seu agregado familiar inferior a cinco Retribuições Mínimas Nacionais Anuais (RMNA);
b) Idade do arrendatário igual ou superior a sessenta e cinco anos ou deficiência com grau comprovado de incapacidade igual ou superior a 60%;
c) Residência no locado, há mais de cinco anos, de cônjuge, unido de facto ou parente do arrendatário no primeiro grau da linha reta, com idade igual ou superior a 65 anos e/ou deficiência com grau comprovado igual ou superior a 60%, sendo o RABC do agregado familiar inferior a 5 RMNA;

Antes de procedermos à respetiva análise de cada uma destas circunstâncias importa notar que a sua alegação e respetiva comprovação, obsta à possibilidade de o senhorio poder promover a denúncia do contrato nos termos da alínea a) do n.º 5 do artigo 33.º, na medida em que, nesse caso, o contrato ficará, obrigatoriamente, sujeito ao período de suspensão aplicável conforme a circunstância invocada.

Não obstante, a referida denúncia não se confunde com a possibilidade de o senhorio poder promover a denúncia do contrato nos termos das alíneas a) e b) do artigo 1101.º, o que poderá fazer a qualquer momento da vigência do contrato, mediante a observância dos requisitos de que depende cada uma dessas formas de denúncia, sendo certo que, como veremos melhor em sede própria, por força das alterações introduzidas pela Lei n.º 13/2019, ao fundamento a que se refere a alínea b), a cessação do contrato dará lugar, em regra, à suspensão do mesmo.

1) RENDIMENTO ANUAL BRUTO CORRIGIDO (RABC) DO ARRENDATÁRIO E SEU AGREGADO FAMILIAR INFERIOR A CINCO RETRIBUIÇÕES MÍNIMAS NACIONAIS ANUAIS (RMNA)

A primeira circunstância, prevista no n.º 1 do artigo 35.º NRAU, consiste na invocação e comprovação de que o rendimento anual bruto corrigido (RABC) é inferior a cinco retribuições mínimas nacionais anuais (RMNA), obstando a carência económica do arrendatário e respetivo agregado familiar não apenas à possibilidade de livre atualização do valor da renda, mas também à possibilidade de o contrato de arrendamento antigo transitar, a curto prazo, para o NRAU, na ausência de acordo das partes.

Conforme resulta do artigo 4.º do Decreto-Lei n.º 156/2015, de 10 de agosto, o RABC consiste no quantitativo que resulta da soma dos rendimentos anuais ilíquidos auferidos por todos os elementos do agregado familiar do arrendatário, corrigido em função: da totalidade dos rendimentos anuais ilíquidos auferidos pelas pessoas que vivam em comunhão de habitação com o arrendatário há mais de um ano; do número de dependentes do agregado familiar do arrendatário e das pessoas que com ele vivam em comunhão de habitação há mais de um ano; e, bem ainda, do número de pessoas do agregado familiar que sejam portadoras de deficiência com grau de incapacidade igual ou superior a 60%.

Por sua vez e ao abrigo do disposto na alínea a) do n.º 1 do artigo 2.º do mesmo diploma, a RMNA consiste no valor da retribuição mínima mensal garantida a que se refere o n.º 1 do artigo 273.º do Código do Trabalho, multiplicado por 14 meses[145].

Assim sendo e como referido, não basta a invocação por parte do arrendatário que que o seu RABC é inferior a cinco RMNA, sendo necessária igualmente a respetiva comprovação de tal facto perante o senhorio aquando da resposta à sua comunicação inicial, ao abrigo do disposto no n.º 1 do artigo 32.º e da alínea a) do n.º 4 do artigo 31.º,

O documento comprovativo do RABC pode ser obtido pelo arrendatário junto de qualquer Serviço de Finanças através do preenchimento e entrega de pedido de emissão da declaração do Rendimento Anual Bruto Corrigido do agregado familiar do arrendatário, cujo modelo é aprovado pela Portaria n.º 226/2013, de 13 de julho, considerando-se entregue na

[145] O Decreto-Lei n.o 167/2019, de 21 de novembro, fixou em 635,00€, o valor da retribuição mínima mensal garantida para 2020, sendo a RMNA relativa a este valor, de 8.890,00€ (635 x 14 meses = 8890), pelo que a procedência da invocação pelo arrendatário desta circunstancia no ano de 2020, depende necessariamente da apresentação de comprovativo emitido pelo Serviço de Finanças de valor inferior a 44.450,00€ (8890 x 5 RMNA = 44450).

data em que for apresentado no Serviço de Finanças, sendo a declaração emitida de imediato aquando da apresentação do pedido, desde que, para o efeito, não existam anomalias no mesmo.

Dependendo a emissão da declaração do RABC, relativa ao ano civil anterior ao da comunicação efetuada pelo senhorio ao arrendatário, da apresentação de declaração de IRS pelo arrendatário e da respetiva liquidação do IRS pelo Serviço de Finanças, alternativamente à emissão imediata do documento, é entregue ao arrendatário declaração em como o mesmo requereu a emissão da declaração do RABC, nos termos do n.º 2 do artigo 3.º, valendo este comprovativo para efeito da comprovação da alegação, em observância do disposto no artigo 32.º NRAU, devendo a declaração do RABC ser remetida ao senhorio no prazo de 15 dias após a respetiva obtenção da mesma[146].

Neste sentido, a lei estabelece um período dentro do qual o contrato de arrendamento, em virtude da invocação e comprovação da referida circunstância, deverá permanecer inalterado no respeitante ao regime aplicável, o que, como vimos oportunamente, significa não a aplicação do regime vigente anteriormente ao NRAU, mas tão somente a manutenção do tipo de contrato sem duração limitada, nos termos do n.º 1 do artigo 28.º, com a aplicação das regras respeitantes aos contratos de duração indeterminada, por via do disposto no n.º 4 do artigo 26.º, uma vez que as normas do NRAU ser-lhe-ão, de igual forma, aplicáveis, excetuando-se, naturalmente, aquelas que não se coadunem com o tipo contratual em apreço, como sejam as normas constantes dos artigos 1095.º a 1098.º do Código Civil, relativas aos contratos de arrendamento com prazo certo.

[146] **JURISPRUDÊNCIA (10/11/2015):**
AC. TRP. PROCESSO N.º 2188/15.7T8PRT.P1 (VIEIRA E CUNHA):
"A norma do art. 35.º n.º5 NRAU, na redação original da Lei n.º 31/2012 de 14/8, é inconstitucional, por violação dos princípios da segurança jurídica e da proteção da confiança dos cidadãos, enquanto interpretada como estabelecendo a obrigação do inquilino de apresentar um comprovativo de RABC ou até um mero comprovativo de requerimento de RABC, junto da Autoridade Tributária, em momento em que seja facto notório que o referido rendimento ainda se não encontra em condições de ser calculado, por estabelecer efeitos cominatórios desproporcionados e desajustados aos fins legais de proteção de ambas as partes contratantes, senhorio e arrendatário, no cálculo das rendas devidas, potenciando nas relações inter-partes no contrato de arrendamento urbano que seja favorecido o segredo e a ausência de cooperação inter-subjetiva."

Na ausência de acordo entre as partes, o período dentro do qual fica suspensa a possibilidade de o senhorio promover a transição do contrato de arrendamento para o NRAU é, atualmente, de oito anos, sendo esse período contabilizado desde o momento em que o senhorio recebe a comunicação do arrendatário em que este invoca que o seu RABC é inferior a cinco RMNA, nos termos conjugados do n.º 1 do artigo 35.º e da alínea a) do n.º 4 do artigo 31.º.

Previamente à entrada em vigor da Lei n.º 43/2017, a norma em apreço estabelecia um período de cinco anos de suspensão da transição do contrato para o NRAU, o qual viria posteriormente a ser dilatado, para os atuais oito anos, encontrando-se na génese da alteração, a necessidade, fortemente evidenciada na Proposta de Lei n.º 310/XIII, que deu origem à Lei n.º 43/2017, de 14 de junho, de garantir o direito à habitação por parte dos arrendatários visados pela mesma, reforçando a sua proteção num contexto de ansiedade perante a expetativa de um presumível despejo em virtude da falta de pagamento de rendas por ausência de condições económicas, findo o período de suspensão da transição e de condicionamento do valor das rendas aplicáveis, de custear os valores que vierem a ser calculados a titulo de renda, não lhe restando outra alternativa que proceder à denuncia ou, por outras palavras, revogar unilateralmente, o contrato de arrendamento, perante a expetativa de incumprimento a partir desse momento e na impossibilidade de invocar, novamente, a mesma circunstância excecional que se prevalecera anteriormente.

Assim sendo, a referida dilatação do período de suspensão da transição do contrato para o NRAU é suscetível de levantar problemas interpretativos quanto à articulação dos prazos previstos na anterior redação e na atual do mesmo artigo, quando aplicável, o que sucede, em especial, nos contratos cujo período de suspensão, por força da iniciativa do senhorio promovida logo aquando da entrada em vigor da Lei n.º 31/2012, de 14 de agosto.

Sendo certo que a alteração referida tem em vista não apenas os contratos cuja transição seja promovida após a entrada em vigor da Lei n.º 43/2017, mas também e em especial, os contratos cuja transição foi promovida anteriormente a esse momento, logrou-se evitar que os arrendatários desses contratos se vissem confrontados, face à atual conjuntura e valores praticados em habitações semelhantes no mercado de arrendamento, com a impossibilidade de obterem habitação alternativa, sendo certo que tal alteração, não constituindo uma solução definitiva para um problema de efeito expetável, apenas determina, todavia, o adiamento de uma situação inevitável ao permitir a prorrogação do período de suspensão daqueles contratos por mais três anos, adicionais ao período de cinco anos que a lei anterior já previa.

Em termos práticos, num contrato de arrendamento em que o senhorio, tendo conhecimento da Lei n.º 31/2012, cuja entrada em vigor ocorrera em 12 de novembro de 2012, proceda à comunicação ao arrendatário para atualização do contrato de arrendamento no dia 1 de dezembro desse ano, recebendo, no dia 15 a carta de resposta do arrendatário invocando a circunstância prevista no artigo 35.º, poderia, anteriormente à entrada em vigor da Lei n.º 43/2017, operar a transição do contrato de arrendamento para o NRAU, cinco anos depois de rececionada a comunicação do arrendatário, isto é, a partir do dia 16 de dezembro de 2017.

Não obstante, por força da referida alteração ao n.º 1 do artigo 35.º, o arrendatário goza de mais três anos de suspensão da transição do contrato, podendo o senhorio promover a atualização do contrato apenas a partir de 16 de dezembro de 2020.

Num outro exemplo, já exonerado de problemas interpretativos decorrentes da aplicação de diferentes prazos derivados da vigência das Leis n.º 79/2014 e da Lei n.º 43/2017, o senhorio, apesar de saber que poderia ter desencadeado a transição do contrato de arrendamento para o NRAU, desde novembro de 2012, apenas o faz em janeiro de 2018. Nesta situação, invocando e comprovando o arrendatário na sua resposta, em fevereiro desse ano, que o seu RABC é inferior a cinco RMNA, tal obsta a que o senhorio possa promover a transição durante oito anos, por força da redação do n.º 1 do artigo 35.º, conferida pela Lei n.º 43/2017, o que significa dizer que a transição ficará suspensa até fevereiro de 2026.

Importa notar, porém, que o facto de o arrendatário invocar tal circunstância e apresentar o documento comprovativo da mesma, emitido pelo Serviço de Finanças, não obsta a que o senhorio proceda à atualização do valor da renda, sendo essa atualização condicionada à observância dos critérios restritos constantes do n.º 2 do artigo 35.º, isto é, tendo por limite máximo o valor anual correspondente a 1/15 do valor patrimonial tributário do locado, resultante de avaliação realizada nos artigos 38.º e seguintes do CIMI.

Neste sentido e por força do aditamento da alínea d) ao n.º 2 do artigo 35.º pela Lei n.º 13/2019, é possível ao arrendatário solicitar a reavaliação do locado, nos termos do artigo 76.º CIMI, tendo em vista a redução do valor patrimonial tributário do locado, com repercussão direta, na ausência de acordo quanto ao valor da renda aplicável, nos cálculos a efetuar quanto ao valor de renda que terá de pagar ao senhorio tendo por base os referidos critérios.

A par do referido limite e até à aprovação dos mecanismos de proteção e compensação social previstos no Decreto-Lei n.º 156/2015, o valor atualizado da renda, não poderá ultrapassar, em observância dos critérios constantes do n.º 2 do artigo 35.º:

a) *25% do RABC* do agregado familiar do arrendatário, se este for superior a 1500,00€ mensais;
b) *17% do RABC* do agregado familiar do arrendatário, se este for inferior a 1500,00€ e superior a 1000,00€ mensais;
c) *15% do RABC* do agregado familiar do arrendatário, se este for inferior a 1000,00€ e superior a 750,00€ mensais;
d) *13% do RABC* do agregado familiar do arrendatário, se este for inferior a 750,00€ e superior a 500,00€ mensais;
e) *10% do RABC* do agregado familiar do arrendatário, se este for inferior a 500,00€ mensais;

Importa, porém, ressalvar que caso o valor atualizado resultante da aplicação dos referidos critérios seja inferior ao que resultaria já com a aplicação ao valor da renda paga pelo arrendatário, das atualizações ordinárias anuais do valor da renda, ao abrigo do disposto no n.º 1 do artigo 24.º *ex vi* do artigo 37.º, será este o valor aplicável.

De igual forma, tratando-se o RABC de um elemento suscetível de sofrer alterações todos os anos e a fim de continuar a beneficiar da possibilidade de obstar à transição do contrato para o NRAU e respetiva atualização extraordinária do valor da renda aplicável ao locado, deverá o arrendatário, caso seja solicitado pelo senhorio nesse sentido até ao dia 1 de setembro de cada ano subsequente ao da invocação de tal circunstância[147], comprovar

[147] Anteriormente à entrada em vigor da Lei n.º 79/2014, de 19 de dezembro, o n.º 5 do artigo 35.º, vinculava o arrendatário à demonstração anual do seu rendimento perante o

até ao dia 30 de setembro, através da apresentação do respetivo comprovativo emitido pela Autoridade Tributária, de que pelos rendimentos auferidos por si e pelo respetivo agregado familiar, mantem as condições que invocou inicialmente ao senhorio para obstar à referida transição.

Não obstante, decorridos os oitos anos de suspensão da transição do contrato para o NRAU, o facto de o arrendatário manter essas condições, isto é, de o seu RABC continuar inferior a cinco RMNA, não lhe permite continuar a usufruir dessa circunstância, perante a intenção de o senhorio promover a transição do contrato para o NRAU, nos termos da alínea a) do n.º 6 do artigo 35.º.

Assim sendo, findo o período de suspensão, poderá o senhorio remeter nova missiva ao arrendatário tendo em vista promover a transição do contrato para o NRAU e a atualização do valor da renda, nos termos do n.º 6 do artigo 35.º, repetindo novamente a comunicação que efetuara oito anos antes, podendo, em reação a esta, o arrendatário apresentar resposta nos mesmos termos já referidos supra, com a exceção da possibilidade de invocar as circunstâncias excecionais constantes dos artigos 35.º e 36.º.

Inexistindo acordo quanto aos termos aplicáveis ao contrato, ou perante o silêncio das partes quanto ao tipo e duração propostas para o contrato, este considerar-se-á celebrado com prazo certo, pelo período de cinco anos, transitando assim para o NRAU.

A partir desse momento e passando o contrato antigo a vigorar segundo as regras aplicáveis aos contratos com prazo certo, desaparece o vinculísmo caraterístico do regime anterior ao abrigo do qual se regia tal vinculo contratual, podendo o senhorio, consequentemente, caso seja

senhorio, sob pena de não poder continuar a prevalecer-se de tal circunstância, sendo que a comprovação teria de ser feita, obrigatoriamente, no mês correspondente àquele que fora feita a invocação da referida circunstância, o que levantava problemas acrescidos ao arrendatário uma vez que este não poderia, em qualquer altura do ano, obter o comprovativo do RABC referente ao ano anterior, uma vez que a emissão do mesmo depende da apresentação da declaração de IRS por parte do arrendatário e da respetiva liquidação.
Não sendo possível a emissão do comprovativo do RABC, o Serviço de Finanças emite uma declaração em como o mesmo foi requerido a fim de o arrendatário poder dar cumprimento ao disposto no n.º 1 e 2 do artigo 32.º.

essa a sua intenção, comunicar ao arrendatário, findo aquele período, a sua intenção em não renovar o contrato, determinando assim a respetiva cessação do mesmo sem que o arrendatário possa obstar a esse efeito.

2) IDADE DO ARRENDATÁRIO IGUAL OU SUPERIOR A 65 ANOS OU DEFICIÊNCIA COM GRAU COMPROVADO DE INCAPACIDADE IGUAL OU SUPERIOR A 60%

A segunda circunstância excecional que permite ao arrendatário beneficiar da paralisação da transição do contrato de arrendamento para o NRAU e respetiva atualização livre do valor da renda, encontra-se prevista na alínea b) do n.º 4 do artigo 31.º e na alínea a) do n.º 1 do artigo 36.º, alterado pela Lei n.º 13/2019, consistindo na invocação, por parte daquele, da sua idade, igual ou superior a sessenta e cinco anos e/ou de que é portador de deficiência com grau de incapacidade igual ou superior a 60%.

A invocação e comprovação desta circunstância tem, à semelhança da prevista no artigo 35.º, não apenas as consequências referidas, mas também a impossibilidade de o senhorio, perante a receção da comunicação do arrendatário em que este se oponha ao valor por si proposto, poder denunciar[148] o contrato nos termos da alínea a) do n.º 5 do artigo 33.º e, ainda que comunique ao arrendatário a cessação do contrato ao abrigo do disposto na alínea a) do n.º 5 do artigo 33.º, tal denúncia não produzirá quaisquer efeitos no respeitante à validade do vinculo contratual.

[148] Tal denúncia no âmbito de processo de transição do contrato de arrendamento para o NRAU e atualização extraordinária do valor das rendas não deve, porém, ser confundida com a possibilidade reconhecida ao senhorio de poder proceder à denúncia nos termos gerais constantes das alíneas a) e b) do artigo 1101.º, estando-lhe apenas vedada a possibilidade de proceder à denúncia injustificada do contrato, prevista na alínea c) do mesmo artigo.

Importa notar que ao proceder à denúncia com fundamento na necessidade de realização de obras de restauro profundos ou de demolição do imóvel, tendo o arrendatário idade igual ou superior a 65 anos e/ou deficiência com grau de incapacidade igual ou superior a 60%, tal determina necessariamente a obrigação de o senhorio promover o realojamento do arrendatário em condições análogas às que este já detinha, tanto quanto ao locado como quanto ao valor da renda por si suportada, ou ao pagamento de uma indemnização, nos termos das alíneas a) e b) do n.º 1 do artigo 6.º *ex vi* dos n.os 1 e 2 do artigo 25.º RJOPA

Desta forma a par da invocação, deverá o arrendatário, aquando da resposta à comunicação realizada pelo senhorio, comprovar a circunstância por si invocada, nos termos do n.º 4 do artigo 32.º, juntando, conforme a circunstância invocada seja a idade igual ou superior a 65 anos ou a deficiência com grau de incapacidade igual ou superior a 60%, documento comprovativo de ter completado pelo menos 65 anos de idade, ou documento comprovativo da deficiência alegada, respetivamente.

Assim sendo, invocando ter idade igual ou superior a sessenta e cinco anos, deverá o arrendatário comprovar a mesma através de fotocópia do bilhete de identidade ou do cartão de cidadão ou, bem ainda, através de certidão de nascimento, de onde resulte clarividente, pela análise da respetiva data de nascimento, que a idade por si invocada corresponde, efetivamente, à verdade.

Por sua vez, se invocar ser portador de deficiência com grau de incapacidade igual ou superior a 60%, deverá o arrendatário juntar à sua comunicação ao senhorio, atestado médico de incapacidade multiuso, cujo modelo foi aprovado pelo Decreto-Lei n.º 291/2009, de 12 de outubro, em que seja expressamente comprovado que o respetivo requerente é portador de uma incapacidade (física ou outra), estabelecendo o grau aplicável à mesma, sendo a avaliação da incapacidade determinada de acordo com a Tabela Nacional de Incapacidades por uma junta médica, convocada para o efeito e o respetivo relatório emitido pelo presidente da junta médica.

Feita a invocação e comprovação da respetiva circunstância excecional, daí resultam, necessariamente, consequências no que respeita, por um lado, à transição do contrato para o NRAU e, por outro, quanto ao valor da renda.

No respeitante à transição do contrato para o NRAU, esta apenas será concretizada mediante acordo das partes nesse sentido, o que significa dizer que, ao invés do que vimos suceder na circunstância constante do artigo 35.º, a alteração do tipo e duração do contrato dependerá sempre do acordo das partes, sendo que, na ausência desse acordo, o contrato permanecerá, indefinidamente, sujeito ao regime que lhe era aplicável até esse momento, isto é, tratando-se de um contrato habitacional celebrado anteriormente à vigência do RAU, este continuará a ser um contrato vinculistico sem duração limitada, até ao termo do mesmo.

Por outras palavras, se ao abrigo do artigo 35.º, a invocação por parte do arrendatário de que o RABC do seu agregado familiar é inferior a 5 RMNA, determinava a suspensão da transição do contrato por um período de 8 anos, findo o qual o arrendatário não poderia novamente opor-se a essa transição perante nova comunicação do senhorio nesse sentido, o mesmo não sucede quando em causa esteja a invocação e comprovação, por parte do arrendatário, da sua idade ou do seu grau de incapacidade, situação em que a transição do contrato para o NRAU, poderá permanecer definitivamente suspensa, uma vez que se encontra condicionada à obtenção de acordo entre as partes, o que, na posição do arrendatário, será dificilmente compaginável atenta a centralização sobre si da desvinculação injustificada do vinculo contratual, que perderá perante a submissão do contrato ao NRAU.

Não obstante, importa notar que se a invocação e prova da referida circunstância tem efeitos permanentes quanto à impossibilidade de submissão do contrato de arrendamento ao NRAU perante a ausência de acordo das partes, o mesmo não se diga já quanto à possibilidade de atualização do valor da renda aplicável ao mesmo em que podem equacionar-se diversas possibilidades.

Recebendo a comunicação do senhorio em que este manifesta, a par da intenção de proceder à transição do contrato para o NRAU, a vontade em atualizar a renda, propondo um valor ao arrendatário, poderá este, independentemente da invocação da circunstância constante do artigo 36.º, assumir uma das seguintes posições:

a) Aceitar o valor da renda;
b) Opor-se ao valor da renda, propondo novo valor;
c) Opor-se ao valor da renda, sem realizar contraproposta;
d) Invocar e comprovar que o RABC do seu agregado familiar é inferior a 5 RMNA;

Na primeira situação, a aceitação pelo arrendatário do valor proposto pelo senhorio, traduz-se na obtenção de acordo entre as partes quanto ao valor a vigorar a título de renda, devendo o arrendatário, em conformidade, proceder ao pagamento do valor atualizado a partir do 1.º dia do 2.º mês seguinte àquele em que o senhorio haja rececionado a resposta do inquilino contendo a aceitação do valor por si proposto.

A oposição ao valor da renda por parte do arrendatário e a contraproposta de um outro valor, geram no senhorio um ónus de resposta quanto ao valor apresentado pelo arrendatário sob pena de aceitação tácita, o mesmo sucedendo quando o arrendatário, embora manifeste claramente a sua oposição ao valor proposto pelo senhorio, não apresente qualquer contraproposta, situação em que rege o disposto no n.º 2 do artigo 33.º, sendo que a ausência de proposta terá o valor de proposta de manutenção do valor da renda vigente até à data da comunicação do senhorio.

Caso o senhorio aceite expressamente o valor proposto pelo arrendatário ou a proposta implícita de manutenção do valor da renda vigente até esse momento ou, diversamente, não se manifeste, de forma alguma, quanto ao valor proposto, a consequência será, em ambos os casos, a da aplicação desse valor ao contrato, devendo a renda ser paga segundo o valor atualizado a partir do 1.º dia do 2.º mês seguinte ao da receção pelo senhorio da carta de resposta do arrendatário onde este propõe novo valor ou, não tendo o inquilino apresentado qualquer proposta, até ao termo do prazo em que o poderia ter feito, nos temos do n.º 5 do artigo 36.º.

A falta de aceitação do valor proposto pelo arrendatário, por sua vez, não podendo determinar a denúncia do contrato por parte do senhorio ao abrigo da alínea a) do n.º 5 do artigo 33.º, determina, porém, a par da manutenção do regime que lhe é aplicável quanto ao tipo e duração do contrato, que o valor da renda seja apurado em conformidade com os critérios constantes das alíneas a) e b) do n.º 2 do artigo 35.º, sendo o valor da renda determinado tendo por limite máximo o valor anual correspondente a 1/15 do valor patrimonial tributário do locado, exceto se o valor atualizado nestes termos, for inferior ao que resultaria já com a aplicação ao valor da renda paga pelo arrendatário, da atualização anual do valor da renda, ao abrigo do disposto no n.º 1 do artigo 24.º *ex vi* do artigo 37.º, situação em que será este o valor aplicável.

O que acabamos de dizer quanto à atualização do valor da renda não se aplica, porém, se, a par da invocação da idade igual ou superior a 65 anos ou de deficiência com grau de incapacidade igual ou superior a 60%, o arrendatário alegar ainda que o RABC do seu agregado é inferior a 5 RMNA, situação em que as regras aplicáveis à determinação do valor da renda serão as constantes do n.º 7 e seguintes do artigo 36.º, isto é, o valor aplicável à renda deverá ser apurado nos mesmo termos que analisámos, seguindo dos critérios constantes dos n.ºs 2 e 3 do artigo 35.º, para a determinação do valor atualizado da renda perante a invocação pelo arrendatário da circunstância excecional prevista no artigo 35.º, exceto se o valor atualizado nesses termos, for inferior ao resultante da atualização ordinária do valor da renda, em observância do disposto no n.º 1 do artigo 24.º *ex vi* do artigo 37.º, situação em que será este o valor aplicável.

O valor assim determinado, vigorará durante o período de 10 anos, sem prejuízo da possibilidade de o senhorio poder, anualmente, proceder à atualização ordinária do valor da renda, ao abrigo do disposto no artigo 24.º NRAU e do artigo 1077.º do Código Civil. De igual forma, o senhorio poderá solicitar, conforme resulta do n.º 5 do artigo 35.º *ex vi* da alínea c) do n.º 7 do artigo 36.º, até ao dia 1 de setembro de cada ano subsequente à atualização do valor, comprovativo a obter pelo arrendatário junto do serviço de finanças em como se mantêm as condições que presidiram à suspensão da atualização do valor da renda.

A renda atualizada nestes termos, será devida pelo arrendatário a partir do primeiro dia do 2.º mês posterior ao da receção pelo arrendatário da carta do senhorio em que este, após a realização dos cálculos segundo os critérios referidos, o informa do valor atualizado.

Importa notar que o prazo de 10 anos a que se refere a alínea b) do n.º 7 e o n.º 9 do artigo 36.º, reflete a alteração introduzida à norma pela Lei n.º 43/2012, de 14 de junho, alterando para 10 anos o anterior prazo de 5 anos, vigente desde a alteração introduzida pela Lei n.º 31/2012, assim levantando fundadas dúvidas relativamente aos contratos de arrendamento em que o processo de transição do contrato para o NRAU haja sido desencadeado pelo senhorio anteriormente à entrada em vigor da Lei n.º 43/2017.

Sendo certo que em tais contratos, estando em curso o prazo de 5 anos durante os quais o valor da renda atualizada nos termos do n.º 2 e 3 do artigo 35.º se manteria inalterado sem prejuízo das atualizações ordinárias anuais, a alteração da redação do artigo 36.º pela Lei n.º 43/2017, não sendo incompatível com a contagem do referido prazo de 5 anos, determina, porém, a prorrogação do mesmo por igual período de tempo, isto é, por mais cinco anos, assim totalizando o prazo de 10 anos aplicável aos contratos antigos cujo processo de transição para o NRAU apenas haja sido desencadeado pelo senhorio posteriormente à vigência desta última lei e em que haja sido invocado pelo arrendatário, o RABC do seu agregado familiar inferior a 5 RMNA, cumulativamente com a circunstância de ter idade igual ou superior a 65 anos ou deficiência com grau de incapacidade igual ou superior a 60%.

Em termos práticos, num contrato de arrendamento em que o senhorio remete ao arrendatário comunicação para transição do contrato para o NRAU em dezembro de 2012 ocorrendo ainda nesse mês a resposta do arrendatário invocando as referidas circunstâncias excecionais e a respetiva resposta do senhorio à comunicação do arrendatário, informando-o do valor da renda atualizado em conformidade com os critérios constantes dos n.ºs 2 e 3 do artigo 35.º, daí resulta a manutenção do regime aplicável e do valor da renda atualizada, durante os 5 anos previstos na redação da alínea b) do n.º 7 do artigo 36.º, oriunda da Lei n.º 31/2012, tal período viria a findar em dezembro de 2017. Não obstante, por força da alteração daquele período de 5 para 10 anos, introduzida pela Lei n.º 43/2017, poderá o arrendatário manter tais aspetos inalterados por mais cinco anos, isto é, até dezembro de 2022.

Findo o referido período de 10 anos, poderá o senhorio promover a atualização do valor da renda sem que o arrendatário possa novamente invocar a circunstância de o RABC do seu agregado familiar ser inferior a 5 RMNA, remetendo ao arrendatário, para tanto, comunicação nesse sentido, cujo conteúdo será semelhante à comunicação inicial remetida para efeitos de transição do contrato para o NRAU e atualização extraordinária do valor da renda, aplicando-se, com as necessárias adaptações, o disposto nos artigos 30.º e seguintes, sendo certo que perante a falta de acordo entre as partes quanto ao valor a vigorar a partir desse momento, o valor deverá ser atualizado em conformidade com as alíneas a) e b) do n.º 2 do artigo 35.º, isto é, o valor da renda atualizada não poderá ultrapassar o valor anual correspondente a 1/15 do valor patrimonial tributário do locado.

No respeitante à transição do contrato para o NRAU, findo o referido período de 10 anos, poderá o senhorio, juntamente com a comunicação para atualização do valor da renda, remeter ao arrendatário, na mesma carta, proposta de tipo e duração a aplicar ao contrato de arrendamento a fim de promover a submissão do contrato ao NRAU. Não obstante, a transição apenas se concretizará perante o acordo entre as partes nesse sentido, determinando a ausência de acordo, a manutenção do regime vigente até esse momento.

Verificando-se as referidas situações após o período de 10 anos, poderá o arrendatário usufruir de mecanismos de resposta social, designadamente através do arrendamento de habitação social, de mercado social de arrendamento ou bem ainda, a obtenção de subsídio de renda, cuja disciplina resulta do Decreto-Lei n.º 156/2015, de 10 de agosto, que estabelece o regime do subsídio de renda a atribuir aos arrendatários com contratos de arrendamento para habitação, celebrados antes de 18 de novembro de 1990 em processo de atualização de renda.

3) RESIDÊNCIA NO LOCADO, HÁ MAIS DE CINCO ANOS, DE CÔNJUGE, UNIDO DE FACTO OU PARENTE DO ARRENDATÁRIO NO PRIMEIRO GRAU DA LINHA RETA, COM IDADE IGUAL OU SUPERIOR A 65 ANOS E/OU DEFICIÊNCIA COM GRAU DE INCAPACIDADE IGUAL OU SUPERIOR A 60%, SENDO O RABC INFERIOR A 5 RMNA

A Lei n.º 13/2019, de 12 de fevereiro, repercutindo-se no reforço global da proteção conferida aos arrendatários, em especial os mais vulneráveis, veio dar consagração, na alínea b) do n.º 1 do artigo 36.º, a uma terceira circunstância excecional invocável pelo arrendatário, além das duas anteriores já analisadas, consistindo, pois, na invocação de que no locado reside, há mais de cinco anos, cônjuge, unido de facto ou parente do arrendatário no primeiro grau da linha reta, com idade igual ou superior a 65 anos ou deficiência cujo grau de incapacidade seja igual ou superior a 60%, sendo o RABC do agregado familiar inferior a 5 RMNA.

A este respeito importa notar que, anteriormente à referida alteração legislativa e à previsão da nova circunstância excecional, seria já possível ao arrendatário invocar que o RABC do seu agregado familiar é inferior a 5 RMNA, nos termos do n.º 1 do artigo 35.º, pese embora, como vimos a propósito da análise à circunstância ai prevista, por confronto com a que resulta da alínea a) do n.º 1 do artigo 36.º, o grau de proteção conferida ao arrendatário entre uma e outra diverge manifestamente, na medida em que a invocação e comprovação da primeira circunstância, tem por efeito a suspensão da transição do contrato de arrendamento para o NRAU durante o período de oito anos, apenas salvaguardando o arrendatário contra a atualização discricionária do valor das rendas pelo senhorio, uma vez que este valor será extraordinariamente atualizado em observância dos critérios resultantes dos n.ºs 2 e 3 do artigo 35.º, sem prejuízo de, uma vez decorrido o período de oito anos, poder o senhorio promover novamente a transição do contrato para o NRAU, sendo certo que, na ausência de acordo entre as partes, este passará a considerar-se como celebrado pelo prazo certo de cinco anos, sendo possível ao senhorio opor-se à renovação do mesmo, findo aquele prazo.

Diversamente, com a invocação e comprovação da circunstância prevista na alínea a) do n.º 1 do artigo 36.º, na ausência de acordo entre as partes, o contrato não transita para o NRAU, mantendo-se indefinidamente em vigor sem alteração do regime que lhe é aplicável quanto ao tipo e duração contratual, ao qual são aplicáveis as disposições relativas aos contratos de duração indeterminada com as respetivas adaptações já analisadas, sendo que, no respeitante à atualização do valor da renda a pagar pelo arrendatário, caso este não invoque que o RABC do seu agregado familiar é inferior a 5 RMNA, o valor a pagar perante a falta de acordo será determinado, como vimos, por referência aos critérios constantes das alíneas a) e b) do n.º 2 do artigo 35.º, ao invés do que sucede se o arrendatário invocar tal circunstância, caso em que o valor da renda será calculado em conformidade com os critérios resultantes dos n.º 2 e 3 do mesmo preceito, passando, como tal, a ser indexado ao valor do RABC durante o período de 10 anos, findo o qual o senhorio poderá desencadear nova atualização do valor das rendas sem que o arrendatário possa opor-lhe a circunstância do RABC do seu agregado familiar ser inferior a 5 RMNA, altura em que a falta de acordo neste aspeto determina o recalculo do valor da renda a pagar em conformidade com o disposto nas alínea a) e b) do n.º 2 do artigo 35.º, sendo certo que o senhorio não poderá, por outro lado, promover a transição do contrato para o NRAU uma vez que, como resulta da parte inicial do n.º 1 do artigo 36.º, a transição do contrato para o NRAU fica sujeita a acordo das partes.

Com o aditamento da alínea b) ao n.º 1 do artigo 36.º, dando assim consagração à nova circunstância excecional referida, pretende-se atribuir ao arrendatário que invoque e comprove a mesma, o mesmo grau de proteção conferido perante a comprovação da circunstância constante da alínea a) do mesmo n.º 1, surgindo a alteração em apreço no sentido de alargar tal proteção a um maior número de arrendatários de contratos de arrendamento celebrados antes da entrada em vigor do RAU que, pese embora não tendo idade igual ou superior a 65 anos ou deficiência com grau de incapacidade comprovada igual ou superior a 60% à data da receção da primeira comunicação do senhorio, habitam conjuntamente no locado com cônjuge, unido de facto ou parente do arrendatário no primeiro grau da linha reta, isto é, o pai ou a mãe deste, o qual se insere num daqueles requisitos em razão da idade ou de deficiência de que sejam portadores, sendo pressuposto cumulativo, em qualquer um dos casos referidos, que o RABC do agregado familiar do arrendatário seja inferior a 5 RMNA, a fim de poder prevalecer-se da circunstância excecional em apreço, devendo o arrendatário invocar e comprovar simultaneamente ambas as situações, na resposta a endereçar ao senhorio.

B. Contratos não-habitacionais

Analisado o regime transitório aplicável aos contratos de arrendamento habitacionais celebrados antes da vigência do RAU, importa agora abordar as linhas gerais que edificam o regime transitório aplicável aos contratos não-habitacionais celebrados antes da entrada em vigor do Decreto-Lei n.º 257/95, de 30 de setembro, isto é, antes de 5 de outubro de 1995, sendo que à semelhança do que vimos suceder relativamente àqueles, também nos contratos não-habitacionais de natureza vinculistica, o regime transitório resulta do artigo 28.º NRAU, em especial dos n.ºs 1, 2 e 6 deste artigo e dos preceitos para que o mesmo remete, entre os quais, o artigo 26.º e os artigos 50.º a 54.º

O artigo 26.º, respeitante, em especial, aos contratos antigos habitacionais e não-habitacionais celebrados após a vigência do RAU e do Decreto-Lei n.º 257/95, respetivamente, é igualmente aplicável aos contratos não-habitacionais celebrados antes da vigência deste último diploma por via da remissão constante do n.º 1 do artigo 28.º, sendo que tal aplicação do disposto no artigo 26.º a estes contratos, deverá ser realizada com as devidas adaptações, não apenas por força das especificidades constantes do próprio artigo 28.º, mas também daquelas que resultam dos artigos 50.º a 54.º os quais estabelecem o processo a desencadear pelo senhorio no sentido de, querendo, proceder à transição do contrato não-habitacional para o NRAU e à atualização extraordinária do valor da renda a pagar pelo arrendatário.

Igualmente aplicável aos contratos não-habitacionais antigos, o artigo 29.º delimita, por sua vez, o direito do arrendatário a ser ressarcido pelas benfeitorias realizadas no imóvel, aquando da cessação em geral do contrato de arrendamento e por denúncia do senhorio, nos termos constantes do artigo 52.º *ex vi* do disposto na alínea a) do n.º 5 do artigo 33.º, em oposição à contraproposta de valor da renda realizada pelo arrendatário em discordância com o valor inicialmente proposto por aquele a fim de operar a referida submissão do contrato ao NRAU.

A par dos referidos, cumpre notar que são ainda extensíveis a tais contratos, nos aspetos não previstos nas normas transitórias especiais, as disposições gerais constantes da disciplina arrendatícia atualmente vigente, na medida em que, encontrando-se automaticamente submetidos ao NRAU, nos termos constantes do n.º 1 do artigo 59.º e n.º 1 do artigo 26.º *ex vi* do n.º 1 do artigo 28.º, são-lhes igualmente aplicáveis as disposições não incompatíveis com as referidas disposições transitórias, em articulação necessária com a limitação decorrente do n.º 3 do artigo 59.º, ao estabelecer a derrogação das normas supletivas contidas no NRAU quando disponham em sentido oposto ao das normas supletivas que vigoravam aquando da celebração do contrato antigo não-habitacional, caso em que será esta última a norma aplicável.

Cumpre, por último, ressalvar que, atenta a similitude, relativamente ao regime aplicável em sede de transmissão por morte, previsto no artigo 58.º, entre os contratos não-habitacionais celebrados anteriormente à vigência do Decreto-Lei n.º 257/95 e os contratos não-habitacionais celebrados depois da entrada em vigor desse diploma, mas antes da vigência do NRAU, visando evitar a duplicação desnecessária da matéria, remetemos para as considerações realizadas em sede do regime aplicável aos contratos celebrados na vigência do Decreto-Lei n.º 257/95.

De igual forma, ao estabelecer o n.º 6 do artigo 28.º, hipótese semelhante à prevista no n.º 7 do artigo 26.º, é de igual forma reconhecido, no âmbito dos contratos de que agora tratamos, a possibilidade de serem invocados pelo subarrendatário, os direitos previstos no regime aplicável, à semelhança do que sucede nos contratos celebrados após a entrada em vigor do Decreto-Lei n.º 257/95. Remetemos, assim, para a análise e considerações tecidas em sede destes últimos contratos.

Analisaremos, de seguida, cada um dos referidos aspetos.

1) REGRAS APLICÁVEIS À DENÚNCIA DOS CONTRATOS DE ARRENDAMENTO NÃO-HABITACIONAIS

No respeitante à denúncia dos contratos de arrendamento urbano antigos para fins não-habitacionais celebrados anteriormente à entrada em vigor do Decreto-Lei n.º 257/95, de 30 de setembro, importa, desde logo, ter em consideração a natureza vinculistica dos mesmos, constituindo, nessa medida, contratos sem duração limitada cuja liberdade desvinculativa do senhorio, à luz do regime vigente em que os mesmos foram celebrados, se encontrava praticamente excluída.

Não obstante e apesar de tais contratos manterem atualmente, na vigência do regime transitório previsto no NRAU, a vertente vinculistica, esta não é absoluta nem ilimitada, cedendo perante determinadas vicissitudes[149], cuja verificação determina o afastamento da impossibilidade desvinculativa do senhorio, sendo-lhe permitido operar a denúncia do contrato, embora sujeita a determinados condicionalismos próprios de cada fundamento de denúncia. Concretizemos.

Encontrando-se, como vimos, os contratos celebrados anteriormente à vigência do Decreto-Lei n.º 257/95, submetidos automaticamente ao NRAU com as especificidades previstas no respetivo regime transitório, tais contratos sem duração limitada são equiparados, nos termos do n.º 4 do artigo 26.º *ex vi* do n.º 1 do artigo 28.º, aos contratos de duração indeterminada, aplicando-se às referidas relações arrendatícias antigas, as normas constantes dos artigos 1099.º e seguintes, com as devidas adaptações.

Nesse sentido, a natureza vinculistica dos contratos em apreço reflete-se no regime transitório aplicável aos mesmos, em matéria de denúncia do contrato de arrendamento pelo senhorio, repercutindo-se, desde logo, na impossibilidade de o senhorio poder, livremente e sem qualquer fundamento, promover a sua desvinculação do contrato através da denúncia *ad nutum*, nos termos do n.º 2 do artigo 28.º, porquanto não é aplicável aos contratos em apreço, a alínea c) do artigo 1101.º do Código Civil, o que significa dizer que, em regra, o senhorio, mesmo à luz das regras transitó-

[149] Sobre o presente tema, veja-se Fernando de Gravato Morais, *Novo Regime de Arrendamento Comercial*, p. 34 e ss. e, do mesmo autor, *As Novas Regras Transitórias na Reforma do NRAU (Lei 31/2012)*, p. 13 e ss.

rias constantes do NRAU, continua vinculado à manutenção do contrato de arrendamento para fins não-habitacionais[150].

Previamente à entrada em vigor da Lei n.º 13/2019, porém, o legislador previa e enumerava, no n.º 3 do artigo 28.º, o seguinte conjunto de situações cuja verificação determinava o afastamento da regra aplicável aos contratos de arrendamento não-habitacional celebrados antes do Decreto-Lei n.º 257/95[151], permitindo ao senhorio a sua denúncia imotivada, o que sucedia nos seguintes casos:

a) Trespasse, locação de estabelecimento ou cessão do arrendamento para o exercício de profissão liberal[152];
b) Sendo o arrendatário uma sociedade, ocorra a transmissão[153] *inter-vivos* de posição ou posições sociais que determine a alteração da respetiva titularidade em mais de 50%[154];

[150] Neste sentido, torna-se irrelevante aferir da aplicabilidade da alínea c) do n.º 4 do artigo 26.º aos contratos de arrendamento não-habitacionais celebrados anteriormente à vigência do Decreto-Lei n.º 257/95, por via do disposto no n.º 1 do artigo 28.º, na medida em que, ao prever este este último preceito no n.º 2, o afastamento da possibilidade de denúncia livre, por parte do senhorio, ao abrigo da alínea c) do artigo 1101.º, parece-nos evidente que tal disposição será aplicável independentemente da idade ou deficiência do arrendatário.

[151] Tal limitação ao exercício do direito de denúncia imotivada do senhorio, verificava-se, à luz da redação inicial do NRAU, no respeitante também quanto aos contratos de arrendamento não-habitacionais celebrados após o Decreto-Lei n.º 257/95, na medida em que o conteúdo do n.º 3 do artigo 28.º, entretanto revogado pela Lei n.º 13/2019, era absorvido pelo n.º 6 do artigo 26.º, situação que apenas seria alterada com a entrada em vigor da Lei n.º 31/2012.

[152] Como bem refere Francisco de Castro Fraga, *Ob. Cit*, p. 477, a par das situações elencadas na alínea a), outras devem ser igualmente abrangidas pela respetiva *ratio legis* da norma, como sejam a locação financeira em que haja sido exercida a opção de compra do imóvel, a aquisição em processo executivo ou, bem ainda, a dação em cumprimento, sendo este o entendimento doutrinal maioritariamente sufragado.

[153] **JURISPRUDÊNCIA (09/06/2016):**

AC. TRL. PROCESSO N.º 1219/14.2TVLSB.L1-6 (MARIA DE DEUS CORREIA):

"– A alínea b) do n.º6 do art. 26º da Lei n.º6/2006 de 27 de Fevereiro deverá ser interpretada no sentido de ser aplicável ao caso em que foram extintas as quotas até então detidas e tituladas pelos sócios da sociedade locatária, sendo ato contínuo realizado um aumento de capital social da mesma, subscrito na totalidade por outra sociedade comercial que passou a ser a única sócia dessa sociedade.

A *ratio legis* da solução prevista no n.º 3 residia, pois, em colocar termo ao vinculísmo característico do contrato de arrendamento antigo, fazendo cessar a proteção conferida ao primitivo inquilino, na medida em que houvesse ocorrido uma alteração da posição contratual do arrendatário posterior à entrada em vigor da Lei n.º 31/2012[155], como sucedia nos casos

– A não ser entendido assim, estaria encontrada a forma de se proceder à alteração dos sócios que têm o domínio da sociedade, sem que o senhorio pudesse denunciar o contrato de arrendamento, o que sempre se traduziria numa situação de fraude à lei.”

154 **JURISPRUDÊNCIA (17/05/2016):**
AC. TRL. PROCESSO N.º 1218/14.4TVLSB.L1-7 (GRAÇA AMARAL):
“I – O direito de denúncia do contrato de arrendamento para fim não habitacional consagrado no artigo 26.º, do NRAU, aprovado pela Lei n.º 6/2006 de 27-02, (mediante comunicação escrita ao arrendatário, com antecedência não inferior a cinco anos sobre a data em que pretenda a cessação) depende da verificação cumulativa de dois requisitos:
1.º ser a arrendatária uma sociedade;
2.º ocorrer na arrendatária, após a entrada em vigor da NRAU, uma alteração de mais de 50% da titularidade da posição ou posições sociais relativamente à situação social existente àquela data, a levar a cabo por ato de transmissão inter vivos dessas mesmas posições.
II – A ratio da referida norma visa afastar o regime protecionista atribuído à posição do arrendatário nas situações que envolvam mudança do primitivo arrendatário e que não se confinam apenas aos casos em que se verifique a alteração da pessoa em si (como é o caso do trespasse e da locação do estabelecimento a que alude a alínea a) do citado artigo 26.º), mas naqueles em que, não obstante permaneça inalterável a pessoa do arrendatário, por força da mudança efetuada no respetivo capital social (daí que só tenha cabimento nas sociedades), ocorra uma modificação significativa na sua identidade intrínseca, o que acontece sempre que o domínio da sociedade (possível com mais de 50% do capital social) se altere, com óbvia incidência na respetiva vontade social.
III – Nesse sentido, o conceito “transmissão” das posições sociais ínsito no referido preceito não pode ser dissociado da sua finalidade. Consequentemente, será de afastar a interpretação (estritamente literal) da norma que limite o conceito de transmissão às situações em que ocorra uma “passagem” de quotas.
IV – Integra a previsão do artigo 26.º, n.º6, alínea b), do NRAU, conferindo à senhoria o direito de denúncia do respetivo contrato, a situação em que se verifique uma “substituição” in totum das posições sociais por parte dos anteriores sócios da sociedade arrendatária à nova e única sócia (através da extinção das quotas pertencentes àqueles por redução do capital social a zero, com simultâneo aumento do capital social pela constituição de uma quota criada ex novo), que passou a assegurar, em exclusivo, o domínio da posição da arrendatária na relação de arrendamento.”

155 A lei n.º 31/2012 veio alterar o preceito no sentido de estabelecer a possibilidade de o senhorio poder denunciar, de forma imotivada o contrato de arrendamento uma vez verificadas uma das situações elencadas nas alíneas a) e b), sendo que a versão original do preceito apenas remetia a definição do regime aplicável aos contratos de arrendamento a que se referia o respetivo capítulo, para o estatuído no artigo 26.º.

do trespasse ou da cessão do arrendamento para o exercício de profissão liberal, e, bem ainda, nas situações em que, mantendo-se inalterada a pessoa do arrendatário, fosse alterada total ou parcialmente, de forma substancial, a identidade de quem detém a titularidade da pessoa coletiva que arrenda o imóvel, como sucede na transmissão de posições sociais que determine a alteração da titularidade da sociedade em mais de 50%.

Neste sentido, por força das alterações introduzidas pela Lei n.º 13/2019, de 12 de fevereiro ao artigo 28.º, através da revogação dos n.ºs 3 e 4, deixam de existir exceções à regra contida no n.º 2 do mesmo preceito que estabelece, de forma indistinta que, quanto aos contratos de arrendamento habitacionais celebrados previamente à vigência do RAU e aos contratos não-habitacionais celebrados antes da entrada em vigor do Decreto-Lei n.º 257/95, não é aplicável o disposto na alínea c) do artigo 1101.º do Código Civil, isto é, não é possível a denúncia do contrato de arrendamento mesmo que se verifique um dos referidos casos após a entrada em vigor do NRAU,

Não obstante, poderá o senhorio, mesmo tratando-se de um contrato não-habitacional celebrado anteriormente à vigência do Decreto-Lei n.º 257/95, proceder à denúncia motivada do contrato de arrendamento nos termos constantes das alíneas a) e b) do artigo 1101.º, com as devidas adaptações, atendendo à finalidade do vínculo contratual em apreço[156].

Neste sentido, a aplicação aos contratos não-habitacionais celebrados anteriormente à vigência do Decreto-Lei n.º 257/95, do n.º 4 do artigo 26.º *ex vi* do n.º 1 do artigo 28.º, deverá ser operada com cautela na medida em que à denúncia motivada pelo senhorio do contrato de arrendamento não-habitacional, não é aplicável a restrição constante da alínea a) do n.º 4 que remete para o disposto na alínea a) do n.º 1 do artigo 107.º do revogado RAU, na medida em que, a circunstância, neste tipo de contratos, de o arrendatário ter à data da produção de efeitos, idade igual ou superior a 65 anos, ou independentemente da sua idade, se encontrar em situação de reforma por invalidez absoluta ou sofra de incapacidade total para o trabalho, não obsta a que a denúncia operada pelo senhorio seja válida[157].

[156] Maria Olinda Garcia, *Arrendamento Urbano Anotado*, p. 133.

[157] No mesmo sentido, Fernando de Gravato Morais, *Novo Regime do Arrendamento Comercial*, p. 50. O autor entende, relativamente aos contratos não-habitacionais antigos, não existir impedimento ao exercício do direito de denúncia motivada pelo senhorio,

No respeitante à aplicação do disposto na alínea b) do n.º 4 do artigo 26.º, quando a denúncia motivada tenha por fundamento a alínea b) do artigo 1101.º, isto é, quando o senhorio pretenda proceder à demolição do imóvel ou a realização de obra de remodelação ou restauro profundos que obriguem à desocupação do locado e não seja aplicável a suspensão do contrato em detrimento da denúncia, haverá, consequentemente, lugar ao realojamento do arrendatário por período não inferior a três anos ou ao pagamento de uma indemnização, correspondente a dois anos da renda, cujo valor não poderá ser inferior a duas vezes o montante de 1/15 do valor patrimonial tributário do locado, sendo que, para efeitos do cálculo da indemnização tendo por critério o valor da renda, este deverá ser apurado nos termos constantes as alíneas a) e b) do n.º 2 do artigo 35.º.

Relativamente à denúncia do contrato de arrendamento não-habitacional antigo pelo arrendatário, é-lhe aplicável o disposto no artigo 1100.º do Código Civil *ex vi* do n.º 4 do artigo 26.º e do n.º 1 do artigo 28.º, podendo o arrendatário denunciá-lo a todo o tempo desde que salvaguardando uma antecedência mínima de 120 dias[158], em conformidade com o disposto na alínea a) do n.º 1, relativamente à data pretendida para a produção de efeitos da mesma, isto é, a data da cessação do vínculo contratual.

2) REGRAS APLICÁVEIS ÀS BENFEITORIAS REALIZADAS PELO ARRENDATÁRIO

Analisadas as regras aplicáveis à denuncia no regime transitório dos contratos de arrendamento não-habitacionais celebrados anteriormente à vigência do Decreto-Lei n.º 257/95, importa agora analisar o regime

não sendo, como tal, aplicável ao arrendamento comercial o disposto no artigo 107.º RAU *ex vi* do artigo 26.º, n.º 4, al. a) NRAU.

[158] Não se aplica, em sede de denúncia pelo arrendatário de um contrato de arrendamento não-habitacional celebrado anteriormente à vigência do Decreto-Lei n.º 257/95, a antecedência mínima prevista na alínea b) do n.º 1 do artigo 1100.º, na medida em que, sendo o prazo de antecedência mínima aferido em função da duração efetiva do vínculo contratual e tratando-se de um contrato de arrendamento celebrado antes de 5 de outubro de 1995, naturalmente a respetiva duração será largamente superior a um ano.

aplicável às benfeitorias realizadas no locado objeto destes contratos, partindo da exposição deste tema em sede dos contratos habitacionais celebrados anteriormente à vigência do RAU, na medida em que, como veremos, existem entre ambos, diversos pontos de contacto.

Neste sentido, a compreensão das regras aplicáveis às benfeitorias realizadas pelo arrendatário no âmbito de contratos não-habitacionais antigos, pressupõe a correta análise do disposto no artigo 29.º, na medida em que como vimos suceder no respeitante às benfeitorias em sede de contratos habitacionais, a cada número do preceito corresponderá, necessariamente, um regime diferente no respeitante às obras que conferem ao arrendatário direito a compensação, variando entre si em virtude da forma de cessação que esteve na génese da extinção do contrato, o que nos permite assim afirmar que diferentes formas de cessação, determinam a aplicação de diferentes regimes em sede de compensação pelas benfeitorias realizadas.

O primeiro dos regimes referidos, previsto no n.º 1, que podemos apelidar de regime residual, aplica-se perante a inaplicabilidade de qualquer um dos referidos nos n.ºs 2 e 3, na medida em que abrange todas as formas de cessação que não se considerem incluídas nos respeitantes números do preceito, estabelecendo, como tal, um regime menos favorável que aqueles ao fazer depender o direito do arrendatário à compensação pelas benfeitorias por si realizadas, da licitude das mesmas, por aplicação do disposto nos artigos 1273.º e seguintes do Código Civil, relativas às benfeitorias realizadas por possuidor de boa fé.

Assim sendo, no regime residual consideram-se incluídas as benfeitorias necessárias realizadas pelo arrendatário, desde que expressamente previstas no contrato de arrendamento ou autorizadas pelo senhorio ou, bem ainda, tratando-se de obras ou reparações urgentes, tendo ainda o arrendatário direito a proceder ao levantamento das benfeitorias úteis realizadas no locado desde que o mesmo não seja comprometido, sendo que em caso de comprometimento do imóvel em virtude do levantamento, poderá o inquilino ser compensado pelo valor das mesmas, nos termos aplicáveis ao enriquecimento sem causa, operando o valor por si despendido com a respetiva realização das mesmas, como limite máximo no apuramento do valor a arbitrar a título de compensação.

No respeitante, por sua vez, às benfeitorias voluntuárias, poderá o arrendatário proceder ao respetivo levantamento, salvo se daí resultar comprometimento para o locado, situação em que, além de não poder levantar tais benfeitorias por si realizadas, não poderá, de igual forma, ser compensado pelas mesmas.

O segundo regime, previsto no n.º 2, no que concerne aos contratos não-habitacionais, será aplicável apenas nas situações em que haja ocorrido a denúncia do contrato pelo arrendatário, nos termos constantes da alínea d) do n.º 3 do artigo 51.º, em virtude da comunicação efetuada pelo senhorio destinada a proceder à atualização extraordinária do valor da renda e a operar a transição do mesmo para o NRAU.

Assim sendo, o segundo regime, comparativamente ao regime previsto no anterior, a par do reconhecimento ao arrendatário do direito a ser compensado pelas benfeitorias por si realizadas no locado, em todas as situações naquele previstas, estabelece ainda o direito do arrendatário à compensação pelas obras realizadas ainda que sem autorização do senhorio, não estipuladas contratualmente, ou relativamente às quais o arrendatário haja renunciado ao direito a qualquer compensação no contrato de arrendamento, estabelecendo nessa medida um regime mais favorável ao conferir abertura a situações que o disposto no n.º 1 claramente não engloba.

Passando ao regime previsto no n.º 3, importa notar que anteriormente à vigência da Lei n.º 79/2014, de 19 de dezembro, as regras aplicáveis às benfeitorias nos contratos não-habitacionais, surgiam edificadas por equiparação ao regime aplicável aos contratos habitacionais e não-habitacionais previsto no n.º 2, sendo que o anterior n.º 3 do artigo 29.º, fazia depender a aplicação do disposto no número anterior, da cessação do contrato de arrendamento em virtude da verificação de uma das vicissitudes constantes do n.º 3 do artigo 28.º.

Por outras palavras, o direito do arrendatário às obras licitamente realizadas por si no locado ao abrigo do regime constante do n.º 2, estaria dependente, por aplicação do n.º 3, da verificação da denúncia imotivada do contrato pelo senhorio posterior à ocorrência de trespasse, locação de estabelecimento, cessão do arrendamento para o exercício de profissão liberal ou, bem ainda, ocorrendo a transmissão intervivos de posição ou posições sociais que assim determinassem a alteração da titularidade da sociedade arrendatária do imóvel em mais de 50%.

Do exposto podemos assim depreender que a não verificação da denúncia operada pelo senhorio nos referidos termos, determinaria, na redação conferida ao preceito pela Lei n.º 31/2012, a sujeição ao regime constante do n.º 1, do direito do arrendatário às benfeitorias por si realizadas, como tal, menos favorável que o estatuído no n.º 2, porquanto dependeria, necessariamente, da aprovação das mesmas mediante estipulação contratual ou autorização expressa do senhorio nesse sentido.

A reformulação do n.º 3 do artigo 29.º pela Lei n.º 79/2014, veio traduzir-se no reconhecimento de outras situações, não expressamente previstas na redação anterior, em que o arrendatário goza do direito às benfeitorias por si realizadas, independentemente do estipulado no contrato de arrendamento ou da falta de autorização do senhorio, isto é, passando a usufruir quanto às mesmas, de um regime tão favorável como o previsto no n.º 2 nas situações aí elencadas.

Assim sendo, as situações a que se aplica o disposto no atual n.º 3 são as seguintes:

a) Denúncia do contrato pelo senhorio com fundamento na necessidade de demolição ou de realização de obra de remodelação ou restauro profundos que obriguem à desocupação do locado, nos termos constantes da alínea b) do artigo 1101.º;
b) Denúncia do contrato pelo senhorio em virtude da não aceitação, em processo de transição do contrato não-habitacional para o NRAU, do valor de renda contraproposto pelo arrendatário em resposta à proposta por si efetuada, nos termos da alínea a) do n.º 5 do artigo 33.º *ex vi* do artigo 52.º;

A referida alteração, como referido, prevê novas situações a que é aplicável um regime mais vantajoso que o estatuído no n.º 1, ao salvaguardar o direito do arrendatário a ser compensado pelas benfeitorias por si realizadas, ainda que as mesmas não hajam sido convencionadas no contrato de arrendamento ou não hajam sido autorizadas pelo senhorio, importando porém notar que, por força da referida alteração, o n.º 3 deixa de fazer qualquer menção à situação nele prevista anteriormente à sua redação atual, isto é, à cessação do contrato por denúncia imotivada do senhorio, a qual, por sua vez, como vimos, por força da revogação dos n.ºs 3 e 4 do artigo 28.º pela Lei n.º 13/2019, deixou, igualmente, de ser possível.

3) TRANSIÇÃO DO CONTRATO DE ARRENDAMENTO PARA O NRAU E ATUALIZAÇÃO EXTRAORDINÁRIA DO VALOR DA RENDA

I) INTRODUÇÃO

A transição do contrato de arrendamento não-habitacional para o NRAU, celebrado anteriormente à entrada em vigor do Decreto-Lei n.º 257/95, de 30 de setembro e a atualização extraordinária da renda resultam, à semelhança do que vimos suceder nos contratos de arrendamento habitacionais celebrados anteriormente à vigência do RAU, da possibilidade conferida ao senhorio pela Lei n.º 6/2006, com as alterações introduzidas pela Lei n.º 31/2012, nos artigos 50.º e seguintes do NRAU, de promover a alteração, com o acordo expresso ou tácito do arrendatário, de aspetos relativos ao tipo e duração do contrato, bem como, do respetivo valor da renda a pagar por este último.

Tais aspetos assumem importância fulcral na relação contratual vigente entre as partes no sentido em que, como tivemos já oportunidade de analisar, tratando-se de um contrato celebrado ao abrigo de um regime imperativamente vinculistico, a liberdade desvinculativa do senhorio ficaria comprometida, encontrando-se este impedido de promover a denúncia imotivada do contrato, nos termos do artigo 69.º/*a contrario* do revogado RAU e anteriormente a este, do artigo 1083.º do Código Civil, sendo que apenas com a entrada em vigor do Decreto-Lei n.º 257/95, passou a ser possível às partes a celebração de contratos de duração limitada, alternativamente aos contratos sem duração limitada ou vinculísticos.

Como veremos, também nesta matéria e não apenas no respeitante aos contratos de arrendamento habitacional, as sucessivas alterações introduzidas, posteriormente à Lei n.º 31/2012, pelas Leis n.º 79/2014, de 19 de dezembro, 42/2017, 43/2017, de 14 de junho e 13/2019, de 12 de fevereiro, vieram introduzir aspetos destinados a incrementar a proteção do arrendatário no decurso do procedimento de transição do contrato para o NRAU desencadeado pelo senhorio, em especial no reforço das formalidades que este último deverá observar na comunicação inicial a dirigir ao arrendatário a fim de salvaguardar o exercício do respetivo direito de resposta de forma consciente e informada, garantindo-lhe assim, efetivamente, a possibilidade de invocar, se aplicáveis, um conjunto de circunstâncias excecionais destinadas à paralisação do efeito transitório pretendido pelo senhorio.

Assistiu-se ainda, com as referidas alterações, em especial as introduzidas pela Lei n.º 42/2017[159] ao NRAU e ao Regime Jurídico de Obras em Prédios Arrendados (RJOPA), aprovado pelo Decreto-Lei n.º 157/2006, de 8 de agosto, à proteção de estabelecimentos de interesse histórico e cultural ou social local, os quais, outrora menosprezados pelo legislador, são agora objeto de intervenção participada, por parte do Estado e das Câmaras Municipais dos respetivos municípios em que se inserem os imóveis arrendados, nomeadamente, através do reconhecimento, proteção e salvaguarda daqueles estabelecimentos bem como, no caso de denúncia para demolição do imóvel em que se encontra instalado o estabelecimento, através da respetiva permissão para o efeito a conceder ou recusar pelos órgãos municipais competentes, dependendo esta, necessariamente, da observância dos critérios resultantes das alíneas a) e b) do n.º 1 do artigo 7.º-A do RJOPA, que veremos melhor em sede própria.

De seguida, analisaremos, de forma faseada, o procedimento destinado a operar a transição do contrato de arrendamento não-habitacional para o NRAU e respetiva atualização extraordinária do valor da renda.

II) COMUNICAÇÃO DO SENHORIO PARA A TRANSIÇÃO DO CONTRATO PARA O NRAU E ATUALIZAÇÃO EXTRAORDINÁRIA DO VALOR DA RENDA

Resulta do artigo 50.º NRAU, que a transição do contrato para o NRAU e a respetiva atualização do valor da renda dependem da iniciativa do senhorio, incumbindo-lhe pois desencadear o procedimento destinado a obter, mediante acordo com o arrendatário, expresso ou tácito, a alteração do contrato quanto ao respetivo tipo e duração, transitando de

[159] Para uma análise rigorosa e detalhada da Lei n.º 42/2017, de 14 de junho e do procedimento nela previsto, nos artigos 3.º e seguintes, destinado ao reconhecimento municipal dos estabelecimentos de interesse histórico e cultural ou social local, veja-se RUI DUARTE, "*A Lei n.º 42/2017, de 14/06: uma visão panorâmica – Do procedimento de reconhecimento de interesse histórico e cultural ou social local, em especial*", Julgar Online, julho de 2017, acessível no endereço eletrónico sito em: "*http://julgar.pt/wp-content/uploads/2017/07/20170707-ARTIGO-JULGAR-Lei-42-2017-visão-panorâmica-Rui-Duarte.pdf*"

um contrato sem duração limitada para um contrato, à luz dos tipos contratuais atualmente previstos no n.º 1 do artigo 1094.º do Código Civil, com duração indeterminada ou com prazo certo e dentro destes últimos, com duração a estipular pelas partes ou de forma supletiva, nos termos constantes da alínea b) do n.º 6 do artigo 54.º e, bem ainda, a atualização do valor da renda aplicável, tendo em vista fazer cessar o apelidado *congelamento* das rendas antigas, embora em obediência aos limites legalmente definidos à respetiva atualização perante a ausência de acordo entre as partes.

Assim sendo, o incumprimento por parte do senhorio do dever de endereçar ao arrendatário a referida comunicação, seguindo a forma prescrita no n.º 1 do artigo 9.º NRAU, através de carta registada com aviso de receção, determina a ineficácia da comunicação perante este, o mesmo sucedendo quando a comunicação, pese embora remetida em observância da forma legalmente prevista, omite, porém, um dos elementos a que se refere o artigo 50.º, sendo eles:

a) O valor da renda, tipo e duração do contrato propostos;
b) O valor patrimonial tributário do locado constante da caderneta predial urbana, em virtude da avaliação do imóvel locado nos termos dos artigos 38.º e seguintes do CIMI;
c) A cópia da caderneta predial urbana do imóvel;
d) A indicação do prazo de que dispõe o arrendatário para responder à comunicação do senhorio;
e) O conteúdo que a resposta do arrendatário poderá apresentar;
f) As circunstâncias excecionais que o arrendatário poderá invocar e comprovar na sua resposta a fim de suspender a transição do contrato de arrendamento para o NRAU e obstar à atualização do valor da renda;
g) As consequências derivadas da falta de resposta por parte do arrendatário e/ou da ausência da invocação das circunstâncias excecionais a que se refere o n.º 4 do artigo 51.º;

O presente catálogo, igual em todos os seus elementos àquele que vimos ser aplicável em sede dos contratos habitacionais celebrados anteriormente ao RAU, constante do artigo 30.º e para cuja análise remetemos, constitui um elenco taxativo que deverá constar e instruir, imperativamente, a comunicação a dirigir pelo senhorio ao arrendatário tendo em vista operar a transição do contrato para o NRAU e atualização do valor da renda, sob pena de ineficácia da mesma.

Não obstante, importa, no entanto, notar que a comunicação em si não é obrigatória, isto é, incumbindo ao senhorio desencadear o presente procedimento, é também a ele que cabe a decisão de o fazer, na medida em que se encontra na sua disponibilidade tal aspeto, permanecendo naturalmente válido, o contrato de arrendamento antigo no qual o senhorio, por inércia ou ausência de interesse, não tenha manifestado a sua intenção em proceder à respetiva atualização dos aspetos referidos.

Na referida situação, o contrato de arrendamento, embora submetido ao NRAU, nos termos constantes do artigo 28.º e preceitos inerentes para que o mesmo remete, mantém-se inalterado no respetivo tipo contratual, isto é, permanece como contrato sem duração limitada ou vinculistico embora com aplicação das normas constantes dos artigos 1100.º e seguintes do Código Civil, relativas aos contratos de duração indeterminada, nos termos do n.º 4 do artigo 26.º *ex vi* do n.º 1 do artigo 28.º.

De igual forma e sem prejuízo da possibilidade de o senhorio poder proceder, anualmente, à atualização ordinária do valor da renda, a ausência de intenção e consequente comunicação ao arrendatário para efeitos da atualização extraordinária do valor da renda, determina a manutenção do valor da renda paga pelo arrendatário.

Consequentemente, o contrato manter-se-á inalterado nos referidos aspetos até à cessação do mesmo em virtude da verificação de uma das modalidades legalmente admissíveis, situação em que serão, como tal, aplicáveis as regras respeitantes às benfeitorias, previstas no artigo 29.º, salvaguardando ao arrendatário, aquando da extinção do vínculo contratual, o direito à compensação pelas obras por si realizadas no locado.

No respeitante ao catálogo de elementos, *supra* elencado e previsto no artigo 50.º, que devem instruir, necessariamente, a comunicação a endereçar ao arrendatário, cumpre ressalvar que nem sempre o mesmo apresentou a extensão que atualmente detém, o que apenas viria a suceder em virtude das alterações introduzidas pela Lei n.º 79/2014 ao preceito referido, na medida em que, anteriormente a esta e após a entrada em vigor da Lei n.º 31/2012, apenas eram necessários, a par da proposta de alteração do valor da renda, tipo e duração contratuais, a indicação do valor patrimonial tributário do locado e a cópia da caderneta predial urbana, assim dando por legalmente cumprida a obrigação do senhorio, o qual, por sua vez, faria emergir sobre o arrendatário o ónus de resposta, não raras vezes menosprezado, em especial por ausência de informações que apenas após a entrada em vigor daquele diploma viriam tornar-se igualmente obrigatórias, com as consequências que veremos de seguida.

Importa referir, por último, que os elementos a indicar na referida comunicação, sendo obrigatórios e cumulativos, devem constar, na sua totalidade, da carta registada com aviso de receção a remeter ao arrendatário, o que significa dizer que, ainda que por hipótese não pretendesse o senhorio proceder à atualização extraordinária do valor da renda, mas tão somente operar a transição do contrato de arrendamento para o NRAU[160], nem por isso ficaria desonerado de fazer constar da referida missiva os elementos relativos ao valor patrimonial tributário do locado, como seja a indicação desse valor e a cópia da respetiva caderneta predial urbana, sob pena de ineficácia[161].

[160] **JURISPRUDÊNCIA (27/09/2016):**
AC. TRP. PROCESSO N.º 5538/15.2T8PRT.P1 (VIEIRA E CUNHA):
"*I – Não é concebível que a comunicação inicial do senhorio, de transição do contrato de arrendamento para o NRAU, prevista nos art.ºs 50.ºss. NRAU para os arrendamentos de fim não habitacional, não faça alusão ao valor do locado, nos termos dos art.ºs 38.ºss. CIMI, nem junte cópia da caderneta predial urbana, mesmo que o senhorio não pretenda a atualização da renda, pois a mudança de regime do contrato para o NRAU não prescinde da ponderação da fixação da renda, por parte do senhorio e do arrendatário, com base naqueles elementos.*
II – Caso a renda praticada seja superior aos critérios legais da fixação da renda, previstos no art. 35.º n.º2 als. a) e b) ex vi art. 54.º n.º2 NRAU, e se venha a verificar a final total discordância entre senhorio e arrendatário quanto à renda a fixar, é concebível que o senhorio opte pela renda resultante do contrato inicial, mas, nesse caso, inviabilizando a transição do mesmo contrato para o NRAU."

[161] Ao invés do que sucede no artigo 30.º, respeitante aos contratos de arrendamento habitacionais, em que a respetiva alteração ao preceito pela Lei n.º 79/2014, passou, designadamente, pelo aditamento da consequência derivada da ausência de indicação, na comunicação a endereçar ao arrendatário, dos elementos dele constantes, através da expressão "*sob pena de ineficácia da sua comunicação*", o mesmo não sucede no artigo 50.º, relativo aos contratos de arrendamento não-habitacionais onde o catálogo, pese embora tendo sido modificado em virtude das alterações introduzidas pela referida lei, permanece inalterado na ausência de qualquer menção no sentido de considerar ineficaz a comunicação que não contenha um ou vários dos elementos aí referidos.

III) RESPOSTA DO ARRENDATÁRIO À COMUNICAÇÃO DO SENHORIO E INVOCAÇÃO DE CIRCUNSTÂNCIAS EXCECIONAIS À TRANSIÇÃO DO CONTRATO PARA O NRAU

Remetida a comunicação a que se refere o artigo 50.º NRAU e sendo regulamente rececionada pelo arrendatário[162], deverá este reagir à mesma no prazo de 30 dias, constante da alínea d) do artigo 50.º e do n.º 1 do artigo 51.º, seguindo uma ou várias das possibilidades previstas no n.º 3 deste último preceito, sendo estas:

a) Aceitar o valor da renda, tipo e duração propostos pelo senhorio;
b) Não responder à comunicação do senhorio;
c) Opor-se ao valor da renda proposto pelo senhorio;
d) Opor-se ao tipo e duração do contrato propostos pelo senhorio;
e) Denunciar o contrato de arrendamento nos termos constantes do artigo 34.º *ex vi* do artigo 53.º;
f) Invocar uma ou várias das circunstâncias constantes do n.º 4 do artigo 51.º, que lhe permitam beneficiar de um regime de exceção;

Apesar de a norma não o referir diretamente, o arrendatário poderá também, na posse da caderneta predial do imóvel arrendado e do respetivo valor patrimonial tributário, apresentar reclamação por incorreções constantes da inscrição matricial do locado, conforme resulta da remissão efetuada pelo n.º 7 para o disposto nos n.ºs 6 a 9 do artigo 33.º, no que a tal possibilidade concerne.

Constituindo esta última hipótese bem como as referidas nas alíneas a) a e), situações em tudo semelhantes, designadamente quanto às con-

Não obstante e inexistindo qualquer fundamento plausível que nos permita, verdadeiramente, diferenciar o regime aplicável à comunicação a efetuar em cada um dos contratos, entendemos que tal omissão, ocorrida por mero lapso do legislador, não permite daí retirar uma diferenciação entre disposto no artigo 30.º relativamente ao artigo 50.º e vice-versa, verificando-se, como tal, em ambos os casos, a ineficácia da comunicação efetuada perante a ausência de um ou vários dos elementos elencados nos preceitos a que respeitam.

[162] Sobre a comunicação e respetivas vicissitudes, remetemos para a análise realizada em sede da resposta do arrendatário à comunicação do senhorio nos contratos habitacionais celebrados anteriormente ao Decreto-Lei n.º 321-B/90.

sequências da adoção de cada uma dessas condutas, às que vimos suceder em sede dos contratos habitacionais celebrados anteriormente à vigência do RAU, remetemos a consideração destas para a respetiva análise aí efetuada, centrando-nos agora nas circunstâncias excecionais que se encontram na disponibilidade do arrendatário poder invocar a fim de paralisar, temporariamente, o efeito pretendido pelo senhorio na transição do contrato para o NRAU e a respetiva atualização extraordinária do valor das rendas.

Assim sendo, tais circunstâncias excecionais encontram-se previstas nas alíneas a) a d) do n.º 4 do artigo 51.º, correspondendo às seguintes:

a) Existência no locado de um estabelecimento comercial aberto ao público e que o mesmo é uma microempresa;
b) Funcionamento no locado de uma pessoa coletiva de direito privado sem fins lucrativos, regularmente constituída e dedicada à atividade cultural, recreativa, de solidariedade social ou desportiva não profissional, e declarada de interesse público ou de interesse nacional ou municipal, ou uma pessoa coletiva de direito privado que prossiga uma atividade declarada de interesse nacional;
c) Funcionamento no locado de uma república de estudantes, para efeitos do disposto na Lei n.º 2/82, de 15 de janeiro;
d) Existência no locado um estabelecimento ou uma entidade de interesse histórico e cultural ou social local reconhecidos pelo município, nos termos do respetivo regime jurídico;

No respeitante à primeira das referidas circunstâncias excecionais, o legislador, além de enunciar a necessidade de comprovação da existência de uma microempresa no locado, densifica o respetivo conceito de "*microempresa*", enunciando o conjunto de critérios de que depende a caraterização como tal, do estabelecimento do arrendatário.

Assim sendo, e para efeitos do disposto na alínea a) do n.º 4 do artigo 51.º, será "*microempresa*", a empresa que, independentemente da sua forma jurídica, não ultrapasse, à data do balanço, dois dos três limites aí apresentados:

a) O total do balanço não poderá ser superior a 2 milhões de euros;
b) O volume de negócios ilíquido não poderá ser superior a 2 milhões de euros;

c) O número médio de empregados durante o exercício não poderá ser superior a 10;

A Lei n.º 79/2014, vem, assim, introduzir alterações de relevo nos critérios anteriormente constantes do mesmo preceito à luz da Lei n.º 31/2012, para a comprovação da existência de uma *"microentidade"* no locado, a qual não poderia apresentar um total do balanço e volume de negócios superior a quinhentos mil euros e o número médio de empregados não poderia ser superior a cinco. Ao dilatar os limites referidos, verifica-se, assim, a extensão a um número mais expressivo de pequenas empresas, da proteção concedida aos estabelecimentos inicialmente visados no preceito.

Relativamente à comprovação da qualidade de microempresa, o n.º 1 do artigo 4.º da Portaria n.º 226/2013, de 12 de julho, com as alterações introduzidas pela Portaria n.º 69/2015, de 10 de março, estabelece a possibilidade de o arrendatário poder efetuar a prova dessa qualidade através de qualquer meio legalmente admissível, exemplificando o n.º 2, por sua vez, alguns dos possíveis comprovativos de tal qualidade:

a) Cópia do comprovativo da declaração anual da Informação Empresarial Simplificada (IES);
b) Declaração emitida pelo Instituto de Apoio às Pequenas e Médias Empresas e à Inovação, I. P. (IAPMEI); ou
c) Cópia do comprovativo da declaração de rendimentos – Modelo 3, para efeito de IRS, acompanhada de cópia do rosto do Relatório Único respeitante à Informação sobre Emprego e Condições de Trabalho (ECT) devidamente entregue.

A segunda circunstância, prevista na alínea b), foi alterada pela Lei n.º 79/2014, no sentido de abranger um maior número de situações, deixando de abranger apenas as associações privada sem fins lucrativos, estendendo a proteção conferida pelo preceito, em geral, às pessoas coletivas de direito privado sem fins lucrativos, regularmente constituídas, dedicadas não apenas à atividade cultural, recreativa e desportiva não profissional mas também, com a referida alteração, àquelas que se dediquem à solidariedade social ou que prossigam atividades de declarado interesse nacional.

A terceira circunstância excecional consiste, por sua vez, na comprovação da existência no locado de uma república de estudantes, sendo que, para efeitos do disposto no artigo 1.º da Lei n.º 2/82, de 15 de janeiro, com as alterações resultantes da Lei n.º 12/85, de 20 de junho, a respetiva prova da qualidade de república de estudantes enquanto associação sem personalidade jurídica, depende de declaração do reitor da universidade a que respeita a república em questão, emitida após serem consultadas as estruturas representativas dos estudantes e as estruturas representativas das repúblicas, caso estas se encontrem em funcionamento.

A quarta e última circunstância, resultante do aditamento da alínea d) ao preceito pela Lei n.º 42/2017, de 14 de junho, consiste na demonstração da existência no locado de um estabelecimento ou uma entidade de interesse histórico e cultural ou social local reconhecidos pelo município, tendo em vista conferir maior proteção ao comércio tradicional local e histórico e às instituições sem fins lucrativos que têm por escopo o desenvolvimento de missões fundamentais no plano cultural e de valorização do património histórico e das vivências tradicionais das cidades.

Assim sendo, através da classificação e reconhecimento de estabelecimentos e entidades de interesse histórico e cultural, seguindo os critérios e procedimento de reconhecimento resultantes, respetivamente, dos artigos 4.º e 6.º da Lei n.º 42/2017, gozam as mesmas de um conjunto amplo de medidas de proteção, não apenas ao nível do NRAU, com a possibilidade de diferir no tempo a transição do contrato de arrendamento antigo subjacente para o NRAU, mas também do RJOPA, designadamente, com o estabelecimento de restrições à denúncia para demolição ou restauros profundos de um imóvel em que se encontre instalado um estabelecimento protegido ou, bem ainda, em caso de restauro ou remodelação profunda, a salvaguarda por parte do município, da manutenção da atividade nele desenvolvida e património existente, mediante a imposição de condicionalismos diversos, nos termos do n.º 8 do artigo 6.º RJOPA, com as alterações introduzidas pela Lei n.º 13/2019.

Assim sendo, referidas cada uma das circunstâncias excecionais, importa considerar as consequências gerais à sua invocação, sendo certo que, em qualquer um dos referidos casos, o arrendatário apenas poderá prevalecer-se da circunstância por si invocada desde que devidamente comprovada, conforme resulta da parte inicial do disposto no n.º 1 do artigo 54.º.

Em primeiro lugar, a invocação de qualquer uma daquelas circunstâncias, tem por desiderato obstar à imediata transição do contrato para o NRAU, sendo certo que a correta comprovação das mesmas permite ao arrendatário, opor-se à possibilidade de serem atribuídos ao contrato de arrendamento tipo e duração diferentes daqueles que vigoravam até esse momento, durante o período de 10 anos contabilizados desde o momento em que o senhorio receciona a resposta do arrendatário onde este invoca e apresenta os elementos necessários à respetiva comprovação da circunstância que lhe é aplicável.

A atual previsão de um período de 10 anos de suspensão da possibilidade de o senhorio operar a transição do contrato de arrendamento para o NRAU, resulta da alteração aos n.ºs 1 e 6 do artigo 54.º, introduzida pela Lei n.º 43/2017, de 14 de junho, aplicando-se tanto aos contratos cujo procedimento destinado à transição do contrato para o NRAU haja sido desencadeado pelo senhorio posteriormente à entrada em vigor da referida lei, bem como aos contratos em que haja ocorrido a comunicação do senhorio anteriormente a essa data, mesmo que estando já em curso o anterior período de 5 anos, considerando-se, assim, automaticamente prorrogado, findo esse período, por igual período de tempo, de forma a totalizar o período de 10 anos de suspensão aplicável aos contratos em que a iniciativa de transição para o NRAU haja sido desencadeada depois da alteração do referido prazo.

Pese embora ocorra, no referido período de 10 anos, a suspensão da possibilidade de o senhorio poder promover a transição do contrato para o NRAU, tal não obsta à atualização do valor da renda, embora sujeita e condicionada aos limites previstos nas alíneas a) e b) do n.º 2 do artigo 35.º, o que significa dizer que o valor da renda atualizada não poderá, como tal, ultrapassar o valor anual correspondente a 1/15 do valor patrimonial do locado, o qual, por sua vez deverá constar da caderneta predial urbana fornecida pelo senhorio ao arrendatário juntamente com a comunicação inicial prevista no artigo 50.º, resultando o valor do locado, do valor da avaliação realizada em conformidade com o disposto nos artigos 38.º e seguintes do CIMI.

Em termos práticos, num imóvel de valor patrimonial tributário de 450.000,00€, em que o valor anual correspondente a 1/15 do valor do locado é de 30.000,00€, a renda mensal atualizada nunca poderá ultrapassar o valor de 2.500,00€ mensais (450000/15 = 30000/12 meses = 2500).

A aplicação do referido critério poderá, no entanto, ser afastada pela aplicação do disposto no artigo 24.º, sendo que se, da atualização ordinária do valor da renda, através da aplicação do coeficiente de atualização anual, resultar um valor de renda superior àquele que resultaria da aplicação dos critérios constantes das alíneas a) e b) do n.º 2 do artigo 35.º, será aquele o valor a privilegiar.

Independentemente do critério subjacente ao cálculo do valor da renda, o valor atualizado da mesma será devido a partir do primeiro dia do segundo mês seguinte ao da receção pelo arrendatário da carta do senhorio em que este o informa daquele valor, pese embora possam as partes, livremente, convencionar prazo superior àquele para o início do pagamento do valor atualizado da renda[163].

Neste sentido, importa ainda ressalvar que a invocação e comprovação de uma das circunstâncias referidas no n.º 4 do artigo 51.º, obsta à possibilidade reconhecida ao senhorio, ao abrigo da alínea a) do n.º 5 do artigo 33.º *ex vi* do artigo 52.º, de denunciar o contrato na sequência da receção da resposta do arrendatário, uma vez que tal prerrogativa apenas lhe é facultada perante a mera discordância do arrendatário relativamente ao valor da renda proposto por aquele sem que haja, contudo, a invocação e prova documental de uma daquelas circunstâncias excecionais[164].

Tal conclusão resulta ainda, de forma indireta, do próprio n.º 1 e 6 do artigo 54.º, na medida em que, ao ser reconhecida a possibilidade de denúncia do contrato no âmbito do procedimento de transição para o NRAU, perante a ausência de invocação de circunstâncias excecionais e ficando, por outro lado, tal possibilidade suspensa durante o período de 10 anos, havendo essa invocação, apenas poderá exercer aquela possibilidade findo tal período quando promover novamente a transição do

[163] Perfilhando do mesmo entendimento, veja-se o Acórdão do Tribunal da Relação de Lisboa de 10/04/2014 *(Processo n.º 869/13.9TVLSB.L1-8 Relatora Maria Alexandrina Branquinho)*: *"No arrendamento não habitacional a renda atualizada nos termos do NRAU é devida no primeiro dia do segundo mês seguinte ao da receção* pelo arrendatário da comunicação com o respe*tivo valor, não se descortinando razão para que não seja concedido ao arrendatário um prazo para se ajustar financeiramente ao valor da renda atualizada".*

[164] No mesmo sentido, Maria Olinda Garcia, *Ob. Cit*, p. 164.

contrato, situação em que o senhorio poderá já, querendo, denunciar o contrato de arrendamento quando, ao remeter comunicação inicial ao arrendatário, em tudo idêntica à que remetera 10 anos antes, receciona a resposta do arrendatário opondo-se ao valor proposto e contrapropondo um outro com o qual o senhorio discorda.

Sendo certo que, findo o período de 10 anos, aquando da remessa de nova comunicação ao arrendatário para a transição do contrato para o NRAU, este não poderá, novamente, invocar qualquer circunstância excecional, como resulta do disposto na alínea a) do n.º 6 do artigo 54.º, inexiste, assim, qualquer óbice à possibilidade de o senhorio promover, querendo, a denúncia do contrato findo o referido período de suspensão perante a discordância do arrendatário relativamente ao valor atualizado da renda por si proposto.

Importa, no entanto, não confundir a denúncia a que se refere a alínea a) do n.º 5 do artigo 33.º, unicamente exercível em sede de procedimento destinado à transição do contrato para o NRAU, com a denúncia constante da alínea b) do artigo 1101.º do Código Civil, para demolição ou realização de obras de restauro profundas que impliquem, necessariamente, a desocupação do locado pelo arrendatário, sendo que este tipo de denúncia será sempre exercível pelo senhorio ainda que estando em curso o período transitório previsto no n.º 1 do artigo 50.º.

No respeitante ainda ao período de 10 anos decorrido o qual o contrato ficará submetido ao NRAU, na ausência de acordo entre as partes em sentido diverso, cumpre referir que a invocação e comprovação de uma das circunstâncias excecionais, não confere ao arrendatário a possibilidade de tal período correr, de forma ininterrupta, sem que tenha de fazer prova, posteriormente à comprovação inicial, da manutenção dos pressupostos de que depende a circunstância invocada, conforme resulta do n.º 5 do artigo 54.º.

Por outras palavras, se ao abrigo da redação anterior do disposto naquele n.º 5, conferida pela Lei n.º 31/2012, o arrendatário se encontrava vinculado, uma vez tendo invocando a circunstância que lhe permite beneficiar da suspensão da transição do seu contrato para o NRAU, a fazer prova anual da manutenção dessa circunstância, pela mesma forma e no mês correspondente àquele em que fora primeiramente invocada e comprovada, sob pena de deixar de poder prevalecer-se da mesma[165], já ao abrigo da Lei n.º 79/2014, por sua vez, é substituída a comprovação anual obrigatória, pela comprovação perante interpelação do senhorio nesse sentido, a qual verificando-se, deverá ocorrer até ao dia 1 de setembro de cada ano subsequente àquele em que foi invocada pela primeira vez, podendo o arrendatário apresentar os comprovativos documentais respetivos até ao dia 30 de setembro.

Por último e como referimos atrás, uma vez decorrido o período de dez anos de suspensão da possibilidade de operar a transição do contrato para o NRAU, poderá o senhorio promover novamente essa transição, remetendo, para o efeito, nova comunicação ao arrendatário, com o teor constante do artigo 50.º, aplicando-se a esta comunicação e restiva resposta do arrendatário com as consequências daí resultantes, os mesmos tramites que seriam aplicáveis à primeira, com a exceção constante da alínea a) do n.º 6 do artigo 54.º, deixando de ser possível ao arrendatário a invocação quer da circunstancia excecional invocada aquando da primeira comunicação como de qualquer uma das demais circunstâncias previstas no n.º 4 do artigo 51.º.

Assim sendo, perante a ausência de acordo quanto aos termos aplicáveis ao contrato relativamente ao tipo e duração do mesmo, ou perante o silêncio das partes neste aspeto específico, este considerar-se-á celebrado com prazo certo, pelo período de cinco anos[166], transitando assim para o NRAU.

[165] O Tribunal da Relação de Lisboa no Acórdão de 09/03/2017 *(Processo n.º 2080/16.8YLPRT.L1-2, Relator Tibério Silva)*, entendeu corretamente que "*não será de aplicar a norma decorrente do art. 54.º, n.º 5, em conjugação com o art. 51.º, n.ºs 4 a 6, do NRAU, na redação* introduzida pela Lei n.º 31/2012, de 14-08, segundo a qual uma empresa que tenha invocado tratar-se de uma microentidade, fique, por não ter feito, no mês correspondente àquele em que a invocou, a comprovação anual da manutenção de tal qualidade, automaticamente impedida de se prevalecer dessa circunstância, sem advertência do senhorio, quer para essa necessidade quer para as consequências resultantes da omissão, dada a sua inconstitucionalidade, por violação do princípio da proporcionalidade, ínsito no princípio do Estado de direito democrático consagrado no art. 2.º da CRP."

[166] A redação da Lei n.º 31/2012, estabelecia um prazo de 2 anos, durante o qual se consideraria celebrado o contrato de arrendamento antigo, prazo esse que, por sua vez, viria a ser alterado pela Lei n.º 79/2014, passando de 2 para 3 anos. Mais recentemente, a Lei n.º 43/2017, de 14 de junho, viria, novamente, a dilatar esse prazo, alterando-o de 3 para 5 anos.

Relativamente a este período de cinco anos à luz do qual o contrato se encontra já plenamente submetido ao NRAU, a ausência de qualquer estipulação relativamente ao valor da renda aplicável, na redação do preceito conferida pela Lei n.º 31/2012, pareceria ser possível daí extrair a conclusão de que o senhorio poderia arbitrariamente definir tal valor, o que, poderia desencadear, perante a ausência de capacidade económica por parte do arrendatário, o incumprimento da obrigação de pagamento da renda, daí resultando, não raras vezes, situações de resolução do contrato por falta de pagamento de rendas, com a inerente obrigação de desocupação do imóvel.

Visando obstar à verificação de tais situações, a Lei n.º 79/2014 procurou reforçar a proteção do arrendatário, introduzindo uma alínea c) ao n.º 6, nos termos da qual os critérios subjacentes ao cálculo do valor da renda em sede do referido período de 10 anos em que a possibilidade de transição do contrato ficaria suspensa, isto é, os resultantes da aplicação das alíneas a) e b) do n.º 2 do artigo 35.º, são igualmente aplicáveis no prazo de 5 anos, sem prejuízo da possibilidade de o senhorio poder promover atualizações ordinárias ao valor da renda em conformidade com o os coeficientes anuais legalmente definidos, nos termos do artigo 24.º.

De igual forma, aplicando-se o tipo e duração supletivos ou estipulando as partes a aplicação ao contrato, de prazo certo, por determinado lapso de tempo, qualquer uma das partes poderá opor-se à respetiva renovação, observando para o efeito o respetivo pré-aviso a efetuar à contraparte com determinada antecedência mínima legalmente estabelecida no n.º 1 dos artigos 1097.º e 1098.º, conforme a mesma seja da iniciativa do senhorio ou do arrendatário, respetivamente.

Diversamente, estipulando as partes a aplicação ao contrato do tipo de duração indeterminada, poderá o arrendatário denunciá-lo nos termos constantes do artigo 1100.º, reconhecendo a lei igual possibilidade ao senhorio ao abrigo do artigo 1101.º, sendo-lhe admissível, a par do fundamento constante da alínea b), a denúncia imotivada, prevista na alínea c), desde que realizada com a antecedência mínima de cinco anos face à data pretendida de cessação.

XIII
Regimes transitórios extraordinários

1. Introdução

A par dos regimes transitórios previstos nos artigos 26.º e seguintes, existem ainda dois regimes transitórios extraordinários resultantes da consagração definitiva pela Lei n.º 13/2019, de 12 de fevereiro no NRAU do teor meramente temporário da Lei n.º 30/2018, de 16 de julho, cuja entrada em vigor teve lugar no dia seguinte ao da sua publicação, vindo consagrar um regime transitório extraordinário independente dos já analisados tendo em vista a proteção de pessoas idosas ou com deficiências que sejam arrendatárias e residam no imóvel arrendado há mais de quinze anos, não abrangidas pela proteção conferida à luz daqueles regimes transitórios.

De facto, o regime transitório extraordinário aprovado pela Lei n.º 30/2018, de vigência temporalmente definida, não se confundia com os regimes transitórios a que se referem os artigos 26.º e seguintes NRAU, porquanto, não apenas o respetivo âmbito de aplicação divergia, como, de igual forma, diferiam de forma parcial, os contratos visados pelo legislador em cada um desses regimes.

Como vimos, no respeitante aos regimes transitórios resultantes dos artigos 26.º ss., visa-se nestes, primordialmente, estabelecer um conjunto de disposições direcionadas aos contratos de arrendamento celebrados antes da entrada em vigor da Lei n.º 6/2006, de 27 de fevereiro, os quais, pelas respetivas especificidades caraterísticas dos regimes vigentes à data da respetiva celebração dos contratos de arrendamento visados, carecem de adaptação ao conjunto de normas que disciplinam atualmente todos os contratos de arrendamento urbano celebrados na vigência do NRAU, não obstante a aplicabilidade do NRAU a tais contratos antigos ser, de igual forma, imediata, com as respetivas especificidades, sem prejuízo da possibilidade de o senhorio poder operar, nos contratos celebrados anteriormente ao Decreto-Lei n.º 321-B/90, de 15 de outubro, a transição desse contrato para o NRAU, consistente na atualização de aspetos específicos do contrato antigo, como sejam o tipo e duração do vínculo contratual e o valor da renda a pagar pelo arrendatário.

Diversamente, o âmbito de aplicação do regime transitório extraordinário a que se referia a Lei n.º 30/2018 diferia daqueles, na medida em que, a par da vigência temporal limitada, abrange um conjunto de contratos de arrendamento mais restrito que os regimes transitórios ordinários, não se confundindo, porém, com aqueles, ao surgir com o intuito de permitir a necessária discussão, ponderação e aprovação de futuras alterações ao NRAU, procurando garantir que tais alterações não perderiam, aquando da respetiva entrada em vigor, grande parte do efeito útil que, porventura, lograssem, sendo esse objetivo alcançado através da suspensão temporária de prazos de oposição à renovação e de denúncia pelos senhorios, ainda que desencadeadas anteriormente ao dia 17 de julho de 2018 que visassem produzir os seus efeitos a partir dessa data, vendo os senhorios mais dificultada, senão excluída, a possibilidade de exercerem o direito de oposição à renovação nos contratos com prazo certo e o direito de denúncia nos contratos de duração indeterminada, sendo que em ambos os casos o senhorio apenas poderia exercer tais direitos unicamente na situação prevista na alínea a) do artigo 1101.º, isto é, quando em causa estivesse a necessidade do imóvel locado, por parte do senhorio, para sua habitação própria ou dos seus descendentes em 1.º grau.

Assim sendo, a presente Lei n.º 30/2018, durante o respetivo período de vigência, aplicava-se a todos os contratos de arrendamento urbano celebrados para habitação, com mais de 15 anos de duração efetiva, isto é, aos contratos celebrados anteriormente a 17 de julho de 2003, em que o arrendatário tivesse idade igual ou superior a 65 anos ou deficiência com grau comprovado de incapacidade igual ou superior a 60%, relativamente aos quais o senhorio deixaria de poder livremente obstar à renovação do contrato, ao invés do que lhe era permitido nos artigos 1096.º e 1097.º do Código Civil, deixando ainda de poder denunciar os contratos de duração indeterminada para habitação, quando tivesse por fundamento a demolição ou realização de obra de restauro profundo que envolva necessariamente a desocupação do locado, ou bem ainda em situações de desnecessidade de qualquer causa mediante a observância de período de pré-aviso prévio.

Igualmente suspensas ficaram ainda todas as ações de despejo e procedimentos especiais de despejo que, tendo por objeto contrato de arrendamento com mais de 15 anos de duração, tivessem ainda por fundamento algum dos previstos nas alíneas b) e c) do artigo 1101.º do Código Civil, sendo que tal suspensão operaria tanto sobre ações de despejo e procedimentos especiais de despejo já desencadeados, como sobre aqueloutros a desencadear pelo senhorio em desconhecimento das normas transitórias da Lei n.º 30/2018, pois como resulta da parte final do artigo 4.º, *"o juiz competente, conforme os casos, determina a suspensão da respetiva tramitação no balcão nacional de arrendamento ou a suspensão da instância"*.

Tratando-se de um regime transitório, este foi concebido para vigorar durante o período suficiente tendo em vista a referida aprovação de alterações que viessem salvaguardar o reforço da proteção conferida aos arrendatários, em especial nos contratos mais antigos, sendo que tal regime seria apenas aplicável apenas àqueles contratos que tenham sido celebrados anteriormente a 17 de julho de 2003, de fora ficando, em relação aos regimes transitórios constantes dos artigos 26.º e seguintes, os contratos celebrados entre esta data e a data de entrada em vigor da Lei n.º 6/2006, isto é, 27 de junho de 2006, desconhecendo-se o motivo de alteração da técnica legislativa subjacente à opção assumida nesta sede transitória.

Assim sendo, a vigência deste diploma circunscreveu-se apenas ao período compreendido entre 17 de julho de 2018 e 31 de março de 2019, sendo certo que mesmo durante o referido período de vigência da Lei n.º 30/2018, de 16 de julho, existiam contratos de arrendamento urbano para habitação aos quais tais efeitos suspensivos não eram aplicáveis, situação que se verificaria em três situações distintas, sendo a primeira quanto à cessação contratual negociada entre as partes por denúncia ou oposição à renovação através do pagamento de indemnização ao arrendatário, a segunda, em função da estipulação contratual do pagamento de indemnização por parte do senhorio ao arrendatário em caso de oposição à renovação ou denúncia do contrato de arrendamento e a terceira, referente a decisões judiciais transitadas em julgado referentes à extinção do contrato de arrendamento.

Com a entrada em vigor da Lei n.º 13/2019, de 12 de fevereiro, o teor do regime transitório constante da Lei n.º 30/2018, ganha consagração expressa no NRAU no n.º 10 e seguintes do artigo 36.º NRAU, assim como no n.º 3 do artigo 14.º do primeiro diploma, razão pela qual podemos falar em dois regimes transitórios extraordinários distintos.

O primeiro regime respeita aos contratos para arrendamento habitacional celebrados anteriormente à vigência do RAU, transitados para o NRAU sem que tenha havido lugar à invocação pelo arrendatário das circunstâncias excecionais a que se refere o n.º 1 e 7 do artigo 36.º, tendo o arrendatário à data da transição do contrato de arrendamento para o NRAU, idade igual ou superior a 65 anos e/ou deficiência com grau de incapacidade igual ou superior a 60%.

O segundo regime transitório extraordinário, por sua vez, refere-se aos contratos de arrendamento habitacionais com duração limitada celebrados após a entrada em vigor do RAU em que o arrendatário habite o locado há mais de 20 anos. Vejamos cada um deles.

2. Contratos anteriores ao RAU transitados para o NRAU sem invocação de circunstâncias excecionais pelo arrendatário com idade igual ou superior a 65 anos ou deficiência com grau de incapacidade igual ou superior a 60% que resida no locado há mais de 15 anos

O primeiro regime transitório extraordinário, vertido nos n.ºs 10 e seguintes do artigo 36.º NRAU, refere-se aos contratos de arrendamento habitacionais em que o arrendatário resida no locado há mais de 15 anos, isto é, anteriormente a fevereiro de 2004, tendo à data em que ocorreu a transição do contrato para o NRAU nos termos do artigo 30.º e seguintes, idade igual ou superior a 65 anos ou grau de incapacidade igual ou superior a 60%, não tendo invocado aquando da comunicação do senhorio nesse sentido, qualquer uma das circunstâncias excecionais a que se refere o n.º 1 ou 7 do artigo 35.º NRAU, isto é, a idade igual ou superior a 65 anos ou deficiência com grau comprovado de incapacidade igual ou superior a 60%, ou, bem ainda, que o RABC do seu agregado familiar é inferior a 5 RMNA.

Ao referir-se aos contratos transitados para o NRAU nos termos dos artigos 30.º e seguintes do NRAU, parece ser intenção expressa do legislador que apenas sejam abrangidos pelo presente regime extraordinário os contratos celebrados anteriormente à vigência do RAU, sendo assim incompreensível a menção à residência do arrendatário no locado há mais de quinze anos dado que, a serem abrangidos apenas os contratos referidos, como será o caso atenta a remissão para o disposto no procedimento de transição do contrato para o NRAU vertido nos artigos 30.º e seguintes, o arrendatário deverá, em abono da verdade, residir no locado anteriormente à entrada em vigor do RAU, aprovado pelo Decreto-Lei n.º 321.º-B/90, de 15 de outubro, isto é, anteriormente a 25 de novembro de 1990, exceto se, como será o nosso entendimento, com tal menção à residência do arrendatário no locado superior a quinze anos, for objetivo do legislador ressalvar expressamente as situações em que haja ocorrido a transmissão da posição contratual do arrendatário, entre vivos ou *mortis causa*, posteriormente à data de entrada em vigor do RAU mas anterior a fevereiro de 2004, que assim gozam igualmente da proteção pretendida pelo regime transitório extraordinário em apreço.

Assim sendo, nos casos referidos, o senhorio apenas poderá opor-se à renovação do contrato com fundamento na demolição do locado ou necessidade de realização de obras de remodelação ou restauro profundo, nos termos da alínea b) do artigo 1101.º do Código Civil, encontrando-se a invocação de tal fundamento sujeita à observância dos condicionalismos a que se refere o artigo 1102.º, com as respetivas adaptações uma vez que este preceito respeita primariamente à denúncia de contratos de duração indeterminada e a oposição à renovação respeita a contratos com prazo certo.

Por outras palavras, nas situações referidas em que haja ocorrido a transição de contratos de arrendamento celebrados há mais de quinze anos, tendo o arrendatário à data da referida transição, mais de 65 anos de idade ou deficiência com grau de incapacidade igual ou superior a 60%, o senhorio deixa de poder livremente opor-se à renovação do contrato, sendo-lhe assim vedada a invocação da necessidade do locado para habitação própria ou de descendente em 1.º grau ou a desvinculação unilateral aquando do fim do prazo aplicável, nos termos constantes das alíneas a) e c) do artigo 1101.º, sendo que a denúncia do contrato apenas lhe será admissível face à necessidade de demolição do edifício em que se insere o locado ou de realização de obras de remodelação ou restauro profundo, sendo certo que, mesmo aquando da invocação deste fundamento resolutivo, não será automática a oposição à renovação atentas as alterações introduzidas pela Lei n.º 13/2019 em sede de cessação contratual com base no referido fundamento, segundo as quais prevalecerá a suspensão do contrato face à cessação do mesmo nos casos em que tal seja possível, o que significa dizer que, atentos os requisitos restritivos inerentes ao exercício por parte do senhorio do seu direito à cessação do contrato, seja por via da denúncia ou da oposição à renovação do contrato, serão presumivelmente escassos os casos de cessação contratual.

Assim sendo, a fim de poder prevalecer-se do regime transitório extraordinário em apreço, deverá o arrendatário comprovar que reside no locado há mais de quinze anos, mediante a apresentação ao senhorio de atestado emitido pela junta de freguesia da sua área de residência, devendo ainda invocar e comprovar que, à data da transição do contrato de arrendamento para o NRAU, tinha já idade igual ou superior a 65 anos e/ou deficiência com grau de incapacidade igual ou superior a 60%.

Importa, porém, ressalvar, que a imposição das referidas restrições à oposição à renovação dos contratos em apreço, não obsta à possibilidade de o senhorio poder proceder à atualização extraordinária do valor da renda, tendo por limite máximo o resultante da aplicação do disposto nas alíneas a) e b) do n.º 2 do artigo 35.º e o constante do n.º 12 do artigo 36.º, não podendo a atualização extraordinária ultrapassar anualmente 20% do valor da diferença existente entre 1/15 do Valor Patrimonial Tributário do locado e a renda anterior à atualização ali prevista, exceto se o valor da renda praticada anteriormente à atualização for igual ou superior àquele limite, caso em que esta se manterá sem a atualização extraordinária.

Em termos práticos, a aplicação dos critérios referidos será feita da seguinte forma: se o valor da renda pagar pelo arrendatário era, até ao momento, de 200,00€ e o valor correspondente a 1/15 do VPT do locado for de 12.000,00€, daí resultando, portanto uma renda mensal de 1.000,00€, a diferença entre ambos os valores é de 800,00€, 20% dos quais são 160,00€, o que significa dizer que a renda apenas poderá ser aumentada até aos 360,00€.

Desta forma, nos casos em que seja aplicável a atualização extraordinária da renda, o valor resultante da aplicação dos critérios referidos, produzirá efeitos a partir do momento da renovação do contrato à qual não se pode opor, devendo para o efeito desencadear a correspondente atualização desse valor através do procedimento constante dos artigos 30.º e seguintes, mediante comunicação a endereçar ao arrendatário nos termos do n.º 1 do artigo 9.º, conforme analisado em sede de transição dos contratos habitacionais celebrados anteriormente ao RAU para o NRAU, com as devidas adaptações.

Por último, o n.º 13 do artigo 36.º, estabelece ainda, em caso de atualização extraordinária do valor da renda, que o arrendatário terá direito a subsidio de renda, nos termos constantes do Decreto-Lei n.º 156/2015, de 10 de agosto, com as alterações resultantes da Lei n.º 13/2019, de 12 de fevereiro, vindo este último diploma proceder à adaptação e atualização do regime de subsídio de renda a atribuir ao arrendatário às referidas situações, anteriormente desconsideradas pelo teor deste diploma.

No respeitante à data de início de vigência das disposições que regulam o regime transitório extraordinário que analisámos, ao invés das restantes alterações introduzidas pela Lei n.º 13/2019, de 14 de fevereiro, a entrada em vigor do disposto no n.º 10 do artigo 36.º, estando condicionada à cessação de vigência da Lei n.º 30/2018, apenas iniciou a produção efeitos a partir do dia seguinte, isto é, a partir do dia 1 de abril de 2019, conforme resulta do disposto no n.º 4 do artigo 14.º da referida Lei n.º 13/2019.

3. Contratos de duração limitada celebrados na vigência do RAU em que o arrendatário habite o locado há mais de 20 anos

O segundo regime transitório extraordinário, vertido no n.º 3 do artigo 14.º da Lei n.º 13/2019, de 12 de fevereiro, por sua vez, respeita aos contratos de arrendamento habitacionais com duração limitada a que se refere o artigo 26.º NRAU em que o arrendatário habite o locado há mais de 20 anos e tenha idade igual ou superior a 65 anos ou grau comprovado de deficiência igual ou superior a 60 %, isto é, os contratos celebrados após a entrada em vigor do Decreto-Lei n.º 321-B/90, de 15 de outubro e antes de 1 de abril de 1999, relativamente aos quais o senhorio apenas se poderá opor à renovação com o mesmo fundamento referido na situação anterior, isto é, em caso de demolição do locado, a necessidade de realização de obras de remodelação ou restauro profundo no imóvel, sem prejuízo da possibilidade de atualização ordinária do valor da renda, nos termos do artigo 1077.º CC.

Importa notar que relativamente a este último tipo de contratos, já celebrados na vigência do RAU, não há lugar à necessidade de promoção da transição do contrato para o NRAU uma vez que, nos termos do n.º 1 e seguintes do artigo 26.º, tais contratos passam, na vigência da Lei n.º

6/2006, a estar automaticamente vinculados às disposições constantes do NRAU, na sua redação atual, com as especificidades constantes daquele preceito, tal significando que não há lugar à invocação de quaisquer circunstâncias excecionais por parte do arrendatário, nem à atualização extraordinária do valor da renda, protegendo-se, outrossim, na presente situação, os arrendatários que em função da idade e/ou grau de incapacidade, habitem o locado, de forma permanente há mais de duas décadas.

Desta forma e por força da referida alteração, os arrendatários dos contratos visados adquirem assim maior estabilidade no respetivo vínculo contratual, na medida em que, findo o prazo estipulado ou da respetiva renovação, será maioritariamente inviável a oposição à renovação por parte do senhorio quer pela ausência de verificação do fundamento constante da alínea b) do artigo 1101.º como pela aplicação da regra da suspensão dos contratos sempre que a mesma seja possível em detrimento da denúncia do contrato com base na necessidade de realização de obras à luz do referido fundamento, assim determinando a tendencial perpetuidade dos contratos visados uma vez que, praticamente, apenas o arrendatário estará em condições de determinar livremente o momento em que cessam com a sua oposição à renovação.

XIV
Cessação do contrato de arrendamento urbano

Aquando da celebração do contrato de arrendamento entre as partes, podem estas optar pelo tipo de contrato a celebrar consoante a duração pretendida, estabelecendo, em regra, nos contratos com prazo certo, a duração a atribuir ao vínculo contratual ou, na ausência de estipulação, a aplicação ao mesmo do prazo supletivo de cinco anos, constante do n.º 3 do artigo 1094.º, podendo ainda optar pela atribuição de duração indeterminada ao contrato de arrendamento, perdurando este de forma indefinida na ausência de denúncia de uma das partes.

No primeiro dos casos enunciados, o contrato cessará quando uma das partes, cumprindo o pré-aviso com a antecedência devida, comunique à outra parte a sua intenção de que o vinculo contratual termine findo o prazo estipulado ou finda que seja a respetiva renovação desse prazo, ao invés do que sucede no segundo caso em que, tendo o contrato uma duração indeterminada, carecerá de que uma das partes o denuncie com a antecedência legalmente estipulada face à data do termo pretendido do contrato.

Aqui chegados, importa notar que se, aquando do momento da celebração do contrato, a estipulação da data em que o mesmo irá terminar parece, *a priori*, assumir relevância relativa, consoante os casos, o mesmo não sucede quando, por motivo alheio a uma das partes, o contrato necessariamente finda antes da data estabelecida, designadamente perante a verificação da falta de pagamento de rendas por parte do arrendatário ou por qualquer outra causa repercutível num incumprimento grave de uma das partes que, como tal, justifique a cessação imediata do contrato de arrendamento, sem prejuízo da possibilidade de o arrendatário, independentemente do prazo estipulado, poder desencadear a revogação unilateral do contrato, decorrido que seja determinado período de tempo de duração mínima e respeitando o período de antecedência para efetuar a comunicação nesse sentido, face à data em que a mesma deva produzir efeitos.

Diferentemente e querendo, podem as partes, em qualquer momento da vigência do contrato, decidir livremente e de boa-fé, por mútuo acordo, fazer cessar o mesmo independentemente de qualquer fundamento para o efeito, sendo certo que, como veremos, apesar de a lei não prescrever a necessidade de celebração de acordo destinado a fazer cessar o contrato quando o mesmo deva produzir efeitos imediatos, devem as partes reduzir a escrito a vontade em fazer cessar o contrato antecipadamente ao prazo previsto, independentemente de o mesmo produzir ou não os respetivos efeitos de forma imediata.

Nas linhas anteriores, elencámos em traços gerais as diferentes formas de cessação de um contrato de arrendamento que, em conformidade com a enumeração constante do artigo 1079.º, são as seguintes: a revogação ou acordo das partes, a resolução, a caducidade, a denúncia ou outras causas previstas na lei[167], importando ressalvar que o referido catálogo não considera como forma de cessação a oposição à renovação nos contratos com prazo certo, prevista nos artigos 1097.º e 1098.º, o que em rigor é correto na medida em que se trata de uma forma de caducidade por decurso do prazo em que, não fosse a regra da renovação automática prevista no artigo 1096.º, este terminaria automaticamente findo o prazo estipulado pelas partes sem necessidade de qualquer impulso nesse sentido.

Sendo a renovação automática a opção legislativa vigente no nosso Código Civil, no respeitante aos contratos de arrendamento urbano com prazo certo, não deixa, porém, de verificar-se a caducidade do contrato se uma das partes pretender que o mesmo termine findo o prazo inicialmente acordado, manifestando formalmente tal intenção à contraparte na oposição à renovação do mesmo.

[167] Sobre a cessação do contrato de arrendamento em geral, ROMANO MARTINEZ, *Da cessação do contrato*, pp. 315 e ss., LUÍS MENEZES LEITÃO, *Arrendamento Urbano*, pp. 137 e ss.

Neste sentido, por uma questão de melhor sistematização e organização da informação tratada, consideraremos na exposição subsequente a oposição à renovação separadamente da caducidade do contrato, na medida em que uma e outra, repercutindo-se, em rigor, na mesma forma de cessação, estão sujeitas a requisitos e pressupostos diferentes que assim justificam a necessidade de autonomização.

1. Revogação

Prevista no artigo 1082.º do Código Civil, a revogação constitui a primeira forma de cessação do contrato de arrendamento no âmbito das disposições referentes, em especial, ao arrendamento de prédios urbanos, consistindo esta no acordo ou distrate, celebrado entre senhorio e arrendatário em virtude do qual ambos decidem, livremente e de boa fé, colocar fim ao contrato de arrendamento, o que podem fazer a todo o tempo, isto é, independentemente do tipo, duração e finalidade do contrato celebrado.

Por outras palavras, a revogação mais não é que um novo contrato destinado à extinção do anterior contrato celebrado entre os mesmos contraentes[168], em observância do disposto no n.º 1 do artigo 406.º do Código Civil, residindo integralmente no acordo ou na vontade das partes, assim dispensando a necessidade de qualquer fundamento ou justificação para a extinção do contrato, repercutindo-se, pois, na forma mais consensual de fazer cessar o contrato de arrendamento, o mesmo se aplicando no respeitante aos efeitos derivados de tal cessação, que serão, de igual forma, inteiramente da responsabilidade dos intervenientes[169].

No respeitante ao formalismo negocial da revogação, estabelece o n.º 2 do artigo 1082.º que o acordo revogatório será celebrado por escrito quando não seja imediatamente executado ou quando contenha cláusulas compensatórias ou quaisquer outras de natureza acessória, daí resultando, pela negativa, a desnecessidade de forma escrita nos acordos revo-

[168] Pinto Furtado, *Manual do Arrendamento Urbano, Volume II, p. 919.*

[169] Menezes Leitão, *Arrendamento Urbano*, pp. 139. Esta será a única forma de cessação do contrato de arrendamento em que o princípio da autonomia privada encontra o seu âmbito de manifestação mais amplo, traduzindo-se em aspetos diversos, nomeadamente no prazo, termos respeitantes à entrega do imóvel bem como em eventuais pagamentos de rendas ou outros encargos.

gatórios que, cumulativamente, sejam imediatamente executados e nos quais não haja lugar ao pagamento de qualquer compensação de uma das partes à outra como contrapartida da cessação ou à estipulação de outros aspetos relacionados.

Assim sendo, estabelecendo as partes o direito à compensação do arrendatário pela revogação do contrato de arrendamento, tratando-se, pois, de uma revogação negociada em virtude de um potencial interesse do senhorio no arrendamento fracionado do imóvel ou no seu arrendamento com aumento do valor da renda, deve tal estipulação constar de documento escrito sob pena de a convenção verbal de tal pagamento não ser meio probatório suficiente à respetiva exigibilidade do mesmo em sede judicial[170].

Neste sentido, podemos desde logo operar a distinção entre *revogação real* e *revogação meramente obrigacional*, sendo que a primeira, de execução imediata, dispensa a necessidade de observância de forma escrita, bastando-se com a desocupação total e efetiva de pessoas e bens e respetiva entrega das chaves pelo arrendatário ao senhorio (*traditio*) que, por sua vez as recebe e aceita[171].

[170] Pinto Furtado, *Manual do Arrendamento Urbano, Volume II, p. 922.*

[171] **JURISPRUDÊNCIA (09/05/2006)**

AC. STJ N.º 06A1001 (RELATOR SEBASTIÃO PÓVOAS)

"1) A possibilidade de celebração de contratos de arrendamento de duração limitada para fins não habitacionais só foi introduzida na RAU pelo Decreto – Lei n.º 257/95. A nova redação do artigo 117.º é inaplicável aos arrendamentos de pretérito.

2) A revogação unilateral dos contratos de arrendamento só é permitida quando o contrato é de duração limitada.

3) A revogação bilateral (mutuo dissenso, acordo revogatório ou distrate) é um negócio consensual e deve ser reduzido a escrito se não for executado de imediato ou contiver qualquer outra cláusula, compensatória ou não.

4) Se o acordo é seguido de entrega imediata – ou abandono – do locado pelo arrendatário e nada mais é clausulado, o distrate é nominado de revogação real.

5) Da simples entrega das chaves do locatário ao senhorio só poderia concluir se pelo acordo revogatório por apelo ás regras de experiência comum, aos juízos correntes de probabilidade, em termos de normalidade de vida e do senso comum.

6) Tal implicaria o lançar mão de presunção judicial, que, sendo uma ilação de facto, é da exclusiva competência das instâncias e está fora dos poderes de cognição do STJ em sede de recurso de revista.

7) Tendo sido alegados outros factos relevantes para alcançar aquela convicção e não selecionados para base instrutória, justifica se o uso da faculdade do n.º 3 do artigo 729.º do Código de Processo Civil."

Diferentemente, na revogação meramente obrigacional, as partes acordam em diferir para momento ulterior a respetiva desocupação do imóvel e sua entrega ao senhorio, reduzindo a escrito o acordo celebrado nesse sentido, sob pena de nulidade, permanecendo válido o contrato de arrendamento celebrado sem que se verifique a redução a forma escrita do acordo revogatório[172].

Em ambos os casos referidos estaremos perante uma *revogação bilateral*, ou simplesmente revogação, no verdadeiro sentido do termo, porquanto se trata de um acordo assente no encontro de vontades de ambas as partes, ao invés do sucede na revogação unilateral, em que apenas uma das partes, independentemente da vontade da outra e sem necessidade de causa justificativa para o efeito, coloca fim à relação contratual estabelecida entre ambos.

A *revogação unilateral* não integra, naturalmente, o contexto da revogação aqui tratada enquanto modalidade de cessação, porquanto a referida revogação unilateral, impropriamente denominada denúncia, apenas se verifica no respeitante aos contratos de arrendamento com prazo certo, encontrando-se prevista nos n.ºs 3 e 4 do artigo 1098.º, referindo-se, respetivamente, o n.º 3 à situação de denúncia livre do arrendatário mediante comunicação prévia tempestiva face à data pretendida de produção de efeitos e o n.º 4, por sua vez, atribui o direito de denúncia ao arrendatário no contexto de oposição à renovação por iniciativa do senhorio, permitindo-lhe procurar alternativa viável de habitação e, consequentemente, celebrar novo contrato de arrendamento, sem necessidade de aguardar até ao final do contrato inicial. Ambas as situações serão dignas de desenvolvimento em sede do estudo próprio da oposição à renovação.

Retornando à revogação (bilateral) propriamente dita, importa notar que tratando-se o imóvel arrendado da casa de morada de família do arrendatário, será sempre necessário o consentimento do outro cônjuge, que seguirá a mesma forma do acordo revogatório celebrado, como resulta do artigo 1082.º-B do Código Civil, conjugado com o artigo 1084.º n.º 2 e o 262.º n.º 2.

Passando, em concreto, à revogação real, esta ocorrerá, na prática, com a entrega das chaves do locado ao senhorio ou quando o arrenda-

[172] MENEZES CORDEIRO, *Leis do Arrendamento Urbano Anotadas*, p.225;

tário simplesmente, após a respetiva desocupação de pessoas e bens do locado, deixa as respetivas chaves no seu interior, sendo esse ato reconhecido pelo senhorio como entrega efetiva do locado, situação em que estaremos perante a revogação imediatamente executada a que se refere o n.º 2 do artigo 1082.º, dispensando, como tal, a necessidade de observância de forma escrita, conforme referido.

Na referida situação, o senhorio terá, naturalmente, direito a receber a totalidade das rendas respeitantes ao período de tempo durante o qual o arrendatário permaneceu no local arrendado mas apenas e somente estas e não outras[173], não podendo posteriormente vir invocar a ausência de entrega das chaves por parte do arrendatário a fim de, dolosamente, pretender imputar-lhe rendas em atraso, relativamente aos meses alegadamente vencidos após a posterior entrega do locado, peticionando judicialmente ou extrajudicialmente, designadamente em sede do procedimento especial de despejo as mesmas, sob pena de litigar em juízo de má-fé[174], sendo certo que o ónus da prova da extinção do contrato de

[173] **JURISPRUDÊNCIA (23/03/2017)**
AC. TRE N.º 1037/11.0TBTMR.E1 (RELATOR SÍLVIO SOUSA)
"1. A entrega das chaves do locado ao senhorio, por parte do inquilino, ao quarto mês de vigência de um contrato de arrendamento para habitação, com prazo certo (1 ano), e num contexto de rendas em atraso, reclamando o senhorio o pagamento das correspondentes ao lapso de tempo em que o inquilino usufruiu do locado, configura a cessação do contrato de arrendamento, por acordo das partes (revogação real) e não uma declaração de que não se pretende a sua continuação, após o decurso do prazo inicial acordado (denúncia).
2. Perante um acordo revogatório, o senhorio tem apenas direito às rendas referentes ao tempo de duração efetiva do contrato."

[174] **JURISPRUDÊNCIA (18/02/2015)**
AC. STJ N.º 1120/11.1TBPFR.P1.S1 (RELATOR SILVA SALAZAR)
"I – A litigância de má fé não se basta com a dedução de pretensão ou oposição sem fundamento, ou a afirmação de factos não verificados ou verificados de forma distinta.
II – Exige-se, ainda, que a parte tenha atuado com dolo ou com negligência grave, ou seja, sabendo da falta de fundamento da sua pretensão ou oposição, encontrando-se numa situação em que se lhe impunha que tivesse esse conhecimento.
III – Atuam como litigantes de má fé, os réus que, no articulado contestação, alegam uma realidade que se provou inexistir e cuja inexistência forçosamente conheciam, o que significa terem eles alterado a verdade dos factos a fim de deduzirem intencionalmente, portanto, com dolo, oposição, cuja falta de fundamento não podiam deixar de conhecer, assim integrando o estatuído nas als. a) e b) do n.º 2 do art. 456.º do CPC, na redação anterior, que corresponde ao atual art. 542.º do NCPC (2013)."

arrendamento, obstando ao vencimento de rendas subsequentemente à data em que o mesmo haja cessado, pertence ao arrendatário.

Não obstante, importa notar que o sentido de "*imediatamente executado*" subentende que ao preciso momento da cessação do contrato de arrendamento, o imóvel deverá ser desocupado, pois como resulta do artigo 1081.º: "*a cessação do contrato torna imediatamente exigível, salvo se outro for o momento legalmente fixado ou acordado pelas partes, a desocupação do local e a sua entrega*".

Por outro lado, atenta a ausência de estabelecimento legal de um prazo supletivo para a desocupação do locado quando haja ocorrido a cessação do contrato de arrendamento por revogação, entendemos poder aplicar analogicamente o prazo constante o artigo 1087.º o qual, relativamente à figura da resolução do contrato de arrendamento, prevê que a desocupação do locado apenas será exigível uma vez decorrido um mês a contar da resolução, sendo que, por outras palavras, na ausência de acordo entre as partes quanto ao prazo de que dispõe o arrendatário para proceder à desocupação de pessoas e bens do locado, será aplicável à revogação do contrato o prazo de um mês[175].

Face ao disposto podemos problematizar a existência de dois entendimentos: o primeiro, interpretando o conceito de "*imediatamente executado*" enquanto abrangendo o respetivo período acessório, convencionado entre as partes ou o legalmente aplicável de um mês, para a desocupação de pessoas e bens, dispensaria, como tal, a observância de forma escrita, permanecendo válido o acordo verbal celebrado[176]. Diversamente, num segundo entendimento, interpretando literalmente o preceituado no n.º 2 do artigo 1082.º, assenta no pressuposto de que todo e qualquer prazo acessório extravasaria o que deverá ser considerado "*imediatamente execu-*

[175] Não faria sentido o arrendatário dispor de um prazo de um mês para desocupar o locado em caso de resolução do contrato de arrendamento e não gozar já da mesma possibilidade em caso de revogação, ressalvando-se, porém, que tal prazo será de aplicar a título supletivo, ou seja, na falta de convenção das partes quanto ao prazo de que o arrendatário dispõe para desocupar o imóvel.

[176] A este propósito, MENEZES LEITÃO, *Direito das Obrigações*... pp. 350: "*sendo o acordo imediatamente executado (o que corresponde à denominada revogação real do arrendamento) nem sequer se exige qualquer forma*".

tado", levando, pois, à necessária redução a escrito do acordo revogatório, sob pena de nulidade do mesmo.

Sendo certo que, como referimos *supra,* a inexistência de acordo escrito em virtude da imediata executoriedade desse acordo, reside na restituição material do imóvel ao senhorio corporizada na entrega das chaves do locado, deixando o arrendatário naturalmente de ter acesso ao interior sem que, para o efeito, aquele lhe possibilite o respetivo acesso, somos do entendimento que a tomada de posse do imóvel por parte do senhorio ocorrerá efetivamente com a entrega das chaves pelo arrendatário, não sendo, porém, despiciendo que, em virtude de este não ter ainda, nesse momento, desocupado integralmente o seu interior, continuando a aceder ao mesmo, quer por intermédio do senhorio, como por ter outra cópia das chaves do locado, tal situação integre, de igual forma, o âmbito do imediatamente executado, sendo desnecessária a submissão a escrito do acordo revogatório no referido circunstancialismo.

Não obstante e independentemente do entendimento seguido nesta matéria, no respeitante à amplitude da executoriedade imediata do acordo revogatório, entendemos porém que, atentos os interesses próprios do arrendatário e do senhorio e procurando salvaguardar os contraentes contra situações injustas[177], devem as partes reduzir a escrito,

[177] No que tange ao arrendatário, a celebração por escrito do acordo revogatório imediatamente executado salvaguarda-o quanto a uma possível ação de despejo fundada na falta de pagamento de rendas por parte do senhorio alegando a manutenção do contrato de arrendamento atento o prazo estipulado pelas partes constante do contrato, devendo tal acordo revogatório referir, inclusive, o ato de receção das chaves pelo senhorio ou por qualquer outra pessoa em sua representação, efetivamente munida de poderes para o ato, identificado data, horas e local onde tal entrega teve lugar.
Já o senhorio, por sua vez, pretendendo demonstrar em juízo, a celebração de acordo revogatório com o arrendatário, o qual, não obstante o mesmo, permanece no locado, juntamente com os bens respetivos não procedendo ao pagamento das rendas entretanto vencidas, após o momento em que o imóvel deveria ter sido entregue, carece da respetiva celebração por escrito do acordo, sob pena de dificultar severamente a prova da cessação do contrato, obstando como tal, à respetiva procedência do pedido de entrega coerciva do locado, o qual, por sua vez, ocorrendo em sede de procedimento especial de despejo, apenas será formalmente procedente se para o efeito, com o respetivo requerimento de despejo o senhorio juntar o acordo revogatório escrito, em observância do disposto na alínea a) do n.º 2 do artigo 15.º NRAU.

em qualquer dos casos a vontade de revogar o contrato de arrendamento inicialmente celebrado, não por imposição legal que, conforme sustentámos não existe, mas antes por imperativo de segurança jurídica, salvaguarda e proteção dos interesses naturalmente conflituantes em jogo.

Assumirá, porventura, contornos mais interessantes a questão enunciada, em especial no respeitante ao senhorio, se tivermos em conta a finalidade última deste acordo em sede do procedimento especial de despejo, uma vez que, como resulta expressamente da alínea a) do n.º 2 do artigo 15.º NRAU, em caso de revogação, apenas servirá de base ao requerimento executivo, o contrato de arrendamento se, e só se, for acompanhado do respetivo acordo revogatório, isto porque se entendermos que o acordo revogatório continua a ser "*imediatamente executado*" após o decurso do prazo de um mês para a desocupação do locado a que se refere o artigo 1087.º ou de qualquer outro período legalmente convencionado entre as partes, sem que tal acordo tenha sido celebrado por escrito e ao fim de tal prazo recuse o arrendatário em desocupar o locado, ficaria o senhorio sem possibilidade de obter a tutela adequada da via processual destinada à obtenção da desocupação do locado.

Conforme referido, a par dos imperativos de segurança jurídica, proteção e salvaguarda dos próprios intervenientes, subjacentes à celebração por escrito do acordo revogatório e independentemente de este ser imediatamente executado ou não questão, a redução a escrito deverá ser sempre observada atento o facto de o requerimento de despejo não se compadecer com um qualquer acordo revogatório verbal celebrado entre as partes.

Dito isto, concluímos portanto que, ao constituir o procedimento especial de despejo a via idónea a seguir na sequência da revogação do contrato de arrendamento e em virtude da recusa por parte do arrendatário em desocupar o imóvel seguidamente à celebração do referido acordo revogatório, será sempre necessária a existência escrita desse acordo, sob pena de recusa liminar do requerimento de despejo nas situações em que, não tendo o arrendatário desocupado o imóvel findo o prazo estipulado para o fazer, as partes hajam optado pela não redução a escrito do acordo firmado, sendo, consequentemente, de difícil prova, a demonstração da sua existência, com as respetivas consequências legais daí derivadas.

2. Caducidade

Prevista no artigo 1051.º do Código Civil, a caducidade surge, desde logo, enquadrada nas regras gerais do contrato de locação e não nas regras específicas do contrato de arrendamento urbano, ao invés do que sucede nas restantes modalidades de cessação do contrato de arrendamento, com exceção das regras relativas à resolução do contrato em que, a par das normas específicas em sede de arrendamento urbano, são igualmente aplicáveis as regras gerais do contrato de locação em que tudo o que não contradiga àquelas, como veremos.

Da análise do referido preceito, verifica-se desde logo a enumeração neste artigo de diversas situações que, uma vez verificadas e devidamente comprovadas, determinam automaticamente a caducidade do contrato, permanecendo inalterado tal catálogo desde a sua versão primitiva conferida pela Lei n.º 6/2006, de 27 de fevereiro, que aprovou o NRAU, não tendo sofrido qualquer alteração até ao presente momento.

Não obstante e pese embora o rigor empenhado pelo legislador ao enunciar tais hipóteses, absteve-se este de definir em que consiste a caducidade, à semelhança do que se verificava na vigência do RAU, onde o legislador pese embora dedicando o artigo 66.º a esta forma de cessação, limitava no n.º 1 a consagração do respetivo regime aplicável à remissão para o regime da caducidade em sede do contrato de locação, constante do artigo 1051.º do Código Civil que, por sua vez, continha um elenco de situações em tudo iguais às atualmente previstas, com exceção da alínea g) que apenas mais tarde viria a ser aditada ao preceito.

Desta forma e apesar da ausência de noção legal, a caducidade consiste, na verificação de um determinado evento ou facto jurídico suscetível de integrar uma das causas de cessação do contrato previstas no artigo 1051.º CC ou outras suscetíveis de produzir o mesmo efeito extintivo, sendo que a verificação de tal facto, determina de forma automática e com eficácia *ex nunc*, a caducidade do contrato de arrendamento validamente celebrado entre as partes[178], não carecendo estas de manifestar a sua vontade nesse sentido, operando *ope legis*.

[178] Menezes Leitão, *Direito das* Obrigações... pp. 353. Segundo o autor consiste a caducidade na "*extinção do contrato em virtude da verificação de um facto jurídico stricto sensu*", subordinado como tal à verificação de um determinado facto jurídico, que será taxativamente um dos previstos no artigo 1051.º.

Podemos, aqui chegados e no presente contexto, problematizar, se o catálogo constante do artigo 1051.º assume assim caráter taxativo, atenta a ausência de expressões como "*nomeadamente*" ou "*entre outras*" ou se, por outro lado, prevê apenas algumas das situações, porventura as de verificação mais frequente, em que o contrato de arrendamento caducará, deixando abertura suficiente no respetivo teor para que outras causas sejam, à semelhança das aí previstas, igualmente dignas de consideração.

Tanto doutrinal como jurisprudencialmente, direta como indiretamente, tem sido sustentada a existência de outras causas de caducidade do contrato de arrendamento que não apenas as previstas no artigo 1051.º, o que permite, seguindo o mesmo entendimento, depurar pela existência de um catálogo meramente exemplificativo.

Entre as diversas causas de caducidade da relação arrendatícia não previstas naquele catálogo, ganha especial relevo a verificação da caducidade do arrendamento em detrimento da venda executiva do imóvel cuja hipoteca haja sido constituída anteriormente à celebração do contrato de arrendamento[179], dado que, em tal caso, a existência desse contrato, sendo posterior à constituição daquele direito real de garantia, deixa de

[179] **JURISPRUDÊNCIA (21/10/2008)**

AC. TRC N.º 699/06.4TBAND-A.C1 (RELATOR HÉLDER ROQUE)

"I – Os contratos de arrendamento não sujeitos a registo só não caducam com a venda executiva, se a constituição da relação locativa for anterior à data do registo de penhora, arresto ou garantia invocada na execução.

II – Recaindo hipoteca sobre imóvel objeto de venda executiva, constituída e registada, em data anterior à do contrato de arrendamento celebrado entre o executado locatário e os executados senhorios, a locação é inoponível ao adquirente do imóvel, extinguindo-se o arrendamento e operando-se a caducidade do contrato, que não prevalece sobre aquela garantia real, após a realização da venda executiva.

III – Sendo a hipoteca uma espécie de penhora antecipada, o imóvel objeto de venda executiva foi, oportunamente, retirado da disponibilidade dos executados, seus proprietários, que ficaram privados do direito de nele praticar atos suscetíveis de colidir com a situação jurídica criada pela hipoteca, a partir do momento da sua constituição e registo.

IV – O regime legal decorrente do artigo 1057.º não é inaplicável à venda de coisa locada, em processo executivo, por se tratar de hipótese que deve considerar-se incluída, no âmbito do disciplinado pelo artigo 824.º, n.º 2, ambos do CC.

V – Tratando-se o imóvel vendido em execução, cuja entrega foi solicitada pelo exequente, a casa de habitação do agravante, só se justifica a suspensão da sua efetivação se a desocupação puser em risco, por razões de doença aguda, a vida do executado, desde que comprovada por atestado médico, que tem de indicar, de modo fundamentado, o prazo durante o qual deve ser sustada a entrega."

ser oponível ao respetivo adquirente, dado que, em observância do disposto no n.º 2 do artigo 824.º, aplicável na presente sede, o bem imóvel será transmitido ao adquirente livre de ónus e encargos, ressalvando-se os constituídos em data anterior e que produzam efeitos relativamente a terceiros, independentemente do registo, entendimento igualmente sufragado pelo Supremo Tribunal de Justiça[180][181].

A par das causas de caducidade previstas na lei que, como vimos, não se restringem apenas ao elenco previsto no artigo 1051.º, podem as partes livremente estipular outras causas de caducidade do contrato de arrendamento desde que as mesmas não colidam com as normas dotadas de caráter imperativo, nos termos do artigo 1080.º.

[180] **JURISPRUDÊNCIA (15/02/2018)**
AC. STJ N.º 851/10.8TBLSA-D.S1 (RELATOR ROQUE NOGUEIRA)
"I – O contrato de arrendamento de bem imóvel, com hipoteca registada em data anterior, caduca com a venda judicial, nos termos do art. 824.º, n.º 2, do CC.
II – Não obstante o arrendamento não assuma a natureza de um direito real, a tese da não caducidade não é a que melhor responde às exigências de justiça, nem aos interesses teleologicamente detetáveis no art. 824.º, n.º 2, do CC, cuja ratio é a de os bens vendidos judicialmente serem transmitidos livres de quaisquer encargos."

[181] **JURISPRUDÊNCIA (18/10/2018)**
AC. STJ N.º 12/14.7TBEPS-A.G1.S2 (RELATORA ROSA TCHING)
"I. O contrato de arrendamento, na medida em que sujeita o bem arrendado a uma situação fora da disponibilidade do respetivo proprietário devido ao seu carácter vinculistico, traduz-se num verdadeiro ónus e, como tal, deve estar sujeito ao regime previsto no art. 824.º, n.º 2 do Código Civil, cujo espírito ou ratio é a de os bens vendidos judicialmente serem transmitidos livres de quaisquer encargos.
II. Não se trata, porém, de estender, por via analógica, o efeito extintivo previsto neste art. 824.º, n.º 2 a direitos de natureza obrigacional, mas apenas de considerar aplicável esse efeito a direitos não reais relativamente aos quais, pela sua especificidade possam proceder as mesmas razões justificativas da extinção.
III. A interpretação dada ao n.º 2 do art. 824.º do Código Civil, no sentido de que o mesmo abrange também o contrato de arrendamento, é a que melhor responde às exigências de justiça e aos interesses teleológicos nele subjacentes, na medida em que assegura um equilíbrio adequado e proporcional entre os vários interesses em jogo: o interesse do proprietário do bem hipotecado, em celebrar o contrato de arrendamento; o interesse do arrendatário, que sabe ou pode saber pela publicidade registral que o bem objeto do arrendamento está sujeito à execução e o interesse do credor hipotecário, que não vê o bem hipotecado sofrer desvalorização em consequência do arrendamento.
IV. A relação locatícia estabelecida após constituição de hipoteca sobre o imóvel objeto do contrato, por aplicação do art.824.º, n.º 2 do Código Civil, caduca automaticamente com a venda do imóvel arrendado no processo executivo, inviabilizando, por isso, a dedução dos embargos por parte do arrendatário, de harmonia com o disposto no art. 344.º, n.º 2, 2.ª parte do CPC."

Neste sentido, e passando, em concreto, às situações previstas no artigo 1051.º, cuja verificação determina a caducidade do contrato de arrendamento, são elas as seguintes[182]:

a) termo do prazo convencionado pelas partes ou legalmente fixado;
b) verificação da condição resolutiva ou suspensiva a que as partes subordinaram o contrato;
c) cessação do direito ou dos poderes legais com base nos quais ocorreu a celebração do contrato entre as partes;
d) morte do arrendatário, ou, sua extinção, tratando-se de pessoa coletiva;
e) perda da coisa locada;
f) expropriação da coisa locada por utilidade pública;
g) cessação dos serviços que determinaram a entrega do imóvel arrendado.

A. Termo do prazo convencionado pelas partes ou legalmente fixado

A primeira causa de caducidade, prevista na alínea a), consiste no decurso do prazo convencionado pelas partes ou por lei para a duração do contrato, sendo que uma vez findo o prazo estipulado no contrato de arrendamento, este caducará.

Não obstante e atenta a regra da renovação automática do contrato de arrendamento perante a ausência de oposição à renovação de uma das partes, por períodos sucessivos e de igual duração, constante do artigo 1096.º, são restritos os casos em que se verifica a caducidade automática do contrato, atento o facto de tal caducidade apenas se poder verificar, maioritariamente ao contrariar contratualmente a referida renovação automática, se as partes houverem livremente estipulado a não renovação do contrato, situação onde este, findo o prazo estipulado, assim caducará, conferindo utilidade à referida causa de caducidade.

Caducará, de igual forma, o contrato de arrendamento celebrado para habitação não permanente ou para fins especiais transitórios, expressa-

[182] RUI PINTO DUARTE, *A cessação do arrendamento urbano no NRAU*, pp. 65. As diferentes causas de cessação do contrato por caducidade, mantêm-se desde o RAU, praticamente inalteradas, constituindo o artigo 1051.º "*o papel de preceito central em matéria de caducidade da locação, incluindo na do arrendamento urbano*", nas palavras do autor.

mente exarados no contrato celebrado, constituindo situação excecional ao regime da renovação automática, nos termos constantes do n.º 2 do artigo 1096.º, ao invés do que sucede nos contratos para habitação permanente, cujo prazo mínimo será de um ano, renovando-se automaticamente por iguais períodos de tempo, ou de três anos caso a duração inicial seja inferior, o mesmo sucedendo caso as partes não estabeleçam qualquer prazo de duração do contrato sendo que, nesse caso, será aplicável o prazo supletivo previsto no n.º 3 do artigo 1094.º, de cinco anos em que a regra será, de igual forma, a renovação automática findo o prazo em questão, obstando, de igual forma, à aplicabilidade da caducidade automática do contrato.

A lei estabelece ainda, no artigo 1054.º, exclusivamente no respeitante à verificação da caducidade pelo decurso do prazo e unicamente referente aos contratos de arrendamento, apesar da sua inserção nas normas que regulam o contrato de locação em geral, que, uma vez findo o período de tempo pelo qual o contrato foi celebrado, este renovar-se-á por períodos iguais salvo existindo oposição à renovação por uma das partes, assim fazendo caducar o vínculo contratual mediante manifestação expressa neste sentido.

O disposto no artigo 1054.º aplica-se assim a todos os contratos de arrendamento com exclusão dos contratos de arrendamento habitacionais que, por sua vez, dispõem de regras próprias relativas à renovação do contrato de arrendamento no artigo 1096.º e seguintes, importando assim aferir a que contratos de arrendamento, efetivamente, se aplica aquele artigo.

Pode questionar-se a respetiva aplicação aos contratos não-habitacionais, cujo regime se encontra previsto nos artigos 1108.º e seguintes, o qual, por sua vez se aplica aos contratos de arrendamento rústico não sujeitos a regimes especiais, pelo que, neste sentido, estabelece o n.º 1 do arrigo 1110.º, de forma expressa a aplicabilidade, na falta de estipulação em contrário, das disposições próprias dos arrendamentos habitacionais àqueles contratos, no respeitante à duração, denúncia e oposição à renovação, com especial destaque nesta última[183].

[183] Note-se, no entanto, que, apesar do exposto, não deixa de ser criticável a opção do legislador em inserir no seio do contrato de locação, normas que apenas respeitam, de

Assim sendo e no entendimento de Maria Olinda Garcia[184], que seguimos de perto, a par da ausência de enquadramento dos artigos 1054.º e 1055.º no seio das normas gerais do contrato de locação, tais preceitos, quer pela dificuldade interpretativa suscitada, como pela respetiva desnecessidade de aplicação aos contratos de arrendamento celebrados posteriormente à vigência da Lei n.º 6/2006, apenas colhem sentido útil quando respeitando aos contratos de arrendamento para habitação não permanente, isto é, para fins transitórios, como sejam os arrendamentos de curta duração ou vilegiatura, isto porque, mesmo no respeitante aos contratos para habitação permanente e aos contratos não-habitacionais, estes gozam de regulação própria no NRAU, nos artigos 26.º e seguintes, no Título II, relativo às normas transitórias aplicáveis aos contratos de arrendamento antigos.

Diversamente, tendo as partes celebrado contrato de duração indeterminada, ao invés de um contrato de prazo certo onde a caducidade pelo términus do prazo estipulado ganha razão de ser, aquele não caducará pelo decurso do prazo, sendo a sua cessação submetida, necessariamente, à denúncia tempestiva por uma das partes face à data pretendida de produção de efeitos do contrato, ressalvando-se, naturalmente, a eventual verificação de um dos fundamentos de resolução contratual, a respetiva revogação consensual ou de uma das restantes causas de caducidade do contrato constantes do artigo 1051.º.

B. Verificação da condição resolutiva ou suspensiva a que as partes subordinaram o contrato

A submissão, por sua vez, do contrato de arrendamento à verificação de um determinado evento ou acontecimento, quer quando à data de produção de efeitos como quanto à data de cessação da sua vigência, consubstancia a segunda causa de caducidade do contrato de arrendamento, encontrando-se prevista na alínea b) do artigo 1051.º.

Assim sendo, consiste a cláusula suspensiva, numa estipulação introduzida no contrato celebrado pelas partes, segundo a qual, o contrato

forma exclusiva, ao contrato de arrendamento, levantando diversas dúvidas e dificuldades interpretativas.

[184] Maria Olinda Garcia, *Arrendamento Urbano Anotado*, pp. 21 e ss.

de arrendamento apenas poderá produzir os efeitos respetivos a partir do momento em que se verifique determinado evento ou acontecimento, ficando até esse momento, suspensa a respetiva eficácia do contrato. A condição resolutiva, por sua vez, traduz-se na verificação de um evento ou acontecimento a que as partes, diversamente ao que sucede na condição suspensiva, atribuíram o efeito extintivo do contrato[185].

A este propósito e como doutamente refere Menezes Leitão[186], havendo a aposição de uma cláusula resolutiva ao contrato de arrendamento, tal cláusula é alvo de limitação na medida em que não pode "*defraudar os fundamentos de resolução do contrato, atenta a natureza imperativa dos mesmos*".

[185] **JURISPRUDÊNCIA (21/03/2012)**

AC. TRL N.º 3563/05.0TBVNG.P1.S1 (RELATOR GRANJA DA FONSECA)

"I – Em virtude do princípio da liberdade contratual, os contraentes podem juntar aos seus contratos as condições ou cláusulas que bem lhes parecerem. Estas condições e cláusulas formam parte integrante dos mesmos contratos e governam-se pelas mesmas regras.

II – No contrato em apreço, as partes introduziram diversas cláusulas, ficando o mesmo sujeito á verificação de duas condições, uma suspensiva e outra resolutiva: aquela concretizar-se-ia com a aprovação do estudo de viabilidade de construção, esta verificar-se-ia se fosse recusada viabilidade ao aludido estudo pela Câmara Municipal.

III – Porque a condição suspensiva suspende a eficácia do negócio, por maneira que ele só produzirá os seus efeitos, se vier a verificar-se o evento visado, ter-se-á de concluir que, tornando-se impossível a verificação desse evento, o negócio jurídico jamais poderá produzir os seus efeitos.

IV – Deste modo, tendo as partes desistido do respetivo processo de viabilidade de construção, na Câmara Municipal, a condição suspensiva a que o contrato ficou sujeito (a aprovação do estudo) ainda se não verificou mas jamais se poderá vir a verificar pela desistência do respetivo processo.

V – Por sua vez, tendo as partes acordado que o contrato fica inteiramente sem efeito, se ao estudo de viabilidade ou de informação prévia elaborado pelo referido arquiteto, por incumbência das partes, for recusada viabilidade pela Câmara Municipal e tendo as mesmas desistido desse processo de viabilidade, não é possível que a Câmara venha a pronunciar-se sobre o mesmo, o que acaba por significar a mesma coisa, isto é, a verificação da condição resolutiva.

VI – Não tendo o contrato-promessa produzido os seus efeitos, uma vez que as partes suspenderam a eficácia do negócio, por maneira que ele só produziria os seus efeitos se viesse a verificar-se o evento visado (a aprovação do pedido de viabilidade), o que não aconteceu nem pode acontecer e tendo-se verificado, ainda, a ocorrência da condição resolutiva, ou seja, ainda que o negócio tivesse começado a produzir os seus efeitos, estes dissolver-se-iam, não pode ser imputada às rés o incumprimento de um contrato que nunca produziu efeitos e se encontra extinto."

[186] MENEZES LEITÃO, *Direito das* Obrigações, pp. 353

De facto e pese embora possam as partes, à luz do princípio da liberdade contratual, estipular livremente as cláusulas que lhes aprouverem, sempre se diga que tais cláusulas, devem acautelar a necessária observância do regime geral de garantias do arrendamento, o que significa dizer que a vontade das partes manifesta na inclusão de tais cláusulas poderá não ser juridicamente admissível, impondo-se a apreciação, em concreto, das mesmas a fim de evitar a respetiva contradição com o conjunto de direitos e obrigações salvaguardados a cada uma das partes.

Assim sendo, a cláusula resolutiva que determine a extinção do contrato de arrendamento com duração efetiva superior a dois anos, em caso de venda do imóvel, vem por um lado obstar ao livre exercício do direito de preferência por parte do arrendatário, vedando, de igual forma, a transmissibilidade da posição de locador ao futuro adquirente, devendo considerar-se nula, tendo-se por não escrita.

Igualmente nula tem sido entendida a condição resolutiva consistente na estipulação das partes em que a vigência do contrato de arrendamento fique dependente do pagamento de determinadas rendas, o mesmo se afirmando quanto à condição suspensiva segundo a qual o contrato apenas entrará em vigor após o pagamento das rendas referentes a determinados meses, não obstante o senhorio ter logo cedido o respetivo gozo do locado ao arrendatário[187].

Diversamente, será válida a cláusula resolutiva inserta no contrato de arrendamento em que as partes, tendo convencionado a opção de compra por parte do arrendatário, estabeleçam a caducidade do contrato de arrendamento com a celebração do contrato-promessa de compra e venda do imóvel arrendado.

Igualmente válidas são as cláusulas, respetivamente suspensiva e resolutiva, estipuladas pelas partes segundo as quais, por um lado, a produção de efeitos do contrato de arrendamento celebrado depende da aprovação de estudo de viabilidade, por parte da Câmara Municipal competente, da construção de determinada obra no locado e, por outro lado, a recusa de

[187] Veja-se, a este propósito, o Acórdão do Tribunal da Relação de Évora de 08 de junho de 2017 (*Processo n.º 349/16.0T8PTM.E1, Relatora Albertina Pedroso*).

viabilidade da Câmara Municipal ao referido estudo, determina a caducidade do contrato[188].

Ainda que sendo procedente a verificação de qualquer uma das clausulas estipuladas pelas partes, no sentido de determinar a caducidade do contrato, importa notar que a lei define claramente, no artigo 1053.º, que apenas decorridos que sejam seis meses sobre a data de verificação do facto, será exigível judicialmente a respetiva desocupação de pessoas e bens, não podendo o senhorio reclamar a entrega do mesmo sem que tal prazo haja efetivamente decorrido.

A este propósito cumpre notar que, uma vez caducado o contrato de arrendamento, todos os valores pagos pelo arrendatário ao senhorio não constituem, em boa verdade, rendas, uma vez que a obrigação de pagamento de rendas refere-se apenas ao período compreendido no contrato de arrendamento, seja a duração inicial ou sua renovação nos contratos de prazo certo ou, durante a vigência efetiva do vínculo contratual nos contratos de duração indeterminada.

Assim sendo e não obstante o contrato de arrendamento haver cessado, independentemente da causa subjacente à caducidade e não sendo imediatamente exigível a respetiva entrega, dado que, nos termos do artigo 1053.º, o senhorio apenas poderá exigir a restituição do locado decorridos que sejam seis meses desde a caducidade do contrato, deverá o arrendatário, durante esse período, proceder mensalmente ao pagamento do mesmo valor que habitualmente entregava ao senhorio na pendência do contrato, desta feita, não a título de rendas, mas sim de indemnizações pelo atraso na restituição da coisa, nos termos do artigo 1045.º, repercutindo-se no mesmo efeito prático de um normal pagamento de rendas, embora sob designação diferente.

Paralelamente, importa frisar que nos contratos sujeitos a caducidade pela verificação de condição suspensiva ou resolutiva a que as partes o hajam subordinado, a lei protege o arrendatário perante a inércia do senhorio relativamente ao contrato de arrendamento caducado, sobre o qual este continue a haver rendas sem manifestar a sua oposição expressa à permanência daquele no imóvel, isto é, continuando o arrendatário a

[188] Veja-se o suprarreferido Acórdão do Tribunal da Relação de Lisboa de 21 de março de 2012 *(Processo n.º 3563/05.0TBVNG.P1.S1, Relator Granja Da Fonseca).*

residir no locado e procedendo ao pagamento tempestivo do valor correspondente à renda, decorrido que seja um ano desde a data em que o contrato haja cessado, este readquire validade, considerando-se renovado, nos termos conjugados dos artigos 1056.º *ex vi* do 1054.º[189].

Tal possibilidade de renovação do contrato uma vez caducado, logrando-se a necessária proteção da confiança[190] do arrendatário, além de ser aplicável à causa prevista na alínea b), como vimos, aplica-se ainda, de igual forma, à situação de caducidade constante da alínea c), ou seja, em virtude da cessação do direito ou poderes legais de administração com base nos quais o contrato foi celebrado e, bem ainda, quanto à alínea g) na qual, pese embora os serviços que determinaram o arrendamento tenham cessado, o arrendatário permanece no locado perante a ausência de manifestação do senhorio em contrário.

Desta forma, não é possível a renovação do contrato quando ocorra a perda da coisa locado e a sua expropriação por utilidade pública, por impossibilidade do objeto, o mesmo se afirmando relativamente à morte ou extinção do arrendatário, consoante este seja pessoa singular ou coletiva, nos termos constantes da alínea d), pelo que, apesar de o contrato não se renovar por impossibilidade subjetiva, já no que respeita aos contratos de arrendamento habitacional em que ocorra a morte de pessoa singular e conforme o caso, serão aplicáveis as regras de transmissibilidade do contrato para uma das pessoas elencadas nas alíneas a) c) do n.º

[189] **JURISPRUDÊNCIA (11/04/1991)**
AC. STJ N.º 079780 (RELATOR PEREIRA DA SILVA)
"I – Em caso de caducidade do arrendamento, nos termos do artigo 1056 do Código Civil, torna-se necessária a verificação dos seguintes requisitos para que a renovação do contrato tenha lugar: a) que o locatário se mantenha no gozo da coisa locada, após a caducidade do arrendamento; b) que essa posse perdure pelo prazo de um ano; c) que não haja oposição do locador.
II – O requisito da falta de oposição por parte do locador tem de ser provado pelo locatário, apesar do facto poder ser negativo.
III – A oposição à renovação do contrato não está sujeita a forma especial, podendo ser feita por simples missiva dirigida pelo locador ao locatário, ou por qualquer outro meio, importando apenas que o locador se manifeste através de um ato de que o arrendatário tenha ou deva ter conhecimento e que manifeste, por forma inequívoca, o seu propósito de se opor à renovação.
IV – A condenação por má fé pressupõe a existência de dolo, não bastando a simples negligência ainda que grave, assim como não constitui fundamento para uma tal condenação a chamada lide temerária."

[190] António Menezes Cordeiro, *Leis do Arrendamento Urbano Anotadas*, p. 120.

1 do artigo 1106.º, obstando assim à caducidade do contrato, razão pela qual não há lugar à possibilidade de renovação de contrato caducado, na medida em que, ao suceder-lhe uma das referidas pessoas, o contrato não chega sequer a caducar.

C. Cessação do direito ou dos poderes legais com base nos quais ocorreu a celebração do contrato entre as partes

A terceira causa de caducidade do contrato de arrendamento, por sua vez, encontra-se prevista na alínea c) do artigo 1051.º, consistindo na extinção do direito ou dos poderes de administração com base nos quais a relação arrendatícia foi celebrada, sendo certo que apenas poderá dar de arrendamento quem tenha poderes legais sobre o imóvel que pretenda arrendar, isto é, para poder outorgar o contrato na qualidade de senhorio, cessando essa possibilidade a partir do momento em que se extinguem os direitos ou poderes de administração com base nos quais tais contratos tiveram origem.

Assim sendo, as situações mais suscetíveis de configurar a caducidade do contrato de arrendamento com fundamento na referida causa constante da alínea c) são as seguintes[191]: a extinção do usufruto ao abrigo do qual o respetivo usufrutuário deu o imóvel em arrendamento; a cessação do contrato de arrendamento que esteve na génese do contrato ou contratos de subarrendamento celebrados pelo sublocador tendo por objeto parte ou a totalidade do imóvel arrendado no uso da autorização do senhorio concedida por escrito para o efeito, e por último, a cessação dos poderes legais de administração com base nos quais o contrato de arrendamento foi celebrado.

Iniciando pela primeira das referidas situações, consiste o usufruto no direito a gozar, de forma plena mas temporária, uma coisa ou direito de outrem, nos termos do artigo 1439.º CC, extinguindo-se tal direito, maioritariamente, pela morte do usufrutuário, tratando-se de usufruto vitalício, ou pela caducidade do prazo pelo qual foi conferido, não sendo vitalício, podendo ainda extinguir-se pelo não uso, perda da coisa usufruída, ou renúncia do direito ou, bem ainda, pela reunião na mesma pessoa das qualidades de usufrutuário e de proprietário.

[191] António Menezes Cordeiro, *Leis do Arrendamento Urbano Anotadas,* p. 104.

À exceção das duas últimas causas de extinção do usufruto, todas as demais determinam a caducidade dos contratos de arrendamento celebrados pelo usufrutuário nessa qualidade, ainda que o usufruto haja sido transmitido a outrem, extinguindo-se com a morte do usufrutuário primitivo, exceto se constituído a favor de diversas pessoas, situação em que apenas se extinguirá após a morte do último usufrutuário, readquirindo o titular da nua propriedade ou proprietário de raiz, a totalidade, extensão e plenitude dos poderes que integram o seu direito de propriedade sobre o imóvel arrendado.

Neste sentido, a extinção do usufruto determinará, como referido, a caducidade do contrato de arrendamento celebrado no gozo de tal direito, sendo certo que a caducidade opera ainda que o arrendatário invoque e demonstre desconhecer a qualidade de usufrutuário do seu senhorio, não lhe sendo possível prevalecer-se de tal desconhecimento a fim de obstar à caducidade do vínculo contratual outorgado pelo usufrutuário[192].

Não obstante, ocorrendo a extinção do usufruto e consequente caducidade do contrato de arrendamento, o arrendatário apenas terá de proceder à desocupação do imóvel uma vez decorrido o prazo de seis meses após a verificação do facto subjacente à caducidade do contrato, ao abrigo do disposto no artigo 1053.º.

Excecionalmente, o usufruto não determinará a caducidade do contrato de arrendamento nas situações constantes das alíneas a) e b) do artigo 1052.º CC[193].

A primeira situação verifica-se quando o contrato de arrendamento for celebrado pelo usufrutuário enquanto tal e este, posteriormente, vier a adquirir a propriedade do imóvel sobre o qual tem direito de usufruto, situação que, pese embora configurando a extinção do usufruto, segundo

[192] **JURISPRUDÊNCIA (21/03/2013)**
AC. TRE N.º 117/10.3TBEVR.E1 (RELATOR PAULO AMARAL)
"*I – A caducidade do contrato de arrendamento, nos termos do art. 1051.º, al. c), Cód. Civil, opera automaticamente, independentemente de o inquilino desconhecer a qualidade jurídica do senhorio (usufrutuário e não proprietário).*
II – Se as partes formalizam um contrato já vigente entre elas, deve entender-se, nos termos e para os efeitos do art. 239.º do mesmo diploma legal, que a regulamentação escrita é a mesma que antes vigorava entre as partes."

[193] Romano Martinez, *Da cessação do contrato*, pp. 325 e ss.

a alínea b) do n.º 1 do artigo 1476.º CC, não determina porém a caducidade do contrato, dado que, enquanto proprietário, o anterior usufrutuário teria igualmente legitimidade para a celebração de tal vinculo, além de que, sendo a mesma pessoa, não se verifica, com a alteração da qualidade, qualquer modificação subjetiva ao contrato, não se justificando a caducidade;

A segunda situação, por sua vez, verifica-se perante a transmissão ou renúncia, pelo usufrutuário, do seu direito, sendo que, no primeiro caso, o contrato transmite-se ao respetivo adquirente juntamente com o direito de usufruto, caducando aquando da morte do usufrutuário primitivo; no segundo caso, a propriedade consolida-se na mão do respetivo titular da nua propriedade, pese embora caducando o contrato de arrendamento aquando da morte do titular do direito ao usufruto, isto é, o contrato caduca no mesmo momento em que caducaria perante o decurso normal do exercício do direito de usufruto renunciado.

A par da caducidade do contrato pela morte do usufrutuário em que não seja de aplicar qualquer uma das referidas exceções, verifica-se, de igual forma, a caducidade do contrato de subarrendamento celebrado pelo arrendatário na posição de sublocador, em virtude da cessação do contrato de arrendamento primitivo e, consequentemente, do direito com base no qual foi celebrado o contrato de subarrendamento tendo por objeto parte ou a totalidade do imóvel arrendado no uso da autorização do senhorio concedida por escrito para o efeito.

De facto e conforme resulta do artigo 1089.º, o subarrendamento caduca com a extinção do contrato de arrendamento, independentemente da causa de cessação do contrato de arrendamento primitivo, não "podendo o arrendatário manter, sem legitimidade para tanto, o contrato de subarrendamento posteriormente à extinção do seu próprio contrato, ainda que o mesmo haja sido celebrado anteriormente à cessação da sua relação contratual, sem prejuízo de o senhorio querendo, poder substituir-se ao arrendatário, passando o subarrendatário a arrendatário direto, obstando assim à caducidade dos mesmo, nos termos dos n.ºs 1 e 2 do artigo 1090.º.

Caducando o contrato de arrendamento, ainda que o locado se encontre ocupado por subarrendatário e não tendo o senhorio a pretensão de manter tal contrato, poderá este, com o título executivo idóneo para o efeito, isto é, a decisão judicial resultante da ação de despejo destinada a obter a resolução do contrato, requerer em sede de ação executiva para entrega de coisa imóvel arrendada, o despejo do imóvel, devendo o subarrendatário proceder à desocupação do mesmo, de pessoas e bens[194].

A par das referidas, poderá ainda ocorrer a caducidade do contrato de arrendamento com fundamento na cessação dos poderes legais de administração com base nos quais o contrato foi celebrado, nos termos da alínea c)/*in fine* do artigo 1051.º, situação que se verificará, designadamente, na cessação dos poderes de administração de herança indivisa atribuídos ao cabeça-de-casal previamente à liquidação e partilha dos bens que a integram, entre os quais, o bem imóvel arrendado.

O momento exato de cessação dos poderes legais de administração ocorrerá assim aquando da efetivação da partilha dos bens que integram a herança[195] e não pela morte da pessoa responsável pelo exercício do cargo de cabeça de casal, cessando, de igual forma, tais poderes se, pese

[194] **JURISPRUDÊNCIA (17/03/2010)**
AC. TRE N.º 1030/06.4TBOLH-A.E1 (RELATOR MATA RIBEIRO)
"1 – O subarrendamento caduca com a extinção, por qualquer forma, do contrato de arrendamento.
2 – A sentença que decreta a resolução do contrato de arrendamento e ordena a entrega do locado ao seu proprietário é título executivo válido e eficaz para, numa ação executiva para entrega de coisa certa, se proceder à entrega coerciva do locado, independentemente da ocupação, ser agora efetuada por um subarrendatário e não pelo arrendatário, demandado na ação declarativa.
3 – O subarrendatário não pode impedir a entrega da coisa ao seu legitimo proprietário, tão só, pode suspender precariamente as diligências executórias desde que se verifiquem os requisitos a que alude o art. 930.º – B, n.º 2 al. b) do CPC (art. 60.º do RAU)."

[195] **JURISPRUDÊNCIA (09/02/2017)**
AC. TRL N.º 21447-15.2T8LSB.L1-6 (RELATOR ANTÓNIO SANTOS)
"– Dispondo a alínea c), do art. 1051, do C. Civil, que o contrato de locação caduca "quando cesse o direito ou findem os poderes legais de administração com base nos quais o contrato foi celebrado" e, por outro, rezando o art. 2079.º, do mesmo diploma legal, que a "administração da herança, até à sua liquidação e partilha, pertence ao cabeça de casal", inequívoco é que, terminando a administração da herança (uma universalidade de direito) apenas com a partilha, é com a ultimação desta que cessa o arrendamento celebrado pelo cabeça-de-casal;
– Não logrando o arrendatário provar – apesar de alegado – que as Autoras nunca tiveram qualquer intenção de proceder à partilha formal de concreta herança indivisa, e que apenas o fizeram agora com único fim e propósito de prejudicarem o Réu pessoal e patrimonialmente – ao invocarem a caducidade do contrato de arrendamento – e quando sempre lhe comunicaram de resto que o direito estipulado na alínea c) do n° 1 do artigo 1051° do Código Civil, nunca seria exercido, pertinente não é paralisar a caducidade de locação com fundamento em exercício abusivo de um direito, na modalidade de "exercício inútil danoso."

embora não tenho havido lugar à partilha, os herdeiros alienarem o bem imóvel arrendado pertencente à herança, caducando assim o contrato de arrendamento celebrado pelo cabeça de casal na qualidade de administrador da herança.

Ainda no respeitante ao exercício de poderes de administração, podendo um dos conjuges, casados em separação de bens, proceder à administração de bens próprios do outro, devidamente munido de mandato conferido por este para esse efeito, pode, de igual forma e ao abrigo do disposto no artigo 1678.º e 1682.º-A, celebrar contratos de arrendamento, sendo certo que, pese embora, a alínea c) do artigo 1051.º, prescreva que, em tais casos, o contrato caduca pela cessação dos poderes legais de administração, vem a alínea c) do artigo 11052.º, excecionar tal caducidade, pelo que na referida situação, ainda que cessando tais poderes, o contrato de arrendamento permanece válido, não caducando.

Cumpre, por último, notar que, perante a verificação da caducidade do contrato de arrendamento em virtude da cessação do direito ou dos poderes legais de administração com base nos quais o contrato foi celebrado, goza o arrendatário do direito de preferência na eventualidade de existir a pretensão por parte do senhorio na celebração de novo contrato, nos termos da alínea b) do n.º 1 do artigo 1091.º CC[196], ao invés do que sucedia na vigência do revogado RAU, no n.º 2 do artigo 66.º, onde o arrendatário teria direito à celebração de um novo contrato de arrendamento.

Nas demais causas de caducidade do contrato de arrendamento, expressamente excluídas pelo teor da referida alínea b) do artigo 1091.º, poderá o senhorio, se aplicável, proceder livremente ao arrendamento do imóvel a terceiro, sem que, para o efeito, tenha de conferir preferência ao arrendatário anterior.

[196] Como evidencia Rui Pinto Duarte, *A cessação do arrendamento urbano no NRAU...*, pp. 69, ao caducar o contrato com base na perda do direito ou dos poderes de administração por parte do senhorio, gera-se uma situação de desproteção do arrendatário habitacional, pois ao invés do que aconteceria na vigência do RAU onde teria direito a um novo arrendamento nos termos do n.º 2 do artigo 66.º RAU, goza agora apenas de um direito de preferência num eventual novo arrendamento que apenas se mantem durante o prazo de 6 meses após verificação do facto extintivo.

D. Morte ou extinção do arrendatário

A quarta causa de caducidade do contrato de arrendamento enunciada na alínea d) do artigo 1051.º, prende-se com a morte do locatário, sendo este, pessoa singular ou, pela respetiva extinção da pessoa coletiva que o celebrou, salvo nos casos em que as partes, expressamente, hajam convencionado pela não caducidade.

A referida situação terá assim lugar quando o arrendatário habitando sozinho o locado, falece, não lhe sucedendo qualquer outra pessoa na respetiva posição contratual, situação que se verificará independentemente da data da celebração do contrato, isto é, a caducidade do contrato de arrendamento por morte do arrendatário que habite sozinho o locado, opera quer o contrato haja sido celebrado na vigência do NRAU, ou anteriormente à sua entrada em vigor.

Tal regra não é, porém, absoluta, na primeira das situações, sendo consagradas diversas exceções no NRAU, que obstam à caducidade do arrendamento por morte do arrendatário primitivo, desde logo no artigo 1106.º e 1107.º, no respeitante aos contratos habitacionais e no artigo 1113.º, relativamente aos contratos celebrados para fins não-habitacionais, no respeitante aos contratos de arrendamento celebrados na vigência da Lei n.º 6/2006, que aprova o NRAU.

No entanto, caso o falecido arrendatário haja celebrado contrato de arrendamento habitacional ou não habitacional anteriormente à vigência do NRAU, a caducidade ou transmissibilidade da respetiva posição contratual será aferível em função das normas constantes do regime transitório dedicado a tais contratos, nos artigos 57.º, 57.º-A e 58.º NRAU.

No respeitante, por sua vez, à caducidade por extinção da pessoa coletiva que outorgava o contrato de arrendamento na posição de arrendatário, cumpre notar que esta apenas terá lugar aquando da efetiva extinção da sociedade, ou seja, com o registo do encerramento da liquidação e não apenas com a mera dissolução da sociedade, à qual se seguem a respetiva liquidação e partilha de bens, dado que em fase anterior à extinção, a sociedade ainda mantem a respetiva personalidade jurídica sob a administração dos liquidatários.

Ressalvam-se, porém, da referida regra da caducidade, a situação em que haja ocorrido a transmissão do estabelecimento comercial através do trespasse, caso em que será igualmente transmissível a posição do arrendatário ao abrigo da alínea a) do n.º 1 do artigo 1112.º.

E. Perda da coisa locada

Constitui a perda da coisa locada, fundamento para a caducidade do contrato de arrendamento ao abrigo do disposto na alínea e) do artigo 1051.º, importando frisar que a perda do imóvel arrendado pressupõe a inexistência, por desaparecimento total, do respetivo objeto contratual, não constituindo, pois, uma mera privação de uso que sempre determinaria, em momento ulterior, a possibilidade de regresso do arrendatário ao imóvel, uma vez acauteladas as necessárias condições de habitabilidade, logrando-se pois, na referida caducidade, uma situação de absoluta impossibilidade superveniente do objeto[197].

Verificar-se-á, de igual forma, perda da coisa locada quando, ainda que a destruição da coisa locada tenha sido apenas parcial, esta determina indubitavelmente a ausência de aptidão permanente para o fim a que a mesma se destinava segundo o contrato de arrendamento celebrado, não podendo o senhorio repor a aptidão em falta com a mera realização de obras a que se encontra obrigado, o que sucederá, por exemplo, na ocorrência de um incêndio que devasta o prédio urbano, destruindo o telhado, cobertura e parte substancial do piso do imóvel arrendado, envolvendo a reposição da respetiva aptidão, a necessária reconstrução total do edifício[198], assim determinando a caducidade do contrato de arrendamento em detrimento da perda da coisa locada.

Por outro lado, verificando-se uma situação de perda de coisa locada consequentemente determinada pela ausência de obras por parte do senhorio a que este estava obrigado, pese embora não impedindo a caducidade do contrato, por integrar o fundamento previsto na alínea e) do artigo 1051.º, não obsta, porém, ao direito do arrendatário ao ressarcimento de todos os danos por este sofridos em virtude da inação culposa do senhorio na realização das obras a que se encontrava adstrito, bem como pela inerente caducidade do contrato dai resultante[199], nos termos do artigo 798.º CC.

[197] Menezes Leitão, *Direito das Obrigações* pp. 354.

[198] Veja-se a este propósito, o Acórdão do Tribunal da Relação de Coimbra de 05 de dezembro de 2012 *(Processo n.º 820/10.8T2AVR.C1, Relatora Maria Catarina Gonçalves)*

[199] **JURISPRUDÊNCIA (26/06/2008)**
AC. STJ N.º 08B628 (RELATOR SANTOS BERNARDINO)

Solução contrária permitiria assim, ao senhorio, de forma injustificada, a obtenção, porventura almejada, da cessação do contrato de arrendamento por via da caducidade, assim desconsiderando as sucessivas alterações legislativas à alínea b) do artigo 1101.º, em especial as introduzidas pela Lei n.º 13/2019, de 12 de fevereiro, que procuraram fortemente restringir a denúncia do contrato de arrendamento pelo senhorio com fundamento na necessidade de realização de obras de remodelação ou restauro profundo, o que, naturalmente, colocaria o arrendatário em situação vulnerável atento o potencial incumprimento do dever de realização de obras que impende sobre o senhorio, caso daí resultasse a sua desoneração, em sede de caducidade pela perda da coisa locada, para com o arrendatário no pagamentos dos danos sofridos.

F. Expropriação da coisa locada por utilidade pública

Resulta da alínea f) do artigo 1051.º, a caducidade do contrato de arrendamento em caso de expropriação por utilidade pública, excetuando à

"1. A caducidade do contrato de locação, nos termos do art. 1051.º, al. e) do CC, não ocorre apenas no caso de a perda da coisa locada não ser imputável ao locador; ela verifica-se também nos casos em que a destruição do imóvel locado, ou a sua degradação ao ponto de o tornar inutilizável para os fins habitacionais a que estava afeto, resultem de ação ou inação culposa do locador – maxime, por não realizar as obras necessárias para evitar a ruína do edifício.
2. A culpa do senhorio, na situação referida no n.º anterior, só releva para efeitos de indemnização do locatário, mas não contende com a caducidade do contrato.
3. Tendo os inquilinos sido compelidos, por intervenção da Polícia Municipal e dos Bombeiros, determinada pelos serviços camarários, a abandonar os andares que habitavam, em consequência do estado de degradação e de ruína irrecuperável em que estes se encontravam, extinguiram-se por caducidade, nessa data, os contratos de arrendamento, não obstante a demolição do prédio só ter ocorrido em data posterior (cerca de dois meses depois).
4. A perda, pelos locatários, do direito ao uso e fruição dos locais arrendados, em consequência da situação referida no n.º anterior, criada por culpa do locador, constitui um dano patrimonial indemnizável.
5. A indemnização de tal dano deverá fixar-se fazendo-se apelo a juízos de equidade, nos termos do preceituado no art. 566.º/3 do CC, equacionando-se e valorando-se fatores como o montante das rendas à data da caducidade dos contratos, o estado de conservação dos andares locados, a degradação geral do imóvel, a sua idade e estado de vetustez, a idade dos locatários e a esperança de vida destes, e os preços do mercado habitacional, naquela data, no tocante a arrendamentos de andares idênticos.
6. Constituem danos não patrimoniais indemnizáveis os incómodos e sofrimento psicológico que a privação do locado, nos termos sobreditos, causou aos locatários, pessoas de idade avançada e que aí habitavam há muitos anos."

regra da caducidade, as situações em que a expropriação se compadeça com a existência e subsistência da relação de arrendamento, sendo que a invocação e demonstração da possibilidade de a expropriação se compadecer com a manutenção da relação de arrendamento, caberá ao arrendatário[200].

Enquanto titular de interesse para efeitos de expropriação, o Código das Expropriações aprovado pela Lei n.º 168/99, de 18 de setembro, alterado pela Lei n.º 56/2008, de 04 de setembro, distingue consoante se tratem de arrendatários outorgantes de contratos de arrendamento de prédios urbanos para fins habitacionais ou não habitacionais, sendo que nos primeiros, o arrendatário, em alternativa ao arbitramento de indemnização tem o direito a ser realojado numa habitação com caraterísticas semelhantes às que já detinha, como sejam a localização e o valor da renda.

Optando pela indemnização, a qual será autónoma da indemnização a pagar ao proprietário do prédio urbano, o arrendatário terá direito a uma indemnização justa[201], paga de uma só vez, considerando-se "*justa*",

[200] **JURISPRUDÊNCIA (26/06/2008)**
AC. TCAS N.º 08937/12 (RELATOR COELHO DA CUNHA)
"*I – A expropriação determina a caducidade dos contratos de arrendamento, conferindo ao arrendatário o direito a receber uma justa indemnização (artigos 22.º e 29.º do Código das Expropriações).*
II – Tal só não sucede quando a expropriação se compadeça com a subsistência do contrato de arrendamento, por via do estipulado no artigo 1051.º, alínea f) do Código Civil, o que terá de ser alegado e demonstrando pelo arrendatário."

[201] **JURISPRUDÊNCIA (07/04/2016)**
AC. TRG N.º 918/11.5TBBCL.G1 (RELATOR JORGE SEABRA)
"*1. Em sede de aferição do pressuposto da legitimidade processual é de acolher o seguinte critério geral: – tomando e aceitando como referência a relação material controvertida, tal como é ela desenhada pelo Autor, serão o Autor e o Réu partes legítimas se forem eles, respetivamente, os titulares ativos ou passivos daquela relação material controvertida, admitindo a existência desta última, e, portanto, sem indagar do seu mérito.*
2. A indemnização devida ao arrendatário por caducidade de contrato de arrendamento decorrente de ato expropriativo não se confunde com a indemnização devida ao proprietário, antes constitui um encargo autónomo a suportar pela entidade expropriante.
3. Esse montante indemnizatório devido ao arrendatário não é, assim, de abater ao montante indemnizatório devido ao proprietário, antes lhe acresce.
4. O processo de expropriação é, pela sua ampla publicidade, pelo direito de intervenção reconhecido a qualquer aparente interessado e pelos meios procedimentais e judiciais colocados ao dispor dos inte-

para efeitos de expropriação, o valor arbitrado tendo em vista não a compensação do benefício alcançado pela entidade expropriante mas, outrossim, o ressarcimento do prejuízo resultante da expropriação para o expropriado, nos termos do artigo 23.º do Código das Expropriações, correspondente ao valor real e corrente do bem de acordo com o seu destino efetivo ou possível numa utilização económica normal, à data da publicação da declaração de utilidade pública, tendo em consideração as circunstâncias e condições de facto existentes naquela data.

No respeitante, em especial, ao arrendamento habitacional, o valor da indemnização a arbitrar tem em atenção o valor do fogo, o valor das benfeitorias realizadas pelo arrendatário e a relação entre as rendas pagas por este e as praticadas no mercado. Por sua vez, na indemnização respeitante aos arrendamentos para fins não habitacionais atende-se às despesas relativas à nova instalação, incluindo os diferenciais de renda que o arrendatário irá pagar e aos prejuízos resultantes do período de paralisação da atividade, necessário para a transferência, calculados nos termos gerais de direito, conforme resulta do artigo 30.º.

Sendo procedente a expropriação e não podendo o arrendatário, à semelhança do que sucede com o proprietário ou com qualquer outro titular de direitos de gozo sobre o imóvel, opor-se à pretensão expropria-

ressados para a invocação de qualquer vício ou irregularidade ocorridos na sua fase administrativa ou judicial, um processo universal, no sentido de que todas as questões relevantes ali devem ser suscitadas e decididas.
5. Só em casos excecionais é de admitir a decisão de questões que têm a sua sede própria no processo expropriativo (v.g. indemnização ao arrendatário rural por caducidade do contrato) através de ação declarativa autónoma.
6. A prescrição, constituindo exceção perentória que depende da sua invocação pelo respetivo beneficiário, só pode ser dirimida e decidida no âmbito do concreto e preciso acervo factual alegado (e provado) pelo excecionante, não cabendo ao tribunal fazer, nesse âmbito, qual indagação factual que ultrapasse o assim alegado, segundo o princípio do dispositivo – "judicata secundum allegata partium".
7. O direito de indemnização por ato (lícito) de expropriação levado a cabo pelo Estado, por ter natureza "ex lege" e expressa consagração constitucional (art. 62.º da CRP) não está sujeito ao prazo de prescrição previsto no art. 498.º do Código Civil, mas antes ao prazo ordinário de prescrição (20 anos), em conformidade com o disposto nos arts. 309.º e 311.º, n.º 1 do mesmo Código.
8. Incumbe ao lesado, no âmbito da responsabilidade civil, a prova da existência de danos ou prejuízos ressarcíveis, sendo que, sem essa prova, inviável se mostra a afirmação de qualquer tipo de responsabilidade."

tiva de entidade pública, poderá, contudo, opor-se ao valor indemnizatório fixado por arbitragem, na ausência de acordo com a entidade expropriante, mediante recurso para os tribunais comuns da decisão proferida em tribunal arbitral competente.

G. Cessação dos serviços que determinaram a entrega do imóvel arrendado

Um último caso que suscita a caducidade do contrato prende-se com a cessação dos serviços que determinaram a entrega da coisa locada, prevista na alínea g) do artigo 1051.º, consistindo a concessão do gozo do imóvel, para efeito da presente causa de caducidade, numa contraprestação total ou parcial dos serviços prestados pelo arrendatário.

Assim sendo, em regra, a retribuição a prestar pelo arrendatário ao senhorio consiste no pagamento de uma quantia pecuniária feita geralmente na moeda em curso legal no país, porém, nada obsta a que as partes, paralelamente à estipulação do pagamento de parte do valor da renda ser feito em dinheiro, estipulem que o pagamento do valor restante seja realizado através da prestação de serviços, desde que, para o efeito, as partes definam, de forma expressa, o valor económico a que correspondem os serviços prestados.

Por outras palavras, a fim de ser corretamente apurado o valor da renda e respetivo cumprimento por parte do arrendatário das suas obrigações, a par do pagamento em moeda, deve ser avaliado em determinada quantia monetária a individualizar no contrato de arrendamento, o conjunto de serviços prestados ou a prestar pelo arrendatário[202], sob pena da incorreta ou imprecisa determinação do montante fixado pelas partes a título de renda, com todas as consequências daí deriva-

[202] **JURISPRUDÊNCIA (24/01/2002)**
AC. STJ N.º 01B3983 (RELATOR JOAQUIM DE MATOS)
"I – Para a perfeição do contrato de arrendamento é fundamental a existência de acordo das partes sobre o quantitativo da renda em dinheiro ou sobre o critério que possibilite a determinação de tal quantitativo, ou, ainda, que exista esse critério fundado em regra legal.
II – É de arrendamento a alteração ao anterior contrato de arrendamento, segundo a qual as partes acordaram que o inquilino passaria a prestar certos serviços e que essa prestação conhecia valor idêntico à anterior retribuição em dinheiro."

das, designadamente para efeitos da cessação judicial do contrato de arrendamento.

Assim sendo, entre outas situações possíveis, é facilmente configurável o acordo celebrado entre o senhorio e o arrendatário segundo o qual este último, residente noutra localidade e encarregue de proceder à remodelação de um imóvel de que o senhorio é proprietário, no exercício da sua atividade profissional, recebe, a par de determinada retribuição, o gozo do locado durante o tempo em que decorrerem as obras, a título de contraprestação pelos serviços prestados.

Partindo do referido exemplo, uma vez terminados os serviços de remodelação, cessa a razão que motivou o gozo do locado pelo arrendatário, sendo assim admissível, ao abrigo da referida alínea g) que as partes, em situações similares, convencionem a caducidade do contrato de arrendamento.

De igual forma e como tivemos a oportunidade de ressalvar a propósito das causas de caducidade previstas nas alíneas b) e c) do artigo 1051.º, também na presente sede, permanecendo o arrendatário no locado pelo período de um ano uma vez caducado o contrato de arrendamento, este considera-se renovado, nos termos do artigo 1056.º.

H. Considerações finais

Analisadas as diferentes situações de caducidade exemplificativamente enunciadas no artigo 1051.º, cumpre notar que, à semelhança do que veremos acontecer em sede da resolução do contrato, a forma de efetivar a caducidade, varia consoante a situação em concreto.

Por outras palavras, tendo o contrato de arrendamento cessado em virtude da verificação de uma das situações de caducidade em apreço, poderá o senhorio dispor de diferentes meios de reação contra a inércia do arrendatário na respetiva desocupação do imóvel em função da situação que determinou a caducidade do contrato.

Assim sendo, a recusa por parte do arrendatário em desocupar o imóvel cujo contrato de arrendamento haja caducado perante o decurso do prazo, permite ao senhorio obter a necessária tutela para efetivar a cessação daquele contrato, através do procedimento especial de despejo, nos termos da alínea b) do n.º 2 do artigo 15.º NRAU, sendo para tal necessário, o contrato de arrendamento, do qual conste a fixação daquele prazo.

Inexistindo no contrato de arrendamento celebrado, a convenção de prazo de duração, presume a lei que tal contrato foi celebrado com prazo certo com duração de cinco anos, conforme resulta do n.º 3 do artigo 1094.º Código Civil, sendo certo que em tal caso e atenta a regra da renovação automática do contrato de arrendamento celebrado para habitação permanente, não é possível deduzir que as partes pretendiam a caducidade do contrato, exceto se, para o efeito, tiverem convencionado a caducidade findo o referido prazo supletivamente definido na lei, o que deverá ser casuisticamente aferido sob pena de recusa liminar do requerimento de despejo.

No respeitante às restantes situações de caducidade do contrato de arrendamento, operando *ipso iure*, isto é, de forma automática perante a verificação de um dos acontecimentos constantes das alíneas b) e seguintes do artigo 1051.º, dispensam a necessidade de uma ação de despejo destinada à cessação do contrato, uma vez que o mesmo cessa sem necessidade de intervenção judicial. Tal não significa, porém, que não possa eventualmente ser discutida em sede judicial a caducidade do contrato de arrendamento[203].

3. Oposição à renovação

A. Considerações gerais

A par das já analisadas formas de cessação do contrato de arrendamento e como oportunamente referimos, a oposição à renovação não é, verdadeiramente, uma forma de cessação[204], uma vez que a comunicação dirigida por uma das partes à contraparte destinada à manifestação de vontade

[203] **JURISPRUDÊNCIA (05/07/2018)**
AC. TRL N.º 01B3983 (RELATORA ISOLETA ALMEIDA COSTA)
"I. Ocorrida a caducidade do arrendamento por morte do senhorio usufrutuário, o direito a obter o despejo do imóvel não tem de ser imediatamente exercido.
II. O contrato só se considera renovado de acordo com o disposto no art.º1054, do CC, se apesar de ocorrida a caducidade do arrendamento, o inquilino se mantiver no gozo do locado, sem oposição pelo período de um ano.
III. Durante este prazo o senhorio não está inibido de receber as rendas devidas, pelo uso do imóvel sob pena de haver enriquecimento sem causa."

[204] António Menezes Cordeiro, *Leis do Arrendamento Urbano Anotadas*, p. 219.

no sentido de o contrato cessar a respetiva produção de efeitos, findo o prazo estipulado de duração inicial ou da sua renovação, repercute-se na caducidade do contrato uma vez decorrido o prazo pelo qual o mesmo foi celebrado, assim contrariando a regra da renovação automática do contrato prevista no n.º 1 do artigo 1096.º.

Não obstante, a consideração autónoma das duas figuras justifica-se por diversas razões, entre as quais, a exclusividade da oposição à renovação aos contratos de arrendamento com prazo certo, ao invés da caducidade em geral, prevista no artigo 1051.º, cujas alíneas, à exceção da alínea a) são igualmente aplicáveis tanto a contratos de prazo certo como de duração indeterminada, a par dos próprios contratos de locação em geral, sendo certo que a oposição à renovação respeitará necessariamente a um contrato de prazo certo, quer tal prazo haja sido livremente convencionado pelas partes ou seja aplicável, na ausência de estipulação, o supletivamente definido na lei.

Diversamente, nos contratos de duração indeterminada, sendo improvável a definição do tempo exato de duração do mesmo, a forma de cessação destinada a interromper a respetiva vigência do mesmo por cada uma das partes, consiste na denúncia e não já na caducidade do contrato em virtude da oposição à renovação por uma das partes, sendo-lhe aplicáveis as regras constantes dos artigos 1099.º e seguintes.

Uma segunda razão da autonomização da figura da oposição à renovação relativamente à caducidade, prende-se invariavelmente com o conjunto de formalismos a observar por cada uma das partes ao pretender operar a cessação do contrato, consoante aquela que se oponha à manutenção do vínculo arrendatício, atenta a regra vigente no arrendamento urbano da renovação automática do contrato, quer no respeitante à forma de comunicação como aos prazos de antecedência prévia em que tal comunicação deverá ser feita, a par das consequências legais derivadas da inobservância dos prazos (mínimos) legalmente previstos.

A par das referidas, importa ainda notar a diferença assinalável de prazos de desocupação do locado existente entre a caducidade e a oposição à renovação, sendo que na primeira, tal prazo será de seis meses desde a data de verificação do facto que determinou a caducidade, nos termos do artigo 1053.º, ao invés do que sucede na oposição à renovação em que, nos termos conjugados do n.º 1 do artigo 1087.º e do n.º 1 do artigo 1081.º, a desocupação será imediatamente exigível, salvo convenção entre as partes ou estipulação em decisão judicial que defina prazo diverso.

Assim sendo, o regime aplicável aos contratos de arrendamento urbano regista um desvio manifesto face à regra geral aplicável aos contratos de locação, onde se verifica a caducidade automática do contrato pelo decurso do prazo, conforme resulta da alínea a) do artigo 1051.º. Diversamente, nos contratos de arrendamento, findo o prazo estipulado e na ausência de manifestação de vontade de um dos contraentes em sentido contrário, o contrato mantêm-se, renovando-se por períodos sucessivos de tempo de igual duração[205].

B. Prazos de antecedência mínima na comunicação prévia de oposição à renovação

O NRAU distingue, respetivamente, nos artigos 1097.º e 1098.º do Código Civil, a oposição à renovação por vontade do senhorio da oposição à renovação por parte do arrendatário, atribuindo a um e outro, diferentes prazos de antecedência prévia a respeitar na comunicação à contraparte a fim de fazer cessar o contrato de arrendamento, tendo em comum, em ambos os preceitos, o aumento do período de antecedência prévia proporcionalmente ao aumento da duração inicial ou respetiva renovação do contrato celebrado, o que se justifica atenta a necessidade de proteção das maiores ou menores expetativas criadas por cada uma das partes na renovação do contrato, ancoradas na maior ou menor duração do prazo estipulado aquando da respetiva celebrado do mesmo.

Por sua vez, a diferença existente entre alguns dos prazos mínimos de pré-aviso legalmente definidos consoante a comunicação seja realizada pelo senhorio ou pelo arrendatário, maiores naquele e menores neste, justificam-se não apenas na maior vulnerabilidade do arrendatário relativamente ao senhorio, mas também pelas necessidades específicas de cada uma das partes em função da cessação do contrato desencadeada pela contraparte, isto é, se, por um lado, o senhorio terá, em princípio, de

[205] Laurinda Gemas/Albertina Pedroso/Caldeira Jorge, *Arrendamento* Urbano, pp. 86 e ss. Importa notar que este preceito se aplica não apenas aos novos contratos, mas também aos antigos contratos de duração limitada.

procurar um novo arrendatário para o locado, já o arrendatário, por sua vez, necessitará, geralmente, de reorganizar a sua vida, nos aspetos mais fundamentais, em função da alteração forçosa de habitação.

Será assim percetível, no caso do arrendatário, a necessidade de um maior período de tempo de pré-aviso a observar por parte do senhorio na comunicação a endereçar àquele, para a procura de uma residência alternativa, relativamente ao período de pré-aviso a respeitar pelo arrendatário ao opor-se à renovação do contrato face à necessidade do senhorio de procura de um potencial arrendatário para o imóvel devoluto.

Neste sentido, o legislador estabelece um escalonamento de períodos de antecedência a observar na comunicação de oposição à renovação, consoante a duração inicial ou da renovação do contrato de arrendamento seja:

1. *Igual ou superior a seis anos*, sendo a antecedência mínima, de 240 dias para o senhorio e de 120 dias para o arrendatário);
2. *Superior a um ano e inferior a seis anos*, sendo a antecedência mínima de 120 dias para o senhorio e de 90 dias para o arrendatário;
3. *Superior a seis meses e inferior a um ano*, sendo a antecedência mínima de 60 dias tanto para o senhorio como para o arrendatário;
4. Por fim, se o contrato tiver *duração inferior a seis meses*, de duração inicial ou da sua renovação, deverá ser observada a antecedência mínima correspondente a um terço do prazo daquela duração.

Com efeito, a antecedência a que as partes deverão obedecer na comunicação a endereçar à contraparte, será a antecedência mínima relativamente à data em que o contrato automaticamente se renovaria por igual período de tempo, o que significa dizer, por outras palavras, que as partes, querendo, poderão livremente convencionar períodos de antecedência mínimos superiores aos referidos, assim alargando o período anteriormente ao qual devem, necessariamente, comunicar à contraparte, a sua intenção de não renovação do contrato de arrendamento.

Atenta a natureza relativamente imperativa das normas em crise, afastada fica a possibilidade de as partes convencionarem a diminuição ou abolição do prazo de pré-aviso, atenta a clara intenção da lei em proteger e salvaguardar às partes um prazo mínimo razoável com base na duração inicial ou da renovação do contrato, que permita, tanto ao senhorio como ao arrendatário, analisar e delimitar as respetivas opções futuras já com a certeza de que tal contrato não se renovará.

A par das diferenças assinaladas no respeitante ao período de pré-aviso a respeitar consoante a parte que pretenda deduzir oposição à renovação, a Lei n.º 13/2019, de 12 de fevereiro veio introduzir condicionalismos acrescidos relativamente à oposição à renovação por parte do senhorio, através do aditamento ao preceito dos n.ºs 3 e 4.

Assim sendo e como referimos a propósito da análise à duração do contrato de arrendamento com prazo certo, findo o prazo estipulado entre as partes, o contrato renovar-se-á por iguais períodos de tempo, renovando-se no mínimo por três anos, caso a duração inicial seja inferior, nos termos do n.º 2 do artigo 1096.º, assim procurando garantir-se a proteção conferida ao arrendatário na relação contratual estabelecida, sendo certo que a estabilidade conferida com a alteração em apreço, é ainda reforçada por força do n.º 3 do artigo 1097.º, ao impedir a produção de efeitos da oposição à renovação deduzida pelo senhorio sem que hajam decorrido três anos de vigência do contrato, o que significa, por outras palavras, que o senhorio apenas se poderá opor à renovação do contrato a partir do momento em que hajam decorrido três anos desde a data da sua celebração, ainda que as partes hipoteticamente hajam celebrado o contrato pelo prazo inicial de um ou dois anos, caso em que apenas o arrendatário poderá, validamente, opor-se à renovação do mesmo, sem prejuízo do disposto no n.º 4 do artigo 1097.º.

Numa primeira leitura articulando o disposto no n.º 2 do artigo 1095.º, que impõe um prazo mínimo de um ano na celebração de contrato com prazo certo que não destinado a habitação não permanente ou a fins especiais transitórios, com o disposto no n.º 1 do artigo 1096.º, que estabelece a renovação automática do contrato pelo período mínimo de três anos, poderia extrair-se a ilação de que o contrato de arrendamento com prazo certo para habitação permanente teria, atualmente, uma duração mínima efetiva obrigatória de quatro anos e não de três para o senhorio, caso o arrendatário não pretendesse opor-se à renovação ao final do primeiro ano de vigência do contrato, no entanto, o disposto não tem, necessariamente, de assim ser.

De facto, tal dúvida interpretativa não se coloca porquanto, ao dispor o n.º 3 do artigo 1097.º, que a oposição à renovação por parte do senhorio apenas produz efeitos decorridos que sejam três anos desde a data de celebração do mesmo, apenas impõe que o contrato de arrendamento tenha de durar efetivamente três anos, ainda que as partes o hajam celebrado por um ano, caso em que se renovará pelo período adicional de três anos, conforme referido. Diversamente, caso as partes convencionem atribuir ao contrato a duração inicial de três anos, poderá o senhorio validamente opor-se à renovação do mesmo, uma vez que ao momento de produção de efeitos da mesma, encontra-se verificado o requisito imposto ao senhorio, uma vez que a oposição apenas irá produzir efeitos *"decorridos três anos da celebração do mesmo"*. Na ausência de oposição por parte do senhorio neste exemplo, o contrato renovar-se-á por igual período de três anos. Ao invés, celebrando as partes um contrato com prazo certo de dois anos, este terá uma vigência obrigatória mínima de cinco anos para o senhorio caso o arrendatário não se oponha livremente à renovação do mesmo ao final dos dois anos de duração inicial.

No n.º 4 do referido artigo 1097.º, igualmente aditado pela Lei n.º 13/2019, vem, porém, estabelecer uma exceção à regra referida de que a oposição à renovação deduzida pelo senhorio apenas produzirá efeitos decorridos que sejam três anos após a data de celebração do contrato de arrendamento, na medida em que, caso este invoque a necessidade da habitação pelo próprio ou pelos seus descendentes, poderá, validamente, opor-se à renovação do contrato celebrado por prazo inferior a três anos, podendo, como tal, fazer cessar o contrato ao fim de um ano caso o contrato de arrendamento haja sido celebrado com prazo mínimo legal de duração.

À invocação da referida circunstância são assim aplicáveis, com as devidas adaptações, o artigo 1102.º e os n.ºs 1, 5 e 9 do artigo 1103.º, relativamente ao fundamento em apreço em sede de contratos celebrados por duração indeterminada. Assim sendo, a procedência do fundamento em apreço da verificação do disposto reside desde logo no facto de o senhorio ser proprietário, comproprietário ou usufrutuário do prédio há mais de dois anos, ou, independentemente deste prazo, o tiver adquirido por via de sucessão, não tendo o senhorio há mais de um ano, na área dos concelhos de Lisboa ou do Porto e seus limítrofes ou no respetivo concelho quanto ao resto do País, casa própria que satisfaça as necessidades de habitação própria ou dos respetivos descendentes em 1.º grau.

Igualmente aplicável na presente sede será a necessidade de observância de um prazo de antecedência mínima de seis meses na comunicação a dirigir ao arrendatário, face à data de renovação do contrato de arrendamento, devendo iniciar a utilização por si invocada na comunicação, no período máximo de seis meses após a desocupação do locado pelo arrendatário, durante pelo menos dois anos, sob pena do incumprimento dos prazos em apreço poder determinar o pagamento ao arrendatário de uma indemnização correspondente a dez anos de renda, conforme resulta do n.º 9 do artigo 1103.º para o qual o legislador expressamente remete no n.º 4 do artigo 1097.º.

Não isenta de dúvidas, porém, é a aplicabilidade da obrigação existente em sede de contratos de duração indeterminada, de o senhorio proceder ao pagamento ao arrendatário, por força da invocação do presente fundamento, de uma indemnização de valor correspondente a um ano de rendas, sendo certo que a obrigação de pagamento da mesma resulta do disposto na parte inicial do artigo 1102.º, para a qual genericamente o referido n.º 4 do artigo 1097.º remete.

Não obstante, somos do entendimento de que não haverá lugar ao pagamento da referida indemnização na medida em que não é possível estabelecer grau de comparação entre tal obrigação existente em sede de um contrato de duração indeterminada relativamente a um contrato com prazo certo em que, quanto aos primeiros, ao momento em que o senhorio invoca tal fundamento, o mesmo poderá ter já duração efetiva de vários anos, ao invés do que sucederá nos segundos em que, a fim de o senhorio necessitar de se prevalecer da exceção em questão, o contrato terá de ter, necessariamente, duração inferior a três anos.

Além disso, se perspetivarmos a aplicação do pagamento da indemnização em causa, num contrato de prazo certo de um ano, na pendência do qual o senhorio vem opor-se, invocando a exceção constante do n.º 4 do artigo 1097.º, por necessidade do imóvel para sua habitação, a fim de impedir a renovação do contrato no final do prazo estipulado, o senhorio teria que proceder ao pagamento de uma indemnização ao arrendatário que corresponderia simplesmente à totalidade de rendimentos prediais obtidos com o locado durante esse ano, tal significando que o senhorio ficaria em prejuízo não apenas por restituir a totalidade dos rendimentos auferidos mas também pelo inerente cumprimento das obrigações tributárias associadas à comunicação do contrato de arrendamento às finanças, pagamento do imposto de selo e respetivas rendas auferidas, o que se repercutiria, invariavelmente, numa situação verdadeiramente paradoxal e injustificadamente lesiva da posição do senhorio.

O entendimento referido não é porém aplicável à indemnização correspondente a dez anos de rendas, a que se refere o n.º 9 do artigo 1103.º *ex vi* do n.º 4/*in fine* do artigo 1097.º, derivada do incumprimento do prazo para habitar o locado e do prazo de permanência dentro do mesmo, uma vez que nesta última indemnização, além de expressamente prevista e aplicável na presente situação por via de remissão expressa, a respetiva génese da mesma reside precisamente na penalização da utilização dolosa por parte do senhorio de um fundamento inexistente a fim de obter a cessação do contrato de arrendamento e a respetiva desocupação do locado, antes do prazo legalmente permitido.

No respeitante aos contratos não-habitacionais, por sua vez, gozam as partes da necessária liberdade de disposição das regras que regem o contrato a celebrar, sendo-lhes, porém, aplicáveis supletivamente as regras relativas à duração, denúncia e oposição à renovação dos contratos de arrendamento para habitação, na falta de estipulação das partes em sentido contrário, como resulta do n.º 1 do artigo 1110.º, sem prejuízo das regras supletivas específicas constantes dos n.ºs 2 e seguintes do mesmo preceito, vigorando para estes contratos regra idêntica à aplicável no n.º 3 do artigo 1094.º, aos contratos habitacionais, sendo que no silêncio das partes, o contrato não-habitacional considera-se celebrado com prazo certo pelo período de cinco anos, renovando-se automaticamente por iguais períodos de tempo, com duração mínima de cinco anos caso a duração inicial estipulada seja inferior.

Neste sentido, tal como sucede no n.º 3 do artigo 1097.º, também nos contratos não-habitacionais o senhorio encontra-se condicionado à manutenção do contrato durante pelo menos cinco anos, ainda que estabeleçam prazo inicial inferior a esse, não podendo opor-se validamente à renovação sem que haja decorrido o período de tempo referido, valendo quanto ao prazo mínimo de duração de cinco anos, as considerações realizadas a propósito do prazo de três anos de duração mínima para o senhorio em sede dos contratos habitacionais com prazo certo, inexistindo, porém, qualquer exceção que permita ao senhorio opor-se à renovação do contrato antes de decorrido o referido período de tempo.

C. Forma de comunicação da oposição à renovação e consequências da não oposição ou oposição tardia

O correto exercício do direito de oposição à renovação por parte do senhorio ou arrendatário depende, necessariamente, da observância de determinados requisitos formais a fim de garantir que a comunicação escrita a endereçar à contraparte seja eficaz, produzindo, consequentemente, o efeito extintivo do contrato de arrendamento findo o prazo de duração inicial pelo qual foi celebrado ou da sua renovação.

A par da referida comunicação, deverá a parte que pretenda opor-se à renovação do contrato, salvaguardar a correta observância dos prazos enunciados nos artigos 1097.º e 1098.º, consoante a oposição seja da iniciativa do senhorio ou do arrendatário, devendo a comunicação ser remetida à contraparte tempestivamente, sob pena de verificação das consequências resultantes de uma comunicação tardia que abordaremos oportunamente.

Assim sendo e passando à comunicação em concreto, esta assume, desde logo, caráter receptício, isto é, torna-se eficaz assim que chega ao poder do destinatário ou dele é conhecida, não se bastando, pois, com a mera manifestação da vontade do respetivo autor da declaração, sendo certo que também será eficaz a declaração que, apenas por culpa do destinatário, não foi por ele conhecida oportunamente, nos termos constantes dos n.ºs 1 e 2 do artigo 224.º CC.

Desta forma, para que a referida declaração chegue ao efetivo conhecimento da contraparte, exige o n.º 1 do artigo 9.º NRAU que a mesma conste de documento escrito e assinado pelo declarante, o qual deverá ser remetido em carta registada com aviso de receção ao destinatário.

A morada do destinatário, tratando-se do arrendatário, será, em princípio, a do imóvel arrendado ou a morada constante de cláusula de domicílio convencionado inserta no contrato, exceto se o arrendatário tiver transmitido ao senhorio, por escrito, uma morada alternativa para a receção de comunicações relativas ao contrato de arrendamento. Diversamente, sendo o senhorio o destinatário da declaração, a comunicação deverá ser remetida para a morada constante do contrato de arrendamento, junto à identificação deste ou para a morada constante de comunicação imediatamente anterior, caso exista ou, bem ainda, para outra morada que anteriormente haja sido indicada ao arrendatário, por escrito, para a receção de comunicações relacionadas com o contrato por ambos celebrado. As mesmas regras são aplicáveis perante a ausência de redução a escrito do contrato de arrendamento.

Rececionada a carta pelo senhorio ou arrendatário, remetida pela contraparte em respeito dos prazos mínimos definidos nos artigos 1097.º e 1098.º, a comunicação é eficaz, cessando o contrato de arrendamento no fim do prazo estipulado, em virtude da correta emissão e receção da declaração contendo a manifestação de vontade no sentido de extinguir o vínculo celebrado.

Diversamente, não sendo a comunicação rececionada pelo destinatário direto da mesma, quer por este haver recusado receber a correspondência ou por esta ter sido rececionada por outra pessoa que se encontrasse no domicílio aquando do momento de entrega, a comunicação não será eficaz, ao invés do que resulta das alíneas a) e b) do n.º 1 do artigo 10.º, na medida em que a carta de oposição à renovação é suscetível de integrar o conjunto de documentos que, juntamente com o requerimento de despejo, servem de base ao procedimento especial de despejo, nos termos da alínea b) do n.º 2.

De facto, entende-se o desiderato de tal solução perante a recusa do arrendatário na desocupação do locado uma vez cessado o contrato de arrendamento, porquanto, ao pretender o senhorio obter o despejo do locado através do procedimento especial de despejo, o mero envio da primeira carta que não haja sido recebida pelo arrendatário, por culpa deste ou cuja receção foi efetuada por outra pessoa, não será suficiente ao preenchimento do requisito constante da alínea c) do n.º 1 do artigo 15.º, ao exigir o comprovativo de comunicação a que aludem o n.º 1 do artigo 1097.º e o n.º 1 do artigo 1098.º, por razões de proteção do arrendatário face à legitima possibilidade de este, efetivamente, não ter tido conhecimento da oposição à renovação.

Assim sendo, para integrar título-base idóneo à aceitação do requerimento de despejo, deverá o senhorio, em observância das vicissitudes constantes do artigo 10.º NRAU, remeter uma segunda carta registada com aviso de receção, decorridos que sejam 30 a 60 dias desde o envio da primeira, sendo certo que, ainda que a segunda carta seja novamente recusada pelo arrendatário ou recebida por pessoa diversa deste, a comunicação considera-se recebida ao décimo dia posterior ao seu envio, sendo eficaz perante o arrendatário.

Esta foi também a posição adotada pelo Supremo Tribunal de Justiça[206], que subscrevemos, perante a receção de carta de oposição à renovação por pessoa diferente da arrendatária sociedade comercial, a qual, não sendo gerente da mesma, não teria como vincular a arrendatária na demonstração de receção da referida comunicação, considerando o tribunal superior, ineficaz a primeira e única comunicação remetida pelo senhorio por carta registada com aviso de receção, sem que a mesma fosse posteriormente acompanhada de uma segunda carta.

Excetuam-se porém do preceituado na alínea b) do n.º 2 do artigo 10.º, as cartas de oposição à renovação referentes a contratos de arrendamento em que haja convenção de domicílio do arrendatário, considerando-se eficaz a primeira comunicação, ainda que este não haja recebido a carta por culpa sua ou a carta haja sido rececionada por outra pessoa, sem prejuízo da necessidade de remessa de uma segunda carta registada

[206] **JURISPRUDÊNCIA (19/10/2017)**
AC. STJ N.º 83/16.1YLPRT.L1.S1 (RELATORA MARIA DOS PRAZERES PIZARRO BELEZA)
"I – A declaração do senhorio de oposição à renovação do contrato de arrendamento tem carácter receptício (art. 1097.º, n.º 1, do CC).
II – A Lei n.º 6/2006, de 27-02 (NRAU) prevê um regime complexo e especial para a eficácia dessa declaração de oposição que prevalece sobre a receção ou conhecimento a que o regime geral do n.º 1 do art. 224.º do CC dá relevância: exige-se que seja feita por escrito assinado pelo declarante (senhorio), remetido ao destinatário (inquilino), por carta registada com aviso de receção, (i) para o local arrendado, desde que o aviso de receção seja assinado pelo inquilino; ou (ii) tendo havido convenção de domicílio, para esse local.
III – Não tendo existido convenção de domicílio e tendo o aviso de receção sido assinado por pessoa diferente do destinatário, a oposição só é eficaz se a carta for completada com uma nova carta, enviada igualmente com aviso de receção e dentro do prazo previsto no n.º 3 do art. 10.º do NRAU, sob pena de o senhorio não poder lançar mão do procedimento especial de despejo (arts. 10.º, n.º 2, al. b), e 15.º, n.º 2, al. c), do NRAU).
IV – Trata-se de regime legal que já vem da versão inicial da Lei n.º 6/2006 e que a Lei n.º 31/2012, de 14-08 manteve, sendo determinado por razões de equilíbrio entre a proteção do arrendatário – pois aumenta as probabilidades de a oposição chegar efetivamente ao seu conhecimento – e a simplificação do regime da cessação do contrato – pois acelera essa efetivação.
V – A declaração do senhorio de oposição à renovação do contrato de arrendamento enviada para o local arrendado, sede da sociedade inquilina, com aviso de receção, que foi assinado por pessoa diferente dos gerentes da sociedade, sem que tenha sido enviada nova carta nos termos do art. 10.º, n.ºs 2 e 3, do NRAU, não é eficaz."

com aviso de receção caso a comunicação não seja levantada dentro do prazo previsto nos serviços postais, conforme resulta da alínea c) do n.º 2, situação em que será sempre necessário o envio da segunda comunicação, independentemente de existir ou não domicílio convencionado do arrendatário.

Importa notar que a par do envio de carta registada com aviso de receção, a declaração de oposição à renovação será igualmente eficaz se for entregue em mão ao destinatário, o qual, por sua vez deverá assinar a cópia da comunicação em posse do declarante, declarando a efetiva receção da mesma.

A par das referidas e embora o artigo 9.º não o afirme expressamente, entendemos, de igual forma, como meios idóneos à transmissão da comunicação, os referidos nas alíneas a) e b) do n.º 7 do mesmo artigo preceito: a notificação judicial avulsa e o contacto pessoal de advogado, solicitador ou agente de execução, comprovadamente mandatado para o efeito. Os referidos meios, constituem modalidades preferenciais de comunicação ao arrendatário da resolução do contrato de arrendamento, pese embora e em nosso entender, se no respeitante à oposição à renovação o legislador atribui eficácia a comunicações formalmente menos solenes, certamente valorará, as comunicações realizadas com maior solenidade.

Uma vez aqui chegados, importa agora aferir das consequências da inexistência de comunicação e da comunicação tardia à contraparte da oposição à renovação.

A inexistência de comunicação à contraparte da oposição à renovação, seguindo as formalidades suprarreferidas, traduz-se na ausência de manifestação de vontade extintiva do contrato de arrendamento, repercutindo-se, como tal, aquando do termo do prazo inicial ou da respetiva renovação, na renovação automática e sucessiva do contrato pelo prazo estipulado pelas partes ou, na ausência de convenção, pelo prazo legalmente definido, nos termos do n.º 1 do artigo 1096.º, com as alterações introduzidas pela Lei n.º 13/2019, de 12 de fevereiro, renovando-se supletivamente por período de igual duração ou de três anos se esta for inferior, sendo certo que tal regra não se aplica aos contratos para habitação não permanente ou para fins especiais transitórios em que findo o prazo estipulado, o contrato caduca, na ausência de estipulação contratual em sentido diverso, como resulta do n.º 2 do mesmo preceito.

Se por sua vez, nos contratos com prazo certo em que as partes convencionem para a renovação, prazo diferente do aplicável quanto à duração inicial do mesmo, nas renovações seguintes, o contrato renovar-se-á por prazo igual ao da primeira renovação, sendo de três anos o período mínimo por cada renovação, como referimos. Em termos práticos, celebrando as partes um contrato de arrendamento com prazo certo de cinco anos, estipulando que a primeira renovação terá o prazo de três anos, nada dizendo quanto às seguintes, o contrato aquando do termo da primeira renovação, renovar-se-á pelo período de três anos e assim sucessivamente até que uma das partes se oponha à renovação.

Diversamente, havendo oposição à renovação tardia face aos prazos mínimos constantes dos artigos 1097.º e 1098.º, diferente será a consequência no respeitante ao exercício válido do direito a fim de produzir a extinção do contrato, consoante a comunicação e consequente inobservância do prazo de pré-aviso seja da proveniência do senhorio ou do arrendatário, estabelecendo o legislador repercussões diferentes perante tal inobservância consoante a parte que a desencadeie.

Sendo a oposição à renovação da iniciativa do senhorio, o legislador abstém-se, expressamente, de determinar a consequência aplicável a uma comunicação tardia da iniciativa deste, pese embora, ao estabelecer a possibilidade do senhorio impedir a renovação automática do contrato mediante comunicação dirigida ao arrendatário com a antecedência mínima constante das alíneas a) a d) do n.º 1 do artigo 1097.º, interpretamos, *a contrario sensu*, que o incumprimento do referido prazo no envio da comunicação, torna-a ineficaz perante o arrendatário, não obstando assim à renovação do mesmo, sem prejuízo de se poder entender que a comunicação tardia poderá ser eficaz não já relativamente a essa renovação, mas sim à seguinte a essa.

Solução diferente, ainda que consagrando o hipotético pagamento de um valor indemnizatório ao arrendatário, seria desprovida de fundamento, negando utilidade ao preceituado no n.º 1 do artigo 1097.º, ao retirar aos arrendatários a proteção e salvaguarda dos seus interesses próprios, dando azo a situações em que o senhorio, arbitrariamente, se oporia à renovação perto do termo do prazo, em desconsideração do prazo de antecedência mínima na comunicação, surpreendendo o arrendatário com cessação do contrato sem tempo necessário à procura de uma habitação alternativa.

Por sua vez, ao invés do que sucede com o senhorio, ao partir do arrendatário a iniciativa de oposição à renovação, para tanto remetendo comunicação escrita àquele em incumprimento do prazo de pré-aviso aplicável, tal comunicação, ainda que não tempestiva, não obsta à cessação do contrato, o qual caducará de igual forma, uma vez decorrido o prazo de duração inicial ou da respetiva renovação a que a comunicação do arrendatário se refere.

Não obstante, a comunicação tardia do arrendatário, como incumprimento que é, repercute-se na penalização deste, importando na obrigação de proceder ao pagamento dos meses correspondentes ao período de pré-aviso em falta, nos termos do n.º 6 do artigo 1098.º o que significa, por outras palavras, que perante o incumprimento do pré-aviso na comunicação a dirigir ao senhorio, o arrendatário, em acréscimo aos meses de ocupação do locado até ao termo do contrato cujas rendas pagará mensalmente, deverá ainda pagar o valor correspondente ao número de rendas que integram o período de pré-aviso em falta.

Importa a este respeito ressalvar a alteração introduzida pela Lei n.º 13/2019, de 12 de fevereiro, ao teor do referido preceito, consagrando expressamente um conjunto de situações cuja verificação exonera o arrendatário do pagamento da referida indemnização em virtude da comunicação tardia ao senhorio da sua intenção em opor-se à renovação, o que sucederá em caso de desemprego voluntário, incapacidade permanente para o trabalho ou morte do arrendatário ou de pessoa que com este viva em economia comum há mais de um ano, apontando-se, porém, a ausência de algum rigor terminológico no respeitante à exceção referente à *morte do arrendatário*, a qual, interpretada no sentido literal, constituindo causa de caducidade do contrato de arrendamento, naturalmente o exonera do pagamento de qualquer indemnização devida, sendo, porventura, outra a intenção do legislador com a referida expressão, pretendendo referir-se, outrossim, às situações em que o contrato tenha sido celebrado com vários arrendatários, como sucede nos arrendamentos plurais e nos contratos com ambos os conjuges tendo por objeto a casa de morada de família, em que falece um dos coarrendatários, vindo o outro opor-se à renovação do contrato tardiamente, assim ficando exonerado, ao abrigo da referida exceção, do pagamento da indemnização devida.

Diversamente, no âmbito das situações em que tal indemnização seja, efetivamente, devida, na consideração do montante a pagar ao senhorio correspondente ao período de pré-aviso em falta, o arrendatário considerará o facto de os referidos prazos legais de pré-aviso serem fixados em dias e não em meses, sendo que a aferição das "*rendas correspondentes ao período de pré-aviso em falta*" deverá tomar em linha de conta não apenas a correspondência existente entre as rendas e os meses do calendário gregoriano, considerando ainda que o vencimento das rendas ocorre ao primeiro dia último de cada mês, nos termos do n.º 2 do artigo 1075.º.

Assim sendo e em termos práticos, imagine-se que senhorio e arrendatário celebram no dia 1 de janeiro de 2019, um contrato de arrendamento urbano para habitação pelo prazo certo de cinco anos, em que o prazo de pré-aviso a respeitar pelo arrendatário para se opor à renovação, é de 90 dias, devendo este realizar a comunicação escrita até ao dia 3 de outubro de 2023, a fim de obstar à renovação do contrato no dia 1 de janeiro de 2024.

Neste sentido, caso o arrendatário só comunique no dia 13 de novembro de 2023, encontra-se em incumprimento relativamente à comunicação anterior ao pré-aviso de 90 dias, devendo, como tal, pagar ao senhorio o valor das rendas que se venceriam em 90 dias, isto é, três rendas, acrescidas ao valor das rendas pagas durante a totalidade dos meses compreendidos entre a data de celebração e o termo do contrato.

Ainda no respeitante à obrigação do arrendatário proceder ao pagamento das rendas correspondentes ao período de pré-aviso em falta, entendemos que a ausência desse pagamento não obsta à cessação do contrato, sem prejuízo de o senhorio poder obter o pagamento coercivo das mesmas mediante os meios processuais disponíveis para o efeito, designadamente através do procedimento especial de despejo com pedido acessório das quantias em falta, caso o arrendatário recuse desocupar o locado ou, diversamente, tendo o arrendatário desocupado o imóvel sem proceder ao referido pagamento, poderá o senhorio obter o cumprimento coercivo através da ação executiva para pagamento de rendas, encargos ou despesas, prevista no n.º 1 do artigo 14.º-A NRAU, constituindo o contrato de arrendamento juntamente com o comprovativo de comunicação do valor em dívida, título executivo idóneo à referida execução.

Por último, importa ainda notar que a oposição à renovação, tanto da iniciativa do senhorio como do arrendatário, apenas produzirá efeito no final do mês do calendário gregoriano, a que se refere a comunicação, evitando desta forma a necessidade de realização de cálculos quanto ao valor a pagar pelo arrendatário, a título de renda, pela ocupação de parte do último mês, impondo-se assim a obrigatoriedade de proceder ao pagamento na integra da renda respetiva.

D. Revogação unilateral por parte do arrendatário perante a oposição à renovação do senhorio

A par da oposição à renovação por parte do arrendatário, prevista nos n.ºs 1 e 2 do artigo 1098.º, este artigo, estabelece a possibilidade de este, querendo, fazer cessar o contrato de arrendamento unilateralmente, isto é, sem necessidade do consentimento do senhorio ou de qualquer justificação para o efeito, bastando para o efeito, que o denuncie tempestivamente face à data em que pretenda a cessação do contrato.

Trata-se, assim, do reconhecimento ao arrendatário, sem paralelo no respeitante ao senhorio, de um direito de revogação unilateral livre, impropriamente designado de denúncia[207], possibilitando-lhe fazer cessar o contrato, o que poderá suceder por diversas razões entre as quais a ausência de meios económicos para manter o contrato de arrendamento atual ou, bem ainda, o descontentamento relativamente ao imóvel ou à localização do mesmo, entre outras, sendo certo que, como referimos, aquando da comunicação a endereçar ao senhorio mediante carta registada com aviso de receção, o arrendatário não terá de fundamentar a sua decisão, mas tão somente fazer chegar a mesma ao conhecimento daquele seguindo a referida formalidade indicada no n.º 1 do artigo 9.º.

Note-se porém, que o direito de denúncia livre do arrendatário surge condicionado pela imposição legislativa constante da parte inicial do n.º

[207] Constituindo a denúncia a forma de cessação dos contratos de duração indeterminada, a inclusão do termo "*denúncia*" para expressar a revogação unilateral do arrendatário em sede de contratos de arrendamento com prazo certo apenas é justificável por motivos históricos, atenta a evolução do regime aplicável ao arrendamento urbano ao longo dos anos. No entanto e para dissipar eventuais dificuldades ou imprecisões interpretativas, seria de todo preferível a sua substituição por "*revogação unilateral*".

3 do artigo 1098.º, estabelecendo que o exercício de tal direito depende necessariamente do decurso de um terço do prazo de duração inicial do contrato ou da respetiva renovação, não podendo o arrendatário revogar unilateralmente o mesmo antes do decurso desse período de tempo, o que significa dizer que num contrato com a duração inicial de um ano, o arrendatário apenas o poderá denunciar, decorridos que sejam quatro meses, à semelhança do que sucede num contrato com prazo certo de cinco anos, onde a possibilidade prevista no n.º 3 apenas será aplicável vinte meses após a respetiva celebração.

A referida imposição do decurso obrigatório de um terço de duração inicial do contrato, antes do qual o arrendatário não poderá proceder à denúncia do mesmo, consubstancia no entendimento de Maria Olinda Garcia, que partilhamos, uma solução excessivamente penalizadora dos interesses do arrendatário, não apenas por garantir ao senhorio o recebimento de um determinado número mínimo de rendas, que potencialmente o arrendatário poderá não ter condições para cumprir, mas também pela manifesta restrição da sua liberdade de livre estabelecimento do seu domicílio e, bem ainda, do livre desenvolvimento da sua personalidade[208].

Neste sentido e pese embora a infeliz terminologia no uso da palavra *denúncia* e da incorreta inserção do direito de revogação unilateral no

[208] Maria Olinda Garcia, *Arrendamento Urbano Anotado*, pp. 55. O mesmo se diga em relação ao n.º 6 do mesmo artigo que impõe, na falta de observância do pré-aviso, o pagamento das rendas correspondentes a esse período. Neste sentido, seria preferível, a fim de reconhecer sentido útil ao preceituado no n.º 3, a eliminação da necessidade de decurso de prazo mínimo de um terço do prazo do contrato de duração inicial ou da sua renovação, podendo o arrendatário denunciar, ou, por outras palavras, revogar unilateralmente, o contrato de arrendamento, desde que respeitando a antecedência mínima de 120 dias ou de 60 dias do termo pretendido do contrato, se o seu prazo for igual ou superior a um ano, ou inferior a um ano, respetivamente.
Desta forma, seria possível alcançar a conjugação dos interesses das partes, não tendo o arrendatário que esperar o decurso de um terço do prazo de duração inicial ou da renovação do contrato para o poder denunciar, e como tal a sua liberdade de ação não ficaria tão drasticamente condicionada, e por outro lado, cumprindo-se uma antecedência mínima para denunciar o contrato, o senhorio disporia, pois, de um prazo razoável para, querendo, recolocar o imóvel no chamado mercado de arrendamento, onde a procura continua (e porventura continuará) a ser superior à oferta de imóveis.

mesmo preceito aplicável à oposição à renovação, estamos perante duas figuras diferentes e com finalidades distintas, uma vez que na oposição à renovação o arrendatário não pretende a extinção antecipada do contrato, visando, outrossim, a caducidade do mesmo findo o prazo pelo qual foi estipulado ou pelo qual o mesmo se renovou, obstando assim à renovação automática do mesmo, ao invés do que sucede com o direito de denúncia ou revogação unilateral em que o arrendatário, uma vez decorrido um terço do prazo do contrato, poderá comunicar ao senhorio a sua vontade em que o mesmo termine antes do termo previsto, respeitando a antecedência mínima prevista nas alíneas a) e b) do n.º 3, consoante o prazo estipulado de duração inicial ou da renovação, devendo a comunicação ser endereçada ao senhorio com antecedência mínima de 120 dias se o prazo do contrato for igual ou superior a um ano, ou de 60 dias, se esse prazo for inferior a um ano.

À semelhança do que vimos suceder em sede de oposição à renovação, a ausência de cumprimento do prazo de antecedência mínima referida não obsta, de igual forma, a verificação da cessação do contrato, importando, porém, na penalização do arrendatário em virtude da comunicação tardia ao senhorio, devendo, para o efeito, proceder ao pagamento das rendas correspondentes ao período de pré-aviso em falta, nos termos do n.º 6, exceto se o fundamento para a inobservância da antecedência referida, resultar de situação de desemprego involuntário, incapacidade permanente para o trabalho ou morte do arrendatário ou de pessoa que com este viva em economia comum há mais de um ano, como vimos.

A propósito da existência de um prazo mínimo de duração do contrato para o exercício do direito de denuncia por parte do arrendatário e a necessidade de observância de um prazo de antecedência mínima face à data da cessação do contrato, tem sido questionada na doutrina, no respeitante ao disposto no n.º 3 do artigo 1098.º, a possível harmonização dos prazos referidos, residindo pois a questão em saber se ambos os prazos podem correr simultaneamente ou se por outro lado, é necessário o decurso do prazo de um terço do contrato para que se possa iniciar a contagem deste.

Existem, neste sentido, entendimentos divergentes, radicando, por um lado, na autonomização total de ambos os prazos, sendo assim necessário o decurso de um terço de duração do contrato para que o arrendatário possa, a partir desse momento, iniciar a contagem da antecedência mínima a observar para poder denunciar o contrato, em contraste, por outro lado, com o entendimento assente na possibilidade de ambos os prazos poderem ser conjugados[209], podendo correr cumulativamente perante a intenção do arrendatário de que o contrato termine na mesma data em que completa um terço de duração.

Por outras palavras, o segundo entendimento assenta no pressuposto de que a antecedência mínima a observar, em relação ao termo pretendido do contrato, por parte do arrendatário para o denunciar, conforme resulta da alínea a) e b) do n.º 3 do artigo 1098.º poderá, pois, ser incluída no decurso do tempo mínimo de um terço de duração do contrato sendo assim possível conciliar o decurso de um terço do prazo de duração inicial do contrato ou da sua renovação com a antecedência mínima necessária para que o arrendatário o possa denunciar.

Assim sendo e em nosso entendimento, apesar de não ter decorrido, à data da comunicação, a duração mínima do contrato, será possível ao arrendatário, respeitando aquela antecedência mínima face ao termo pretendido do mesmo, opor-se à sua renovação, atendendo ao facto de, ao momento do termo do contrato, ter já decorrido um terço do prazo de duração inicial ou da renovação deste, conforme é imposto pelo n.º 3 do artigo 1098.º.

Por último, o disposto no n.º 4 do artigo 1098.º à semelhança do n.º 3, surge desenquadrado no preceito em que se encontra inserido, porquanto consagra, em sede de oposição à renovação por parte do senhorio, a possibilidade de o arrendatário, querendo, denunciar o contrato com uma antecedência não inferior a trinta dias em relação à data pretendida de cessação do mesmo.

A referida solução visa assim assegurar ao arrendatário, perante a certeza da cessação do contrato em virtude da já comunicada e recebida oposição à renovação por parte do senhorio, que aquele não tenha, forçosamente, de aguardar pelo termo do contrato inicial para poder vincular-se relativamente a outra habitação, podendo, como tal, uma vez recebida a referida comunicação, fazer cessar o contrato antecipadamente, desde que salvaguardando a antecedência mínima de trinta dias na comunicação a realizar ao senhorio face à data pretendida de cessação do contrato,

[209] Neste sentido, Maria Olinda Garcia, *Arrendamento Urbano Anotado... p. 55.*

assim se respeitando o necessário equilíbrio entre os interesses conflituantes das partes envolvidas.

4. Denúncia

A denúncia consiste na forma de cessação dos contratos de arrendamento de duração indeterminada, encontrando-se prevista entre o artigo 1099.º e o artigo 1104.º do Código Civil[210], logrando a extinção por uma das partes, de um contrato de arrendamento que perdura indefinidamente sendo certo que, como veremos, a denúncia por parte do arrendatário difere substancialmente da denúncia da iniciativa do senhorio, porquanto na primeira estamos verdadeiramente perante uma denúncia livre e injustificada, ao invés do que sucede na segunda em que, a par da possibilidade de denunciar o contrato de arrendamento independentemente de qualquer causa, desde que salvaguardando a comunicação ao arrendatário com uma antecedência prévia de cinco anos, o senhorio apenas poderá denunciar o contrato com base num de dois fundamentos elencados no artigo 1101.º juntamente com a referida denuncia imotivada.

Conforme referimos oportunamente aquando da análise da oposição à renovação, o termo "*denúncia*" tem sido erroneamente utilizado nos n.ºs 3, 4 e 5 do artigo 1098.º, para designar uma realidade que mais não é que a revogação unilateral por parte do arrendatário em sede de contratos com prazo certo, dando espaço a imprecisões legislativas e dúvidas interpretativas que seriam, de todo o modo, evitáveis. Posto isto e para efeito da análise subsequente, consideraremos como denúncia, unicamente a que respeita aos contratos de duração indeterminada.

Neste sentido, celebrando as partes um contrato de arrendamento sem a intenção pré-definida de que o mesmo venha a cessar em determinado momento temporalmente definido, o vínculo estabelecido entre as partes irá desenvolver-se no tempo, até que as partes de boa fé e mútuo acordo o revoguem, uma delas o denuncie ou, eventualmente, exista fundamento de resolução do mesmo com base no incumprimento da contra-

[210] MARIA OLINDA GARCIA, *Arrendamento Plural*... pp. 254. A lei em relação à denúncia "*confere ao locador, faculdades desvinculativas acionáveis por via unilateral*". O mesmo se aplica ao contrato de arrendamento, não obstante de neste, ser o arrendatário a parte que maiores "*faculdades desvinculativas*" terá quando em comparação com o senhorio que se encontra fortemente limitado e vinculado.

parte, podendo ainda, naturalmente, caducar pela verificação de uma das causas previstas nas alíneas c) a f) do artigo 1051.º, ou outras não elencadas no referido preceito.

A. Denúncia do contrato pelo arrendatário

Num contrato de arrendamento com duração indeterminada, querendo o arrendatário desvincular-se, fazendo cessar o mesmo, poderá, como referimos, denunciar livremente o vínculo contratual, desde que hajam decorrido pelo menos seis meses de duração efetiva desde a data de celebração do mesmo, respeitando ainda a obrigação de comunicar ao senhorio a vontade em fazer cessar a relação arrendatícia com uma antecedência mínima em relação à data de termo pretendido.

A antecedência mínima a respeitar no pré-aviso ao senhorio, conforme resulta do n.º 1 do artigo 1100.º, será de *120 dias* se, à data da denúncia em questão, a duração efetiva do contrato for já igual ou superior a um ano, ou, de *60 dias* se tal duração for inferior a um ano, respetivamente, afigurando-se percetível a variação de prazos de antecedência mínima a respeitar pelo arrendatário em função da crescente criação de expetativas, por parte do senhorio, com o passar do tempo, de que o contrato perdure.

Não obstante e à semelhança da posição que sustentámos em sede de oposição à renovação por parte do arrendatário, será possível, também na denúncia, a cumulação de prazos, sendo que, tanto o prazo de seis meses de duração efetiva do contrato como o prazo relativo à antecedência mínima na comunicação a dirigir ao senhorio face à data do termo pretendido do contrato, neste caso de 60 dias, podem correr simultaneamente, devendo para o efeito o arrendatário, querendo, comunicar a denuncia à contraparte uma vez decorridos que sejam quatro meses de duração efetiva, tendo em vista a produção de efeitos da mesma, assim que decorrido o prazo mínimo de duração de um contrato de duração indeterminada que o legislador estabelece, conforme referido, em seis meses na parte inicial do n.º 1 do artigo 1100.º.

A comunicação a endereçar ao senhorio, segue, de resto, as formalidades referidas para a comunicação a dirigir àquele em sede de oposição à renovação, aplicando-se, como tal, o disposto no n.º 1 do artigo 9.º e respetivas vicissitudes constantes do artigo 10.º NRAU, o que significa que a recusa do senhorio em receber a comunicação de denúncia do arrendatário obrigatoriamente remetida em carta registada com aviso de receção ou a sua receção por pessoa diversa daquele, impõe a necessidade de remessa de uma segunda carta seguindo a mesma formalidade, decorridos que sejam 30 a 60 dias a contar da data de envio da primeira carta, considerando-se igualmente notificado o senhorio, ao décimo dia após o envio, se a carta vier devolvida, isto é, ainda que ocorra novamente o motivo que fundamentou o envio da segunda missiva.

Neste sentido e como declaração receptícia que é, a denúncia apenas produzirá efeitos se chegar ao conhecimento do senhorio ou se, apenas por culpa deste, não tiver sido por ele conhecida de forma oportuna, importando notar que, à semelhança do que ocorre na oposição à renovação, a denúncia comunicada com o prazo de antecedência aplicável nos termos das alíneas a) e b) do n.º 1 do artigo 1100.º, ainda que culmine com a pretensão do arrendatário de que a cessação produza efeitos, hipoteticamente, a meio de um determinado mês, apenas produzirá efetivamente efeitos no final do mês visado do calendário gregoriano, a que se refere a comunicação.

Em termos práticos, imaginando um contrato cuja duração efetiva é de sete meses à data de comunicação da denúncia, a qual é remetida ao senhorio, com antecedência de 60 dias, no dia 15 de janeiro, rececionado o senhorio a mesma no dia 16 do mesmo mês, a denuncia não produzirá efeitos no dia 17 de março, mas sim no dia 31, assim sanando qualquer questão relativamente à obrigatoriedade do arrendatário de proceder ao pagamento integral da renda respetiva.

Por último, apesar do artigo 1100.º não conter qualquer previsão relativamente à consequência associada à inobservância da antecedência mínima referida de 120 ou 60 dias face à data pretendida de termo do contrato, consoante à data da comunicação este tenha duração efetiva igual ou superior a um ano ou menos de um ano, o preceito remete porém, no n.º 4 para o disposto no n.º 6 do artigo 1098.º, que estabelece o pagamento de indemnização de valor igual às rendas correspondentes ao período de pré-aviso em falta, a qual será igualmente aplicável na presente sede, assim como o conjunto de exceções introduzidas pela Lei n.º 13/2019 à parte final do n.º 6 daquele preceito, assim exonerando o arrendatário do pagamento da mesma em caso de a denúncia resultar de situação de desemprego involuntário, incapacidade permanente para o trabalho ou morte do arrendatário ou de pessoa que com este viva em economia comum há mais de um ano.

B. Denúncia do contrato pelo senhorio

No respeitante à *denúncia* do contrato de arrendamento pelo senhorio, importa notar que a livre desvinculação por parte do arrendatário, contrasta significativamente com a quase total ausência de autonomia por parte do senhorio, cuja possibilidade de denunciar o contrato restringe-se, por um lado, à possibilidade de *denúncia imotivada*, desde que salvaguardando uma antecedência mínima de 5 anos de pré-aviso na comunicação a endereçar ao arrendatário e, por outro, em alternativa, à observância de um de dois fundamentos taxativos constantes das alíneas a) e b) do artigo 1101.°, isto é, a necessidade de habitação pelo senhorio ou seus descendentes em 1.° grau ou a demolição ou realização de obra de remodelação ou restauro profundos que obriguem à desocupação do locado, desde que não resulte local com caraterísticas equivalentes as do do locado, onde seja possível a manutenção do arrendamento, cuja invocação e comprovação, é fundamental à procedência da denúncia por si desencadeada, a par das obrigações para com o arrendatário derivadas do exercício de cada um desses fundamentos.

Importa ainda referir que, em caso de *denúncia motivada*, o senhorio deverá observar, relativamente à data em que pretenda a desocupação do locado, uma antecedência mínima de pelo menos seis meses na comunicação a dirigir ao arrendatário, pese embora, a observância de tal prazo deva ser coadunada com a imposição legal ao senhorio de que o contrato tenha uma duração mínima de dois anos, nos termos do n.° 10 do artigo 1103.°, isto é, o direito à denúncia com base em qualquer um dos referidos fundamentos apenas poderá ser exercido uma vez decorridos que sejam, pelo menos, dezoito meses, ou seja, um ano e meio de duração do contrato de arrendamento, a fim de que a denúncia produza efeitos seis meses depois, ao invés do que sucede relativamente à denuncia operada pelo arrendatário em que apenas lhe é imposta a duração efetiva de seis meses para que este possa, querendo, proceder à denuncia do contrato.

Atualmente e como veremos a propósito de cada um dos tipos de denúncia por iniciativa do senhorio atualmente existentes, a respetiva comunicação é realizada extrajudicialmente, isto é, sem necessidade de apreciação judicial que determine a cessação do contrato de arrendamento em virtude da verificação dos pressupostos de que depende o exercício eficaz da denúncia.

Assim sendo e desta forma, o comprovativo da comunicação a que se refere a alínea c) do artigo 1101.º, no respeitante à denúncia realizada independentemente de qualquer causa, e no n.º 1 do artigo 1103.º, relativamente à denúncia com os fundamentos previstos nas alíneas a) e b) e o contrato de arrendamento de duração indeterminada celebrado entre as partes, constituem, nos termos da alínea d) do n.º 2 do artigo 15.º NRAU, documentos-base ou títulos *sui generis* idóneos ao requerimento de despejo destinado a efetivar a cessação do contrato com a desocupação coerciva do locado, perante a inércia do arrendatário na respetiva entrega do mesmo ao senhorio.

1) DENÚNCIA IMOTIVADA

Pretendendo o senhorio denunciar o contrato de arrendamento independentemente de qualquer fundamento, deverá este, conforme resulta da alínea c) do artigo 1101.º com as alterações introduzidas pela Lei n.º 13/2019, comunicar a sua intenção ao arrendatário com uma antecedência mínima de cinco anos face à data de termo pretendida do contrato e não já de dois anos, como resultava da redação anterior da norma, sendo certo que a comunicação a endereçar deverá cumprir as formalidades constantes do n.º 1 do artigo 9.º e respetivas vicissitudes constantes do artigo 10.º, se aplicáveis, sob pena de ineficácia perante o arrendatário e posterior recusa do requerimento de despejo em sede de procedimento especial de despejo.

De facto, a efetivação da cessação do contrato de arrendamento através da denúncia do mesmo, depende necessariamente, a par da apresentação do respetivo contrato, do comprovativo da comunicação a que se refere a alínea c) do artigo 1101.º, na denuncia imotivada, ou a constante do n.º 1 do artigo 1103.º, na denúncia com fundamento na alínea a) ou b) do referido artigo 1101.º, sem o qual o requerimento de despejo será objeto de recusa.

Assim sendo, como referimos a propósito da denúncia por parte do arrendatário, tal comprovativo de comunicação bastar-se-á com o envio de uma única carta registada com aviso de receção caso a mesma seja rececionada pelo arrendatário sem mais, ao invés do que sucederá caso este recuse receber a comunicação ou a mesma haja sido rececionada por outra pessoa que não aquele, situação em que o senhorio deverá remeter, decorridos que sejam 30 a 60 dias desde o envio da primeira carta, uma segunda, igualmente em correio registado com aviso de receção, sendo que o envio desta segunda carta determina, para todos os efeitos legais, que o arrendatário se considera notificado, sendo certo que mesmo que a carta seja novamente recusada ou de igual forma rececionada por outrem que não o arrendatário, poderá o senhorio considerá-lo eficazmente notificado do respetivo teor ao décimo dia posterior ao do envio da mesma, tudo em conformidade com o disposto no n.º 1 do artigo 9.º e do artigo 10.º NRAU.

Não obstante e por força da referida alteração introduzida pela Lei n.º 13/2019, consistente na dilatação do período de pré-aviso a respeitar na comunicação da denúncia imotivada pelo senhorio ao arrendatário, de dois para cinco anos, assim determinando o retorno do preceito à redação existente na versão originária da Lei n.º 6/2006, optou o legislador pela repristinação do disposto no artigo 1104.º, anteriormente revogado, assim obrigando o senhorio à confirmação ao arrendatário da sua intenção em manter a denúncia, sob pena de ineficácia da primeira comunicação dirigida, devendo para o efeito, remeter uma segunda comunicação destinada à confirmação da denúncia, o que deverá fazer com uma antecedência máxima de quinze meses e mínima de um ano face à data pretendida de termo do contrato, assim reiterando a sua intenção comunicada sensivelmente quatro anos antes.

O desiderato da repristinação em apreço reside assim no facto de a observância pelo senhorio de um período de pré-aviso de cinco anos, ao invés dos anteriores dois anos, pelo enorme distanciamento que representa face à data pretendida de termo do contrato, poder gerar no arrendatário a crença de que entretanto aquele alterara a sua decisão relativamente ao locado, perdendo interesse na mesma ou simplesmente se esquecera da denúncia comunicada, sendo assim necessário, em data de maior proximidade relativamente ao termo do contrato, reiterar tal intenção, permitindo ao arrendatário no período de tempo compreendido entre a data de confirmação da denúncia e a data em que a mesma produz efeitos, que este possa organizar a sua vida tendo em vista a procura de uma nova habitação alternativa.

O disposto não prejudica, porém, a possibilidade prevista no n.º 2 do artigo 1100.º, de o arrendatário poder, querendo, mediante comunicação ao senhorio, denunciar ou de *revogar unilateralmente* o contrato independentemente de qualquer justificação, na sequência da denúncia imotivada operada por este ao abrigo da alínea c) do artigo 1101.º, desde que salvaguardando uma antecedência mínima não inferior a trinta dias face à data pretendida de termo do mesmo, procurando o legislador com a solução em apreço, garantir a possibilidade ao arrendatário de este dispor da liberdade desvinculativa necessária para poder celebrar em prazo útil um novo contrato de arrendamento relativo a uma habitação alternativa, não tendo, como tal, de aguardar o termo agendado do contrato para esse efeito face à certeza de que o vinculo contratual primitivo não irá persistir.

2) DENÚNCIA MOTIVADA

As mesmas formalidades referidas na comunicação a realizar ao senhorio em sede de denúncia imotivada são aplicáveis, de igual forma, à denúncia com um dos fundamentos previstos nas alíneas a) e b) do artigo 1101.º, isto é, o senhorio deverá, de igual forma, remeter carta registada com aviso de receção quando pretenda determinar a cessação do contrato de arrendamento com base na necessidade do locado para habitação própria ou dos seus descendentes em 1.º grau, ou quando pretenda proceder à demolição ou realização de obras de remodelação ou restauro profundo que impliquem, necessariamente, a desocupação do locado, embora como veremos, no respeitante ao segundo fundamento e à luz das sucessivas e recentes reformas ao NRAU, são cada vez mais restritas as situações em que a necessidade de realização de obras de restauro profundo do locado determinam a cessação do contrato, em detrimento da sua suspensão pelo tempo necessário à realização das mesmas, com o inerente retorno do arrendatário ao locado, finda a respetiva execução.

I) NECESSIDADE DE HABITAÇÃO PELO SENHORIO OU SEUS DESCENDENTES EM 1.º GRAU

Iniciando pelo primeiro dos referidos fundamentos, poderá o senhorio denunciar o contrato com base na necessidade do imóvel locado para sua habitação própria ou dos seus descendentes em primeiro grau, daí resultando desde logo que perante o conflito subjacente entre o direito à habitação por parte do arrendatário e a necessidade da mesma habitação pelo senhorio, prevalecerá, em princípio, o direito deste último, desde que corretamente alegada e demonstrada a real necessidade da referida habitação.

De facto, no conflito de direitos em apreço, verifica-se, de um lado, o direito à habitação por parte do senhorio derivado do direito real de propriedade sobre o bem imóvel ou a titularidade de outro direito real de gozo sobre o mesmo, conflituante com o direito à habitação por parte do arrendatário, por outro lado, cujo gozo deriva de contrato de arrendamento tendo por objeto o referido imóvel, sendo certo que perante a impossibilidade de harmonização prática de dois direitos constitucionalmente previstos de igual relevância, é percetível o sacrifício imposto ao arrendatário em detrimento da necessidade da habitação do senhorio ou dos filhos deste, em virtude da inexistência de outra habitação própria ou dos respetivos descendentes.

Solução inversa da acolhida legislativamente, seria contraproducente ao impor ao senhorio a aquisição ou arrendamento de outra habitação, porventura suportando valor de renda igual ou superior ao pago pelo arrendatário, quando o mesmo já dispunha de uma habitação idónea, ainda que onerada pelo vínculo arrendatício.

Não obstante e como referido, o sacrifício imposto ao arrendatário não é despiciendo, razão pela qual o legislador salvaguarda expressamente ao inquilino, a necessidade de cumprimento por parte do senhorio, para o exercício eficaz da denúncia para sua habitação própria, dos requisitos constantes das alíneas a) e b) do n.º 1 do artigo 1102.º, impondo-lhe assim que seja proprietário, comproprietário ou usufrutuário do locado há mais de dois anos, ou haja adquirido o mesmo por sucessão, não dispondo, como tal, há mais de um ano, de casa própria no concelho em que se integra a localidade do locado, que satisfaça as suas necessidades de habitação própria ou, não disponha de qualquer habitação idónea nos concelho de Lisboa ou Porto e seus limítrofes, caso o locado se situe numa destas localidades.

A par dos referidos requisitos, deverá ainda o senhorio proceder ao pagamento ao arrendatário de um montante correspondente a um ano de renda, o qual poderá ser corretamente entendido como indemnização por factos lícitos, sendo nosso entendimento que tal pagamento deverá ser feito no ato da entrega do locado, pese embora os artigos 1102.º e 1103.º, sejam omissos quanto a este aspeto no referente à denúncia com base no presente fundamento, sendo certo que atenta a similitude com a forma de comunicação e respetivo pagamento do valor indemnizatório no respeitante ao fundamento previsto na alínea b) do artigo 1101.º, para a qual o legislador define expressamente na alínea a) do n.º 6 do artigo 1103.º o momento de pagamento, parece-nos assertiva a aplicação da mesma solução às situações de denúncia para habitação própria do senhorio ou dos seus descendentes.

Tratando-se de descendente em 1.º grau, a par da totalidade dos requisitos enumerados, é ainda fator determinante que exista a necessidade de habitação do referido descendente, não dispondo o mesmo, de igual forma, há mais de um ano, na área dos concelhos de Lisboa ou do Porto e seus limítrofes ou no respetivo concelho quanto ao resto do pais, de casa própria que satisfaça as suas necessidades de habitação.

No respeitante ao conceito de "*necessidade de habitação*", independentemente de a mesma se destinar ao senhorio ou ao respetivo descendente em 1.º grau, a lei não estabelece ou define em que consiste tal necessidade, não enumerando, de igual forma, o conjunto de situações cuja verificação será suscetível de integrar o referido conceito, o que seria, de todo o modo, desprovido de sentido, dada a pluralidade de ocorrências da vida real suscetíveis de integrar tal necessidade, como sejam a carência económica, mudança de localidade por motivos profissionais ou familiares, autonomização dos descendentes relativamente aos progenitores, o regresso do senhorio emigrante a Portugal, entre outros, assumindo relevo, neste sentido, as esclarecedoras palavras do Tribunal da Relação de Coimbra[211], que de resto ilustram o entendimento que já vinha sendo

[211] **JURISPRUDÊNCIA (15/11/2016)**
AC. TRC N.º 3250/13.6TJCBR.C1 (RELATOR ANTÓNIO CARVALHO MARTINS)
"*(...)6 – A carência de habitação do senhorio, em determinada localidade, e a sua necessidade (real, efetiva) em matéria habitacional, sobrepõe-se à necessidade paralela ou concorrente do inquilino.*
7 – É razoável que o legislador, colocado perante um conflito de direitos – de um lado, o direito à habitação do senhorio, fundado num direito real próprio, e, por outro, o direito à habitação do inquilino, fundado num contrato de arrendamento, cujo objeto é o imóvel que pertence ao senhorio –, não podendo dar satisfação a ambos os direitos, sacrifique o direito do inquilino ao direito do senhorio.
8 – A necessidade do locado para habitação própria do senhorio, enquanto requisito para a denúncia do arrendamento, pode assentar em razões de ordem psico-afetiva como sejam as que evidencia um jovem adulto que se pretende autonomizar da casa dos pais "e se viu confrontado com a necessidade de tomar de arrendamento um quarto para, precariamente, poder satisfazer a sua pretensão, por não ter mais nenhum prédio da sua propriedade que pudesse ocupar para o efeito.

acolhido na jurisprudência em geral, segundo o qual "*a necessidade de habitação tem que ser real, séria, atual ou futura, não eventual mas iminente, traduzida em razões ponderosas, não se confundindo com uma maior comodidade e deve corresponder a uma intenção séria de no locado fixar residência, devendo ser apreciada objetivamente em função das condições, vida, interesses e carências do senhorio, sob pena de se poder transformar em mero pretexto para obter a desocupação.*"

Não obstante, como elemento constitutivo do seu direito à denúncia do contrato, deverá o senhorio, a par dos restantes requisitos referidos e sob pena de ineficácia, fundamentar claramente os factos sobre que assenta tal necessidade, factos esses suscetíveis de análise judicial em sede de oposição ao requerimento de despejo deduzida pelo arrendatário perante a denúncia extrajudicial do contrato de arrendamento e posterior requerimento de despejo, com fundamento na alínea d) do n.º 2 do artigo 15.º NRAU.

Uma vez realizada a denúncia com uma antecedência não inferior a seis meses face à data em que o senhorio pretenda a desocupação do imóvel

9 – A necessidade de habitação tem que ser real, séria, atual ou futura, não eventual mas iminente, traduzida em razões ponderosas, não se confundindo com uma maior comodidade e deve corresponder a uma intenção séria de no locado fixar residência, devendo ser apreciada objetivamente em função das condições, vida, interesses e carências do senhorio, sob pena de se poder transformar em mero pretexto para obter a desocupação.
10 – O solteiro que dorme num quarto arrendado passa a ter necessidade de uma casa onde possa instalar o lar que vai constituir, antes mesmo da celebração do casamento.
11 – Ao comunicar, eficazmente, ao arrendatário a sua pretensão de denunciar o contrato, o locador assume a qualidade de devedor de uma "compensação" correspondente a um ano de renda. Embora a lei designe esse pagamento como "indemnização", como as eventuais desvantagens patrimoniais causadas ao arrendatário com a desocupação do imóvel resultam do lícito exercício de um direito do locador, tal hipótese corresponderá a uma indemnização por factos lícitos.
12 – A benfeitoria consiste, no referencial do disposto no art. 216.º Código Civil, como a própria palavra indica, no melhoramento ou aperfeiçoamento da coisa, feito por quem a ela está ligado em consequência de uma relação ou vínculo jurídico, por exemplo, posse, locação, comodato, usufruto,
13 – A construção de quarto de banho ou a sua renovação, ou melhor adequação a condições normais e indispensáveis de salubridade, na casa objeto do contrato, sempre constitui – no mínimo – benfeitoria útil, pois a ter em vista melhorar as condições de habitabilidade da casa e não evitar a sua perda ou destruição.
14 – As obras realizadas em prédio alheio, consistentes na reparação do telhado e na substituição de parte da telha antiga com a finalidade de evitar a infiltração da água das chuvas, constituem benfeitorias necessárias."

por parte do arrendatário, sobre o senhorio recai o ónus de dar ao locado a referida finalidade no prazo de três meses contados desde a data da efetiva desocupação do locado pelo arrendatário, isto é, o senhorio ou o seu descendente em 1.º grau, deverão habitar o referido imóvel, dele fazendo sua habitação, devendo permanecer na mesma por período não inferior a dois anos, importando o respetivo incumprimento, na obrigação de pagamento ao arrendatário de uma indemnização de valor correspondente a dez anos de renda, como resulta dos n.ºs 5 e 9 do artigo 1103.º CC.

II) DEMOLIÇÃO OU REALIZAÇÃO DE OBRA DE REMODELAÇÃO OU RESTAURO PROFUNDOS QUE IMPLIQUEM A DESOCUPAÇÃO DO LOCADO

Na denúncia do contrato de arrendamento para demolição ou realização de obras de remodelação ou restauro profundos que obriguem à desocupação do locado, verifica-se, à semelhança do que sucede na denúncia por necessidade de habitação do senhorio ou dos seus descendentes em 1.º grau, a necessária antecedência mínima de seis meses na comunicação formal a dirigir ao arrendatário, sendo certo que, aquando da cessação do contrato resultante do exercício do seu direito à denuncia, este deverá ter uma duração mínima de, pelo menos, dois anos, nos termos do n.º 10 do artigo 1103.º CC.

Não obstante e ao invés do que sucede naquele fundamento, o legislador procurou ser particularmente meticuloso na definição do conjunto de elementos que integram a comprovação por parte do senhorio da real necessidade de o contrato cessar, isto porque, não existindo tal necessidade, deverá este dar primazia à desocupação temporária do locado pelo arrendatário, através da suspensão do contrato de arrendamento, pelo período estritamente indispensável para a realização das obras necessárias, regressando este findo tal prazo.

De facto, aquando da vigência do NRAU na redação conferida pela Lei n.º 31/2012, de 14 de agosto, foram recorrentes inúmeras situações de denúncia de contratos de arrendamento de duração indeterminada com base na necessidade de realização de obras de remodelação ou restauro profundo, em especial no respeitante aos contratos antigos. Não obstante, em virtude das diversas alterações empreendidas ao preceituado no artigo 1103.º, paralelamente à desjudicialização da denúncia motivada, verificou-se não apenas a redução da duração mínima efetiva do contrato de cinco para dois anos, aquando da data em que o arrendatário deva desocupar o imóvel, mas também a redução do valor indemnizatório a pagar ao arrendatário em virtude da invocação de tal fundamento, de dois anos de rendas para um ano, alternativamente à obrigação de garantir do realojamento do inquilino.

Face ao referido efeito prático nefasto e de cariz irremediável produzido nos referidos contratos cessados, a Lei n.º 79/2014, de 19 de dezembro e as Leis n.º 42/2017, de 14 de junho e 43/2017, de 14 de junho, com as alterações introduzidas ao NRAU e ao Regime Jurídico de Obras em Prédios Arrendados[212], lograram corrigir as referidas situações relativamente aos contratos não afetados pelas mesmas, reforçando não apenas os requisitos tendentes à demonstração da existência de necessidade de desocupação definitiva do imóvel por parte do arrendatário mas também procedendo ao aumento do valor da indemnização, de um para dois anos de renda, a pagar ao arrendatário em virtude da denúncia do contrato, de valor não inferior a duas vezes o montante de 1/15 do valor patrimonial tributário do locado, dilatando o período, de quinze para sessenta dias, em que este deverá desocupar o mesmo uma vez confirmada a denúncia, a par do reforço de proteção conferido, em especial, aos estabelecimentos e entidades de interesse histórico e cultural e social local, pela Lei n.º 42/2017.

Por sua vez, com a Lei n.º 13/2019, de 12 de fevereiro, surge reforçada a preferência clara assumida pelo legislador na suspensão do contrato de arrendamento em detrimento da cessação por denúncia com base na necessidade de realização de obras de remodelação ou restauro profundo, ou, bem ainda, em caso de demolição e posterior reconstrução, designadamente através da alteração de diversos preceitos do Código Civil e do RJOPA, desde logo com a modificação do teor da alínea b) do artigo 1101.º, consistente no aditamento da expressão "*desde que não resulte local com caraterísticas equivalentes às do locado, onde seja possível a manutenção do arrendamento*", através da qual a denúncia passa a assumir manifesto caráter de exceção, constituindo regra, outrossim, a suspensão do con-

[212] Aprovado pelo Decreto-Lei n.º 157/2006, de 8 de agosto, com as alterações resultantes da Lei n.º 13/2019, de 12 de fevereiro e do Decreto-Lei n.º 69/2019, de 21 de maio, doravante, designado por RJOPA.

trato nos casos referidos, conforme resulta do disposto nos artigos 5.º-A e 9.º-B RJOPA, igualmente introduzidos pela Lei n.º 13/2019.

Assim sendo e atento o facto de o senhorio, à luz do quadro legislativo atual, apenas poder operar a denúncia do contrato de arrendamento, em caso de demolição ou de necessidade de realização de obras de remodelação ou restauro profundos quando das mesmas não resulte *local com caraterísticas equivalentes às dos locado onde seja possível a manutenção do arrendamento*, nos termos do n.º 2 do artigo 5.º-A RJOPA, situação em que a suspensão do contrato não é aplicável, a abordagem seguinte restringe-se às situações excecionais em que a denúncia do contrato é possível.

Neste sentido, o primeiro aspeto a frisar na análise ao fundamento de denúncia em apreço, passa pela ressalva da particular complexidade da disciplina em apreço atenta a necessária articulação do regime constante do artigo 1103.º CC, com aquele que resulta de legislação especial em matéria de obras em prédios arrendados, vertida no Regime Jurídico das Obras em Prédios Arrendados aprovado pelo Decreto-Lei n.º 157/2006, de 8 de agosto, em especial nos artigos 4.º e seguintes.

Neste sentido e para efeito do disposto na alínea b) do artigo 1101.º CC e no artigo 4.º RJOPA *ex vi* da alínea c), d) e e) do artigo 2.º do Regime Jurídico da Urbanização e Edificação[213] quanto ao conceito de obras de remodelação[214] e obras de restauro profundo, devem ser entendidas, respetivamente, como tais, as seguintes:

a) *Obras de reconstrução*: as obras de construção subsequentes à demolição, total ou parcial, de uma edificação existente, das quais resulte a reconstituição da estrutura das fachadas;

[213] Estabelecido pelo Decreto-Lei n.º 555/99, de 16 de dezembro, com as alterações constantes do Decreto-Lei n.º 66/2019, de 21 de maio e doravante designado apenas por RJUE.

[214] O Acórdão do Tribunal da Relação de Guimarães de 15/02/2018 (*Processo n.º 2020/15.1T8VCT.G1, Relatora Helena Melo*), considerou obras de remodelação profundas, as consistentes na demolição parcial de um prédio que envolva a total demolição da compartimentação interior do edifício e alguns dos respetivos elementos estruturais, como sejam as estruturas dos pisos e escadas de acesso aos pisos superiores, envolvendo ainda a substituição parcial de alguns elementos ao nível da estrutura da cobertura.

b) *Obras de alteração*: as obras de que resulte a modificação das características físicas de uma edificação existente, ou sua fração, designadamente a respetiva estrutura resistente, o número de fogos ou divisões interiores, ou a natureza e cor dos materiais de revestimento exterior, sem aumento da área total de construção, da área de implantação ou da altura da fachada, das quais provenha um nível bom ou superior no estado de conservação do locado e o custo da obra a realizar, com IVA incluído, corresponda a, pelo menos, 25% do respetivo valor patrimonial tributário constante da matriz do locado, ou proporcionalmente calculado, se a matriz não respeitar unicamente ao locado;
c) *Obras de ampliação*: as obras de que resulte o aumento da área de implantação, da área total de construção, da altura da fachada ou do volume de uma edificação existente, das quais provenha um nível bom ou superior no estado de conservação do locado e o custo da obra a realizar, com IVA incluído, corresponda a, pelo menos, 25% do respetivo valor patrimonial tributário constante da matriz do locado, ou proporcionalmente calculado, se a matriz não respeitar unicamente ao locado;

Dos conceitos referidos é possível, desde logo, verificar a restrição do fundamento a que se refere a alínea b) do artigo 1101.º, às obras de demolição, ou realização de obras de remodelação ou restauro profundo, ficando inviabilizada a denúncia que tenha por objeto a realização de obras consistentes em pequenas reparações ou alterações meramente estéticas no interior da habitação para as quais não exista a necessidade de desencadear procedimento de controlo prévio, a par de que não existe, de igual forma e verdadeiramente, qualquer razão que habilitasse a cessação do contrato tendo em vista a realização de benfeitorias de pequena dimensão, as quais poderiam determinar, em limite, a desocupação temporária do locado por parte do arrendatário.

Tratando-se de obras sujeitas a procedimentos de controlo prévio, num dos casos suprarreferidos, nos termos dos artigos 4.º e seguintes do RJUE, deverá o requerimento de controlo prévio urbanístico a apresentar pelo senhorio na plataforma SIRJUE (Sistema de Informação do Regime Jurídico da Urbanização e Edificação) ser acompanhado da indicação da existência de uma situação de arrendamento no locado, apresentando ainda, no respeitante às obras de alteração ou ampliação do locado, o orçamento total da operação a realizar, contendo o custo total da operação urbanística e a cópia da caderneta predial urbana, da qual resulte o valor patrimonial tributário do locado.

A fim de poder acompanhar e verificar o cumprimento rigoroso das formalidades necessárias de que a lei faz depender a eficácia da denúncia, entre as quais ao nível do controlo prévio requerido pelo senhorio, pode o arrendatário, querendo, consultar ou requerer a emissão de reprodução ou certidão do processo respeitante ao controlo prévio urbanístico referente às invocadas obras a realizar no locado, o que poderá suceder com ou sem o auxílio do respetivo senhorio no fornecimento de tais elementos.

Assim sendo, face à inércia do senhorio em permitir o acesso aos documentos relativos ao controlo prévio, pode o arrendatário obter a disponibilização desses elementos no prazo improrrogável de dez dias, sem prejuízo dos direitos que lhe são reconhecidos nos termos da Lei n.º 26/2006, de 22 de agosto, com as alterações resultantes da Lei n.º 58/2019, de 08 de agosto, que aprova o regime de acesso administrativo e ambiental e de reutilização dos documentos administrativos.

Neste sentido e a par da necessária qualificação e enquadramento das obras pretendidas realizar no locado como obras de remodelação ou de restauro profundo, deverá o senhorio, aquando da comunicação a dirigir ao arrendatário para denúncia do contrato e sob pena de ineficácia da comunicação, juntar os seguintes documentos:

a) Comprovativo de que foi iniciado, junto da entidade competente, procedimento de controlo prévio da operação urbanística a efetuar no locado, o qual poderá consistir no pedido de emissão de licença administrativa ou na comunicação prévia com prazo, consoante as caraterísticas da obra a realizar, nos termos do artigo 4.º RJUE;
b) Termo de responsabilidade do técnico autor do projeto legalmente habilitado, atestando que a operação urbanística em apreço reúne todos os pressupostos para ser considerada uma obra de remodelação ou restauro profundo, invocando ainda as razões que implicam a desocupação do locado;

c) Tratando-se de obras de alteração ou ampliação, deverá juntar, além do comprovativo do requerimento de controlo prévio, os seguintes documentos:
    i) Orçamento total da operação a realizar, com estimativa do custo total da operação urbanística;
    ii) Caderneta predial, de onde consta o valor patrimonial tributário do locado;
    iii) Documento emitido pelo município, atestando a entrega dos documentos atrás referidos juntamente com o requerimento de controlo prévio da operação urbanística;

Posteriormente à comunicação inicial referida, na qual o senhorio, a par da sua intenção de denunciar o contrato com fundamento na realização das referidas obras de remodelação ou restauro profundo no locado, comunica, de igual forma, ao arrendatário que a operação de controlo prévio à realização da operação urbanística já foi solicitada junto da autoridade competente, deverá ainda remeter, posteriormente, uma segunda carta, confirmando a denúncia desencadeada pela primeira comunicação escrita, na qual deverá juntar os seguintes documentos, nos termos do n.º 3 do artigo 1103.º:

a) Alvará de licença de obras ou título de comunicação prévia;
b) Documento emitido pela câmara municipal, atestando que a operação urbanística constitui uma obra de remodelação ou restauro profundos, quando tal informação não resulte já do documento referido na alínea a).

Paralelamente, o artigo 8.º RJOPA exige que a confirmação da denúncia seja acompanhada de um dos seguintes documentos, consoante o tipo de controlo prévio solicitado junto da entidade competente em função da operação urbanística a realizar.

a) Tratando-se de uma operação urbanística sujeita a licença administrativa, nos termos do n.º 2 do artigo 4.º RJUE, comprovativo de deferimento do pedido efetuado;
b) Tratando-se de uma operação urbanística meramente sujeita a comunicação prévia, nos termos do n.º 4 do artigo 4.º RJUE, comprovativo de que a pretensão solicitada não foi rejeitada.

A lei não estabelece qualquer prazo a respeitar entre o envio da primeira e da segunda comunicações, no entanto, estando a segunda comunicação dependente do diferimento ou da não rejeição do requerimento de controlo prévio apresentado pelo senhorio, o tempo que medeia uma e outra comunicações será imposto pelo tempo de espera necessário à apreciação e decisão da entidade competente, uma vez que a segunda comunicação, sob pena de ineficácia, deverá seguir com o documento comprovativo de tal decisão, conforme referido.

Assim sendo e uma vez recebida a segunda comunicação, devidamente instruída com os documentos indicados e que seguirá, naturalmente, os mesmos requisitos formais aplicáveis à primeira em conformidade com o disposto no n.º 1 do artigo 9.º NRAU, deverá o arrendatário proceder à desocupação do locado no prazo máximo de sessenta dias[215], a contar da data de receção da segunda comunicação contendo a confirmação da denúncia e respetivos documentos que a devam necessariamente acompanhar, sob pena de ineficácia.

Se do cumprimento deste prazo de sessenta dias por parte do arrendatário, resultar a desocupação do locado em período inferior aos seis meses de antecedência mínimos a que se refere o n.º 1 do artigo 1103.º, o arrendatário apenas deverá proceder à desocupação efetiva do locado, não no referido prazo de sessenta dias, mas sim até ao termo do prazo dos seis meses.

Paralelamente ao cumprimento dos requisitos impostos, deve ainda o senhorio assegurar obrigatoriamente ao arrendatário, em virtude da invocação do fundamento em análise e consequente desocupação do imóvel, sob pena de ineficácia da denúncia, uma das seguintes:

a) pagamento de uma indemnização de valor correspondente a dois anos de renda[216], a qual não poderá ser inferior a duas vezes o montante de 1/15 do valor patrimonial tributário do locado; ou

[215] A Lei n.º 43/2017, de 14 de junho veio modificar, de forma positiva, o prazo de quinze dias dentro do qual o arrendatário deveria proceder à desocupação do locado, o qual seria manifestamente escasso, ainda que subordinado à mesma condição do decurso do prazo de seis meses, constante do n.º 1 do artigo 1103.º

[216] Atualmente o preceito estabelece a obrigação de pagamento de uma indemnização de valor correspondente a dois anos de renda o invés da anterior obrigação de pagamento de uma indemnização de valor correspondente a um ano de renda, que resultava

b) garantir o realojamento do arrendatário, por período não inferior a três anos, em condições análogas às que já detinha, quer quanto ao local, como quanto ao valor da renda e encargos a suportar, isto é, o alojamento alternativo deverá situar-se na área da mesma freguesia ou em freguesia limítrofe, apresentando estado de conservação igual ou superior ao do locado, revelando ainda adequação bastante às necessidades do agregado familiar do arrendatário[217], nos termos constantes do artigo 6.º RJOPA;

Preferencialmente, a opção entre as duas hipóteses referidas, deverá resultar do acordo entre as partes, sendo certo que na impossibilidade de obtenção de consenso no prazo de 30 dias contabilizados desde a data de receção da primeira comunicação, aplica-se a hipótese prevista na alínea a) devendo o senhorio proceder ao respetivo pagamento do valor indemnizatório em dois momentos distintos: o primeiro terá lugar logo após a confirmação da denúncia, isto é, após a remessa da segunda carta ao arrendatário, informando-o da decisão da entidade competente, quanto ao pedido de controlo prévio da operação urbanística a realizar no locado; o segundo pagamento do valor indemnizatório, por sua vez, deverá ser efetuado no ato da entrega do locado, sendo que a ausência de qualquer um dos referidos pagamentos, determina a ineficácia da comunicação para denúncia.

Uma vez desocupado o locado, o senhorio fica obrigado a dar inicio à obra invocada perante o arrendatário, no prazo máximo de seis meses a contar da data de desocupação, importando o respetivo incumprimento,

da redação deste preceito anteriormente à Lei n.º 43/2017, de 14 de junho, sendo que o aumento exponencial do valor da indemnização a suportar pelo senhorio motivou igualmente a alteração do disposto no n.º 8 do artigo 1103.º, em que, ao invés do pagamento da indemnização de uma vez só, prevê-se agora, à luz daquele diploma, o respetivo pagamento em dois períodos de tempo distintos, coincidentes com a confirmação da denúncia e a respetiva desocupação do locado.

[217] Para efeito de concretização da adequação do alojamento alternativo às necessidades do arrendatário e respetivo agregado familiar, deverá atender-se à tabela constante do n.º 5 do artigo 6.º RJOPA que estabelece a composição mínima e máxima do fogo em função da composição do agregado familiar do arrendatário.

na obrigação de pagamento de uma indemnização a este último de valor correspondente a dez anos de renda[218].

Independentemente do disposto e ao pretender o senhorio dar novamente o imóvel em arrendamento, posteriormente à realização das obras que motivaram a denúncia, deverá salvaguardar ao arrendatário, pelo período de dois anos após a cessação do contrato de arrendamento, o exercício de direito de preferência que lhe é reconhecido no artigo 9.º-A RJOPA aditado pela Lei n.º 43/2017, de 14 de junho, na celebração de novo contrato de arrendamento tendo por objeto o mesmo imóvel que ocupava, conferindo-lhe prazo de quinze dias para a correta ponderação e decisão quanto ao exercício do mesmo.

Cumpre notar que o referido regime que vimos ser aplicável à denúncia para a realização de obras de remodelação ou de restauro profundos não se aplica, no entanto, quanto aos estabelecimentos ou entidades reconhecidas pelo município como sendo de interesse histórico ou social local, cuja proteção estabelecida pela Lei n.º 42/2017, de 14 de junho impõe a manutenção no locado de tais estabelecimentos, não sendo,

[218] **JURISPRUDÊNCIA (15/05/2018)**
AC. TRL N.º 4188/16.0T8LSB.L1-1 (RELATOR MANUEL MARQUES)
"1 – Cumpre ao senhorio que denunciou o contrato de arrendamento para efeitos de realização de obras, a prova de que o não início destas no prazo de seis meses contados da desocupação do locado lhe não é imputável (arts. 342.º, n.º 2, e 1103.º, n.º 9, do C. Civil).
2 – O direito à indemnização tem uma medida diferente consoante ela corresponda à cessação do contrato de arrendamento (art. 1103.º, n.ºs 6, 7 e 8 do CC) ou à penalização pelo não início das obras no prazo legal de 6 meses (n.º 9 do citado artigo).
3 – Essa diferença estriba-se no propósito do legislador de penalizar a atitude do senhorio ao por termo ao contrato de arrendamento, afetando o direito de habitação do inquilino, sem que, no prazo de seis meses contados da desocupação do locado, tenha concomitantemente exercitado o seu direito à realização das obras. Ou seja, sacrifica-se totalmente o direito do arrendatário para nada.
4 – Para que a opção do legislador – ao fixar o valor da indemnização em 10 anos de renda – pudesse ser censurada pelo juiz à luz do princípio da proporcionalidade constitucionalmente consagrado teria de se apresentar como destituída de fundamento ou obedecer a um critério legislativo manifestamente desrazoável e inadequado.
5 – Tendo em consideração que no caso o contrato de arrendamento perdurou durante mais de 45 anos, não se afigura manifestamente desrazoável o valor da indemnização plasmada no n.º 9 do art. 1103.º do C.C., o qual cabe na margem de discricionariedade legislativa, não se mostrando violado o princípio da proporcionalidade."

como tal, possível a sua denúncia pelo senhorio com base no referido fundamento.

A impossibilidade de denúncia de contratos de arrendamento para fins não habitacionais onde se encontrem instalados tais estabelecimentos ou entidades, não obsta, porém, à realização no locado de obras de remodelação ou de restauro profundo, devendo o município, em tais casos, salvaguardar a manutenção da atividade e património material existentes no locado, impondo nesse sentido, as condicionantes necessárias, em conformidade com as competências que detém em matéria de controlo prévio urbanístico, em particular e em matéria urbanística, em geral.

Diversamente, na denúncia do contrato para a demolição do prédio urbano onde se encontra instalado o locado, esta apenas será possível nas situações constantes do artigo 7.º RJOPA, ou seja, quando:

a) seja ordenada pela Câmara Municipal, oficiosamente ou mediante requerimento realizado por qualquer interessado, em virtude de a construção ameaçar ruir ou constituir perigo para a saúde pública e para a segurança das pessoas;
b) seja necessária por força da degradação do prédio urbano, devendo tal situação ser atestada pelo município;
c) resulte do plano de ordenamento do território aplicável, nomeadamente do plano de pormenor de reabilitação urbana;

Neste sentido e à semelhança do conjunto de documentos que vimos ser necessários ao desencadeamento eficaz da denúncia pelo senhorio, deverá este na comunicação ao arrendatário da necessidade de desocupação do locado para demolição do edifício, juntar o comprovativo de que foi iniciado procedimento de controlo prévio e termo de responsabilidade do técnico autor do projeto, atestando que a operação urbanística a realizar, reúne os pressupostos necessários à sua consideração como obra de demolição, indicando as razões que justificam a desocupação do locado, sendo certo que, atento o tipo de operação urbanística em questão, seria dispensável a indicação dos motivos da desocupação.

De igual forma deverá o senhorio confirmar a denúncia por si desencadeada, juntando, para o efeito, os documentos constantes do n.º 3, isto é, o alvará de licença de obras ou título de comunicação prévia, acompanhando de documento emitido pela câmara municipal atestando que a operação urbanística a realizar constitui uma obra de demolição, caso tal informação não resulte já de um daqueles documentos.

Em qualquer uma das três situações referidas em que a demolição seja possível, deverá o senhorio indemnizar o arrendatário, independentemente de a demolição do edifício derivar de ação ou omissão culposa da sua parte, sem prejuízo da possibilidade de este, enquanto proprietário poder, quando a denúncia se prenda com a demolição resultante de plano de ordenamento do território aplicável, solicitar à entidade responsável pela execução do plano, o ressarcimento dos custos suportados com o realojamento ou indemnização do arrendatário, ao invés do que sucedia na redação anterior às alterações introduzidas pela Lei n.º 13/2019 ao preceito, em que a obrigação de indemnizar o arrendatário apenas se levantava, no respeitante ao disposto nas alíneas a) e b), quando existisse responsabilidade subjetiva do senhorio na necessidade de demolição do locado, nos termos dos n.ºs 2 e 3 do artigo 7.º RJOPA.

A ausência de previsão no RJOPA no respeitante à possibilidade de realojamento do arrendatário em condições análogas às que detinha, parece excluir tal possibilidade no que à demolição do locado diz respeito, no entanto e em observância do disposto no n.º 6 do artigo 1103.º, o realojamento como alternativa ao pagamento da indemnização é uniformemente reconhecida tanto perante a denúncia para a realização de obras de remodelação ou restauro como na denúncia para demolição, daí resultando que, quando efetivamente o arrendatário tenha direito à mesma nos termos referidos, poderá, alternativamente ao pagamento da indemnização, optar por ser realojado por período não inferior a três anos em local que apresente condições análogas às que já detinha no locado objeto de demolição.

Tratando-se, por sua vez, da demolição de imóvel em que esteja instalado estabelecimento ou entidade de interesse histórico e cultural ou social local, devidamente reconhecido pelo município como tal, a demolição carece necessariamente da permissão dos órgãos municipais competentes, a qual só poderá ser permitida, ao abrigo das alíneas a) e b) do n.º 1 do artigo 7.º-A RJOPA, quando se verifique a existência de situação de ruina ou da primazia de um bem jurídico superior face ao presente na tutela dos bens em causa, não se mostrando viável a salvaguarda ou deslocamento do estabelecimento ou, bem ainda, quando a situação de ruína que o prédio apresenta, não seja devida ao incumprimento por parte do senhorio, do dever que sobre si impende de conservação deste.

Neste tipo de estabelecimentos, especialmente merecedores de proteção legal, a primazia deverá ser sempre no sentido de apenas serem determinadas as demolições estritamente indispensáveis, adotando-se as medidas necessárias à manutenção dos elementos que possam ser salvaguardados.

5. Resolução

A. Considerações gerais

Analisadas com relativo desenvolvimento, todas e cada uma das modalidades de cessação do contrato de arrendamento que antecedem, importa agora passar ao tratamento, por último, da figura da resolução[219] do contrato de arrendamento, cujo regime carece da necessária articulação das disposições referentes à resolução do contrato de arrendamento, constantes dos artigos 1083.º e seguintes, as que disciplinam a resolução do contrato de locação, nos artigos 1047.º e seguintes e, bem ainda, as disposições respeitantes à resolução do contrato constantes da disciplina geral do Código Civil, nos artigos 432.º e seguintes, a par de disposições igualmente relevantes inseridas no NRAU, em especial no respeitante às regras a observar quanto às comunicações a endereçar à contraparte tendo em vista a eficácia e consequente produção de efeitos da resolução contratual.

A resolução consiste assim na cessação do contrato de arrendamento, de forma antecipada face à data prevista de extinção do mesmo atento o prazo contratualmente estipulado[220], com base na verificação da violação pela contraparte dos deveres ou obrigações assumidas aquando da celebração desse contrato que, pela respetiva gravidade, obste à manutenção da relação arrendatícia celebrada, assim habilitando aquele que foi lesado pelo incumprimento da parte contrária, a desencadear a resolução do contrato com justa causa para o efeito, sendo certo que a lei estabelece, nos n.ºs 1 e seguintes do artigo 1083.º, um conjunto de fundamentos

[219] Sobre a resolução, MENEZES LEITÃO, *Arrendamento Urbano*, p.139 e ss., ALBERTINA PEDROSO, *A resolução do contrato de arrendamento...*, pp. 37 a 62.

[220] DAVID MAGALHÃES, *A resolução do contrato de arrendamento urbano*, p.101.

cuja verificação é suscetível de determinar a resolução do contrato por parte do senhorio em virtude do incumprimento do arrendatário.

O referido conjunto de fundamentos não constitui um catálogo fechado[221], ao invés do que sucedia anteriormente à vigência do NRAU[222], na medida em que a lei, com a cláusula geral prevista no n.º 2 do artigo 1083.º, confere, utilizando a expressão *"designadamente"*, completa abertura à existência de outras causas suscetíveis de determinar a resolução do contrato de arrendamento, desde que, *"pela sua gravidade ou consequências, torne inexigível à outra parte a manutenção do arrendamento"*, isto é, a resolução do contrato de arrendamento, independentemente de versar sobre um dos fundamentos exemplificativamente previstos no n.º 2 do artigo 1083.º ou sobre outro não elencado, depende, a par da verificação desse fundamento, da comprovação casuística da gravidade ou das consequências resultantes do mesmo, isto porque a mera verificação isolada de uma causa resolutiva, desprovida de reiteração da conduta, poderá não ser suficiente para obter a resolução do contrato de arrendamento[223].

Assim sendo e por outras palavras, na concreta aferição do incumprimento contratual da contraparte, seja pela integração da sua conduta numa das alíneas do n.º 2 do artigo 1083.º ou pela verificação de outra aí não prevista, haverá sempre de se aferir, em concreto, qual a gravidade e/ou consequências daí resultantes a fim de se extrair a existência de uma e/ou de outras, a exigibilidade ou inexigibilidade à contraparte da manutenção da relação arrendatícia[224].

[221] Como salienta David Magalhães, *A resolução...*, pp. 101 *"a extinção antecipada do arrendamento urbano não se funda, relativamente ao senhorio, num elenco fechado de motivos resolutivos, oferecendo-se ao juiz margem de apreciação da relevância extintiva dos incumprimentos invocados"*.

[222] Januário da Costa Gomes/Cláudia Madaleno, *Leis do Arrendamento Anotadas*, p.232.

[223] No mesmo sentido, Maria Olinda Garcia, *A Nova Disciplina do Arrendamento Urbano...*, p. 23.

[224] **JURISPRUDÊNCIA (21/04/2016)**

AC. TRE N.º 391/13.3TBTMR.E1 (RELATOR SILVA RATO)

"Não assume gravidade suficiente que torne inexigível às senhorias a manutenção do contrato de arrendamento, a não comunicação da cedência do uso do locado – ainda que às mesmas pessoas físicas, mas agora enquanto sócias gerentes da sociedade exploradora do estabelecimento instalado no locado –, quando tal foi acolhido pelas próprias senhorias que, já então conhecedoras da exploração daquele

Não obstante, a verificação em concreto de uma das situações elencadas nas alíneas do n.º 2 do artigo 1083.º, pese embora não exonere o senhorio da demonstração da gravidade e/ou consequências derivadas do incumprimento do arrendatário, coloca àquele, porém, menores exigências nessa comprovação, em especial no respeitante à inexigibilidade da manutenção da relação contratual, do que colocaria, à partida, um qualquer outro acontecimento autónomo das previsões das alíneas referidas.

De facto, jurisprudencialmente, tem sido entendido que as situações elencadas no n.º 2, devendo ser alegadas e comprovadas, dispensam porém o senhorio de invocar e comprovar outros factos de que resulte a inexigibilidade de manutenção do contrato de arrendamento, apenas lhe sendo necessário invocar e demonstrar os factos que integrem as situações tipificadas na lei, daí derivando a presunção ilidível de inexigibilidade de manutenção do contrato, incumbindo ao arrendatário, em sede de ação de despejo, invocar e comprovar, por exceção (perentória), factos de que resulte a exigibilidade na manutenção do vínculo contratual, pese embora a verificação do incumprimento.

Diversamente, nos fundamentos resolutivos constantes dos n.ºs 3 e 4, referentes, respetivamente, a mora igual ou superior a três meses no pagamento da renda ou a constituição em mora superior a oito dias no pagamento da renda, por mais de quatro vezes, inexiste a necessidade de comprovar a gravidade ou as consequências resultantes da respetiva verificação dos mesmos, constituindo fundamentos independentes e autossuficientes comparativamente aos elencados no n.º 2.

No respeitante ao modo de operar a resolução do contrato, o legislador estabelece no artigo 1084.º, os fundamentos cuja resolução depende da necessária apreciação judicial a fim de ser declarada a cessação do contrato e consequente condenação do arrendatário à entrega do locado devoluto de pessoas e bens, distinguindo-os daqueloutros em que a resolução do contrato está dependente de contacto extrajudicial seguindo uma das formas expressamente previstas para o efeito, colocando-se, oportunamente, a este propósito, a questão de aferir se tais fundamentos são igualmente passíveis de resolução judicial, isto é, se o senhorio

estabelecimento pela dita sociedade, comunicaram aos réus que consideravam o contrato celebrado com eles por 5 anos, contados a partir dessa comunicação."

poderá livremente obter a resolução judicial do contrato com base nesses fundamentos ou se, por outro lado, está vinculado à sua resolução extrajudicial em virtude da inexistência de interesse processual em agir.

Nas considerações seguintes, a par do desenvolvimento da questão exposta e do estudo detalhado de cada um dos fundamentos resolutivos invocáveis pelo senhorio, constantes das alíneas a) a e) do n.º 2, 3 e 4 do artigo 1083.º, iremos ainda proceder à análise relativa ao modo como deverá ser operada a resolução do contrato de arrendamento em cada um deles, bem como o prazo para a desocupação do locado, a caducidade do direito à resolução e a possibilidade de purgação da mora pelo arrendatário, obstando ao efeito extintivo pretendido pelo senhorio, concluindo com a análise da resolução contratual por parte do arrendatário.

B. Fundamentos resolutivos do contrato de arrendamento pelo senhorio

1) FUNDAMENTOS DO N.º 2 DO ARTIGO 1083.º CC

I) VIOLAÇÃO DE REGRAS DE HIGIENE, SOSSEGO, BOA VIZINHANÇA OU NORMAS CONSTANTES DE REGULAMENTO DO CONDOMÍNIO

O primeiro dos fundamentos constantes do n.º 2 do artigo 1083.º, na alínea a), refere-se à violação de regras de higiene, sossego, de boa vizinhança ou normas constantes do regulamento do condomínio, logrando-se a proteção dos interesses de quem habite proximamente ao arrendatário e seja, como tal, afetado pelos comportamentos adotados por este no interior do locado com forte repercussão negativa externamente a este, designadamente com a produção frequente de ruídos elevados e perturbadores do sossego dos vizinhos, em especial em prédios urbanos sujeitos ao regime de propriedade horizontal.

A violação de regras de higiene, sendo difícil de aferir porquanto envolve a intromissão na esfera privada do arrendatário, apenas será digna de interesse na medida em que a desconsideração pela manutenção da higiene no locado assuma contornos tais que prejudique os demais habitantes do prédio urbano, como seja, designadamente, a colocação de sacos de lixo doméstico nas áreas comuns do edifício[225].

[225] PINTO FURTADO, *Manual do Arrendamento Urbano, Vol. II*, p. 1066 ss.

A adoção de comportamentos agressivos, perturbadores ou antiéticos, por sua vez, relativamente aos vizinhos, ainda que sem violação de regras de higiene ou sossego, é igualmente censurável na medida em que contende com a reserva da vida privada de cada um desses vizinhos, gerando má vizinhança.

De igual forma e à semelhança do que sucede com qualquer proprietário ou titular de direito real de gozo sobre determinada fração habitacional inserida num edifício em propriedade horizontal, também o arrendatário, em virtude da celebração do contrato de arrendamento, se encontra vinculado ao cumprimento do conjunto de deveres e obrigações resultantes do regulamento interno do condomínio, o qual deverá, aliás, acompanhar em anexo o contrato celebrado, importando a respetiva violação do conjunto de regras gerais e abstratas aí definido, fundamento bastante à resolução contratual pelo senhorio, a par da existência de meios repressivos na disponibilidade do administrador do condomínio, entre os quais o recurso aos tribunais.

Importa notar que anteriormente à reforma empreendida pela Lei n.º 31/2012, de 14 de agosto, a lei impunha na alínea a) que a violação de regras de higiene, sossego, boa vizinhança ou de regras constantes do regulamento do condomínio fosse "*reiterada e grave*", adjetivos que aquele diploma veio retirar da previsão do preceito, dando a entender que a violação nos termos referidos, ocorrendo ainda que de forma isolada, seria passível de cessação justificada por parte do senhorio. Não obstante e apesar da referida alteração legislativa, a reiteração da conduta do arrendatário é pressuposto necessário na aferição judicial da resolução por parte do senhorio, sob pena de uma única conduta isolada e não ilustrativa da conduta geral do arrendatário poder, desproporcionadamente, desencadear a resolução do contrato, em virtude da inexigibilidade ao senhorio da sua manutenção[226].

II) UTILIZAÇÃO CONTRÁRIA À LEI, AOS BONS COSTUMES OU À ORDEM PÚBLICA

A utilização do prédio contrária à lei, aos bons costumes ou à ordem pública, prevista na alínea b), por sua vez, não se confundido com a uti-

[226] Maria Olinda Garcia, *Arrendamento Urbano Anotado*, p. 32.

lização do locado para fim diverso do estipulado, prescreve a necessidade de utilização do locado segundo padrões considerados normais e socialmente aceitáveis do ponto de vista ético-moral, sendo assim exigível ao arrendatário que não faça do locado um uso manifestamente reprovável nem, de igual forma, permita que outros o façam, ainda que sem culpa sua, sendo, designadamente censurável, a utilização do locado para a prática de atividades como a prostituição[227] ou o tráfico de estupefacientes.

De igual forma, também no presente fundamento se exige a reiteração da conduta[228], uma vez que uma situação isolada não será, em princípio, suficiente para determinar a resolução do contrato, ao invés do que sucede com a prática frequente de uma conduta reprovável nos termos referidos, sendo suscetível de gerar incómodo, perturbação e insegurança aos demais habitantes do prédio urbano ou de prédios contíguos, causando ainda a depreciação do valor económico do locado em virtude da associação negativa do mesmo a atividades contrárias às admissíveis e toleráveis pela comunidade.

[227] **JURISPRUDÊNCIA (17/03/2009)**
AC. TRL N.º 1446/07.9YXLSB-1 (RELATORA ANABELA CALAFATE)
"*I – Na nossa sociedade, a prática da prostituição repugna à consciência moral do cidadão comum e por isso, é contrária aos bons costumes. Daí que, a prática de prostituição num locado constitua utilização contrária aos bons costumes.*
II – Nestes termos, perante o disposto no art. 1083.º n.º 1 e 2 al b) do Código Civil é obrigação do arrendatário não utilizar nem permitir que outrem utilize o locado para a prática da prostituição.
III – O direito à resolução do contrato de arrendamento com base na violação desta obrigação tem subjacente o dever geral de boa fé consagrado no nosso ordenamento jurídico (cfr art. 762.º n.º 1 do Código Civil) com que deve ser gozado o prédio alheio cedido por via do arrendamento.
IV – A arrendatária tem o dever de zelar para que o locado seja utilizado segundo um padrão de normalidade, isto é, conforme aos critérios de um bom pai de família. Por isso, cabia-lhe provar que não é devido à sua tolerância que a prática de prostituição tem vindo a ocorrer no seu estabelecimento a fim de ilidir a presunção de culpa consagrada no art. 799.º n.º 1 do Código Civil."

[228] Francisco Pereira Coelho, *Arrendamento – Direito Substantivo e Processual*, p. 164 e Pinto Furtado, *Manual do Arrendamento, Vol. II*, p. 1081.

III) USO DO PRÉDIO PARA FIM DIVERSO DAQUELE A QUE SE DESTINA, AINDA QUE A ALTERAÇÃO DO USO NÃO IMPLIQUE MAIOR DESGASTE OU DESVALORIZAÇÃO DO PRÉDIO

A alínea c) faz depender a resolução do contrato por parte do senhorio, da utilização do locado para fim diverso daquele a que se destina, mesmo que tal alteração não se repercuta num maior desgaste ou desvalorização para o prédio onde o locado se insere, afastando-se assim a limitação da cessação justificada do contrato de arrendamento às situações onde se verificasse, efetivamente, um maior desgaste ou desvalorização, a fim de considerar outras formas de prejuízo efetivo na referida utilização diversa do imóvel arrendado como seja, desde logo, a infração ao que fora contratualmente estipulado pelas partes, só por si passível de resolução do contrato.

De facto, conforme resulta do disposto na alínea c) do artigo 1038.º, constitui obrigação do arrendatário a não aplicação do locado a um fim diverso daquele a que o mesmo se destine, sendo certo que a estipulação do fim para que o locado será utilizado, geralmente resultará do próprio contrato de arrendamento mas nem sempre assim sucederá, situação em que o fim será apurado, supletivamente, nos termos constantes dos artigos 1027.º e 1028.º, podendo o arrendatário utilizar o locado dentro da função normal a que se destinam imóveis da mesma natureza, concretizando o n.º 2 do artigo 1067.º que, na ausência de estipulação, o locado poderá ser utilizado no âmbito das suas aptidões, em conformidade com o disposto na licença de utilização do imóvel, como sucederá, nomeadamente, na afetação à habitação própria do arrendatário do locado inserido em edifício residencial ou a utilização de um espaço comercial para a instalação de uma loja ou restaurante.

Nestes termos entendemos, à semelhança do que referimos a propósito da causa de resolução anterior, que o fundamento de resolução do contrato existirá, ainda que se verifique não em relação ao próprio arrendatário, mas a outrem, designadamente a título de subarrendamento, que destine o locado a outro fim que não o estipulado.

Diversamente, inexistirá qualquer fundamento de resolução contratual no uso do imóvel arrendado para fim diverso daquele a que se destina, quando o arrendatário, num contrato para fins não habitacionais, exerce no locado uma atividade que, embora diferente da que resulta do contrato celebrado, apresenta conexão com essa mesma atividade, como sucederá na celebração de contrato de arrendamento a uma empresa dedicada à indústria publicitária, sendo a mesma posteriormente trespassada a outrem que, na posição de arrendatário afeta o locado à atividade profissional de fotógrafo.

Por outro lado, ainda que se verifique, efetivamente, um uso do locado para fim diverso daquele que foi contratualmente estipulado, sendo o mesmo do conhecimento do senhorio que com ele se compadeceu durante vários anos sem oposição, entendemos existir abuso do direito, na modalidade de *venire contra factum proprium*, por parte do senhorio que, decorrido tal lapso temporal sem qualquer ação nesse sentido, vem posteriormente reagir contra o mesmo peticionando a resolução do contrato.

IV) NÃO USO DO LOCADO POR MAIS DE UM ANO, SALVO NOS CASOS PREVISTOS NO N.º 2 DO ARTIGO 1072.º CC

Igualmente passível de resolução contratual será, nos termos da alínea d), a ausência de uso do locado por período superior a um ano, ressalvando-se as exceções previstas no n.º 2 do artigo 1072.º em que, pese embora se verifique a ausência de uso do locado durante mais de um ano, a resolução não poderá ser declarada, o que sucederá perante a verificação de:

a) caso de força maior ou de doença;
b) ausência, não superior a dois anos, devida ao cumprimento de serviço miliar ou profissional do próprio arrendatário, do conjuge ou de quem consigo coabite em união de facto; ou,
c) utilização do locado mantida, na ausência do arrendatário, por quem, tendo direito ao gozo do locado, faça uso do mesmo há mais de um ano, consideradas como tais, as pessoas mencionadas nas alíneas a) e b) do artigo 1093.º, ou seja, quem viva com o arrendatário em economia comum[229] e os respetivos hóspedes[230], até ao limite máximo de três, salvo convenção em sentido contrário.

[229] Consideram-se como *vivendo em economia comum com o arrendatário*, nos termos do n.º 2 do artigo 1093.º, as pessoas que com este vivam em união de facto, bem como os parentes e afins na linha reta ou até ao 3.º grau na linha colateral, mesmo que pagando retribuição e, bem ainda, as pessoas, relativamente às quais, por lei ou negócio jurídico, exista obrigação de convivência ou de alimentos.

[230] Consideram-se *hóspedes*, para efeitos do disposto na alínea b), nos termos do n.º 3, as

d) ausência devida à prestação de apoios continuados a pessoas com deficiência com grau de incapacidade igual ou superior a 60%[231], incluindo a familiares do arrendatário[232].

O referido fundamento veio assim dar consagração conjunta a dois fundamentos resolutivos já previstos no revogado RAU e no Código Civil anteriormente à vigência daquele diploma, respetivamente no n.º 1 do artigo 64.º RAU e no artigo 1093.º CC, respeitando, como tal, por um lado, à resolução do contrato de arrendamento para comércio, indústria ou exercício de profissão liberal por encerramento do locado por mais de um ano e, por outro, à resolução em virtude da ausência de habitação ou falta de residência permanente por mais de um ano.

pessoas a quem o arrendatário proporcione habitação e serviços com esta relacionada, como alimentos, mediante retribuição.

[231] Importa notar que o alargamento do grau de deficiência a um grau "*igual a 60%*" e não apenas "*superior a 60%*" resultando de uma alteração à alínea d) do n.º 2 do artigo 1072.º, pela Lei n.º 79/2014, de 19 de dezembro, repercute-se, naturalmente, na consideração e alargamento da proteção a um maior número de visados.

[232] **JURISPRUDÊNCIA (24/11/2015)**

AC. TRP N.º 1805/13.8TJPRT.P1 (RELATOR LUÍS CRAVO)

"*I – Fundando os demandantes o seu pedido de resolução contratual no facto de os Réus já não usarem o locado há mais de um ano, não é o facto de se ter apurado que o Réu locatário aí faz "pernoitas esporádicas" que permite concluir que os Réus efetivamente usem o locado para sua habitação, fim para que foi contratado, mormente quando resulta igualmente apurado que apenas o faz com vista a obviar ao despejo.*

II – Não é qualquer doença que constitui impedimento à justa causa de resolução do contrato pelo não uso do arrendado, prevista na al.a) do n.º2 do art. 1072.º do C.Civil, avultando desde logo a necessidade de ser doença do próprio "arrendatário".

III – E tratando-se de doença de "familiar", para efeitos do previsto na al. d) do n.º2 do mesmo art. 1072.º do C.Civil, essa doença tem de ser temporária, curável, ou pelo menos existir forte probabilidade de o tratamento a efetuar fora do locado ser necessário e imprescindível à recuperação da saúde, sendo assim previsível o regresso ao arrendado, manifestando-se a correspetiva vontade.

IV – Assim, tendo-se provado que a doença de que a Ré padece é crónica ou duradora, senão mesmo irreversível (ou sem possibilidade de cura), tendo os Réus saído do locado tendo em vista encontrar apoio para aquela doença junto de um "principal cuidador", na circunstância o filho do casal de Réus, dada também a já avançada idade de ambos eles, não é crível que os mesmos tenham vontade de regressar alguma vez ao locado, ou que aí, em função das limitações pessoais da Ré, venham a ter as condições necessárias para voltar a residir."

Com a cominada resolução em virtude da verificação do não uso do locado por mais de um ano[233], ressalvadas as referidas exceções, logra-se proteger o locado quer da degradação associada à inutilização do imóvel como à consequente desvalorização, sendo certo que o mercado de arrendamento, na sua configuração atual, atenta a presente procura crescente, crassamente desproporcional relativamente a oferta disponível, não se compadece com a existência de imóveis arrendados mas não ocupados, penalizando a conduta do arrendatário que, por culpa sua, não habite o mesmo.

Como bem realça a Relação de Coimbra[234], constituindo o *"não uso"*, um conceito de natureza normativa e não apenas naturalística, este deverá ser casuisticamente concretizado, atendendo a diversos fatores de importância fulcral, como sejam o fim do contrato, a natureza do locado, a origem e justificação da ausência de uso, o caráter temporário ou definitivo do não uso e, bem ainda, em que medida se traduz esse não uso, aos quais acrescentamos nós os seguintes, em concretização do proémio do n.º 2 do

[233] **JURISPRUDÊNCIA (23/02/2016)**
AC. TRP N.º 409/14.2TBSTS.P1 (RELATOR VÍTOR AMARAL)
"I – O fundamento de resolução do contrato de arrendamento referente ao não uso do locado habitacional – a que se reporta o art. 1083.º, n.º 2, al.ª d), do CCiv., com a alteração resultante da Lei n.º 6/2006, de 27-05 – pretende evitar a desvalorização do espaço locado, ante a degradação decorrente da sua não utilização ou ausência do locatário, e visa o lançamento no mercado locativo de todos os espaços suscetíveis de ocupação por terceiros.
II – A essência do conceito de não uso habitacional (prédio desabitado/encerrado ou que deixou de constituir residência permanente) reside na desativação do locado, mantido fechado ou não utilizado para habitação, traduzindo-se num efetivo desaproveitamento do arrendado, sem retirada do proveito habitacional previsto, compreendendo-se que o arrendatário que não usa e frui do locado o deva restituir.
III – A falta de permanência no locado, com intermitência injustificada na sua utilização habitacional, já configura situação de não uso habitacional e consequente incumprimento contratual do locatário.
IV – Não é fundamento de resolução do contrato, no quadro daquele regime legal, um não uso habitacional de escassa importância, em que o incumprimento, pela sua diminuta relevância em termos de afetação do interesse contratual do senhorio, não seja suscetível de pôr em causa a manutenção do vínculo locatício.
V – Se, porém, o incumprimento se traduz em afastamento/ausência injustificado do locado, enjeitado como efetiva residência permanente, com utilização habitacional mínima pelo locatário, ocorre um não uso que tem de reputar-se como importante, pela forma como afeta a utilização do espaço locado e o inerente interesse da contraparte, dando causa à resolução do contrato."

[234] Veja-se a este propósito o Acórdão do Tribunal da Relação de Coimbra de 17 de novembro de 2009 *(Processo n.º 1737/06.6TBMGR.C1, Relator Artur Dias).*

artigo 1083.º: quais as consequências ou gravidade resultante do não uso do locado por parte do arrendatário e em que medida as mesmas tornam inexigível ao senhorio a manutenção do respetivo vínculo contratual.

A este propósito cumpre notar que o "*não uso*" do locado não se considera interrompido, passando a uma situação de uso efetivo do mesmo em virtude de utilizações esporádicas que o arrendatário, ocasionalmente vai fazendo do mesmo, sendo o mesmo transponível para os arrendamentos para fins não habitacionais, em que a mera utilização ou abertura ocasional do estabelecimento instalado no locado não é suficiente interromper o não uso temporalmente persistente.

Neste sentido, o referido tribunal superior tem ainda entendido, no mesmo aresto, que o uso diminuto do locado, de onde resulta um claro subaproveitamento, justifica de igual forma a resolução contratual por parte do senhorio na medida em que é integrável na situação de não uso por potenciar a desvalorização do respetivo prédio, defraudando, como tal, os interesses legitimamente protegidos do senhorio.

V) CESSÃO, TOTAL OU PARCIAL, TEMPORÁRIA OU PERMANENTE E ONEROSA OU GRATUITA, DO GOZO DO PRÉDIO, QUANDO ILÍCITA, INVÁLIDA OU INEFICAZ PERANTE O SENHORIO

O último dos fundamentos de resolução contratual pelo senhorio, exemplificativamente previstos no n.º 2 do artigo 1083.º, prende-se com a cessão, total ou parcial, temporária ou permanente e onerosa ou gratuita, do gozo do prédio arrendado, quando a mesma seja ilícita, inválida ou ineficaz perante o senhorio, designadamente a título de cessão da posição contratual ou de subarrendamento.

De facto, o legislador estabelece de forma expressa, no conjunto de obrigações do arrendatário, que este não poderá, nos termos da alínea f) do artigo 1038.º, proporcionar a outrem o gozo total ou parcial do locado mediante cessação onerosa ou gratuita da sua posição jurídica, sublocação ou comodato, salvo nos casos legalmente previstos, como sucede na locação de estabelecimento comercial pelo arrendatário, ou mediante autorização expressa do senhorio para o efeito[235].

[235] **JURISPRUDÊNCIA (24/05/2011)**
AC. STJ N.º 475/04.9TBLLE.E1.S1 (RELATOR JOÃO BERNARDO)

Assim sendo, apenas se consideram legalmente habilitadas à ocupação do locado, a par do próprio arrendatário, as pessoas expressamente mencionadas no nas alíneas a) e b) do artigo 1093.º, nos contratos habitacionais, carecendo de autorização legal ou do senhorio todas as que extravasem o referido limite, designadamente na situação de subarrendamento, em que é necessária autorização escrita por parte daquele, ou ratificação do mesmo, se o senhorio reconhecer o subarrendatário nessa qualidade, sob pena de ilicitude do contrato de subarrendamento celebrado ou de qualquer cessão da posição contratual não autorizada.

Por sua vez, nos arrendamentos para fins não habitacionais em que se verifique a locação de estabelecimento ou cessão da exploração de estabelecimento comercial, não é necessária a autorização do senhorio, uma vez que, verdadeiramente, o arrendatário continua o mesmo, pese embora deva o arrendatário comunicar-lhe a mesma no prazo de um mês após a referida transferência, nos termos do n.º 2 do artigo 1109.º, o mesmo sucedendo nas situações previstas no artigo 1112.º em que é permitida a transmissão da posição contratual do arrendatário em caso de trespasse do estabelecimento comercial ou industrial, ou, bem ainda, quando a posição de arrendatário seja transmitida a uma pessoa que continue a exercer a mesma profissão liberal, sendo pessoa singular, ou seja transmitida a sociedade profissional de objeto equivalente, tratando-se de pessoa coletiva.

Ocorrendo a cedência do locado, recai sobre o arrendatário o ónus de demonstrar que tal cessão foi expressamente autorizada pelo senhorio ou, caso não seja necessária a respetiva autorização, deverá o arrendatário demonstrar que a mesma lhe foi comunicada, sob pena de resolução do contrato de arrendamento.

"1. Não havendo autorização do locador, a cedência do locado a uma sociedade, ainda que constituída pelos próprios arrendatários, integra, por regra, fundamento de resolução do contrato de arrendamento.
2. Não obstante estes permanecerem a trabalhar ali do mesmo modo que antes, minguando a distinção, em termos práticos, entre eles e a sociedade, não é de desconsiderar a personalidade coletiva desta, em ordem a irrelevar para os ditos efeitos, a cedência do locado, já que, então, se manteria um contrato sem nitidez quanto à parte passiva.
3. Do mesmo modo, nada tendo o senhorio feito no sentido da aceitação de tal situação, aquela falta de distinção não é suficiente para se alcançar a figura do abuso do direito reportada à resolução contratual.
4. A resolução levada a cabo com tal fundamento não viola qualquer preceito constitucional."

2) MORA IGUAL OU SUPERIOR A TRÊS MESES NO PAGAMENTO DA RENDA, ENCARGOS OU DESPESAS E OPOSIÇÃO DO ARRENDATÁRIO À REALIZAÇÃO DE OBRA ORDENADA POR AUTORIDADE PÚBLICA

Consistindo o contrato de arrendamento urbano, o negócio jurídico celebrado tendo em vista a concessão a outrem do gozo temporário sobre parte ou a totalidade de determinado prédio urbano em contrapartida do pagamento de determinada retribuição, designada renda, a mora no respetivo pagamento por parte do arrendatário, constitui o incumprimento da primeira e uma das principais obrigações elencadas no artigo 1038.º, a que este se encontra adstrito por força da celebração do referido contrato, sendo, como tal, fundamento de resolução contratual, nos termos do n.º 3 do artigo 1083.º CC, à semelhança do que resultava já do disposto na alínea a) do n.º 1 do artigo 64.º, aquando da vigência do RAU.

Não obstante, o fundamento previsto no n.º 3 do artigo 1083.º, a par da oposição por parte do arrendatário à realização de obra ordenada por autoridade pública, que abordaremos oportunamente, permite ainda a resolução do contrato com fundamento na mora no pagamento de despesas e encargos que corram por conta do arrendatário, sejam estes de natureza legal ou contratual, o que significa dizer que mesmo perante o pagamento tempestivo das rendas vencidas, o arrendatário poderá ainda ver o seu contrato resolvido em virtude do não pagamento de despesas ou encargos conexos com o contrato de arredamento, quer tenham estes sido suportados pelo senhorio, que vem posteriormente peticionar o valor por si pago, quer estes nasçam diretamente na esfera do arrendatário que durante período igual ou superior a três meses não cumpriu.

A mora no pagamento de despesas ou encargos segue o regime constante do artigo 1078.º na ausência de convenção em contrario das partes em que seja estipulado de forma diferente, o que sucederá, por exemplo, na mora relativa ao pagamento ao senhorio das despesas referentes aos contratos de fornecimento de água, luz e gás que, por conveniência de ambos, permaneceram na titularidade daquele, exigindo mensalmente o reembolso do valor por si despendido[236], ou, existindo estipulação de que

[236] Segundo o regime supletivo resultante do artigo 1078.º relativo ao pagamento de rendas e encargos da responsabilidade do arrendatário mas contratados em nome do

o pagamento do condomínio será da responsabilidade do arrendatário, a ausência desse pagamento, habita o senhorio à resolução do contrato.

Neste sentido, a lei estabelece assim a inexigibilidade de manutenção do contrato caso a mora do arrendatário no pagamento das rendas, encargos e/ou despesas, perdure há pelo menos três meses[237], não clarificando, porém, se tal significa que deverá ocorrer a ausência de pagamento de três meses de rendas, encargos ou despesas ou se, por outro lado, será suficiente a ausência de pagamento de uma única renda, encargo ou despesas por período igual ou superior a três meses, importando assim esclarecer se o desiderato da norma é a mora no pagamento de três meses ou a mora de três meses no pagamento, questão que tem, aliás, dividido a doutrina e jurisprudência quanto à interpretação do teor do preceito.

Parece-nos, no entanto, que a posição maioritária surge no último dos sentidos, isto é, a mora do arrendatário igual ou superior a três meses no

senhorio, deverá este apresentar a pagamento ao arrendatário, no prazo de um mês após o respetivo pagamento por parte daquele, o comprovativo do pagamento efetuado, vencendo-se a obrigação do arrendatário no final do mês seguinte ao da comunicação realizada pelo senhorio, devendo esta ser cumprida em simultâneo com o pagamento da renda subsequente.

Pese embora a lei nada diga a respeito, o pagamento das rendas, designadamente por cheque ou transferência bancária, ainda que feito no mesmo momento, deverá ser autónomo do pagamento dos encargos e despesas, a fim de ser possível ao senhorio melhor distinguir a que se refere cada um dos pagamentos, a par de que, existindo a mora por parte do arrendatário no pagamento de rendas anteriores, poderá ser complexo na prática aferir se o pagamento entretanto realizado visa a renda e encargos ou a renda de determinado mês, acrescida de parte da renda respeitante a outro mês relativamente ao qual se encontre em mora.

[237] Desde o início da vigência da Lei n.º 31/2012, de 14 de agosto e até à entrada em vigor da Lei n.º 43/2017, de 14 de junho, a lei bastava-se com a verificação da mora do arrendatário durante período igual ou superior a dois meses no pagamento das rendas, encargos ou despesas, retornando com a alteração introduzida pelo referido diploma e o acréscimo da expressão "*igual ou*", à redação inicial da Lei n.º 6/2006, repercutindo-se por um lado numa maior proteção do arrendatário que, desta forma, apenas vê a possibilidade de o contrato ser resolvido após decorridos que sejam três meses de incumprimento, salvaguardando, por outro, a relativa redução da vulnerabilidade face à célere resolução do contrato a que se encontra exposto por via da ausência de cumprimento da principal obrigação que lhe é imputada.

pagamento de uma única renda[238], ou mesmo de parte dessa renda, será autossuficiente para resolver o contrato de arrendamento, constituindo esta a posição correta uma vez que em causa está a confiança por parte do senhorio, carecida de tutela adequada, no cumprimento das obrigações assumidas pelo arrendatário, sendo certo que o incumprimento que se mantenha por três meses ou mais, justifica naturalmente o desaparecimento das condições necessárias à manutenção do contrato de arrendamento por parte daquele que assim poderá, querendo, operar a respetiva resolução do mesmo.

A par da questão enunciada, suscita-se ainda uma outra relativamente ao cumprimento parcial no pagamento de rendas, encargos ou despesas, importando aferir se será suscetível, de igual forma, de legitimar a resolução contratual com base no fundamento referido no n.º 3 do artigo 1083.º.

Em primeiro lugar e conforme referimos, a obrigação de pagamento de renda, constituindo a principal obrigação de qualquer arrendatário, envolve naturalmente o pagamento da mesma por inteiro, o que significa dizer que num contrato de arrendamento em que a renda fixada é, por exemplo, de 500,00€ mensais, permanece em incumprimento o arrendatário que apenas paga ou deposita 200,00€ referentes ao mês a que respeita, habilitando como tal o senhorio a peticionar o valor em falta, o que, por sua vez, determinará, de igual forma, a possibilidade de o senhorio proceder à cessação fundamentada do contrato de arrendamento.

Por outro lado e sendo por vezes verificável na prática o invocado abatimento ao valor da renda por parte do arrendatário, de determinado valor por si despendido na realização de obras dentro do locado, para justificar a diferença entre o valor pago e o valor efetivamente devido a título de renda, importa notar que tal possibilidade está sujeita a determinados condicionalismos, entre os quais, ter sido estipulado entre as partes ou mediante autorização escrita do senhorio quanto à realização no locado de determinadas obras ou benfeitorias às quais reconheça o direito à compensação da renda por parte do arrendatário, devendo comunicar a sua pretensão de efetuar a compensação daquele valor no pagamento da

[238] Neste sentido, *vide* Laurinda Gemas, João Caldeira Jorge e Albertina Pedroso, *Arrendamento Urbano... pp. 376* e Januário da Costa Gomes e Cláudia Madaleno, *Leis do Arrendamento Urbano Anotadas*, p. 239.

renda respeitante ao próximo mês, juntando, para o efeito, os comprovativos das despesas que tenha suportado, até ao vencimento da renda seguinte, conforme resulta do artigo 1074.º.

O referido direito de compensação existirá ainda quanto a obras urgentes relativamente às quais o senhorio se encontre em mora e as obras resultantes de intimação para efeitos do disposto no artigo 22.º-A do RJOPA, preceito aditado pela Lei n.º 13/2019.

Assim sendo e na ausência de cumprimento dos requisitos referidos no respeitante à compensação do crédito pelas despesas suportadas pelo arrendatário com a realização de determinada obra, poderá o senhorio, igualmente, desencadear a resolução do contrato com fundamento na mora no pagamento de rendas, ainda que se trate de um incumprimento parcial, conforme referido. Por outro lado, a verificação da comunicação eficaz ao senhorio dos referidos elementos torna lícita ao arrendatário a ausência do pagamento de parte ou da totalidade do valor de uma ou de várias rendas, não podendo o senhorio, naturalmente, resolver o contrato nessas circunstâncias.

Por sua vez, é igualmente passível de resolução contratual com base no disposto no n.º 3 do artigo 1083.º, a oposição por parte do arrendatário à realização de obra ordenada por autoridade pública, na medida em que, a par da obrigação do arrendatário de proceder tempestivamente ao pagamento da renda ao senhorio em virtude do contrato sinalagmático celebrado em contraposição com a obrigação deste último de facultar àquele o gozo do locado, resulta igualmente do artigo 1038.º, na alínea e), que o arrendatário deverá tolerar as reparações urgentes a realizar no locado, bem como todas e quaisquer obras ordenadas por autoridade pública.

Note-se, a este propósito, que o preceito nada refere quanto às obras a realizar no locado por iniciativa do senhorio, no entanto e quanto a tais obras, regerá o RJOPA, podendo haver lugar, conforme as respetivas especificidades do caso em apreço, à denúncia do contrato, nos termos da alínea b) do artigo 1101.º ou à respetiva suspensão do mesmo, com a consequente desocupação temporária do espaço arrendado pelo tempo estritamente necessário à realização das obras de remodelação ou de restauro profundos, nos termos do artigo 9.º-B RJOPA, introduzido pela Lei n.º 13/2019.

Não obstante e conforme referimos, o arrendatário encontra-se vinculado a tolerar as reparações urgentes, designadamente as resultantes da iniciativa do senhorio em cumprimento da sua obrigação de realizar todas as obras de conservação, ordinárias ou extraordinárias requeridas pelas leis vigentes ou pelo fim do contrato, nos termos do n.º 1 do artigo 1074.º, sendo certo que a oposição à realização das mesmas poderá, mediante apreciação judicial casuística, determinar a resolução do contrato.

Assim sendo e quer esteja em causa a mora do arrendatário igual ou superior a três meses no pagamento da renda, a resolução do contrato deverá ser operada, ao abrigo do disposto nos n.ºs 3 e 4 do 1084.º, por comunicação à contraparte, com fundamento na mora do arrendatário no pagamento de rendas, encargos ou despesas, tornando-se eficaz uma vez rececionada pelo arrendatário a comunicação extrajudicial, seguindo uma das formas estabelecidas no n.º 7 do artigo 9.º NRAU, na qual o senhorio declara a resolução do contrato e o valor em dívida, informando-o do prazo de que dispõe para desocupar o locado, constante do artigo 1087.º.

Não obstante, importa notar que a resolução com base neste fundamento não opera de forma automática, na medida em que o arrendatário poderá obstar à cessação do contrato desencadeada pelo senhorio, colocando termo à mora no prazo de um mês a contar da receção da referida comunicação, procedendo, para o efeito, ao pagamento dos valores em dívida, acrescidos da indemnização correspondente a 20% do valor devido, situação em que a resolução operada pelo senhorio não produz efeitos, nos termos do n.º 3 do artigo 1084.º, em virtude da verificação da purgação da mora por parte do arrendatário.

No entanto, tal possibilidade, na situação referida e como resulta do n.º 4, apenas poderá ser validamente exercível pelo arrendatário uma única vez com referência a cada contrato de arrendamento celebrado, o que significa dizer que, perante a verificação de uma segunda situação de mora igual ou superior a três meses no pagamento de rendas, encargos ou despesas, deixará o arrendatário de poder obstar à produção de efeitos da resolução operada nos termos referidos, sendo que o pagamento, ainda que realizado nos trinta dias seguintes à resolução não impede, como tal, a cessação justificada do contrato e respetiva desocupação do locado.

A propósito do exercício pelo arrendatário da referida possibilidade de purgar a mora uma única vez com referência a cada contrato, entendemos, pois, que nos contratos de arrendamento com prazo certo, ocorrendo a respetiva renovação findo o prazo estipulado ou supletivamente definido na lei, ocorre a renovação do exercício dessa possibilidade por parte do arrendatário, readquirindo este o referido direito logo aquando da primeira renovação, o mesmo sucedendo, subsequentemente, quanto às demais renovações do contrato.

Diversamente, sendo exercido judicialmente o direito à resolução do contrato de arrendamento, atribui o n.º 1 do artigo 1048.º ao arrendatário, a possibilidade de este fazer cessar a mora, o que poderá fazer até ao termo do prazo que lhe é reconhecido para contestar a petição inicial com que é desencadeada a ação de despejo que lhe é movida pelo senhorio, isto é, o prazo de trinta dias após citação judicial para o efeito, acrescidos dos prazos de dilação que eventualmente sejam aplicáveis.

O correto exercício do referido direito por parte do arrendatário dependerá assim, nos termos do n.º 1 do artigo 1042.º, a par do pagamento do valor respeitante às rendas, encargos e despesas relativamente às quais se encontre em mora, do pagamento acrescido do valor indemnizatório a que se refere o n.º 1 do artigo 1041.º, isto é, o correspondente a 20% do valor que for devido, ao invés do valor de 50% previamente estabelecido pela redação do preceito em vigor antes das alterações empreendidas ao mesmo pela Lei n.º 13/2019.

Assim sendo e em termos práticos, encontrando-se o arrendatário em mora com o senhorio no pagamento de rendas que totalizam o valor de 500,00€, pretendendo este obstar à resolução do contrato, deverá pagar ao senhorio o valor de 600,00€ dos quais, 500,00€ são o valor devido a título de rendas em atraso e 100,00€, correspondentes a 20% daquele valor, igualmente devido a título indemnizatório.

Diversamente, tal valor indemnizatório a que se refere o n.º 1 do artigo 1041.º não será devido caso a resolução do contrato seja procedente, isto é, caso o arrendatário não pretenda fazer cessar a mora, situação em que a par da cessação do contrato e desocupação do imóvel, deverá pagar ao senhorio o valor devido a titulo de rendas, encargos ou despesas, acrescido de juros de mora a que eventualmente haja lugar, os quais, como referido, não se confundem com o valor indemnizatório a que se refere aquele preceito, uma vez que ao senhorio apenas é permitido obter uma das duas referidas: o valor das rendas acrescido do valor indemnizatório com a inerente manutenção do contrato de arrendamento ou o valor das rendas e respetiva resolução contratual com a consequente desocupação do locado.

Por sua vez, residindo a resolução do contrato de arrendamento na oposição por parte do arrendatário à realização de obras ordenadas por autoridade pública, poderá o arrendatário, de igual forma, purgar a mora, dispondo, nesse caso, de um prazo de sessenta dias após a receção da comunicação extrajudicial para resolução do contrato, nos termos do n.º 5 do artigo 1084.º, consistindo a cessação da mora, nessa situação, na aceitação por parte do arrendatário em que a referida obra seja realizada no locado.

3) CONSTITUIÇÃO EM MORA SUPERIOR A OITO DIAS NO PAGAMENTO DA RENDA POR MAIS DE QUATRO VEZES, SEGUIDAS OU INTERPOLADAS, NUM PERÍODO DE DOZE MESES

Ao invés do que sucede no conjunto de fundamentos referidos *supra*, cuja maioria integra um elenco de causas de cessação do contrato de arrendamento urbano que remontam já ao regime vigente anteriormente ao RAU, algumas dos quais presentes inclusive na redação originária do Código Civil de 1966, no artigo 1093.º, o fundamento atualmente previsto no n.º 4 do artigo 1083.º, constitui inovação introduzida pela Lei n.º 31/2012, de 14 de agosto, na primeira alteração empreendida ao NRAU, assim estabelecendo a possibilidade de resolução do contrato de arrendamento pelo senhorio perante a constituição em mora por parte do arrendatário superior a oito dias no pagamento das rendas devidas, por mais de quatro vezes, seguidas ou interpoladas, num período de 12 meses, com referência a cada contrato.

Assim sendo e como resulta do n.º 2 do artigo 1075.º, a renda deverá ser paga no 1.º dia do mês imediatamente anterior àquele a que respeita, sendo certo que o arrendatário poderá fazer cessar a mora verificada entre o 2.º e o 8.º dias desse mês, sem que desse facto resulte para o senhorio o direito à indemnização correspondente a 20% do valor devido ou o direito a proceder à resolução do contrato, nos termos do n.º 1 e 2 do artigo 1041.º.

Não obstante, quando o arrendatário proceda de forma reiterada ao pagamento da renda fora do prazo referido, ainda que acrescida do referido valor indemnizatório, cria no senhorio a insegurança quanto ao cumprimento da obrigação de proceder ao pagamento da renda devida, sendo certo que, além da própria segurança do senhorio relativamente ao cumprimento pontual por parte do arrendatário, fica de igual forma comprometida a confiança na contraparte, o que é suscetível de comprometer a manutenção do vínculo contratual se verificada tal situação pelo menos cinco vezes em doze meses, isto porque a lei exige expressamente a verificação da mora *"por mais de quatro vezes"*, tendo no entanto o cuidado de precisar que cada uma dessas situações deverá ser contabilizada por referência ao período de doze meses e não ao período de um ano, o que poderia suscitar a dúvida quanto à eventual coincidência desse período com o ano civil ou com cada ano de vigência do contrato por referência à data em que foi celebrado.

No respeitante à contabilização do referido período de doze meses, entendemos que tal contagem apenas se inicia a partir da verificação da primeira mora no pagamento da renda[239], isto é, a partir da primeira vez em que o arrendatário, estando vinculado ao pagamento da renda no primeiro dia do mês com a possibilidade de fazer cessar a mora até ao oitavo dia sem qualquer consequência, apenas realize tal pagamento a partir do nono dia.

De facto, não faria qualquer sentido que o senhorio, num contrato hipoteticamente celebrado no primeiro dia do mês de janeiro, em que se verifica a mora no pagamento da renda nos últimos quatro meses do mesmo ano e no primeiro mês do ano seguinte, não pudesse invocar o referido fundamento uma vez que nos primeiros doze meses tal situação de mora apenas se havia verificado quatro vezes e não "*mais de quatro vezes*", e como tal, o incumprimento verificado no mês de janeiro do ano seguinte corresponderia já a um novo período de doze meses.

O referido entendimento quanto à contagem do período de doze meses, mantem-se ainda que as partes, ao arrepio do regime constante do n.º 2 do artigo 1075.º, hajam convencionado como data de vencimento de cada uma das rendas, qualquer outro dia do mês, na medida em que a esse dia é aplicável o período de oito dias em que o arrendatário poderá fazer cessar a mora, nos termos do n.º 2 do artigo 1041.º, findo o qual se inicia o período de mora relevante para efeitos do presente fundamento resolutivo.

[239] Entendimento igualmente partilhado por Maria Olinda Garcia, *Arrendamento Urbano Anotado*, p. 35.

Não obstante, caso as partes convencionem, ainda que tacitamente, o pagamento das rendas por parte do arrendatário em dia diverso, ou se, de igual forma, o arrendatário assumiu como prática reiterada pagar num determinado dia do mês, sem que o senhorio tenha aludido à existência de mora, recebendo o pagamento sem mais, partilhamos do entendimento de Maria Olinda Garcia, segundo o qual não haverá, neste caso, qualquer fundamento de resolução do contrato sob pena de abuso de direito, designadamente por *venire contra factum proprium*[240].

Neste sentido e até à entrada em vigor da Lei n.º 13/2019, o senhorio que pretendesse resolver o contrato de arrendamento com base no referido fundamento, apenas necessitaria de comunicar extrajudicialmente a resolução ao arrendatário, sem necessidade de qualquer aviso prévio que, de alguma forma, o prevenisse ou alertasse relativamente à possibilidade da sua mora sucessiva ou interpolada no pagamento das rendas devidas ser suscetível de constituir fundamento bastante à resolução do contrato pelo senhorio, situação que, na prática, é ainda objeto de desconhecimento por grande parte dos arrendatários.

Logrando obstar a que tal situação constituísse verdadeiramente uma decisão-surpresa para cada um dos arrendatários visados pela mesma, a referida Lei n.º 13/2019, veio impor, através do aditamento do n.º 6 ao artigo 1083.º, a necessidade de o senhorio remeter, mediante carta registada com aviso de receção, comunicação ao arrendatário após a terceira situação de mora no pagamento da renda, informando-o de que, com base no referido fundamento, é sua intenção vir a proceder à resolução do contrato verificadas que sejam mais duas situações semelhantes às três anteriores que determinaram o envio da referida comunicação.

A solução em apreço, sendo bem-vinda, vem de resto dar acolhimento à necessidade de alertar os arrendatários para a eminência da resolução previamente à verificação da mesma, tendo em vista, em virtude de tal comunicação, poderem estes adequar a sua conduta a fim de obstarem à cessação motivada do contrato de arrendamento, dado que anteriormente à referida alteração, inexistia quanto ao presente fundamento, a possibilidade de purga da mora, conforme resulta da parte final do n.º 4

[240] Maria Olinda Garcia, *Arrendamento Urbano Anotado...*, pp.37.

do artigo 1083.º, ao invés do que sucede no respeitante aos dois fundamentos constantes do n.º 3 do mesmo artigo.

4) OUTROS FUNDAMENTOS RESOLUTIVOS

A par do conjunto de fundamentos resolutivos expressamente previstos na lei e analisados *supra*, existem, como referimos, inúmeros outros fundamentos que extravasam manifestamente a imaginação do legislador, o qual, por sua vez, se abstém de densificar o elenco de possíveis causas de resolução do contrato arrendamento sob a hipotética pretensão inglória de esgotar por completo aquela que revela ser uma realidade acentuadamente diversificada, embora historicamente nem sempre assim tenha sucedido, optando atualmente pela inclusão, no n.º 2 do artigo 1083.º, de uma cláusula geral onde, a par das situações exemplificativamente previstas nas alíneas a) e e), admite a existência de outras causas possíveis, desde que, atenta a respetiva gravidade e/ou consequências daí resultantes, seja inexigível ao senhorio a manutenção do vínculo contratual.

Assim sendo, é possível enumerar, além dos já referidos, outros fundamentos alicerçados em situações de incumprimento por parte do arrendatário e que consubstanciam, como tal, a possibilidade de resolução contratual pelo senhorio, alguns dos quais resultantes da redação do artigo 64.º RAU, vigente anteriormente ao NRAU, aprovado pela Lei n.º 6/2006, destacando-se os seguintes:

a) Realização de obras no locado, não autorizadas pelo senhorio, que alterem substancialmente a sua estrutura externa ou a disposição interna das suas divisões;
b) Praticar atos no locado, não autorizados pelo senhorio, que nele causem deteriorações consideráveis não resultantes de uma prudente utilização para os fins a que se destina o locado;
c) Hospedar mais de três pessoas, salvo convenção em contrário;
d) Cobrar ao subarrendatário renda de valor superior ou proporcionalmente superior à devida pelo contrato de locação acrescida de 20%, salvo convenção em contrário;
e) Deixar de prestar ao proprietário ou senhorio, os serviços pessoais que determinaram a ocupação do prédio;

Iniciando pela primeira das situações referidas, resulta do n.º 2 do artigo 1074.º que a realização de obras dentro do locado, carece de autorização escrita do senhorio, ou de convenção entre as partes constante do próprio contrato de arrendamento celebrado, sendo que a violação da referida obrigação, ainda que não prevista atualmente no catálogo exemplificativo constante do n.º 2 do artigo 1083.º, será fundamento de resolução do contrato de arrendamento se for possível concluir pela inexigibilidade ao senhorio da manutenção da relação contratual atendendo às consequências e/ou gravidade resultante da conduta do arrendatário, o que deverá ser aferido casuisticamente[241], não obstando à resolução a circunstância de tais obras serem facilmente revertíveis pelo arrendatário

[241] **JURISPRUDÊNCIA (14/07/2010)**
AC. TRP N.º 1451/09.0TJPRT.P1 (RELATOR GUERRA BANHA)
"I – O atual regime do arrendamento urbano (NRAU), introduzido pela Lei n.º 6/2006, de 27/02, criou uma cláusula geral resolutiva, que consta do n.º 2 do art. 1083.º do Código Civil e descreve os requisitos gerais para a resolução do contrato por qualquer das partes.
II – Esses requisitos são:
1) o incumprimento da outra parte, que se presume culposo (art. 799.º do Código Civil);
2) que o incumprimento seja (objetivamente) grave;
3) que, pela sua gravidade ou consequências, torne inexigível à outra parte a manutenção do arrendamento.
III – Seja qual for o tipo de incumprimento contratual do locatário, incluindo o que respeita à realização de obras ou deteriorações ilícitas, a sua relevância para efeitos de resolução do contrato tem que ser ponderada casuisticamente, em face das circunstâncias concretas de cada contrato e de cada infração, só podendo constituir fundamento de resolução as infrações que, pela sua gravidade e consequências, tornam inexigível ao senhorio a manutenção do arrendamento.
IV – A realização pelo locatário de obras no interior do locado não autorizadas pelo senhorio e que não possam justificar-se nos termos dos arts. 1036.º, 1073.º e 1074.º, n.ºs 2 e 3, do Código Civil constituem fundamento de resolução do contrato pelo senhorio desde que, objetivamente, produzam alterações relevantes da fisionomia do locado (gravidade da infração) ou provoquem um tal desequilíbrio na relação locatícia (consequências) que tornem inexigível a manutenção do arrendamento.
V – Tratando-se de um contrato de arrendamento iniciado em 1950, para o exercício da atividade de "casa de pasto e seus derivados", compreendendo as atividades de restauração e bebidas, a realização de obras pelo locatário sem autorização do senhorio, no interior do locado, que implicaram o derrube de paredes interiores e a construção de outras, bem como a tapagem de portas existentes e a abertura de novas portas, sem atingir "as paredes exteriores, estruturas divisórias ou partilhadas com outras frações ou com partes comuns do edifício" e sem afetar "as paredes-mestras, vigas, placas de teto ou outras estruturas de suporte do edifício", obras impostas pelas entidades que fiscalizam aquela atividade visando ampliar a zona da cozinha para separar a copa limpa da copa suja, a isolar a cozinha

ou de ser sua intenção, aquando do normal termo do contrato, a de devolver ao locado o seu estado inicial, previamente à realização das obras em apreço, porquanto e independentemente da possível reversibilidade das mesmas, a resolução dependerá não apenas dos prejuízos causados ao locado, igualmente passíveis de ressarcimento, mas também e principalmente, da própria violação contratual.

A par dos aspetos referidos e na apuração da gravidade e consequências que eventualmente possam resultar da obra realizada pelo arrendatário, devem ainda ser valorados outros, como sejam, designadamente: a duração do contrato de arrendamento celebrado, o grau de afetação dos interesses do senhorio na não alteração/transformação do imóvel arrendado, a diminuição do valor do imóvel, a maior ou menor afetação da própria construção do edifício onde se encontra o locado, bem como os prejuízos estéticos ou funcionais que resultaram para o locado em virtude da realização de obras pelo arrendatário[242].

Por sua vez, a prática de atos no locado pelo arrendatário, não autorizados pelo senhorio, que nele causem deteriorações consideráveis[243], constitui igualmente fundamento de resolução do contrato, aferível em

dos lavabos e sanitários e a tornar estes mais funcionais e mais higiénicos, não revestem gravidade nem alteram o equilíbrio da relação locatícia para justificar a resolução do contrato."

242 Veja-se a este propósito o pertinente Acórdão do Tribunal da Relação de Évora de 13 de março de 2014 *(Processo n.º 138/12.1TBELV.E1, Relatora Elisabete Valente)*

243 **JURISPRUDÊNCIA (12/01/2012)**

AC. TRL N.º 316/09.0TVLSB.L1-8 (RELATOR LUÍS CORREIA DE MENDONÇA)

"I – A própria estrutura do andar encontra-se afetada e o estado de deterioração irreversível resultou diretamente ou foi fortemente acelerado e acentuado pela forma insensata como o réu descuidou o andar de que é arrendatário, obrigando a uma intervenção radical e aprofundada em todo esse espaço, inclusive, o mesmo procedeu à abertura de roços nas paredes que não fechou e efetuou a rede de abastecimento e drenagem de águas, com uniões disformes e secções, não realizando qualquer estudo dos causais associados.

II – Tais deteriorações não podem deixar de ser imputáveis ao R., sendo que em virtude do estado em que o locado se apresenta verificam-se infiltrações nas frações do 2° piso, apresentando os 2° andares frente e direito abatimento parcial do teto.

III – O andar foi entregue em bom estado de conservação e o réu obrigou-se, nos termos da cláusula terceira do contrato, a realizar por sua conta e risco as obras respeitantes a rebocos, pinturas, beneficiação de instalação elétrica e montagem de uma casa de banho.

IV – É lícito ao arrendatário realizar pequenas deteriorações no prédio arrendado quando elas se tornem necessárias para assegurar o seu conforto e comodidade, e, na falta de convenção em contrário, é o

função dos critérios constantes da parte inicial do n.º 2 do artigo 1083.º, sendo certo que, embora visando a proteção dos mesmos interesses referidos no fundamento anterior, difere daquele na medida em que penaliza a conduta do arrendatário vertida não tanto na prática de atos conexos com a realização de obras mas antes na adoção de comportamentos desregrados e irresponsáveis repercutíveis na ausência de manutenção e utilização imprudente do locado, a par da ausência de zelo e cuidado em manifesta violação da obrigação de restituir o locado no mesmo estado em que foi recebido, ressalvadas as deteriorações inerentes a uma utilização normal, como sejam as referidas no artigo 1073.º, isto é, aquelas que se tornem necessárias à salvaguarda do conforto ou comodidade do arrendatário.

Igualmente passível de resolução contratual com fundamento na violação da obrigação constante da alínea b) do n.º 1 do artigo 1093.º, é a hospedagem pelo arrendatário de mais de três pessoas, ressalvada a existência de convenção contratual das partes em contrário ou autorização escrita por parte do senhorio permitindo ao arrendatário que o mesmo possa hospedar mais de três pessoas, sendo considerados hóspedes, para efeito do referido preceito, aqueles a quem o arrendatário proporciona habitação e serviços conexos com esta, como seja a alimentação ou a limpeza do espaço locado, mediante pagamento de uma retribuição.

Assim sendo e pese embora a ausência de alusão à referida situação no artigo 1083.º, no catálogo exemplificativo constante do n.º 2, à semelhança do que sucede no artigo 1093.º, na delimitação do conjunto de pessoas que podem habitar o locado conjuntamente com o arrendatário, o qual não contém expressamente a cominação aplicável à violação da referida obrigação, a mesma subsiste à luz do NRAU, aferível nos termos constantes do n.º 2 do artigo 1083.º, sob pena de a violação da referida

locatário obrigado a manter e a restituir a coisa no estado em que a recebeu, ressalvadas as deteriorações inerentes a uma prudente utilização, em conformidade com os fins do contrato, como já se referiu.
V – A prudente utilização do locado é a que é envolvida de zelo e cuidado normais na espécie de coisas em causa, considerando-se como tal, os pequenos estragos.
VI – Estamos em face de uma utilização duradoura gravemente imprudente do locado pelo réu, por via do qual infringiu as suas obrigações decorrentes do contrato e da lei, designadamente dos artigos 1038.º al.ª d) e 1083.º n.º 1 e 2 al.ª b) do Código Civil."

obrigação não se repercutir numa qualquer consequência para o arrendatário incumpridor.

Neste sentido e conforme bem entendeu a Relação do Porto[244], não age com abuso de direito o senhorio que, tendo tido conhecimento que o arrendatário mantinha mais de três hóspedes no locado, não reagiu de forma imediata à mesma, apenas peticionando mais tarde a resolução do contrato com base no referido fundamento. O entendimento do tribunal superior, assenta assim no pressuposto de que estando em causa o conhecimento da situação de violação contratual, o senhorio dispõe do prazo de um ano para o exercício do seu direito desde a data em que obteve esse conhecimento, não se encontrando vinculado a exercer imediatamente o direito à resolução contratual.

Um outro fundamento resolutivo consiste na cobrança pelo arrendatário ao subarrendatário de uma renda de valor superior ou proporcionalmente superior aquela que o primeiro deve ao senhorio por força do contrato de arrendamento com este celebrado, acrescida de 20%, salvo convenção em contrário, porquanto, nos termos do artigo 1062.º e na ausência de convenção em contrário na qual o senhorio permita ao arrendatário auferir, em virtude do subarrendamento, valor superior ao resultante da referida fórmula, a verificação de tal situação, configurando a violação do disposto naquele preceito, a par da infração à cláusula contratual onde o senhorio autoriza o subarrendamento ou posteriormente o ratifica, consubstancia fundamento justificativo, em função do incumprimento contratual do arrendatário, para a resolução do contrato em conformidade com a aferição da gravidade e/ou consequências daí resul-

[244] **JURISPRUDÊNCIA (19/03/1996)**
AC. TRP N.º 316/09.0TVLSB.L1-8 (RELATOR CÂNDIDO DE LEMOS)
"I – Em caso de contradição entre a especificação e respostas a quesitos, estas devem considerar-se não escritas.
II – Não age com abuso de direito o senhorio que peticiona o despejo do prédio com o fundamento em hospedagem a mais de três pessoas pelo facto de haver tomado disso conhecimento sem reagir de imediato e sendo certo que no caso não foi invocada a caducidade do seu direito, e não se provou que houvesse decorrido o prazo de caducidade nem que houvesse dado para tal o seu consentimento.
III – O fundamento de resolução do contrato de arrendamento para habitação de o arrendatário dar hospedagem a mais de três hóspedes – artigo 64 n.1 alínea e), do Regime do Arrendamento Urbano – reporta-se à hospedagem simultânea a mais de três pessoas."

tantes na perspetiva de aferir da inexigibilidade ao senhorio da manutenção da relação contratual com o arrendatário.

Importa notar que a verificação do fundamento resolutivo apenas ocorre não com a celebração do contrato de subarrendamento do qual resulte cláusula onde as partes estabelecem o pagamento por parte do subarrendatário de um valor correspondentemente superior ao valor da renda paga ao senhorio acrescida de 20% mas, outrossim, com a efetiva cobrança desse valor, isto porque a prova assente na existência desse contrato não atinge o desiderato de demonstrar que o valor da renda estipulado veio efetivamente a ser pago pelo subarrendatário[245].

Por último e além dos fundamentos já referidos e de outros igualmente suscetíveis de determinar a resolução do contrato, constitui igualmente causa de cessação justificada do contrato, a interrupção voluntária da prestação ao proprietário ou senhorio, dos serviços pessoais que determinaram a ocupação do prédio, porquanto podem as partes livremente estabelecer que parte ou a totalidade da retribuição devida pelo arrendatário, por força do uso e gozo do locado proporcionado pelo senhorio, seja feita com base na prestação de serviços pessoais, os quais devem ser correspondentes a determinado quantitativo traduzível em moeda com curso legal no país, a fim de ser possível determinar o respetivo montante em contrapartida do valor da renda que igualmente deverá, no respetivo contrato de arrendamento, ser quantificado em dinheiro.

Nesse sentido e correspondendo a renda devida pelo arrendatário a determinada quantia em dinheiro e o conjunto de serviços pessoais por si prestados igualmente correspondentes a uma quantia em dinheiro que, em princípio, será equivalente ao valor da renda, caso a retribuição resida, na sua totalidade, na prestação daqueles serviços, certo é que o facto de o arrendatário, por motivo a si imputável, deixar de prestar os serviços que determinaram a entrega do imóvel arrendado, será equivalente à falta de pagamento de rendas, daí resultando um clamoroso incumprimento contratual por parte do arrendatário por violação da principal obrigação que lhe é imputada, assim fundamentando a resolução do contrato de arrendamento celebrado.

[245] Pinto Furtado, *Manual do Arrendamento Urbano*, p. 1139.

Alguma doutrina[246] vem reconduzindo a presente situação resolutiva à causa de caducidade constante da alínea g) do artigo 1051.º, por força do aditamento de tal causa pela Lei n.º 6/2006 ao elenco de fundamentos de caducidade aí enumerados e correspondente reformulação do artigo 1083.º, referente ao elenco exemplificativo de causas de resolução, pese embora entendamos poder estar perante situações distintas na medida em que a situação prevista na alínea g) do artigo 1051.º, como condição resolutiva que é, respeita às situações de cessação de prestação de serviços por causa não imputável ao arrendatário, ao invés do que sucede na hipótese em análise no presente fundamento resolutivo em que o arrendatário cessa voluntariamente a prestação de serviços para com o senhorio[247], não obstante permanecer na posse do locado sendo essa a sua intenção efetiva, situação que será judicialmente apreciável em função da gravidade e ou consequências daí resultantes.

C. Modo de operar a resolução do contrato de arrendamento

Analisados os diferentes fundamentos resolutivos do contrato de arrendamento, ressalvando a existência de outros não expressamente elencados, importa agora identificar o modo de operar a resolução relativamente a cada um desses fundamentos, sendo certo que diferentes fundamentos resolutivos implicam a utilização de diferentes modos de fazer cessar o contrato celebrado.

Neste sentido e como resulta do n.º 1 do artigo 1084.º, pretendendo o senhorio resolver o contrato de arrendamento com base na verificação de um dos fundamentos previstos no n.º 2 do artigo 1083.º, deverá recorrer aos tribunais para o efeito, uma vez que a resolução opera nos termos da lei de processo, isto é, através da ação de despejo a tanto destinada, na qual o senhorio peticionará: a apreciação judicial da situação que fundamenta a cessação justificada, a declaração da resolução do contrato e a condenação do arrendatário à desocupação do locado, acrescida do pagamento de eventuais danos ou rendas em atraso.

Ao referir-se às causas de resolução previstas no n.º 2 do artigo 1083.º, o legislador visou integrar, naturalmente, todos e quaisquer fundamen-

[246] Pinto Furtado, *Ob. Cit*, p.1139.

[247] No mesmo sentido, *vide* Luís Menezes Leitão, *Arrendamento Urbano*, p.153.

tos não expressamente previstos no n.º 3 e 4 do mesmo artigo, porquanto dependem necessariamente de intervenção e pronuncia judicial no sentido de determinar da existência efetiva do fundamento invocado pelo senhorio, aqui se enquadrando o conjunto de fundamentos *supra* analisados não expressamente previstos na letra da lei, embora anteriormente já consagrados no RAU e no Código Civil.

Por sua vez e seguindo a ordem elencada no artigo 1084.º, quando a resolução a desencadear por parte do senhorio resida num dos fundamentos previstos nos n.ºs 3 e 4 do artigo 1082.º, deverá o senhorio proceder à resolução do contrato mediante comunicação à contraparte na qual invoque fundamentalmente a obrigação incumprida, sendo certo que a comunicação nesses termos seguirá, necessariamente, uma das formas referidas no n.º 7 do artigo 9.º NRAU:

a) Notificação judicial avulsa;
b) Contacto pessoal de advogado, solicitador ou agente de execução, comprovadamente mandatado para o efeito;
c) Escrito assinado e remetido pelo senhorio nos termos do n.º 1 do artigo 9.º;

A notificação judicial avulsa, regulada no artigo 256.º do Código de Processo Civil, enquanto meio processual expedito, dirigido ao tribunal da área de residência da pessoa a notificar, permite ao senhorio comunicar ao arrendatário, mediante recurso ao tribunal, a sua vontade em proceder à resolução do contrato de arrendamento, informando-o do valor em dívida a título de rendas, encargos ou despesas, bem como do prazo de que dispõe para fazer cessar a mora que lhe é imputada, procedendo ao pagamento do montante total, acrescido da indemnização correspondente a 20% desse valor e do prazo de que dispõe para desocupar o locado caso não proceda ao referido pagamento no prazo de um mês.

Através do referido meio processual, dependente de despacho prévio que o autorize, o senhorio, por intermédio de oficial de justiça ou de agente de execução por si designado ou aleatoriamente selecionado pela secretaria do tribunal, procede assim formalmente à resolução eficaz do contrato de arrendamento, não podendo o arrendatário, aquando da receção da comunicação efetuada por essa via, deduzir qualquer oposição uma vez que a mesma não será admissível nesse momento, pois como veremos, o meio processual adequado, caso o arrendatário entenda dever exercer o seu direito à oposição por discordar da posição do senhorio, será a oposição ao requerimento de despejo, que terá lugar em sede de procedimento especial de despejo, desencadeado pelo senhorio perante a inércia do arrendatário em proceder à desocupação do locado e pagamento das quantias em dívida, mediante requerimento a tanto dirigido.

O comprovativo da comunicação realizada ao arrendatário mediante notificação judicial avulsa, que deverá acompanhar o requerimento de despejo juntamente com a cópia do contrato de arrendamento celebrado, nos termos da alínea e) do n.º 2 do artigo 15.º NRAU, resulta da cópia do requerimento e respetiva certidão do ato lavrada pelo funcionário de justiça ou pelo agente de execução, devidamente assinada pelo arrendatário notificado.

Logrando apenas o pagamento de rendas, encargos ou despesas em atraso e não a desocupação do locado, designadamente pelo facto de a entrega do mesmo ter já sucedido de forma voluntária, a notificação judicial avulsa onde o senhorio comunique ao arrendatário o valor em dívida acompanhada de cópia do contrato de arrendamento, constitui título executivo em sede de ação executiva para pagamento de quantia certa, conforme resulta do n.º 1 do artigo 14.º-A NRAU.

Constituindo igualmente meio idóneo a qualquer um dos desideratos referidos, o contacto pessoal realizado por advogado, solicitador ou agente de execução, comprovadamente mandatado para o efeito, é demonstrado mediante a assinatura por parte do arrendatário no original da comunicação àquele dirigida nos termos suprarreferidos, ao qual são entregues o duplicado e respetivos documentos que o devam acompanhar, considerando-se notificado, para todos os devidos e legais efeitos, no no momento da aposição da sua assinatura no referido original.

A Lei n.º 43/2017, de 14 de junho, com a alteração empreendida à alínea b) do n.º 7 do artigo 9.º, veio contribuir para o reforço da legitimidade de quem efetua o contacto pessoal ao arrendatário e consequente salvaguarda da eficácia da comunicação realizada, contribuindo simultaneamente para o reforço da proteção conferida ao arrendatário, ao exigir ao profissional designado para realizar a referida comunicação, a comprovação de ter sido mandatado para o efeito, afastando assim situações de comunicações realizadas por profissionais sem poderes para a prática do ato.

Importa notar que tanto na situação de comunicação ao arrendatário da resolução do contrato através de notificação judicial avulsa como através de contacto pessoal de advogado, solicitador ou agente de execução, a ausência de assinatura por parte daquele deixa de obstar a que o mesmo se presuma efetivamente notificado, ao invés do que sucedia anteriormente à vigência da Lei n.º 31/2012, uma vez que, atualmente, perante a verificação da referida recusa, quer da assinatura do original como da receção do duplicado, deverá o profissional encarregado de proceder à comunicação, lavrar nota do incidente, considerando-se a comunicação efetuada nesse mesmo dia, em virtude da certificação da ocorrência, nos termos da alínea a) do n.º 5 do artigo 10.º NRAU.

Diversamente, não tendo sido possível localizar o destinatário da comunicação e a fim de este se considerar notificado da mesma, deverá o senhorio remeter carta registada com aviso de receção para a morada do locado, decorridos que sejam 30 a 60 dias sobre a data em que não foi possível localizar o destinatário, considerando-se a comunicação recebida ao 10.º dia após o respetivo envio da mesma.

Por fim, o último dos meios referidos para comunicar ao arrendatário a cessação por resolução do contrato de arrendamento é o referido na alínea c) do n.º 7 do artigo 9.º, isto é, o escrito assinado e remetido pelo senhorio ao arrendatário, sendo certo que tal escrito deverá ser remetido através de carta registada com aviso de receção, encontrando-se tal meio restrito aos contratos de arrendamento de que resulte convenção de domicílio do arrendatário, considerando-se o arrendatário notificado, para todos os efeitos, na morada indicada na referida cláusula que corresponderá, em regra, à morada do imóvel arrendado, sendo inoponível ao senhorio a ausência de receção da referida carta ou a alteração de morada, salvo se este tiver autorizado essa alteração[248].

Assim sendo e nos termos conjugados da alínea c) do n.º 7 do artigo 9.º, do n.º 1 e alínea b) do n.º 2 do artigo 10.º NRAU, a comunicação rea-

[248] **JURISPRUDÊNCIA (28/06/2018)**
AC. TRL N.º 2510/15.6YLPRT.L1-8 (RELATOR ANTÓNIO VALENTE)
"Tendo a Sociedade arrendatária comunicado à senhoria a mudança da sua sede para a morada do locado, o envio das cartas pela senhoria, cerca de um ano depois, comunicando a resolução do contrato de arrendamento, nos termos dos n.ºs 3 e 4 do art. 10.º do NRAU, para o endereço anterior da sociedade arrendatária, torna inválido o procedimento especial de despejo."

lizada por carta registada com aviso de receção referente a contrato de arrendamento onde haja a referida convenção de domicílio do arrendatário, será eficazmente realizada, quer a carta remetida nesses termos haja sido devolvida em virtude de o arrendatário ter recusado a assinatura da mesma ou esta tiver sido recebida por outra pessoa que não o respetivo destinatário, inexistindo necessidade, em tais casos, do envio de uma segunda carta a fim de criar a presunção constante do n.º 4 do artigo 10.º[249].

D. Caráter facultativo ou obrigatório da resolução extrajudicial com fundamento no n.º 3 do artigo 1083.º

Referidos os modos destinados a operar a resolução do contrato de arrendamento pelo senhorio consoante o fundamento subjacente a essa forma de cessação, importa notar que pese embora o legislador estabeleça de forma clara, nos n.ºs 1 e 2 do artigo 1084.º do Código Civil, a via, judicial ou extrajudicial, a seguir perante a verificação do fundamento em apreço, tem sido objeto de divergência doutrinal e jurisprudencial a possibilidade de o senhorio, com base no fundamento resultante do n.º 3 do artigo 1083.º, isto é, a mora do arrendatário no pagamento de rendas, encargos ou despesas igual ou superior a três meses, poder livremente desencadear a resolução do contrato através da ação de despejo, ao arrepio do disposto no n.º 2 do artigo 1084.º que prescreve, de forma expressa, que a resolução assente nesse fundamento opera por comunicação extrajudicial à contraparte.

Pese embora a presente questão tenha surgido inicialmente aquando da vigência do NRAU na redação original da Lei n.º 6/2006, uma vez que

[249] Regista-se assim, em sede do NRAU, no respeitante à eficácia a atribuir às comunicações realizadas em que exista no contrato convenção de domicílio convencionado, um afastamento relativamente ao regime regra previsto no artigo 229.º CPC, em que a recusa da assinatura da carta registada com aviso de receção ou a sua receção por outa pessoa que não o destinatário da mesma, implica necessariamente o envio de uma nova carta registada, considerando-se que o destinatário recebeu a referida comunicação na data certificada pelo distribuidor do serviço postal ou, caso tenha sido deixado o aviso para levantamento, no 8.º dia posterior a essa data, situação em que se presume que o destinatário teve conhecimento oportuno dos elementos constantes da comunicação que lhe foi endereçada.

na vigência do anterior RAU, a resolução era indistintamente realizada através da ação de despejo de dupla vertente, declarativa e executiva, com as alterações empreendidas pela Lei n.º 31/2012, através da criação do procedimento especial de despejo, tal questão ganha novos contornos, importando a sua consideração, atento o interesse prático que reveste.

De facto, na versão originária da Lei n.º 6/2006, a referida questão carecia do relevo que atualmente detém, na medida em que independentemente da via resolutiva a seguir pelo senhorio, a fase executiva da efetivação da cessação do contrato de arrendamento, através da desocupação coerciva do locado, seria indistintamente operada através da execução para entrega de coisa imóvel arrendada, regulada nos artigos 862.º e seguintes do Código de Processo Civil, uma vez que tal ação se compadecia com títulos executivos de natureza judicial e extrajudicial, atendo o disposto no artigo 15.º NRAU, na sua redação inicial.

No entanto, a referida questão veio, como referido, ganhar novos contornos a partir da entrada em vigor da Lei n.º 31/2012, de 24 de agosto e posteriormente com a Lei n.º 79/2014, de 19 de dezembro em que, com os referidos diplomas, a referida ação executiva para entrega de imóvel arrendado ficou destituída da quase totalidade do respetivo âmbito de aplicação, com ressalva dos títulos executivos de natureza judicial, sendo conferido o restante âmbito ao procedimento especial de despejo, preconizado como meio extrajudicial idóneo, célere e mais económico na efetivação da desocupação do locado.

Não obstante, o requerimento de despejo com que se inicia o procedimento especial de despejo não admite títulos baseados em decisões judiciais provindas de ação de despejo, sendo este o único título executivo atualmente admissível em sede de ação executiva para entrega de coisa imóvel arrendada.

De igual forma, assume relevo na discussão da questão em apreço, a recusa verificada por parte do Balcão Nacional de Arrendamento de inúmeros requerimentos de despejo após resolução extrajudicial do contrato de arrendamento por parte dos senhorios que, ao recorrerem ao procedimento especial de despejo para efetivar a desocupação do locado, vêm recusado o requerimento de despejo apresentado, predominantemente por falta dos documentos que a lei exige para formar a base necessária ao procedimento em questão, sendo que no caso da resolução do contrato se exige, a par do contrato de arrendamento escrito, o comprovativo da comunicação prevista no n.º 2 do artigo 1084.º CC, através de uma das formalidades constantes do n.º 7 artigo 9.º NRAU.

De facto, por ausência de cumprimento da sua obrigação tributária de proceder ao registo do contrato de arrendamento junto da Autoridade Tributária e Aduaneira, o senhorio quer por impossibilidade de comprovação do pagamento do imposto de selo como da impossibilidade de demonstração das quantias recebidas a título de rendas nas suas declarações de IRS ou IRC correspondentes aos últimos quatro anos, em observância do disposto no n.º 4 do artigo 15.º, deixa assim de poder recorrer ao procedimento especial de despejo, situação em que, paradoxalmente, se vê forçado a recorrer a uma ação de despejo para desencadear primeiramente a resolução, a par do pedido de condenação à desocupação do locado, de um contrato que, *a priori*, já tinha sido resolvido extrajudicialmente, havendo pois lugar a uma desnecessária dupla resolução do contrato de arrendamento, uma vez que os documentos-base que lhe permitem instruir o requerimento de despejo, nos termos do artigo 15.º, não constituem atualmente título executivo para efeito da ação executiva para entrega de coisa imóvel arrendada, carecendo do recurso à ação declarativa de despejo a fim de obter título executivo idóneo à referida ação executiva.

Assim sendo e apesar da pluralidade de aspetos envolvidos na discussão em apreço, podemos reduzir a questão à existência de duas grandes teorias em divergência, a primeira das quais, doutrinal[250] e jurisprudencialmente acolhida maioritariamente, assenta no pressuposto de existir na disponibilidade do senhorio, tendo por fundamento resolutivo um dos previstos no n.º 3 e 4 do artigo 1083.º, a possibilidade de poder, livremente, optar entre operar a cessação fundamentada do contrato de arrendamento pela via judicial ou extrajudicial[251], aquela nos termos da

[250] Fernando Gravato Morais, *Novo regime do arrendamento comercial*, pp. 249ss, David Magalhães, *A resolução do contrato de arrendamento urbano*, pp. 216ss, Soares Machado/Regina Santos Pereira, *Arrendamento Urbano*, pp. 133ss. e Laurinda Gemas, *Arrendamento*, p. 409ss.

[251] **JURISPRUDÊNCIA (28/05/2013)**

AC. TRC N.º 596/15.2T8PBL.C1 (RELATORA TERESA DE SOUSA HENRIQUES)

"Da conjugação do disposto nos art. 14.º n. 3 a 5 do NRAU, 1048.º n.ºs. 1 e 3 e 1084.º n.º 3 do Código Civil, conclui-se que a ação declarativa de condenação por falta de pagamento de rendas no âmbito

lei de processo, ao abrigo do artigo 14.º NRAU, mediante a interposição de ação de despejo e esta, nos termos constantes do n.º 7 do artigo 9.º NRAU, mediante contacto à contraparte no qual invoque, fundamentadamente, a obrigação incumprida, através de: notificação judicial avulsa, contacto pessoal de advogado, solicitador ou agente de execução ou, bem ainda, através de escrito assinado e remetido pelo senhorio em carta registada com aviso de receção nos contratos com convenção do domicílio do arrendatário. Assim sendo, ao admitir a existência de uma faculdade ou de um direito optativo, é reconhecido ao senhorio, a existência de interesse em agir na competente ação de despejo.

Por outro lado, a segunda tese, manifestamente minoritária, tanto doutrinal[252] como jurisprudencialmente, perfilha o entendimento de que o único meio idóneo à resolução do contrato de arrendamento com base nos fundamentos previstos nos n.ºs 3 e 4 do artigo 1083.º, é a comunicação extrajudicial à contraparte, como resulta do n.º 2 do artigo 1084.º, devendo a ação de despejo ser reservada única e exclusivamente, entre outras formas de cessação, aos fundamentos resolutivos em que, nos termos do n.º 2 do artigo 1083.º e n.º 1 do artigo 1084.º, o legislador impõe a necessidade por parte do senhorio, de recorrer a tal via judicial, invocando a referida tese, a existência de um ónus, ou, verdadeiramente, de uma imposição legal, na resolução extrajudicial do contrato de arrendamento quanto aos fundamentos previstos no n.º 3 e 4 do artigo 1083.º, sendo que, consequentemente, na falta de factos excecionais que legitimem o recurso à via judicial, verificar-se-ia a inexistência de interesse em agir do senhorio[253] em sede de ação declarativa de despejo, consubstan-

de um contrato de arrendamento continua a constituir meio que pode ser utilizado pelo senhorio para fazer cessar a relação de arrendamento, uma vez que a resolução extrajudicial do contrato com base em tal fundamento encontra-se prevista na lei, enquanto mera faculdade concedida ao senhorio."

[252] Maria Olinda Garcia, *Arrendamento Urbano...*, p. 188 e Rui Pinto, *O novo regime processual do despejo...*, p. 42.

[253] **JURISPRUDÊNCIA (15/04/2008)**

AC. TRC N.º 937/07.6TBGRD.C1 (RELATOR ISAÍAS PÁDUA)

"I – A figura do interesse em agir ou do interesse processual conta-se entre os pressupostos processuais referentes às partes, cuja falta consubstancia uma exceção dilatória inominada e de conhecimento oficioso, que conduz à absolvição da instância.

II – Este pressuposto consiste, grosso modo, na necessidade de usar do processo, de instaurar ou de fazer prosseguir a ação, ou na necessidade de tutela judiciária.

ciando exceção dilatória inominada de conhecimento oficioso que determinaria, inequivocamente, a absolvição do réu da instância.

Em abono da primeira das teorias enunciadas, de que existe na esfera do senhorio uma faculdade optativa quanto à via resolutiva a seguir, são doutrinal e jurisprudencialmente enunciados os seguintes argumentos:

a) O senhorio não pode demandar conjuntamente com o arrendatário, o fiador deste;
b) Impossibilitar o senhorio de recorrer à ação judicial seria negar-lhe, nos termos do artigo 20.º CRP, o acesso ao direito e aos tribunais (direito de ação) ou a necessidade de tutela judiciária;
c) Ao senhorio não é permitido fazer qualquer pedido de indemnização cível contra o arrendatário em sede de procedimento especial de despejo[254];

III – São duas as razões que justificam a relevância deste pressuposto: por um lado, pretende-se evitar que as pessoas sejam precipitadamente forçadas a vir a juízo, para organizarem, sob a cominação de uma sanção normalmente grave, a defesa dos seus interesses, numa altura em que a situação da parte contrária o não justifica; por outro lado, visa-se também evitar sobrecarregar a atividade dos tribunais com ações desnecessárias.
IV – Enquanto que anteriormente ao NRAU (aprovado pela Lei n.º 6/2006, de 27/02) o senhorio apenas podia recorrer à ação judicial de despejo para por fim à relação de arrendamento (art. 55.º do RAU), com o novo regime citado a resolução do contrato de locação passou a pode ser feita judicial ou extrajudicialmente (atual art. 1047.º C.C.), devendo no último caso ser feita mediante comunicação à parte contrária, nos termos e pelos modos previstos no art. 9.º do NRAU.
V – No que concerne ao senhorio, apenas em duas situações se pode recorrer à via extrajudicial para a resolução do contrato de arrendamento: na falta de pagamento de rendas (encargos ou despesas) por mais de três meses e em caso de oposição pelo arrendatário à realização de obras ordenadas pela autoridade pública – art.ºs 1083.º, n.º 3, e 1084.º, n.º 1, do C. Civ..
VI – Embora sem certezas, afigura-se-nos que existe uma imposição legal quanto ao recurso à via extrajudicial, por via de simples comunicação à contraparte, para que o senhorio possa despejar o inquilino nos casos supra citados, estando-lhe vedado o recurso à via judicial – art.ºs 14.º, n.º 1, do NRAU e 1084.º, n.º 1, do C.Civ..
VII – Ora, face ao exposto, não existe um qualquer interesse relevante do senhorio que justifique um regime opcional ou facultativo para por fim ao contrato de arrendamento em tais situações, em consequência do que carece de interesse processual em agir para instaurar ação judicial de despejo, dado que o seu direito que pretende fazer valer não se encontrar carecido de tutela judicial."

[254] **JURISPRUDÊNCIA (14/06/2016)**
AC. TRC N.º 596/15.2T8PBL.C1 (RELATORA CATARINA GONÇALVES)

d) A ausência de recurso à ação de despejo impossibilitaria o senhorio de impugnar a consignação em depósito do pagamento de rendas efetuado pelo arrendatário;
e) O recurso à ação de despejo não depende da verificação da mora igual ou superior a três meses para que o senhorio possa obter a resolução por falta de pagamento de rendas, encargos ou despesas;
f) A defesa do arrendatário face ao arbítrio do senhorio ficaria fortemente condicionada;

Por adesão à tese que sustenta, pela interpretação do disposto no n.º 2 do artigo 1084.º, a inexistência de uma faculdade de escolha na via resolutiva a seguir, discordamos dos argumentos enunciados, como passaremos a expor.

No respeitante ao primeiro argumento, é nosso entendimento que a presente questão não se levanta relativamente ao fiador uma vez que este

"I – Os Tribunais judiciais são competentes para conhecer de uma ação em que, além de indemnização por danos causados, é pedida a resolução de um contrato de arrendamento com base em diversos fundamentos (designadamente em mora no pagamento de rendas), sendo certo que o Balcão Nacional de Arrendamento, além de não dispor de competência para apreciar pedidos de indemnização por danos causados, também não tem competência para declarar a resolução do contrato; o BNA apenas tem competência, no âmbito do procedimento especial de despejo, para executar e tornar efetivo o despejo na sequência de cessação do contrato que (alegadamente) já tenha operado extrajudicialmente, nos casos em que a cessação do contrato opera sem necessidade de intervenção judicial.
*II – Assim, se o senhorio não procedeu à resolução extrajudicial do contrato de arrendamento (ainda que, com fundamento na falta de pagamento de rendas, tal lhe fosse permitido), optando por intentar uma a*ção judicial com vista a obter e ver declarada tal resolução, são os tribunais judiciais – e não o BNA – os competentes para a sua apreciação, apenas se podendo questionar se o senhorio tem ou não um interesse processual relevante (interesse em agir) no que toca ao pedido de resolução com base em falta de pagamento de rendas em virtude de a lei determinar que a resolução do contrato com esse fundamento opera por comunicação à contraparte sem necessidade de intervenção judicial.
III – Todavia, pretendendo o senhorio obter a resolução do contrato por diversos fundamentos e sendo certo que a resolução com base em alguns desses fundamentos apenas poderia ser decretada pelo Tribunal, impõe-se reconhecer que tem um interesse processual relevante em pedir ao Tribunal a resolução do contrato com base em todos esses fundamentos e que, como tal, dispõe de interesse em agir no que toca ao pedido de resolução com base em falta de pagamento de rendas ainda que, com este específico fundamento, pudesse ter resolvido o contrato de forma extrajudicial e mediante comunicação a efetuar ao arrendatário, nos termos previstos na lei."

ao figurar como parte de um contrato de arrendamento, sendo portanto contraparte ao senhorio, terá uma obrigação acessória à do arrendatário, existindo apenas e na medida em que subsista a deste último, podendo o fiador, de igual forma, ser notificado seguindo as formalidades do n.º 7 do artigo 9.º *ex vi* do n.º 2 do artigo 1084.º e do n.º 3 do 1083.º, de que se encontra a pagamento o valor correspondente às rendas, encargos ou despesas em atraso, sendo que o contrato de arrendamento juntamente com a referida comunicação constitui, por si só, título executivo bastante ao abrigo do n.º 1 do artigo 14.º-A para executar diretamente o património do fiador sem necessidade de obter a sua condenação por recurso à ação de despejo.

No que tange ao segundo argumento apontado, entendemos só poder falar de impedimento de acesso aos tribunais quando, precisamente, haja necessidade de acesso aos tribunais para defesa de direitos e interesses em que seja necessária a ação judicial, o que não sucede no presente caso em que o senhorio pretenda única e exclusivamente operar a resolução do contrato de arrendamento por mora do arrendatário no pagamento de rendas, encargos ou despesas, carecendo o senhorio, como tal, de interesse processual em agir em sede judicial, em virtude da previsão expressa da possibilidade de operar a resolução extrajudicial do contrato de arrendamento.

Passando ao terceiro aspeto arguido, concordamos em que efetivamente não é permitido ao senhorio, em sede extrajudicial ou mesmo através do procedimento especial de despejo, obter a condenação do arrendatário ao pagamento de uma indemnização pelos prejuízos causados, atenta a natureza célere e simplificada de um procedimento que se pretende extrajudicial, pese embora seja importante não olvidar que raros serão os casos em que o senhorio pretenda obter uma indemnização por falta de pagamento de rendas, encargos ou despesas, uma vez que a indemnização prevista na lei para esses casos se coloca geralmente apenas em caso de mora temporária e não da resolução do contrato, correspondendo tal indemnização ao valor de 20% do valor devido.

Qualquer outra indemnização que o senhorio pretenda obter estará em princípio relacionada com outro fundamento resolutivo, designadamente os previstos no n.º 2 do artigo 1083.º, em especial: a violação de regras de higiene, utilização do prédio contrária à lei, bons costumes e ordem pública, a existência de danos no locado, sendo certo nas situações referidas será justificado o recurso à ação de despejo, pese embora não somente em virtude das rendas, encargos ou despesas eventualmente em atraso, mas outrossim, conjuntamente com outro fundamento resolutivo que ao caso concreto presida, situação em que admitimos a utilização subsidiária da ação de despejo, quando o recurso ao procedimento especial de despejo após resolução extrajudicial não corresponda à tutela jurisdicional efetiva de que o senhorio efetivamente careça.

No respeitante ao quarto fundamento alegado, discordamos na medida em que a consignação do depósito das rendas, apesar de efetivamente poder ser impugnada em sede de ação de despejo, não é um exclusivo desta ação declarativa, na medida em que pode ser autonomamente impugnada a consignação em sede de processo especial de consignação em depósito, previsto nos artigos 916.º e seguintes do CPC, não dependendo, como tal, daquele meio judicial.

Na arguição, por sua vez, de que o senhorio ao recorrer à ação de despejo não tem de aguardar a verificação do requisito de que depende a formação do fundamento resolutivo em apreço, de mora igual ou superior três meses por parte do arrendatário no pagamento de rendas, encargos ou despesas, importa notar que o senhorio, ao abrigo do disposto no artigo 1048.º, pode, efetivamente, proceder à resolução judicial do contrato perante o incumprimento imediato do contrato.

Não obstante, tanto na ação de despejo, ao abrigo do disposto no n.º 3 do artigo 14.º NRAU, como em sede do procedimento especial de despejo, nos termos do n.º 8 do artigo 15.º, o arrendatário terá de pagar ou depositar as rendas que se forem vencendo na pendência da ação ou do procedimento em apreço, não descurando ainda que o facto de, na resolução extrajudicial, o senhorio efetivamente ter de aguardar o referido período não prejudica o facto de obter o desiderato pretendido de resolução do contrato, desocupação do locado e pagamento das rendas, encargos ou despesas, em menor período de tempo e com menos gastos do que teria naturalmente que suportar recorrendo a uma ação de despejo na qual, mesmo obtendo a condenação do arrendatário nos pedidos referidos, este ao recusar-se a cumprir a decisão judicial, impunha necessariamente ao senhorio o recurso a uma ação executiva para entrega de coisa imóvel arrendada e/ou a uma ação executiva para pagamento de quantia certa, consoante o desiderato a alcançar.

Discordamos, por último, do argumento que sustenta que a defesa do arrendatário face ao arbítrio do senhorio, na ausência da referida opção entre a via judicial e a via extrajudicial, ficaria fortemente condicionada, na medida em que pese embora seja certo que a notificação para a resolução do contrato de arrendamento a que se refere o n.º 2 do artigo 1084.º, efetivamente não admita oposição do arrendatário, nem por isso este deixa de ter a possibilidade de deduzir oposição em sede do procedimento especial de despejo, à pretensão coerciva de efetivação da cessação do contrato de arrendamento por parte do senhorio, dispondo para o efeito de tal possibilidade, nos termos do artigo 15.º-F, podendo inclusive suscitar a utilização abusiva do procedimento por parte do requerente com as devidas consequências legais.

Sendo procedente a oposição, naturalmente o procedimento especial de despejo é declarado extinto e a cessação operada pelo senhorio perde a respetiva eficácia, mantendo validade o contrato de arrendamento celebrado, além de que, se hipoteticamente, o arrendatário invocar que a razão de ser da mora no pagamento de rendas, encargos ou despesas igual ou superior a três meses, for relacionada com a compensação em virtude de obras que tenha realizado no locado, ainda assim poderá aduzir tal defesa em sede de procedimento especial de despejo.

Referidos e refutados os fundamentos em que reside a tese da existência de opção na esfera do senhorio quanto ao modo de operar a resolução do contrato de arrendamento, passaremos de seguida a expor os argumentos que sustentam a posição que radica na inexistência de tal opção, sustentando, outrossim, a existência de um ónus na via resolutiva a seguir pelo senhorio:

a) Interpretação literal do preceituado na norma constante do artigo 1084.º/1 e 2;
b) Imperatividade subjacente ao artigo 1080.º;
c) Finalidades de desjudicialização, celeridade e economia processual da comunicação extrajudicial;
d) A resolução, em regra no Código Civil, opera por comunicação à contraparte nos termos do artigo 436.º/1 CC;

Em primeiro lugar, partindo da análise da norma e da própria teleologia da mesma, entendemos que o legislador quis distinguir a resolução nos contratos de arrendamento da resolução nos contratos de locação e o facto de aqueles constituírem uma submodalidade destes, não desvirtua a especificidade própria dos contratos de arrendamento que assim ficam sujeitos a regras específicas, sem prejuízo de obediência às regras gerais da locação nos pontos omissos no regime específico.

Neste sentido, não deverá ser realizada uma interpretação extensiva do disposto no n.º 1 do artigo 1048.º que, no respeitante ao contrato de locação em geral, estabelece que a resolução poderá ser operada quer judicialmente como extrajudicialmente, sendo que a aplicação genérica de tais normas ao contrato de arrendamento, enquanto modalidade do contrato de locação, entende-se afastada em virtude da existência de regulação específica da matéria em apreço relativamente ao arrendamento de bens imóveis urbanos.

Assim sendo, o artigo 1084.º, estabelece claramente os fundamentos resolutivos exercíveis em sede judicial daqueloutros que não carecendo de apreciação judicial, são exercíveis extrajudicialmente não contribuindo dessa forma para um maior entorpecimento e congestionamento da justiça com processos desnecessários[255].

No respeitante, por sua vez, ao segundo fundamento invocado, existindo dúvidas quanto à intenção do legislador ao estabelecer as respetivas vias destinadas a operar a resolução do contrato consoante o fundamento subjacente, o artigo 1080.º, estabelece expressamente que tais normas, relativas à resolução, caducidade e denúncia têm natureza imperativa, e note-se que tal norma, na redação que atualmente apresenta, sofreu alterações recentes em sede da reforma ao NRAU empreendida pela Lei n.º 31/2012, pelo que se outra fosse a intenção do legislador quanto à questão da resolução do contrato de arrendamento, certamente o teria dado a entender, porquanto, ao abrigo do n.º 3 do artigo 9.º CC, na análise de

[255] **JURISPRUDÊNCIA (30/04/2009)**
AC. TRC N.º 5967/08.8TBBRG.G1 (RELATOR MANSO RAINHO)
"*I – A forma legalmente prevista para fazer cessar o contrato arrendamento por resolução do senhorio por falta de pagamento da renda por mais de três meses é a indicada no n.º 1 do art. 1084.º do CC: mediante comunicação à contraparte.*
II – O modo como se processa a comunicação está estabelecido no n.º 7 do art. 9.º da Lei n.º 6/06.
III – A menos que se aleguem factos excecionais que legitimem o recurso à arma judiciária, carece de interesse em agir o senhorio que pretende fazer cessar o contrato mediante ação judicial.»

qualquer norma jurídica constante da lei substantiva, o interprete deverá presumir que o legislador soube exprimir o seu pensamento de forma clara e apreensível e outra interpretação ao conteúdo do referido preceito seria contra a própria *ratio legis* da norma.

O terceiro argumento, por sua vez, reside no facto de a criação do procedimento especial de despejo surgir no sentido de retirar dos tribunais um vasto volume de ações desnecessárias em sede de cessação do contrato de arrendamento, mantendo apenas aquelas que efetivamente carecem de apreciação judicial.

De facto, a intenção do legislador foi a de racionalizar os meios e fundamentos de acesso à justiça, sendo que o tribunal apenas deve ser chamado a julgar quando seja necessário o juiz intervir, não desvirtuando, como referido, os meios de defesa do senhorio e arrendatário, conforme entendimento sufragado pela Relação de Lisboa[256], segundo o qual "*não existe racional justificação para se recorrer ao tribunal para que este profira decisão para que o juiz declare: o réu não pagou as rendas, tinha a obrigação de as pagar, o contrato deve ser resolvido e entregue a casa ao autor*", mais acrescentando: "*a experiência revela, que a quase totalidade das ações de despejo por falta de pagamento de rendas não conformam qualquer litígio, até mesmo pela ausência de contestação na grande maioria delas*".

[256] **JURISPRUDÊNCIA (31/03/2011)**
AC. TRL N.º 634/08.5TBMTA-A.L1-6 (RELATOR ASCENSÃO LOPES)
"1) A forma legalmente prevista para fazer cessar o contrato de arrendamento por resolução do senhorio, devido a falta de pagamento da renda por mais de três meses é a indicada no n.º 1 do art. 1084.º do CC, mediante comunicação à contraparte.
2) A norma do art. 1084.º do CC é a aplicável ao caso dos autos e, a mesma, porque investida da característica da imperatividade determinada pelo art. 1080 do C.C, não deixa espaço de sobra para que nos casos em que o fundamento da resolução é apenas o não pagamento de rendas, o senhorio possa recorrer à via judicial para obter o despejo do local arrendado.
3) Apesar de o art. 1084.º do CC no seu n.º 3 conter uma condição de ineficácia da resolução (*que o arrendatário ponha fim à mora no prazo de três meses) esta oportunidade ou possibilidade para o arrendatário não se esgota com o decurso do assinalado prazo de três meses. É que o art. 1048.º do CC concede-lhe, expressamente, uma segunda oportunidade de poder fazer caducar o direito à resolução do contrato, consistente em efetuar o depósito ou pagamento até ao termo do prazo para oposição à execução.*
4) As exigências formais para efetivação do depósito de rendas, consignadas na lei são meramente instrumentais em relação ao escopo final a atingir, que é o de garantir ao senhorio o pagamento das rendas em falta e da indemnização compensatória da mora / incumprimento."

O quarto argumento por sua vez, denota que a reforma empreendida ao arrendamento urbano com a Lei n.º 6/2006 que aprova o NRAU e posteriores alterações, vêm no sentido de aproximar a resolução da relação arrendatícia, com base no fundamento constante dos n.ºs 3 e 4 do artigo 1083.º, do próprio regime-regra plasmado no n.º 1 do artigo 436.º do Código Civil, não sendo assim despicienda a opção legislativa assumida nesta matéria.

Pelo exposto, aderimos à posição minoritária[257], defendendo existir nos n.ºs 1 e 2 do artigo 1084.º, um comando imperativo, por remissão do artigo 1080.º, ao autonomizar e distinguir claramente os fundamentos cuja resolução deverá ser operada pela via judicial daqueloutros que devem, igualmente de forma imperativa, seguir a comunicação extrajudicial à contraparte através de um dos meios previstos no n.º 7 do artigo 9.º NRAU.

Entendeu o legislador, de forma assertiva, no âmbito das disposições relativas ao contrato de locação, poder a resolução ser operada tanto judicialmente como extrajudicialmente, como resulta do artigo 1047.º, seguindo via diversa nas disposições específicas do contrato de arrendamento urbano, onde estabelece com clareza os fundamentos resolutivos que efetivamente admitem a resolução judicial e os que imperativamente devem ser invocados por comunicação à contraparte, pois como referimos, fosse outra a sua intenção, certamente o teria dado a entender.

Note-se, pois, que a própria razão de ser de tal asserção é facilmente apreensível atendendo à própria índole de uma ação de despejo bem como a desnecessidade de discussão e julgamento de um litígio cujo objeto se prende unicamente com a mora no pagamento de rendas por parte do arrendatário ou o respetivo atraso, superior a quatro vezes, sucessivo ou interpolado num período de 12 meses, no seu pagamento.

Entendemos, pois, que, atendendo à necessidade de tais matérias serem desjudicializadas, finalidade essa que aliás presidiu à reforma empreendida no NRAU com a Lei n.º 31/2012, tal não se compadece com um processo moroso e inevitalmente dispendioso em que tais fundamentos resolutivos tenham de ser discutidos em sede judicial para, afinal, vir a

[257] Em conformidade com o entendimento que sustentámos anteriormente, Edgar Alexandre Martins Valente, *Procedimento Especial de Despejo: com as alterações resultantes da Lei n.º 79/2014*, pp. 94ss.

ser declarada a resolução do contrato e condenado o arrendatário a desocupar o imóvel, quando tal desiderato poderá facilmente ser alcançado através de uma notificação judicial avulsa, contacto pessoal de advogado, solicitador ou agente de execução ou, bem ainda, nos contratos de arrendamento onde exista convenção do domicílio do arrendatário, por escrito assinado e remetido por carta registada com aviso de receção, em que seja invocada, de forma devidamente fundamentada, a razão de ser de tal resolução contratual.

Não descurando a inexistência de um direito de defesa do arrendatário face à resolução operada pela via extrajudicial, sempre se diga que, a entender este assistir-lhe razão de oposição a tal resolução, poderá o arrendatário, conforme aludimos *supra*, exercer oportunamente o seu direito em sede de procedimento especial de despejo, apresentando oposição ao requerimento de despejo do senhorio, nos termos do artigo 15.º-F NRAU, gozando igualmente da possibilidade de requerer o diferimento da desocupação do imóvel arrendado ou, alternativamente e sendo aplicável, a suspensão da desocupação do imóvel arrendado.

O nosso entendimento, no entanto, comporta ainda uma ressalva extensível a todas as situações em que o senhorio, na completa impossibilidade de obter a tutela adequada pela resolução extrajudicial e consequentemente pela desocupação coerciva do imóvel através do procedimento especial de despejo, poder, subsidiariamente, lançar mão da ação de despejo, uma vez que, face a tal perspetiva, assistir-lhe-ia o necessário interesse processual em agir.

Tal possibilidade, visando essencialmente as situações em que o senhorio não consegue reunir os necessários documentos base ou *títulos sui-generis* para desencadear o procedimento especial de despejo, em virtude, por exemplo, da ausência de contrato de arrendamento escrito ou por impossibilidade de demonstração do pagamento do imposto de selo, aplica-se de igual forma às situações em que pretenda obter, acessoriamente ao pagamento das rendas, despesas ou encargos, a condenação do arrendatário ao pagamento de uma indemnização civil por danos causados no imóvel, ou bem ainda pretenda demandar igualmente o respetivo fiador na mesma ação, desideratos que não poderia obter satisfatoriamente no procedimento especial de despejo.

Por outro lado, dispondo de todos os documentos que lhe permitam desencadear validamente o procedimento especial de despejo e logrando obter meramente a efetivação da desocupação do imóvel arrendado e, acessoriamente, o pagamento das importâncias devidas em falta, entendemos que o senhorio deverá, imperativamente, operar a resolução extrajudicial do contrato de arrendamento através de uma das vias aludidas, desencadeado, face à inércia do arrendatário em desocupar o imóvel e proceder ao pagamento das rendas, encargos ou despesas em falta, o competente procedimento especial de despejo a fim de obter a necessária tutela da sua posição jurídica, sendo que, em tal situação, inexiste, pois, interesse processual em agir em sede de ação de despejo.

E. Caducidade do direito à resolução

Conforme vimos no âmbito dos modos destinados a operar a resolução do contrato de arrendamento em que consoante o fundamento resolutivo em apreço assim será o modo de resolução, o mesmo sucede no prazo de caducidade do direito à resolução, variando conforme estejamos perante os fundamentos constantes do n.º 2 do artigo 1083.º onde, a par dos elencados exemplificativamente, se inserem todos os demais que pela respetiva gravidade ou consequências tornem inexigível a manutenção da relação contratual pelo senhorio, ou perante os fundamentos que resultam do n.º 3 e 4 do mesmo preceito.

Assim sendo, dispõe o n.º 1 do artigo 1085.º, relativamente à totalidade de fundamentos existentes com exceção dos constantes do n.º 3 e 4 do referido artigo 1083.º, que a resolução deverá ser efetivada dentro do prazo de um ano a contar da data em que o senhorio obteve conhecimento do facto que lhe serve de fundamento, sob pena de caducidade, acrescentando o n.º 3 do artigo 1085.º, que perante um facto de execução continuada ou duradoura, o prazo não se completa antes de decorrido um ano da sua cessação, isto é, o referido prazo de um ano findo o qual cessa o direito à resolução por parte do senhorio, apenas tem início assim que verificada a cessação do facto duradouro ou continuado.

Importa notar no respeitante à *efetivação da resolução* a que se refere o presente normativo, que a mesma por ausência de algum rigor terminológico poderá ser facilmente confundida com a "*efetivação da cessação do arrendamento*" a que se refere o n.º 1 do artigo 15.º NRAU, relativamente ao procedimento especial de despejo, pese embora estejamos perante duas realidades distintas, na medida em que na primeira situação, visa-se operar a cessação do contrato de arrendamento através da resolução, com base em determinado fundamento e dentro do referido prazo de um ano, ao invés do que sucede no artigo 15.º, onde o legislador pretende referir-se com a expressão "*efetivação da cessação*" à desocupação coerciva do locado por parte do arrendatário e respetivo pagamento acessório de rendas, encargos e despesas a que eventualmente haja lugar, relativamente a um contrato já cessado anteriormente.

Assim sendo e no respeitante à contagem do referido prazo de um ano, esta inicia-se a partir da data em que o senhorio teve conhecimento do fundamento subjacente à pretendida resolução, salvo se se tratar de um facto continuado ou duradouro, situação em que apenas após a cessação do mesmo se inicia a contagem daquele prazo de um ano. Exemplo da primeira situação será a cedência de gozo não autorizado a terceiros durante um dia, esgotando-se tal facto nesse mesmo acontecimento, verificando-se, como tal, uma violação contratual espontânea, ainda que os respetivos efeitos da mesma se mantenham posteriormente a esse momento, ao invés do que sucede na segunda situação, onde tal violação é continua, como sucederá na falta de residência no locado por período superior a um ano, em que o prazo de caducidade apenas terá inicio uma vez cessada tal violação[258].

Diversamente, o prazo para a caducidade da resolução do contrato de arrendamento com base nos fundamentos previstos nos n.ºs 3 e 4 do artigo 1083.º, é de três meses a contar da data do conhecimento do facto, não sendo porém isento de dúvidas o momento em que deverá começar a contagem do referido prazo no respeitante à mora do arrendatário no pagamento de rendas, encargos ou despesas igual ou superior a três meses, pese embora o entendimento predominante tanto na jurisprudência como na doutrina resida na consideração de cada renda *de per si* para efeito da cessação do direito de resolução do senhorio, na medida

[258] Nas palavras claras e esclarecedoras de PINTO FURTADO, *Manual de Arrendamento Urbano*, p. 1150: "*Se o facto em que assenta o direito de resolução for continuado ou duradouro, o senhorio pode conhecê-lo desde o início da sua verificação e deixá-lo protelar indefinidamente, sem que daí resulte caducidade. O prazo desta só começará a correr quando o arrendatário cessar a violação continuada. Se a não cessar nunca, não caducará nunca o direito de resolução do senhorio. Tratando-se, pelo contrário, de facto instantâneo, o prazo de caducidade começará a correr no próprio dia em que foi conhecido do senhorio.*"

em que constituindo o vencimento da renda, um facto instantâneo, cada renda vencida gozará de autonomia própria[259].

Entendemos assim que, perante a verificação da mora no pagamento da renda, ainda que tratando-se de uma renda só, igual ou superior a três meses, tendo o senhorio conhecimento desse facto resolutivo, isto é, de terem decorrido três meses de mora no pagamento da ou das rendas entretanto vencidas, nasce o prazo de três meses, relativamente à primeira renda em mora, dentro do qual deverá exercer o seu direito à resolução, sob pena de caducidade uma vez decorrido tal prazo.

Por outras palavras, o facto não se conta a partir do momento em que o arrendatário entra em mora no pagamento da renda, mas sim quando se constitui em mora relevante para efeitos da resolução nos termos constantes do n.º 3 do artigo 1083.º, o que apenas sucederá decorridos três meses desde o inicio da mora, só aí tomando, efetivamente, conhecimento desse facto resolutivo, devendo efetivar, a partir desse momento, a resolução do contrato no prazo de três meses, findos os quais não poderá vir invocar a resolução do contrato quanto a essa renda em específico, ainda que tenha direito, igualmente, ao pagamento do valor a esta respei-

[259] **JURISPRUDÊNCIA (13/07/2016)**

AC. TRL N.º 12399/15.0T8LSB.L1-2 (RELATOR EZAGÜY MARTINS)

"I – A mora de dois meses [três meses na redação atual], *na renda, é autossuficiente, enquanto fundamento de despejo, nos quadros do artigo 1083.º, n.º 3, do Código Civil.*

II – A resolução do contrato de arrendamento com esse fundamento deve porém ser efetivada dentro do prazo de três meses a contar do conhecimento da completude desse período de mora, sob pena de caducidade do direito à resolução do contrato.

III – Cada uma das rendas vencidas tem, nesse caso, autonomia para a contagem do prazo de caducidade.

IV – No tocante à hipótese do n.º 4, do artigo 1083.º, do Código Civil, o termo a quo de contagem do prazo de caducidade é o momento em que se verificar o conhecimento da situação de "mora superior a oito dias, no pagamento da renda, por mais de quatro vezes seguidas ou interpoladas, num período de 12 meses".

V – Tal período não coincide com um qualquer ano civil.

VI – É de presumir o coetâneo conhecimento pelo senhorio da falta de pagamento de renda, na data do seu vencimento, recaindo sobre aquele o ónus de prova de, sem culpa sua, apenas posteriormente haver tomado conhecimento da situação de mora. VII – Para efeitos de diferimento da desocupação do locado, nos quadros do artigo 15.º-N.º do NRAU, não pode retirar-se da circunstância da concessão de apoio judiciário à Ré/requerente, e sem o concurso de outros elementos, que a falta do pagamento de rendas "se deve a carência de meios do arrendatário".

tante, ou que possa, de igual forma, vir invocar a resolução relativamente a rendas vencidas subsequentemente a essa, sobre as quais se verifique mora no pagamento igual ou superior a três meses.

Importa notar que a caducidade do direito à resolução do contrato pelo senhorio, não sendo de conhecimento oficioso, porquanto respeita a relações juridicamente disponíveis, deverá necessariamente ser invocada pelo arrendatário, porquanto a ausência de arguição determinará a resolução do contrato de arrendamento[260], ainda que assente em rendas cujo direito à resolução se encontre caducado. Diversamente, a invocação da caducidade, pelo arrendatário em sede de contestação à ação de despejo, do direito de resolução assente na mora no pagamento de rendas devidas há mais de três meses, constituindo exceção perentória, determina a absolvição do réu do pedido.

Tal não obsta, porém, à obtenção coerciva do referido valor em dívida a título de rendas, em sede de ação executiva para pagamento de quantia certa, nos termos do n.º 1 do artigo 14.º-A NRAU, ainda que o senhorio não possa já resolver o contrato com base em tal fundamento, uma vez que o direito a resolver o contrato é diferente do direito a obter as rendas em atraso, na medida em que, quanto a estas, vigora o disposto no artigo 310.º do Código Civil, prescrevendo no prazo de cinco anos o direito à sua obtenção, nos termos da alínea b), não estando as rendas, como tal, abrangidas pela referida caducidade do direito à resolução do contrato de arrendamento.

De igual forma, importa não confundir a caducidade do direito à resolução do contrato em virtude da inércia do senhorio no exercício do mesmo, constante do n.º 2 e 3 do artigo 1085.º, que aqui analisamos, com a caducidade do direito do senhorio à resolução judicial do contrato em virtude do direito legalmente reconhecido ao arrendatário, já referido *supra*, resultante do artigo 1048.º, a fazer cessar a mora no pagamento das rendas, encargos ou despesas em dívida, acrescida do pagamento da indemnização correspondente a 20% do montante devido a que se refere o n.º 1 do artigo 1041.º, até ao termo do prazo para a apresentação da contestação em sede de ação declarativa, obstando assim à produção de

[260] Aragão Seia, *Arrendamento Urbano*, pp.452ss.

efeitos da cessação operada pelo senhorio, permanecendo válido o contrato celebrado[261].

O mesmo se diga, por sua vez, no respeitante à possibilidade de o arrendatário proceder à purga da mora, nos termos constantes dos n.ºs 3 e 4 do artigo 1084.º, assim retirando efeito à resolução extrajudicial operada pelo senhorio, sendo que tal hipótese de utilização única com referência a cada contrato de arrendamento celebrado difere, naturalmente, da caducidade do direito do senhorio à resolução do contrato decorrido que seja o lapso temporal referido nos n.ºs 1 e 2 do artigo 1085.º, após o termo do período de um ano contabilizado após a cessação do facto duradouro subjacente à resolução pelo senhorio ou do termo do período de três meses após o conhecimento do facto a que se referem os n.ºs 3 do artigo 1083.º.

No respeitante, por último à resolução do contrato com base no fundamento constante do n.º 4 do artigo 1083.º, isto é, na constituição em mora superior a oito dias pelo arrendatário, no pagamento da renda, por mais de quatro vezes, seguidas ou interpoladas, a caducidade do direito à resolução do senhorio ocorre no prazo de três meses contabilizados a partir do momento da verificação da mora no referido pagamento pela quinta vez num período de doze meses[262].

F. Resolução por parte do arrendatário

Analisada a resolução do contrato de arrendamento pelo senhorio, importa agora notar que, no respeitante ao arrendatário, ao invés do

[261] **JURISPRUDÊNCIA (11/01/2018)**
AC. TRL N.º 4075/16.2T8MTS-C.P1 (RELATOR ARISTIDES RODRIGUES DE ALMEIDA)
"I – A caducidade do direito à resolução do contrato de arrendamento prevista no artigo 1048.º do Código Civil é distinta da caducidade prevista no artigo 1085.º do mesmo diploma; aquela está associada ao pagamento da indemnização pelo inquilino, esta é consequência da inércia do senhorio na instauração da ação durante determinado tempo após a verificação do fundamento da resolução.
II – É controversa a questão jurídica de saber se o novel fundamento de resolução do contrato previsto no n.º 4 do artigo 1083.º, da mesma forma que exclui a aplicação do disposto nos n.ºs 3 e 4 do artigo 1084.º, afasta a aplicação do disposto no artigo 1048.º, do Código Civil.
III – As exceções para as quais haja várias soluções plausíveis de direito só devem ser julgadas no despacho saneador se já estiverem assentes os factos necessários para dela*s conhecer na perspetiva de todas as soluções plausíveis."*

[262] Luís Menezes Leitão, *Arrendamento Urbano*, p. 156.

que sucede na resolução pela contraparte, a lei não contem um catálogo exaustivo, ainda que de caráter meramente exemplificativo, de possíveis fundamentos resolutivos na sua disponibilidade, pese embora e ao abrigo do disposto no n.º 2, também a resolução do contrato de arrendamento por parte do arrendatário resultará do incumprimento da contraparte que, pela respetiva gravidade ou consequências daí resultantes, tornem inexigível a manutenção do relação arrendatícia.

De facto, a opção legislativa assumida nesta matéria é percetível não apenas por motivos históricos no respeitante aos contratos vinculativos onde caberia primordialmente ao arrendatário a decisão respeitante ao momento em que o contrato deveria cessar, perpetuando-se no tempo perante a ausência de vontade desvinculativa do inquilino, mas também pela disponibilidade de mecanismos legais que permitem atualmente ao arrendatário desvincular-se com respetiva facilidade quer no âmbito de contratos de prazo certo como nos contratos de duração indeterminada, inexistindo assim por parte do legislador a necessidade de pormenorizar a disciplina resolutiva do contrato por parte do arrendatário, uma vez que em observância do regime geral da resolução perante o incumprimento da contraparte, a posição deste encontra-se salvaguardada.

Existirá, de igual forma, direito à resolução do contrato de arrendamento, nos termos gerais, com base em incumprimento da outra parte, aferível em observância do disposto nos artigos 801.º e 802.º do Código Civil, por impossibilidade total ou parcial, respetivamente, por parte do senhorio no cumprimento de obrigações a que se encontre, contratual ou legalmente vinculado.

A par das referidas, importa notar que ao arrendatário é também reconhecido o direito à resolução quando se verifique a violação por parte do senhorio de qualquer uma das cláusulas constantes do contrato de arrendamento celebrado entre ambos ao abrigo do princípio da liberdade contratual plasmado no artigo 405.º CC[263].

Paralelamente, o n.º 5 do artigo 1083.º, estabelece a possibilidade de resolução por parte do arrendatário, entre outras, com fundamento na não realização pelo senhorio de obras da sua responsabilidade, quando a

[263] António Pais de Sousa, *Extinção do Arrendamento Urbano,* p. 335

ausência das mesmas afete manifestamente a habitabilidade do locado e, em geral, a aptidão deste para o fim a que se destina.

De facto, à exceção das obras a que se refere o n.º 2 do artigo 1074.º, isto é, obras convencionadas entre as partes no contrato ou expressamente autorizadas pelo senhorio ou, bem ainda, as reparações ou despesas urgentes a que se refere o n.º 1 do artigo 1036.º e das obras a que se refere o artigo 22.º-A, aditado pela Lei n.º 13/2019, em virtude da mora do senhorio na realização das mesmas, é proibida a realização ao arrendatário de quaisquer outras obras no locado[264], sob pena de resolução contratual por parte do senhorio, sendo que, em regra e como resulta do n.º 1 do artigo 1074.º, a obrigação de realizar obras de conservação, ordinárias e extraordinárias, pertencerá, salvo convenção em contrário, ao senhorio, o qual, ao incorrer em incumprimento, confere ao arrendatário fundamento para a cessação do contrato de arrendamento, por força da violação da obrigação constante da alínea b) do artigo 1031.º, de assegurar ao arrendatário o gozo da coisa para os fins a que a mesma se destina.

Em sede das normas gerais do contrato de locação, são igualmente consagradas duas situações de verificação da resolução do contrato celebrado, independentemente da culpa e responsabilidade do senhorio, já oriundas da versão original do Código Civil, a qual ocorrerá quando:

[264] **JURISPRUDÊNCIA (08/05/2017)**

AC. TRP N.º 3542/15.0T8GDM.P1 (RELATOR MANUEL DOMINGOS FERNANDES)

"I – No âmbito do NRAU o arrendatário só pode proceder à realização de obras nas situações previstas no n.º 2 do artigo 1074.º ou nas previstas no artigo 1036.º ambos do Código Civil (n.º 3 do artigo 1074.º do mesmo diploma).

II – As obras urgentes que não consentem qualquer dilação a que se faz referência no artigo 1036.º, n.º 2 do CCivil são aquelas que em geral não permitam a utilização do locado, no todo ou em parte, se não forem executadas imediatamente, razão pela qual a existência de humidade numa das paredes de um dos cómodos do locado, cuja não utilização não está demonstrada, não integra a referida urgência.

III – Também a referida existência de humidade não integra a urgência a que se refere o n.º 1 do citado artigo 1036.º pois que a sua reparação, estando desgarrada de outra realidade factual, não se pode qualificar de urgente e muito menos que não se compadeça com a instauração de uma ação judicial.

IV – No contrato de arrendamento existe correspetividade entre a prestação do senhorio de proporcionar ao inquilino o gozo da coisa locada e a prestação do inquilino de pagar o valor da renda.

V – Para que o inquilino possa deixar de pagar a renda com base na exceção de não cumprimento do contrato pelo senhorio, tem de alegar e provar que ficou privado do gozo do locado e que existe um nexo de causalidade entre a privação desse gozo e a falta de pagamento da renda."

a) Por motivo estranho à própria pessoa do arrendatário ou seus familiares, for privado do gozo do locado, ainda que apenas temporariamente;
b) Existir ou sobrevier no locado defeito que ponha em período a vida ou a saúde do arrendatário e respetivos familiares, considerando-se como tais, para efeitos do disposto no n.º 3 do artigo 1040.º, os parentes, afins ou serviçais que vivam habitualmente em comunhão de mesa e habitação com o arrendatario ou o senhorio[265];

As referidas situações, traduzindo casos hipotéticos de risco para o arrendatário e seus familiares, configuram acontecimentos externos ao próprio contrato de arrendamento e independentes de culpa do senhorio, entendendo, porém, o legislador à época, que tal risco devia ser imputável ao senhorio, independentemente de culpa deste[266], tendo em vista a proteção do contraente mais vulnerável na relação arrendatícia e respetivos terceiros que consigo coabitam, existindo, naturalmente, o referido direito à resolução caso a verificação de qualquer uma das hipóteses elencadas nas referidas alíneas do artigo 1050.º, provenha de culpa do senhorio[267].

No respeitante, por sua vez, ao modo de operar a resolução nos termos expostos, deverá o arrendatário, nos termos do n.º 2 do artigo 1084.º, proceder à comunicação extrajudicial da cessação justificada do contrato

[265] **JURISPRUDÊNCIA (07/11/2017)**
AC. TRP N.º 1632/15.8T8ACB.C1 (RELATOR ARLINDO OLIVEIRA)
"*1. Tendo o telhado do prédio em que se situava o locado ruído por falta de obras por parte do senhorio, o contrato de arrendamento em causa caducou nessa mesma data, por perda da coisa locada.*
2. Uma vez que no caso em apreço, a ruína do telhado se ficou a dever ao facto de o senhorio não ter feito obras, sobre ele recai, a obrigação de indemnizar a arrendatária pelos prejuízos por esta sofridos, decorrentes da caducidade do contrato.
3. Esta obrigação de indemnização mantém-se apesar do contrato de arrendamento ser anterior à data em que o senhorio adquiriu o prédio locado, dado que o adquirente, sucede nos direitos e obrigações do locador."

[266] António Menezes Cordeiro, *Leis do Arrendamento Urbano Anotadas*, p. 99.

[267] A este propósito, António Pais de Sousa, *Extinção do Arrendamento Urbano*, p. 335.

ao senhorio, seguindo uma das formas constantes do n.º 7 do artigo 9.º, através de[268]:

a) notificação judicial avulsa;
b) contacto pessoal de advogado, solicitador ou agente de execução, comprovadamente mandatado para o efeito;
c) escrito assinado e remetido para o domicílio do senhorio mediante carta registada com aviso de receção;

Note-se, no respeitante à modalidade referida na alínea c) que esta apenas será aplicável aos contratos de arrendamento em que exista a convenção de domicílio do senhorio, sem a qual não se considerará este eficazmente notificado da comunicação que lhe foi endereçada, devendo o arrendatário realizar a comunicação seguindo uma das restantes formalidades legalmente admissíveis.

Por último, o prazo de caducidade do direito de resolução do contrato de arrendamento pelo arrendatário, será o constante do n.º 1 do artigo 1085.º *ex vi* do n.º 2 do artigo 1083.º, isto é, o prazo de um ano a contar do conhecimento efetivo do facto que fundamenta a resolução, sendo certo que nos factos de execução continuada ou duradora, o referido prazo de um ano apenas tem inicio imediatamente após a data de cessação do referido facto.

[268] Para maior desenvolvimento de cada um dos meios de resolução extrajudicial do contrato de arrendamento pelo arrendatário, remetemos o leitor para as considerações tecidas a este respeito em sede do modo de operar a resolução do contrato de arrendamento pelo senhorio, as quais serão integralmente aplicáveis na presente matéria.

II
Despejo e Outros Meios Processuais

I
Introdução

O regime jurídico atualmente aplicável ao arrendamento urbano integra diversos meios de tutela da posição do senhorio face ao incumprimento por parte do arrendatário do conjunto de obrigações derivadas da celebração do contrato de arrendamento, sendo certo que tais meios podem, por um lado, dividir-se em meios judiciais e meios extrajudiciais e dentro dos primeiros, entre meios declarativos e meios executivos e, por outro, entre meios destinados à obtenção da cessação do contrato de arrendamento, à desocupação do locado e/ou ao pagamento das rendas, encargos e despesas em atraso.

Por outro lado, também a posição do arrendatário, é agora merecedora, em virtude das alterações introduzidas pelas Leis n.º 12/2019 e 13/2019, de 12 de fevereiro, de um reforço adicional da tutela efetiva dos seus direitos, especialmente em sede de assédio ao arrendamento, compreendendo o conjunto de situações que perturbam ou obstam ao gozo do imóvel tendo em vista a cessação antecipada do contrato de arrendamento, e em sede de pagamento da compensação devida por força realização de obras em substituição do senhorio, por inércia injustificada na sua realização, cujo catálogo de obras admissíveis para este efeito é igualmente ampliado.

Assim sendo, a ordem adotada na exposição e análise subsequente de cada um dos diferentes meios processuais de relevo em matéria de arrendamento urbano, seguirá o critério de distinção entre meios judiciais e meios extrajudiciais, tendo em vista a melhor perceção da mesma, incluindo-se nos meios judiciais, primeiramente os processos declarativos, ou seja, a ação de despejo (artigo 14.º NRAU) e, de seguida, os processos executivos, a ação executiva para entrega de coisa imóvel arrendada (artigos 862.º ss CPC), a ação executiva para pagamento de rendas, encargos ou despesas (artigo 14.º-A/n.º1 NRAU) e a ação executiva para pagamento de compensação devida ao arrendatário pela realização de obras em substituição do senhorio (artigo 14.º-A/n.º 2 NRAU).

Nos meios processuais extrajudiciais, por sua vez, incluem-se, o procedimento especial de despejo (artigos 15.º ss NRAU) e a injunção em matéria de arrendamento (artigo 15.º-T e 15.º-U NRAU).

II
Meios judiciais

1. Ação de despejo

A. Noção, enquadramento legal, antecedentes históricos e natureza processual

A ação de despejo, prevista no artigo 14.º NRAU, consiste, atualmente, num meio processual de natureza declarativa cujo desiderato principal reside na declaração judicial da cessação do contrato de arrendamento celebrado entre senhorio e arrendatário, sempre que a lei faça depender, expressamente, a extinção do vínculo contratual de intervenção judicial, seguindo a forma única do processo comum.

Por outras palavras, pese embora a designação possa, erradamente, traduzir a ideia de estarmos perante uma ação especial, a ação declarativa de despejo segue a mesma tramitação aplicável a qualquer outra ação declarativa comum, com a necessária observância por parte do julgador dos princípios processuais de gestão processual e adequação formal atendendo às especificidades próprias de cada causa. Não obstante, nem sempre, na evolução da figura assim sucedeu.

De facto, aquando da vigência do Código de Processo Civil de 1961, aprovado pelo Decreto-Lei n.º 44129, a ação de despejo, também conhecida por *processo para a cessação imediata do arrendamento*, encontrava-se regulada nos revogados artigos 971.º e seguintes, dispondo de um conjunto de especificidades próprias de natureza marcadamente substantiva, a par da aplicação subsidiária das disposições relativas ao extinto processo sumário[269].

No período temporal em consideração, a ação de despejo, a par da vertente declarativa, permitiria ainda ao senhorio obter, mediante a respetiva execução da decisão judicial de despejo, a efetivação da cessação do contrato através da entrega forçada do imóvel perante a inércia do arrendatário no cumprimento da obrigação na data estipulada, constante da sentença, de desocupação e entrega do locado, bastando, para a execução da mesma, o requerimento apresentado pelo senhorio tendo em vista a emissão de um mandado de despejo.

Na mesma linha, com a entrada em vigor do Decreto-Lei n.º 321-B/90, de 15 de outubro, que aprova o RAU e a inerente revogação dos artigos 964.º a 980.º do CPC, a ação de despejo ganhou previsão nos artigos 55.º a 61.º RAU, mantendo inalterada a natureza mista de ação declarativa e ação executiva, esta última eventual, sendo a primeira destinada a operar a cessação do contrato de arrendamento, quando a lei imponha o recurso à via judicial e a segunda, destinada a efetivar a cessação desse contrato, caso o arrendatário o não fizesse voluntariamente, à semelhança do que já sucedia na vigência do revogado CPC.

Não obstante, a ação de despejo perde a sua qualidade de processo especial, passando a seguir a tramitação aplicável à forma de processo comum, sendo que o *nomen iuris* da ação de despejo deixa de corresponder ao anterior *processo especial para cessação do arrendamento* ou a qualquer outra ação cujas especificidades justificassem a diferenciação face à ação declarativa comum, aplicando-se, dentro desta e consoante o valor da ação, as regras do processo sumário ou ordinário.

No âmbito da vertente declarativa da ação de despejo, seria ainda possível ao senhorio, na pendência do processo judicial e perante a ausência, por parte do arrendatário, do pagamento de rendas entretanto vencidas, obter o despejo imediato do locado, nos termos do artigo 58.º RAU,

[269] Carlos Alegre, *Regime do Arrendamento Urbano*, p. 115, Jorge Aragão Seia, *Arrendamento Urbano*, p. 327 e Francisco Pereira Coelho, *Arrendamento – Direito Substantivo e Processual*, p. 174.
Sobre o tema em análise, veja-se ainda, Pedro Romano Martinez, *Da cessação do contrato*, pp. 354 ss; Cardona Ferreira, *Breves Apontamentos...*, p. 593-611 e Pais de Sousa, *Extinção do arrendamento urbano...*, pp. 388ss.

através de incidente processual para tal destinado, sendo autónomo mas dependente da ação principal, na medida em que não poderia o senhorio desencadear o incidente de despejo imediato cuja ação de despejo não estivesse proposta ou tivesse já transitado em julgado[270].

Por sua vez, a vertente executiva da ação de despejo encontrar-se-ia, necessariamente, na dependência da decisão judicial declarativa de despejo e inerente emissão de mandado de despejo, sendo que, nas situações de cessação do contrato que operem por comunicação ao arrendatário, não carecendo, como tal, do recurso à ação de despejo a fim de ser operada a cessação do vínculo contratual, não poderia o senhorio recorrer à vertente executiva da ação de despejo tendo em vista obter a efetivação da cessação extrajudicial desse contrato, como acontecia nas situações de revogação ou denúncia.

Nestas modalidades de cessação contratual, podia o senhorio, munido do contrato de arrendamento de que resulte expressa estipulação do prazo de duração efetiva, em observância do disposto no artigo 98.º RAU e do comprovativo de comunicação ao arrendatário da cessação do contrato através de notificação judicial avulsa, desencadear a competente ação executiva ordinária para entrega de coisa certa, nos termos do artigo 101.º RAU, porquanto tais documentos constituiriam título executivo válido para despejo do locado.

Sequencialmente, com a revogação do RAU e a entrada em vigor do NRAU, aprovado pela Lei n.º 6/2006, de 27 de fevereiro, introduzindo alterações profundas no quadro legislativo do arrendamento urbano, o âmbito de aplicação da ação de despejo é largamente reduzido, tanto a nível processual como no respeitante às formas de cessação do contrato de arrendamento que carecem de intervenção judicial, que aquela ação viria a transferir ou partilhar, total ou parcialmente, com outros meios processuais.

Concretizando, ao invés do que sucedia anteriormente à vigência do NRAU, a ação de despejo perde, no novo regime, a sua vertente executiva, deixando de ser o meio idóneo aos casos em que o senhorio, possuindo título executivo judicial válido, pretenda obter coercivamente a desocupação do locado, desiderato que, a partir de junho de 2006, apenas passa

[270] Jorge Aragão Seia, *Ob. Cit.*, p.367.

a poder obter recorrendo à ação executiva para entrega de coisa imóvel arrendada, também abreviadamente apelidada de EPECIA[271], prevista nos atuais artigos 862.º e seguintes do CPC, no âmbito da execução para entrega de coisa certa.

No respeitante, por sua vez, às formas de cessação que não se compadecem com a possibilidade de operarem por comunicação extrajudicial ao arrendatário, carecendo, como tal, do recurso à ação de despejo, com a entrada em vigor da Lei n.º 6/2006, o elenco sofre uma compressão significativa do conjunto de fundamentos cuja cessação depende necessariamente do recurso à via judicial.

De facto, na vigência do RAU, como vimos, à exceção da revogação e da denúncia ocorrida nos contratos de duração limitada, todas as demais formas de cessação, incluindo a denúncia nos contratos sem duração limitada, careciam necessariamente da prolação de sentença em sede da ação de despejo, a qual, em determinados casos, como sucede na caducidade por decurso do prazo, mais não era que uma ação de simples apreciação, circunscrita ao reconhecimento da cessação em virtude da verificação dos pressupostos de que depende a cessação do contrato[272].

Por sua vez, já com a entrada em vigor do NRAU, o aumento das modalidades de cessação do contrato de arrendamento cujo efeito é validamente produzido mediante comunicação extrajudicial do senhorio ao arrendatário, é inversamente proporcional àqueles em que a cessação do contrato depende necessariamente da propositura de ação de despejo, a qual se restringe aos casos em que, nos termos do artigo 14.º *ex vi* do n.º 1 do artigo 1084.º, "*a lei imponha o recurso à via judicial para promover tal cessação*".

Assim sendo e ao invés do que sucedia no regime anterior, o recurso à ação de despejo, perdendo a finalidade meramente declarativa da existência do direito do senhorio, visa, outrossim, a produção de alterações na ordem jurídica existente através da constituição de efeitos jurídicos

[271] Sobre a Execução para entrega de coisa imóvel arrendada (EPECIA), veja-se, entre outros, Maria Olinda Garcia, *A Ação Executiva Para Entrega de Imóvel Arrendado, segundo a Lei n.º 6/2006, de 27 de Fevereiro,* Coimbra Editora, 2006 e Rui Pinto, *O Novo Regime Processual do Despejo*, 2.ª Edição, Coimbra Editora, 2013, p. 89.

[272] Vide José Lebre de Freitas, *A Nova Ação de Despejo,* Themis, Ano IX, n.º 15, 2008, p. 77

novos que, embora fundados em direitos anteriores, apenas surgem com a respetiva decisão judicial, sendo, pois, uma ação declarativa de natureza constitutiva[273], porquanto, apenas a sentença determina a cessação da relação arrendatícia, o que sucede, à luz da redação inicial do NRAU, nas situações de resolução do contrato nos termos dos n.ºs 1 e 2 do artigo 1083.º e na denúncia de contratos de duração indeterminada com os fundamentos constantes das alíneas a) e b) do artigo 1101.º.

Com a entrada em vigor da Lei n.º 31/2012, de 14 de agosto, produzindo alterações de relevo ao NRAU, o âmbito de aplicação da ação de despejo seria novamente reduzido, com a modificação do n.º 1 do artigo 1103.º, assim abolindo a necessidade de recurso à ação de despejo para promover a denúncia do contrato de arrendamento com os fundamentos previstos nas alíneas a) e b) do artigo 1101.º, a qual passa, por sua vez, a ser realizada mediante comunicação extrajudicial ao arrendatário.

Atento o facto de as alterações subsequentes à Lei n.º 31/2012, manterem inalterado o âmbito de aplicação da ação de desejo, podemos afirmar que o mesmo se encontra atualmente adstrito às situações de resolução do contrato por parte do senhorio com um dos fundamentos previstos nos n.ºs 1 e 2 do artigo 1083.º, nos termos do n.º 1 do artigo 1084.º do Código Civil e n.º 1 do artigo 14.º NRAU.

Não obstante e como vimos oportunamente, pese embora a delimitação legislativa seja aparentemente clara, no respeitante às formas de cessação e respetivos meios destinados a fazer operar cada uma dessas modalidades de cessação, existem, porém, dúvidas interpretativas quanto aos fundamentos previstos nos n.ºs 3 e 4 do artigo 1083.º, no sentido de aferir se, quanto a estes, goza o senhorio da possibilidade de recurso à ação de despejo apesar de poder livremente operar a resolução do contrato através de comunicação extrajudicial, em observância dos formalismos constantes do n.º 7 do artigo 9.º NRAU, ou se, diversamente, face ao teor literal do preceituado nos n.ºs 1 e 2 do artigo 1084.º, o senhorio tem verdadeiramente um ónus na resolução do contrato por comunicação extra-

[273] No mesmo sentido, José Lebre de Freitas, *Ob Cit.*, p. 77; Jorge Pinto Furtado, *Manual de Arrendamento Urbano, Bol. II*, p. 1159.; Rui Pinto, *O Novo Regime Processual do Despejo...*, p. 21.

judicial em virtude de inexistência de interesse processual relativamente à propositura de uma ação de despejo.

Independentemente do entendimento a adotar quanto à questão enunciada, importa analisar, de seguida, os pressupostos processuais referentes à ação de despejo.

B. Pressupostos processuais da ação de despejo

À semelhança do que sucede em qualquer ação submetida à apreciação do juiz, também o conhecimento do mérito da causa em sede de ação de despejo depende da necessária verificação de um conjunto de requisitos, os pressupostos processuais[274], sob pena da respetiva ausência determinar a procedência de uma ou várias das exceções dilatórias previstas no artigo 577.º CPC, daí resultando, consequentemente, nos termos do n.º 1 do artigo 278.º, a absolvição do réu da instância ou, em caso de incompetência relativa do tribunal, a remessa do processo para o tribunal competente, ao abrigo do n.º 3 do artigo 105.º, abstendo-se o julgador de conhecer do pedido formulado pelo autor na petição inicial, salvo se for possível a sanação do pressuposto processual em falta.

Desonerando-nos, na presente sede, da consideração geral de cada um desses pressupostos, centralizaremos a análise seguinte naqueles que, em razão das especificidades que encerram relativamente a qualquer outra ação declarativa comum, assumem especial relevo na ação de despejo, seguindo, pela respetiva ordem de exposição, a organização adotada no Código de Processo Civil, tendo início com os pressupostos processuais relativos à legitimidade das partes, ao patrocínio judiciário e, por último, ao tribunal competente para a apreciação do mérito da causa.

1) LEGITIMIDADE DAS PARTES

I) LEGITIMIDADE ATIVA

No âmbito dos pressupostos processuais relativos às partes, importa desde logo considerar a legitimidade ativa e passiva das partes numa ação

[274] *Vide* J. P. Remédio Marques, *Acção Declarativa à Luz do Código Revisto*, 3.ª Edição, Coimbra Editora, pp. 230 ss. e José Lebre de Freitas, *Introdução do Processo Civil – Conceito e princípios gerais à luz do novo código*, 3.ª Edição, Coimbra Editora, pp. 48 ss.

de despejo, sendo certo que, como resulta do disposto no artigo 30.º, terá legitimidade ativa o autor, ou seja, aquele que tem interesse direto em demandar e o o réu, enquanto titular de legitimidade passiva, aquele que tem interesse direito em contradizer, aferindo-se da existência de legitimidade em virtude da utilidade ou prejuízo concretos resultantes para as partes da procedência ou improcedência da ação, atendendo à concreta configuração, pelo autor, do direito por si invocado e da posição que as partes assumem na relação jurídica material controvertida, o que, transpondo para o contexto em análise nos permite genericamente identificar o senhorio como titular de legitimidade ativa e o arrendatário como titular de legitimidade passiva.

Assim sendo e no respeitante ao senhorio, incumbe sobre este a prova da sua qualidade, a qual não tem, necessariamente, que coincidir com a posição de proprietário do imóvel arrendado, desde que goze, naturalmente, dos poderes necessários que lhe permitam dar determinado imóvel em arrendamento, ou seja, caso o senhorio não seja o proprietário do locado, deverá demonstrar que o direito a arrendar o imóvel lhe resulta de outra posição juridicamente relevante, designadamente, como comproprietário ou usufrutuário.

Alguma jurisprudência tem entendido[275], inclusive, que o facto de o arrendamento não constituir em si um direito real, não sendo, como tal, a ação de despejo uma ação de defesa de direitos reais, como sucede com a ação de reivindicação, por exemplo, não estaria, assim, o senhorio obrigado a fazer demonstração da titularidade do direito de propriedade ou de qualquer outro direito real sobre o imóvel, bastando para tanto, invocar a posse do locado e fazer prova da sua qualidade de senhorio para ser considerado parte legítima.

Naturalmente, situações haverá em que a demonstração da qualidade de senhorio depende, necessariamente, da prova da qualidade de proprietário, designadamente quando, em virtude da alineação do imóvel onerado com contrato de arrendamento anterior à transmissão, o

[275] Veja-se, neste sentido, os Acórdãos do Tribunal da Relação de Évora de 26 de março de 2015 *(Processo n.º 183/11.4T2GDL.E1, Relatora Cristina Cerdeira)*, o Acórdão do Tribunal da Relação de Lisboa de 29 de maio de 2012 *(Processo n.º 1693/10.6TCLRS.L1-7, Relatora Ana Resende)* e, bem ainda o Acórdão do Tribunal da Relação do Porto de 30 de janeiro de 1995 *(Processo n.º 9450771, Relator Bessa Pacheco)*.

adquirente do mesmo sucede, nos termos do artigo 1057.º, nos direitos e obrigações do senhorio, sem que para tal haja necessidade de celebração de novo contrato de arrendamento ou de aditamento ao contrato anterior, devendo este último, a par do contrato de arrendamento, invocar e demonstrar a transmissão ocorrida, assim comprovando a sua qualidade de senhorio.

Por sua vez, constituindo o locado bem comum do casal e pese embora seja necessária, sob pena de nulidade do ato, a celebração conjunta por ambos os cônjuges ou por um dos cônjuges com o consentimento do outro do respetivo contrato de arrendamento sobre o imóvel, ao abrigo do disposto na alínea a) do n.º 1 do art. 1682.º-A do Código Civil, não estaremos já, no domínio da ação de despejo, perante uma situação de litisconsórcio necessário na medida em que esta ação, não envolvendo a oneração ou alienação do locado, não carece de ser proposta por ambos os cônjuges ou, alternativamente, por um deles com o consentimento do outro cônjuge, nos termos do artigo 34.º CPC.

É este o entendimento pacífico na nossa jurisprudência[276], cujos arestos principais, seguindo caminhos distintos, alcançam a mesma con-

[276] **JURISPRUDÊNCIA (15/02/2007)**

AC. TRE. PROCESSO N.º 2315/06-2 (RELATOR MÁRIO SERRANO)

"I – Dispõe o n.º 1 do art. 28.º-A do CPC que «devem ser propostas por marido e mulher, ou por um deles com consentimento do outro, as ações de que possa resultar a perda ou a oneração de bens que só por ambos possam ser alienados ou a perda de direitos que só por ambos possam ser exercidos, incluindo *as ações que tenham por objeto, direta ou indiretamente, a casa de morada de família».*

II – Por sua vez, a al. a) do n.º 1 do art. 1682.º-A do C.Civil estabelece que «carece de consentimento de ambos os cônjuges (...) a alienação, oneração, arrendamento ou constituição de outros direitos pessoais de gozo sobre imóveis próprios ou comuns.

III – Daqui decorre que o consentimento de ambos os cônjuges apenas é imposto para o arrendamento de imóveis próprios ou comuns, mas já não para a denúncia ou resolução de contratos de arrendamento que tenham por objeto os referidos imóveis, pelo que nesta situações não há lugar a litisconsórcio necessário ativo.

IV – o legislador estabeleceu, nas hipóteses de falta de advogado à audiência designada, uma distinção entre as situações em que o tribunal não providenciou pela marcação mediante acordo prévio com os mandatários judiciais (alínea c)) e aquelas em que houve tal marcação por acordo (alínea d)), com consequências algo diversas: no primeiro caso, a falta de advogado obriga ao adiamento; no segundo caso, desde que ocorra a comunicação do art. 155.º, n.º 5, do CPC, deve proceder-se ao adiamento, sendo que só na falta dessa comunicação se procederá nos termos do n.º 5 do art. 651.º. Este n.º 5 aplica-se

clusão, da qual partilhamos, ancorando-a quer na consideração da instauração da ação de despejo enquanto ato de administração ordinária suscetível de ser praticado por um cônjuge desacompanhado do outro relativo aos bens comuns do casal, como ainda na interpretação literal do preceituado no referido artigo 1682.º-A, dai extraindo não existir na ação de despejo qualquer oneração ou risco de perda do imóvel, tornando, nesse sentido, desnecessário o consentimento do outro cônjuge.

Neste sentido, efetivamente se verifica que, independentemente do desfecho da referida ação, o bem imóvel objeto do contrato de arrendamento cuja cessação se discute, permanecerá na esfera patrimonial e titularidade do casal, pelo que, ainda que improcedente, não determinará a constituição de vínculo contratual novo mas tão somente a manutenção do vinculo já existente, cuja celebração dependeu, necessariamente, do consentimento de ambos os cônjuges.

Por sua vez, no âmbito da compropriedade sobre determinado imóvel arrendado, inexistindo qualquer estipulação quanto à administração do mesmo, prevalece a regra de que qualquer comproprietário poderá, enquanto tal, praticar atos de gestão ordinária sobre o imóvel desacompanhado dos demais, podendo ainda, de igual forma, intervir judicialmente, designadamente através da instauração de ação de despejo, conforme resulta do disposto no artigo 985.º *ex vi* do n.º 1 do artigo 1407.º, sem que, para o efeito, esteja acompanhado dos demais comproprietários do imóvel arrendado[277].

Exercendo tal direito, não poderá o arrendatário, nos termos do n.º 2 do artigo 1405.º, opor-se à pretensão do comproprietário que litiga desa-

«fora das circunstâncias previstas nas alíneas c) e d) do n.º 1», o que só pode significar que apenas terá aplicação quando não haja marcação por acordo (alínea c)) e não ocorra a comunicação prévia do n.º 5 do art. 155.º (alínea d)). Em qualquer dos casos, o adiamento só é possível se não houve já um adiamento anterior (n.º 3 do art. 651.º).”

277 **JURISPRUDÊNCIA (24/05/2005)**
AC. STJ. PROCESSO N.º 05B1057 (RELATOR FERREIRA DE ALMEIDA)
“I. Na avaliação do requisito da legitimidade ativa (“legitimatio ad causam”) nas ações conexas com relações locatícias (v.g nas ações por ocupação abusiva post despejo) não é questão dirimenda central a questão do domínio ou da propriedade por banda do locador ou credor das rendas devidas.
II. O locatário não pode eximir-se ao pagamento das rendas refugiando-se numa suposta querela (alegadamente ainda não resolvida) de divisão de coisa comum entre os diversos comproprietários, ou seja da coisa objeto da locação e das proporções da respetivas quotas.

companhado dos demais, com fundamento no facto de a coisa não lhe pertencer por inteiro.

Semelhante disposição existe no artigo 2078.º CC, quanto ao exercício por um só herdeiro da possibilidade de demandar judicialmente o arrendatário de imóvel pertencente à herança jacente, ainda que desacompanhado dos respeitantes herdeiros, não podendo aquele excecionar o facto de o imóvel não pertencer ao demandante por inteiro, sendo ainda aplicáveis as regras relativas à compropriedade *ex vi* do artigo 1404.º, na medida em que o preceito prescreve a extensão das mesmas a outras formas de comunhão de quaisquer outros direitos, com a necessária observância das regras especiais relativas a cada um deles, prevalecendo estas em caso de conflito com aquelas.

Independentemente da referida prerrogativa, na qualidade de cabeça-de-casal, o responsável pela administração dos bens que integram a herança indivisa, goza da possibilidade de instaurar ação de despejo ainda que desacompanhado dos restantes herdeiros, nos termos do artigo 2079.º CC, na medida em que, não apenas se trata de um ato de gestão ordinária como constitui igualmente um ato de valorização e proteção daquele património[278].

De igual forma e ao abrigo do disposto no n.º 1 do artigo 2091.º, podem todos os herdeiros, conjuntamente, exercer todos os direitos relativos à

III. A prova da propriedade ou da titularidade do bem indevidamente utilizado pode ser efetuada v.g através da competente certidão predial/registral, mormente de certidão extraída dos autos de processo de inventário no qual haja sido adjudicada aos demandantes a quota-parte alegada do prédio locado.
IV. Qualquer comproprietário pode administrar os bens comuns, nesses poderes de administração se incluindo o de receber as correspondentes rendas, assistindo-lhe mesmo legitimidade para, por si só, propor Acão de despejo fundado na falta do respetivo pagamento, salva convenção em contrário – conf. art.ºs 985 e 1407, n.º 1, do C. Civil.
VI. Ainda que se não trate de uma verdadeira compropriedade, mas de uma simples comunhão hereditária, sempre o co-herdeiro, enquanto titular de um mero direito à herança (titularidade do direito a uma simples fração ideal do conjunto até à efetivação da partilha), será, por força do disposto no art. 1404.º do C. Civil, equiparável ao comproprietário para efeitos do exercício dos direitos próprios do locador."

[278] Vejam-se, neste sentido, os elucidativos acórdãos do Tribunal da Relação de Coimbra (*Processo n.º 642/05.8TBAVR.C1 – Relator Barateiro Martins*) e do Tribunal da Relação de Lisboa (*Processo n.º 1567/2006-6 – Relatora Manuela Gomes*)

herança indivisa, em que se inclui, naturalmente, o direito de instaurar ações de despejo relativas aos bens imóveis integrantes dessa herança.

Gozam ainda de legitimidade ativa ou passiva, em sede de ação de despejo, as associações representativas das partes que, nos termos do n.º 2 do artigo 13.º NRAU, tendo em vista a defesa judicial dos respetivos membros, tenham sido expressamente autorizadas pela parte visada para o efeito, gozem de personalidade jurídica e visem, em especial, a proteção dos direitos e interesses dos seus associados, sejam estes senhorios, arrendatários ou comerciantes, devendo ter, pelo menos, conforme o respetivo âmbito de ação seja nacional, regional ou local, 3000, 500 ou 100 associados, respetivamente, sem lograrem fins lucrativos.

A intervenção judicial das referidas associações representativas constitui, assim, situação de substituição processual voluntária[279] que tem em vista, em especial, a defesa de interesses de natureza coletiva, sendo certo que a legitimidade que lhes é atribuída, depende, necessariamente, da comprovação documental dos requisitos referidos[280], esta deverá igualmente ser junta, desde logo, no ato processual em que intervêm, sob pena de ilegitimidade processual, consubstanciando exceção dilatória de conhecimento oficioso, daí resultando, necessariamente, a absolvição do réu da instância.

II) LEGITIMIDADE PASSIVA

O arrendatário, enquanto possuidor precário do imóvel objeto do contrato de arrendamento, goza de legitimidade processual passiva em sede de ação de despejo, tendo, pois, interesse direto em contradizer o pedido do autor na lide processual, considerando-se como arrendatário, aquele que figura nessa qualidade no contrato de arrendamento celebrado entre as partes e cuja cessação e consequente desocupação, se pretendem judicialmente declaradas.

Inexistindo contrato de arrendamento escrito, como não raras vezes sucede, em especial quando a lei à luz da qual foi estabelecido verbalmente o vinculo contratual dispensava a observância de tal formalidade, o arrendatário será aquele que, beneficiando do uso e fruição de deter-

[279] Miguel Teixeira de Sousa, *Leis do Arrendamento Urbano Anotadas...* p. 396.

[280] Maria Olinda Garcia, *A Nova Disciplina do Arrendamento Urbano...* p. 96

minado bem imóvel alheio, cujo gozo lhe é assegurado por quem tenha poderes bastantes para dar o imóvel em arrendamento, tem em contrapartida, a obrigação correspetiva de proceder ao pagamento tempestivo das rendas vencidas.

De igual forma, constituindo o locado casa de morada da família, deverá a ação de desejo ser proposta contra ambos os conjuges[281] na medida em que da procedência da mesma poderá resultar a perda do direito sobre o imóvel arrendado, razão pela qual o conjuge, ainda que não sendo parte contratual interveniente na relação arrendatícia terá interesse processual em intervir na mesma, nos termos do n.º 1 do artigo 34.º CPC, configurando uma situação de litisconsórcio passivo necessário.

Assim sendo, a falta de citação para a ação de despejo do conjuge do arrendatário determina a não oponibilidade da sentença que decrete a cessação do contrato de arrendamento e consequente obrigação de desocupação do locado, em observância do princípio da eficácia relativa do caso julgado, sendo certo que o conjuge, enquanto titular do direito à habitação da casa de morada de família, poderá utilizar todos os meios possessórios à sua disposição de forma a garantir a tutela do seu direito.

O mesmo não se diga, por sua vez, quando às situações de união de facto, porquanto e a menos que o unido de facto detenha igualmente a posição contratual de arrendatário, o senhorio não terá de o demandar em sede judicial, uma vez que não se trata de situação para a qual o legislador imponha a intervenção deste, o que será percetível atento o facto de o direito ao arrendamento ser comunicável ao conjuge do arrendatário, cujo casamento foi contraído em regime de comunhão de comunhão

[281] **JURISPRUDÊNCIA (03/07/2003)**
AC. TRL. PROCESSO N.º 3947/2003-8 (RELATOR SALAZAR CASANOVA)
"I – I – Não tendo sido citada para a ação o cônjuge do arrendatário de casa de morada de família, não lhe pode ser oposta a sentença que decrete o despejo (princípio da eficácia relativa do caso julgado)
II – A lei confere aos cônjuges o direito a habitar a casa de morada de família enquanto subsistir a relação de crédito ou real à luz da qual nasce e subsiste aquele direito e, por isso, o respetivo titular pode utilizar meios possessórios destinados a garantir o seu direito.
III – Deve, no entanto, improceder, por falta de interesse processual, ação de simples apreciação positiva cujo objetivo outro não é senão o de o de obter sentença que tenha o alcance de impedir que a Ré possa executar o despejo contra o cônjuge do arrendatário."

geral ou em comunhão de adquiridos se o contrato de arrendamento for posterior, mas não ao unido de facto, nos termos do artigo 1068.º.

No respeitante ao subarrendamento, ao qual são igualmente aplicáveis as disposições que disciplinam o arrendamento, sendo o subarrendatário reconhecido como tal perante o senhorio, deverá este, em sede de ação de despejo, demandar o subarrendatário além do próprio arrendatário, uma vez que o subarrendamento depende necessariamente da vigência do contrato de arrendamento que dele depende[282], o que significará que a cessação do contrato de arrendamento principal determinará, inevitavelmente a caducidade do contrato de subarrendamento, devendo assim, o subarrendatário, ser igualmente demandado, ao invés do que sucederá caso o subarrendamento não tenha sido autorizado ou ratificado, em que, não sendo o contrato celebrado entre arrendatário e subarrendatário oponível ao senhorio, não carece este, como tal, de demandar o subarrendatário, designadamente em caso de resolução contratual com fundamento da cessão do gozo do locado ilícita, inválida ou ineficaz perante aquele nos termos da alínea e) do n.º 2 do artigo 1083.º.

Diversamente, verificando-se o subarrendamento total do locado e a substituição do senhorio ao arrendatário perante o subarrendatário, passando este último a arrendatário direto, com a inerente resolução do contrato de arrendamento primitivo, poderá o senhorio, se necessário, demandar apenas o subarrendatário em sede de ação de despejo, fundada no incumprimento contratual deste último, uma vez que este passa a ocupar a posição que pertencia ao arrendatário anterior, sem necessidade de demandar também o arrendatário primitivo.

[282] **JURISPRUDÊNCIA (27/06/1991)**
AC. TRL. PROCESSO N.º 0008316 (RELATOR BOAVIDA BARROS)
"I – O reconhecimento, pelo locador, da sublocação apenas tem o efeito da perda por este do direito de pedir a resolução do contrato com fundamento em sublocação não autorizada ou não comunicada;
II – Decretada por sentença transitada em julgado a resolução do contrato de arrendamento, caduca o subarrendamento dele dependente;
III – O caso julgado formado entre senhorio e arrendatário
é oponível ao subarrendatário;
IV – Não há abuso de direito quando o senhorio, tendo reconhecido a sublocação, propõe ação de despejo com base na falta de pagamento das rendas por parte do arrendatário."

No respeitante, por sua vez, à possibilidade de demandar em sede de ação de despejo, o fiador que haja garantido o cumprimento solidário das obrigações do arrendatário, a questão deverá ser abordada na ótica da admissibilidade de formação de título extrajudicial contra o fiador, sendo certo que caso se propugne pela impossibilidade de formação desse título através de comunicação extrajudicial dos valores em dívida pelo arrendatário, deverá este ser demandado igualmente com o arrendatário, tendo em vista a obtenção de decisão judicial que condene ambos ao pagamento solidário das rendas vencidas e não pagas, bem como das que se vierem a vencer até à efetiva desocupação do locado pelo arrendatário.

Por último, gozam ainda de legitimidade processual passiva as associações representativas de arrendatários, ao abrigo do disposto no artigo 13.º NRAU, nos mesmos termos que vimos serem aplicáveis às associações representativas de senhorios.

2) PATROCÍNIO JUDICIÁRIO

O patrocínio judiciário, à semelhança da legitimidade das partes para intervir em juízo, constitui pressuposto processual de verificação obrigatória na maioria das ações submetidas a julgamento, sendo certo que existem exceções à regra, onde é admissível às partes intervirem e pleitearem por si próprias desacompanhadas de mandatário, sem prejuízo da possibilidade de poderem ser representadas por advogados estagiários ou solicitadores, conforme resulta do artigo 42.º CPC.

Constituindo casos residuais, aqueles em que é dispensada a constituição de advogado, o artigo 40.º CPC, delimita as situações onde é, por outro lado, obrigatória a sua constituição, como sejam as causas de competência de tribunais com alçada, em que seja admissível recurso ordinário; nas causas em que seja sempre admissível recurso, independentemente do valor; e, bem ainda, nos recursos e nas causas propostas nos tribunais superiores.

Como veremos a propósito da determinação do tribunal competente para a apreciação de cada ação de despejo, é sempre admissível o recurso ordinário para o Tribunal da Relação da decisão proferida em primeira instância, conforme resulta da alínea a) do n.º 3 do artigo 629.º CPC, na medida em que a ação de despejo constitui uma ação em que se aprecia "*a cessação do contrato de arrendamento*", sendo assim obrigatória na ação de despejo, a constituição de advogado, nos termos da alínea b) do n.º 1 do artigo 40.º.

Constituindo exceção dilatória de conhecimento oficioso, a ausência de constituição de mandatário pode igualmente ser arguida pela parte contrária, procedendo o tribunal à notificação da parte faltosa para proceder à constituição de mandato judicial, sob pena do incumprimento determinar a absolvição do réu da instância ou de ficar sem efeito a defesa, no caso de ser o réu a parte sem advogado constituído.

Diversamente, caso se verifique, já na pendência da ação, a cessação do mandato, por renúncia, morte ou impossibilidade absoluta do advogado, nos termos do art. 47.º CPC, sendo a sua constituição obrigatória, a consequência daí resultante será a suspensão da instância até ao momento em que é constituído novo mandatário, como resulta da alínea b) do artigo 276.º *ex vi* da alínea b) do artigo 269.º CPC.

3) TRIBUNAL COMPETENTE

I) COMPETÊNCIA INTERNACIONAL

A apreciação do mérito da causa submetida a julgamento depende, a par da verificação prévia dos demais pressupostos processuais, da correta determinação do tribunal competente, tanto internacional como internamente, uma vez que não será possível ao senhorio dirigir-se, indistintamente, ao tribunal da sua maior conveniência para a propositura da ação, carecendo necessariamente de submeter a ação de despejo no tribunal que dispõe de competência para o efeito, isto é, ao tribunal que detém a concreta parcela de poder jurisdicional necessária à apreciação de determinada causa, com exclusão de outras.

Assim sendo, no âmbito da competência internacional para a apreciação de ações relativas ao arrendamento de bens imóveis, detêm competência exclusiva, nos termos do n.º 1 do artigo 24.º do Regulamento da União Europeia n.º 1215/2012, de 12 de Dezembro, os tribunais do Estado-Membro onde se situem os imóveis, o que significa dizer que, em regra, independentemente da nacionalidade ou residência dos intervenientes, se o imóvel arrendado se situa em território português, são competentes os tribunais portugueses para apreciação de litígios que respeitem ao arrendamento do mesmo.

Da regra exposta, excetuam-se porém, nos termos constantes da parte final do n.º 1 do referido preceito do Regulamento da UE, os contratos de arrendamento de imóveis celebrados para uso pessoal temporário, pelo período máximo de seis meses consecutivos, em que são igualmente competentes os tribunais do Estado-Membro onde o requerido tiver domicílio, desde que o arrendatário seja uma pessoa singular e o proprietário e o arrendatário tenham domicílio no mesmo Estado-Membro, o que sucederá, por exemplo, se senhorio e arrendatário residirem em permanência na França e o primeiro arrenda ao segundo, durante três meses, uma habitação de que é proprietário em Lisboa, situação em que os tribunais franceses serão igualmente competentes, em abstrato, para a apreciação da causa.

Importa ainda notar, para efeito do referido Regulamento da UE, que o mesmo apenas será aplicável, assim como a regra e exceção referidas, atenta a competência exclusiva dos tribunais indicados, quando a pessoa a demandar tenha nacionalidade de um dos Estados-Membros, independentemente da nacionalidade do demandantes pertencer a um Estado-Membro ou a um terceiro Estado, sendo certo que nas situações em que o demandado não tenha nacionalidade do Estado-Membro em que estão domiciliadas ficam sujeitas, nesse Estado-Membro, às regras de competência aplicáveis aos nacionais, nos termos do n.º 2 do artigo 4.º do referido diploma, sendo jurisprudencialmente aceite que o disposto seja igualmente aplicável a pessoas de um Estado terceiro, domiciliadas num Estado-Membro[283].

[283] **JURISPRUDÊNCIA (01/06/2017)**
AC. TRL. PROCESSO N.º 10310/16.0T8PRT-A.P1 (RELATOR ARISTIDES RODRIGUES DE ALMEIDA)
"I – As regras de competência do Regulamento (UE) n.º 1215/2012, de 12 de Dezembro de 2012, aplicam-se desde que o demandado tenha domicílio num Estado-Membro; à competência dos tribunais desse Estado-Membro, decorrente das normas do Regulamento, não obsta a circunstância de o demandado não ser nacional desse Estado ou de nenhum outro Estado da União Europeia, nem a circunstância de a relação material controvertida possuir elementos de conexão com a ordem jurídica de um Estado não Membro da União Europeia.
II – Um órgão jurisdicional de um Estado-membro não pode declinar a competência que lhe é conferida pelo Regulamento por considerar que um órgão jurisdicional de um Estado não Membro é um foro mais adequado para conhecer do litígio.

O referido é igualmente aplicável ainda que o demandado não se encontre domiciliado em território pertencente a um Estado-Membro, não sendo admissível a preterição da aplicação do disposto através da celebração entre as partes de pacto de jurisdição voluntária, segundo o qual, é atribuída a competência para a decisão de litígios emergentes do contrato de arrendamento urbano, independentemente do domicílio do senhorio e do arrendatário, a um tribunal ou tribunais de outro Estado-Membro, sendo que tal pacto será nulo, uma vez que, ressalvada a exceção referida, a ação deverá ser imperativamente proposta nos tribunais do Estado-Membro em que se situa o imóvel arrendado.

II) COMPETÊNCIA INTERNA

Uma vez aferida a competência internacional dos tribunais portugueses, importa agora apurar o tribunal que detém, em concreto, a competência interna para apreciação de determinada ação de despejo, em função da matéria, valor, forma de processo e território.

A) Em razão da matéria

A competência em razão da matéria permite-nos distinguir, em primeiro lugar, a ordem jurisdicional de tribunais com competência para a apreciação da causa, com exclusão das demais, sendo que como resulta do artigo 64.º CPC, residualmente, a competência para a apreciação de determinada causa pertencerá aos tribunais judiciais quando não sejam atribuídas a outra ordem jurisdicional, como os tribunais administrativos e fiscais, por exemplo. A ação de despejo, não se enquadrando no âmbito de jurisdição atribuído às restantes categoriais de tribunais, enquadra-se assim no conjunto de causas que devem ser submetidas à apreciação de um tribunal judicial.

Dentro dos tribunais judiciais, onde se inserem os tribunais de competência territorial alargada, juízos centrais, juízos de instrução criminal,

III – Nos termos da alín. b) do art. 62.º do CPC, os tribunais portugueses são internacionalmente competentes mesmo que só alguns dos factos que constituem a causa de pedir tenham sido praticados em território português, independentemente da sua importância no conjunto dos pressupostos do direito do autor, da complexidade do apuramento dos demais factos na instrução do processo ou da maior ligação dos demais factos a outro Estado."

juízos de família e menores, juízos de trabalho, juízos de comércio, juízos de execução e, bem ainda, os juízos locais cíveis, locais criminais, locais de pequena criminalidade, de competência genérica e de proximidade, importa agora aferir qual o tribunal a que é atribuído o poder jurisdicional para apreciação da ação de despejo, sendo que a distribuição da competência em função da matéria é operada pela Lei da Organização do Sistema Judiciário (LOSJ) resultante da Lei n.º 62/2013, na sua redação atual conferida pela Lei n.º 27/2019, de 28 de março.

Constituindo a ação declarativa de despejo, o meio processual idóneo à declaração judicial de cessação do contrato de arrendamento e consequente condenação do arrendatário à sua desocupação no prazo legal ou judicialmente estabelecido, será através da qualificação jurídica dos factos apresentados pelo autor na sua petição inicial que se determina qual o específico tribunal judicial dos referidos, que dispõe de competência material para a respetiva apreciação.

Assim sendo, atenta a natureza essencialmente residual dos juízos locais cíveis, locais criminais, locais de pequena criminalidade e de competência genérica, a determinação da competência deverá ser aferida pela ordem exposta, iniciando pelos tribunais de competência territorial alargada, elencados nos artigos 111.º e seguintes da LOSJ, prosseguindo-se, na ausência de enquadramento em qualquer um daqueles, para a análise do âmbito de competências atribuído aos juízos centrais, juízos de instrução criminal, juízos de família e menores, juízos de trabalho, juízos de comércio, juízos de execução, previstos nos artigos 117.º e seguintes, concluindo, por último, na falta de inserção num destes juízos, pelo seu enquadramento da apreciação das ações de despejo nos juízos locais cíveis, nos termos do n.º 2 do artigo 130.º, atenta a natureza cível da matéria em apreço ou, na falta destes, nos juízos de competência genérica, salvo se, em razão do valor da ação, como veremos, forem competentes os juízos centrais cíveis.

Pelo exposto, enquanto juízos de competência especializada, reside a principal distinção entre os juízos centrais cíveis e os juízos locais cíveis, no valor até ao qual ou a partir do qual gozam de competência para a apreciação da causa submetida a julgamento, sendo os primeiros competentes para a apreciação de ações cujo valor seja superior a 50.000,00€ e os segundos, residualmente competentes para a apreciação de ações até 50.000,00€, não atribuídas a outros juízos, serão assim competentes uns e outros para a apreciação de uma ação de despejo, consoante o valor desta, exceto se, atento o critério de conexão territorial da causa, não exista no local da situação do imóvel arrendado, juízo de competência especializada com competência para o efeito, caso em que será, residualmente competente, um juízo de competência genérica.

A violação das regras de competência do tribunal em função da matéria, constituindo uma exceção dilatória de conhecimento oficioso até ao momento do trânsito em julgado da decisão, determina a incompetência absoluta do tribunal, nos termos da alínea a) do artigo 577.º *ex vi* do disposto na alínea a) do artigo 96.º, ambos do CPC, tendo por consequência a absolvição do réu da instância.

B) Em razão do valor

Passando à competência do tribunal em razão do valor, referimos *supra* que, ao nível da organização judiciária, o valor da ação de despejo será determinante para a correta submissão do articulado inicial no juízo central cível ou no juízo local cível competente para o efeito, uma vez que até ao valor de 50.000,00€, serão competentes os juízos locais cíveis ou juízos de competência genérica, na falta daqueles, e nas ações com valor superior a 50.000,00€, serão competentes os juízos centrais cíveis.

Não obstante, o valor da ação revela, de igual forma, para efeito da recorribilidade da decisão, isto na medida em que a ação, em princípio, apenas será recorrível se o respetivo valor for superior ao da alçada do tribunal de que se recorre, também designado tribunal *a quo*, constituindo a alçada de um tribunal, o limite de valor dentro do qual esse tribunal julga sem admissibilidade de recurso ordinário, sendo, em matéria cível, de 5.000,00€ a alçada nos tribunais de primeira instância e de 30.000,00€ nos tribunais da Relação, nos termos do n.º 2 do artigo 42.º e n.º 1 do artigo 44.º LOSJ.

Existem, porém, determinadas ações, elencadas no n.º 3 do artigo 629.º CPC, cujo valor não obsta ao recurso ordinário da decisão para o Tribunal da Relação, isto na medida em que as mesmas serão suscetíveis de recurso de apelação para este tribunal, independentemente do valor e da sucumbência, de que são exemplo as ações em que se aprecie a validade, subsistência ou cessação do contratos de arredamento, com exceção dos arrendamentos para habitação não permanente ou para fins especiais transitórios, nos termos da alínea a) do referido n.º 3 daquele preceito. O recurso de apelação da decisão proferida em sede de ação de despejo tem efeito suspensivo, conforme resulta do disposto na alínea b) do n.º 3 do artigo 647.º CPC.

Assim sendo, o valor da ação de despejo, a par da determinação do tribunal competente em razão do valor para efeito do seu enquadramento num juízo central civel ou local civel de competência especializada, ou na falta deste, num juízo de competência genérica, releva ainda para efeito da recorribilidade das ações de despejo para o Tribunal da Relação relativas a contratos de arrendamento para habitação não permanente ou para fins especiais transitórios e, para todas as demais ações de desejo, no sentido de aferir da admissibilidade do recurso de revista do acórdão proferido pelo Tribunal da Relação para o Supremo Tribunal de Justiça, ao abrigo do n.º 1 do artigo 671.º CPC.

Sendo certo que, em regra, o valor de uma ação de natureza cível é determinado pela quantia certa em dinheiro que se pretende obter ou, visando-se determinado benefício com o desfecho da mesma, o valor equivalente a esse benefício, sendo este o valor a atribuir à causa, tal critério será aplicável na falta de critério especial que determine o seu afastamento. Na ação de despejo, por sua vez, o critério para a determinação do valor consiste no valor correspondente à renda de dois anos e meio, acrescido do valor das rendas em dívida ou ao valor da indemnização requerida, consoante o valor que foi superior, nos termos do n.º 1 do artigo 298.º CPC, o que em termos práticos se repercute no seguinte: num contrato de arrendamento para habitação permanente, cuja renda mensal devida seja de 500,00€, em que se encontrem em dívida, três meses de rendas, o valor da ação de despejo será de 15.000,00€ + 1.500,00€ = 16.500,00€.

Diversamente, neste exemplo, pedindo o senhorio o arbitramento de valor indemnizatório de 5.000,00€ correspondente aos danos causados pelo arrendatário no locado, o valor da ação será de 20.000,00€, uma vez que o valor das rendas em mora é inferior ao valor da indemnização requerida. Partindo do valor obtido, seria competente em primeira instância um juízo local cível de competência especializada ou de competência genérica na ausência daquele, uma vez que o valor é inferior a 50.000,00€.

Por sua vez e como referimos, será sempre admissível recurso ordinário de apelação da decisão proferida em sede de ação de despejo referente aos contratos de arrendamento para habitação permanente, sendo que o valor de 20.000,00€ não obstava à sua recorribilidade para o Tribunal da Relação, ainda que não fosse aplicável o disposto no n.º 3 do artigo 629.º, não sendo, porém, atento o referido valor da ação, admissível recurso de revista do acórdão proferido para o Supremo Tribunal de Justiça, uma vez que a alçada do Tribunal da Relação é de 30.000,00€, não sendo, como tal, admissível recurso ordinário da mesma.

C) Em razão da forma do processo

No que respeita, por sua vez, à forma de processo de uma ação de despejo, importa notar que em virtude da profunda reforma empreendida ao Código de Processo Civil em 2013, com a Lei n.º 41/2013, de 26 de junho, deixa de se colocar, em sede de processo comum, a distinção entre processo ordinário, sumário e sumarissimo, onde igualmente relevava o valor da ação para a determinação da forma de processo aplicável, com exclusão dos processos declarativos especiais, os quais, eram e continuam a ser tipificados como tais na lei processual.

Assim sendo, anteriormente à vigência da referida lei que aprova o Código de Processo Civil na sua redação atual, se o processo ordinário era aplicável a todas as ações que devessem seguir a forma de processo comum, cujo valor fosse superior à alçada dos Tribunais da Relação, isto é, 30.000,00€, os processos sumários eram aplicáveis a todos os restantes, de valor igual ou inferior à alçada daquele tribunal, a que não fossem expressamente aplicáveis a forma de processo sumarissimo, a qual por sua vez, respeitava aos processos cujo valor era igual ou inferior à alçada dos tribunais de primeira instância, ou seja, 5.000,00€ e que, cumulativamente, se destinassem ao cumprimento de obrigações pecuniárias, indemnização por dano e entrada de móveis.

Neste sentido, à semelhança do que já sucedia anteriormente, a ação de desejo constitui uma ação declarativa comum, seguindo atualmente a forma única de processo comum, nos termos do artigo 548.º CPC, deixando, novamente, de relevar o valor da ação para este efeito, além de que, como referimos anteriormente, o *nomen iuris* da ação de despejo não corresponde à existência de um qualquer processo especial demarcado da forma de processo comum de que resulte tramitação diversa para este tipo de ações, uma vez que, como ação declarativa comum que é, a ação de despejo obedece à mesma tramitação aplicável às demais ações declarativas que sigam, igualmente, a forma de processo comum, sem prejuízo da necessária intervenção do juiz em sede de adequação e gestão processual.

D) Em razão do território

Passando, por último, à determinação do tribunal competente em função do território, verificamos pelo disposto no artigo 80.o CPC que, em regra, o tribunal competente, na ausência de aplicação de um critério especial resultante dos artigos 70.º a 79.º, para as situações aí especificadas, determina que se considere competente o tribunal do domicílio do réu, salvo se este não tiver residência habitual conhecida, for incerto ou ausente, caso em que será competente o tribunal do domicílio do autor.

Não obstante, para efeito da determinação do tribunal territorialmente competente para a tramitação da ação de despejo, atender-se-á não a um dos referidos critérios mas, outrossim, ao critério especial resultante do n.º 1 do artigo 70.º, que estabelece como tribunal compente para ações referentes a direitos reais ou pessoas de gozo sobre imóveis, a ação de divisão de coisa comum, de despejo, de preferência e de execução específica sobre imóveis e, bem ainda, as ações de reforço, substituição, redução ou expurgação de hipotecas, o tribunal da situação dos bens.

O referido critério deverá, contudo, observar as especificidades constantes do n.º 3 do mesmo preceito, quando casuisticamente se verifique qualquer uma das situações aí tipificadas, designadamente perante a existência de uma universalidade de facto que abranja mais de um bem imóvel na relação contratual estabelecida entre autor e réu, em que a ação de despejo deverá ser proposta no tribunal em que se situem os imóveis de maior valor. Diversamente, se o locado se situar em mais do que uma circunscrição territorial, poderá o senhorio propor a ação de despejo no tribunal de qualquer uma dessas circunscrições.

Assim sendo, a violação das regras referentes ao valor da causa e ao território, constituindo, nos termos do artigo 102.º, situações de incompetência relativa do tribunal, configuram exceções dilatórias de conhecimento oficioso, determinando a remessa do processo para o tribunal competente, como resulta do n.º 3 do artigo 105.º *ex vi* do n.º 1 e 2 do artigo 104.º CPC.

Para efeitos da organização judiciária e respetiva aplicação do critério territorial referido, em articulação com os restantes critérios analisados quanto à matéria, valor e forma de processo aplicável, o território nacional encontra-se atualmente divido em vinte e três comarcas (Açores, Aveiro, Beja, Braga, Bragança, Castelo Branco, Coimbra, Évora, Faro, Guarda, Leiria, Lisboa, Lisboa Norte, Lisboa Oeste, Madeira, Portalegre, Porto, Porto Este, Santarém, Setúbal, Viana do Castelo, Vila Real e Viseu) em cada uma das quais existe um tribunal judicial de primeira instância, nos termos do artigo 33.º LOSJ, em conformidade com o anexo II da lei em apreço, que estabelece o conjunto de municípios que integram as diferentes comarcas, existindo um tribunal judicial de primeira instância em cada uma dessas comarcas, com o nome da comarca em que se encontra instalado.

O Decreto-Lei n.º 49/2014, de 27 de março, que regulamenta a lei de organização do sistema judiciário e estabelece o regime aplicável à organização e funcionamento dos tribunais judiciais (ROFTJ), procede, por sua vez, ao desdobramento de cada um dos tribunais das respetivas comarcas em juízos de competência especializada e competência genérica, nos artigos 66.º e seguintes, observando-se, no respeitante à área de competência de cada um desses juízos, o mapa III, anexo ao regulamento, através da observância do qual é possível discernir, em rigor, o concreto juízo do tribunal de comarca com competência para a apreciação da ação de despejo proposta pelo senhorio.

Em termos práticos, imagine-se um contrato de arrendamento habitacional em que o senhorio pretende ver declarada a resolução do contrato de arrendamento urbano em virtude da não utilização do locado por período superior a um ano, condenando-se o Réu à desocupação do locado, o qual se situa em Vila Nova de Gaia, sendo a renda estipulada entre as partes de 400,00€ mensais, peticionando ainda 1.500,00€ a título de indemnização.

Para efeito da determinação do tribunal competente no exemplo referido importa, desde logo, notar que através da análise dos pedidos formulados pelo Autor na petição inicial estamos perante uma ação declarativa de despejo, cujo valor da ação é de 13.500,00€ (12.000,00€ correspondentes a dois anos e meio de rendas + 1.500,00 de indemnização). Da leitura do anexo II da LOSJ, verifica-se que o município de Vila Nova de Gaia integra a Comarca do Porto, resultando do artigo 93.º do ROFTJ a existência neste município dos seguintes juízos com relevo para a matéria da ação em apreço: a 3.ª Secção cível da instância central (atualmente *juízo central civel de Vila Nova de Gaia)* e a secção de competência genérica, desdobrada em matéria cível e criminal da instância local[284] (atualmente *juízo local civel de Vila Nova de Gaia e juízo local criminal de Vila Nova de Gaia)*, sendo que apenas um destes juízos tem competência para a apreciação da referida ação de despejo.

Como referimos o valor da ação de despejo do exemplo referido é de 13.500,00€, pelo que a principal distinção entre a competência dos juízos centrais e dos juízos locais cíveis reside no valor dentro do qual gozam de competência para a preparação e julgamento de ações declarativas cíveis, tendo os primeiros competência para ações com valor superior a 50.000,00€ e os segundos para ações de valor igual ou inferior a 50.000,00€, sendo que, em suma, no exemplo referido, seria competente o juízo local civel de Vila Nova de Gaia – Tribunal da Comarca do Porto.

Por último e ainda no que tange à competência territorial, pese embora gozem as partes, em geral, da possibilidade de convencionar, nos termos do artigo 95.º, o tribunal competente, afastando assim as regras aplicáveis em razão do território, com a ressalva expressa das situações previstas no artigo 104.º onde tal afastamento não é possível, respeitando a preterição do tribunal competente por convenção das partes unicamente às regras de competência em razão do território e não já às regras relativas à matéria, hierarquia e valor, tal possibilidade não é aplicável às ações de despejo uma vez que a alínea a) do n.º 1 do artigo 104.º *ex vi* n.º1/*in fine* do artigo 95.º, exceciona do âmbito da competência convencional, de forma expressa, as ações previstas no artigo 70.º CPC, onde se se inserem as

[284] Entre parêntesis em itálico, encontramos a correspondência entre as secções a que se refere o artigo 93.º e os juízos atualizados constantes do mapa III, sendo que a secção de competência genérica de Vila Nova de Gaia foi convertida em dois juízos locais: o juízo local cível de Vila Nova de Gaia e o juízo local criminal de Vila Nova de Gaia.
A desconformidade existente entre as designações dos juízos constantes dos artigos 66.º e seguintes do ROFTJ e o mapa III do mesmo diploma, prende-se com a ausência de atualização direta das designações dos artigos, em virtude das alterações empreendidas pelo Decreto-Lei n.º 86/2016, de 27 de dezembro, que apenas se refletiu no referido mapa e não naqueles artigos, que ainda continuam a referir-se a "*secções*" em vez de "*juízos*", resultando do artigo 4.º deste diploma que: "*Todas as referências feitas à atual estrutura judiciária dos tribunais judiciais de primeira instância devem considerar-se correspondentemente feitas para as designações referidas no artigo 2.º*"

ações de despejo, pelo que qualquer pacto de competência convencional celebrado neste domínio, sendo inválido, determina a incompetência relativa do tribunal, consubstanciando exceção dilatória de conhecimento oficioso, tendo por consequência a remessa do processo para o tribunal competente.

C. Âmbito de aplicação, causa de pedir e pedidos da ação de despejo

A ação de despejo, enquanto meio processual destinado a fazer cessar a situação jurídica do arrendamento nas situações em que a lei imponha o recurso à via judicial, nos termos do artigo 14.º NRAU, tem por finalidade operar a cessação judicial de todos os contratos de arrendamento urbano independentemente do fim a que os mesmos se destinam, isto é, visa tanto os contratos urbanos habitacionais como para fins não-habitacionais, abrangendo dentro dos primeiros, tanto os contratos para habitação não permanente ou para fins especiais transitórios como os contratos para habitação permanente, sendo ainda aplicável quer a contratos de arrendamento reduzidos a escrito como a contratos de arrendamento verbais, sendo a ação de despejo suscetível de ser aplicável a todos os contratos de arrendamento, ainda que celebrados anteriormente à vigência do NRAU, desde que subsistentes após essa data e por factos ocorridos posteriormente à entrada em vigor da Lei n.º 6/2006, de 27 de fevereiro, conforme resulta do n.º 2 do artigo 12.º CC e do n.º 1 do artigo 59.º NRAU.

Conforme tivemos oportunidade de referir a propósito da análise à evolução histórica da ação de despejo, o âmbito de aplicação desta ação declarativa comum, foi sendo progressivamente diminuído, seja quanto à competência mista de ação declarativa e ação executiva que perdeu, seja quanto ao conjunto de situações que anteriormente convocavam a necessidade de proposição da ação de despejo tendo em vista a obtenção de decisão judicial com força de caso julgado que declarasse a cessação do contrato de arrendamento em comparação com o restrito número de situações em que, atualmente, é necessário o recurso à ação de despejo tendo em vista fazer cessar a situação jurídica do arrendamento, sendo inversamente proporcional ao leque de situações em que a cessação da relação arrendatícia, se não produzida automaticamente, opera por mera comunicação à contraparte, nos termos constantes dos artigos 9.º e 10.º NRAU.

Assim sendo e no que respeita às formas de cessação que não se compadecem, atualmente, com a possibilidade de operarem por comunicação extrajudicial ao arrendatário, carecendo, como tal, do recurso à ação de despejo, com a entrada em vigor da Lei n.º 6/2006 e respetivas alterações legislativas produzidas posteriormente, tal elenco encontra-se restrito unicamente às situações de resolução do contrato de arrendamento, com os fundamentos previstos nos n.ºs 1 e 2 do artigo 1083.º CC, isto é, em caso de incumprimento pela outra parte, nos termos gerais de direito, ou perante a verificação de uma das situações constantes das alínea a) a e) do n.º 2 que, pela respetiva gravidade ou consequências, comprometam irremediavelmente a relação arrendatícia, não sendo legitimamente exigível à contraparte, a sua manutenção.

Desta forma, quando a resolução do contrato de arrendamento tenha por fundamento: a violação de regras de higiene, sossego, boa vizinhança ou normas constante do regulamento do condomínio; utilização do prédio contrária à lei, bons costumes ou ordem pública; uso do prédio para fim diverso daquele a que se destina; não uso do locado por mais de um ano, com as exceções previstas no n.º 2 do artigo 1072.º; ou, a cessão, total ou parcial, temporária ou permanente e onerosa ou gratuita, do gozo do prédio, quando ilícita, inválida ou ineficaz perante o senhorio, deverá este último submeter o litígio à competente apreciação e decisão judicial, tendo de comprovar os factos constitutivos do direito à resolução por si invocado, sendo, neste sentido, fundamental o prudente arbítrio do julgador a fim de apurar da exata medida em que se verificam a "*gravidade ou consequências*" associadas à invocação de uma das referidas circunstâncias no sentido de concluir se existem efetivamente condições reunidas para que deixe de ser exigível ao senhorio a manutenção da relação arrendatícia.

Por outras palavras, só existe verdadeiramente fundamento de resolução com base numa das referidas circunstâncias, em função da existência da gravidade ou das consequências que eventualmente lhe estão associadas, razão pela qual deverá ser necessariamente possibilitada às partes a discussão judicial sobre a existência ou inexistência dos factos invocados pelo autor na petição inicial, daí a prescrição imperativa, imposta pelo artigo 1080.º, de que tais fundamentos de resolução apenas operem em sede de ação de despejo.

A par das situações referidas, existe ainda divergência doutrinal e jurisprudencial[285] relativamente à possibilidade de recurso à ação de despejo nas situações em que a resolução do contrato de arrendamento tenha por fundamento um dos constantes dos n.ºs 3 e 4 do artigo 1083.º, isto é, em caso de mora igual ou superior a três meses no pagamento da renda, encargos ou despesas que corram por contra do arrendatário ou de oposição por parte deste á realização de obra ordenada por autoridade pública e, bem ainda, em caso de constituição em mora por parte do arrendatário, por período superior a oito dias, no pagamento da renda, por mais de quatro vezes, seguidas ou interpoladas num período de doze meses, sendo atualmente admitida maioritariamente na jurisprudência, a possibilidade de o senhorio poder fazer uso da ação de despejo tendo em vista a cessação do contrato de arrendamento com base nos referidos fundamentos, alternativamente à comunicação extrajudicial a que se refere o n.º 2 do artigo 1084.º.

Assim sendo e além da própria existência do contrato de arrendamento, o facto ou conjunto de factos jurídicos concretos que determinam o incumprimento das obrigações resultantes da relação contratual por parte do arrendatário, sendo assim suscetíveis de integrar uma ou várias das diversas situações elencadas *supra* às quais se aplica a ação de despejo, constituem, pois, a causa de pedir do autor na petição inicial, na medida em que da sua verificação resulta o direito à cessação contratual por si invocado e consequente condenação na desocupação do locado, que pretende fazer valer judicialmente.

No que respeita por sua vez à desocupação do locado, esta terá como causa de pedir a obrigação emergente da alínea i) do artigo 1038.º e do n.º 1 do artigo 1081.º CC, de que resulta a obrigação de o arrendatário proceder à desocupação do locado e sua entrega ao senhorio em virtude da sua imediata exigibilidade uma vez verificada a cessação do contrato de arrendamento. Da mesma forma, a causa de pedir do pagamento das rendas, encargos ou despesas em mora por parte do arrendatário, resultam da verificação do facto ou factos que configuram a violação da obrigação

[285] Sobre a exposição, análise de posições divergentes e entendimento adotado, remetemos para as considerações tecidas a este respeito no capítulo referente à cessação do contrato de arrendamento, no domínio da resolução.

contratual de proceder ao pagamento tempestivo da renda estipulada, nos termos constantes da alínea a) do artigo 1038.º, n.º 2 do artigo 1075.º e n.º 3 do artigo 1083.º CC. Já no que respeita à causa de pedir do valor indemnizatório peticionado pelo autor na ação de despejo, designadamente pela perda ou deteriorações causadas pelo arrendatário no locado, esta assentará na necessária verificação do conjunto de pressupostos da responsabilidade civil[286].

Diversamente da causa de pedir, o pedido consiste na pretensão ou conjunto de pretensões judiciárias que o autor pretende ver reconhecidas pelo tribunal com base na causa ou causas de pedir por si invocadas, constituindo o primeiro e principal pedido de uma ação de despejo, a cessação do contrato de arrendamento celebrado entre senhorio e arrendatário, nas situações em que a lei imponha o recurso à via judicial para produzir a alteração dessa situação jurídica, que, como vimos, se restringem às situações de resolução constantes do n.º 1 e 2 do artigo 1083.º *ex vi* do n.º 1 do artigo 1084.º, sendo que, em todas as demais, a cessação contratual poderá ser operada por comunicação à contraparte, com ressalva das situações em que a cessação do contrato opera automaticamente.

O pedido de cessação de contrato de arrendamento, constitui, como referimos o primeiro e principal pedido de uma ação de despejo, mas não o único, ao invés do que parece resultar do n.º 1 do artigo 14.º NRAU, na medida em que podem ser formulados outros pedidos acessórios à cessação da relação contratual, pese embora dependentes da procedência daquele, do qual dependem necessariamente, constituindo a cessação do contrato de arrendamento a causa de pedir do pedido secundário de condenação do arrendatário na desocupação do locado e sua entrega ao senhorio, uma vez que esta apenas se tornará possível, após o decretamento judicial da extinção da relação contratual, nos termos do n.º 1 do artigo 1081.º.

Pese embora secundário e acessório do pedido constitutivo de cessação do contrato de arrendamento, o pedido de condenação do arrendatário na desocupação do locado deverá sempre constar da petição inicial que dá inicio à ação de despejo, uma vez que o senhorio apenas poderá reagir contra a inércia do arrendatário na desocupação do locado após a

[286] Rui Pinto, O *Novo Regime Processual do Despejo...*, p. 34

prolação da decisão judicial, se desta resultar a condenação daquele na desocupação do locado e sua entrega ao senhorio, na medida em que, se da sentença apenas resultar a declaração da cessação do contrato de arredamento, deixará o senhorio de poder executar a sua desocupação coerciva em sede de processo executivo para entrega de coisa imóvel arrendada.

Por outras palavras, se a referida decisão não se pronunciou sobre pedido não formulado, não será possível ao senhorio executar, em sentido literal, o despejo do locado, uma vez que o contrato cessou efetivamente com a declaração judicial constante da sentença, nada mais tendo sido peticionado, daí resultando um título executivo manifestamente inexistente no que tange à exequibilidade da obrigação de desocupação do locado, ainda que tal obrigação se depreenda implicitamente da declaração constitutiva da cessação do contrato de arrendamento[287].

O mesmo se diga, por sua vez, quanto à realização de reparações no locado da responsabilidade do arrendatário, sendo que, como resulta do n.º 1 do artigo 1081.º, a par do pedido de desocupação do locado, deverá o senhorio requerer que a desocupação e inerente entrega do locado ocorra com as reparações que incumbam àquele, sob pena de se ver privado da possibilidade de executar posteriormente tal obrigação.

Em sentido contrário, defende Miguel Teixeira de Sousa[288], que a ausência de formulação do pedido de desocupação do imóvel, não obsta à condenação por parte do tribunal do réu nessa desocupação, a par de que o senhorio poderá igualmente, perante a procedência da ação de despejo, executar o arrendatário na desocupação coerciva do locado, ainda que da sentença que constitui título executivo para efeito da ação executiva idónea, apenas resulte a declaração da cessação do contrato de arrendamento, sustentando, para tanto, a ausência de utilidade económica própria do pedido de desocupação do imóvel face ao pedido de cessação do contrato de arrendamento a par de que a desocupação do imóvel constitui um efeito legal necessário da cessação do contrato de arrendamento.

Ressalvando o devido respeito, discordamos da posição exposta, assim como das razões apresentadas em defesa da mesma, atento o facto de

[287] Rui Pinto, *Ob. Cit.*, p. 29.

[288] Miguel Teixeira de Sousa, *Leis do Arrendamento Urbano Anotadas*, p. 401.

tais argumentos, pese embora consubstanciando factos de relevo, não constituírem em si, fundamento bastante que permita a exoneração do senhorio da necessária formulação do pedido de desocupação do locado, pois de outra forma, tal lapso, ainda que intencional, nunca deixaria de o favorecer, uma vez que a declaração judicial da cessação do contrato permitiria, sem mais, a desocupação coerciva do locado, ainda que, hipoteticamente, o tribunal não se tivesse efetivamente pronunciado sobre essa questão, o que culminaria na violação flagrante dos princípios do dispositivo e do contraditório, o primeiro ao desvirtuar a liberdade conferida às partes de decisão quanto à propositura da ação e respetivo objeto, designadamente quanto aos pedidos nela formulados e o segundo, ao vedar a possibilidade de pronuncia e defesa à parte contra a qual é proferida a decisão de desocupação do locado.

Além dos referidos, poderá ainda ser cumulado com o pedido de declaração da cessação do contrato de arrendamento e o pedido acessório de desocupação do locado e sua entrega ao senhorio, um terceiro pedido: o pedido de pagamento de rendas, encargos ou despesas da responsabilidade do arrendatário, o qual igualmente surge na dependência da procedência do pedido principal, designadamente sendo o fundamento da resolução do contrato a ausência superior a três meses no cumprimento da obrigação de pagar as rendas devidas, sem prejuízo da possibilidade de o senhorio poder autonomamente, nos termos do n.º 1 do artigo 14.º-A, proceder à execução para pagamento de quantia certa sem procedência de ação declarativa prévia, através da formação de título executivo extrajudicial composto pelo contrato de arrendamento e a comunicação ao arrendatário do montante em dívida.

Importa notar, ainda a respeito do pedido de pagamento das rendas, encargos ou despesas em atraso que o autor goza ainda da possibilidade, nos termos do artigo 557.º CPC de pedir a condenação do arrendatário no pagamento, não apenas das rendas vencidas mas também das rendas que entretanto se vierem a vencer até à efetiva desocupação do locado e sua entrega ao senhorio.

Por último, o n.º 2 do artigo 14.º NRAU, prevê ainda a possibilidade de o senhorio pedir uma indemnização de valor igual ao da renda calculada ao abrigo dos critérios resultantes das alíneas a) e b) do artigo 35.º, restrita às ações de despejo cujo pedido principal resida na declaração de resolução do contrato de arrendamento com fundamento na falta de residência permanente do arrendatário, sempre que este tenha outra residência ou propriedade de imóvel para habitação adquirida após a data de celebração do contrato de arrendamento, com ressalva das situações de sucessão por morte, situada na área dos concelhos de Lisboa ou do Porto e seus limítrofes ou no respetivo concelho da situação do locado, quanto ao resto do país, sendo certo que tal valor indemnizatório apenas poderá ser pedido por referência ao período temporal compreendido entre o termo do prazo para contestar, até à entrega efetiva do locado.

D. Tramitação da ação de despejo

Pretendendo o senhorio propor ação de despejo contra o arrendatário com base num dos fundamentos referidos, deverá, a par da necessária observância de todos e cada um dos pressupostos processuais já referidos, cuja verificação é essencial para a apreciação do mérito da causa, obedecer aos prazos previstos para o exercício do seu direito à resolução judicial do contrato de arrendamento, sob pena de caducidade do mesmo, sendo certo que o prazo disponível para o efeito varia em função do fundamento em que reside o invocado incumprimento do arrendatário.

Assim sendo, os prazos de caducidade para o exercício do direito à resolução do contrato são aqueles que resultam do artigo 1085.º, sendo esse prazo, em regra, de um ano a contar da data em que o senhorio obteve conhecimento do facto de fundamenta a resolução do contrato, sendo igualmente de um ano o prazo aplicável aos factos continuados ou duradouros, a contar da data de cessação do facto em apreço, uma vez que, apesar de a terminologia infeliz utilizada pelo legislador ao afirmar no n.º 3 que "*o prazo não se completa*", o prazo de um ano, efetivamente, não se inicia enquanto não cessar o facto de fundamenta a resolução do contrato.

Tal prazo de um ano não será porém aplicável quando o fundamento resolutivo seja um dos constantes dos n.ºs 3 e 4 do artigo 1083.º, isto é, quando em causa esteja a falta de pagamento das rendas igual ou superior a três meses, ou quando se verifique a mora do arrendatário superior a oito dias no pagamento da renda devida, por mais de quatro vezes, seguidas ou interpoladas, num período de doze meses, sendo que nestes casos o prazo para o exercício do direito é de apenas três meses, contabilizados a partir do momento em que o senhorio obtém conhecimento de que a mora do arrendatário iguala ou excede os três meses[289], ou após a verificação do quinto incumprimento num período de doze meses[290], respetivamente.

[289] **JURISPRUDÊNCIA (07/02/2019)**
AC. TRP. PROCESSO N.º 1257/18.6YLPRT.P1 (RELATOR FILIPE CAROÇO)
"I – O fundamento de resolução do contrato de locação previsto no art. 1083.º, n.º 3, do Código Civil, corresponde a uma situação que, uma vez preenchida, torna de per se inexigível para o locador a manutenção do arrendamento. Basta que a situação de mora no pagamento da renda seja igual ou superior a três meses para se dever considerar existir, automaticamente, incumprimento grave da obrigação do locatário determinante da não exigibilidade de manutenção do contrato.
II – O prazo de caducidade do direito de resolução do contrato de arrendamento pelo senhorio, a que se refere o art. 1085.º, n.º 2, do Código Civil, é de três meses a contar do conhecimento do facto que lhe serve de fundamento, ou seja, a contar, não do conhecimento da falta de pagamento da renda, mas do conhecimento da existência de mora de três meses no pagamento da renda (fundamento expresso no art. 1083.º, n.º 3, do Código Civil), pelo que o seu dies a quo nunca pode ser anterior ao decurso deste prazo de atraso no pagamento da renda.
III – Há abuso de direito, por venire contra factum proprium, em primeira linha, numa de duas situações: a) quando uma pessoa, em termos que, especificamente, não a vinculem, manifeste a intenção de não ir praticar determinado ato e, depois, o pratique; b) quando uma pessoa, de modo também a não ficar especificamente adstrita, declare pretender avançar com certa atuação e, depois, se negue."

[290] **JURISPRUDÊNCIA (24/04/2019)**
AC. TRL. PROCESSO N.º 1901/18.5YLPRT.L1-2 (RELATORA GABRIELA CUNHA RODRIGUES)
"I – Não é admissível a junção de um documento potencialmente útil à causa, mas relacionado com factos que já antes a parte sabia estarem sujeitos a prova.
II – A resolução do contrato de arrendamento com fundamento na mora no pagamento da renda, prevista no artigo 1083.º, n.º 4, do Código Civil, deve ser efetivada no prazo de três meses a contar do conhecimento do correspondente facto, como resulta das disposições conjugadas dos n.ºs 1 e 2, do artigo 1085.º do referido diploma.
III – O período de contagem da caducidade de três meses, previsto no artigo 1085.º, n.º 2, do Código Civil tem início com o primeiro incumprimento, independentemente do mês e do ano civil em causa.
IV – O termo a quo da contagem do prazo de caducidade é o momento em que se verifica o conhecimento da situação de mora superior a 8 dias, no pagamento da renda, por mais de 4 vezes seguidas ou interpoladas, num período de 12 meses, período esse que, em caso de sucessivos incumprimentos pelo locatário, se vai como que renovando a cada novo incumprimento (desde que não tenha ainda decorrido um período superior a 12 meses relativamente aos 5 incumprimentos em causa).
V – Da compatibilização dos artigos 1075.º, n.º 2, 1041.º, n.º 2, e 1083.º, n.º 4, do Código Civil, ressalta que só existe mora com consequências na relação contratual estabelecida com o senhorio, se o arrendatário não purgar a mora até ao termo dos 8 dias a contar do seu começo, sendo que somente a partir do

Conforme vimos, a ação de despejo segue a forma única da ação declarativa comum, sendo o respetivo valor apurado em conformidade com o critério especial resultante do n.º 1 do artigo 298.º CPC, correspondendo este ao valor resultante da renda de dois anos e meio, acrescido do valor das rendas em dívida ou do valor da indemnização requerida, se aplicável, devendo o senhorio estar sempre devidamente representado em juízo por advogado uma vez que a ação de despejo não admite ao mesmo litigar por si próprio, atenta a admissibilidade de recurso de apelação da decisão proferida em primeira instância para o Tribunal da Relação, independentemente do valor da causa, nos termos da alínea b) do n.º 1 do artigo 40.º *ex vi* da alínea a) do n.º 3 do artigo 629.º CPC, o mesmo se aplicando ao arrendatário que pretenda reagir ao peticionado pelo senhorio, pelo que a defesa aduzida não resultante da constituição de advogado, será desprovida de efeito.

Neste sentido, a ação de despejo terá início com a apresentação de petição inicial dirigida ao tribunal competente para a apreciação do mérito da causa, devendo cumprir os requisitos constantes do artigo 552.º, quanto ao conjunto de elementos que o articulado deverá necessariamente conter, designadamente quanto à correta exposição dos factos essenciais que integram a causa de pedir, bem como as razões de direito que fundamentam a ação, devendo ainda formular corretamente o pedido ou pedidos que pretende ver reconhecidos pelo tribunal, os quais não poderão entrar em desconformidade com a causa de pedir sob pena de ineptidão da petição inicial e consequente absolvição do réu da instância, enquanto exceção dilatória de conhecimento oficioso. O mesmo se diga, por sua vez, quanto ao requerimento probatório, que deverá ser

9.º dia após a data do vencimento da renda sem que o arrendatário efetue o respetivo pagamento, é que se considera que entra em mora relevante.
VI – Se a ordem de transferência bancária for transmitida tão tardiamente que é impossível ao emissário cumprir a sua tarefa no prazo que convém ao devedor, a culpa não é do destinatário, neste caso do senhorio, mas do solvens que elegeu ou instruiu o portador.
VII – A mora é suficiente como fundamento de despejo, considerando-se inexigível a manutenção do arrendamento sem necessidade de uma autónoma ponderação sobre a sua gravidade ou as suas consequências, a não ser em situações-limite submetidas ao controlo do abuso do direito, o que não é manifestamente o caso."

corretamente individualizado no final da petição inicial, dele constando as testemunhas a inquirir e os restantes meios de prova a produzir.

A petição inicial deverá ser submetida eletronicamente através do sistema informático *Citius* pelo advogado constituído pelo senhorio, assim como os restantes documentos, igualmente submetidos pela via eletrónica em formato *pdf.*, como resulta do disposto no artigo 144.º CPC e nos artigos 4.º e seguintes da Portaria n.º 280/2013, de 26 de agosto, que regula a tramitação eletrónica dos processos judiciais, com as alterações resultantes da Portaria n.º 267/2018, de 20 de setembro, encontrando-se dispensado da junção de comprovativo de pagamento da taxa de justiça devida, bastando a indicação do número de referência do DUC, no formulário de preenchimento eletrónico com que se submete a peça processual e documentos anexos.

A taxa de justiça, por sua vez, será calculada em conformidade com a Tabela 1-A constante do Regulamento das Custas Processuais, sendo o valor da taxa de justiça a pagar aferido em função do valor da ação aferido de acordo com o critério constante do n.º 1 do artigo 298.º CPC, correspondendo a taxa de justiça, exemplificativamente, a 5 UC, isto é, 502,00€, nas ações de despejo cujo valor seja compreendido entre 24.000,01€ e 30.000,00€. Diversamente, beneficiando o senhorio de apoio judiciário na modalidade de dispensa de taxa de justiça e demais encargos com o processo, estará isento do respetivo pagamento da mesma devendo o respetivo comprovativo de deferimento da concessão de apoio judiciário ser junto com os restantes documentos que acompanhem a petição inicial.

Submetida a petição inicial, a mesma apenas poderá ser recusada pela secretaria do tribunal em que a mesma deu entrada, com base na verificação de um dos fundamentos constantes do artigo 558.º, sendo certo que do ato de recusa cabe reclamação para o juiz e do respetivo despacho do tribunal que confirma o não recebimento cabe recurso para o Tribunal da Relação, podendo o autor, por outro lado, submeter nova petição inicial no prazo de dez dias a contar da recusa do recebimento da primeira ou da data de confirmação da recusa pelo juiz, considerando-se a ação proposta na data em que a primeira petição inicial foi apresentada em juízo, nos termos dos artigos 559.º e 560.º.

Inexistindo fundamentos de recusa da petição inicial submetida, o processo é distribuído e o réu é citado para contestar, no prazo de trinta dias a contar da data de citação, sendo esta realizada nos termos do artigo

225.º e seguintes, havendo, porém, lugar a despacho liminar do juiz, caso seja requerida a citação urgente do arrendatário.

Estando igualmente sujeita ao pagamento de taxa de justiça, a contestação deve, de igual forma, ser submetida eletronicamente pelo advogado do réu, devendo obedecer aos requisitos constantes do artigo 570.º CPC, designadamente quanto à correta individualização da defesa por impugnação e/ou por exceção, tomando este posição definida sobre todos os factos invocados pelo autor que integram a causa de pedir, sendo certo que a ausência de impugnação de determinados factos determina que os mesmos se considerem admitidos por acordo, nos termos do n.º 1 e 2 do artigo 574.º CPC.

Sendo regularmente citado para contestar e não o fazendo, a revelia do réu tem por efeito terem-se por confessados os factos articulados pelo autor, sendo a revelia operante, ao invés do que sucede na ausência total de intervenção do réu nos autos, que consubstancia situação de revelia inoperante, em que o tribunal ao concluir pela existência de irregularidades na citação, ordena a sua repetição.

A par da contestação, goza o réu da possibilidade de apresentar reconvenção, isto é, de deduzir determinada pretensão contra o autor, designadamente tendo em vista o reconhecimento do seu direito a benfeitorias ou despesas com o locado, devendo esta ser apresentada no mesmo prazo e na mesma peça processual da contestação, ainda que corretamente identificada e individualizada daquela, devendo obedecer aos requisitos constantes do artigo 583.º e das alíneas d) e e) do artigo 552.º CPC, concluindo pela indicação do valor da mesma.

Tendo a ação de despejo por fundamento a falta de pagamento de rendas, encargos ou despesas, goza o arrendatário da possibilidade de colocar fim à mora, determinando a caducidade do direito à resolução do contrato por parte do senhorio, desde que, para o efeito, proceda ao pagamento das quantias em atraso, acrescidas da indemnização de valor correspondente a 20% do valor em dívida, nos termos do n.º 1 do artigo 1048.º *ex vi* do n.º 1 do artigo 1041.º, com as alterações produzidas pela Lei n.º 13/2019, de 12 de fevereiro, sendo certo que a possibilidade de purga da mora, é única e irrepetível por referência a cada contrato de arrendamento, além de que o arrendatário apenas poderá fazer uso de tal possibilidade até ao termo do prazo de que dispõe para contestar a ação declarativa.

Verificando-se a apresentação de reconvenção por parte do réu, poderá o autor pronunciar-se, em sede de réplica, quanto à totalidade da matéria aduzida por aquele, dispondo para o efeito do prazo de trinta dias a contar da data de notificação da apresentação da contestação, sendo certo que a ausência de pronúncia por parte do autor quanto aos factos aduzidos na reconvenção pelo réu, determina a produção do mesmo efeito cominatório associado à ausência de contestação ou a ausência de pronúncia quanto a determinados factos desta constantes, tendo-se tais factos como admitidos por acordo, nos termos do artigo 574.º *ex vi* do artigo 587.º. São ainda admitidos articulados supervenientes desde que respeitantes a factos constitutivos, modificativos ou extintivos do direito, podendo ser apresentados pela parte a que aproveitem, até ao encerramento da discussão, nos termos do n.º 1 do artigo 588.º.

À semelhança do que sucede nas restantes ações declarativas, finda a fase dos articulados, o juiz profere, quando necessário, despacho pré-saneador, no qual providencia pelo suprimento de eventuais exceções dilatórias ou pelo aperfeiçoamento dos articulados apresentados, determinando ainda a junção dos documentos necessários, realizando-se posteriormente audiência prévia com as finalidades constantes do artigo 591.º, tendo em vista, principalmente, discutir as posições divergentes das partes tendo em vista delimitar os termos do litígio e proferir despacho saneador o qual é ditado para a ata havendo audiência prévia, salvo quando a complexidade da questão exija a sua prolação por escrito, procedendo em ambos os casos à delimitação do objeto do litígio e à enunciação dos temas da prova, como resulta do disposto nos artigos 595.º e seguintes.

Seguindo-se a realização de audiência final de discussão e julgamento, inicia-se esta com a tentativa de conciliação das partes, após o que, não sendo possível a obtenção de acordo e sem prejuízo dos poderes de gestão processual e adequação formal do juiz em nome da necessária flexibilidade processual, aferida em função das especificidades próprias de cada causa submetida a julgamento, se procede à realização dos restantes atos constantes do artigo 604.º a que haja lugar, como sejam, a prestação de depoimentos e declarações de parte, a exibição de reproduções cinematográficas, registos fonográficos ou outros documentos, inquirição de testemunhas, obtenção de esclarecimentos aos peritos convocados para o efeito e outras diligências necessárias, concluindo-se pelas alegações orais dos mandatários das partes, em que estes expõem as conclusões, de facto e de direito, que extraíram da prova produzida.

Encerrada a audiência final, o processo é concluso ao juiz devendo este proferir sentença no prazo de trinta dias, sem prejuízo da possibilidade de poder ordenar a reabertura da audiência tendo em vista o esclarecimento de aspetos menos precisos, a produção de prova adicional ou quaisquer outras diligências que entenda necessárias, nos termos do n.º 1 do artigo 607.º. A sentença, por sua vez, deverá conter os elementos a que se referem os n.ºs 2 e seguintes do mesmo preceito, procedendo à correta identificação das partes e do objeto do litígio, elencando de seguida as questões a solucionar, indicando, subsequentemente, os factos que considera provados e não provados, ao que se segue a fundamentação critica subjacente aos factos considerados provados e não provados em confronto com a prova produzida, apresentando ainda todos os demais fundamentos que contribuíram para a formação da sua convicção, concluindo, a final, com a respetiva decisão e condenação em custas da parte vencida ou na proporção da respetiva responsabilidade.

Proferida a decisão, a mesma é suscetível de recurso de apelação para o Tribunal da Relação, independentemente do respetivo valor da ação e da finalidade do contrato de arrendamento, com ressalva dos contratos para habitação não permanente ou para fins especiais transitórios, sendo certo que a apelação da decisão terá efeito suspensivo, ao invés do que é a regra em sede de recurso ordinário, conforme resulta da alínea b) do n.º 3 do artigo 647.º CPC, sendo certo que a suspensão da produção de efeitos da decisão judicial não é, igualmente, aplicável aos referidos contratos para habitação não permanente ou para fins especiais transitórios, para os quais, o eventual recurso da decisão terá efeito meramente devolutivo, sem prejuízo de o arrendatário poder obter o efeito suspensivo ao recorrer da decisão, mediante a invocação e fundamentação do prejuízo resultante da imediata execução da decisão, disponibilizando-se para prestar caução, cujo prazo para o efeito, em caso de deferimento do pedido de prestação de caução, será estabelecido pelo tribunal.

A sentença resultante da ação de despejo constitui, assim, título executivo para efeito do cumprimento coercivo das obrigações que desta resultam perante a inércia do arrendatário na sua observância voluntária, podendo o senhorio recorrer à ação executiva para entrega de coisa imóvel arrendada, prevista nos artigos 862.º e seguintes do Código de Processo Civil, para obter a desocupação do locado, não sendo esta, porém, cumulável[291] com a execução para pagamento de quantia certa, ainda que o valor das rendas, encargos ou despesas em dívida resulte igualmente da decisão judicial, nos termos da alínea b) do n.º 1 do artigo 709.º CPC, uma vez que as execuções em apreço apresentam finalidades diferentes, devendo o senhorio desencadear duas execuções distintas para a obtenção coerciva da desocupação do locado e do pagamento das quantias em atraso.

E. Incidente de despejo imediato na pendência da ação de despejo

Na pendência da ação de despejo, deverá o arrendatário proceder ao pagamento ou depósito das rendas que entretanto se vierem a vencer, ainda que o fundamento da ação de despejo seja, precisamente, a falta de pagamento de rendas, encargos ou despesas, sendo certo que a ausência de pagamento por período igual ou superior a dois meses, na pendência da ação de despejo, habilita o senhorio a requerer o despejo imediato do locado, nos termos dos n.ºs 3 e 4 do artigo 14.º, através de incidente de despejo imediato, logrando-se, através deste meio processual, obstar ao gozo gratuito do locado pelo arrendatário, durante o período de tempo, potencialmente longo, de duração da ação de despejo até ao momento em que se concretiza a desocupação do locado, com a execução posterior da sentença.

O despejo imediato em virtude do incumprimento do arrendatário da sua obrigação de proceder ao pagamento das rendas que se forem vencendo durante a ação de despejo, constitui, assim, um mecanismo de reação do senhorio que remonta ao Decreto n.º 22:661, de 13 de Junho de 1933, passando a figurar do Código de Processo Civil de 1939, no artigo 979.º, transitando para o artigo 58.º do RAU, aprovado pelo Decreto-Lei n.º 321-B/90 e, posteriormente, para os n.ºs 3 a 5 do artigo 15.º NRAU,

[291] **JURISPRUDÊNCIA (15/11/2012)**
AC. TRG. PROCESSO N.º 445/12.3TBBRG-A.G1 (RELATOR MANUEL BARGADO)
"I – O executado que invoca na oposição deduzida à execução a exceção da cumulação ilegal de execuções, sem que ponha em causa o direito do exequente a haver dele, enquanto fiador, as rendas devidas pela resolução do contrato de arrendamento, tem interesse em agir.
II – Não é possível cumular uma execução para pagamento de quantia certa relativa a rendas em dívida com uma execução para entrega da coisa imóvel arrendada."

aprovado pela Lei n.º 6/2006, onde atualmente ainda persiste, facultando a este último a possibilidade de obter o despejo imediato do imóvel arrendado perante a verificação de situações de abuso ostensivo por parte daquele.

Neste sentido, dando o senhorio início ao presente incidente processual, os fundamentos resolutivos da ação principal são secundarizados em prol da falta de pagamento das rendas igual ou superior a dois meses na pendência da ação de despejo, independentemente do fundamento em discussão naquela, sendo o período de dois meses de rendas, encargos ou despesas em falta contabilizado desde a data de propositura da ação principal, embora alguma doutrina e jurisprudência remontantes à vigência do RAU e previamente a esta, sustentem que tal prazo de dois meses apenas se contabiliza findo que seja o termo do prazo de que o réu dispõe para contestar, quando o fundamento resolutivo da ação de despejo seja precisamente a falta de pagamento de rendas, encargos ou despesas[292].

A razão invocada para a diferenciação existente na contagem do início do prazo de dois meses entre um e outros fundamentos, reside no facto de o arrendatário poder, até ao termo do prazo de que dispõe para contestar a ação instaurada, purgar a mora, nos termos do n.º 1 do artigo 1048.º, retirando efeito útil à resolução contratual pretendida pelo senhorio, além de que tanto na situação de purga da mora como no âmbito do incidente de despejo imediato, o arrendatário deverá fazer o pagamento das rendas

[292] Veja-se a este propósito o Acórdão do Tribunal da Relação do Porto de 06 de abril de 1999 *(Processo n.º 9920165, Relatora Teresa Montenegro)*, em que é sustentado que: *"I – Na ação de despejo de prédio urbano, e para efeito de despejo imediato por falta de pagamento de rendas vencidas na pendência da ação, há que distinguir se o fundamento da ação é a falta de pagamento rendas ou outro: no primeiro caso, tais " rendas vencidas " são as que se vencerem após o termo do prazo para a contestação; e, no segundo, serão as que se vencerem após o recebimento da petição inicial."*

Veja-se ainda o Acórdão do Tribunal da Relação de Guimarães de 25 de maio de 2006 *(Processo n.º 673/06-2, Relator Espinheira Baltar)..."só se consideram rendas vencidas na pendência da ação as que se vencerem após o prazo para a contestação, como é doutrina e jurisprudência dominantes, sobre este assunto, tendo em conta que o arrendatário sempre pode extinguir o direito de resolução do contrato, evitando o despejo, pagando as rendas vencidas com a respetiva indemnização, até ao termo do prazo para contestar ou quando apresenta a contestação, como decorre do artigo 1048 do C.Civil."*

vencidas acrescidas do valor indemnizatório de 20%, a que se refere o n.º 1 do artigo 1041.º, sendo certo que na primeira situação, a purga da mora refere-se ao pagamento da totalidade das rendas, encargos ou despesas em dívida, ao passo que em sede de incidente de despejo imediato, o arrendatário deverá proceder ao pagamento das rendas vencidas desde o termo do prazo para contestar, razão pela qual perfilhamos igualmente, pelas razões expostas, da referida posição, que constitui, aliás, jurisprudência dominante, assente na diferenciação em função do fundamento resolutivo, quanto ao inicio da contagem do período de tempo igual ou superior a dois meses de ausência de pagamento de rendas, encargos ou despesas vencidos.

O incidente de despejo imediato tem, assim, início com o requerimento do autor aos autos transmitindo ao tribunal, a falta de pagamento por período de tempo igual ou superior a dois meses, por parte do arrendatário, das rendas, encargos ou despesas vencidos na pendência daquela ação, peticionando a notificação do réu para realizar o pagamento ou depósito em apreço, no prazo máximo de dez dias, acrescido da quantia indemnizatória, correspondente a 20% do valor devido, cujo comprovativo deverá juntar aos autos, sendo, porém, responsável pelas custas do incidente, uma vez que a sua inércia motivou o mesmo, assumindo ainda os encargos relativos ao levantamento do depósito, caso tenha realizado o referido pagamento através da consignação em depósito, nos termos dos artigos 17.º e seguintes do NRAU, assim determinando a extinção do incidente por inutilidade superveniente da lide, com o inerente prosseguimento da causa principal para discussão e julgamento atinente à cessação contratual e respetivos pedidos conexos.

Neste sentido, o incidente de despejo imediato é em si próprio uma nova ação, com causa de pedir diversa da ação declarativa principal ainda que partilhando com esta o mesmo pedido de desocupação do locado, sendo certo que no incidente de despejo imediato a causa de pedir será a falta de pagamento de rendas vencidas na pendência da ação de despejo ao invés do que sucede na ação principal em que a causa de pedir será a falta de pagamento de rendas vencidas anteriormente à instauração dessa ação, ou, bem ainda, qualquer outro fundamento resolutivo constante do n.º 2 do artigo 1083.º.

Assim sendo, era fortemente discutível, especialmente na vigência do RAU, a possibilidade de o arrendatário poder, por um lado, deduzir oposição livre à pretensão de despejo imediato requerida pelo senhorio, aduzindo toda a defesa que tivesse por conveniente para justificar a ausência de pagamento ou se, por outro lado, no momento processual em apreço, atenta a configuração, celeridade e simplicidade que o caraterizam tendo em vista alcançar o objetivo de promover o "*despejo imediato*", apenas lhe será admissível a oposição assente na mera comprovação do pagamento ou depósito das rendas, encargos ou despesas vencidos na pendência da ação de despejo, com o inerente prosseguimento do despejo imediato, perante a ausência de prova de pagamento.

A numerosa jurisprudência existente a este respeito era manifestamente divergente, sendo, por um lado, arguido o propósito de conferir simplicidade processual ao presente incidente e de evitar a duplicação de meios processuais, sendo o incidente de despejo imediato incompatível com a possibilidade de apresentação por parte do arrendatário de outros fundamentos além da comprovação de pagamento das rendas vencidas na pendência da ação de despejo, o que determinaria, inevitavelmente, o aumento da complexidade da causa incidental obstando assim ao objetivo de promover o despejo imediato[293].

Por outro lado, contra a tese exposta, é também sustentado jurisprudencialmente que, impedir o arrendatário de aduzir toda a defesa, obstando à invocação de todas as exceções que legitimem a falta de pagamento das rendas vencidas, constituiria uma violação crassa ao princípio

[293] **JURISPRUDÊNCIA (19/05/2014)**

AC. TRP. PROCESSO N.º 1423/11.5TBPRD-A.P1 (RELATOR ALBERTO RUÇO)

"I – O incidente de despejo imediato previsto no n.º 5, do artigo 14.º, da Lei n.º 6/2006, de 27 de Fevereiro, visa evitar situações em que o arrendatário, demandado em juízo pelo senhorio, poderia continuar a gozar a coisa arrendada sem pagar a renda estipulada, podendo tal situação arrastar-se por vários anos, desde a instauração da ação até à execução da sentença transitada em julgado, após um ou mais recursos.

II – De acordo com esta razão de ser e finalidade, o incidente não admite outra oposição que não seja a prova do pagamento ou depósito das rendas e indemnização devidas.

III – Tratando-se de um mecanismo jurídico estabelecido na lei com vista a evitar aquelas situações indesejáveis, qualquer senhorio pode usar deste meio de tutela quando verificados os respetivos pressupostos, sem que se vislumbre, em regra, qualquer situação de abuso de direito (artigo 334.º do Código Civil).

IV – No contexto da ordem jurídica atual, a norma do n.º 5, do artigo 14.º, da Lei n.º 6/2006, de 27 de Fevereiro, não ofende o disposto no artigo 20.º da Constituição da República Portuguesa."

da proibição da indefesa do réu, previsto no artigo 20.º da Constituição da República Portuguesa, especialmente se na ação de despejo estivessem em discussão questões como a própria existência do contrato de arrendamento ou da identidade do arrendatário, daí resultando a inconstitucionalidade do preceituado no artigo 58.º RAU, designadamente quanto ao disposto no seu n.º 2, cuja redação dispunha: *"o senhorio pode requerer o despejo imediato com base no não cumprimento do disposto no número anterior* [pagamento ou depósito das rendas vencidas na pendência da ação de despejo], *sendo ouvido o arrendatário"*, importando assim clarificar a amplitude do direito de resposta do arrendatário no presente âmbito.

A este propósito, pronunciou-se o Tribunal Constitucional[294], cujo entendimento veio no sentido de *"julgar inconstitucional, por violação do princípio da proibição da indefesa, ínsito no artigo 20.º da Constituição da República Portuguesa, a norma do artigo 58.º do Regime do Arrendamento Urbano, aprovado pelo Decreto-Lei n.º 321-B/90, de 15 de Outubro, na interpretação segundo a qual, mesmo que na ação de despejo persista controvérsia quer quanto à identidade do arrendatário quer quanto à existência de acordo, diverso do arrendamento, que legitimaria a ocupação do local pela interveniente processual, se for requerido pelo autor o despejo imediato com fundamento em falta de pagamento das rendas vencidas na pendência da ação, o único meio de defesa do detentor do local é a apresentação de prova, até ao termo do prazo para a sua resposta, de que procedeu ao pagamento ou depósito das rendas em mora e da importância da indemnização devida"*

Desta forma e em conformidade com o exposto no referido acórdão, podemos concluir que, por um lado, além da mera invocação e comprovação de pagamento ou depósito das rendas vencidas na pendência da ação de despejo, poderá o arrendatário, atenta a existência de uma causa de pedir diversa que integra uma ação autónoma e distinta da ação principal, exercer o seu direito de defesa de forma ilimitada[295], designadamente invocando e comprovando a inexigibilidade das rendas, a existência de

[294] Acórdão do Tribunal Constitucional de 6 de dezembro de 2005 (Processo n.º 673/2005).

[295] **JURISPRUDÊNCIA (24/05/2006)**

AC. TRG. PROCESSO N.º 673/06-2 (RELATOR ESPINHEIRA BALTAR)

"1 – O incidente de despejo imediato com fundamento em rendas vencidas na pendência da ação, reveste a forma duma ação autónoma, em que o réu tem de deduzir toda a sua defesa no articulado respetivo.

título válido de ocupação do locado diverso do arrendamento, a inexistência de contrato de arrendamento ou qualquer outro facto impeditivo ou modificativo do pagamento de rendas, assim se salvaguardando a observância do princípio da tutela jurisdicional efetiva e da proibição de indefesa.

Por outro lado e também em observância do princípio da proibição da indefesa, a ausência de invocação e comprovação de pagamento ou depósito das rendas vencidas na pendência da ação de despejo não pode determinar, de forma automática, o despejo imediato do locado, especialmente quando na ação de despejo se discuta a existência do dever por parte do arrendatário de pagar as rendas, designadamente, por ausência de contrato de arrendamento válido, sendo o requerimento de despejo imediato apresentado pelo senhorio livremente apreciado pelo juiz, o qual apenas poderá ser deferido quando se possa concluir, atenta a defesa apresentada pelo arrendatário, pela inexistência de fundamentos que obstem ao cumprimento do seu dever de proceder ao pagamento das rendas vencidas.

De ressalvar ainda, que o arrendatário não poderá abster-se, simultaneamente, de apresentar a sua defesa e de comprovar o pagamento ou depósito das rendas vencidas na pendência da ação de despejo e respetivo valor indemnizatório, isto é, deverá optar por uma das duas posições, sob pena de a ausência total de posição poder determinar o deferimento do pedido de despejo imediato apresentado pelo senhorio, tal significando, de igual forma, que o arrendatário não poderá basear a sua ausência de posição, na defesa por si apresentada em sede de contestação ao alegado na petição inicial, uma vez que, como referido, o incidente de despejo imediato configura uma nova ação, ainda que dependente daquela, na qual o arrendatário deverá assumir posição autónoma num dos dois sentidos referidos.

2 – quando a ação principal tem como fundamento a falta de pagamento de rendas, o réu pode, na nova ação, invocar todas as exceções conexas com a falta de pagamento de rendas, que legitime o seu não pagamento assente na interpretação dada ao artigo 58 do RAU., baseada na declaração de inconstitucionalidade do artigo, que impeça essa defesa, por violação do princípio da proibição da indefesa, ínsito no artigo 20 da CRP (Ac. Trib. Constitucional 673/2005 de 6/12/2005, DR. II série, n.º 25, pag. 1626 a 1632, de 13 de Fevereiro de 2006).

3 – Incumbe ao autor provar que as rendas se venceram na pendência da ação, que abarca as que se vencerem após o prazo para a contestação, quando a ação principal assente na falta de pagamento de rendas."

O senhorio, por sua vez, ao requerer o despejo imediato do imóvel, deverá invocar e provar os factos constitutivos do seu direito, sob pena da ausência de comprovação dos mesmos determinar a improcedência do incidente, nos termos constantes do n.º 1 do artigo 342.º CC, devendo assim invocar e provar que as rendas se venceram na pendência da ação em apreço, sendo certo que, como referimos, se o fundamento resolutivo da ação de despejo for a falta de pagamento de rendas, encargos ou despesas, nos termos do n.º 3 do artigo 1083.º, tais rendas corresponderão àquelas que se vencerem após o termo do prazo para a contestação, ao invés do que sucede se for outro o fundamento resolutivo naquela ação, caso em que as rendas a considerar serão aquelas que se vencerem a partir da data de instauração da ação.

Perante a procedência do pedido de despejo imediato e no respeitante à tramitação aplicável à fase executiva do despejo imediato, resultava da redação original do n.º 5 do artigo 14.º, conferida pela versão inicial da Lei n.º 6/2006, que "*Se, dentro daquele prazo* [de dez dias], *os montantes referidos no número anterior não forem pagos ou depositados, o senhorio pode pedir certidão dos autos relativa a estes factos, a qual constitui título executivo para efeitos de despejo do local arrendado, na forma de processo executivo comum para entrega de coisa certa.*", impondo assim ao senhorio o necessário impulso processual em sede executiva após obtenção de título executivo idóneo correspondente à certidão judicial de que resulta expressa a falta de pagamento ou depósito por parte do arrendatário das rendas, encargos ou despesas vencidos há pelo menos dois meses, na pendência da ação de despejo, após notificação regularmente efetuada para proceder ao pagamento ou depósito no prazo de dez dias, sendo certo que tal certidão era título idóneo, unicamente, à desocupação coerciva do locado e não já à obtenção das quantias referentes às rendas, encargos ou despesas vencidas na pendência da ação de despejo[296].

Com as alterações introduzidas ao preceituado no n.º 5 do artigo 14.º pela Lei n.º 31/2012, passa este a dispor que "*em caso de incumprimento pelo arrendatário do disposto no número anterior, o senhorio pode requerer o despejo imediato, aplicando-se, em caso de deferimento do requerimento, com as necessárias adaptações, o disposto no n.º 7 do artigo 15.º e nos artigos 15.º-J, 15.º-K e 15.º-M a*

[296] Neste sentido, Rui Pinto, *O Novo Regime Processual do Despejo*...p. 83.

15.º-O", daí resultando que a execução do despejo imediato deixa de ser realizada através da ação executiva para entrega de coisa imóvel arrendada, constante dos artigos 862.º e seguintes CPC, passando a seguir, outrossim, os mesmos termos que se aplicam à "*fase executiva*" do procedimento especial de despejo, designadamente perante a improcedência da oposição apresentada em sede deste procedimento, após distribuição dos autos ao tribunal competente e respetivo julgamento.

Assim sendo, apesar da redação atual do preceito, através da remissão para diversos preceitos que disciplinam o procedimento especial de despejo, poder induzir em erro, potenciando a ideia de que a desocupação coerciva do locado ocorre em sede de procedimento especial de despejo, tal não corresponde à verdade, uma vez que tais preceitos devem ser interpretados e aplicados em sede de incidente de despejo imediato, com as devidas adaptações, conciliáveis com a natureza deste, sendo que o disposto no n.º 7 do artigo 15.º se refere à pronuncia obrigatória por parte do juiz competente, sobre todas as questões suscitadas, o qual deverá ainda, independentemente de ter sido requerido, pronunciar-se sobre a autorização de entrada no locado, referindo-se, por sua vez, os artigos 15.º-J, 15.º-K e 15.º-M a 15.º-O ao conjunto de diligências a observar ou incidentes que suscitam a necessária intervenção judicial aquando da efetivação da desocupação do locado a realizar pelo agente de execução, notário ou oficial de justiça.

Neste sentido, o artigo 15.º-J refere-se à desocupação do locado e pagamento das rendas em atraso, equivalendo ao título ou decisão judicial para desocupação do locado a que se refere o n.º 1 do artigo 15.º-J, o despacho que julgue procedente o incidente processual e determine o despejo imediato do locado, condenando o arrendatário a entregá-lo ao senhorio, livre e devoluto de pessoas e bens, assim deferindo o pedido formulado pelo autor.

Os artigos 15.º-K e 15.º-M a 15.º-O, referem-se, por sua vez, ao destino dos bens existentes no locado, à suspensão da desocupação do locado e ao diferimento da desocupação do imóvel arrendado, respetivamente, preceitos igualmente conciliáveis com o desiderato do incidente de despejo imediato[297].

[297] Remetemos a análise destas figuras para as considerações tecidas a respeito de cada uma das mesmas em sede do procedimento especial de despejo.

Por último e no respeitante ao desfecho da ação de despejo em virtude da procedência do incidente de despejo imediato, importa notar que o decretamento do despejo imediato em sede do incidente processual, determinará, em regra, a extinção da ação de despejo por inutilidade superveniente da lide, em virtude da satisfação total da pretensão do autor em sede incidental, coincidente com a pretensão constante da ação principal, apenas assim não sucedendo caso além da resolução do contrato e da condenação do arrendatário à desocupação do locado e sua entrega ao senhorio, exista cumulação com outros pedidos que importem, de igual forma, submeter a conhecimento e decisão judicial, como seja o pedido de pagamento de rendas, encargos e despesas, vencidas e vincendas, o mesmo sucedendo caso, em sede de contestação à petição inicial apresentada pelo autor, o réu deduza pedido reconvencional, obstando, de igual forma, à extinção dos autos.

2. Ação executiva para entrega de coisa imóvel arrendada

Prevista nos artigos 862.º e seguintes do Código Processo Civil, a ação executiva para a entrega de coisa imóvel arrendada, também designada apenas por EPECIA[298], consiste num processo comum de execução para entrega de coisa certa[299] seguindo forma única, conforme resulta do n.º 4 do artigo 550.º CPC, ainda que com especificidades próprias constantes dos preceitos referidos em função da natureza da coisa certa em apreço, visando a apreensão coerciva do imóvel arrendado ao arrendatário e sua entrega ao senhorio, tendo em vista reparar um direito deste último, ou seja, a pretensão quanto à obtenção da entrega do imóvel por parte do arrendatário, de forma voluntária, no prazo de um mês, ou noutro judicialmente estipulado, após a cessação do respetivo contrato de arrendamento no âmbito do artigo 1087.º CC.

Neste sentido, a ação executiva para entrega de coisa imóvel arrendada terá, necessariamente, por fundamento, um título executivo idóneo de que resulte a cessação prévia do contrato de arrendamento celebrado entre senhorio e arrendatário, assim como a consequente obrigação

[298] Por uma questão de facilidade na designação, tem sido utilizada a sigla de EPECIA – Maria Olinda Garcia, *A acção executiva...*, pp. 17.

[299] Cujas disposições gerais, constantes dos artigos 860.º e seguintes do CPC, lhe são igualmente aplicáveis, com as devidas adaptações nos termos do artigo 862.º ss.

incumprida de proceder voluntariamente à desocupação do mesmo dentro do prazo legal ou judicialmente conferido para o efeito, sendo certo que com as alterações empreendidas pela Lei n.º 31/2012, de 14 de agosto, o elenco de títulos executivos resultante do artigo 15.º NRAU, anteriormente respeitante a esta ação, perde a sua força executiva, deixando, de igual forma, de integrar o âmbito da aplicação da EPECIA, pertencendo, atualmente, ao procedimento especial de despejo a competência para efetivar a desocupação coerciva do imóvel com base nos títulos extrajudiciais referidos, os quais configuram documentos-base ou títulos *sui generis*[300] que devem instruir o requerimento de despejo inerente àquele procedimento sob pena de recusa pela secretaria do BNA.

Assim sendo e em virtude da profunda alteração legislativa introduzida ao NRAU, a execução para entrega de coisa imóvel arrendada apenas poderá ter por título executivo, como tal, o proveniente de uma ação de despejo ou de uma ação de simples apreciação da validade ou subsistência do contrato de arrendamento, isto é, um título executivo judicial correspondente à sentença judicial proferida em sede de ação declarativa de que resulte a resolução do contrato de arrendamento, uma vez que as demais formas de cessação são operadas extrajudicialmente, e respetiva condenação na desocupação do locado, na medida em que inexiste um expediente processual semelhante ao previsto no n.º 1 do artigo 14.º-A NRAU referente à execução para pagamento de rendas, encargos e despesas em atraso, que permita, de igual forma, obter a entrega coerciva do imóvel em sede executiva com base em título extrajudicial complexo.

Por outras palavras, face à configuração atual do regime processual aplicável ao arrendamento urbano, a ação executiva para entrega de coisa imóvel arrendada deverá ser sempre precedida de uma ação de despejo, quando o fundamento de cessação do contrato seja a resolução, nos termos constantes dos n.ºs 1 e 2 do artigo 1083.º, podendo o senhorio recorrer ao procedimento especial de despejo relativamente às restantes formas de cessação com base no título extrajudicial formado por comunicação à contraparte nos termos do artigo 9.º e 10.º NRAU.

Assim sendo, não podemos falar na existência de conflito de competências entre meios processuais uma vez que a ação executiva para entrega

[300] Maria Olinda Garcia, *Arrendamento Urbano Anotado*, p. 196.

de coisa imóvel arrendada, atualmente, apenas poderá ser desencadeada com base em título executivo judicial, isto é, a sentença resultante de uma ação de despejo, ao invés do que sucede no procedimento especial de despejo, que apenas poderá ser promovido através da apresentação de um requerimento de despejo dirigido ao BNA, devidamente acompanhado pelos documentos a que se referem as diferentes alíneas constantes do n.º 2 do artigo 15.º, não sendo possível, no âmbito do procedimento especial de despejo, promover a desocupação do locado com base na sentença judicial, uma vez que esta não consta do elenco de documentos admissíveis para esse efeito, da mesma forma que não é possível promover a desocupação do locado, em sede de ação executiva para entrega de coisa imóvel arrendada, com base nos documentos extrajudiciais constantes daquele preceito, porquanto e como referimos, tais documentos, a partir da entrada em vigor da Lei n.º 31/2012, não só perderam a sua força executiva, como deixaram de respeitar a essa ação executiva, passando a referir-se apenas ao procedimento especial de despejo.

A ação executiva para entrega de coisa imóvel arrendada tem início com a apresentação eletrónica, através do sistema informático *Citius*, do requerimento executivo, por parte do mandatário do senhorio, pese embora o patrocínio judiciário apenas seja obrigatório, em sede executiva, nas ações cujo valor seja superior à alçada do tribunal de 1.ª instância, isto é, em ações de valor superior a 5.000,00€, podendo o próprio senhorio, em causas de valor inferior, submeter o requerimento executivo em suporte papel, mediante o preenchimento do modelo oficial do requerimento executivo constante do anexo II da Portaria n.º 282/2013, de 29 de agosto, devendo este ser dirigido, por correio registado, telecópia ou entregue presencialmente na secretaria do tribunal competente para a apreciação da ação executiva, nos termos do n.º 1 do artigo 3.º do mesmo diploma, sendo competente para a execução, o tribunal em que foi julgada a ação de despejo de que resultou a sentença a executar, salvo se for territorialmente competente juízo de execução, caso em que deverá o requerimento executivo ser remetido a este, ao abrigo do n.º 1 e 2 do artigo 85.º CPC.

No respeitante, por sua vez, à legitimidade processual para intervir em sede de execução para entrega de coisa imóvel arrendada, o senhorio e o arrendatário são os únicos titulares de legitimidade processual, nos termos do n.º 1 do artigo 53.º CPC, constituindo, respetivamente, credor e devedor da obrigação a executar.

Neste sentido, sendo aplicáveis à ação executiva para entrega de coisa imóvel arrendada, as disposições relativas à execução ordinária para pagamento de quantia certa, com as devidas adaptações, uma vez submetido o requerimento de despejo pelo senhorio, este apenas será objeto de recusa pela secretaria com base num dos fundamentos constantes do n.º 1 do artigo 725.º, designadamente por não obedecer ao modelo do formulário correspondente, não identificar o fim da execução ou omitir os elementos de indicação obrigatória constantes das alíneas a), b), d) a h) e k) do n.º 1 do artigo 724.º, não apresentar comprovativo de pagamento de taxa de justiça ou do deferimento de apoio judiciário ou, bem ainda, não juntar cópia ou original do título executivo, consoante a submissão do requerimento executivo seja efetuada eletronicamente ou em suporte físico, respetivamente.

O processo é concluso ao juiz para despacho liminar, nos termos do artigo 726.º, apenas sendo possível o indeferimento liminar do requerimento executivo, na presente situação, quando seja manifesta a falta ou insuficiência do título ou quando ocorram exceções dilatórias não supríveis, de conhecimento oficioso, podendo ainda ser parcialmente indeferido relativamente à parte do pedido que exceda os limites constantes do título executivo ou quanto a sujeitos que careçam de legitimidade para figurar na execução enquanto exequentes ou executados, conferindo o juiz prazo ao requerente para o suprimento de irregularidades, vícios ou faltas, havendo lugar ao indeferimento do requerimento executivo caso não sejam supridas no prazo conferido para o efeito.

Por outro lado, inexistindo fundamento para o indeferimento liminar do requerimento executivo, o juiz profere despacho de citação do executado para, no prazo de vinte dias, fazer a entrega do imóvel ou opor-se à execução mediante dedução de embargos de executado, como resulta do artigo 859.º, encontrando-se condicionada a fundamentação a apresentar pelo arrendatário em sede de embargos, na medida em que apenas lhe é admissível a invocação dos motivos constantes do artigo 729.º, com as devidas adaptações ou, com fundamento em benfeitorias realizadas no locado a que tenha direito, sendo que, quando a este último fundamento, o arrendatário não se poderá prevalecer do mesmo caso durante a ação declarativa não tiver feito valer o direito às mesmas, em sede reconvencional.

Recebidos os embargos de executado, serão estes autuados por apenso à execução, sendo liminarmente indeferidos perante a sua dedução fora do prazo, a invocação de fundamentos não previstos no artigo 729.º e no n.º 1 do artigo 860.º ou se forem manifestamente improcedentes. Diversamente, não havendo lugar ao indeferimento dos embargos, procede-se à notificação do senhorio exequente para contestar os mesmos, no prazo de vinte dias, seguindo o apenso, a partir daí, os termos aplicáveis ao processo comum declarativo, sendo certo que a procedência dos embargos de executado determina a extinção da execução, em conformidade com o disposto no n.º 4 do artigo 732.º, constituindo a decisão proferida caso julgado quanto à existência, validade e exigibilidade da obrigação exequenda.

Não obstante, importa notar que a dedução de embargos pelo executado não determina a suspensão do prosseguimento do processo executivo, o qual prossegue os seus termos, o que apenas não sucederá mediante a prestação de caução, como resulta da alínea a) do n.º 1 do artigo 733.º, ao invés do que sucedia anteriormente às alterações produzidas pela Lei n.º 31/2012 ao NRAU e da reforma empreendida pela Lei n.º 41/2013 ao Código de Processo Civil, em que a oposição à execução baseada em título executivo extrajudicial determinava a suspensão dos autos.

Além da situação referida, atualmente poderá ainda haver lugar à suspensão da execução, nos termos do n.º 1 do artigo 863.º, em caso de deferimento da desocupação do imóvel[301] arrendado ou com um dos fundamentos constantes do n.º 2 do mesmo preceito, perante a exibição por terceiro detentor do imóvel, não ouvido e convencido em sede da ação de despejo, de título de arrendamento ou outro título de gozo legítimo do prédio, emanado pelo exequente ou, bem ainda, pela exibição de titulo de subarrendamento ou de cessão da posição contratual, emanado pelo executado, com a inerente comprovação de notificação ao exequente no prazo de quinze dias ou de este ter autorizado o subarrendamento ou cessão, tendo reconhecido o subarrendatário ou cessionário como tal.

Haverá ainda lugar à suspensão da execução a que seja subjacente a cessação de contrato de arrendamento habitacional, perante a demons-

[301] Remetemos a análise das figuras do diferimento da desocupação do imóvel arrendado e da suspensão da execução, para as considerações tecidas em sede de procedimento especial de despejo relativamente às mesmas.

tração, por atestado médico, que as diligências em apreço devem ser suspensas por colocarem em risco a vida do arrendatário ou de quem consigo resida no local, por força de doença aguda, devendo resultar do documento exibido, o prazo durante o qual tais diligências devem ser suspensas.

A apreensão e entrega do imóvel arrendado ao senhorio segue os termos constantes do artigo 861.º e dos artigo 755.º e seguintes, podendo o agente de execução realizar as diligências necessárias ao efeito caso o arrendatário não proceda voluntariamente à sua entrega ao senhorio, consistindo a apreensão e entrega do locado na investidura do exequente na posse efetiva do imóvel através da entrega dos respetivos documentos e chaves do mesmo, notificando o arrendatário executado e quaisquer outros detentores, que deverão respeitar e reconhecer o direito do exequente.

Sendo aposta resistência por parte do executado, ou havendo receio fundado de oposição de resistência, poderá o agente de execução solicitar o auxílio das autoridades policiais, o que poderá de igual forma fazer em caso de necessidade para arrombar a porta de entrada do locado e substituir a fechadura a fim de efetivar a posse do imóvel, sem prejuízo da necessária autorização judicial prévia caso o imóvel a despejar constitua domicílio do arrendatário, devendo ainda ser observadas as regras constantes do n.º 5 do artigo 757.º que estabelece que as diligências de apreensão do imóvel apenas poderão ter lugar, tratando-se do domicílio do arrendatário, entre as 7 e as 21 horas, procedendo o agente de execução à entrega de cópia do auto da diligência efetuada ao arrendatário ou a quem se encontre na disponibilidade material do locado, extinguindo-se a execução, após o exequente ser investido na posse do imóvel, com a liquidação e pagamentos dos honorários devidos ao agente de execução e demais custas processuais associadas, nos termos da alínea b) do n.º 1 do artigo 849.º, sendo a extinção comunicada ao exequente e executado e, eletronicamente, ao tribunal.

No respeitante, por último, aos bens móveis existentes dentro do locado e que constituam propriedade do arrendatário, perfilhamos da posição sustentada por Rui Pinto[302] e Menezes Leitão[303], propugnando

[302] Rui Pinto, *O Novo Regime Processual do Despejo...*, p. 105;
[303] Luís Menezes Leitão, *Arrendamento Urbano*, p. 228.

a aplicação analógica das disposições aplicáveis a este respeito em sede de procedimento especial de despejo, constantes do artigo 15.º-K NRAU, devendo os bens existentes dentro do locado ser objeto de arrolamento por parte do agente de execução, conferindo-se ao arrendatário prazo de trinta dias a contar da tomada de posse do locado pelo senhorio, para proceder à remoção dos mesmos, sob pena de serem considerados abandonados.

3. Ação executiva para pagamento de rendas, encargos e despesas

Resulta do n.º 1 do artigo 14.º-A que o contrato de arrendamento juntamente com a comunicação ao arrendatário do montante em divida, constitui título executivo para efeito de ação executiva para pagamento de quantia certa relativamente aos montantes em dívida, nos termos dos artigos 724.º e seguintes do CPC, sejam rendas, encargos ou despesas da responsabilidade deste, tratando-se, pois, de um título executivo extrajudicial de natureza complexa que permite ao senhorio, de forma célere, obter o cumprimento por parte do arrendatário da sua obrigação vencida, uma vez que dispensa a necessidade de qualquer ação declarativa prévia.

Neste sentido e apesar de a prática relevar o uso predominante deste expediente processual em situações em que haja ocorrido a cessação do contrato de arrendamento e respetiva desocupação com a inerente entrega do locado ao senhorio, vedando assim o uso do procedimento especial de despejo, não é obrigatório que se verifique a cessação efetiva do vinculo contratual existente entre as partes, na medida em que o preceito habita a execução pelas quantias em dívida mesmo na pendência da relação arrendatícia, ao exigir apenas, a par do contrato de arrendamento, a comunicação à contraparte do valor em dívida e não também a respetiva cessação contratual[304].

Assim sendo, tratando-se de comunicação do valor em dívida da mesma comunicação de que deriva a resolução contratual, será esta, portanto, operada nos termos do n.º 7 do artigo 9.º NRAU, isto é, através de notificação judicial avulsa, contacto pessoal de advogado, solicitador ou agente de execução, comprovadamente mandatado para o efeito, ou, bem ainda, por escrito assinado e remetido pelo senhorio à contraparte,

[304] No mesmo sentido, Rui Pinto, *O Novo Regime Processual do Despejo*, p. 127.

por carta registada com aviso de receção, nos contratos de arrendamento em que exista convenção de domicílio do arrendatário.

De outra forma, permanecendo válido o contrato de arrendamento, a comunicação a dirigir ao arrendatário para a comunicação dos valores em dívida derivados de rendas, encargos ou despesas da sua responsabilidade deverá obedecer apenas à forma aplicável às demais comunicações existentes entre senhorio e arrendatário, nos termos do n.º 1 do artigo 9.º, através de carta registada com aviso de receção, sem prejuízo da possibilidade de o senhorio, querendo, poder atribuir forma mais solene à comunicação à contraparte.

Parece-nos, porém, que a comunicação a endereçar ao arrendatário na vigência do contrato de arrendamento, não tendo o senhorio intenção em promover a sua cessação, permite-lhe, a par das rendas, encargos ou despesas vencidas, peticionar em sede executiva os valores referentes à indemnização por mora a que se refere o n.º 1 do artigo 1041.º, correspondente a 20% do valor que for devido e não já os anteriores 50%, em virtude da alteração introduzida ao preceito pela Lei n.º 13/2019, de 12 de fevereiro, devendo o senhorio, após a comunicação em apreço, aguardar o hiato temporal de um mês dentro do qual o arrendatário poderá, extrajudicialmente, fazer cessar a mora através do pagamento voluntário das quantias em dívida.

A propósito do presente título executivo constante do n.º 1 do artigo 14.º-A, foi objeto de profunda discussão, tanto doutrinal como jurisprudencial, a possibilidade da sua formação contra o fiador que haja subscrito expressamente o contrato de arrendamento nessa qualidade, sob pena de, quanto a este último, o senhorio ter de recorrer à ação declarativa de forma a obter título executivo judicial a fim de, posteriormente, poder executar este quanto à obrigação vencida do arrendatário, na medida em que o fiador constitui, de igual forma, sujeito passivo da mesma, garantindo assim a satisfação do direito de crédito do senhorio de que é responsável solidário.

A este propósito, dispõem os n.ºs 5 e 6 do artigo 1041.º, aditados ao preceito por força das alterações introduzidas pela Lei n.º 13/2019, que, existindo constituição de fiança no contrato de arrendamento e pretendendo o senhorio obter o pagamento dos valores em dívida através da execução do fiador, deverá, nos noventa dias seguintes, notificador este último das quantias em dívida, apenas podendo exigir do fiador a satisfação dos seus direitos após realizar a referida notificação.

A referida alteração constitui um marco importante no esclarecimento da intenção do legislador quanto à possibilidade de interpelação do fiador, sendo certo que a ausência de precisão nos referidos n.ºs 5 e 6, poderia suscitar dúvidas quanto à possibilidade de demandar o mesmo em sede executiva, pese embora, a articulação do disposto com o n.º 1 do artigo 14.º-A, e o disposto no n.º 1 do artigo 627.º do Código Civil, que estabelece que *"o fiador garante a satisfação do direito de crédito, ficando pessoalmente obrigado perante o credor"*, permite-nos concluir que o senhorio pode, efetivamente, exercer perante o fiador os mesmos direitos que tem perante o devedor principal da obrigação, o arrendatário, neles se incluindo, naturalmente, o de mover uma ação executiva para pagamento de rendas, encargos ou despesas na sequência de ter sido notificado nos termos do aludido n.º 1 do artigo 14.º-A, o que vem sendo confirmado pela numerosa jurisprudência[305] produzida em sentido afirmativo quanto a essa possibilidade.

Independentemente da posição assumida na questão anterior, era igualmente debatida a possibilidade de o título executivo complexo formado pelo contrato de arrendamento e a comunicação em apreço, abranger não apenas as rendas vencidas, mas também as rendas vincendas até à efetiva desocupação do locado, na sequência da resolução da relação arrendatícia e, bem ainda, a indemnização devida por força da constituição em mora derivada do incumprimento da obrigação de restituir o locado ao senhorio, nos termos do n.º 2 do artigo 1045.º. O entendimento jurisprudencial nesta questão não é pacífico, existindo, por um lado, arestos que sustentam que a execução abrange apenas rendas vencidas, o que significaria que, quanto às rendas vincendas até à resolução do contrato e a indemnização devida entre o momento da resolução e a entrega efetiva, constante do n.º 1 do artigo 1045.º CC, seria necessário ao exequente, recorrer ao incidente de liquidação da obrigação constante do artigo

[305] **JURISPRUDÊNCIA (12/03/2019)**
AC. TRL. PROCESSO N.º 15962/17.0T8LSB-A.L1-7 (RELATORA CRISTINA COELHO)
"1. O título executivo complexo formado nos termos do art. 14.º-A do NRAU abrange, não apenas o arrendatário, mas também o fiador.
2. No âmbito do art. 14.ºA do NRAU inserem-se todas as rendas devidas até à resolução do contrato."

716.º CPC, independentemente de estar ou não na dependência de simples operação aritmética[306]

Por outro lado, existe ainda jurisprudência que sustenta que o título executivo em apreço abrange tanto as rendas vencidas como vincendas mas não a indemnização por mora, por falta de enquadramento no teor do preceito, além de que, quanto às rendas, devem estas ser corretamente indicadas na comunicação a dirigir à contraparte, sob pena de exceder o âmbito do próprio título executivo assim formado, sendo quanto a esta indemnização, necessário recorrer ao referido incidente de liquidação.

Por último, existe uma outra corrente jurisprudencial[307] perfilhando a inclusão da totalidade dos valores referidos, no teor do título executivo do n.º 1 do artigo 14.º-A, incluindo a indemnização referida, uma vez que a mesma se encontra liquidada na própria lei, devendo o exequente, para tanto, comunicar ao arrendatário, no âmbito dos valores em dívida, as

[306] Veja-se, a este propósito, o Acórdão do Tribunal da Relação de Lisboa de 22 de maio de 2014 *(Processo n.º 8960/12.2TCLRS-B.L1-6, Relatora Teresa Pardal)*

[307] **JURISPRUDÊNCIA (18/01/2018)**

AC. TRL. PROCESSO N.º 10087-16.9T8LRS-B.L1-6 (RELATORA CRISTINA NEVES)

"– Não revestindo por si, o contrato de arrendamento, enquanto mero documento particular, a qualidade de título executivo, esta qualidade foi-lhe atribuída expressamente pelo art. 703 n.º1 d) do C.P.C., sendo este título de natureza complexa, composto pelo contrato de arrendamento e pela notificação ao arrendatário (e fiador) dos montantes em dívida.

– Do teor do art. 14-A do NRAU não se retira que o contrato de arrendamento acompanhado da respetiva comunicação não constitua título executivo contra o fiador, mas antes a intenção de "obrigar o exequente a proceder a uma espécie de liquidação aritmética extrajudicial prévia dos montantes em dívida, de forma a conferir maior grau de certeza quanto ao montante peticionado, tendo em conta a potencial vocação duradoura do contrato".

– A responsabilidade do fiador, salvo estipulação em contrário (art. 631, n.º 1 do C.C.), molda-se pela do devedor principal e abrange tudo aquilo a que ele está obrigado: não só a prestação devida, mas também a reparação dos danos resultantes do incumprimento culposo (art. 798 do C.C.) ou a pena convencional que porventura se haja estabelecido (artigo 810 do C.C.).

– Estando ambos vinculados pelo contrato de arrendamento e constando efetuada a comunicação ao fiador nos mesmos termos que a efetuada ao arrendatário, nenhuma razão existe para excluir o fiador deste título executivo.

– O art. 14-A do NRAU abrange quer as rendas vencidas quer as rendas vincendas e a indemnização devida pela mora na entrega do locado, contendo a comunicação remetida todos os dados para o cálculo aritmético dos montantes devidos, sem que seja imprescindível uma prévia liquidação, a qual se resume a uma operação aritmética."

rendas vencidas e vincendas, assim como a respetiva indemnização a que se refere o artigo 1045.º, a fim de que tais valores se encontrem, igualmente, abrangidos pelo título executivo, posição a que aderimos.

4. Ação executiva para pagamento de compensação pela execução de obras em substituição do senhorio

A ação executiva para pagamento de quantia certa permite ao arrendatário, atualmente, por força das alterações introduzidas pela Lei n.º 13/2019, de 12 de fevereiro, formar titulo executivo extrajudicial de natureza complexa contra o senhorio tendo em vista o pagamento de compensação referente à execução de obras por si realizadas no locado em substituição do senhorio, nos termos do n.º 2 do artigo 14.º-A NRAU, sendo o título executivo formado pelo contrato de arrendamento acompanhado da comunicação ao senhorio do valor em dívida a que se refere o n.º 3 do artigo 22.º do regime jurídico das obras em prédios arrendados (RJOPA).

Assim sendo, com a referida alteração legislativa, o arrendatário passa a dispor da possibilidade de reagir ao incumprimento do senhorio, obtendo pela via executiva o reembolso coercivo das despesas por si suportadas, face à inércia do mesmo relativamente à comunicação endereçada para pagamento da compensação devida, sendo certo que o presente meio processual constitui uma alternativa face à utilização da injunção em matéria de arrendamento (IMA), previsto nos artigos 15.º-T e 15.º-U, que permite ao arrendatário demandar o senhorio através da aplicação de uma injunção destinada ao cumprimento, pese embora seja de preconizar a maior eficácia daquele meio relativamente a este atento o desiderato visado.

Neste sentido, importa notar que nem todas as obras efetuadas pelo arrendatário no locado serão objeto de compensação e posterior execução para pagamento de quantia certa, apenas sendo consideradas para esse efeito, as obras a que se referem os n.ºs 1, 2 e 3 do artigo 22.º-A RJOPA, preceito igualmente introduzido pela Lei n.º 13/2019, que vem disciplinar o conjunto de obras e reparações que o arrendatário poderá executar em substituição do senhorio, por força da desconsideração das comunicações por parte daquele ou de entidade competente nesse sentido.

Assim sendo, o arrendatário poderá substituir-se ao senhorio na realização de obras de conservação do locado que não sejam da sua própria responsabilidade, nos termos do n.º 1 do artigo 1036.º, obras destinadas a evitar a degradação do prédio não devida a atuação ilícita do arrendatário, bem como, na realização obras de conservação ordenadas pela câmara municipal competente tendo em vista a correção de más condições de segurança, salubridade ou de melhoria do arranjo estético, abrangendo ainda as obras de reabilitação impostas pela entidade gestora de operações de reabilitação urbana, em virtude da atribuição ao edifício de um nível de conservação de 0 ou 1, tendo em vista a restituição ao prédio das suas caraterísticas de desempenho e segurança funcional, estrutural e construtiva, em conformidade com os critérios de necessidade, adequação e proporcionalidade, nos termos do n.º 2 do artigo 89.º do regime jurídico da urbanização e edificação (RJUE) e do n.º 1 do artigo 55.º do regime jurídico da reabilitação urbana (RJRU), respetivamente. Além das referidas, incluem-se ainda a execução de obras nas partes comuns, previstas no artigo 1427.º CC e as obras determinadas pela assembleia de condóminos.

Naturalmente, o arrendatário apenas poderá substituir-se ao senhorio na realização de obras que este tenha tido oportunamente a possibilidade de realizar, incumprindo tal obrigação no período de tempo conferido para o efeito, seguindo-se, findo esse prazo, a comunicação do arrendatário, por carta registada com aviso de receção, a que se refere o n.º 1 do artigo 22.º-C, na qual manifesta ao senhorio a sua intenção em realizar tais obras, devendo juntar com a comunicação a remeter àquele, os comprovativos da intervenção que pretende realizar no locado, como sejam o orçamento, mapa de quantidades, data prevista para o início e fim das obras, invocando ainda os factos que justificam o direito à realização de tais obras, sendo certo que a intervenção do arrendatário deverá ser circunscrita unicamente às obras não cumpridas pelo senhorio.

Nas obras ou reparações urgentes a que se refere o n.º 2 do artigo 1036.º CC, o arrendatário está dispensado de comunicação prévia ao senhorio, devendo apenas remeter a comunicação respetiva, posteriormente à sua realização, juntamente com os comprovativos das despesas suportadas.

À comunicação prévia referida, seguir-se-á uma segunda comunicação, a qual integra precisamente o título executivo previsto no n.º 2 do artigo 14.º-A, consistindo esta, na comunicação, igualmente remetida por carta regista com aviso de receção em observância do disposto no n.º 1 do artigo 9.º NRAU, remetida no prazo máximo de trinta dias após a conclusão das obras, na qual o arrendatário transmite ao senhorio a informação de conclusão efetiva da execução das obras, procedendo ainda à apresentação dos comprovativos de todas as despesas realizadas por aquele com a realização das obras, devendo ainda indicar os seguintes valores, nos termos do n.º 3 do artigo 22.º-C RJOPA: o valor total da compensação devida pelo senhorio, o valor já deduzido por conta da compensação de rendas realizada pelo arrendatário a partir do inicio da execução das obras, o valor da compensação ainda em dívida após a substração deste último valor e, bem ainda, a modalidade pretendida de pagamento do valor da compensação, podendo optar pelo pagamento total direto do remanescente por parte do senhorio ou a dedução por parte do arrendatário nas rendas vincendas até ao ressarcimento completo do valor em dívida, referindo-se o título executivo, constante do n.º 2 do artigo 14.º-A NRAU, à primeira modalidade de pagamento, sem prejuízo da possibilidade de o arrendatário que tenha optado pela segunda modalidade, ter direito a receber o valor em falta perante a cessação do contrato de arrendamento, independentemente da causa de cessação.

No respeitante à modalidade de pagamento direto pelo senhorio, deverá o arrendatário na comunicação referida, conferir àquele um prazo não inferior a sessenta dias para efetuar o pagamento, sendo certo que apenas após o termo do prazo, poderá o arrendatário, com o comprovativo da comunicação remetida e o contrato de arrendamento, demandar o senhorio em ação executiva para pagamento de quantia certa, nos termos dos artigos 724.º ss CPC, para obtenção coerciva do valor devido a título de compensação pelas obras realizadas em sua substituição.

III
Meios extrajudiciais

1. Procedimento especial de despejo

A. Introdução

O Procedimento Especial de Despejo ou, abreviadamente, PED consiste num meio processual de cariz extrajudicial célere e eficaz, destinado à desocupação coerciva do imóvel arrendado, findo o prazo legal ou convencionalmente definido para o cumprimento voluntário por parte do arrendatário da obrigação de proceder à respetiva entrega do mesmo ao senhorio, livre de pessoas e bens, após a cessação do contrato de arrendamento, sendo o meio igualmente idóneo, a titulo acessório, à obtenção do pagamento de rendas, encargos e despesas a que eventualmente haja lugar por parte do arrendatário, encontrando-se previsto nos artigos 15.º a 15.º-S NRAU e no Decreto-Lei n.º 1/2013, de 7 de janeiro e regulamentado na Portaria n.º 9/2013, de 10 de janeiro, cujo modelo de requerimento de despejo resulta das alterações introduzidas pela Portaria n.º 30/2015, de 12 de fevereiro, mantendo-se inalterada até então a respetiva redação dos diplomas em apreço pese embora a intensa discussão e discordância que este meio processual de despejo tem suscitado aquando das sucessivas alterações introduzidas ao regime jurídico aplicável ao arrendamento urbano.

Assim sendo, o referido procedimento extrajudicial de despejo constitui uma das principais alterações introduzidas pela reforma resultante da Lei n.º 31/2012, de 14 de agosto, inserindo-se no âmbito de um conjunto vasto de medidas destinadas à tendencial dinamização do mercado de arrendamento urbano, em cumprimento das exigências derivadas do memorando de entendimento (*Memorandum of Understanding – MoU*), celebrado entre o Estado Português e o conjunto de instituições, composto pelo Fundo Monetário Internacional, a Comissão Europeia e o Banco Central Europeu, então designado por *Troika*, tendo em vista dotar o senhorio de mecanismos que lhe permitam reagir de forma eficaz ao incumprimento do arrendatário.

A criação do procedimento especial de despejo procurou, como tal, dar resposta à exigência então imposta de "*prever um procedimento de despejo extrajudicial por violação de contrato, com o objetivo de encurtar o prazo de despejo para três meses*", logrando-se assim a agilização do despejo a fim de garantir a célere recolocação dos imóveis no referido mercado de arrendamento urbano atenta a excessiva morosidade associada aos meios judiciais na efetivação da imposição coerciva ao arrendatário de proceder à desocupação do locado de pessoas e bens.

De facto, anteriormente à vigência da Lei n.º 31/2012, mesmo em sede da ação executiva para entrega de coisa imóvel arrendada, tais processos executivos durariam, em média, cerca de dezasseis meses, em contraste claro com a duração média de aproximadamente quatro meses de um procedimento especial de despejo, sem a apresentação de oposição ao requerimento de despejo por parte do arrendatário e de oito meses, em caso de oposição, logrando-se assim dar cumprimento à necessidade então preconizada de promover o crescimento do número de imóveis disponíveis para arrendar, a fim de garantir o aumento da oferta disponível face à procura crescente dos mesmos.

Com a entrada em vigor da Lei n.º 31/2012, é igualmente criado o Balcão Nacional de Despejo, secretaria judicial cuja instalação e definição das respetivas regras de funcionamento apenas tem lugar com o início de vigência do Decreto-Lei n.º 1/2013, de 7 de janeiro, dispondo de competência exclusiva para a tramitação eletrónica do procedimento especial de despejo na totalidade do país.

A Lei n.º 79/2014, de 19 de dezembro, por sua vez, veio introduzir alterações de promenor ao procedimento especial de despejo e ao regime substantivo do contrato de arrendamento urbano, tendo em vista facilitar o acesso do senhorio a este meio, com o alargamento do mesmo a um maior número de formas de cessação extrajudicial do contrato de arrendamento, simplificando, de igual forma, a comprovação documental do cumprimento das obrigações tributárias relativamente ao contrato cuja cessação se pretende efetivar, constituindo este um dos elementos necessários à admissibilidade do requerimento de despejo com que se inicia o procedimento especial de despejo.

Conforme referido, posteriormente à referida alteração, pese embora a intenção amplamente difundida de introduzir modificações de diversa índole ao procedimento especial de despejo ou mesmo de determinar a sua extinção, importa reportar que as alterações legislativas subsequentes ao NRAU, operadas pelas Leis n.º 42/2017 e 43/2017, de 14 de junho, bem como pelas Leis n.º 12/2019 e n.º 13/2019, de 12 de fevereiro, mantiveram efetivamente inalterada a matéria em apreço, ressalvando-se contudo as alterações introduzidas pela Portaria n.º 267/2018, de 20 de setembro, à Portaria n.º 9/2013, de 10 de janeiro, que regula o procedimento especial de despejo, as quais surgem inseridas no âmbito de uma ampla alteração produzida aos regimes de tramitação eletrónica dos processos nos tribunais judiciais e nos tribunais administrativos e fiscais.

Não obstante e conforme veremos, o acesso ao procedimento especial de despejo pelo senhorio ou por mandatário em representação deste poderá ficar subvertido, atendo o elevado conjunto de requisitos a observar, tendo em atenção, designadamente, o respetivo âmbito de aplicação, o pagamento de taxas de justiça e caução de rendas se aplicável e, bem ainda, a imposição de que o procedimento não seja utilizado sem fundamento, sob pena de aplicação de sanções àqueles que o fizerem, contribuindo inexoravelmente para o aumento da complexidade associada à utilização deste meio processual e consequente recusa de parte significativa dos requerimentos de despejo apresentados nos últimos anos, especialmente os desencadeados pelos senhorios em nome próprio, daí resultando a necessidade de apresentação de novo requerimento no prazo de dez dias após a notificação de recusa do requerimento inicial.

B. Balcão Nacional de Arrendamento

Previsto no artigo 15.º-A NRAU, o Balcão Nacional de Arrendamento ou BNA, é um organismo dependente da Direcção-Geral da Administração da Justiça (DGAJ), tendo surgido no âmbito da Lei n.º 31/2012, de 14 de agosto enquanto secretaria judicial com competência exclusiva para assegurar a tramitação do procedimento especial de despejo, o que significa por um lado que a sua competência abrange a totalidade do território nacional e por outro lado, que nenhum outro órgão poderá exercer aquela competência, face ao propósito de criação de um procedimento célere que permita descongestionar as vias judicias[308].

Não obstante e em bom rigor, pese embora a competência para a tramitação do procedimento especial de despejo, na sua fase inicial, pertença, efetivamente, ao BNA, designadamente ao nível da receção do requerimento de despejo e respetiva notificação do mesmo ao arrendatário e subsequente conversão do referido requerimento em título para a desocupação do locado, existem, porém, diversas situações ao longo de tal tramitação que podem determinar a necessária intervenção dos tribunais, desde logo com a apresentação de oposição ao requerimento de despejo por parte do arrendatário, a autorização para entrada imediata no locado por parte do agente de execução, notário ou oficial de justiça designado para o efeito ou, bem ainda, o pedido de diferimento da desocupação do imóvel arrendado.

A par da consagração do BNA no artigo 15.º-A NRAU, através da sua criação e definição de competência material e territorial, o Decreto-Lei n.º 1/2013, de 7 janeiro, em vigor desde o dia seguinte ao da sua publicação, veio proceder à instalação e definição do conjunto de regras aplicáveis ao funcionamento deste organismo, em aspetos tão diversos como o requerimento de despejo, oposição, título para desocupação do locado e pedido acessório de rendas, encargos ou despesas, entre outras, sendo tais aspetos objeto de regulamentação especifica pela Portaria n.º 9/2013, de 10 de janeiro.

Por sua vez, a Portaria n.º 7/2013, de 10 de janeiro, composta unicamente por dois artigos, vem definir a composição da secretaria do Balcão Nacional de Arrendamento, apresentando o respetivo mapa de pessoal distribuído por categorias, sendo integrada por um secretário de justiça, um escrivão de direito, um escrivão-adjunto e oito escrivães auxiliares[309].

[308] Maria Olinda Garcia, *Arrendamento Urbano Anotado...*, pp. 199 e ss. e Rui Pinto, *O novo regime processual...*, pp. 135.

[309] A inserção do Balcão Nacional de Arrendamento no Tribunal Judicial da Comarca do Porto determina que a incumbência da distribuição dos oficiais de justiça no BNA pertença ao administrador judiciário dessa Comarca, nos termos do n.º 2 do artigo 48.º e do n.º 3 do artigo 93.º, ambos do Decreto-Lei n.º 49/2014, de 27 de março, que regulamenta a Lei da Organização do Sistema Judiciário e estabelece o regime aplicável à organização e funcionamento dos tribunais judiciais.

A tramitação do procedimento especial de despejo, assegurada pelo BNA decorre de forma totalmente eletrónica, pese embora o BNA se encontre fisicamente situado no Palácio da Justiça do Porto, passando a tendencial celeridade do procedimento pela tramitação e funcionamento eletrónico do mesmo, devendo a apresentação do requerimento de despejo ser efetuada, em modelo próprio destinado a esse efeito, através do sistema informático Citius, acompanhado dos respetivos documentos a que se refere o artigo 15.º, igualmente por via eletrónica em formato "*.pdf*", caso seja apresentado por advogado ou solicitador, nos termos do n.º 1 do artigo 4.º do Decreto-Lei n.º 1/2013, de 7 de janeiro.

Diversamente, a apresentação do requerimento de despejo pelo próprio requerente, poderá ser realizada com recurso à assinatura digital constante do respetivo cartão de cidadão na Área dos Serviços Digitais dos Tribunais[310], juntando os documentos que o devam acompanhar igualmente em formato eletrónico ou pela sua entrega de versão em papel numa das secretarias judiciais competentes para esse efeito, sendo competentes, segundo Despacho n.º 6/2014, com efeitos a partir de 6 de setembro de 2014, "*independentemente da localização do imóvel arrendado, em cada um dos tribunais de comarca, consideram-se habilitadas as secções de proximidade, as unidades centrais dos serviços judiciais ou as unidades centrais comuns aos serviços judiciais e do Ministério Público*".

Face às alterações introduzidas à Lei da Organização Judiciária com a Lei n.º 40-A/2016, de 22 dezembro, e a consequente alteração de designação das "*secções*" para "*juízos*", onde se lê "*secções de proximidade*" deverá entender-se "*juízos de proximidade*".

Constituindo criação inovadora introduzida pela Lei n.º 31/2012, o Balcão Nacional de Arrendamento colhe, porém, inspiração no Balcão Nacional de Injunções, não obstante de este último visar a obtenção de título executivo para pagamento de quantia certa, em contraposição daquele que tem por desiderato a obtenção de título para desocupação do local arrendado, após a aposição da respetiva fórmula ao requerimento, dotando-o de força executiva, perante a ausência de oposição por parte do requerimento ou face à improcedência desta.

[310] Acessível através do endereço eletrónico: "*https://tribunais.org.pt*"

Este título para desocupação do locado será pois obtido eletronicamente no Balcão Nacional de Arrendamento através da conversão do requerimento de despejo, o qual é necessariamente instruído por um conjunto de documentos que, anteriormente à vigência da Lei n.º 31/2012, constituíam títulos executivos subjacentes à ação executiva para entrega de coisa imóvel arrendada, constante dos artigos 862.º e seguintes do Código de Processo Civil, tendo, com a reforma legislativa, perdido essa qualidade, constituindo atualmente documentos-base que, juntamente com o requerimento de despejo, permitem então obter a efetiva desocupação do imóvel, depois de convertidos naquele título de desocupação, a qual, por sua vez, é efetivada por um agente de execução, notário ou oficial de justiça, através da apreensão do imóvel e sua entrega ao requerente.

Neste sentido, a admissibilidade do requerimento de despejo pela secretaria do Balcão Nacional de Arrendamento está desde logo condicionada à observância de dois requisitos fundamentais, a par das demais condições impostas pelo artigo 15.º B NRAU: a existência de um contrato de arrendamento escrito e a comprovação de liquidação do imposto de selo associado ao registo do contrato na Autoridade Tributária ou, em alternativa, a comprovação por parte do senhorio de que, da liquidação do IRS ou IRC respeitante aos últimos quatro anos, resultam os rendimentos auferidos a título de rendas relativas ao imóvel arrendado a desocupar.

O primeiro requisito, vertido em qualquer uma das alíneas a) a e) do n.º 2 do artigo 15.º, igualmente aplicável à alínea f) que por lapso omite a obrigação de junção desse documento, decorrendo do disposto no n.º 1 do artigo 1069.º, faz depender a aceitação do requerimento de despejo da demonstração da existência do contrato de arrendamento escrito, assumindo especial relevo designadamente em sede de oposição à renovação por parte do senhorio, a observância do prazo estipulado entre as partes tendo em vista a aferição da validade da cessação contratual cuja efetivação se requer ao BNA.

Determinando a alínea b) do n.º 1 do artigo 15.º-C que a ausência dos documentos a que se refere o n.º 2 do artigo 15.º, constitui fundamento de recusa do requerimento, coloca-se a questão de saber se, em virtude das alterações introduzidas pela Lei n.º 13/2019, de 12 de fevereiro ao artigo 1069.º, através do aditamento do n.º 2/*a contrario sensu*, a ausência de contrato de arrendamento escrito por motivo imputável ao arrendatário, habilitaria o senhorio a demonstrar a sua existência por qualquer outro meio admissível em direito.

Sobre esta questão e atenta a teleologia da norma e do restante conjunto de alterações constantes da Lei n.º 13/2019 que justificaram a necessidade do diploma, claramente desenhado para proteger os interesses do arrendatário face ao arbítrio do senhorio na eventual invocação de inexistência de vinculo contratual entre ambos quanto ao gozo do imóvel, surgindo a referida alteração desacompanhada de qualquer modificação legislativa ao catálogo constante do n.º 2 do artigo 15.º, parece-nos ser evidente que o n.º 2 do artigo 1069.º, não vem desonerar o senhorio que pretenda obter a desocupação coerciva do locado por recurso ao BNA, da necessária demonstração do contrato de arrendamento na forma legalmente exigível.

A segunda condição referida, nos termos do n.º 4 do artigo 15.º, consiste, por sua vez, na exigência de que o imposto selo tenha sido liquidado ou, alternativamente, e por força de alteração introduzida pela Lei n.º 79/2014, comprove o senhorio que as rendas subjacentes ao contrato de arrendamento cujo imóvel pretende a desocupação, tenham sido declaradas para efeitos de IRS ou IRC, devendo juntar comprovativo das respetivas declarações referentes aos últimos quatro anos, salvo se o contrato em apreço for mais recente, constituindo a respetiva ausência de tais comprovativos, fundamento de recusa do requerimento de despejo, nos termos dos artigos 15.º/4 e 15.º-C/1/h), havendo pois a exigência de que o senhorio mantenha regularizada a sua situação fiscal e tributária em relação ao imóvel objeto do contrato de arrendamento em questão[311].

[311] Maria Olinda Garcia, *Arrendamento Urbano Anotado...*, pp. 197. A autora evidencia, relativamente à necessidade de comprovação da liquidação do imposto de selo, a existência neste sentido de uma função de controlo prévio do cumprimento de uma obrigação fiscal. Tal situação tem levantado dúvidas quanto à constitucionalidade desta solução. No mesmo sentido refere Elizabeth Fernandez, *O procedimento especial de despejo...* pp. 81, estando em causa o condicionamento do exercício do um direito de aceder ao PED, à demonstração de cumprimento de uma obrigação tributária., algo que tem sido entendido pelo Tribunal Constitucional como violando o artigo 20.º CRP, relativo ao acesso ao direito.

Cumpre notar, no respeitante a esta última condição, a existência de uma implícita função de controlo e fiscalização do BNA relativamente ao cumprimento das obrigações tributárias por parte dos demais senhorios que recorrem a este meio para ver satisfeita a sua pretensão de desocupação coerciva do locado, excedendo manifestamente a competência de tramitar o procedimento especial de despejo, medida fortemente criticável em diversos aspetos, sobretudo constitucionais, porquanto veda o acesso ao meio competente de tutela dos direitos do senhorio, perante a falta de cumprimento das referidas obrigações ou impossibilidade de demonstração do cumprimento das mesmas, como sucederá em contratos mais antigos, quanto à complexa demonstração de pagamento do Imposto de Selo do contrato de arrendamento, ainda que o contrato, cumprindo a forma legalmente exigida e não padecendo de qualquer outro vicio, seja válido.

A título de exemplo, nos contratos de arrendamento antigos celebrados obrigatoriamente por escritura pública, caberia, pois, ao notário, fazer a liquidação do imposto de selo devido, à luz do disposto no Decreto 12 700 de 20/11/26, que regulava o Imposto de Selo, cuja forma de cobrança resultava do disposto nos artigos 65.º, 137.º, 137.º e 138.º, encontrando-se a Tabela Geral do Imposto de Selo prevista, por sua vez, no Decreto 21 916 de 28/11/32, resultando dos artigos 16.º e 93.º, o selo devido na escritura pública de contrato de arrendamento, sendo comum a recusa do requerimento de despejo que fizesse depender a demonstração de pagamento do Imposto de Selo do comprovativo resultante do carimbo aposto na referida escritura com indicação do pagamento desse mesmo imposto, ainda que, independentemente de o mesmo ter sido ou não pago, a obrigação subjacente ao respetivo pagamento se encontrasse já prescrita.

A este propósito, alguma jurisprudência[312] tem considerado, de forma correta, a verificação de cumprimento do requisito de pagamento do imposto de selo, ou da prescrição da obrigação de proceder ao pagamento em questão e inerente ausência de impedimento na aceitação do requerimento de despejo, a apresentação do contrato de arrendamento antigo celebrado por escritura pública, da qual resulte a respetiva conta

[312] Veja-se, a este propósito, o Acórdão da Relação do Tribunal de Lisboa de 25 de janeiro de 2018 (*Processo n.º 11742/17.8 T8LRS.L1-6, Relatora Maria Teresa Pardal*);

aposta na mesma pelo notário, dado que ainda que não seja possível concluir pela referida conta que o pagamento do imposto de selo foi feito, mas outrossim que o registo do contrato na repartição de finanças foi realizado no prazo de oito dias após a celebração do contrato, deverá assim considerar-se suficiente no sentido de concluir que foi satisfeita a obrigação tributária em apreço, na medida em que é precisamente o registo do contrato junto da Autoridade Tributária que desencadeia, por sua vez, o respetivo processo de pagamento.

A par referida função de fiscalização desempenhada pelo BNA, podemos acrescentar, por último, a função sancionatória de todos os que fizerem deste meio processual um uso abusivo, ou seja, quer promovendo deliberadamente o procedimento especial de despejo ou utilizando meios no âmbito de tal procedimento cuja ausência de fundamento não devessem ignorar, cominando o autor de tais atos, senhorio ou arrendatário, com o pagamento de uma multa de valor correspondente a dez vezes a taxa de justiça devida pelo ato processual a que deram origem, sem prejuízo do eventual apuramento da responsabilidade civil a que haja lugar pelos danos causados à contraparte, conforme resulta do 15.º-R NRAU.

C. Noção e âmbito de aplicação do procedimento especial de despejo

O Procedimento Especial de Despejo[313], enquanto mecanismo de natureza extrajudicial ao dispor do senhorio, consiste, nos termos do n.º 1 do artigo 15.º NRAU, na redação conferida pela Lei n.º 31/2012, num meio processual destinado *"a efetivar a cessação do arrendamento, independentemente do fim a que este se destina, quando o arrendatário não desocupe o locado na data prevista na lei ou na data fixada por convenção entre as partes"*, visando não a cessação do contrato de arrendamento mas, outrossim, a desocupação coerciva do imóvel arrendado por inércia do arrendatário na sua entrega voluntária findo o prazo legal ou contratualmente definido para o efeito.

Esta configuração do PED enquanto via extrajudicial resulta da própria reorganização da Secção IV (relativa à resolução de litígios) do Capítulo II do Titulo I do NRAU, por força das alterações introduzidas pela

[313] Menezes Leitão, *Arrendamento Urbano.* pp. 222 e ss.

Lei n.º 31/2012, que agora se encontram claramente delimitadas as ações judiciais, na Subsecção I, compreendendo a ação de despejo no artigo 14.º e o título para pagamento de rendas, encargos ou despesas para efeito da ação executiva para pagamento de quantia certa no artigo 14.º-A. Por outro lado, na subsecção II, encontra-se atualmente previsto o procedimento especial de despejo, regulado nos artigos 15.º e seguintes até ao artigo 15.º-S, ao invés do que acontecia na anterior redação daquela lei onde a Secção III abrangia uniformemente os artigos 14.º e 15.º.

Importa ainda notar que as alterações produzidas pela Lei n.º 13/2019, de 12 de fevereiro, determinaram o aditamento ao NRAU dos artigos 15.º-T e 15.º-U que juntos incorporam a Subsecção III, respeitante à injunção em matéria de arrendamento que em nada contende com as disposições relativas ao PED, pese embora a numeração adotada, uma vez que tal subsecção se repercute na criação de um novo meio ao dispor do arrendatário destinado à efetivação de direitos deste para com o senhorio referentes ao pagamento de quantias devidas por força da execução de obras da responsabilidade do senhorio ou para a adoção de condutas configuráveis como assédio ao arrendamento através da imposição de uma injunção àquele.

Retornando ao artigo 15.º NRAU, este preceito respeitava, anteriormente à entrada em vigor da Lei n.º 31/2012, a ação executiva para a entrega de coisa imóvel arrendada, constante dos artigos 862.º e seguintes do CPC, nomeadamente nele sendo elencados os documentos dotados de força executiva extrajudicial sendo, como tal, títulos idóneos à propositura da competente ação de execução.

Atualmente, na epígrafe do artigo 15.º onde antes se lia "*título executivo*", consta agora a designação de "*procedimento especial de despejo*", contendo o n.º 1, a noção daquele procedimento e o n.º 2, a enumeração taxativa dos documentos que podem servir de base ao referido procedimento. Tal alteração determina que os documentos aí elencados anteriormente à Lei n.º 31/2012, perdem a sua qualidade de títulos executivos, uma vez destituídos da força executiva que anteriormente lhes seria reconhecida, constituindo, atualmente, elementos necessários que devem acompanhar o requerimento de despejo, sob pena da sua não-aceitação pelo BNA, obstando ao início do procedimento.

Neste sentido, o PED será o meio idóneo a utilizar, não para obter a cessação do contrato de arrendamento, mas antes para efetivar tal cessação[314], nomeadamente em casos em que o arrendatário, tendo a relação contratual chegado ao fim, não queira abandonar o imóvel, sobre o qual deixa, pois, de ter qualquer direito, importando assim frisar que, aquando do momento de apresentação do requerimento de despejo ao Balcão Nacional de Arrendamento, o contrato de arrendamento que vinculava senhorio e arrendatário, deverá encontrar-se cessado, sendo perentória, atenta a observação das alíneas constantes do n.º 2 do artigo 15.º, a demonstração da cessação extrajudicial da relação contratual.

Assim sendo, a inércia por parte do arrendatário em desocupar o locado e consequente pertinência na utilização pelo senhorio do procedimento especial de despejo, poderá verificar-se relativamente a casos de: revogação do contrato, caducidade pelo decurso do prazo, cessação por oposição à renovação (quer esta seja operada pelo senhorio como pelo arrendatário), denúncia por comunicação operada pelo senhorio, resolução operada pelo senhorio ou pelo arrendatário e ainda em denúncia operada pelo próprio arrendatário.

Fora das referidas ficam as situações de cessação judicial do contrato de arrendamento, como é o caso da resolução contratual com base num dos fundamentos constantes do n.º 2 do artigo 1083.º do Código Civil, sindicáveis através da competente ação de despejo, sendo que nesses casos o meio idóneo será a ação executiva para entrega de coisa imóvel arrendada quando o arrendatário recuse infundadamente desocupar o locado, uma vez que a sentença judicial não constitui um dos documentos idóneos ao desencadeamento de um procedimento especial de despejo.

Por outro lado, como tivemos oportunidade de referir anteriormente a propósito da análise realizada à EPECIA, os referidos documentos constantes do artigo 15.º NRAU deixam, de igual forma, de constituir títulos idóneos para desencadear a ação executiva em apreço uma vez que esta atualmente apenas poderá ser proposta com base em título executivo judicial e não já também em títulos extrajudiciais, uma vez que tais títulos

[314] Pressupõe assim que a relação de arrendamento tenha já chegado ao fim, sendo as comunicações a que se refere o artigo 15.º NRAU, no seu n.º 2, efetivadas por comunicação do senhorio, nos termos do artigo 9.º, n.º 7 NRAU através: de notificação avulsa, de contacto pessoal de advogado, solicitador ou agente de execução, ou ainda por escrito assinado e remetido pelo senhorio.

respeitam atualmente, de forma exclusiva, ao procedimento especial de despejo, enquanto documentos necessários à aceitação do requerimento de despejo e ao início do correspondente procedimento, tendo a criação do PED vindo a restringir significativamente o âmbito de aplicação da EPECIA.

Neste sentido, a EPECIA não se confunde com o PED na medida em que a primeira, enquanto ação judicial depende necessariamente de um título dotado de força executiva sem o qual não tem inicio o processo executivo, ao invés do segundo que faz depender o despejo do locado da conversão do requerimento de despejo previamente desprovido de força executiva em título para a desocupação do locado, sendo que apenas este último habilitará o agente de execução, notário ou oficial de justiça à apreensão coerciva do local arrendado.

Não obstante, cumpre frisar que o referido não se confunde com a ação executiva para pagamento de rendas, encargos ou despesas, prevista no n.º 1 do artigo 14.º-A NRAU, destinada unicamente ao pagamento de quantias em dívida e não já à desocupação coerciva do locado, sendo que para efeito da utilização desse meio judicial, o contrato de arrendamento conjuntamente com o comprovativo de comunicação ao arrendatário dos valores em dívida constitui título executivo extrajudicial bastante à propositura dessa ação, sem necessidade de qualquer ação declarativa prévia.

D. Requerimento de despejo

1) NOÇÃO, APRESENTAÇÃO E OBJETO

Regulado no artigo 15.º-B do NRAU, preceito aditado pela Lei n.º 31/2012 e pela Portaria n.º 9/2013, o requerimento de despejo é, pois, o documento formalmente necessário para dar início ao procedimento especial de despejo, dele constando todos os dados relevantes à efetivação da cessação do contrato de arrendamento e, acessoriamente, à obtenção do pagamento de rendas, encargos ou despesas em mora uma vez que é permitida a cumulação de um pedido acessório para pagamento de quantias em mora, juntamente com o pedido principal de despejo.

Neste sentido e como deriva do referido artigo 15.º-B, n.º 2, do requerimento de despejo deverão constar os seguintes elementos: a identificação das partes; o tribunal competente para apreciação dos autos em caso de distribuição; o local da notificação do arrendatário; o fundamento do despejo e documentos inerentes; o valor da renda; o pedido; o comprovativo do pagamento do imposto de selo ou o comprovativo da liquidação do IRS ou do IRC, relativo aos últimos quatro anos e do qual constem as rendas relativas ao locado, salvo se o contrato for mais recente[315]; manifestar a intenção de pagar a respetiva taxa de justiça; a designação do agente de execução ou notário competente para efetivar a desocupação do locado ou para a execução para pagamento das rendas, encargos ou despesas em atraso; e por fim, a assinatura do senhorio.

Ao invés, a ausência de indicação do número de identificação civil do arrendatário não constituirá fundamento bastante de recusa do requerimento de despejo quando o requerente indique desconhecer tal dado, nos termos do n.º 4 do artigo 8.º do Decreto-Lei n.º 1/2013.

Constituindo o bem imóvel a desocupar, casa de morada de família do arrendatário, deverá o requerente indicar de forma correta os dados do seu conjuge, o qual figurará na qualidade de requerido juntamente com o arrendatário, independentemente de o conjuge constar também do contrato de arrendamento, nos termos do artigo 6.º do Decreto-Lei n.º 1/2013, de 7 de janeiro, pelo que, conforme resulta do artigo seguinte, será igualmente necessária a identificação do conjuge do arrendatário, caso exista pedido acessório de pagamento de rendas, encargos ou despesas em atraso e o contrato de arrendamento tenha por objeto imóvel que constitua casa de morada de familia do arrendatário e seu agregado familiar, devendo tal pedido ser deduzido contra ambos.

A par da referida situação, deverá de igual forma ser identificado o cônjuge nas situações em que pese embora o contrato de arrendamento haja sido celebrado apenas por um dos conjuges, se verifique a transmissão automática da respetiva posição contratual em função do regime de

[315] A possibilidade de o senhorio em alternativa ao comprovativo de pagamento do imposto de selo, apresentar o comprovativo de liquidação do IRS ou do IRC, resulta de uma das principais alterações introduzida pela Lei n.º 79/2014, procurando tal alteração salvaguardar as situações em que seja manifestamente difícil ao senhorio apresentar o comprovativo de liquidação do imposto de selo.

casamento dos mesmos[316], ou bem ainda, em caso de morte do arrendatário primitivo.

Importa notar, por sua vez, no respeitante à designação do agente de execução ou notário responsável pela desocupação do imóvel arrendado, que esta não é automaticamente extensível à obtenção das quantias em dívida em caso de existir a apresentação de pedido acessório de pagamento de rendas, encargos ou despesas, uma vez que o legislador, nas alíneas j) e k) do preceito aludido, assim como no modelo de requerimento de despejo constante da Portaria n.º 30/2015, procurou distinguir de forma clara, os dois tipos de designação, a par de que se é possível que a desocupação do imóvel arrendado seja realizada por notário, o mesmo não se diga já quanto ao pedido acessório de pagamento de rendas, encargos ou despesas, pelo que nos casos em que haja indicação de notário para a desocupação do locado, deverá ser indicado agente de execução para o pedido acessório, sob pena de ser realizada designação aleatória entre o conjunto de profissionais inscritos e disponíveis para o efeito.

A par dos elementos referidos, deverá ainda ser corretamente identificado o locado a despejar, pese embora, laconicamente, não resulte de nenhuma das alíneas do n.º 2 do artigo 15.º-B, a necessidade de identificação do imóvel a ser desocupado, pelo que a única alusão neste artigo ao local arrendado, consta da alínea d) quanto ao local onde deverá ser feita a notificação do arrendatário, na falta de outro local convencionado por escrito, nem resulta, por sua vez, do catálogo taxativo do artigo 15.º-C, que a falta de identificação do imóvel a desocupar constituirá fundamento de recusa daquele requerimento.

[316] **JURISPRUDÊNCIA (09/12/2015)**
AC. TRL N.º 4118/14.4TCLRS.L1-2 (RELATOR EZAGÜY MARTINS)
"*I – Do artigo 15.º-B, n.º 3, do NRAU, decorre que o procedimento especial de despejo deve ser requerido também contra o cônjuge do arrendatário, não só quando o locado constitua casa de morada de família, como também sempre que, por força do regime de bens do casamento, o direito de arrendatário do cônjuge que teve intervenção no contrato de arrendamento se tenha comunicado ao outro*
II – Sendo o procedimento especial de despejo o meio processual adequado a efetivar a cessação do arrendamento, em caso de resolução por comunicação, não se contempla a utilização de tal procedimento para a hipótese de resolução com fundamento no não uso do locado, que, como as demais previstas no artigo 1083.º, n.º 2, do Código Civil, deverão ser decretadas em ação de despejo.
III – A casa arrendada para habitação, constitui, no procedimento especial de despejo, casa de morada de família, para efeitos do disposto no artigo 15.º-B, n.º 3, do NRAU."

O referido lapso legislativo não se manifestou, porém, no modelo oficial do requerimento despejo constante da Portaria n.º 30/2015, de 12 de fevereiro, em que a identificação do locado é, de facto, o primeiro conjunto de dados a fornecer, mesmo antes da identificação das partes (requerente e requerido) ou do próprio fundamento de despejo, compreendendo, a par da morada do imóvel, o distrito, concelho, localidade, código-postal e ainda a indicação sobre se o mesmo se trata ou não da casa de morada de família do requerido.

O requerimento de despejo, por sua vez, deverá ser dirigido ao Balcão Nacional de Arrendamento e submetido eletronicamente, através do preenchimento de modelo próprio, cuja versão em papel se encontra atualmente prevista em anexo à Portaria n.º 30/2015, de 12 de fevereiro, que vem alterar a Portaria n.º 9/2013, de 10 de janeiro, da qual constam também os modos através dos quais o requerimento deverá ser apresentado, podendo a sua apresentação ser feita por mandatário ou pelo próprio requerente nos termos do artigo 3.º deste último diploma, via eletrónica, diretamente na plataforma do BNA juntamente com o envio dos respetivos documentos inerentes ou presencialmente com a entrega do requerimento em papel, com aqueles documentos igualmente em papel, numa das secretarias judiciais competentes.

O requerimento poderá ser facultativamente apresentado pelo requerente ou por mandatário[317], seja este advogado ou solicitador, pelo que a submissão por mandatário deverá ser realizada eletronicamente, através do Portal *Citius*, através do preenchimento do formulário disponibilizado para o efeito, devendo os inerentes documentos indicados no artigo 15.º/2 seguir também pela mesma via eletrónica, em formato *pdf.*, juntamente com o referido formulário, ou através de requerimentos sucessivos ao processo entretanto desencadeado, caso o conjunto de documentos

[317] Pese embora a decisão de constituir ou não mandatário para a apresentação do requerimento de despejo seja, efetivamente, facultativa, tal não desonera o requerente ou o requerido de constituir patrocínio a favor de advogado ou solicitador em caso de distribuição do procedimento especial de desejo a tribunal, o que sucederá caso exista a dedução de oposição ao requerimento de despejo pelo requerido e na respetiva tramitação subsequente.

juntos com o formulário excedam a capacidade máxima da plataforma de *10 Mb*[318].

De forma a desincentivar a apresentação do requerimento de despejo em papel, ou a submissão do mesmo eletronicamente através de outra plataforma que não o sistema informático *Citius*, tal ato é cominado com a aplicação de multa no valor correspondente a 2 unidades de conta, isto é, 204,00€, devendo este valor ser pago aquando do pagamento da taxa de justiça devida pelo início do procedimento.

Diversamente, sendo o requerimento de despejo apresentado diretamente pelo requerente, isto é, sem estar representado por mandatário, dispõe este da possibilidade de o fazer através de uma das três formas constantes do artigo 5.º da Portaria n.º 9/2013: as duas primeiras, de forma eletrónica na Área de Serviços Digitais dos Tribunais acessível através do endereço eletrónico *"https://tribunais.org.pt"*, que por sua vez reencaminha o utilizador para o website do BNA, diretamente acessível através do endereço eletrónico *"https://bna.mj.pt"*, divergindo entre si as duas referidas modalidades de apresentação eletrónica consoante o requerente opte por fazer a submissão do requerimento mediante autenticação com recurso à assinatura digital constante do seu cartão de cidadão ou, por outro lado, prossiga com o preenchimento do requerimento sem se autenticar.

No primeiro caso, à semelhança da submissão efetuada por mandatário, o requerente deverá juntar os documentos de que disponha, em formato eletrónico, não podendo estes, juntamente com o requerimento de despejo, exceder a capacidade máxima de *5 Mb*, nos termos do artigo 6.º do Decreto-Lei n.º 1/2013, procedendo no final à assinatura digital do

[318] A capacidade máxima de *10 Mb* para a apresentação do requerimento de despejo pelo mandatário no sistema informático Citius, resultante da alteração introduzida pela Portaria n.º 170/2017, de 25 de maio ao n.º 1 do artigo 10.º da Portaria n.º 280/2013, de 26 de agosto, que vem alargar de *3 Mb* para *10 Mb*, a capacidade máxima para a submissão unitária de peças processuais e respetivos documentos que a devam acompanhar, não se confunde com aquela a que alude o artigo 6.º da Portaria 9/2013, de 10 de janeiro, ao estabelecer que o conjunto de documentos e requerimento não podem exceder no seu conjunto, a capacidade de *5 Mb*, sendo que tal "limite", é aplicável a apresentação dos referidos documentos e respetivo requerimento de despejo pelo requerente, através do meio eletrónico a que se refere a alínea b) do n.º 1 do artigo 5.º deste diploma.

requerimento, sendo-lhe disponibilizada, de seguida, a referência para proceder ao pagamento da taxa de justiça devida, dispondo para o efeito de um prazo de 10 dias.

Na segunda modalidade apresentação eletrónica, por sua vez, a ausência de autenticação do requerente torna necessário que o mesmo, após o preenchimento do formulário disponibilizado na plataforma, se dirija, no prazo máximo de 10 dias, a uma das secretarias judiciais competentes[319], para rececionar o requerimento de forma a concluir a apresentação do mesmo, devendo fazer-se acompanhar de todos os documentos em suporte papel que devam acompanhar o mesmo, sendo certo que após a confirmação da identidade do requerente, a secretaria judicial, ao aceder à versão eletrónica do requerimento apresentado, procede à digitalização e junção dos documentos em formato eletrónico, remetendo-os de seguida, juntamente com o requerimento no mesmo formato, para o BNA.

A terceira modalidade, consistente na apresentação do requerimento de despejo e respetivos documentos em formato papel, sem recurso a qualquer plataforma eletrónica, por parte do requerente, segue o mesmo *modus operandi* descrito na modalidade anterior com a única diferença de que o funcionário judicial em funções na secretaria judicial competente, após verificar a identidade do requerente, deverá proceder ao preenchimento do formulário eletrónico do requerimento de despejo e só depois, juntar os documentos que o devam acompanhar no mesmo formato.

Em qualquer um dos casos referidos e independentemente da data de apresentação do requerimento, este apenas se considerará como tendo sido efetivamente apresentado após o pagamento da respetiva taxa de justiça, nos termos do artigo 7.º da Portaria n.º 9/2013, sem prejuízo das situações em que o requerente beneficie de apoio judiciário, caso em que deverá juntar cópia do requerimento de pedido de apoio judiciário ou o

[319] Conforme resulta do Despacho da Direção-Geral da Administração da Justiça n.º 6/2014 *ex-vi* do n.º 8 do artigo 5.º da Portaria 9/2013, *"para efeitos da receção em suporte de papel do requerimento do procedimento especial de despejo, independentemente da localização do imóvel arrendado, em cada um dos tribunais de comarca, consideram-se habilitadas as secções de proximidade, as unidades centrais dos serviços judiciais ou as unidades centrais comuns aos serviços judiciais e do Ministério Público."*

respetivo deferimento do mesmo, na modalidade de dispensa ou pagamento faseado de taxa de justiça e demais encargos com o processo.

A taxa de justiça devida pela apresentação do requerimento de despejo, por sua vez, nos termos do n.º 1 do artigo 22.º será aferida segundo a tabela II do Regulamento das Custas Processuais, pela aplicação dos valores devidos para as execuções em que as diligências não sejam realizadas por oficial de justiça, sendo que nos procedimentos cujo valor não exceda 30.000,00€, a taxa de justiça devida é de 0,25 UC, isto é, 25,50€. Por sua vez, nos casos em que exceda o valor de 30.000,01€, o valor devido a título de taxa de justiça é de 0,5 UC, ou seja, 51,00€[320].

Para efeito da determinação do valor do procedimento especial de despejo e consequente valor da taxa de justiça a pagar pelo requerente ou mandatário em sua representação, vigora o mesmo critério aplicável na determinação do valor de uma ação declarativa de despejo, nos termos do n.º 1 do artigo 298.º CPC, conforme resulta do artigo 26.º do Decreto-Lei n.º 1/2013, correspondendo este ao valor da renda de dois anos e meio, acrescido do valor das rendas em dívida, caso existam valores em atraso por parte do arrendatário.

Passando ao objeto do procedimento especial de despejo, este visa primordialmente a desocupação do imóvel anteriormente arrendado ao requerido e cujo contrato de arrendamento se encontra cessado ao momento da apresentação do requerimento de despejo, tal significando que o objeto do requerimento de despejo será, pois, o imóvel a desocupar, nos termos do n.º 1 do artigo 8.º do Decreto-Lei n.º 1/2013.

No entanto, de forma excecional, é possível desocupar, num mesmo procedimento, mais do que um imóvel, atenta a verificação imperiosa das três circunstâncias constantes do n.º 2 do mesmo preceito, sendo assim necessário que se trate de um conjunto de imóveis que se encontrem no mesmo concelho, existindo uma dependência funcional entre eles e em que, além disso, os contratos de arrendamento que tenham por objeto

[320] Diversamente, caso o requerente pretenda que as diligências referentes à desocupação do locado sejam realizadas por oficial de justiça ao invés da indicação de agente de execução ou notário, aos valores referidos, acresce ainda o pagamento de taxa de justiça de 1,75 UC, isto é, 178,50€, quando o procedimento tenha valor inferior a 30.000,00€, ou de 3,5 UC, isto é, 357,00€, quando o procedimento tenha valor superior a 30.000,00€.

tais imóveis "*acessórios*", envolvam os mesmos intervenientes na relação contratual que incide sobre o imóvel principal.

Tratam-se, pois, de requisitos de verificação cumulativa e não alternativa, importando a falta de qualquer um deles, a ausência de extensão do procedimento aos demais imóveis, sendo certo que aquando do preenchimento do requerimento de despejo, o requerente, ainda que pretenda a desocupação de vários imóveis nas condições descritas, apenas poderá identificar no respetivo formulário, o imóvel principal relativamente ao qual existe a dependência funcional dos restantes, sendo a conexão entre eles aferida através da junção e posterior análise dos vários contratos de arrendamento a juntar com o requerimento de despejo.

Assim sendo, não será necessária a existência de um único contrato de arrendamento em relação a todos os imóveis envolvidos, ou seja, poderá existir pois uma pluralidade de contratos de arrendamento[321], como resulta da alínea a) e b) do n.º 3 do artigo 8.º do mesmo Decreto-Lei, pelo que aquela dependência funcional existente entre os imóveis envolvidos, importa pois que a recusa por parte do requerido na desocupação do imóvel principal seja igualmente extensível aos demais imóveis funcionalmente relacionados com aquele e como tal, o procedimento especial de despejo, verificados os requisitos aludidos, irá respeitar a todos eles.

Sobre este aspeto, importa por último frisar que aquando do preenchimento do campo relativo ao valor da renda, deverá o requerente indicar o valor correspondente à soma de todos as rendas referentes aos diversos contratos de arrendamento juntos, com repercussão imediata no cálculo do valor do procedimento especial de despejo que, conforme referimos, corresponderá ao valor de dois anos e meio de rendas acrescido do valor das rendas, eventualmente, em atraso.

2) FUNDAMENTOS DO REQUERIMENTO DE DESPEJO E DOCUMENTOS NECESSÁRIOS

Conforme resulta diretamente do artigo 15.º NRAU, no seu n.º 1, o Procedimento Especial de Despejo "*destina-se a efetivar a cessação do arrendamento, independentemente do fim a que se destina, quando o arrendatário não*

[321] Rui Pinto, *Regime Processual*... pp. 142.

desocupe o locado na data prevista na lei ou na data fixada por convenção entre as partes", ou por outras palavras, é um meio extrajudicial ao dispor do senhorio que visa obter o despejo do locado, cujo contrato de arrendamento, habitacional ou para fins não habitacionais, haja já cessado validamente, sem que o arrendatário livremente tenha restituído o gozo do locado ao senhorio.

Neste sentido, um dos requisitos necessários para que o requerimento de despejo seja aceite, como referimos, consiste na indicação do fundamento de cessação do contrato de arrendamento em que assenta o pedido de despejo por parte do senhorio, bem como o documento ou documentos extrajudiciais que comprovam esse fundamento, conforme resulta da alínea e) do n.º 2 do artigo 15.º-B, juntamente com o respetivo contrato de arrendamento.

Assim sendo, aquando do preenchimento daquele requerimento, o requerente deverá indicar se o despejo se baseia numa das seguintes causas de cessação: a revogação; caducidade pelo decurso do prazo estipulado; cessação por oposição à renovação pelo senhorio; cessação por oposição à renovação pelo arrendatário; denúncia pelo senhorio, denúncia pelo arrendatário; resolução pelo senhorio, com base em mora igual ou superior a três meses no pagamento da renda, encargos ou despesas que corram por conta do arrendatário ou sua oposição à realização de obra ordenada por autoridade pública, nos termos do n.º 3 do artigo 1083.º, ou, bem ainda, com base na constituição em mora por parte do arrendatário superior a 8 dias, no pagamento da renda, por mais de quatro vezes, seguidas ou interpoladas, no período de 12 meses, ao abrigo do n.º 4 do 1083.º; e ainda, por resolução operada pelo arrendatário[322].

Analisadas em sede própria cada uma das formas de cessação do contrato de arrendamento, releva agora referir os documentos, cuja junção ao requerimento de despejo é necessária para a sua aceitação, importando, pois, considerar individualmente cada uma das hipóteses de cessação em causa atenta a diversidade de documentação legalmente exigida conforme a causa de cessação operada, nos termos do n.º 2 do artigo 15.º.

[322] A ordem exposta de causas de cessação do contrato de arrendamento que fundamentam o recurso ao procedimento especial de despejo segue a organização adotada no modelo do requerimento de despejo em anexo à Portaria n.º 30/2015, de 12 de fevereiro.

Assim sendo, na primeira situação referida, de cessação do contrato por revogação do mesmo, isto é, por mútuo acordo das partes, em conformidade com a alínea a) do n.º 2 do artigo 15.º NRAU será necessário, além do contrato de arrendamento celebrado entre as partes, o acordo revogatório a que se refere o n.º 2 do 1082.º do Código Civil, o qual deverá igualmente obedecer à forma escrita.

Por sua vez, em caso de caducidade pelo decurso do prazo, e como decorre da alínea b) do n.º 2 do artigo 15.º, apenas será necessário o contrato de arrendamento escrito, constando deste, o prazo de duração do contrato, pressupondo-se pois que estamos perante um contrato não renovável, isto é, em que a sua não renovação haja sido convencionada pelas partes, ou tendo aquele contrato sido celebrado para habitação não permanente ou para fins especiais transitórios, como resulta do n.º 2 do artigo 1096.º *ex vi* do n.º 3 do artigo 1095.º, pois a regra será, ao invés, a da renovação automática do contrato quando este seja celebrado para habitação permanente, ou seja, cujo prazo inicial ou da respetiva renovação, seja superior a um ano, em conformidade com as alterações empreendidas pela Lei n.º 13/2019, de 12 de fevereiro, aos preceitos referidos.

Diversamente, tratando-se de requerimento de despejo que tenha por fundamento a cessação do contrato por oposição à renovação de uma das partes em que se verifique, nos termos da alínea c) do n.º 2 do artigo 15.º NRAU, a aplicação da regra geral da renovação automática dos contratos de arrendamento urbano para habitação, prevista no artigo n.º 1 do 1096.º, será pois necessário, além do inerente contrato de arrendamento, também o comprovativo da comunicação a que se refere o n.º 1 do artigo 1097.º ou do n.º 1 do artigo 1098.º, conforme se trate de oposição à renovação operada pelo senhorio ou pelo arrendatário, respetivamente.

Não obstante e por força dos condicionalismos acrescidos introduzidos pela Lei n.º 13/2019, de 12 de fevereiro, à oposição à renovação por parte do senhorio, importa notar que ainda que as partes hajam celebrado um contrato de arrendamento com duração inicial de um ano, estará aquele vinculado à manutenção da vigência do contrato durante o período mínimo de três anos, caso seja essa a vontade do arrendatário, nos termos do n.º 3 do artigo 1097.º, com a exceção única do n.º 4 do mesmo preceito, sendo que apenas quando o senhorio necessite da habitação para si próprio ou para os seus descendentes em primeiro grau é que poderá opor-se à renovação do contrato sem a observância daquela duração mínima de três anos, sendo que, nesse caso, do comprovativo de oposição à renovação a remeter ao arrendatário em que este pretenda desvincular-se, de forma motivada, antes do decurso do referido período, deverá invocar corretamente a circunstância excecional referida ao abrigo da qual pretende atribuir eficácia à oposição à renovação assim comunicada.

O mesmo se diga, por sua vez, no respeitante aos contratos com prazo certo celebrados para fins não-habitacionais em que, nos termos do n.º 4 do artigo 1110.º, o senhorio não poderá opor-se à renovação do contrato, independentemente do prazo estipulado, nos primeiros cinco anos.

De outra forma, a apresentação de comprovativo de oposição à renovação antes do prazo em que poderia ser comunicada ao arrendatário, pese embora não determine a recusa do requerimento de despejo pelo BNA, habilita, porém, este último à dedução procedente de oposição ao requerimento de despejo em virtude da ausência de produção de efeitos da oposição à renovação assim desencadeada.

No respeitante, por sua vez, ao requerimento de despejo que tenha por fundamento a denúncia de um contrato de duração indeterminada, referente às situações constantes da alínea c) do artigo 1101.º, bem como do n.º 1 do 1103.º do Código Civil, a qual é igualmente comunicada ao arrendatário nos termos constantes do n.º 1 do artigo 9.º NRAU, por carta registada com aviso de receção, deverá o senhorio, juntamente com o contrato de arrendamento, juntar o necessário comprovativo de tal comunicação, conforme resulta do disposto na alínea d) do n.º 2 do artigo 15.º-B NRAU.

Ainda no âmbito da alínea d), pode o senhorio denunciar extrajudicialmente o contrato de arrendamento por falta de acordo com o arrendatário quanto ao processo de atualização da renda e transição do contrato celebrado anteriormente ao Decreto-Lei n.º 321-B/90 para o NRAU[323], através de comunicação ao arrendatário, podendo igualmente fazer uso

[323] O processo de atualização de rendas e transição para o NRAU de contratos antigos, encontra-se regulado nos artigos 30.º e seguintes do NRAU, no âmbito das normas transitórias relativas a contratos para fins habitacionais celebrados antes da entrada em vigor do Regime de Arrendamento Urbano.

do procedimento especial de despejo caso o arrendatário recuse desocupar o imóvel, juntando ao requerimento de despejo, para esse efeito, o comprovativo da comunicação prevista na alínea a) do n.º 5 do artigo 33.º NRAU, além do próprio contrato de arrendamento.

O procedimento especial de despejo será igualmente o meio a considerar em caso de cessação do contrato de arrendamento por resolução quer por mora no pagamento da renda, igual ou superior a três meses[324], bem como no pagamento de encargos ou despesas que corram por conta do arrendatário ou sua oposição à realização de obras impostas por autoridade pública, nos termos do n.º 3 do artigo 1083.º e ainda, em conformidade com o disposto no n.º 4 do mesmo preceito, em situação de mora do arrendatário no pagamento da renda por período superior a 8 dias, por mais de quatro vezes, independentemente de serem seguidas ou interpoladas, num prazo de 12 meses em cada contrato[325].

A resolução com base em qualquer uma das três causas referidas nos n.ºs 3 e 4 do artigo 1083.º, como deriva do n.º 2 do artigo 1084.º, será operada por comunicação à contraparte, invocando-se a obrigação incumprida, nos termos do n.º 7 do artigo 9.º NRAU, podendo ser comunicada mediante uma das formas aí mencionadas, isto é, por notificação judicial avulsa, por contacto pessoal de advogado, solicitador ou agente de execução, comprovadamente mandatado para o efeito ou, por último, por carta registada com aviso de receção, aplicável aos contratos de arrendamento

[324] Pressupõe-se que o arrendatário tenha já feito o uso da faculdade que lhe confere o artigo 1083.º/3 e 4, de colocar fim à mora no prazo de um mês, após os três meses já decorridos de mora no pagamento de rendas, pelo que tal faculdade será de uso único em cada contrato, e utilizando-a, a resolução operada pelo senhorio ficará sem efeito. Caso esteja em curso o procedimento especial de despejo com base nesse fundamento, sem que o senhorio tenha conferido ao arrendatário o período de um mês dentro do qual este poderia colocar fim à mora e este, nesse prazo proceder ao pagamento das quantias em atraso acrescidas da indemnização de 20% do valor em dívida, nos termos do n.º 1 do artigo 1041.º, na redação que lhe é conferida pela Lei n.º 13/2019, ficará este desprovido de sentido útil.

[325] É importante a ressalva da lei quanto ao período de 12 meses em vez de 1 ano, uma vez que a contagem dos 12 meses não tem de coincidir com o início e fim do ano civil, iniciando-se, pois, a contar da data do primeiro incumprimento do arrendatário, ou seja, da primeira vez em que este se atrasou, por período superior a 8 dias, no pagamento da renda.

em que haja convenção do domicílio do arrendatário, devendo o requerimento de despejo ser acompanhado do comprovativo desta comunicação juntamente com o contrato de arrendamento, como resulta da alínea e) do n.º 2 do artigo 15.º NRAU.

No respeitante, em especial, à resolução pelo senhorio com fundamento no n.º 4 do artigo 1083.º, cumpre notar que, em virtude das alterações empreendidas pela Lei n.º 13/2019, de 12 de fevereiro ao preceito em questão, foi aditado o n.º 6 ao artigo 1083.º, em que é exigido ao senhorio, para a eficácia da resolução desencadeada com base na constituição em mora superior a oito dias no pagamento de renda, por mais de quatro vezes, seguidas ou interpoladas, no período de 12 meses, que o senhorio, ao final do terceiro atraso, comunique ao arrendatário, por carta registada com aviso de receção, a sua intenção em proceder futuramente à resolução do contrato com base em tal fundamento.

Ora, em virtude da referida alteração e não obstante a ausência de inserção de qualquer modificação legislativa em conformidade na alínea e) do n.º 2 do artigo 15.º, deverá o senhorio, caso pretenda desencadear um procedimento especial de despejo que resida no fundamento em apreço, apresentar, conjuntamente com o contrato de arrendamento e com a comunicação da resolução do contrato, a comunicação a que se refere o n.º 6 do artigo 1083.º, demonstrando que cumpriu a sua obrigação ao advertir o arrendatário incumpridor da sua intenção em vir resolver o contrato, caso tal incumprimento se verificasse em duas ou mais situações, sucessivas ou interpoladas, além das três já verificadas.

A última hipótese de cessação do contrato de arrendamento, constante da alínea f) do n.º 2 do artigo 15.º NRAU, respeita, pois, à cessação contratual por denúncia do arrendatário após a oposição à renovação por parte do senhorio, situação em que o arrendatário pode, pois, denunciar o contrato a todo o tempo, em reação à oposição à renovação deduzida pelo senhorio nos termos do n.º 4 do artigo 1098.º *ex vi* do n.º 1 do artigo 1097.º, sendo que em tal caso, a fim de reunir a necessária base documental que deverá acompanhar o requerimento de despejo, deve o senhorio, além do contrato de arrendamento, juntar também o comprovativo da comunicação da sua iniciativa onde comunica ao arrendatário a oposição à renovação, bem como a respetiva resposta que obteve deste último, de onde resulte, de forma clara e inequívoca, a sua intenção em proceder à denúncia do contrato de arrendamento.

3) CUMULAÇÃO DE PEDIDO DE PAGAMENTO DE RENDAS, ENCARGOS OU OUTRAS DESPESAS COM O PEDIDO PRINCIPAL

No âmbito do requerimento de despejo, poderá ser feito, cumulativamente com o pedido principal de desocupação do locado, o pedido de pagamento de rendas, encargos ou despesas que corram por conta do arrendatário, como resulta do artigo 15.º/5 NRAU, tratando-se pois de cumulação de pedidos admissível ao abrigo do disposto no artigo 555.º CPC, sendo este último, um pedido acessório em relação ao pedido principal de despejo, o que significa por um lado que não é possível existir um procedimento especial de despejo cujo objeto único ou principal seja o pagamento de rendas, encargos ou despesas, e por outro lado, esse pedido não tem necessariamente de existir uma vez que se trata de uma pretensão acessória, que visa evitar, desta forma, a necessidade de o senhorio intentar uma ação executiva para pagamento de quantia certa prevista no artigo 14.º-A NRAU[326], ainda que o possa fazer, querendo, de forma autónoma relativamente ao procedimento especial de despejo.

Constituindo o local arrendado, casa de morada de família do arrendatário e respetivo agregado familiar, deverá o pedido de pagamento de rendas, encargos e despesas ser deduzido contra o respetivo conjuge, nos termos do artigo 7.º do Decreto-Lei n.º 1/2013, à semelhança do que vimos suceder quanto ao pedido de desocupação do locado em que o requerimento deverá de igual forma ser apresentado contra o conjuge do arrendatário, independentemente de este ser ou não parte contratual na relação arrendatícia, verificando-se, em ambos os casos, situação de litisconsórcio necessário[327].

Para que o senhorio possa fazer uso deste pedido é, pois, necessária a comunicação ao arrendatário do valor em dívida a título de rendas, encar-

[326] Importa destacar a ressalva expressa da lei neste sentido ao referir que o senhorio "*pode*", no n.º 5 do artigo 15.º NRAU, deduzir cumulativamente o pedido acessório de rendas, encargos ou despesas com o pedido de despejo, não tendo obrigatoriamente de o fazer, pelo que preferindo, poderá fazer uso daquela ação executiva para pagamento de quantia certa mesmo estando a correr um procedimento especial de despejo em relação ao mesmo imóvel e arrendatário. De qualquer forma e por uma questão de economia processual deverá fazer uso do PED para ambos os casos.

[327] RUI PINTO, *Leis do Arrendamento Urbano Anotadas...*, p. 424;

gos ou despesas, devendo juntar ao requerimento de despejo, o comprovativo respetivo dessa notificação, a fim de fundamentar a sua pretensão acessória, devendo ainda apresentar no formulário a preencher, a justificação dos valores peticionados, uma vez que o facto de estarmos perante um requerimento de despejo cujo fundamento presumível será a resolução do contrato de arrendamento por parte do senhorio nos termos do n.º 3 ou n.º 4 do artigo 1083.º, não desonera o requerente ou o mandatário respetivo de indicar os fundamentos que motivaram os valores peticionados, bem como os cálculos que determinaram a obtenção desses valores, especialmente tratando-se de encargos ou despesas em que deverá ser indicada a respetiva proveniência dos mesmos.

Perante o exposto, coloca-se, pois, a questão de saber qual a consequência derivada da ausência deste documento comprovativo de notificação ao arrendatário do valor em dívida, aquando da apresentação do requerimento de despejo. Podemos distinguir dois entendimentos possíveis nesta matéria.

Por um lado, se entendermos que o documento comprovativo para a procedência do pedido acessório ou secundário será o mesmo documento de que carece o requerimento de despejo para a procedência do pedido principal do despejo do imóvel arrendado, no qual o senhorio comunica ao arrendatário, a par dos valores em dúvida, a própria resolução e o prazo de que o mesmo dispõe para desocupar o imóvel, então a sua falta irá determinar liminarmente a recusa do requerimento de despejo pelo BNA, não apenas em relação ao pedido acessório de pagamento de rendas, encargos ou despesas mas antes relativamente a ambos os pedidos, uma vez que o documento comprovativo em questão, sendo o mesmo, constitui fundamento de recusa do pedido principal de desocupação do locado objeto do requerimento de despejo por ausência da necessária base documental que deve acompanhar o mesmo, conforme resulta da alínea b) do n.º 1 do artigo 15.º-C *ex vi* da alínea e) do n.º 2 do artigo 15.º.

Diferente será a solução se por outro lado entendermos estar perante duas comunicações distintas, ao invés de uma só, sendo que a primeira comunicação respeitaria unicamente à cessação do contrato de arrendamento por resolução, nos termos do n.º 3 do artigo 1083.º, em caso de mora no pagamento de rendas, encargos ou despesas, igual ou superior a três meses ou perante a oposição do arrendatário à realização de obra ordenada por autoridade pública, uma vez que a resolução pelo senhorio com fundamento numa das referidas causas opera por comunicação ao arrendatário onde se invoque a obrigação incumprida, ao abrigo do disposto no n.º 2 do artigo 1084.º e do n.º 7 do artigo 9.º NRAU.

A segunda comunicação residiria, por sua vez, não na resolução do contrato, a qual já havia sido previamente comunicada, mas, outrossim, na transmissão da informação ao arrendatário dos valores que o mesmo tem em dívida por conta do referido contrato de arrendamento.

Optando por este último entendimento, devemos então entender que na falta desta segunda comunicação relativa ao montante em dívida, tal pedido acessório ter-se-á por não feito, mantendo-se o requerimento de despejo em relação ao pedido principal de despejo.

O n.º 1 do artigo 14.º-A, na redação conferida pela Lei n.º 13/2019, faz referência expressa a este segundo tipo de comunicação por parte do senhorio ao arrendatário, ou seja, informando-o apenas do montante em dívida, o que nos permite autonomizar esta, face a uma comunicação para cessação da relação de arrendamento, sendo, pois, viável distinguir ambas as comunicações, pelo que entendemos desta forma que, a não procedência do pedido acessório não afetará o pedido principal.

Diversamente, na situação em que o senhorio recorra ao procedimento especial de despejo, logrando não apenas com a desocupação do locado mas também com o pagamento acessório de rendas, encargos ou despesas que corram por conta do arrendatário, estando já em curso a ação executiva para pagamento de quantia certa, prevista no n.º 1 do artigo 14.º-A NRAU, relativa aos mesmos valores em dívida, devemos pois entender que tal pedido não poderá ser realizado novamente no requerimento de despejo, tendo-se por não feito[328].

Além disso, ao recorrer ao procedimento especial de despejo para fazer um pedido que já havia deduzido anteriormente, estaria o senhorio a abdicar de uma situação mais vantajosa para si, na medida em que, ao abrigo do n.º 1 do artigo 14.º-A, para efeitos da ação executiva para pagamento de quantia certa, referente às rendas, encargos ou despesas que corram por conta do arrendatário, o contrato de arrendamento, juntamente com o comprovativo da comunicação ao arrendatário do montante em dívida, constitui pois um título executivo, ao invés do que aconteceria

[328] No mesmo sentido, Rui Pinto, *O Novo regime processual do despejo... pp. 133.*

no procedimento especial de despejo onde ambos os documentos não são dotados de força executiva, a qual apenas adquirem após a conversão do requerimento de despejo em título para desocupação do locado, sendo que apenas na disponibilidade deste título podem ter início os respetivos autos de execução para a cobrança coerciva dos valores em dívida.

Não olvidando, além do referido, que pese embora o pedido acessório de rendas, encargos e despesas seja efetivamente dirigido ao BNA aquando do preenchimento do requerimento de despejo, este seguirá os mesmos termos aplicáveis à execução para pagamento de quantia certa, isto é, será tramitado judicialmente com as especificidades constantes do artigo 12.º do Decreto-Lei n.º 1/2013, tanto que o processo será distribuído ao mesmo tribunal que teria competência para a apreciação de uma execução com igual objeto constante do n.º 1 do artigo 14.º-A, sendo o tribunal competente previamente indicado pelo próprio requerente ou pelo respetivo mandatário, aquando do preenchimento do formulário do requerimento de despejo.

De facto, a remessa do requerimento de despejo, de forma eletrónica, por parte do BNA ao tribunal competente apenas terá lugar uma vez ocorrida a conversão do título para desocupação do locado ou quando proferida decisão judicial para a desocupação do locado, em caso de oposição por parte do requerido ao requerimento de despejo e consequente realização da audiência de discussão e julgamento em que tal oposição é julgada improcedente, procedendo o BNA à notificação do requerente em que lhe disponibiliza o titulo ou a decisão judicial referidos e lhe solicita a junção de comprovativo de pagamento, em dez dias, da taxa de justiça referente à execução para pagamento de quantia certa, sob pena da ausência de junção de tal comprovativo ser considerada tacitamente por desistência do pedido acessório de pagamento de rendas, encargos e despesas.

4) RECUSA DO REQUERIMENTO DE DESPEJO

Um último aspeto a analisar no tocante ao requerimento de despejo prende-se com a recusa na aceitação deste requerimento por parte do BNA, aquando do controlo administrativo prévio efetuado na secretaria judicial, porquanto, como vimos, nos termos do artigo 15.º-B NRAU, são diversos os elementos de verificação necessária aquando da apresentação do requerimento de despejo, para que, juntamente com os documentos constantes do n.º 2 do artigo 15.º, esse requerimento possa ser aceite, dando assim início ao procedimento especial de despejo.

Desta forma, o requerimento de despejo apenas poderá ser recusado, nos termos do n.º 1 do artigo 15.º-C se: não estiver endereçado ao BNA; não indicar o fundamento em que reside o despejo ou não seguir devidamente acompanhado dos respetivos documentos a que se refere o n.º 2 do artigo 15.º; não for indicado o valor da renda praticada; não estiver indicada a modalidade de apoio judiciário requerida ou concedida ou junto o respetivo documento de comprovativo ou deferimento da concessão do apoio judiciário, se aplicável; for omitida a identificação das partes, domicílio do requerente, número de identificação civil ou lugar em que o requerido deva ser notificado; o requerimento não constar do modelo oficial do BNA, constante da Portaria n.º 30/2015, de 12 de fevereiro; não estiver paga a taxa de justiça, caso o requerente não beneficie ou tenha requerido a concessão de apoio judiciário; não se encontrar pago o imposto de selo ou liquidado o IRS ou IRC pelas rendas relativas ao locado, nos últimos quatro anos, salvo se o contrato for mais recente; e, bem ainda, o pedido formulado não se ajustar à finalidade do procedimento.

O referido catálogo, constituindo uma enumeração taxativa de fundamentos de recusa do requerimento de despejo, reside numa versão em sentido negativo do n.º 2 do artigo anterior que, por sua vez, estabelece os elementos que "*devem*" constar do requerimento de despejo, pelo que teria sido suficiente aditar um número ao artigo 15.º-B em que a falta de qualquer um dos elementos constantes do n.º 2 daquele artigo seria motivo bastante de recusa do requerimento de despejo.

A única alínea do n.º 2 do artigo 15.º-B que não encontra correspondência direta no n.º 1 do artigo 15.º-C será, pois, a alínea c) relativa à necessidade de indicação por parte do senhorio, do tribunal competente para apreciação dos autos, caso estes sejam apresentados à distribuição, designadamente em virtude da dedução de oposição do requerido ao requerimento de despejo, sendo que em consonância com o carácter taxativo do n.º 1 do artigo 15.º-C, devemos entender que a sua não indicação não constituirá fundamento de recusa do requerimento de despejo, pois fosse outra a intenção do legislador neste sentido, certamente o teria dado a entender com maior clareza.

Por sua vez, em relação à alínea a)/*in fine* do n.º 2 do artigo 15.º-B, que impõe a necessidade de indicação do número de identificação civil das partes e à correspondente alínea e) do n.o 1 do artigo 15.º-C da qual deriva a recusa do requerimento na falta daquela identificação, devemos entender que tal recusa não deverá ser absolutizada, uma vez que como refere o n.º 4 do artigo 8.º do Decreto-Lei n.º 1/2013, a omissão do número de identificação não constituirá motivo de recusa de requerimento, desde que o requerente ou o mandatário deste declarem desconhecer tal dado através da opção respetiva disponibilizada no formulário do requerimento de despejo.

Importa ainda ressalvar que, a par das demais causas de recusa do requerimento de despejo previstas no artigo 15.º-C, são igualmente fundamentos de recusa, nos termos da alínea h) e i), com as alterações constantes da Lei n.º 79/2014, a falta de comprovativo de pagamento da taxa de justiça e/ou a falta de comprovativo da liquidação do imposto de selo, ou em alternativa, da liquidação do IRS ou do IRC pelas rendas relativas ao locado, nos últimos quatro anos, salvo se o contrato for mais recente, situação em que devem ser juntos apenas os comprovativos existentes desde a data de início do contrato.

Beneficiando o requerente de apoio judiciário, deverá proceder à junção do comprovativo de deferimento da Segurança Social, dele constando expressamente as modalidades em que tal apoio foi concedido, designadamente o pagamento de taxa de justiça e demais encargos com o processo, sendo certo que a ausência de junção deste documento terá efeito equivalente à ausência de junção de comprovativo de pagamento de taxa de justiça, salvo se o requerente tiver solicitado a concessão de apoio judiciário e à data de apresentação do requerimento de despejo faltarem menos de 30 dias para o termo de prazo de prescrição ou caducidade do seu direito ou perante a verificação de qualquer outra situação de urgência, caso em que será admissível a junção, ao invés daquele, de documento comprovativo de pedido de apoio judiciário já requerido, mas ainda não concedido, sendo certo que, posteriormente, uma vez na posse do respetivo deferimento ou indeferimento, tal documento deverá, igualmente ser remetido ao BNA, devendo o requerente, em caso de indeferimento, proceder ao pagamento da taxa de justiça devida no prazo de 10 dias após a comunicação da decisão que indeferiu o seu pedido, nos termos constantes da alínea c) do n.º 5 do artigo 29.º da Lei n.º 34/2004, de 29 de julho, que altera o regime de acesso ao direito e aos tribunais.

No respeitante à segunda causa referida, a ausência de junção de comprovativo de pagamento do imposto de selo devido ou a comprovação de que as quantias recebidas a título de rendas, constam das declarações de IRS ou IRS do requerente referentes aos últimos quatro anos, a recusa derivada da ausência de apresentação dos referidos comprovativos determina, inexoravelmente, a impossibilidade de acesso do senhorio ao BNA, vendo-se este, em consequência, impedido de aceder ao procedimento especial de despejo, face à inexistência ou impossibilidade de demonstrar o pagamento do imposto de selo respetivo, situação que vinha sendo evidenciada anteriormente à vigência da Lei n.º 79/2014, razão pela qual este último diploma procurou facilitar o comprovação de cumprimento das obrigações tributárias, em especial, no respeitante aos contratos de arrendamento mais antigos, passando a admitir as declarações de IRS ou IRC em que tais rendimentos hajam sido declarados, como comprovativo bastante.

Cumpre, porém, notar, no que respeita à exigência de demonstração de pagamento do imposto de selo, que o n.º 1 do artigo 60.º do Código do Imposto de Selo prescreve a obrigação do senhorio proceder à comunicação eletrónica à Autoridade Tributária e Aduaneira dos contratos de arrendamento celebrados, alterados ou cessados, o que deverão fazer até ao final do mês seguinte ao da celebração, alteração ou cessação do respetivo contrato, respetivamente, pelo que o pagamento resultante da liquidação do imposto de selo deverá ser efetuado no mesmo prazo referido para a comunicação do contrato.

Ora, sendo certo que a alínea h) do n.º 2 do artigo 15.º-B apenas exige que o comprovativo de cumprimento da respetiva obrigação seja apresentado com o requerimento de despejo, nada afirma quanto à pontualidade de pagamento do mesmo, o que nos permite concluir que o comprovativo de um imposto de selo pago extemporaneamente, referente a um contrato de arrendamento comunicado igualmente fora do prazo legalmente previsto, ainda que sujeito ao pagamento de coima relativa à contra-ordenação emergente da ausência de comunicação tempestiva, deverá ser admitido pelo BNA, obstando assim à recusa do requerimento de despejo com base em tal fundamento, sendo este o entendimento assumido pelo Tribunal da Relação de Lisboa[329], ancorado, por sua vez, naquela que era também a posição já propugnada anteriormente pelo Tribunal da Relação de Coimbra[330].

Partilhamos igualmente da referida posição, não apenas com base na letra da lei cuja análise não nos permite extrair a imposição de que o pagamento do imposto de selo, cujo comprovativo se exige, seja tempestivo, mas também no espirito de tal exigência cuja génese reside precisamente no combate à informalidade e desenvolvimento da economia paralela, desideratos claramente não menosprezados no cumprimento tardio da obrigação tributária de pagamento do imposto de selo devido.

Um outro entendimento igualmente sufragado no mesmo aresto da Relação de Lisboa, porventura mais questionável atenta a atuação prática do BNA e respetivo escrutínio cego do conjunto de documentos que deverá necessariamente acompanhar o requerimento de despejo, reside no facto de o Balcão em apreço não poder recusar o requerimento inicial,

[329] **JURISPRUDÊNCIA (10/04/2014)**
AC. TRL N.º 2173/13.3YLPRT.L1-6 (RELATORA ANA DE AZEREDO COELHO)
"I) O imposto de selo cuja demonstração de pagamento é exigida para o uso do procedimento especial de despejo é o devido pelo contrato, não por outros atos praticados no contexto do arrendamento.
II) O senhorio que não pagou ou que não pode comprovar o pagamento pode usar do procedimento efetuando o pagamento extemporâneo do imposto de selo, uma vez que a lei exige a demonstração do pagamento, não a demonstração da pontualidade dele.
III) Quando tenha decorrido o prazo de prescrição da dívida de imposto, pode o senhorio usar do procedimento sem comprovar o pagamento e sem proceder ao pagamento extemporâneo.
IV) Os factos instrumentais decorrentes da instrução devem ser tidos em conta na decisão de facto, devendo a sua atendibilidade ser objeto de expressa declaração em ordem a convocar específica atividade probatória das partes e análise da prova e do direito aplicável tendo-os em atenção.
V) A omissão de tal declaração de atendibilidade considera-se sanada quando não for arguido vício ficando assente a sua aquisição processual.
VI) A menção aos factos instrumentais como assentes, constante da motivação da sentença, é válida, não sendo obrigatória a sua indicação no "segmento fáctico" da decisão.
VII) Não tendo ocorrido despacho de aperfeiçoamento, tem de considerar-se que os factos essenciais à procedência, descritos em documento apresentado com a petição, integram a alegação, em homenagem à coerência da condução judicial do processo."

[330] Veja-se a este propósito o Acórdão do Tribunal da Relação de Coimbra de 10 de dezembro de 2013 *(Processo n.º 208/13.9YLPRT-A.C1, Relator Fonte Ramos)*

submetido pelo senhorio, desacompanhado do respetivo comprovativo de pagamento do imposto de selo, quando seja notório que, por hipótese, ainda que o imposto não tivesse sido, efetivamente, pago, a obrigação de pagamento do mesmo encontrava-se já prescrita, assim legitimando o acesso do senhorio ao PED sem que para tal seja necessária a junção de tal comprovativo ou, sequer, o seu pagamento extemporâneo.

Analisando de perto o referido entendimento e atento o facto de a prescrição da obrigação tributária ocorrer, nos termos do n.º 1 do artigo 48.º da Lei Geral Tributaria, no prazo de oito anos a partir do momento em que o facto tributário ocorreu, daí decorrendo a conclusão de que o requerente, interveniente contratual na posição de senhorio de qualquer contrato de arrendamento com duração efetiva igual ou superior a oito anos, estaria automaticamente dispensado da demonstração de pagamento do imposto de selo, uma vez que caso a referida obrigação tributária não se mostrasse cumprida, encontrar-se-ia certamente prescrita e como tal, não lhe poderia ser vedado, de forma alguma, com base em tal fundamento, o acesso ao procedimento especial de despejo.

Sendo certo que a prescrição da obrigação tributária constitui um facto sujeito ao conhecimento oficioso do juiz ou do órgão de execução fiscal competente, ao abrigo do disposto no artigo 175.º LGT, tal facto deverá, de igual forma, ser do conhecimento oficioso do BNA aquando do controlo administrativo ao requerimento de despejo apresentado, pese embora do ato de recusa do BNA não seja admissível reclamação para o juiz, ao invés do que sucede no procedimento de injunção, em que é possível a reclamação para o juiz do tribunal do domicílio do réu, da decisão de recusa por parte do secretário do Balcão Nacional de Injunções (BNI), nos termos do n.º 2 do artigo 11.º do Decreto-Lei n.º 269/98, de 1 de setembro.

Não obstante e apesar da ausência de previsão de solução idêntica à que resulta do regime aplicável ao regime dos procedimentos destinados a exigir o cumprimento de obrigações pecuniárias emergentes de contratos de valor não superior a 15.000,00€, no respeitante à decisão de recusa administrativa por parte da secretaria do BNA, entendemos que sempre será admissível a reclamação do ato de recusa ao abrigo do n.º 5 do artigo 157.º CPC, repercutindo-se esta, em termos práticos na pronuncia por parte do secretário de justiça do BNA e consequente distribuição dos autos ao tribunal competente, cabendo por sua vez, recurso do despacho de indeferimento da reclamação apresentada[331].

A par da referida possibilidade de reclamação da decisão de recusa do requerimento de despejo apresentado, o requerente terá ao seu dispor um prazo de 10 dias para a apresentação de um outro requerimento de despejo, a contar da data da notificação da recusa do requerimento inicial, considerando-se iniciado o procedimento "*na data em que teve lugar o pagamento da taxa devida pela apresentação do primeiro requerimento ou a junção do documento comprovativo do pedido ou da concessão do benefício do apoio judiciário na modalidade de dispensa ou de pagamento faseado da taxa de justiça e dos demais encargos com o processo*", conforme deriva do n.º 2 do artigo 15.º-C.

Um último aspeto a problematizar refere-se à possibilidade de recusa do requerimento de despejo por parte do juiz do tribunal competente aquando da distribuição judicial dos autos perante a verificação da ausência de um dos requisitos a que alude o n.º 2 do artigo 15.º-B, designadamente em caso de oposição do requerido, não tendo havido previamente recusa do requerimento de despejo por parte do BNA aquando da apreciação do mesmo.

A este propósito cumpre notar que a recusa ou admissibilidade do requerimento de despejo é exclusiva da secretaria do Balcão Nacional de Arrendamento na medida em que apenas este dispõe de tal competência, na "*fase administrativa*" de controlo inicial do requerimento apresentado, o que significa dizer que em caso de distribuição judicial do procedimento especial de despejo, o juiz não poderá indeferir o mesmo ainda que denote a ausência de um qualquer elemento que dele deveria constar, inexistindo, assim, a possibilidade de renovação da recusa do requerimento de despejo por parte do tribunal uma vez que a verificação do cumprimento dos requisitos que envolvem a apresentação e admissibilidade do requerimento de despejo foi já exercida pelo órgão competente, nos termos do n.º 1 do artigo 15.º-C, sem prejuízo da possibilidade de o juiz poder dirigir convite às partes para aperfeiçoamento das peças processuais apresentadas, ou, bem ainda, para apresentação de nova peça

[331] Veja-se a este propósito o elucidativo Acórdão do Tribunal da Relação de Lisboa de 25 de janeiro de 2018 (*Processo n.º 11742/17.8LRS.L1-6 Relatora: Maria Teresa Pardal*).

processual, ao abrigo do disposto na alínea b) do n.º 2, 3 e 4 do artigo 590.º CPC[332].

E. Tramitação do procedimento especial de despejo

Abordámos desenvolvidamente os aspetos mais relevantes em relação ao requerimento de despejo, nomeadamente os elementos que este deverá conter para que possa ser aceite, nos termos do artigo 15.º-B NRAU e os que, na sua falta, determinam a sua recusa, importando agora analisar a forma como se desenvolve o procedimento especial de despejo a partir deste momento até à sua extinção[333].

Neste sentido e como veremos, a tramitação do procedimento especial de despejo não é necessariamente uniforme, uma vez que o conjunto de fases efetivo de cada procedimento será determinado, por um lado, pela existência de um ou mais pedidos por parte do requerente no requerimento de despejo por si apresentado, envolvendo apenas o pedido de desocupação do locado ou também, acessoriamente, o pedido de pagamento de rendas, encargos e despesas em atraso.

Por outro lado, a tramitação a adotar, envolvendo fases de natureza eventual, será igualmente condicionada pela atitude adotada pelo requerido que, uma vez notificado do requerimento pelo BNA, poderá, como veremos, assumir diversas posições perante o mesmo, que podem determinar designadamente a mera extinção do procedimento com a desocupação voluntária e pagamento integral das quantias em dívida; a intervenção do tribunal num procedimento de génese extrajudicial em caso

[332] **JURISPRUDÊNCIA (07/06/2018)**
AC. TRE N.º 2650/17.7YLPRT.E1 (RELATORA ANA MARGARIDA LEITE)
"I – Recebido pelo BNA o requerimento de despejo e remetido a Tribunal na sequência da dedução de oposição, não prevê a lei a renovação, na fase judicial, da possibilidade de recusa do requerimento; II – A remessa dos autos a Tribunal, na sequência da dedução de oposição, pressupõe o prévio recebimento do requerimento e a subsequente notificação do arrendatário, o que preclude a possibilidade de o mesmo ser rejeitado na fase judicial ou indeferido com base em fundamento justificativo de recusa; III – Na fase judicial, pode o juiz convidar as partes a aperfeiçoarem as peças processuais ou a apresentarem novo articulado, não podendo recusar o requerimento, uma vez que tal possibilidade se insere exclusivamente na fase administrativa."

[333] Sobre a tramitação do PED, Rui Pinto, *O Novo Regime Processual do Despejo*, pp. 130 e ss., Elizabeth Fernandez, *Procedimento Especial de Despejo*, pp. 78 e ss., Menezes Leitão, *Arrendamento Urbano*, pp. 224 e ss.

de oposição ao requerimento de despejo ou de pedido de diferimento da desocupação do imóvel arrendado; ou, bem ainda, a necessidade de intervenção do agente de execução, notário ou oficial de justiça na desocupação coerciva do locado, perante a recusa voluntária na sua entrega ao requerente.

1) NOTIFICAÇÃO DO REQUERIDO

A primeira fase do procedimento especial de despejo, como vimos, tem início com a apresentação e controlo posterior do conteúdo do requerimento de despejo por parte da secretaria do BNA, nos termos já referidos, podendo, perante a verificação do cumprimento ou incumprimento dos requisitos de que depende o desencadeamento do procedimento especial de despejo, determinar a admissibilidade ou a recusa do requerimento, dispondo o requerente do prazo de 10 dias para apresentação de um novo requerimento.

Uma vez admitido o requerimento de despejo apresentado, através da necessária observância de todos os requisitos constantes do artigo 15.º-B, o BNA remete notificação ao requerido, através de carta registada com aviso de receção, a qual deverá conter todos os elementos constantes das alíneas a) a h) do n.º 2 do referido preceito e havendo diversos requeridos, cada um deles deverá ser individualmente notificado para a morada constante do requerimento de despejo, sendo que a ausência de oportunidade de intervenção designadamente por falta de notificação do requerimento de despejo, poderá determinar a posterior impugnação do título para a desocupação do locado, nos termos do n.º 1 do artigo 15.º-P, mediante requerimento dirigido ao juiz do tribunal judicial da situação do locado.

A referida notificação deverá ainda informar o requerido da possibilidade de se opor ao requerimento de despejo de que é notificado, indicando o prazo de que dispõe para o fazer assim como a forma como o mesmo é contabilizado, mais o informando das consequências associadas à apresentação de oposição infundada, à ausência de oposição ou à ausência de desocupação voluntária do locado perante a falta de oposição.

Sendo regularmente notificado, a notificação ao requerido determina a interrupção da prescrição de que este eventualmente se pudesse prevalecer, como resulta do n.º 5 do artigo 15.º-D, à semelhança do que sucede ao abrigo da regra geral em sede de interrupção da prescrição em direito civil constante do n.º 1 do artigo 323.º CC, designadamente quanto ao prazo prescricional de cinco anos do direito às rendas por parte do requerente.

Neste sentido, a notificação rececionada por parte do requerido impõe-lhe o ónus de adotar uma de três posições no prazo de quinze dias, conforme resulta do n.º 1 do artigo 15.º-D, sendo a primeira aquela que mais simplifica e minimiza a tramitação do procedimento especial de despejo, consistindo tal posição na mera desocupação voluntária do locado, no referido prazo de 15 dias e no pagamento das quantias peticionadas a título de rendas, encargos ou despesas que corram por sua conta, caso exista pedido acessório para o pagamento destas quantias, procedendo ainda o requerido ao pagamento da taxa liquidada pelo requerente relativa à apresentação do requerimento de despejo, nos termos da alínea i) do n.º 2 do artigo 15.º-B, sendo certo que a desocupação do locado por parte do requerido determina a extinção do procedimento especial de despejo, conforme resulta do n.º 1 do artigo 15.º-G.

A segunda posição consiste na oposição por parte do requerido à pretensão do requerente de desocupação do locado e, eventualmente, de pagamento acessório de rendas, encargos e despesas, constantes do requerimento de despejo por si apresentado, devendo a oposição deduzida pelo requerido ser devidamente fundamentada, nomeadamente impugnando o fundamento invocado para a cessação extrajudicial do contrato pelo senhorio e as quantias por ele peticionadas, sendo este o momento processualmente apto para esgrimir a totalidade da sua defesa relativamente aos dois pedidos referidos, atenta a inexistência de oportunidade prévia e posterior para o fazer, na medida em que a ausência de oposição por parte do requerido, determina de igual forma a preclusão do exercício do direito em fase tardia aquando da desocupação coerciva do locado e em sede executiva para pagamento de rendas, encargos e despesas caso o requerente tenha peticionado tais quantias no requerimento de despejo, uma vez que, quanto a esta última, não será admissível a oposição à execução por embargos do executado, nos termos do n.º 6 do artigo 15.º-J.

A terceira posição que poderá ser assumida pelo requerido, constante do artigo 15.º-N, será a de aceitar a pretensão de desocupação do locado e, eventualmente, de pagamento de rendas, encargos ou despesas em atraso, abstendo-se de deduzir uma oposição infundada aos pedidos formulados no requerimento de despejo, requerendo, porém, o diferimento da desocupação do imóvel arrendado[334], cujo deferimento por parte do juiz do tribunal competente está sujeito à verificação e comprovação de requisitos de ordem social imperiosa, não podendo este ser concedido por período superior a cinco meses.

Uma quarta e última posição, igualmente suscetível de ser adotada pelo arrendatário e que a prática vem revelando não ser de verificação despicienda, consiste na ausência de qualquer reação à notificação rececionada por parte do BNA, permanecendo o requerido no locado e não procedendo ao pagamento de eventuais rendas, encargos ou despesas em atraso.

Conforme referimos *supra*, a posição assumida pelo requerido irá condicionar, indubitavelmente, os termos seguintes do procedimento especial de despejo que o afeta, o qual poderá tão simplesmente terminar com a desocupação do locado no prazo de 15 dias conferido pelo BNA, ou poderá mesmo culminar no despejo coercivo executado por agente de execução, notário ou, na falta destes ou por competência atribuída por lei para esse efeito, por oficial de justiça.

Vejamos assim, com maior detalhe, cada uma das referidas reações possíveis perante a notificação do requerimento de despejo ao requerido.

2) DESOCUPAÇÃO VOLUNTÁRIA DO LOCADO

Uma vez notificado para desocupar o locado no prazo de quinze dias, o arrendatário, caso cumpra pontualmente o peticionado pelo requerente na notificação dará assim origem à extinção do procedimento especial de despejo, uma vez que a desocupação do locado constituirá, pois, a sua causa de extinção principal, conforme deriva do n.º 1 do artigo 15.º-G, tal

[334] Poderá ainda existir a suspensão da desocupação do locado, mas tal não resulta da vontade do arrendatário, ocorrendo já no âmbito da eventual execução para desocupação do locado, por parte do agente de execução, notário ou oficial de justiça, em que não tenha sido conferida ao requerido a possibilidade de defesa ou que este não tivesse conhecido ou intervindo no respetivo procedimento. Consideraremos esta hipótese de desconhecimento total por parte do requerido dentro da suspensão da execução, no âmbito da execução do despejo.

significando que, uma vez acatada voluntariamente aquela imposição, o procedimento não seguirá assim para a fase subsequente da desocupação coerciva do locado, uma vez que deixa de existir necessidade de conversão por parte do BNA, do requerimento de despejo em título para desocupação do locado, inexistindo, de igual forma, a necessidade de intervenção judicial por parte do tribunal competente.

Se no requerimento para a desocupação do locado por parte do requerente tiver havido lugar ao pedido acessório de pagamento de rendas, encargos ou despesas que corram por parte do requerido, este será, pois, o momento exato para o seu pagamento, o qual deverá ocorrer juntamente com a desocupação do locado, no mesmo prazo de quinze dias.

Na eventual existência daquele pedido acessório e em caso de desocupação voluntária do locado pelo requerido, o procedimento especial de despejo considera-se extinto com a respetiva desocupação, com afetação imediata do pedido acessório de pagamento de rendas, encargos e despesas que fica de igual forma afetado pela extinção do pedido principal, pois como refere Rui Pinto: "*feita a notificação do inquilino, se ele desocupar o locado, extingue-se o procedimento*", isto na medida em que o artigo 15.º-G n.º 1 não prevê como causa de extinção, o pagamento das rendas, encargos ou despesas que corram por conta do requerido, logo a extinção do procedimento, "*sucederá mesmo que fique por pagar ao requerente a quantia pedida*".

Assim sendo, para que o pedido acessório tenha condições de prosseguimento, deverá existir necessariamente a conversão do requerimento de despejo em título para a desocupação do locado ou decisão judicial para desocupação do locado, sendo que apenas com este ou aquele título, poderá o BNA remeter o expediente necessário ao tribunal competente para desencadear a inerente ação executiva para pagamento das rendas, encargos ou despesas tituladas num daqueles documentos, como resulta do n.º 1 e seguintes do artigo 12.º do Decreto-Lei n.º 1/2013, de 7 de janeiro.

No entanto, não é possível absolutizar o referido, porquanto nem sempre a desistência do pedido principal de desocupação do locado, determinará a inerente extinção do pedido acessório de pagamento de rendas, encargos e despesas, na medida em que tal só sucede até ao momento em que o requerido deduza oposição ao requerimento de despejo ou até ao termo do prazo em que possa deduzir tal oposição.

Existindo oposição do requerido, como veremos, os autos são distribuídos ao tribunal competente, sendo que a partir desse momento, deixam de ser aplicáveis as regras relativas à desistência do pedido pelo requerente constantes do n.º 2 do artigo 15.º-G NRAU, passando, outrossim, a analisar-se a presente questão não na perspetiva da extinção do procedimento especial de despejo[335] mas antes da extinção da instância processual, nos termos do artigo 277.º CPC, o que significa dizer que, mesmo que a desocupação voluntária do locado ocorra já na pendência da discussão judicial atinente à oposição ao requerimento de despejo, tal não determina a imediata extinção dos autos em apreço, devendo os mesmos prosseguir quanto ao pedido de condenação no pagamento das quantias peticionadas pelo requerente e impugnadas pelo requerido, não podendo o juiz deixar de se pronunciar sobre tal questão submetida à sua apreciação sob pena de verificação de nulidade da sentença ao abrigo da alínea d) do n.º 1 do artigo 615.º CPC.

Em relação à desocupação voluntária do locado, por sua vez, entendemos ser de aplicar, neste sentido, a primeira parte do n.º 2 do artigo 15.º-J referente à possibilidade de acordo entre o senhorio e o arrendatário de um prazo para a efetiva desocupação e remoção de todos os bens móveis deste, uma vez que, como facilmente se perceberá, o prazo de quinze dias a que se refere a notificação para a desocupação do locado, poderá não ser um prazo suficiente no que diz respeito à procura de uma nova habitação e transferência dos bens para a mesma, pelo que não raras vezes, os arrendatários destinatários de tal procedimento não terão de antemão uma outra habitação para a qual se possam mudar, sendo que por uma questão moral e ética, deverá ser admitido tal acordo.

A este respeito seria, porventura, mais fácil e proveitoso o alargamento do âmbito de aplicação do diferimento da desocupação do imóvel arrendado para habitação, previsto no artigo 15.º-N, passando a abranger situações como as referidas, porém, atento o carácter taxativo das hipóteses previstas no seu n.º 2, tal diferimento não será, lamentavel-

[335] Apenas se poderá falar, em rigor, de extinção do procedimento especial de despejo, como tal, enquanto o mesmo se encontrar sob a alçada do Balcão Nacional de Arrendamento o que não sucede a partir do momento em que há lugar à oposição ao requerimento de despejo por parte do requerido e os autos são distribuídos ao tribunal competente.

mente, de aplicar em situações que não sejam as aí previstas, em caso de resolução do contrato de arrendamento por falta pagamento de rendas devido a carência de meios do arrendatário, por um lado; ou resultante da circunstância de o arrendatário ser portador de deficiência com grau comprovado de incapacidade igual ou superior a 60%, por outro, sendo que apenas partindo de uma destas duas circunstâncias base, se poderá então analisar todas as demais envolventes, nomeadamente: o facto de o arrendatário não dispor imediatamente de outra habitação; o número de pessoas que habitam com o arrendatário; a sua idade e estado de saúde; a situação económica e social das pessoas envolvidas, entre outras, conforme deriva do preceito referido.

Uma outra via para atingir o mesmo resultado prático de obter a dilatação do prazo para a desocupação do locado e que tem sido defendida na doutrina[336], prende-se com a aplicação neste sentido do artigo 1087.º Código Civil, relativo à desocupação do locado. O argumento utilizado para se recorrer ao artigo 1087.º será aquele que resulta do artigo 15.º n.º 1 NRAU, havendo desocupação do locado "*na data prevista na lei*", pese embora seja nosso entendimento que tal expressão se refere não ao prazo que resulta do artigo 1087.º mas antes ao prazo constante do n.º 1 do artigo 15.º-D que estabelece de forma clara que o requerido, na falta de dedução de oposição à pretensão do senhorio, ou de requerimento do deferimento da desocupação, deverá, pois, desocupar o locado no prazo de quinze dias, razão pela qual sustentamos a necessidade de existir acordo entre as partes de forma a dilatar o curto prazo que a lei confere ao requerido, nestes casos, para entregar ao requerente o imóvel devoluto.

3) OPOSIÇÃO DO ARRENDATÁRIO AO REQUERIMENTO DE DESPEJO

I) DEDUÇÃO DA OPOSIÇÃO, FORMA DE APRESENTAÇÃO E TRAMITAÇÃO SUBSEQUENTE

O requerido, após a notificação por parte do BNA do requerimento de despejo, poderá, no prazo conferido de quinze dias e alternativamente à entrega do locado ao requerente devoluto de pessoas e bens, exercer o direito de defesa que o artigo 15.º-F lhe confere, permitindo-lhe opor-

[336] Maria Olinda Garcia, *Arrendamento Urbano Anotado... pp. 43.*

-se à pretensão do senhorio de desocupação do locado e, eventualmente, do pedido acessório de pagamento de rendas, encargos e despesas em atraso, constituindo a oposição a deduzir pelo requerido o momento idóneo à apresentação da totalidade da sua defesa, seja quanto à cessação do contrato de arrendamento, seja quanto aos valores acessoriamente peticionados uma vez que a cessação extrajudicial do contrato, em que se baseia o procedimento especial de despejo, inviabilizava a apresentação de defesa prévia, ainda que desencadeada por notificação judicial avulsa nos termos constantes do n.º 7 do artigo 9.º NRAU, no caso da resolução por falta de pagamento de rendas, encargos ou despesas.

Por outro lado, importa notar que a ausência de dedução de oposição pelo requerido aos pedidos formulados pelo requerente no requerimento de despejo, preclude o exercício do direito em fase posterior, tanto no que tange à desocupação do locado, uma vez que o requerimento de despejo é convertido em título para a desocupação do locado e remetido ao profissional designado para a efetivação da desocupação, como relativamente ao pedido acessório de rendas, encargos e despesas na medida em que o referido título será remetido ao tribunal competente para a tramitação dos autos de execução para pagamento de quantia certa, não sendo, porém, admissível, ao invés do que sucede geralmente numa ação executiva desta natureza, a oposição à execução por embargos de executado, como resulta do disposto no n.º 6 do artigo 15.º-J[337].

Assim sendo, a oposição ao requerimento de despejo apenas deverá ser deduzida desde que para tal exista um fundamento válido, uma vez que a dedução de oposição sem fundamento que o requerido não devesse ignorar será fortemente sancionada, como deriva da alínea e) do n.º 4

[337] Sobre a problematização da existência de (in)constitucionalidade material do n.º 6 do artigo 15.º-J, pronunciou-se o Tribunal da Relação do Porto, no aresto de 15 de dezembro de 2016 (Processo n.º 2928/16.7T8PRT-B.P1, Relatora *Maria Cecília Agante*), concluindo que : *"Não padece de inconstitucionalidade material o artigo 15.º-J, 6, do NRAU, porque a restrição do direito de oposição à execução, fundada em título de desocupação instituído no PED quando o requerido nele não deduziu oposição, não representa um comprometimento desproporcional do princípio do contraditório e das garantias de defesa e do acesso a uma via judicial de apreciação. É ampla a liberdade do legislador infraconstitucional no que respeita ao estabelecimento de ónus, desde que asseguradas a cognoscibilidade da pendência do procedimento e as particulares cautelas na tramitação dos meios de comunicação desses ónus."*

do artigo 15.º-D, sendo o requerido responsabilizado pelos danos que causar ao requerente, incorrendo ainda na condenação numa multa de valor igual ou superior a dez vezes a taxa devida, visando-se pois evitar a utilização do procedimento apenas como meio dilatório à efetivação da cessação do contrato de arrendamento, ou, por outras palavras, tais sanções aplicáveis obstam a que o requerido utilize a oposição como forma de não ter de desocupar o locado no prazo de quinze dias após a respetiva notificação, uma vez que em caso de oposição do requerido ele poderá permanecer no locado, desde que continue a pagar as respetivas rendas que entretanto se vierem a vencer.

A dedução de oposição ao requerimento de despejo pelo requerido não se encontra condicionada à observância de forma articulada, devendo a mesma ser apresentada junto do BNA, nos termos do artigo 9.º da Portaria n.º 9/2013, através de uma das seguintes formas: pela via eletrónica, quando apresentada por mandatário, através do preenchimento do formulário eletrónico disponível no sistema informático *Citius*, onde menciona a existência de mandato e respetivo domicilio profissional, sendo a data da expedição a da prática do ato processual de oposição; em papel, presencialmente no BNA ou qualquer secretaria judicial para o efeito competente, onde apresenta igualmente todos os documentos necessários também em papel, tendo-se por deduzida a oposição na data da respetiva entrega; ou ainda remetendo a oposição por correio registado, em versão papel, juntamente com os documentos inerentes, em que se tem como data da oposição, a data em que o registo postal foi efetivado.

A apresentação da oposição por qualquer uma das vias referidas que não a via eletrónica, importa automaticamente no pagamento, por parte do requerido, de uma multa de valor correspondente a 2 UC, isto é, 204,00€, nos termos do n.º 2 do referido artigo 9.º, atento o propósito encetado de que a tramitação seja realizada exclusivamente pela via eletrónica, procurando restringir a entrega da oposição em formato papel uma vez que, quando entregue nesse formato, a oposição e respetivos documentos que a devam acompanhar, devem ser necessariamente digitalizados no BNA e introduzidos no sistema informático.

A par da necessária observância da submissão da oposição pela via eletrónica, sob pena do pagamento de multa no valor de 2 UC, como referido, o requerido encontra-se ainda sujeito ao pagamento de taxa de justiça devida e ao pagamento de uma caução no valor as rendas, encargos e despesas em atraso, até ao valor máximo de seis rendas, caso o requerente tenha, a par do pedido de desocupação do locado, apresentado um pedido acessório de pagamento destas quantias, quando o procedimento especial de despejo tenha por base título extrajudicial de cessação do contrato por resolução, nos termos do n.º 3 do artigo 1083.º CC, garantindo a referida caução, o pagamento das quantias eventualmente em dívida por parte do requerido, caso a oposição por este apresentada venha a ser julgada improcedente.

Assim, com a dedução da oposição por parte do requerido, ou caso existam vários requeridos, após a receção da última oposição ou do termo do prazo para a sua apresentação, o BNA apresenta os autos à distribuição, remetendo cópia da mesma ao requerente, como resulta do n.º 1 do artigo 15.º-H, constituindo esta a primeira intervenção do tribunal judicial no âmbito do procedimento especial de despejo, sendo competente para o efeito, o tribunal da situação do locado, bem como para as demais questões suscitadas em sede do PED, nos termos do n.º 7 do artigo 15.º-S, assumindo caráter urgente todos os atos praticados pelo juiz, atenta a celeridade conferida ao procedimento.

O comprovativo de pagamento da taxa de justiça devida bem como a prestação de caução pelo requerido ou, em alternativa, a junção do comprovativo de deferimento de apoio judiciário, como requisitos fundamentais à admissibilidade da oposição ao requerimento de despejo, constituem pressupostos processuais cuja verificação por parte do juiz deverá ter lugar previamente ao conhecimento dos fundamentos aduzidos por cada uma das partes e da realização da audiência de julgamento, a qual, por sua vez, deverá ter lugar no prazo máximo de vinte dias a contar da data da distribuição, nos termos do n.º 1 do artigo 15.º-I, sendo que a falta de qualquer um daqueles requisitos, assim como a falta de constituição de mandatário para a apresentação da oposição, terá por consequência a desconsideração da oposição deduzida[338], conforme resulta dos n.ºs 4 e 5 do artigo 15.º-F e do n.º 3 do artigo 15.º-S.

[338] **JURISPRUDÊNCIA (06/12/2018)**
AC. STJ N.º 1394/16.1YLPRT.L1.S1 (RELATORA ROSA TCHING)
"I. No procedimento especial de despejo com fundamento nos n.ºs 3 ou 4 do artigo 1083.º do Código Civil, quer o pagamento da taxa de justiça, quer o pagamento da caução exigidos pelo artigo 15.º-F, n.º 3 do NRAU, são requisitos ou condições necessárias da admissibilidade da oposição ao despejo, reves-

Assim sendo, uma vez recebidos os autos e verificado o cumprimento dos requisitos referidos, se o juiz entender necessário, nomeadamente por insuficiência da informação fornecida, poderá convidar as partes ao aperfeiçoamento das peças processuais ou à apresentação de um novo articulado, de forma a garantir o contraditório, dispondo as partes, para o efeito, dos prazos de cinco ou dez dias, respetivamente, o que vem a confirmar o carácter célere que se pretende atribuir a este procedimento, nos termos do n.º 2 artigo 15.º-H.

No entanto, se o juiz optar por não decidir logo sobre o mérito da questão, marcará audiência de julgamento, na qual ditará logo a sentença para a ata, seguindo aquela audiência, os termos do disposto no artigo 15.º-I NRAU, sendo que a improcedência dos fundamentos alegados pelo requerido na oposição, determinará a prolação de sentença favorável ao despejo, ou por outras palavras, decisão judicial para desocupação do locado. Por outro lado, sendo atribuída razão àquele, o despejo não prosseguirá por falta de titulo idóneo que permita ao BNA proceder, na figura do agente de execução, notário ou oficial de justiça, à desocupação coerciva do locado.

Da decisão judicial para desocupação do locado cabe recurso de apelação com efeito meramente devolutivo, independentemente do valor da causa e da sucumbência, nos termos do artigo 15.º-Q, pelo que a interposição de recurso da decisão não obsta à exequibilidade imediata da mesma, em conformidade com o disposto no n.º 1 do artigo 692.º CPC, não havendo lugar à suspensão do processo, pelo que a decisão para

tindo a natureza de pressupostos processuais, cuja falta impede o juiz de conhecer do mérito da oposição e determina, de acordo com o estabelecidos nos n.ºs 4 e 5 do citado artigo 15.º-F, a sua desconsideração, ou seja, que se tenha a oposição por não deduzida.
II. No procedimento especial de despejo, a averiguação da admissibilidade da oposição deduzida pelo arrendatário é necessariamente prévia ao conhecimento dos respetivos fundamentos, estando o tribunal impedido de conhecer dos fundamento da oposição e de proferir decisão de mérito se e enquanto, na análise da sua admissibilidade, não se concluir pela existência dos referidos pressupostos processuais, ou seja, pelo pagamento da taxa de justiça e da caução devida.
III. Enferma de nulidade a decisão que conhece dos fundamentos da oposição deduzida pela arrendatária, sem atender à falta do pagamento da taxa de justiça e do pagamento da caução aludidos no n.º 3 do artigo 15.º-F do NRAU, podendo a parte a quem aproveita a eventual "desconsideração" da oposição deduzida, nos termos do art. 15.º-F, n.º 4 do NRAU, pugnar, em sede de recurso, por tal "desconsideração"."

desocupação do locado, constituirá, por si só e independentemente do trânsito em julgado da mesma, título bastante, com base no qual o agente de execução, notário ou oficial de justiça se desloca imediatamente ao locado para tomar posse do mesmo, lavrando auto da diligência, como resulta do n.º 1 do artigo 15.º-J NRAU.

II) PAGAMENTO DE TAXA DE JUSTIÇA, PRESTAÇÃO DE CAUÇÃO E APOIO JUDICIÁRIO

Conforme vimos *supra*, mesmo dispondo de um motivo legítimo para a dedução da oposição, constituem requisitos obrigatórios para que a oposição se considere efetivamente deduzida a apresentação do comprovativo de pagamento de taxa de justiça, sendo esta calculada em conformidade com os valores constantes da tabela II do Regulamento das Custas Processuais, aplicáveis à oposição à execução ou à penhora[339], como o pagamento da caução de valor máximo correspondente a seis meses de rendas, nos procedimentos baseados na resolução contratual com fundamento nos termos do n.º 3 do artigo 1083.º CC, encontrando-se o, encontrando-se o direito de defesa do requerido condicionado ao cumprimento dos mesmos, nos termos do n.º 4 do artigo 15.º-F, exceto se este beneficiar de apoio judiciário, situação em que se encontra isento do pagamento de tais quantias, devendo, neste último caso, juntar comprovativo de deferimento de apoio judiciário, na modalidade de dispensa ou de pagamento faseado de taxa de justiça e demais encargos com o processo.

Cumpre sublinhar a este propósito, a existência de divergência jurisprudencial sobre a extensão da isenção conferida pelo beneficio de apoio judiciário à prestação de caução, potenciada pela desconformidade existente entre o teor do n.º 3 do artigo 15.º-F NRAU e a letra do n.º 2 do artigo 10.º da Portaria n.º 9/2013, que estabelece, por sua vez, que o comprovativo do pagamento referido no número anterior, de prestação da caução devida, deverá ser apresentado juntamente com a oposição, independentemente de ter sido concedido apoio judiciário ao arrendatário, daqui sendo possível extrair que, independentemente de o requerido

[339] A taxa de justiça a pagar pelo requerido será de 306,00€ caso o valor do procedimento especial de despejo não ultrapasse os 30.000,00€ e de 612,00€, caso o valor seja superior a 30.000,00€.

beneficiar ou não de apoio judiciário, sempre deverá comprovar o pagamento da caução.

Alguma jurisprudência vem resolvendo a divergência interpretando de forma literal o disposto no n.º 2 do artigo 10.º da referida portaria, entendendo que o apoio judiciário não é extensível à prestação de caução[340]. Diversamente, seguindo a via alternativa, a restante corrente jurisprudencial propende pela extensão do apoio jurídico à prestação de caução resolvendo a desconformidade legislativa por via da hierarquização das normas em conflito, entre, por um lado, uma norma ordinária da Assembleia da República e por outro, um regulamento do Governo, prevalecendo aquela sobre esta[341], enquanto fonte de hierarquia superior, assim sustentando corretamente, a isenção por parte do requerido de demonstração de pagamento da caução exigida, posição que, de igual forma, perfilhamos.

Não obstante e no que respeita à prestação da caução em apreço, cumpre sublinhar, conforme referido, que esta se restringe meramente aos casos em que exista um pedido acessório de pagamento de rendas, encargos e despesas, derivados de uma resolução contratual operada nos termos do n.º 3 do artigo 1083.º, isto é, quando se verifique a mora igual ou superior a três meses no pagamento da renda, encargos ou despesas que corram por conta do arrendatário, tal significando que, nos casos em que

[340] **JURISPRUDÊNCIA (27/06/2018)**
AC. TRP N.º 2719/17.8YLPRT.P1 (RELATOR JOAQUIM CORREIA GOMES)
"Nos processos especiais de despejo com fundamento na falta de pagamento de rendas, a exigência legal de prestação de caução por parte de quem deduziu oposição não é extensível a quem beneficia de apoio judiciário."

[341] **JURISPRUDÊNCIA (30/05/2018)**
AC. TRP N.º 2678/17.7YLPRT.P1 (RELATORA ANA PAULA AMORIM)
"I – A norma do art. 10 da portaria 9/2013 de 10 de Janeiro contraria o art. 15.º F n.º 3 do NRAU e estando em causa um conflito entre duas normas – uma lei ordinária da Assembleia da República e outra ínsita em portaria que é regulamento de fonte governamental – o mesmo apenas pode ser resolvido pela prevalência da fonte de hierarquia superior.
II – Beneficiando de apoio, na modalidade de dispensa de taxa de justiça e demais encargos com o processo, o arrendatário está isento de demonstrar o pagamento da caução normalmente exigida como condição de admissibilidade da oposição ao pedido de despejo, deduzido com fundamento no art. 1083.º/3/4 CC."

a cessação tenha sido operada por qualquer outra forma, não será necessária a prestação de caução para a dedução de oposição pelo requerido.

A par do referido e uma vez aqui chegados, entendemos que a ausência de prestação de caução, nos casos em que o arrendatário está vinculado à sua prestação, deveria determinar apenas que a parte da oposição em que o requerido se pronuncia sobre as quantias peticionadas pelo requerente, se tivesse por não deduzida, não devendo como tal ser extensível à restante oposição onde este se pronuncia sobre o pedido principal de desocupação do locado, designadamente atacando a validade da cessação do contrato de arrendamento, parecendo-nos excessivo a total desconsideração da oposição apresentada pelo requerido por falta de prestação de caução, quando a referida caução se destina precisamente a assegurar o pagamento das quantias peticionadas pelo requerente perante a procedência do pedido acessório por si apresentado.

A este propósito tem sido, não raras vezes, problematizada a constitucionalidade da exigência de prestação de caução por parte do requerido para o exercício eficaz do seu direito de oposição ao requerimento de despejo pois conforme evidencia Elizabeth Fernandez[342], "*do que aqui se trata é de exigir o caucionamento de uma quantia para* [o arrendatário] *exercer o direito de se opor à própria cessação operada, impedindo a sua transformação em título executivo para entrega de coisa certa*", ou por outras palavras, existe uma compressão manifesta do direito de defesa do arrendatário na dedução de oposição às pretensões de desocupação do locado e de pagamento acessório de rendas, encargos e despesas, em detrimento do reforço de garantia da posição do senhorio.

Importa assim aferir se estamos perante a harmonização de interesses conflituantes através da imposição de restrições permitidas pelo n.º 2 do artigo 18.º CRP ao direito de defesa do arrendatário constitucionalmente previsto no artigo 20.º em detrimento da salvaguarda e garantia do direito à propriedade privada e à livre iniciativa económica do senhorio, igualmente dignos de tutela constitucional nos artigos 62.º e 63.º, ou se, por outro lado, estamos perante a violação desregrada e injustificada do direito à justiça em detrimento dos interesses económicos do senhorio

[342] Elizabeth Fernandez, *Procedimento Especial de Despejo...*, pp. 83.

através da imposição ao arrendatário da prestação de uma garantia financeira potencialmente insuportável.

A jurisprudência existente[343] sobre a presente questão, não sendo despicienda, percorre caminhos diferentes para alcançar uma mesma conclusão de inexistência de inconstitucionalidade[344] na imposição da prestação de uma caução ao arrendatário até ao limite máximo de seis rendas, sendo unânime no reconhecimento da existência da imposição de uma restrição a qual é permitida pela Constituição da República Portuguesa no n.º 2 do artigo, na medida em que se limita ao estritamente necessário para salvaguardar de um outro direito constitucionalmente protegido, o direito do senhorio, sob pena do agravamento ou frustração da realização do mesmo, inexistindo assim uma limitação intolerável ao direito de defesa do arrendatário, na medida em que a restrição imposta é compatível com os princípios constitucionais de proporcionalidade e de proibição de indefesa, plasmados nos artigos 17.º, 18.º e 20.º CRP.

Se a existência de um condicionamento ao direito do arrendatário é de reconhecimento jurisprudencial pacífico, é igualmente sustentado que a imposição do limite máximo de seis meses de rendas em atraso, ainda que efetivamente sejam devidas mais de seis rendas, isto é, que o valor caucionado pelo arrendatário seja inferior ao valor peticionado pelo senhorio, consubstancia um limite razoável, não apenas em função da mora existente até ao momento em que se verifica o cumprimento definitivo da obrigação violada, mas também atento o facto de tal imposição se colo-

[343] **JURISPRUDÊNCIA (30/05/2019)**

AC. TRG N.º 217/18.1YLPRT.G1 (RELATORA MARIA AMÁLIA SANTOS)

"I – Não é inconstitucional a norma do art. 15.º-F n.ºs 3 e 4 do NRAU.

II- A imposição ao requerido da prestação de caução, nos termos daquelas normas, no valor das rendas em atraso, para lhe ser admitida a oposição ao procedimento especial de despejo fundado na falta de pagamento de rendas, não lhe coarta o seu direito de defesa, previsto no art. 20.º da CRP.

III – Esse direito de defesa fica apenas restringido (nos termos permitidos pelo art. 18.º n.º2 da Constituição da República Portuguesa), para salvaguarda de um outro direito, constitucionalmente consagrado, do direito de propriedade e de livre iniciativa económica do senhorio, previstos nos art.ºs 62.º e 63.º da CRP."

[344] A este propósito vejam-se ainda o Acórdão do Tribunal da Relação de Lisboa de 09 de julho de 2015 (*Processo n.º 2684/14.3YLPRT.L1-7, Relator Roque Nogueira*) e o Acordão do Tribunal da Relação do Porto de 26 de outubro de 2017 (*Processo n.º 2214/17.5YLPRT.P1, Relator Rui Moreira*)

car unicamente quando o procedimento especial de despejo se fundamente na resolução operada nos termos do n.º 3 do artigo 1083.º CC, isto é, decorrente do incumprimento da principal obrigação do inquilino de proceder ao pagamento pontual das rendas e encargos inerentes, sendo que apenas com a imposição da prestação da caução em apreço se consegue garantir a salvaguarda dos interesses do senhorio, não sendo possível daí extrair automaticamente, que o arrendatário ficará definitivamente privado do valor prestado, além de que apenas será sujeito ao referido encargo, o arrendatário que goze de solvabilidade económica para tal, atenta a isenção concedida aos casos que beneficiem de apoio judiciário, tratando-se, como tal, de uma restrição ponderada.

Ressalvando o devido respeito às considerações referidas e ainda que se conclua pela constitucionalidade da norma em apreço, sempre se diga que a imposição uniforme de uma caução no valor máximo de seis meses de renda para garantia do direito do senhorio é contraproducente, senão mesmo paradoxal, porquanto o exercício do direito de defesa do arrendatário está, inequivocamente, condicionado à prestação dessa caução, ainda que a privação do valor em apreço não seja definitiva caso venha a ser dada razão ao arrendatário.

De facto, a prática demonstra que nas situações em questão, a impossibilidade de prestação de caução para dedução da oposição, está intrinsecamente relacionada com o próprio fundamento da resolução do contrato por falta de pagamento de rendas, isto é, a existência de dificuldades económicas do arrendatário e são inúmeros os casos em que os mesmos não reúnem condições para beneficiar de apoio judiciário.

Assim sendo, serão, porventura, de verificação diminuta as situações exemplificativas em que a falta de pagamento de rendas por parte do arrendatário se prende com a eventual compensação de benfeitorias realizadas no locado ou com a compensação de outros valores de que este eventualmente seja credor sobre o senhorio, aos quais logra este último, dolosamente, sonegar-se à respetiva responsabilidade, optando por litigar de má fé ao pretender a desocupação coerciva do locado através do procedimento especial de despejo, após ter desencadeado a cessação de um contrato que sabia ser desprovida de fundamento, sendo certo que em tais situações será percetível a existência de interesse por parte do arrendatário em deduzir oposição à pretensão do senhorio de forma a expor a sua versão dos factos.

Igualmente eventuais serão as situações em que o fundamento da resolução do contrato de arrendamento reside na falta de pagamento de rendas, igual ou superior a três meses, na sequência de troca de correspondência entre senhorio e arrendatário para a transição do contrato para o NRAU e atualização da renda aplicável ao vínculo arrendatício habitacional celebrado anteriormente ao RAU, resultando o fundamento resolutivo da desconformidade entre o valor da renda que o arrendatário legitimamente paga, na sequência da atualização do valor operado ao abrigo das circunstâncias excecionais devidamente invocadas e comprovadas resultantes do artigo 36.º NRAU e a renda que no entendimento do senhorio aquele deveria pagar.

A presente situação, constituindo um caso justificado de oposição à pretensão de despejo e de litigância de má fé do senhorio, suscita a questão de saber qual o valor da renda a caucionar: o valor da renda efetivo ou o valor da renda invocado pelo senhorio, a par de que a prestação de caução inferior àquele que deveria ser caucionado, equivale igualmente à ausência de prestação de caução. A presente situação exposta, de verificação prática, é meramente exemplificativa de situações que podem suscitar a utilização abusiva por parte do senhorio do procedimento especial de despejo e cuja imposição de prestação de caução a arrendatários não abrangidos pelo benefício de apoio judiciário poderá impedir a dedução legítima de oposição, razão pela qual se impõe a reconfiguração das situações a que a mesma deverá ser aplicada.

Ao invés das expostas, constituirão situações de verificação corrente, aquelas em que o arrendatário que não conseguiu reunir meios por dificuldades económicas, incumpre no pagamento das rendas e não goza de apoio judiciário por ausência de enquadramento nos requisitos estritos de que depende a sua concessão, dificilmente conseguindo prestar uma caução no exato valor das rendas que não conseguiu pagar, pois se conseguisse, porventura o contrato de arrendamento permaneceria válido.

Como se percebe, o direito de defesa do arrendatário, no âmbito do procedimento especial de despejo encontra-se fortemente condicionado, uma vez que os encargos e ónus que daqui resultam são demasiado excessivos atendendo ao bem em salvaguarda que será no presente caso o direito à defesa, o que potencia em numerosas situações, que o arrendatário opte por prescindir do seu direito em detrimento de fazer uso dele, aumentando ainda de forma mais acentuada a já significativa vulnerabilidade a que se encontra exposto o requerido que poucas opções tem após a receção da notificação para desocupação do locado e pagamento acessório de rendas, encargos e despesas, nomeadamente no que diz respeito ao caucionamento da renda como forma de garantir a posição do senhorio, a qual, como referido, poderá abranger o valor máximo de seis rendas, sendo poucos os casos em que o arrendatário terá possibilidades económicas de assumir tal obrigação.

Assim sendo, a imposição ao arrendatário de prestação de uma caução que notoriamente não terá condições de prestar na maioria das situações, restringe manifestamente a apresentação de qualquer defesa que este tivesse por válida face à pretensão do senhorio, dado que a consequência será sempre a desconsideração da oposição apresentada, razão pela qual, a admitir-se pela manutenção do regime legal de prestação de caução para a dedução de oposição, deveria esta ser casuisticamente decidida, seja no sentido da sua imposição total ou parcial ou da sua dispensa, após ser dada oportunidade processual ao arrendatário de justificar, juntamente com a apresentação da oposição, os motivos pelos quais se via impossibilitado de cumprir, total ou parcialmente, com a mesma, conferindo-se o poder necessário ao julgador para decidir do seu arbitramento e do respetivo valor, devidamente instruído com informações de relevo para a tomada da decisão em apreço como sejam: o valor da renda estipulada, o fundamento da resolução do contrato de arrendamento, os rendimentos do arrendatário, entre outras.

4) DIFERIMENTO DA DESOCUPAÇÃO DO LOCADO

Previsto no artigo 15.º-N NRAU, o diferimento da desocupação do locado consiste num aumento ou dilatação do prazo conferido ao requerido para este proceder à desocupação do imóvel objeto de contrato de arrendamento habitacional, por motivos sociais imperiosos, não se tratando, pois, de uma oposição à pretensão do requerente de desocupação, uma vez que o arrendatário reconhece e aceita, logo à partida, o facto de ter de desocupar o imóvel, carecendo apenas de um prazo maior para o fazer[345], prazo esse que não poderá ser superior a cinco meses a contar da

[345] Maria Olinda Garcia, *Acção Executiva...*, pp. 83. Corresponde o artigo 15.º-N NRAU

data do trânsito em julgado da decisão que conceder esse diferimento[346], arbitrado casuisticamente, não se tratando propriamente de um meio de defesa ao dispor do arrendatário.

O diferimento da desocupação do locado é, tal como a oposição do requerido à pretensão do despejo, uma das situações de intervenção judicial em sede do Procedimento Especial de Despejo[347], encontrando-se, pois, condicionado à verificação de determinados requisitos casuisticamente aferidos, sendo decidido de acordo com o prudente arbítrio do tribunal, pelo que ao requerente incumbirá a apresentação de todas as provas necessárias à decisão e indicar as testemunhas relevantes, até ao limite de três, para o efeito, uma vez que não cabe ao tribunal substituir-se a este e sindicar a existência de comprovação dos factos invocados, daí resultando que a ausência de apresentação de quaisquer provas determinará, naturalmente, a improcedência do requerimento de diferimento do imóvel arrendado.

Neste sentido e em primeiro lugar, o diferimento da desocupação do imóvel arrendado apenas poderá ser concedido em relação a contratos de arrendamento habitacional, uma vez que na génese desta figura presidem necessariamente razões sociais imperiosas[348], assentes em direitos

ao disposto no artigo 862.º CPC, aplicando-se as mesmas regras do diferimento tanto no PED como na EPECIA.

[346] Maria Olinda Garcia, *Arrendamento Urbano Anotado*, pp. 226.

[347] Embora sendo meios opostos atendendo ao objetivo de cada um deles, será de admitir a possibilidade de cumulação do pedido de diferimento do despejo com a oposição à pretensão do despejo, não apenas por disporem do mesmo prazo de 15 dias quer para a dedução da oposição como para o requerimento de diferimento, mas também pelo facto de não serem meios incompatíveis entre si.

[348] **JURISPRUDÊNCIA (07/01/2019)**

AC. TRP N.º 10883/18.2T8PRT.P1 (RELATOR AUGUSTO DE CARVALHO)

"I – O pedido de diferimento da desocupação é aplicável no âmbito do arrendamento para habitação e tem como fundamento a verificação de razões sociais imperiosas suscetíveis de obstar à entrega imediata do imóvel, após a extinção do contrato de arrendamento.

II – O diferimento da desocupação é decidido de acordo com o prudente arbítrio do tribunal, apenas podendo ser deferido se estiver em causa algum dos seguintes fundamentos: tratando-se de resolução por não pagamento de rendas, tal ser devido a carência de meios do arrendatário, o que se presume relativamente ao beneficiário de subsídio de desemprego, de valor igual ou inferior à retribuição mínima mensal garantida, ou de rendimento social de inserção; o arrendatário ser portador de deficiência com grau comprovado de incapacidade superior a 60%."

fundamentais constitucionalmente protegidos como sejam o direito à habitação do arrendatário e seu agregado familiar, não sendo porém de aplicação geral a todo e qualquer arrendatário que haja sido requerido em sede de procedimento especial de despejo, uma vez que terá de se verificar, imperativamente, uma das seguintes situações, constantes das alíneas a) e b) do n.º 2 do artigo 15.º-N: a carência de meios do arrendatário, quando o requerimento de despejo se baseie na resolução por falta de pagamento de rendas ou o facto de o arrendatário ser portador de deficiência com grau de incapacidade igual ou superior a 60%.

Conforme referido, a invocação por parte do requerente de uma das referidas circunstâncias taxativas depende, necessariamente, da respetiva comprovação, a qual, no respeitante à segunda circunstância se bastará com a apresentação de documento de que resulte a incapacidade do arrendatário e em que seja determinado o grau da respetiva incapacidade, como seja o atestado médico de incapacidade multiuso, sendo este obtido junto do Centro de Saúde da respetiva área de residência uma vez requerida ao Delegado de Saúde e efetuada a realização de junta médica para avaliação da incapacidade.

No respeitante por sua vez à comprovação de carência de meios do arrendatário enquanto fundamento para a falta de pagamento de rendas que fundamenou a resolução do contrato e consequente requerimento de despejo, o legislador estabelece a presunção a favor deste de existência de carência efetiva nos casos em que o mesmo beneficie de subsídio de desemprego, de valor igual ou inferior à retribuição mínima mensal garantida ou receba o rendimento social de reinserção, igualmente sujeito a demonstração.

Diversamente, não constituirá, por si só, fundamento bastante de carência de meios do arrendatário, o facto de este beneficiar de apoio judiciário, não podendo o juiz presumir tal carência com base na concessão desse apoio nas modalidades de dispensa de taxa de justiça e demais encargos com o processo, como vem sendo sustentado jurisprudencialmente[349]. Por outras palavras, não pode pois ser extraído do facto de o

[349] **JURISPRUDÊNCIA (22/02/2018)**
AC. TRE N.º 2063/17.0YLPRT.E1 (RELATOR PAULO AMARAL)
"A concessão do benefício do apoio judiciário não é retrato da situação económica do arrendatário descrita no art. 15.º-N, NRAU, nem impede a restituição imediata do locado."

arrendatário beneficiar de tal apoio, que a ausência de pagamento de rendas se deve à carência de meios e consequentemente, que o benefício de apoio judiciário obsta à restituição imediata do locado, não sendo, de igual forma, possível extrair tal presunção de quaisquer outras circunstâncias que não o referido benefício de subsídio de desemprego ou rendimento social de reinserção.

A par do referido, existindo mais que um arrendatário ou o respetivo conjuge, versando o procedimento especial de despejo sobre a casa de morada de familia, deverá o requerimento de diferimento da desocupação do imóvel arrendado, com base na referida circunstância de carência de meios, ser apresentado por ambos, cada um dos quais deverá comprovar individualmente a respetiva circunstância invocada, não podendo o tribunal ignorar nas situações em apreço, que apenas um dos arrendatários ou um dos conjuges apresente tal requerimento, quando a decisão do mesmo irá, inevitavelmente, afetar ambos, a par de que a ponderação da eventual existência de meios passará, entre outros fatores, pela análise da situação económica e social das pessoas envolvidas, como resulta da parte final do n.º 2 do referido artigo 15.º-N.

Além da referida análise da situação económica e social das pessoas que juntamente com o arrendatário, habitem igualmente o imóvel arrendado, devem ser ponderadas outras circunstâncias constantes do mesmo preceito: as exigências de boa fé, o facto de o arrendatário não dispor imediatamente de outra habitação, o número de pessoas que habitam no locado, a sua idade e estado de saúde, sendo certo que cada uma dessas circunstâncias poderá influir no período de tempo concreto em que o arrendatário e respetivas pessoas que consigo habitem, podem nele permanecer, até ao máximo de cinco meses, a contar da data do trânsito em julgado da decisão onde o diferimento seja concedido, sendo o pagamento das rendas durante tal período, assegurado pelo Fundo de Socorro Social do Instituto de Gestão Financeira da Segurança Social, quando o fundamento do diferimento concedido seja a carência de meios do arrendatário, nos termos do n.º 3 do artigo 15.º-O, sub-rogando-se ao senhorio, quanto aos valores pagos em substituição do arrendatário.

No respeitante, por sua vez, à tramitação do diferimento da desocupação do imóvel arrendado, este consubstancia um incidente de natureza urgente, que apenas será admitido pelo tribunal após a apreciação da inexistência de motivos que determinem o seu indeferimento liminar, como sejam: a sua apresentação fora do prazo, o fundamento do requerimento não se enquadrar em nenhum dos constantes do n.º 2 do artigo 15.º-N ou bem ainda, se o mesmo for manifestamente improcedente, procedendo-se à notificação do senhorio para contestar, querendo, o requerimento apresentado em dez dias, juntando as provas que tiver disponíveis para o efeito e testemunhas até ao limite de três, sendo o requerimento decidido pelo juiz no prazo máximo de vinte dias após a sua apresentação pelo arrendatário.

O pedido de diferimento da desocupação do imóvel arrendado e respetiva contestação encontram-se sujeitos ao pagamento de taxa de justiça, nos termos da alínea b) do n.º 4 do artigo 22.º do Decreto-Lei n.º 1/2013, sendo esta calculada nos termos previstos na tabela II do Regulamento das Custas Processuais para os "*outros incidentes*", entre as 0,5 UC e as 5 UC, isto é, entre 51,00€ e 510,00€, sendo que, como resulta do n.º 6 do artigo 6.º RCP, "*nos processos cuja taxa seja variável, a taxa de justiça é liquidada no seu valor mínimo, devendo a parte pagar o excedente, se o houver, a final*".

5) FALTA DE OPOSIÇÃO DO INQUILINO E RECUSA EM ABANDONAR O LOCADO

Rececionada a notificação da pretensão do senhorio de desocupação do locado, pode o arrendatário, como vimos, deduzir oposição ou, alternativamente, requerer o diferimento da desocupação do imóvel arrendado com fundamento em razões sociais imperiosas, se aplicável, dispondo do prazo de quinze dias constante da referida notificação para adotar uma das duas condutas. O arrendatário poderá, porém, assumir uma terceira posição, consistente na simples desconsideração do teor da notificação proveniente do BNA, abstendo-se quer de reagir quanto ao conteúdo da mesma quer deixando de proceder à desocupação do imóvel arrendado e, bem ainda, de proceder ao pagamento das quantias eventualmente peticionadas a título de rendas, encargos ou despesas, importando, assim, aferir das consequências da inércia do requerido.

Dispõe o n.º 1 do artigo 15.º-E que, na falta de reação à notificação no prazo de quinze dias ou considerando-se por não deduzia a oposição, o requerimento de despejo será convertido pelo BNA em título para a desocupação do locado, através da aposição da correspondente fórmula executória, sendo este disponibilizado ao requerente e ao agente de execução, notário ou oficial de justiça, nos termos do n.º 3, sendo aplicável a mesma solução caso o requerido tenha deduzido oposição à pretensão do requerente já fora de prazo ou se esta se tiver por não deduzida, nomeadamente por falta de pagamento da taxa de justiça respetiva ou da eventual caução no montante das rendas a que houver lugar, como resulta diretamente das alíneas a) e b) do n.º 1 do artigo 15.º-E e do n.º 4 do artigo 15.º-F.

Assim sendo, o título para desocupação do locado resultante da conversão do requerimento de despejo será dotado de força executiva e com base nele, poderá o agente de execução, notário ou oficial de justiça designado para o efeito, deslocar-se imediatamente ao locado para tomar posse do mesmo, lavrando auto da diligência realizada, ao abrigo do disposto no n.º 1 do artigo 15.º-J.

Independentemente das situações referidas, haverá igualmente lugar à conversão do requerimento de despejo em título para a desocupação do locado e consequente desocupação coerciva, caso o arrendatário deixe de proceder ao pagamento das rendas que entretanto se virem a vencer na pendência do procedimento especial de despejo, o que sucederá ainda que o fundamento do procedimento em apreço seja precisamente a falta de pagamento de rendas, consagrando o legislador uma solução semelhante ao incidente de despejo imediato resultante dos n.ºs 3, 4 e 5 do artigo 14.º, no âmbito da ação de despejo, sendo prevista em sede de PED a imediata conversão do requerimento de despejo em título para desocupação do locado no caso de o requerido não proceder ao pagamento ou depósito das rendas que se forem vencendo, como resulta da alínea c) do n.º 1 do artigo 15.º-E *ex vi* do artigo 15.º n.º 8.

Esta obrigação de proceder ao pagamento de rendas que se forem vencendo será, pois, extensível à totalidade do procedimento, ou seja, abrangerá a totalidade da duração efetiva do procedimento especial de despejo, mesmo em caso de oposição do requerido, uma vez que a letra da lei é clara neste sentido ao estabelecer que tais rendas devem ser pagas "*na pendência do procedimento especial de despejo*", sendo a ausência do seu pagamento fundamento bastante para a imediata conversão do requerimento de despejo em título para desocupação do locado nos termos da alínea c) do n.º 1 do artigo 15.º-E.

Em sentido diverso defende Maria Olinda Garcia, que esta obrigação não se manterá já em caso de existir a oposição ao requerimento de despejo e consequente distribuição dos autos ao tribunal, porém, com o devido respeito, discordamos, no sentido em que da análise do artigo 15.º-F e tramitação subsequente, constante dos artigos 15.º-H e 15.º-I, não é possível concluir pela exoneração do arrendatário do cumprimento daquela obrigação, especialmente quando o primeiro preceito se refere ao caucionamento das rendas em atraso, sendo certo que uma vez habitando o arrendatário no locado, durante tal oposição, as rendas que se forem vencendo devem como tal ser pagas.

Pelo exposto é possível concluir que a falta de reação do requerido ao requerimento de despejo lhe é desvantajosa uma vez que em qualquer um dos casos referidos haverá lugar à conversão do requerimento de despejo em título para a desocupação do locado, prosseguindo a desocupação coerciva do locado, com ressalva das situações protegidas pelo disposto no artigo 15.º-P em que é permitida ao arrendatário, posteriormente à diligência de desocupação coerciva do locado, a sua impugnação com base na falta de notificação, tanto da comunicação para cessação do contrato de arrendamento como da comunicação do BNA de forma a dar-lhe conhecimento do requerimento de despejo apresentado pelo senhorio; ressalvando-se ainda, a proteção conferida pelo artigo 15.º-M aos terceiros que disponham de título idóneo à ocupação do imóvel arrendado, ou em caso de doença aguda do arrendatário ou de quem resida consigo, sendo que nestas situações haverá lugar à suspensão da diligência de desocupação coerciva do locado promovida pelo agente de execução, notário ou oficial de justiça, caso o detentor do locado, terceiro relativamente ao procedimento especial de despejo, invoque que não dispôs de oportunidade prévia de intervenção no procedimento, sendo certo que, como veremos, a suspensão da desocupação do locado carece de confirmação judicial mediante requerimento dirigido ao tribunal no prazo de dez dias, onde aquele logrará demonstrar os factos por si invocados, sob pena de prosseguimento do despejo.

6) DESOCUPAÇÃO DO LOCADO

Analisámos cada uma das diferentes posições que o requerido poderá assumir perante a notificação da pretensão do requerente, bem como as respetivas consequências derivadas de cada uma delas, sendo que, como foi referido, perante a falta de reação do requerido, ou em caso de este ter deduzido uma oposição àquela pretensão já fora de prazo ou esta não ter sido aceite, tendo-se portanto como não deduzida, o requerimento de despejo será então convertido em título para a desocupação do locado, uma vez que o arrendatário não desocupou o locado no tempo devido. Por outro lado, havendo oposição por parte do requerido à pretensão do requerente, mas sendo julgada improcedente, desta resultará decisão judicial para a desocupação do locado, constituindo, igualmente, título idóneo à desocupação coerciva do imóvel arrendado.

Neste sentido, existindo um título ou uma decisão para a desocupação do locado[350], o agente de execução, notário ou oficial de justiça escolhido para o efeito dirige-se imediatamente ao imóvel a fim de proceder à sua apreensão, logrando assim investir o senhorio na posse do imóvel, conforme resulta do n.º 1 do artigo 15.º-J, uma vez que aquele título ou decisão para a desocupação do locado gozam de força executiva, procedendo o profissional designado ao conjunto de diligências necessárias para obter a desocupação do locado, podendo obter eventual auxílio das autoridades policiais perante a falta de cooperação por parte do arrendatário, nomeadamente em caso de arrombamento da porta de entrada e consequente substituição da fechadura, como consta do n.º 3 daquele artigo, sendo certo que a desocupação coerciva do locado apenas poderá ter lugar imperativamente entre as 7:00 e as 21:00 horas, devendo ser entregue uma cópia do título que fundamenta a diligência, a quem tiver a disponibilidade do imóvel arrendado, seja o arrendatário ou outra pessoa que no mesmo se encontre.

Uma vez aqui chegados, podem o arrendatário e o senhorio chegar a acordo quanto ao prazo para a desocupação efetiva de pessoas e bens do locado, incumbindo ao agente de execução, notário ou oficial de justiça lavrar auto do acordo alcançado, nos termos do n.º 2 do artigo 15.º-J, determinando a permanência temporária do arrendatário no locado pelo período estipulado entre ambos, sendo que o incumprimento do acordo assim estabelecido poderá determinar a entrada imediata do profissional

[350] Conforme resulta do n.º 1 do artigo 15.º-P, tal título é suscetível de impugnação por parte do arrendatário, desde que o fundamento para tal seja um dos previstos nos artigos 9.º, 10.º ou 15.º-D.

designado, mediante requerimento de autorização judicial para o efeito, ao abrigo do artigo 15.º-L

Diversamente, na ausência de acordo entre as partes, deverá o arrendatário desocupar de imediato o locado, caso em que o profissional incumbido de realizar a desocupação do locado, procede ao arrolamento dos bens existentes, dispondo o arrendatário do prazo de trinta dias para os remover, sob pena de serem considerados abandonados, como resulta dos n.ºs 1 e 2 do artigo 15.º-K, devendo ser permitido o acesso deste ao locado com essa finalidade, durante o período referido. Nesta última situação, poderá o arrendatário impugnar o título para desocupação do locado, nos termos do artigo 15.º-P, caso se verifique um dos fundamentos aí constantes.

7) AUTORIZAÇÃO JUDICIAL PARA A ENTRADA IMEDIATA NO IMÓVEL

Verificando-se a recusa por parte do arrendatário em abandonar o imóvel habitacional que constitua o seu domicilio ou perante o incumprimento do acordo estabelecido com o senhorio, nos termos do n.º 2 do artigo 15.º-J, carece o agente de execução, notário ou oficial de justiça da necessária autorização judicial para entrar no locado e proceder à desocupação do mesmo, em observância do princípio constitucional da inviolabilidade do domicílio resultante do artigo 34.º CRP, devendo para tanto desencadear o necessário pedido de autorização judicial para entrada imediata no domicílio previsto no artigo 15.º-L NRAU e do n.º 1 do artigo 14.º do Decreto-Lei n.º 1/2013, caso não tenha existido previamente intervenção judicial em sede do procedimento especial de despejo, uma vez que como resulta do n.º 7 do artigo 15.º NRAU, sempre que os autos sejam distribuídos, o juiz deverá pronunciar-se sobre todas as questões suscitadas, inclusive sobre a autorização de entrada no domicílio, independentemente de esta última ter sido requerida.

Diversamente e conforme referido, inexistindo distribuição prévia dos autos, deverá o agente de execução, notário ou oficial de justiça designado apresentar requerimento no tribunal judicial da situação do locado, o qual deverá ser necessariamente acompanhado pelo título de desocupação do locado e o respetivo comprovativo de pagamento da taxa de justiça devida, de valor equivalente a 0,2 UC, isto é, 20,40€, nos termos do n.º 3 do arrigo 22.º do Decreto-Lei n.º 1/2013, revestindo tal pedido carácter de urgência na medida em que, não havendo motivos de recusa do mesmo, tal autorização ser-lhe-á concedida num prazo máximo de cinco dias, munido da qual se poderá deslocar imediatamente ao locado para proceder à sua apreensão e entrega ao requerente.

Assim sendo, o requerimento de autorização judicial poderá ser recusado, designadamente, nas situações previstas no n.º 4 do artigo 15.º-L, ou seja, perante a ausência de utilização do modelo de requerimento oficial disponível para o efeito[351] ou do seu preenchimento indevido, a submissão do requerimento desacompanhado do título para desocupação do locado e/ou do documento comprovativo de pagamento da taxa de justiça referida ou ainda, quando se verifique a violação das disposições referentes à notificação do arrendatário da cessação do contrato de arrendamento ou da notificação ao mesmo do requerimento de despejo.

Cumpre notar que a concessão de autorização judicial de entrada no domicílio não desonera o agente de execução, notário ou oficial de justiça do cumprimento das regras constantes do n.º 2 a 4 do artigo 15.º-J, devendo possibilitar a realização de acordo entre o senhorio e o arrendatário para a livre desocupação do locado e respetiva remoção de bens, do qual deverá lavrar correspondente auto. Sendo necessário o recurso ao" arrombamento da porta de entrada e substituição de fechadura, poderá solicitar o auxilio das autoridades policiais e, por último, apenas poderá realizar a diligência em apreço no horário compreendido entre as 7 e as 21 horas, procedendo à entrega do título de desocupação do locado a quem se encontrar no locado, devendo ainda, apesar do preceito não o mencionar, facultar cópia da decisão de autorização judicial para entrada imediata no domicílio.

Não obstante o referido, nem sempre o agente de execução, notário ou oficial de justiça necessitará de autorização judicial para entrada imediata em imóvel objeto de contrato de arrendamento habitacional, na medida em que o n.º 2 e seguintes do artigo 14.º do Decreto-Lei n.º 1/2013, estabelece a possibilidade de entrada no imóvel arrendado por parte do profissional designado para o efeito sem que para tal seja neces-

[351] O modelo oficial do requerimento de autorização judicial para entrega imediata no domicílio poderá ser consultado e obtido através do seguinte endereço eletrónico *https://tribunais.org.pt/Arrendamento-e-despejo/Procedimento-especial-de-despejo/Formularios-do-procedimento-de-despejo*

sária autorização judicial, o que sucederá em situações que indiciem o abandono do locado por parte do arrendatário.

Para efeito do conceito de indícios de abandono, devem considerar-se como tal a verificação das seguintes situações previstas, respetivamente, nas alíneas a) a c) do n.º 4 do referido preceito: a interrupção do fornecimento dos serviços de água ou eletricidade há mais de dois meses, o recetáculo postal encontrar-se cheio e, bem ainda, o facto de o imóvel se encontrar devoluto, informação sujeita a confirmação por pessoa residente na área do locado e com conhecimento direto, sendo que na referida situação, pese embora seja dispensada a necessidade de autorização judicial, deverá o agente de execução, notário ou oficial de justiça designado deverá afixar aviso com dia e hora da diligência de entrada no locado, com antecedência não inferior a vinte dias face à data de realização da diligência.

A referida solução legislativa, suscitando dúvidas fundadas quanto à respetiva constitucionalidade ao dispensar a necessidade de autorização judicial para entrada no locado, assenta pois na verificação de indícios de abandono que dependerão essencialmente de um juízo subjetivo por parte do profissional incumbido de proceder à desocupação do locado, sendo certo que os referidos indícios carecem de força suficiente que permita apurar da existência de uma situação de efetivo abandono do imóvel, em especial os dois últimos, constantes das alíneas b) e c), que podem ser induzidos por terceiro ou mesmo, dolosamente, pelo próprio senhorio, a par de que tal situação desconsidera fatores pessoais como a ausência temporária do arrendatário por motivos de saúde ou trabalho, entre outros, razão pela qual propendemos para a inconstitucionalidade da norma que permite a entrada do executor no imóvel em questão sem que para tal tenha a necessária autorização judicial, assim consubstanciando a violação direta do disposto no n.º 2 do artigo 34.º CRP, que estabelece a inviolabilidade do domicílio e da correspondência.

8) DESTINO DOS BENS

Envolvendo a desocupação do imóvel a remoção de bens pertencentes ao arrendatário, importa neste sentido considerar o destino a dar aos bens pertencentes ao requerido e que foram como tal, encontrados no imóvel após o despejo coercivo do mesmo, procedendo o agente de execução, notário ou oficial de justiça, nesse momento, ao arrolamento dos bens em apreço, isto é, elaborando a identificação de todos os bens do arrendatário, como resulta do n.º 1 do artigo 15.º-K, podendo recorrer, designadamente, ao registo fotográfico dos mesmos, dispensando assim a descrição exaustiva de determinados bens como sejam os bens não especificados[352].

Ao invés do que sucede na utilização do arrolamento enquanto providência cautelar, em que se visa acautelar a permanência e não dissipação de determinados bens durante a discussão judicial quanto à titularidade dos mesmos, procedendo-se não apenas à identificação, mas também à avaliação e, em determinados casos, à entrega dos mesmos a outro depositário que não aquele que detém os bens, já no arrolamento em sede do procedimento especial de despejo, procura-se apenas identificar os bens e não realizar qualquer avaliação ou entrega dos mesmos a depositário, uma vez que não é objeto do procedimento a discussão sobre a propriedade dos bens em apreço.

Assim sendo, uma vez elaborado o arrolamento dos bens, o agente de execução, notário ou oficial de justiça notifica o arrendatário no momento em que proceder à desocupação do locado e investe o senhorio na posse do imóvel, de que dispõe do prazo de trinta dias para proceder à remoção dos bens, findo o qual, os mesmos serão considerados abandonados. Não sendo possível a notificação pessoal do arrendatário, é afixada a correspondente notificação na porta do imóvel, considerando-se este notificado

[352] **JURISPRUDÊNCIA (19/01/2016)**

AC. TRL N.º 1945/14.6YLPRT-C.L1-1 (RELATORA MARIA ADELAIDE DOMINGOS)

"I. O arrolamento previsto no artigo 15.º-K, do NRAU tem como finalidade a identificação dos bens encontrados no local que vai ser desocupado e daqueles que não sendo retirados no tempo designado na lei, serão dados como abandonados, abrindo caminho à possibilidade de serem adquiridos ao abrigo do artigo 1267.º, n.º1, alínea a), do Código Civil, não tendo, consequentemente, como objetivo proceder a uma avaliação dos bens, já que essa avaliação não tem qualquer utilidade, nem serve as funções/objetivos visados pela lei.

II. Encontra-se justificada a descrição não especificada de alguns bens (ex: lotes de garrafas, gomas, peças de ferro-velho, caixas vazias, produtos alimentares, etc.), se os mesmos foram fotografados e, posteriormente, entregues ao locatário, sem que este questione a falta de entrega de todos os bens existentes no locado aquando do arrolamento.

III. A fase executiva do processo especial de despejo visa a prática de atos materiais com vista à desocupação do locado e entrega ao senhorio e não a discussão de questões relacionadas com a propriedade dos bens que se encontram no locado."

nos termos do n.º 2 do artigo 15.º-K *ex vi* do artigo 16.º do Decreto-lei n.º 1/2013, de que gozará do referido prazo após a data de tomada de posse, para remover os seus bens.

Para efeitos do disposto, consiste a "*tomada de posse*", nos termos do n.º 1 do artigo 15.º do Decreto-Lei n.º 1/2013, na obtenção da posse por parte do requerente, a qual lhe é investida pelo executor, através da entrega dos documentos e chaves do imóvel, deixando o arrendatário de poder aceder livremente ao imóvel e, como tal, de poder reaver todo e qualquer bem móvel que no seu interior se encontre, ficando estes à guarda do senhorio.

A este propósito, dispõe o n.º 2 do artigo 15.º-J, quanto à possibilidade de senhorio e arrendatário poderem acordar um prazo para a remoção daqueles bens, sendo certo que o prazo a acordar entre as partes não deverá ser inferior a 30 dias uma vez que, conforme referido, nos termos do n.º 2 do artigo 15.º-K, o arrendatário goza já deste prazo por imposição legal.

9) SUSPENSÃO DA DESOCUPAÇÃO DO LOCADO

Procedendo o agente de execução, notário ou oficial de justiça à desocupação coerciva do locado, munido do respetivo título ou decisão judicial para desocupação do locado, haverá situações pontuais em que tais diligências podem ser necessariamente suspensas, prevendo o artigo 15.º-M, os dois casos em que a suspensão da desocupação do locado poderá suceder.

O primeiro respeita à falta de oportunidade, por parte de um terceiro, detentor da coisa a título de arredamento, subarrendamento ou qualquer outro título legitimo de gozo do locado[353], de intervir em sede de pro-

[353] Destaca-se o cuidado aplicado na norma em distinguir claramente "*arrendatário*" de "*detentor da coisa*", sendo que tal suspensão da desocupação do locado por falta de oportunidade de intervenção no PED, não se confunde com a impugnação do título para a desocupação do locado, sendo a primeira aplicável apenas a terceiros, como é o caso dos subarrendatários, como resulta das alíneas a) e b) do n.º 1 daquele artigo, visando-se a salvaguarda dos direitos protegidos desses terceiros e no n.º 2, a tutela de quem, sofrendo de doença aguda, corra risco de vida perante a continuação da execução da diligência de desocupação do locado, seja arrendatário ou quem consigo resida, ao invés

cedimento especial de despejo, desde que para tal exiba os documentos comprovativos do seu direito, nomeadamente: o contrato de arrendamento ou título que habilite o gozo legitimo do imóvel, proveniente do senhorio, no caso de ser invocado o arrendamento do imóvel, ou o título de subarrendamento ou cessão de posição contatual, proveniente do arrendatário, acompanhado neste último caso, por comprovativo de onde resulte autorização do senhorio para subarrendamento ou cessão, ou de reconhecimento por parte deste do subarrendatário ou cessionário enquanto tal.

O segundo caso de suspensão da desocupação do locado, por sua vez, encontra-se previsto na alínea b), e prende-se com o facto de o prosseguimento das diligências empreendidas pelo agente de execução, notário ou oficial de justiça poderem colocar em risco a vida de pessoa que se encontre ao momento no locado, nomeadamente por doença aguda, seja arrendatário ou não, devendo tal situação ser comprovada devidamente por atestado médico de incapacidade multiuso de onde resulte o prazo durante o qual aquela execução não deverá prosseguir.

Em ambas as situações referidas, deverá o agente de execução, notário ou oficial de justiça lavrar certidão do ocorrido, devidamente instruída com os documentos exibidos, advertindo o detentor do imóvel ou quem se encontre no local que deverá requerer ao juiz a confirmação da suspensão da desocupação do locado, num prazo de 10 dias, sem a qual, prosseguirão as diligências suspensas, nos termos do n.º 3 do artigo 15.º-M, sendo certo que tal confirmação carece de audiência do senhorio, com base na qual decide o juiz, no prazo de cinco dias, manter ou retirar a suspensão, como resulta do n.º 4 do mesmo artigo, prosseguindo de imediato a desocupação do locado caso a suspensão seja levantada.

10) IMPUGNAÇÃO DO TÍTULO PARA DESOCUPAÇÃO DO LOCADO

Verificando-se a deslocação do agente de execução, notário ou oficial de justiça ao locado para proceder à desocupação do mesmo, ou tendo

da última, em que se procura tutelar a posição do arrendatário não notificado da cessação do contrato de arrendamento por parte do senhorio e/ou do requerimento de despejo por parte do BNA.

essa desocupação já sucedido à revelia do arrendatário não notificado da cessação do contrato de arrendamento e/ou do requerimento de despejo, goza este da possibilidade de impugnação do título para a desocupação do locado, ao abrigo do disposto no n.º 1 do artigo 15.º-P, sendo certo que o conjunto de fundamentos invocáveis na presente sede se restringe meramente aos constantes dos artigos 9.º, 10.º e 15.º-D NRAU, isto é, os dois primeiros quanto à eventual ausência de notificação do arrendatário de qualquer comunicação dirigida pelo senhorio tendo em vista operar a cessação do contrato de arrendamento pela forma legalmente prevista e o último preceito, relativo à ausência de notificação do requerimento de despejo por parte do BNA.

Neste sentido, a defesa a aduzir pelo arrendatário no âmbito da presente impugnação será, como referido, restrita à questão da ausência de receção de uma das referidas notificações, devendo o requerente juntar com a impugnação, toda a prova que tiver por conveniente, dispondo para o efeito, do prazo de dez dias após a data de deslocação do profissional designado ao locado para realizar a respetiva desocupação ou no mesmo prazo a partir da data em que teve conhecimento de ter sido efetuada a sua desocupação para proceder à impugnação do título de desocupação do locado, sendo o requerido notificado, de seguida, para, em igual prazo de dez dias, deduzir oposição à impugnação, juntando a correspondente prova, seguindo-se, com as devidas adaptações, a tramitação aplicável ao recurso de apelação.

Importa notar que a possibilidade de impugnação do título para a desocupação do locado não se confunde, por sua vez, com a suspensão da desocupação do locado, constante do artigo 15.º-M, em que, como vimos, ao invés do que sucede na primeira, se visa a tutela dos direitos protegidos de terceiros que residam no locado aos quais não tenha sido conferida oportunidade de intervir no procedimento especial de despejo, bem como nas demais situações em que, tratando-se de contrato de arrendamento habitacional, a execução da desocupação do locado coloque em risco a vida do arrendatário ou outra pessoa que consigo habite no locado.

11) EXTINÇÃO DO PROCEDIMENTO ESPECIAL DE DESPEJO

O artigo 15.º-G estabelece no n.º 1 as três formas taxativas de extinção do procedimento especial de despejo, a qual opera por desocupação do locado, por desistência ou por morte do requerente ou requerido, sendo certo que, no respeitante à primeira forma de desocupação elencada, a desocupação, constituindo o pedido único do procedimento especial de despejo, determina, naturalmente, a extinção do mesmo, com a verificação da desocupação do locado e a entrega ao senhorio das chaves do mesmo.

Diversamente, existindo igualmente pedido acessório de rendas, encargos ou despesas em atraso, a desocupação do locado não determina a extinção do procedimento especial de despejo uma vez que o título de desocupação do locado, perante a ausência ou improcedência de oposição à pretensão de despejo do senhorio, é remetido pelo BNA para o tribunal competente de forma a desencadear o correspondente processo executivo para pagamento de quantia certa, como resulta do artigo 12.º do Decreto-Lei n.º 1/2013, pelo que, em rigor, o procedimento especial de despejo, nas situações em que haja lugar a este pedido acessório, termina não com a desocupação coerciva do locado mas antes com o pagamento em sede executiva das rendas, encargos e despesas a que haja lugar, o que sucederá posteriormente à desocupação.

No respeitante, por sua vez, à desistência na prossecução do procedimento, constituindo, igualmente, uma das causas de extinção do PED, apenas poderá verificar-se até ao momento da dedução de oposição do requerimento de despejo, ou na sua falta, até ao termo do prazo em que a mesma poderia ser deduzida, isto é, até ao final do prazo de quinze dias após a notificação do requerido para apresentar oposição[354], uma vez que a partir daí, na primeira situação haverá lugar à distribuição dos autos ao tribunal competente da situação do locado, não se falando,

[354] **JURISPRUDÊNCIA (12/03/2015)**
AC. TRL N.º 696-14.6YLPRT.L1-6 (RELATOR ANTÓNIO MARQUES)
"– O pedido de pagamento de rendas, encargos ou despesas pode ser deduzido cumulativamente com o pedido de despejo, quando haja lugar a procedimento especial de despejo.
– A "extinção" do procedimento especial de despejo prevista no n.º 1 do art. 15.º-G do NRAU, por qualquer uma das causas aí indicadas, "desocupação do locado", "desistência" e "morte do requerente ou do requerido", só opera quando o procedimento se encontra ainda na fase que decorre no Balcão Nacional de Arrendamento.
– A "extinção" do procedimento especial de despejo prevista no art. 15.º-G citado não é tecnicamente a "extinção da instância" prevista no art. 277.º do CPC ou uma das suas causas, a "inutilidade superveniente da lide" (cfr. al. e) daquele art. 277.º).

nesse momento, em desistência do procedimento especial de despejo, mas antes de desistência da instância, a qual dependerá já da aceitação do requerido, nos termos do n.º 1 do artigo 286.º CPC.

Por outro lado, findo o prazo para a dedução de oposição ao requerimento de despejo sem que que o requerido haja exercido o seu direito de defesa, será de igual forma vedada ao requerente a possibilidade de desistência do procedimento especial de despejo, na medida em que, a partir desse momento, o requerimento de despejo apresentado é automaticamente convertido em título para a desocupação do locado, o qual será remetido, de seguida, ao agente de execução, notário ou oficial de justiça designado para proceder à desocupação coerciva do locado.

A morte de uma das partes envolvidas no Procedimento será igualmente causa da sua extinção, disposição harmonizável com os interesses de celeridade cuja natureza do procedimento envolve, não obstante da possibilidade de os sucessores do requerente, na morte deste, se assim o pretenderem, poderem dar início a novo procedimento. A morte do requerido por sua vez poderá, conforme ressalva doutamente Maria Olinda Garcia[355], tornar desnecessária a subsistência do procedimento, salvo existindo outras pessoas, beneficiárias da transmissão do arrendamento, que com este habitassem.

No que respeita à desocupação do locado, e como foi abordado atrás, o requerido tem a possibilidade de desocupar o imóvel num prazo de 15 dias após a receção da notificação para desocupação do locado, não tendo deduzido oposição e/ou requerido o diferimento da desocupação do imóvel arrendado, tratando-se portanto de uma desocupação voluntária por parte deste, ao invés do que acontece em caso de recusa injustificada do requerido em abandonar o imóvel, situação em que o procedimento conhece a sua fase seguinte de desocupação coerciva do locado, na qual o requerido desocupa o imóvel involuntariamente, sem prejuízo

– Quando a "desocupação do locado" ocorre já depois de deduzida oposição e estando o processo na sua fase judicial, após distribuição, as consequências hão-de ser analisadas à luz do CPC e não daquele art. 15.º-G

– Essas consequências são a extinção da instância por inutilidade superveniente da lide quanto ao pedido de despejo, dada a desocupação do locado, ao abrigo do art. 277.º al. e) do CPC, mas prosseguimento dos autos para decisão do outro pedido, o de condenação no pagamento das rendas."

[355] Maria Olinda Garcia, *Arrendamento Urbano Anotado*... pp. 210.

da possibilidade de poder impugnar o título para desocupação do locado, caso tenha fundamento válido para o efeito, nos termos do artigo 15.º-P, sem o qual a execução termina com a tomada de posse do imóvel pelo requerente.

A par das causas de extinção do procedimento especial de despejo referidas e pese embora o n.º 1 do artigo 15.º-G não a refira, por ser subentendida na desistência, é igualmente possível a extinção do procedimento através do acordo das partes, seja no sentido da manutenção do contrato celebrado ou na celebração de um novo, no estabelecimento de prazo de desocupação do locado ou na eventual celebração de acordo de pagamento das rendas, encargos e despesas em atraso.

Assim sendo e conforme referido, até ao momento da dedução da oposição por parte do requerido podem as partes chegar a acordo em virtude do qual o requerente opta pela desistência do procedimento especial de despejo, sendo certo que, caso as partes pretendam, mesmo após a dedução da oposição, poderão em sede judicial alcançar a transação em sede de tentativa de conciliação por parte do juiz, nos termos do n.º 3 do artigo 15.º-I, a qual, sendo válida, é homologada pelo tribunal, determinando a extinção dos autos.

2. Injunção em matéria de arrendamento

A. Noção, enquadramento legal e injunções a aplicar ao senhorio

O processo de injunção em matéria de arrendamento ou, simplesmente, injunção em matéria de arrendamento (IMA), consiste num novo meio processual de natureza extrajudicial destinado a proteger os interesses do arrendatário, encontrando-se previsto nos artigos 15.º-T e 15.º-U NRAU, aditados pela Lei n.º 13/2019 ao NRAU, imediatamente após as disposições referentes ao procedimento especial de despejo, ainda que sem qualquer conexão ou semelhança com este outro meio processual, integrando a subsecção III da secção IV da Lei n.º 6/2006 designada "*Injunção*", permitindo assim ao arrendatário, ao recorrer ao serviço de injunção em matéria de arrendamento (SIMA), obter a tutela dos direitos aí elencados, em virtude da invocação e comprovação das situações a que cada uma das injunções se refere, mediante a realização de requerimento dirigido àquele serviço, tendo em vista a satisfação de uma das seguintes pretensões:

a) o pagamento de compensação ao arrendatário derivada da realização por este de obras no locado em substituição do senhorio, em execução de intimação proveniente de decisão da Câmara Municipal competente que determine a execução de obras de conservação no imóvel ou, bem ainda, mediante a imposição pela entidade gestora de obras de reabilitação;
b) o pagamento de compensação ao arrendatário por força da realização por este de obras de reparação ou despesas urgentes que não se compadeçam com a demora inerente a um processo judicial;
c) a cessação de atividades causadoras de risco para a saúde do arrendatário, constituindo assédio ao arrendamento que analisámos já em sede própria;
d) a correção de deficiências no locado que causem risco grave para a saúde ou segurança de pessoas ou bens, constituindo igualmente situação de assédio ao arrendamento;
e) a correção de situação de impedimento da fruição do locado, também enquadrável no assédio ao arrendamento;

Assim sendo e para efeito da aplicação pelo SIMA de uma injunção ao senhorio, nas situações a que se referem as alíneas a) e b), relativas ao direito do arrendatário à compensação pelas obras ou despesas por si realizadas, deverá o respetivo requerimento ser acompanhado pelo contrato de arrendamento e pela comunicação prevista no n.º 3 do artigo 22.º-C, isto é, a comunicação dirigida pelo arrendatário ao senhorio, informando-o da conclusão das obras por si realizadas e respetivos comprovativos das despesas por si suportadas, com a indicação do valor a ser compensado, ao qual é subtraído o valor deduzido em rendas não pagas, assim obtendo o valor ainda em dívida, indicando ainda a opção escolhida por uma das duas modalidades de pagamento disponíveis, isto é, através de pagamento direto ou por dedução no valor das rendas mensais vincendas.

Por sua vez e no respeitante ao requerimento dirigido ao SIMA tendo em vista a cessação de cada uma das três situações de assédio ao arrendamento, deverá este ser acompanhado pelo contrato de arrendamento, ainda que, por lapso, cada uma das alíneas aí previstas não o refira expressamente e por um dos documentos elencados nas alíneas c), d) e e) do artigo 15.º-T que, remete, respetivamente, para as alíneas a), b) e c) do n.º 1 do mesmo preceito, em conformidade com a Declaração de Retificação n.º 11/2019, de 4 de abril.

Nas situações em que o arrendatário requer a cessação de atividades causadoras de risco para a saúde deste ou a correção de deficiências do locado causadoras de risco grave para a saúde ou segurança de pessoas ou bens, o requerimento para aplicação de injunção deverá ser acompanhado pelo comprovativo de intimação dirigido pelo arrendatário ao senhorio, exortando-o à cessação das referidas atividades. No respeitante, por sua vez, ao requerimento para correção de impedimento de fruição do locado, deverá este ser acompanhado por auto emitido pela autoridade policial ou outra equiparada ou, bem ainda, pela câmara municipal competente.

Paralelamente às referidas intimações a instruir o requerimento dirigido pelo arrendatário ao SIMA, caso este tenha solicitado à câmara municipal competente a realização de uma vistoria ao locado, de natureza urgente, nos termos do n.º 3 do artigo 13.º-B, esta entidade é notificada pelo SIMA a fim de proceder ao envio do auto de vistoria no prazo máximo de 20 dias, suspendendo-se o processo de injunção em matéria de arrendamento durante esse período.

Por último e sendo certo que aquando das intimações extrajudicialmente dirigidas pelo arrendatário ao senhorio, goza o primeiro da prerrogativa de exigir ao segundo o pagamento de uma sanção pecuniária no valor de 20,00€ por cada dia de atraso no cumprimento após o termo do prazo de 30 dias para o efeito, a qual é elevada em 50%, isto é, para 30,00€, quando o arrendatário tenha idade igual ou superior a 65 anos ou grau de incapacidade igual ou superior a 60%, também em sede de Injunção em Matéria de Arrendamento, haverá lugar à aplicação de uma sanção pecuniária compulsória, cujo valor é elevado a 50,00€, igualmente passível de aumento em virtude da idade ou grau de incapacidade do arrendatário em 50%, ou seja, para 75,00€, por cada dia incumprimento a partir da data de decretamento da injunção, assim logrando incentivar o senhorio ao cumprimento da mesma no menor prazo possível.

O processo de injunção em matéria de arrendamento carecendo de regulamentação em diploma próprio, deveria ser aprovado pelo Governo no prazo de 180 dias a contar da data da publicação da Lei n.º 13/2019, de 12 de fevereiro, isto é, até ao dia 12 de agosto de 2019, o que efetivamente não sucedeu, aguardando-se a publicação do mesmo para o melhor desenvolvimento e compreensão da figura em apreço.

B. Serviço de Injunção em Matéria de Arrendamento

O Serviço de Injunção em Matéria de Arrendamento ou, abreviadamente, SIMA, encontra-se previsto no artigo 15.º-U e constitui, igualmente, matéria inovatória introduzida pela Lei n.º 13/2019, de 12 de fevereiro, encontrando-se na dependência da Direção-Geral da Administração da Justiça, tendo por competência a tramitação das injunções em matéria de arrendamento (IMA), sendo que à semelhança do que sucede com o procedimento especial de despejo (PED), tramitado pelo Balcão Nacional de Arrendamento (BNA), também o IMA terá natureza extrajudicial visando o descongestionamento das vias judiciais com processos que podem, de forma igualmente eficiente e seguramente mais célere, ser desenvolvidos paralela e autonomamente em relação a estes, sendo que à semelhança do BNA, também o SIMA terá competência territorial sobre todo o país, devendo, de igual forma, ser totalmente tramitado pela via eletrónica.

Em sede dos trabalhados que conduziram à aprovação da presente Lei, foi ainda discutido o eventual alargamento do âmbito de competências do BNA a fim de incorporar a tramitação das presentes injunções tendo em vista criar, verdadeiramente, um Balcão Nacional de Arrendamento, sendo que a respetiva designação deixaria margem suficiente para a incorporação de outros mecanismos e valências destinadas à salvaguarda e proteção não apenas dos interesses do senhorio, como atualmente sucede, mas também dos interesses do arrendatário, igualmente dignos de tutela.

Não foi, porém, essa a opção escolhida, optando-se pela criação de um outro "*balcão*" destinado à tramitação deste novo mecanismo extrajudicial, o que poderá eventualmente contribuir para a complexificação do quadro legislativo atual do arrendamento urbano, já por si de difícil apreensão, não apenas por parte dos diversos operadores judiciários, mas também e em especial, dos cidadãos em geral.

Não obstante, se o objetivo em que reside a referida opção passar por uma melhor divulgação e aceitação junto dos arrendatários dos propósitos e objetivos da figura que agora surge, visando tornar mais fácil, simples e acessível o seu acesso por parte destes a tal mecanismo, encaramos de forma positiva a referida autonomização uma vez que a associação indesmentível do Balcão Nacional de Arrendamento ao procedimento especial de despejo, destinado quer à desocupação coerciva do locado como ao pagamento, também coercivo, de rendas, encargos e despesas por parte do arrendatário, poderá não suscitar um elevado nível de confiança junto dos mesmos, em especial, dos que tiveram já contacto anterior com tal mecanismo.

BIBLIOGRAFIA

Alegre, Carlos, *Regime do Arrendamento Urbano Anotado*, 1991, Coimbra, Almedina.

Baptista, José João, *Processo Civil I (parte geral e processo declarativo)*, Coimbra, Coimbra Editora, 2006.

Bastos, Fernando da Silva, *Algumas Reflexões sobre a Resolução do Contrato de Arrendamento de Prédios Urbanos face ao Novo Regime de Arrendamento Urbano (NRAU)*, Justiça Independente, Fórum Permanente.

— *Resolução do Contrato de Arrendamento por falta de rendas em caso de mora superior a três meses: Acção de Despejo ou Comunicação*, Verbo Jurídico, 2010.

Coelho, Francisco Manuel Pereira, *Arrendamento. Direito Substantivo e Processual*. 1988, Coimbra.

Colaço, Amadeu, *Reforma do Novo Regime do Arrendamento Urbano*, 8.ª edição, 2016, Almedina.

Cordeiro, António Menezes, *Direito das Obrigações*, Lisboa, Associação Académica da Faculdade de Direito de Lisboa, 1980.

— *Novo Regime de Arrendamento Urbano*, 2005, O Direito, n.º 137.

— *Leis do Arrendamento Urbano Anotadas*, 2014, Almedina.

Costa, Mário Júlio de Almeida, *Direito das Obrigações*, 9.ª edição, Coimbra, 2001, Almedina.

Cunha, Paulo, *Processo comum de declaração*, Braga, Augusto Costa, 1940.

Cunha SÁ, Fernando/Coutinho, Leonor, *Arrendamento 2006 – Nova Lei e Diplomas de Aplicação Anotados*, 2.ªedição, 2007, Coimbra, Almedina.

Duarte, Rui Pinto, *A cessação do arrendamento urbano no NRAU*, Themis, Ano VIII, n.º 15, 2008, Lisboa, Almedina.

Duarte, Rui, *A Lei n.º 42/2017, de 14/06: uma visão panorâmica – Do procedimento de reconhecimento de interesse histórico e cultural ou social local, em especial*, Julgar *Online*, 2017

FERNANDEZ, Elizabeth, *O procedimento especial de despejo (revisitando o interesse processual e testando a compatibilidade constitucional)*, Julgar, n.º 19, Janeiro-Abril, 2013, Coimbra Editora, pp.63-84.

FERREIRA, Cardona, *Breves apontamentos acerca de alguns aspectos da acção de despejo urbano*, em ANTÓNIO MENEZES CORDEIRO/ LUÍS MENEZES LEITÃO/JANUÁRIO DA COSTA GOMES, *Estudos em Homenagem ao Professor Doutor Inocêncio Galvão Telles*, III – *Direito do Arrendamento Urbano*, 2002, Coimbra, Almedina.

FERREIRA, Fernando Amâncio, *Curso de processo de execução*, Coimbra, Almedina, 13.ªedição, 2010, Coimbra, Almedina.

FREITAS, José Lebre De, *A Acção Declarativa Comum à Luz do Código de Processo Civil de 2013*, 3.ª edição, 2013, Coimbra, Coimbra Editora.

— *Introdução ao Processo Civil, Conceito e princípios gerais à luz do novo código*, 3.ªedição, Coimbra, Coimbra Editora.

— *A acção executiva depois da reforma*, 4.ª edição, 2004, Coimbra, Coimbra Editora.

FURTADO, Pinto, *Manual do Arrendamento Urbano*, 3.ª edição, 2001; vol. I, 5.ª edição, 2009 e vol. II, 5.ª edição, 2011, Almedina.

— *Curso de Direito dos Arrendamentos Vinculísticos*, 1988, Coimbra, n.º 67.

GARCIA, Maria Olinda, *Arrendamento Urbano Anotado, Regime Substantivo e Processual (alterações introduzidas pela Lei n.º 31/2012)*, 2013, 2.ª edição, Coimbra Editora.

— *A nova disciplina do Arrendamento Urbano, NRAU anotado de acordo com a Lei n.º 6/2006, de 27 de Fevereiro*, 2.ª edição, 2006, Coimbra, Coimbra Editora.

— *A acção executiva para a entrega de imóvel arrendado*, segundo a Lei n.º 6/2006, de 27 de Fevereiro, 2006, Coimbra Editora.

— *Resolução do contrato de arrendamento urbano por falta de pagamento de rendas – vias processuais, [anotação ao Acórdão do Tribunal da Relação de Coimbra de 15/4/2008, Proc.937/07]* Cadernos de Direito Privado n.º 24, Outubro/Dezembro 2008.

— *Arrendamento Plural – Quadro Normativo e Natureza Jurídica*, Coimbra Editora, 2009.

GEMAS, Laurinda/PEDROSO, Albertina/JORGE, João Caldeira, *Arrendamento Urbano. Novo regime anotado e legislação complementar*, 2.ª edição, Quid Juris, 2007.

GOUVEIA, Jorge Bacelar, *Arrendamento Urbano, Constituição e Justiça: perspectivas de Direito Constitucional e de Direito Processual*, Lisboa: o Espírito, 2004.

LEITÃO, Hélder Martins, *Das Valências Substantivas, Declarativas e Executivas na Acção de Despejo*, Porto, 2001.

LEITÃO, Luís Menezes, *Arrendamento Urbano*, 2019, 9.ª edição, Almedina.

— *Direito das Obrigações*, Volume III – Contratos em Especial, 2010, 7.ª edição, Almedina.

Lima, Pires De, Varela, Antunes, Código Civil Anotado, Volume II, Coimbra Editora, 1968.

Katchi, António *Dicionário da Parte Geral do Código Civil Português*, Almedina, 3.ª edição, 2013.

Machado, João Batista, *Pressupostos de Resolução por Incumprimento*, Estudos em Homenagem ao Professor Dr. Teixeira Ribeiro, Vol.II, Coimbra, 1979.

Machado, Soares/Pereira, Regina Santos, *Arrendamento Urbano (RAU)*, 6.ª edição, Rei dos Livros, 2001, Lisboa.

— *Extinção do Arrendamento Urbano: Fundamentos, Meios Processuais*, 2.ª edição, 1985, Almedina, Coimbra.

— *Arrendamento Urbano. Novo Regime do Arrendamento Urbano Comentado e Anotado*, 3.ª edição, 2014, Lisboa, Petrony.

Magalhães, David, A *Resolução do Contrato de Arrendamento Urbano*, 2009, Coimbra, Coimbra Editora.

— *Extinção do Arrendamento Urbano por Exercício do Direito de Resolução do Senhorio*, Estarreja, 2003.

— *Nótulas sobre a justa causa de resolução do contrato de arrendamento urbano*, Julgar, n.º 5, 2008.

— *Propriedade Privada e Cessação do Arrendamento Urbano, uma compatibilização impossível?*, Boletim da Faculdade de Direito da Universidade de Coimbra, Vol. LXXXVI, Ano 2010.

Manteigas, Martins/Raposo, Subtil/Carvalho, Filipe, *O Novo regime do arrendamento urbano anotado e comentado*, Porto, Vida Económica, 2015.

Marques, João Paulo Remédio, *Acção Declarativa à luz do Código Revisto*, 3.ª edição, 2011, Coimbra, Coimbra Editora.

Martinez, Pedro Romano, *Da cessação do contrato*, 2.ª edição, 2006, Almedina.

— *Celebração e Execução do Contrato de Arrendamento segundo o Regime dos Novos Arrendamentos Urbanos*, O Direito, Ano 137, II, 2005.

— *Direito das Obrigações: parte especial, contratos, compra e venda, locação, empreitada*, 2.ª edição, Coimbra, Almedina, 2003.

Matos, João de, *A acção de despejo e os outros meios de cessação de arrendamento no novo Código de Processo civil*, Porto, Livraria Machado, 1963.

— *Manual de Arrendamento e do Aluguer*, Porto, Livraria Machado, 1968.

Monteiro, João António Pinto/Henriques, Paulo Videira, *A cessação do Contrato no Regime dos Novos Arrendamentos Urbanos*, O Direito, n.º 136, II-III, 2004.

MONTEIRO, João António Pinto, *O regime dos Novos Arrendamentos Urbanos sob perspetiva de Direito Comparado*, O Direito, n.º 136, II-III, 2004.

MORAIS, Fernando De Gravato, *Falta de Pagamento da Renda no Arrendamento Urbano*, 2010, Coimbra, Almedina.

— *Acção de despejo por falta de pagamento de renda (Ac. Do TRL de 23.10.2007, Proc. 6397/2007)*, Cadernos de Direito Privado 2/Abr-Jun (2008), 59 ss.

— *As novas regras transitórias na reforma do NRAU (Lei n.º 31/2012)*, Julgar, n.º 19, Janeiro-Abril, 2013, Coimbra Editora.

— *Novo Regime do Arrendamento Comercial*, 2011, 3.ª edição, Almedina, Coimbra;

— *Titulo Executivo para Acção de Pagamento de Rendas*, anotação do Ac. da Relação do Porto de 12/05/2009, 2009, Cadernos de Direito Privado, n.º 27.

NASCIMENTO, Paulo Soares do, *O incumprimento da Obrigação do Pagamento da Renda ao abrigo do novo regime jurídico e acção de cumprimento*, Estudos em Homenagem da Faculdade de Direito de Lisboa ao Professor Inocêncio Galvão Telles – 90 anos, 2007, Coimbra.

NASCIMENTO, Ricardo, *O que muda na Acção de Despejo?*, Verbo Jurídico.

OLIVEIRA, Fernando Baptista de, *A resolução do contrato no novo regime do arrendamento urbano – causas de resolução e questões conexas (em especial, a cláusula geral resolutiva do n.º 2 do artigo 1083.º do Código Civil)*, 2007, Almedina.

OLIVEIRA, Nuno Manuel Pinto, *Resolução do Contrato de Arrendamento*, Scientia Jurídica, Braga – Universidade do Minho, 2006, Tomo 55, n.º 308.

PEDROSO, Albertina, *A resolução do contrato de arrendamento no novo e novíssimo regime do arrendamento urbano*, Julgar, n.º 19, Janeiro-Abril, 2013, Coimbra Editora, pp.37-62.

— *A resolução do contrato de arrendamento no novo e novíssimo regime do arrendamento urbano*, Julgar, n.º 19, 2013, Coimbra, Coimbra Editora.

PEREIRA, Diogo Castanheira, *Interesse processual na acção declarativa*, 2011, Coimbra, Coimbra Editora.

PEREIRA, Joel Timóteo Ramos, *Indústria doméstica no arrendamento urbano: O que é? Qual o seu regime?*, Revista "O advogado", 2002

PINTO, Rui, *Manual da Execução e Despejo*, 2013, Coimbra, Coimbra Editora.

— *O novo regime processual do Despejo*, 2013, 2.ªedição, Coimbra, Coimbra Editora.

— *JusPrático Arrendamento 2011*, 2.ªedição, 2011, Lisboa, Wolters Kluver.

PITÃO, José António França, *Novo Regime do Arrendamento Urbano*, 2.ª edição, Coimbra, Almedina, 2007.

RAIMUNDO, José M., NABAIS, Carlos, FREIRE, Carla Santos, MARTINS, Manteigas, *Novo Regime do Arrendamento Urbano – Anotado e Comentado,* 2015, 1.ª edição, Vida Económica, Lisboa;

REIS, José Alberto dos, *Acções de despejo de prédios rústicos e urbanos,* Coimbra, Erança Amado, 1918.

RIBEIRO, Sousa, *O Novo Regime do Arrendamento Urbano: contributos para uma análise,* Cadernos de Direito Privado, n.º 14 (Abril/Junho), 2006

SEIA, José Alberto Aragão, *Arrendamento Urbano,* 7.ª edição, 2003, Coimbra, Almedina.

SOUSA, António Pais de, *Anotações ao Regime do Arrendamento Urbano (R.A.U.),* 6.ª edição, Lisboa, Rei dos Livros, 2001.

SOUSA, Miguel Teixeira De, *A Acção de Despejo,* 1991, Lisboa, Lex.

— *Acção executiva singular,* Lisboa, 1998, Lex.

— *Introdução ao Processo Civil,* 2000, Lex.

— *Extinção do arrendamento urbano. Fundamentos. Meios processuais,* 2.ª edição, corrigida e aumentada, 1985, Coimbra, Almedina.

SOUSA, Rabindranath Capelo, *A acção de despejo. Obras não autorizadas e deteriorações consideráveis.* Colecção Jurídica, Ano XII, Vol. 5.

TELLES, Inocêncio Galvão, *Contratos Duradouros com termo final: Denúncia,* CJ, XI, 1986, Tomo II.

— *Direito das Obrigações,* 7.ª edição, Coimbra Editora, 1997.

VALENTE, Edgar Alexandre Martins, *Procedimento Especial de Despejo, com as alterações resultantes da Lei n.º 79/2014,* 2015, Coimbra Editora, Coimbra.

— *Formulários BDJUR – Arrendamento e Despejo,* 3.ª Edição, 2019, Almedina, Coimbra.

— *Arrendamento Urbano – Comentário às Alterações Legislativas Introduzidas ao Regime Vigente,* 1.ª Edição, reimpressão, 2019, Almedina, Coimbra.

VARELA, João De Matos Antunes, *Das Obrigações em Geral, Volume I,* 7.ª edição, reimpressão, Almedina.

VASCONCELOS, Pedro Pais De, *Teoria Geral do Direito Civil,* Almedina, 2014, 7.ª edição, Almedina, Coimbra.

ÍNDICE